Manual de Ciencia Política

Manual de Ciencia Política

Edición de Rafael del Águila

EDITORIAL TROTTA

COLECCIÓN ESTRUCTURAS Y PROCESOS
Serie Ciencias Sociales

© Editorial Trotta, S.A., 1997
Sagasta, 33. 28004 Madrid
Teléfono: 593 90 40
Fax: 593 91 11
E-mail: trotta@infornet.es
http://www.trotta.es

© Rafael del Águila, Francisco Murillo Ferrol, José Antonio de Gabriel,
Fernando Vallespín, Carlos Taibo, María Teresa Gallego, Elena García Guitián,
Ramón Palmer Valero, Ángel Rivero, Mariano Torcal, Pablo Oñate,
José Vilas Nogueira, Miguel Jerez, Alberto Oliet,
Juan Hernández Bravo, José Ramón Montero, José Cazorla Pérez,
Ángel Valencia, Ramón Maiz, 1997

Diseño
Joaquín Gallego

ISBN: 84-8164-189-8
Depósito Legal: VA-807/97

Impresión
Simancas Ediciones, S.A.
Pol. Ind. San Cristóbal
C/ Estaño, parcela 152
47012 Valladolid

CONTENIDO

Nota del coordinador de la edición 9
Prólogo: *Francisco Murillo Ferrol* 11

1. La política: el poder y la legitimidad: *Rafael del Águila* 21
2. La formación del Estado moderno: *José Antonio de Gabriel* 35
3. El Estado liberal: *Fernando Vallespín* 53
4. Rupturas y críticas al Estado liberal: socialismo, comunismo y fascismos: *Carlos Taibo* 81
5. Estado Social y crisis del Estado: *María Teresa Gallego* 107
6. La democracia: *Rafael del Águila* 139
7. Estructura territorial del Estado: *Elena García Guitián* 159
8. Estructura institucional del Estado: *Ramón Palmer Valero* .. 177
9. Representación política y participación: *Ángel Rivero* 205
10. Cultura política: *Mariano Torcal* 231
11. Los partidos políticos: *Pablo Oñate* 251
12. Los partidos políticos en España: *José Vilas Nogueira* 271
13. Los grupos de presión: *Miguel Jerez* 291
14. Corporativismo y neocorporativismo: *Alberto Oliet Palá* 319
15. Los sistemas electorales: *Juan Hernández Bravo* 349
16. Elecciones en España: *José Ramón Montero* 391
17. Transiciones y cambio político: *José Cazorla Pérez* 429
18. Retos contemporáneos de la política (I): Los movimientos sociales y el ecologismo: *Ángel Valencia* .. 451
19. Retos contemporáneos de la política (II): Los nacionalismos: *Ramón Maiz Suárez* 477

Índice general 507

NOTA DEL COORDINADOR DE LA EDICIÓN

El presente *Manual de Ciencia Política* es el resultado del trabajo de un grupo de especialistas de diversos niveles académicos y procedentes de diferentes instituciones universitarias. Su objetivo es ofrecer al lector una introducción a la ciencia de la política y a sus principales problemas contemporáneos, incorporando los desarrollos teóricos y prácticos más recientes. No obstante, al mismo tiempo se ha procurado mantener la claridad expositiva que no convierta en farragosa su lectura, cosa que no siempre resulta sencilla y que suele ser uno de los principales problemas de este tipo de libros.

Cada uno de los temas ha sido redactado por un especialista en la materia. Aun cuando el orden en el cual los diversos capítulos aparecen es un orden de lectura recomendado, siempre es posible leerlos por separado, dado que los participantes en este *Manual* han redactado su contribución de manera autónoma. Se ha establecido únicamente algunos criterios muy generales destinados a equilibrar formatos, a agotar el ámbito de problemas o a evitar repeticiones innecesarias. Por ello, el lector tendrá ocasión de comprobar que cada uno de los capítulos posee un perfil propio que, aunque conectado con el resto, permite abordarlo individualmente si así se desea.

Para finalizar, quiero agradecer la buena disposición de todos los participantes en este *Manual* para llevar a buen puerto esta empresa colectiva que, como todas las empresas de esa índole, no siempre resultó sencilla. Hago también extensivo mi agradecimiento a la Editorial Trotta por su buen hacer y la prontitud con que respondió a nuestros problemas.

RAFAEL DEL ÁGUILA

PRÓLOGO

Francisco Murillo Ferrol

> «¡Oh Roma! En tu grandeza, en tu hermosura
> huyó lo que era firme y solamente
> lo fugitivo permanece y dura.»
>
> (Quevedo)

Éste parece ser en sustancia el sino de la política: la perduración de lo fugitivo, precisamente porque la política es perenne fugacidad.

Nada hay firme en ella y su consistencia radica en no tenerla. La contingencia es su raíz y la coyuntura su medio ambiente. Nada absoluto ni definitivo hay en su seno. Lo único que permanece es su caducidad.

Así es el mundo social de los hombres. Fugaz, caduco, contingente. Y no tendría sentido lamentarlo, porque no se trata de algo que se corrompió y degeneró, sino de su propio ser y sustancia.

¿Cuál es entonces la «tradición» de tanto tradicionalista? ¿Por qué se quejan de anquilosis los reformadores y por qué, en la historia, se consideró necesario hacer tanta «revolución»? Justamente pienso que los revolucionarios tratan casi siempre de eso, de hacer durar lo fugitivo, clavándolo con el alfiler del entomólogo. Y, correlativamente, de aventar lo que parecía firme y duradero. Si Sorel (gran maestro del tema) decía que con frecuencia llamamos pesimista a quien sólo es un optimista desengañado, el revolucionario es a menudo alguien que pretende cristalizar el curso histórico, sólo que *para después*. Es el tradicionalista de *después* de la revolución.

Los antiguos solían cantar el fin de los imperios y el ocaso de los poderes mundanos. La cosa llega hasta Spengler, Toynbee y Kennedy, pasando por san Agustín, Montesquieu, Gibbon y Mommsen, entre los más señeros. El historiador fue con frecuencia el gran sepulturero, y la historia, una senda franqueada de postrimerías; blanqueando al sol los huesos mondos de las creaciones políticas fenecidas. Caducó tanto la sociedad que hizo posible al ignorado pintor de Altamira como la que llenaba de gente el coliseo romano. El problema, para nosotros, es si el fenecimiento y sustitución de la Europa de la primera Guerra Mundial se puede afirmar llanamente en el mismo plano que en los ejemplos anteriores. Cabe referirse a Babilonia y a Asiria, a Grecia y Roma, al Egipto faraónico y a la Europa medieval. La óptica es tan tosca que existen grandes lapsos separando tales construcciones históricas. Operamos así por saltos, sobre un mapa temporal muy amplio. Pero cuando, al acercarse a nosotros, usamos lentes de más aumento nos falla la clara diferenciación cualitativa y hemos de diferenciar magnitudes continuas y no discretas. No es fácil encontrar el esqueleto de la tercera República francesa en el camino de la cuarta. Ni aun es posible separar, pese a todo, la Rusia de los zares de la Rusia soviética. Hay gradaciones, cambios que conservan siempre algo de lo antiguo, transformación por escalones más o menos bruscos.

Todo cambia y algo se conserva. Quizá más lo fugitivo, como señalaba don Francisco de Quevedo, traduciendo, para mejorarlo, a François Villon. La caducidad de las creaciones políticas parece ineludible para el hombre. Pero como la convivencia no ha ido bien durante siglos y siglos, lo perecedero parece revelar la simple maldición de que la especie no acierta a manejarse, a coexistir con paz interna duradera y firme.

Nos pasamos la vida huyendo; huimos siempre. De los demás. De nosotros mismos. De la desgracia, del aburrimiento, del miedo. De la responsabilidad y de la falta de responsabilidad. Cuando no nos movemos es que huimos de la huida, y pretendemos afirmarnos, negando la negación.

Parece como si alguien o algo viniera detrás fustigándonos sin descanso. Corremos constantemente, no sabemos a punto fijo delante de qué. Huyen el trabajador y el ocioso. El asceta y el epicúreo. El regalón y el sobrio. El egoísta y el desprendido. El santo y el pecador. La vida de todos parece ser una perpetua huida, acuciados por la imaginación, que va siempre a la descubierta indicando el camino a seguir.

Acaso entre los millones de huidas vulgares cotidianas hay, de tarde en tarde, algunas geniales. Una novela, una sinfonía, un poe-

ma o un sistema filosófico pueden ser muy hermosos, pero a la postre son la manera brillante de fugarse ciertos hombres dotados,
En definitiva, el hombre, animal fugitivo: *homo profugus*.
Pero, a la vez, se nos va el tiempo esperando no se sabe qué. Siempre nos parece que el momento que vivimos, éste, precisamente éste, es un período transitorio de la vida: como si al final de cada etapa hubiera uno definitivo, que no existe. Porque, como un horizonte, la sensación de transitoriedad sigue guardando la misma distancia siempre. Cierto que si en algún momento dejamos de sentirnos en tránsito es que gozamos de un momento de plenitud, y éstos, ya se sabe, son más bien escasos. Sin embargo, si repaso mi vida hacia atrás, me veo siempre esperando, esperando Dios sabe qué, y no sólo en períodos o fases de mi existencia, más o menos largos, sino día a día, y hora por hora. Las horas de la mañana parece que las vivimos esperando la tarde y la noche, y el lunes parece que esperamos el martes y el miércoles.

No se trata de que esperamos el logro de una meta definida: conseguir un puesto, acabar un trabajo, llegar a una vacación o a un fin de semana, terminar el bachillerato o la carrera. Estos fines u otros cualesquiera le confieren ciertamente transitoriedad al tiempo intermedio. Es un mecanismo humano usual y explicable. Pero yo me quiero referir a esa sensación de precariedad vivida de ordinario, sin que sea explícita ni definida la meta hacia la que transitamos y que confiere ese aire como de provisionalidad al vivir cotidiano. Interinidad que vamos empujando continuamente delante de nosotros, sin que nos abandone nunca salvo, si acaso, en aquellos fugaces momentos de plenitud.

Creo que ambas cosas, huida y provisionalidad, deben estar relacionadas. Ponernos delante una meta (trabajo, diversión, descanso, cambio, viaje) es, aparte de «huir hacia delante», fijar un término concreto a la interinidad, que deja de ser la provisionalidad abierta y mostrenca que habitualmente es, para convertirse en algo legitimado por su fin específico e históricamente definido. Mientras la primera nos deja asomados de bruces sobre el vacío de la existencia misma, la segunda parece enmascarar el abismo con una panorámica próxima sobre el paisaje cultivado.

Huida y sensación continua de que vivimos provisionalmente y vamos «hacia algo», sin saber qué, son fenómenos que se complementan mutuamente. Bien visto, ambos son los que constituyen de verdad eso que con cierta frivolidad cursi denominamos a veces «la herida del tiempo».

Nuestra irremediable temporalidad se traduce en eso: huir permanentemente «haciendo cosas», y creer siempre que vamos por el camino hacia no sabemos qué posada, porque resulta que en definitiva el mesón sigue siendo camino.

Es curioso que no se haya tenido en cuenta, al pensar la sociedad, este fenómeno, individual pero rigurosamente universal. Hombres que huyen, hombres que se sienten siempre instalados de paso para algo que no sabrían definir; estos seres tienen de alguna manera que reflejar esa inestabilidad intrínseca en su modo de ser social. La sociedad tiene que quedar afectada por algún modo con estas peculiaridades tan humanas. El hombre, perpetuo fugitivo y perenne *ambulator*, en los sentidos indicados, tiene que producir modos de convivencia adaptados a esas características. Una sociedad en que los propios dirigentes utilizan la tarea de dirigir como mecanismos de fuga, y en la que la sustantiva interinidad del individuo tiene que reflejarse en ineludible provisionalidad colectiva.

Los conservadores ni huyen menos ni «esperan», sin saberlo, menos que los progresistas. Cosificar o reificar (no sé qué vocablo es más feo), aparte de cubrir múltiples huidas que desembocan en producirla (la cosificación o reificación, se entiende), es el intento vano de cristalizar los momentos sociales de «espera», con la pretensión de ver paralizada y extática la perpetua búsqueda del hombre.

La socialización, en definitiva, supone indicar maneras de huir, por un lado, y señalar hitos de espera, por otro. Así, el proceso de socialización prescribe, permite o prohíbe los modos de escapar que nuestra propia imaginación o la ruptura social nos ponen por delante y, en el otro aspecto, el sistema social va intentando vallar nuestra permanente espera, dándolo como ritmo o modulación justificante a la espera colectiva. En cuanto ciudadanos, esperamos o parecemos esperar el fin de una dictadura, la convocatoria de unas elecciones, el triunfo de un partido político, un vuelco revolucionario o reaccionario, un nuevo gobierno. Sin que, naturalmente, la actualización de estas potencialidades nos resuelva definitivamente nada ni apacigüe nuestra espera insaciable aun para aquellos que lo deseábamos; mucho menos, claro es, para los que deseaban otra cosa.

Se comprende entonces que los marxistas que tratan de ofrecer el credo más últimamente apaciguador remitan a una etapa final de comunismo en que ya no habrá que esperar nada. La felicidad en la tierra o, para los cristiano-marxistas, el reino de Dios en este mundo. Permítaseme, sin embargo, pensar que para entonces quizás se habrá acabado (y ya es suponer) la espera estructural y objetiva de la colectividad, pero quedará enhiesta la bandera de inquietud y espera del hombre, ondeando al viento de los siglos. En una visión dis-

PRÓLOGO

tinta, aunque acaso complementaria del sobado verso de don Antonio habría que decir: «Caminante: no hay mesón. Todo es sendero. Vive cada momento como si ya hubieras llegado. Si no, algún día mirarás hacia atrás, lamentando haber pasado de largo, sin verlos, por los zaguanes de miles de posadas».

Para tiempos tormentosos resulta inapreciable el talante escéptico, contra lo que se cree. Por tolerante. La tormenta suele estar formada por las descargas del fanatismo. Y éste supone la existencia de al menos dos, enfrentados. Es decir, maniqueísmo. Bodino dio un paso que hizo posible la convivencia en una Europa que andaba matándose por mor de las diferencias religiosas, a punta de espada. Las cosas fueron facilitadas por Rabelais y Montaigne, buenos sembradores de dudas (Bodino, 530-1596; Rabelais, 1494?-1553?; Montaigne, 1533-1592).

Guárdenos Dios de los hombres seguros de sí mismos. Es que han sublimado por alguna manera la inseguridad radical de todo ser humano, pero siempre a costa de los demás. De no haber vacilado Kerenski acaso no hubiera triunfado por entonces el bolchevismo, pero Rusia hubiera tenido que padecer la «fortaleza» de Kerenski. Hombres ejemplarmente «seguros» fueron los guisas de la noche de san Bartolomé, Lope de Aguirre, Napoleón, Hitler y Stalin, con el resultado que se sabe y cada cual en su esfera. Es siempre de temer el fanatismo de cualquier tipo, y lo grave es que para la masa el fanatismo es siempre inducido, agitado por unos pocos, pero recayendo en un buen caldo de cultivo.

Si la especie sobrevivió hasta ahora es porque de vez en cuando hubo hombres que dudaron, que no anduvieron seguros de sí mismos, pisando fuerte. Sin la existencia de estos hombres la humanidad hace tiempo que se hubiera exterminado a sí misma. Porque intentos para ello hubo muchos, casi constantemente. Gracias a que el hombre ordinario, preocupado por las urgencias de su vida cotidiana, dejaba de estar fustigado siquiera episódicamente por los seguros y fanáticos, y los otros echaban sobre la sociedad el aceite de sus dudas, gracias a esto hubo paréntesis de sosiego que permitían reponer las graves pérdidas, en vidas y cosas, producidas por hombres, ideas y períodos muy «seguros» en su agresividad. La historiografía al uso, por el contrario, pretende decirnos que son los hombres seguros, los héroes, los que han determinado para bien el curso histórico. Sin tener en cuenta que a menudo tales héroes fueron fabricados *a posteriori*, como símbolos. Cuando no, casi siempre fueron nefastos.

Puede parecer a veces que el fanatismo contribuyó a acelerar el ritmo del cambio histórico, favoreciendo así la mudanza y el progreso. Las guerras por ejemplo, se dice, han sido un gran factor para el desarrollo de la tecnología, y contribuyeron a fomentar los avances en el terreno de la cirugía y la medicina. Lo que se ignora en este caso son los costes, los desmesurados costes del avance rápido. Con demasiada frecuencia hubo más vencedores que convincentes y más vencidos que convencidos.

Pero, de otra parte, siendo la vida colectiva una continua opción, decidiendo permanentemente sobre alternativas, cabe pensar si el proceso no se detendría en manos de hombres dudosos que cavilasen de continuo sobre las posibilidades de todas las alternativas. Duda es igual a paralización. Creo que esto es así en la medida que se conciba la vida pública como palestra y la cultura en el fondo sea una cultura bélica. La cuestión será, pues, superar por lo pronto esa concepción de competencia, de enfrentamiento inevitable, sustituyéndola por un consenso derivado de la tolerancia. Apoyada en un cierto prado de escepticismo generalizado.

La coexistencia de las dos concepciones es perniciosa, porque el escepticismo genera resignación y apatía, que son aprovechadas por los seguros para imponerse. Se trata de la yuxtaposición de dos ritmos distintos: el lento de los escépticos y el rápido de los otros. Naturalmente, el de estos últimos parece el único capaz de generar movimiento y lo arrastra todo en su dirección. Pero si supusiéramos que no contase este factor de premura y fustigamiento, ¿por qué no pensar que también se adoptarían decisiones y que las cosas marcharían pese a las vacilaciones e indecisiones de los dudosos, de los no fanáticos ni fanatizantes?

Cabe pensar que esto corresponde a una visión utópica de la vida colectiva que iría contra la manera de ser del hombre tal como se la concibe corrientemente por la cultura de la seguridad y de los vencedores y vencidos. Admito que es utópica en la medida que cueste y está lejos aún alcanzar al cambio de talante y mentalidad que todo ello supondría. Pero entiendo que no hay imposibilidad de base para admitirlo.

En el peor de los casos, tal vez el estadio presente de evolución de la especie impida todavía llegar a esa meta social. Quizás haya en nosotros aún demasiada selva y lucha por la existencia que tengamos que remontar. Pero si la humanidad sobrevive, cabe esperar su llegada a la convivencia tolerante. Al menos en cierta medida, porque tampoco creo que el hombre sea indefinidamente perfectible.

PRÓLOGO

«¿Qué es asaltar un banco comparado con fundarlo?»

(Bertolt Brecht)

Como teóricos de la política lo que me parece indudable es que sacamos en definitiva un santo recelo ante el poder. Recelo del poder en todas sus formas, de todo condicionamiento de un hombre por otro, pero muy especialmente del poder político. Quizás porque es el más notorio y aparente. Porque sabemos todos más de él y de sus efectos. Y porque toda la parafernalia del mismo, su aparato de fuerza, sus símbolos y sus mitos están más presentes en la historia humana, muchas veces con apariencias formales análogas hoy a las de hace milenios.

No sé si estaremos de acuerdo con ese augustinismo político que considera la organización política, y por tanto el poder, mera consecuencia del pecado (*Civitas diaboli*), que no se hubiera producido de seguir el hombre en su estado de gracia primigenia, paradisíaca, edénica. Ya sé que algunos rechazan esto como falseamiento del pensamiento augustiniano. Y sé que Suárez (en su *De Opere Sex Dierum*) se plantea explícitamente la cuestión, poseído de su alcance. ¿Hubiera el hombre accedido a la organización política de no producirse el pecado original? La respuesta del jesuita es afirmativa, aunque con la advertencia de que semejante «Estado» no hubiese necesitado de una *vis coactiva*, incompatible de otra parte con el estado de inocencia y candidez del *homo* edénico. Le hubiese bastado con una *vis directiva*, suficiente para mantener la cooperación en un *consensus* básico entre hombres sin pasiones desbocadas ni instintos sueltos.

Sin entrar en la larga historia del problema, domina en mí la tendencia pesimista a considerar la política y el poder como males, todo lo necesario que se quiera, pero no por ello menos males. No tengo inconveniente en afirmar después que la política es una actividad de bajo rango que debiera descalificar a quien la ejerce. Quizás decir «infamar» sería demasiado para oídos acostumbrados desde siglos a la retórica de propaganda en contra.

En cualquier caso: Primero, hay que recelar del poder. Ejérzalo quien lo ejerza, la gente, el pueblo, sufre siempre malas consecuencias, aunque en conjunto y en una perspectiva global y temporal sea necesario para que aquello «marche». Segundo, como consecuencia, el poder supone una actividad subalterna, de orden inferior, incluso con la posibilidad de una connotación ética negativa, que descalifica a quien la ejerce. La «superioridad» política supone inferioridad de alguna especie por parte de los demás, y para ello es para lo que no encuentro justificación. Los políticos presumen de sacrificio, honradez, altruismo, entrega, justamente porque no suelen tenerlas. Son vocablos de su retórica peculiar, denunciadores de carencias.

Pero —se dirá—, ¿no habrá diferencias ni matizaciones entre unos políticos y otros? Distingamos para entendernos. Lo que es, digamos, «malo» es la ambición de poder, el deseo de mandar, de ser «superior» a otros. Esto, sustantivamente. La manera cómo se ejerza el poder y los fines a que se dedique pueden variar mucho según los casos y merecer distintas calificaciones. Pero esto ocurre ya en otro plano teórico inferior. Aquella «maldad» se produce siempre, sea cualquiera la ideología que anime a quien ejerce el poder y el origen de su acceso al mismo.

En una época estamental, la nobleza consideró durante mucho tiempo a los profesionales, abogados, médicos, arquitectos, artistas, con un reconocimiento de lo necesario y conveniente de sus tareas, pero al mismo tiempo con una cierta condescendencia como criados distinguidos. Porque en todo caso sus tareas no admitían comparación, por importantes que fuesen, con el rango incomparable que ocupaba aquella aristocracia (y luego una rica burguesía) en la estructura social. Pues bien, los políticos han tratado por siglos de imitar esta situación.

Encuentro que están en lo cierto el cinismo de Hobbes (el poder es malo, pero como nuestra naturaleza es peor aún, démoslo por bueno y necesario para sobrevivir) y el pesimismo de Rousseau (el poder pervierte al hombre, y no sólo a quien lo ejerce, sino también a quien lo padece; hagamos, por tanto, que su ejercicio se reparta entre todos de la mejor manera posible). Pero no se pierda de vista que toda actitud de recelo frente al poder tiende a convertirse (o puede convertirse) en un freno, en una limitación al poder mismo, por esa implicación que hay en nuestro campo entre teoría y praxis. Y, al contrario, toda dignificación del poder supone creer en su retórica propagandística y, por tanto, reforzarlo.

De otro lado, es indudable que el hombre, dada su «naturaleza» actual, no funciona sin organización y, por tanto, sin poder. En nuestras sociedades, tan complejas, no puede ni pensarse. Incluso, lo más probable es que se precise cada día de más poder o de más manipulación si se quiere, si queremos sobrevivir en un planeta densamente poblado.

En resumen, ¿qué sentido puede tener una prudente dosis de acracia? Ante todo, estar sobre aviso para evitar en lo posible desmanes del poder y de los poderosos. Recelar del poder mismo, evitando la trampa del «cambio de manos», que casi siempre supone nuevas formas de tiranía. Operar como factor de cambio, en cuanto actitud permanente de rebeldía y desobediencia, aunque sea latente y no explícita. En todo caso pudiera funcionar como freno potencial con que el poder hubiese de contar en cualquier momento. Éste creo que puede ser el talante a que llegue inevitablemente cualquier hombre que conozca la historia (casi siempre hasta ahora relato del poder y de sus glorias o barbaridades, según el punto de vista). Desde luego lo es el mío, y pienso que el de todo cratólogo que no esté en trance de dejarse seducir por la atracción del poder.

El poder nos deslumbra con sus brillos colaterales (mantos, desfiles, símbolos) porque tenemos así una vivencia vicaria de lo que atraía al primitivo que llevamos dentro. Al que tenía que domeñar a su prójimo para obtener el trofeo de caza, como símbolo de que había logrado antes las proteínas correspondientes. Lo llevamos tan dentro como especie que nos cuesta entenderlo así. Pero los símbolos del poder son puro primitivismo, los hombres con poder son pervivencias, por ahora, inevitables. Hemos de esperar que toda forma de dominación terminará siendo odiosa, aunque se necesite mucho tiempo para ello. Parece que evoluciona la sensibilidad al respecto. Hoy nos horroriza la esclavitud de hace poco más de un siglo y la situación del vasallo en el Antiguo Régimen. Posiblemente mañana pasará igual con la relación actual patrono-obrero. Esperemos que pasado mañana ocurra algo parecido con la dominación política o burocrática. Confiemos en que parece existir una cierta entropía histórica del poder. Y que no se trate de un ciclo funesto en que el poder evolucione hacia formas cada vez más sutiles para volver de nuevo a la fuerza bruta.

Confieso que nunca creí demasiado en la Ciencia Política. Y que tal vez este escepticismo se traslucía demasiado en mis clases. El hecho mismo de que oficial y burocráticamente yo hubiese ido funcionando bajo diversas denominaciones (Derecho Político, Teoría y sistema de las formas políticas, Teoría del Estado, Derecho Constitucional, Ciencia Política) no animaba mucho a confiar en la firmeza del piso. La falla se manifiesta también en la facilidad dulcemente mansa con que nos hemos ido dejando llamar politólogos.

Hace tiempo, por lo demás, que estoy habituado a escribir prólogos, es decir, esa parte que no se lee de los libros, ni aun en casos de apuro. Pero lo cierto es que en circunstancias como ésta tampoco importa mucho: lo que informa e interesa viene a continuación. Y por descontado que soy consciente del honor que supone encabezar una colección de esfuerzos tan notable como la que el lector hallará en lo que sigue. Que Dios reparta suerte para todos.

Capítulo 1

LA POLÍTICA: EL PODER Y LA LEGITIMIDAD

Rafael del Águila
Universidad Autónoma de Madrid

I. LA POLÍTICA

De las muchas posibles definiciones de la política, existe una que quizá nos resulte útil en un principio: política es la actividad a través de la cual los grupos humanos toman decisiones colectivas (Hague *et al.*, 1994).

Definida en estos términos, una enorme variedad de actividades deben ser consideradas políticas: desde las realizadas en el seno de un pequeño grupo de amigos o de una familia hasta las grandes decisiones de la comunidad internacional. En el contexto de este libro, el lugar central de la actividad política al que nos referiremos y del que trataremos será el Estado, entendido como aquella institución que recaba para sí, con éxito, el monopolio de la violencia legítima dentro de un territorio (Weber). No obstante, es muy importante retener desde un principio que la política es una actividad que subyace y excede el marco estatal.

Por otro lado, la definición que ofrecemos tampoco prejuzga *cómo* se toman aquellas decisiones: por consenso, por mayoría, democráticamente, por la violencia, por la fuerza, por la instancia más «autorizada», etc. Es decir, en el contexto de la definición sería posible hablar tanto de política democrática como de política autoritaria o totalitaria. Igualmente dentro de esa definición caben comprensiones más aristotélicas (y cooperativas) o más maquiavelianas (y conflictivas) de la política.

Según las primeras, la política es la actividad que nos convierte en seres humanos al hacernos usar la palabra y la persuasión en la deliberación en común de lo que a todos afecta. En este sentido, la política ocupa un lugar central en la vida de los ciudadanos, muy superior en importancia a cualquier otro y generador de la ética compartida por la comunidad, así como del poder de la comunidad misma[1]. Sin embargo, esta visión amable de lo político, esta visión que resalta su importancia, su carácter educativo y ético para el cuerpo político, su sentido de colaboración en una empresa común, etc., no es hoy la dominante.

En efecto, las definiciones maquiavelianas de lo político señalan que esta actividad (la política) es esencialmente algo conflictivo y transgresor cuando no directamente inmoral. Con palabras de Maquiavelo, quien quiera hacer política debe estar dispuesto a internarse en la «senda del mal», es decir, debe estar dispuesto a sacrificar su ética al objetivo político que tenga que obtenerse. La política, de hecho, no es una actividad cooperativa, sino de conflicto entre personas, grupos, intereses, visiones del mundo, etc. La ciencia de la política se convierte aquí en la ciencia del poder.

Pues bien, en democracia ambas concepciones, la cooperativa y la conflictiva, la que busca el acuerdo y el consenso y aquella basada en el conflicto y la contraposición de intereses, conviven la una con la otra. De hecho, la democracia liberal es un sistema que intenta solucionar algunos de los problemas derivados de esas diferentes concepciones y que trata igualmente de establecer un marco de entendimiento del poder y la legitimidad que haga justicia a lo que pueda haber de verdad en cada una de ellas.

Por esta razón, en lo que sigue de este capítulo se ofrecerán dos visiones de lo que es el poder y la legitimidad: la primera (epígrafes III y IV), más cercana a los planteamientos conflictivistas de la política; la segunda (epígrafe V), más preocupada por resaltar los aspectos cooperativos y consensuales. Pero antes de abordarlas debemos hacer algunas precisiones conceptuales.

---

1. Para apreciar por qué es una actividad tan importante debemos intentar entender el contexto histórico en el que esa idea de la política se desarrolla. Piénsese, por ejemplo, en las diferencias entre la vida en la *polis* y la actividad en la asamblea de Atenas, por un lado, y la vida aislada en una pequeña aldea del mundo antiguo con pocos contactos humanos y menos variedad en las interacciones entre sus habitantes, por otro. Mientras en el primer caso tenemos (al menos idealmente) a un conjunto de ciudadanos iguales, discutiendo en común sobre lo que todos interesa, educándose mutuamente mediante las discusiones, aprendiendo unos de otros y generando de este modo el poder de la comunidad y sus instituciones, en el segundo caso sólo tenemos aislamiento, falta de acceso a otros seres humanos, a los medios de educación cívica, y, sea como fuere, un tipo de vida con pocos horizontes.

II. EL PODER

1) El poder no es una *cosa* que uno tiene (como se tiene una espada o un tanque), el poder es el resultado de una *relación* en el que unos obedecen y otros mandan. No es posesión de nadie, sino el resultado de esa relación.

2) Por esa razón, el poder está estrechamente vinculado no sólo ni prioritariamene con la fuerza o la violencia, sino con *ideas, creencias y valores* que ayudan a la obtención de obediencia y dotan de autoridad y legitimidad al que manda.

3) Así, aun cuando el *miedo al castigo* es un componente de todo poder, no es su componente fundamental. Un viejo dicho asegura que con las bayonetas puede hacerse cualquier cosa... menos sentarse sobre ellas. Es decir, todo poder que aspire a estabilizarse debe contar, además de con la violencia, con un conjunto de creencias que justifiquen su existencia y su funcionamiento (que hagan creer al que obedece en la necesidad, las ventajas, etc., de la obediencia).

4) Los ciudadanos no consideran del mismo modo: *a)* pagar impuestos, detenerse ante la señal de un policía de tráfico, que se encarcele a un delicuente, la obligación de participar en una mesa electoral, etc., que *b)* ser asaltado por un ladrón que nos exige dinero, ser secuestrado por un particular, que se nos impida la libre circulación por una acera de un barrio debido al capricho de una pandilla, etc. La diferencia entre *a)* y *b)* está en que los que ordenan en el primer caso son considerados *autoridades legitimadas para exigirnos la obediencia*, mientras que los segundos (que seguramente tienen medios más directos e inmediatos de ejercer violencia sobre nosotros) no lo son[2].

5) Para apreciar cómo se ordena, se concentra o se dispersa el poder en un sistema político concreto no es suficiente el estudio de sus leyes. Aun cuando éstas son, por decirlo así, el retrato de los circuitos de poder, éste desborda en su funcionamiento la estructura legal, no porque la transgreda, sino porque funciona de forma más general y dispersa de lo que puede recogerse en cualquier texto legal. Así, por ejemplo, el poder que los partidos políticos tienen en nuestras democracias contemporáneas es mucho mayor y más importante del que podría deducirse de su regulación legal en cada

---

2. Naturalmente, todos los casos del grupo *a)* pueden ser considerados injustos o ilegítimos, producto de, digamos, una tiranía intolerable, y eso les acercaría al caso *b)*. Pero lo crucial ahora es comprender que existen poderes legítimos y otros que no consideramos como tales.

caso. Pensemos que sólo un artículo de nuestra Constitución de 1978 trata de los partidos políticos, de modo que su poder real en el funcionamiento del sistema político español no podemos deducirlo simplemente de una lectura de ese texto.

III. TEORÍAS ESTRATÉGICAS DEL PODER

¿Qué es el poder político?, ¿qué necesitamos para explicarlo?, ¿cuáles son sus rasgos esenciales? Dado que, según hemos dicho, el poder es una *relación* entre partes, la respuesta a las anteriores preguntas requiere que aclaremos primero qué es una acción social y qué tipo de acción social resulta típica de las relaciones de poder. Max Weber ofrece la definición más influyente de poder político conectándola a su propia idea de lo que es una acción teleológica o estratégica.

Weber define la acción estratégica como aquella en la que el actor: 1) define el *fin* que quiere o le interesa alcanzar y 2) combina e instrumenta los *medios* que son necesarios o eficientes en la consecución de aquel fin. Puesto que se trata de una acción social, el actor para la consecución de sus fines ha de incidir sobre la voluntad y el comportamiento de otros actores. Y es así como se desemboca en la idea de poder. El actor estratégico, interesado en conseguir sus fines, dispone los medios de tal forma que el resto de los actores sociales se comporten, por medio de amenazas o de la persuasión, de manera favorable al éxito de su acción. Los ejemplos de este tipo de comportamiento son múltiples: un candidato maneja estratégicamente los medios con que cuenta para obtener un escaño en las elecciones; una persona calcula qué debe decir a sus amigos para convencerles de ir a ver una determinada película; un dictador manipula los datos económicos para mantenerse en el poder, etc. De este modo, Weber define el poder como la posibilidad de que un actor en una relación esté en disposición de llevar a cabo su propia voluntad, pese a la resistencia de los otros, y sin que importe por el momento en qué descansa esa posibilidad (en la persuasión, en la manipulación, en la fuerza, en la coacción, etc.). Más simplemente, entonces, *el poder sería la posibilidad de obtener obediencia* incluso contra la resistencia de los demás.

La politología estadounidense intenta aplicar esta definición a los procesos que tienen lugar en las instituciones de un sistema político y producen como resultado el que los fines e intereses de determinados grupos se impongan y prevalezcan sobre los de otros. Existen tres grandes formas de contemplar este tema (Lukes, 1985).

1. El *enfoque unidimensional*. Aquí *A* tiene poder sobre *B* en la medida en que puede hacer a *B* realizar algo que, de otro modo, *B* no haría. Para hablar de la presencia del poder es, pues, necesario que sobre las cuestiones en disputa exista *una oposición real y directa de intereses*. Es decir, el conflicto expreso y consciente de intereses es el fundamento de las situaciones de poder. Si seleccionamos en una comunidad dada un conjunto de cuestiones clave y estudiamos para cada decisión adoptada quién participó iniciando opciones, quién las vetó, quiénes propusieron soluciones alternativas, etc., obtendremos un cómputo de éxitos y fracasos y determinaremos quién prevalece (quién tiene el poder) en la toma de decisiones sobre los demás.

2. Para el *enfoque bidimensional* la concepción anterior es insuficiente. Necesitamos analizar también *cualquier forma de control efectivo de* A *sobre* B. Desde esta perspectiva donde se manifiesta el poder es en la movilización de influencias que opera tanto en la resolución de conflictos efectivos (como en el caso anterior) como en la manipulación de ciertos conflictos y la supresión de otros. El *control de la agenda política*, qué cuestiones se considerarán claves y cuáles no, el poder de *no adopción de decisiones*, etc., se convierte aquí en crucial. Se trata ahora de incluir en el concepto de poder no sólo la oposición explícita de intereses, sino también los «conflictos implícitos» que podrían (o no) ser excluidos por el poder de la agenda de problemas a tratar.

3. Para el *enfoque tridimensional* es necesario desechar la reducción del poder al proceso concreto de toma de decisiones y hay que centrarse en el *control global* que el poder puede ejercer sobre la agenda política. No se trata ahora de buscar conflictos efectivos y observables (explítcios o implícitos), sino de considerar oposiciones *reales* de intereses. Tales oposiciones pueden no ser conscientes para los actores, pero pese a ello existen. Supongamos, por ejemplo, que un pueblo de la costa española ha de decidir si debe urbanizar o no todo su conjunto histórico para obtener grandes beneficios con el turismo. Supongamos que los intereses de, digamos, las élites económicas y políticas son la urbanización. Supongamos que para el conjunto de los ciudadanos también la urbanización sea la decisión a adoptar. En este caso no existe conflicto de intereses (ni explícito ni implícito). Sin embargo, para los partidarios del enfoque tridimensional del poder podría hablarse de relación de poder si pudiera demostrarse que los intereses *reales (aunque no conscientes)* del conjunto del pueblo son la preservación del equilibrio ecológico en la zona y la conservación de su patrimonio histórico. El problema

para este enfoque es, naturalmente, quiénes pueden o deben decidir sobre esos intereses reales, si no son los propios implicados. Sin embargo, los partidarios de este tercer enfoque deben esforzarse por dar una definición objetiva de intereses, y tal tarea es, sin duda, muy problemática.

En las tres variantes aquí analizadas del poder hay diferencias en qué se entiende por interés o la forma en que se articula o se manifiesta. Pero no hay diferencia en el concepto de poder propiamente dicho, que sigue siendo una relación estratégica entre dos polos (*A* y *B*), mientras la visión de la política sigue anclada en su consideración como juego de opciones representativas de intereses, conflictos y preeminencia de unos sobre otros. Más adelante (ver epígrafe V) trataremos de otra perspectiva sobre este tema. Ahora debemos completar los fundamentos de estas teorías estratégicas del poder con una referencia a la autoridad y la legitimidad.

IV. PODER, AUTORIDAD Y LEGITIMIDAD

Como ya se ha señalado, el poder está íntimanente ligado a los valores y las creencias. Este vínculo es el que permite establecer relaciones de poder duraderas y estables en las que el recurso constante a la fuerza se hace innecesario. De nuevo Max Weber distinguía entre poder y autoridad[3].

Autoridad sería el ejercicio institucionalizado del poder y conduciría a una diferenciación, más o menos permanente, entre gobernantes y gobernados, los que mandan y los que obedecen. La institucionalización de la dicotomía poder-obediencia, así, se produce como consecuencia de la estabilización en las relaciones sociales de determinados roles (papeles sociales) y *status*. Cuando esto ocurre la obediencia se produce de forma distinta a cuando el mandato del poder se da en un medio no institucionalizado. Tiene lugar ahora una abstracción respecto de la persona concreta que emite la orden y una localización de la autoridad en la institución que esa persona encarna. Por ejemplo, uno obedece la orden de un guardia de tráfico porque, según su rol social de «conductor de coche», viene obligado a hacerlo, con independencia de si ese guardia en particular y

---

[3]. Nos limitaremos aquí a una sola definición de la autoridad dejando de lado, por razones de espacio, las elaboraciones clásicas del mundo antiguo, etc.

esa orden específica le parecen indignos de obediencia «personalizada y concreta». Así, la autoridad implica una serie de supuestos (Murillo, 1972):

a) Una relación de supra-subordinación entre dos individuos o grupos.

b) La expectativa del grupo supraordinado de controlar el comportamiento del subordinado.

c) La vinculación de tal expectativa a posiciones sociales relativamente independientes del carácter de sus ocupantes.

d) La posibilidad de obtención de obediencia se limita a un contenido específico y no supone un control absoluto sobre el obediente (piénsese en un guardia de tráfico que pretendiera ordenarnos cómo debemos pagar nuestros impuestos o si debemos vestir con corbata o que nos ordena traerle un café).

e) La desobediencia es sancionada según un sistema de reglas vinculada a un sistema jurídico o a un sistema de control social extrajurídico.

De este modo, la autoridad hace referencia a la rutinización de la obediencia y a su conexión con los valores y creencias que sirven de apoyo al sistema político del que se trate. Dicho de otra forma, el poder se convierte en autoridad cuando logra legitimarse. Y esto nos conduce necesariamente a preguntarnos qué es la *legitimidad*.

Legítimo, diría de nuevo Weber, es aquello que las personas creen legítimo. La obediencia se obtiene sin recurso a la fuerza cuando el mandato hace referencia a algún valor o creencia comúnmente aceptado y que forma parte del consenso del grupo.

Así las cosas, nada tiene de extraño que los primeros tipos de legitimidad que encontramos en la historia hagan referencia a los valores religiosos de las comunidades. De este modo, encontramos en el antiguo Egipto la figura del *rey-dios*, figura legitimante especialmente fuerte, ya que liga directamente a la autoridad política con la voluntad ordenadora del universo, de modo que la desobediencia no desafía a un orden particular sino nada menos que al orden del universo de los vivos y los muertos. En la misma línea está la idea de *origen divino* de la autoridad, es decir, que se considere a un rey o un emperador como hijo de dios o algo similar, con lo que la fuerza legitimante es igualmente muy alta al suponer a la autoridad un vínculo de sangre con el/los que ordenan el universo. Por último, dentro de estas variantes religiosas tenemos la idea de *vocación divina* como principio ordenador del gobierno legítimo. Aquí la autoridad de los reyes o los jefes procede de dios mismo y ellos gobiernan «por la gracia de dios»[4].

En todo caso, el proceso de secularización de Occidente en la modernidad hace que los recursos legitimantes de cuño religioso pierdan importancia, aun cuando éste es un proceso largo y a veces contradictorio. De nuevo una clasificación ofrecida por Weber es pertinente aquí.

Weber distingue tres tipos de legitimidad. La *legitimidad tradicional*, que apela a la creencia en la «santidad» o corrección de las tradiciones inmemoriales de una comunidad como fundamento del poder y la autoridad y que señala como gobiernos legítimos a aquellos que se ejercen bajo el influjo de esos valores tradicionales (la legitimidad monárquica sería el ejemplo evidente de este tipo de legitimidad). *La legitimidad carismática*, que apela a la creencia en las excepcionales cualidades de heroísmo o de carácter de una persona individual y del orden normativo revelado u ordenado por ella, considerando como dignos de obediencia los mandatos procedentes de esa persona o ese orden (la autoridad de líderes y profetas tan distintos entre sí como Gandhi, Mussolini o Jomeini vendría a caer en esta categoría). *La legitimidad legal-racional*, que apela a la creencia en la legalidad y los procedimientos racionales como justificación del orden político y considera dignos de obediencia a aquellos que han sido elevados a la autoridad de acuerdo con esas reglas y leyes. De este modo, la obediencia no se prestaría a personas concretas, sino a las leyes (cuando el liberalismo puso sobre el tapete la idea de «gobierno de leyes, no de hombres» lo hizo siguiendo este tipo de legitimidad).

En todos estos casos la *legitimidad está vinculada a la creencia en la legitimidad*, es decir, es legítimo aquel poder que es tenido por legítimo. Esta perspectiva, que ofrece un amplio campo al análisis empírico sobre la legitimidad en los sistemas políticos, tiene, sin embargo, algunas deficiencias. No la menor de ellas sería (al menos en el caso de la *legitimidad legal-racional*) el hecho de la reducción de la legitimidad a pura legalidad. Esto es, la legitimidad de una decisión o de una autoridad se reducen a la creencia en el procedimiento (legal) con el que esa decisión se adoptó o esa autoridad se eligió. Nos hallamos ante una *legitimidad de origen* puramente legal. Del mismo modo

---

4. Todavía en algunas de las monedas de Francisco Franco, hasta muy recientemente en circulación en nuestro país, se puede leer: «Francisco Franco, Caudillo de España por la G. de Dios», siendo la «G.» la gracia. Esto demostraría, entre otras cosas, la persistencia de ciertas formas de legitimidad y su mezcla con otras más modernas como mecanismos legitimadores concretos.

la legitimidad de *ejercicio* de la autoridad en cuestión se reduce a su cumplimiento escrupuloso de la legalidad en el ejercicio del poder.

Sin negar que ésos son componentes cruciales de cualquier acción o autoridad legítima en nuestro contexto de Estados democráticos y de Derecho, no es menos cierto que una visión tan estrecha de la legitimidad elimina cualquier consideración sobre la legitimidad material de un orden político cualquiera. Es decir, la calificación de legítimas referida a reglas u órdenes políticos puede prescindir de toda justificación material y no tiene sentido investigar si la creencia fáctica en la legitimidad responde o no a la «justicia» o a la «racionalidad» o al «interés común» de los implicados. Al procurar construir un concepto científico y neutral de legitimidad, las teorías que siguen en la estela weberiana no poseen forma de considerar ilegítima a una autoridad que ha conseguido reconocimiento mediante la manipulación, a la que han dado una apariencia de legalidad. De este modo, para poder enfrentar este problema hemos de salir del paradigma diseñado por Weber y continuado por buena parte de la politología estadounidense y europea y ofrecer una visión alternativa del poder político y de la legitimidad.

V. PODER Y LEGITIMIDAD DEMOCRÁTICAS

Al igual que el concepto weberiano de poder político partía de una determinada concepción de la acción social teleológica o estratégica, el concepto alternativo de poder y legitimidad que analizaremos en lo sucesivo se fundamenta en la idea de acción comunicativa o concertada.

El concepto de acción comunicativa responde a la idea aristotélica de que existen acciones que se realizan por sí mismas sin que sean meros medios para la obtención de un fin distinto. Así, por ejemplo, cuando un actor interpreta su papel en el escenario o un bailarín ejecuta una danza, su actividad como tal no es algo separado y distinto del fin que persiguen (la creación de placer estético), sino que tal fin se produce dentro de la actividad misma, por así decirlo. Pues bien, podemos imaginar que un grupo de individuos entran en una actividad comunicativa que busca a través del diálogo y el consenso resolver algunos problemas que les afectan a todos. En este caso, la actividad de deliberar conjuntamente tiene como finalidad la elaboración de una voluntad común (no forzada ni lograda a través de coacción o coerción, sino producto de la razón) que sirva para enfrentarse al problema del que se trate. No estamos, pues, ante el supuesto de que unos manipulan a otros para imponer «su solución» al problema, sino ante la idea de elaboración conjunta de soluciones comunes. La aplicación de este instrumento teórico a la teoría del poder tiene consecuencias muy importantes.

H. Arendt, en línea con lo que acabamos de decir, rompe con la idea del poder como un mecanismo que responde al esquema medios/fines y lo define como «la capacidad humana no sólo de actuar, sino de actuar en común, concertadamente». Según eso, el poder no es nunca propiedad de un individuo, sino que «pertenece» al grupo y se mantiene sólo en la medida en que el grupo permanezca unido. Cuando decimos que alguien está en el poder queremos hacer referencia a que es apoderado de cierto número de gente para que actúe en su nombre. En el momento en que el grupo a partir del cual se ha originado el poder desaparece, su poder también se desvanece. Sin el «pueblo» o el grupo no hay poder. Es, entonces, el apoyo del pueblo lo que otorga poder a las instituciones de un país y este apoyo no es sino la continuación del consentimiento que dotó de existencia a las leyes.

Bajo las condiciones de un sistema democrático-representativo se supone que los ciudadanos «dirigen» a los que gobiernan. Las instituciones, por tanto, que no son sino manifestaciones y materializaciones del poder, se petrifican y decaen tan pronto como el poder del grupo deja de apoyarlas.

Esta forma de concebir el poder une ese concepto con la tradición de la antigua Grecia, donde el orden político se basa en el gobierno de la ley y en el poder del pueblo. Desde esta perspectiva se disocia al poder de la relación mandato-obediencia, de la coerción, del conflicto y del dominio. El poder es consensual y es inherente a la existencia misma de comunidades políticas: surge dondequiera que el pueblo se reúna y actúe conjuntamente. Así, lo importante ahora es el procedimiento de adopción de las decisiones, más que las decisiones mismas. El poder, lejos de ser un medio para la consecución de un fin, es realmente un fin en sí mismo, ya que es la condición que posibilita que un grupo humano piense y actúe conjuntamente. El poder, por lo tanto, no es la instrumentalización de la voluntad de *otro*, sino la formación de la voluntad común dirigida al logro de un acuerdo.

Arendt desarrolla en este punto una teoría de las instituciones y las leyes como materialización del poder que aclara bastante bien las consecuencias de este concepto de poder. Hay leyes, dice, que no son imperativas, que no urgen a la obediencia, sino directivas, esto es, que funcionan como reglas del juego pero no nos dicen cómo hemos de comportarnos en cada momento, sino que nos dotan de un marco de referencia dentro del cual se desarrolla el juego y sin el cual no podría tener lugar. Lo esencial para un actor político es que comparta esas reglas, que se someta a ellas voluntariamente o que reconozca su validez. Pero es muy importante apreciar que no se podría participar en el juego a menos que se las acate (del mismo modo que no es posible jugar al fútbol o al ajedrez si no se acatan las reglas, aunque siempre sea posible hacer trampas). Y el motivo por el que deben aceptarse tales reglas del juego es que dado que los hombres viven, actúan y existen en pluralidad, el deseo de intervenir en el juego (político) es idéntico al deseo de vivir (en comunidad). Por supuesto esas reglas, producto del poder como actividad concertada, pueden intentar cambiarse (el revolucionario, por ejemplo, lo intenta) o pueden ser transgredidas (el delincuente, por ejemplo, lo hace), pero no pueden ser negadas por principio, porque eso significa no desobediencia, sino la negativa a entrar en la comunidad. Las leyes, así, son directivas, dirigen la comunidad y la comunicación humanas y la garantía última de su validez está en la antigua máxima romana: *pacta sunt servanda* (los pactos obligan a las partes).

Pero, indudablemente, en la realidad política no todo funciona de acuerdo con ese esquema consensual y deliberativo que fundamenta el poder y la comunidad. Cuando estamos en presencia de la imposición de una voluntad a otra, dice Arendt, eso no cabe denominarlo poder sino violencia. El poder es siempre no violento, no manipulativo, no coercitivo. Poder y violencia son opuestos, la violencia aparece allí donde el poder peligra, pero dejada a su propio curso acabará con todo poder. El poder requiere del número, mientras la violencia puede prescindir de él, ya que se apoya en sus instrumentos (armas o coerción). Esos instrumentos pueden ser, desde luego, muy eficientes en la consecución de la obediencia, «del cañón de un arma brotan las órdenes más eficaces», pero lo que nunca podrá surgir de ahí es el poder. La violencia en sí misma concluye en impotencia. Donde no están apoyados por el poder, los medios de destrucción acabarán impidiendo la aparición de poder alguno.

En definitiva, Arendt nos ofrece un concepto de poder que puede utilizarse normativamente a favor de un democratismo radical y en contra de la erosión de la esfera pública en las democracias de masas contemporáneas. Porque el peligro de estas últimas está en suplantar al poder así definido por las mediaciones de burocracias, de «especialistas», de partidos y otras organizaciones que tienden a eliminar la discusión pública de los asuntos y establecen las bases para un dominio tiránico de lo no-político, del no-poder, de la violencia y la manipulación.

La separación del concepto weberiano del poder es así evidente.

Este último concepto, a través de su implicación con la idea de interés o voluntad individuales, oculta bajo el manto del análisis avalorativo la insinuación de que la única acción racional de los hombres radica en la manipulación estratégica del interlocutor para obtener dominio sobre otros. Para Arendt el poder es la espada de Damocles que pende sobre la cabeza de los gobernantes, mientras para Weber y sus seguidores éste no sería sino esa misma espada en manos de los que dominan (Habermas, 1977).

Sin embargo, este concepto de poder parece proyectar demasiado la idealización de la *polis* griega a nuestras sociedades actuales. En efecto, parece que aun cuando nos desvela importantes fenómenos políticos a los que había permanecido insensible la ciencia política moderna, los márgenes de aplicación de tal análisis son demasiado estrechos como para que resulte fructífero. Si este concepto de poder está vinculado a un «supuesto de laboratorio», ¿cuál sería su utilidad en la sociedad postindustrial de masas gobernada en mucho mayor medida por el paradigma weberiano?

Jürgen Habermas propone, en este sentido, una distinción entre el ejercicio del poder (o sea, el gobierno de unos ciudadanos por otros) y la generación del poder (o sea, su surgimiento). Sólo en este último caso (el de la generación o surgimiento del poder) el concepto de poder de Arendt y sus referencias deliberativas y consensuales son pertinentes. Es cierto, sin embargo, que ningún ocupante de una posición de autoridad política puede mantener y ejercer el poder si su posición no está ligada a leyes e instituciones cuya existencia depende de convicciones, deliberaciones y consensos comunes del grupo humano ante el que responde. Pero también hay que admitir que en el mantenimiento y en el ejercicio del poder el concepto estratégico weberiano explica gran cantidad de cosas. Lo que ocurre es que, a la vez, todo el sistema político depende de que el poder entendido como deliberación conjunta en busca de un acuerdo, legitime y dote de base a ese poder estratégico. Por muy importante que la acción estratégica sea en el mantenimiento y ejercicio del poder, en último término, este tipo de acción siempre será deudora del proceso de formación racional de una voluntad y de la acción concertada por parte de los ciudadanos. Los grupos políticos en conflicto tratan de obtener poder, pero no lo crean. Ésta es, según Habermas, la impotencia de los poderosos: tienen que tomar prestado su poder de aquellos que lo producen.

En estas condiciones, la violencia puede aparecer como fuerza que bloquea la comunicación, la deliberación y el consenso necesarios para lograr generar el poder que el sistema requiere. Aquí es donde la comunicación distorsionada, la manipulación y la formación de convicciones ilusorias e ideológicas hacen surgir una estructura de poder político que, al institucionalizarse, puede utilizarse en contra de aquellos que lo generaron y de sus intereses. Pero para determinar correctamente este proceso necesitamos de instrumentos teóricos que nos hagan capaces de distinguir una deliberación racional de los ciudadanos de un acuerdo logrado a través de la fuerza, la violencia y la manipulación. Es decir, necesitamos determinar cuándo el poder surge deliberativamente y cuándo es un producto manipulado que unos cuantos utilizan en detrimento del colectivo. Para ello inevitablemente debemos referirnos al tema de la legitimidad y de la justificación colectiva de normas práctico-políticas.

La via por la que Habermas intenta resolver el asunto es, entonces, la de especificar ciertas condiciones formales o procedimientos mínimos que nos hagan capaces de distinguir una deliberación conjunta basada en la razón y el interés general de otra basada en la fuerza, la manipulación o el engaño.

Ahora bien, ¿cuál es el contenido de un procedimiento deliberativo legítimo?, ¿cuáles son las reglas que dotan de fuerza legitimante a las decisiones políticas tomadas a su amparo?, ¿qué es lo que garantiza formalmente la deliberación política legítima? Simplificando, podríamos resumirlas en tres.

Primero, *libertad de las partes* para hablar y exponer sus distintos puntos de vista sin limitación alguna que pudiera bloquear la descripción y argumentación en torno a lo que debe hacerse. Gran cantidad de derechos y libertades típicos del liberalismo democrático cuidarían de este principio de libertad de las partes: libertad de expresión, de conciencia, etc.

Segundo, *igualdad de las partes* de modo que sus concepciones y argumentos tengan el mismo peso en el proceso de discusión. Ambas precondiciones tienden a garantizar a todos las mismas opciones para iniciar, mantener y problematizar el diálogo, cuestionar y responder a las diversas pretensiones de legitimidad y, en general, pretenden mantener unas garantías mínimas que permitan poner en cuestión todo el proceso y cualquier resultado al que eventualmente pudiera llegarse. También aquí el constitucionalismo liberal-democrático nos ofrece ejemplos de reglas destinadas a proteger la igualdad de las partes en los procesos deliberativos: libertad de asociación, libertad de prensa, sufragio universal e igual, etc. Del mismo modo, los reglamentos que regulan instituciones deliberativas (el Parlamento, por ejemplo) cuidan de establecer reglas que garanticen en los procesos de discusión esa igualdad de las partes.

La tercera condición se refiere a la estructura misma de la deliberación en común: lo que debe imponerse en la discusión es *la fuerza del mejor argumento* sin que sea posible acudir a la coacción o a la violencia como elemento integrante de la misma. Por supuesto, lo que en cada momento histórico ha sido considerado como mejor argumento varía y se transforma, pero lo esencial aquí es que los participantes sean capaces de reconocer la fuerza de cada argumento de acuerdo con sus convicciones, creencias y valores no manipulados. Las prohibiciones de utilizar la coacción o la violencia en los procesos deliberativos de nuestras democracias están dirigidos a garantizar esto.

Ahora bien, parece que esta idea de legitimidad ligada a procedimientos, deliberaciones conjuntas y acuerdos racionales favorece los valores liberal-democráticos en detrimento de otros (tradicionales, autoritarios, etc.). Esto es, en parte, cierto. Pero lo crucial aquí es que si alguien quisiera demostrar la superioridad de los valores tradicionales o autoritarios sobre los democráticos vendría obligado a hacerlo también según este esquema procedimental (discutiendo en libertad e igualdad y bajo la fuerza del mejor argumento la superioridad de aquellos valores autoritarios o tradicionales frente a los democráticos).

Así pues, y resumiendo, dentro del paradigma arendtiano del poder y de la legitimidad procedimental habermasiana, consideraremos una acción, una norma o una institución como legítima si fuera susceptible de ser justificada como tal dentro de un proceso deliberativo. Y este proceso deliberativo deberá regirse por reglas tales como la libertad y la igualdad de las partes, y deberá igualmente estar guiado por el principio del mejor argumento y la exclusión de la coacción. Aunque ninguno de estos elementos garantiza el resultado final (que el acuerdo efectivamente alcanzado sea «el mejor», por ejemplo), la democracia liberal se basa precisamente en la idea de que si nos equivocamos, al menos lo haremos por nosotros mismos y en muchas ocasiones, como diría John Stuart Mill, es preferible equivocarse por uno mismo que acertar siguiendo los dictados ajenos.

BIBLIOGRAFÍA

Arendt, H. (1977): *Crisis de la República*, Taurus, Madrid.
Beetham, D. (1991): *The Legitimation of Power*, MacMillan, London.
Habermas, J. (1977): *Problemas de legitimidad en el capitalismo tardío*, Amorrortu, Buenos Aires.
Hague, R., Harrop, M. y Breslegin, S. (1993): *Comparative Government and Politics: An Introduction*, MacMillan, London.
Lukes, S. (1985): *El poder: un enfoque radical*, Alianza, Madrid.
Murillo, F. (1979): *Estudios de Sociología política*, Tecnos, Madrid.
Weber, M.: *Economía y Sociedad*, FCE, México.

Capítulo 2

LA FORMACIÓN DEL ESTADO MODERNO

José Antonio de Gabriel
Universidad Autónoma de Madrid

La comprensión de cualquier fenómeno político contemporáneo presupone un cierto conocimiento de sus orígenes históricos, de su genealogía, de sus precedentes. Cuando se analiza, por ejemplo, la cultura política de un país, el conjunto de actitudes políticas que predominan en una determinada sociedad, no puede huirse del intento de deslindar lo que en esas actitudes hay de tradicional, de heredado, y lo que hay de novedoso, lo que supone un cambio. Lógicamente, una obra como ésta tiene que renunciar, en casi todos los temas que aborda, a dedicar a la historia de sus conceptos un espacio amplio y diferenciado. El Estado, sin embargo, constituye una excepción, y esto nos da idea de su formidable importancia como concepto y como realidad política. El Estado, en su doble faceta de escenario y de actor de la política, es tal vez el único común denominador mundial de la política a finales del siglo XX. El acento, en nuestra época, cae sobre la política estatal. Los otros ámbitos de la política, como el local, el regional o el supraestatal, con ser importantes y recibir cada día una atención más concreta de los politólogos, no pasan de suscitar un interés secundario o de despertar curiosidad por su carácter novedoso y experimental en el caso de las organizaciones supranacionales de integración. E incluso en estos ámbitos, los temas estrella tienen el horizonte estatal como fondo. Por debajo del Estado, nada hace correr tanta tinta como las reivindicaciones de *estatalidad* de entidades subestatales, horizonte implícito o explícito de toda una categoría de nacionalismos. En el ámbito de las organizaciones supraestatales, el predominio como objeto de estudio de la Unión Europea es tal que este único dato hace ya sospechar que se trata de algo muy distinto al resto de las numerosas organizaciones internacionales. La Unión Europea se alimenta de cesiones de soberanía de sus Estados miembros, y periódicamente se corrigen sus objetivos fundacionales, casi siempre hasta el momento en sentido más ambicioso. Al mismo tiempo, en algunas de sus competencias, la Unión Europea busca imponer canales de comunicación directos entre los ciudadanos y la organización, saltando por encima de las administraciones nacionales o, lo que es más sencillo, haciéndolas suyas de alguna manera. Estas tendencias sugieren que una de las múltiples visiones de la construcción europea es la que tiene como último horizonte la construcción de un Estado europeo.

En las páginas que siguen analizaremos, en primer lugar, los pasos iniciales de un cierto tipo de Estado, el Estado europeo moderno, que triunfa en los siglos centrales del segundo milenio de nuestra era y que, con la expansión colonial europea por los cinco continentes y las sucesivas oleadas de descolonización, se generaliza como modelo universal en la segunda mitad del siglo XX. En segundo lugar, repasaremos brevemente las transformaciones que, en el plano de las ideas políticas, acompañarán al nacimiento del Estado moderno, algunas de las cuales siguen presentes, a través de sucesivas reformulaciones, en la teoría y la práctica política de nuestro tiempo.

I. LA FORMACIÓN DE LOS ESTADOS EUROPEOS

El Estado, como poder político y complejo institucional organizado sobre un determinado territorio, capaz de ejercer con una eficacia razonable el monopolio de la producción de las normas más relevantes y del uso público de la fuerza, la coerción legal sobre las personas, o la sociedad, sometidas a su jurisdicción, no es un invento nuevo, ni es tampoco un invento europeo. Todas estas características, las que integran un concepto mínimo pero suficiente de Estado, están presentes en varias de las civilizaciones de la Antigüedad: el antiguo Egipto, las civilizaciones del Creciente Fértil, la República y el Imperio romano fueron Estados en el sentido antes citado. Ya en nuestra era, nos encontramos con Estados que, con sus altos y sus bajos, surgen y se mantienen durante largos períodos en puntos tan distantes como Bizancio, la América precolombina o China. Incluso en el período al que se refiere este capítulo, la edad moderna de la historiografía europea, el Imperio mogol en la India y el Imperio otomano, aún no occidentalizado, se encuentran en su apogeo. Durante el siglo XVI, el rey de Francia busca el apoyo del sultán en Estambul para debilitar la hegemonía naval del emperador en el Mediterráneo. España envía poco después una embajada al *shah* de Persia, competidor del sultán otomano en el Oriente Medio, con propuestas de alianza. Todos estos monarcas, orientales y occidentales, gobiernan Estados.

Pero, ya en ese mismo siglo, una reducida flota portuguesa es capaz de crear y defender plazas comerciales en las costas del Imperio saváfida, el territorio del *shah*. Y en la India, y en China. El Estado azteca sucumbirá ante una pequeña fuerza expedicionaria castellana. Poco a poco, todos los Imperios no europeos irán cayendo bajo el dominio o la influencia de unos pocos Estados occidentales, o bajo el de una Rusia de monarquía y aparato estatal occidentalizados. ¿De dónde procede esa fortaleza que hace de cuatro o cinco Estados, relativamente pequeños y poco poblados, los dueños del mundo en el curso de tres siglos? ¿Qué rasgos organizativos y materiales, ideológicos y sociales le convierten en el germen de un modelo que, a finales del siglo XX, cubre al planeta por completo?

Una respuesta verosímil debe analizar tanto las transformaciones que tienen lugar en los reinos de Europa occidental entre los siglos XIV y XVIII como las interpretaciones de sus posibles causas.

1. *De «el rey entre los señores» a «los señores bajo el rey»*

El Occidente medieval, por debajo de las peculiaridades de los distintos reinos, presenta una serie de rasgos políticos que permiten hablar de una cierta homogeneidad. En él conviven, por un lado, una serie de reinos y principados escasamente cohesionados políticamente, integrados por feudos y ciudades. Los territorios feudales, eminentemente rurales, se hallan bajo el gobierno de señores, que imponen tributos y administran justicia, y que por encima de todo son guerreros, pero guerreros privados. Los reinos no son unidades de poder. La coerción pública carece de un único vértice, se encuentra dispersa en multitud de centros. El feudal, ante todo, se representa a sí mismo, no ejerce su poder a las órdenes y bajo el control genérico del rey. En la práctica el señor feudal es rey de sus siervos. El rey gobierna como un feudal sobre las tierras de realengo, es decir, sobre aquellas que le pertenencen patrimonialmente. Y es con ese patrimonio privado con el que respalda su derecho a la corona y sus pretensiones de influencia sobre el resto del reino, que dependen básicamente de sus relaciones personales con los nobles más poderosos.

La nobleza feudal se articula a través de alianzas privadas, encadenando pactos de vasallaje por los que los señores menores quedan obligados con otros mayores y así sucesivamente hasta llegar, en algunos de los casos pero no siempre, al rey. El rey, se dice en la Europa alto-medieval, es *primus inter pares*, «el primero entre iguales», siendo los nobles, naturalmente, los iguales. Un ejército feudal retrata bien la realidad de la distribución del poder en el Occidente medieval europeo. Este ejército estará formado fundamentalmente, hasta bien entrado el siglo XV, por caballeros, que acudirán al combate con sus propias armas, escuderos y caballos. En general, llegarán por grupos, con un gran señor a la cabeza, al que los caballeros de su mesnada se hallan ligados por pacto de vasallaje. Puede que el rey encabece la operación, puede que sea otro gran señor quien lleve la iniciativa. Lo que está claro es que, como en una sociedad comercial, tendrá más peso el que más aporte, y si hay victoria tendrá derecho a una mayor ganancia. Porque la guerra es profesión de los señores feudales y, junto al matrimonio, el medio típico de adquisición de nuevos dominios. La importancia de la aportación de cada caballero, o incluso su asistencia, dependerá del interés que le vaya en la empresa o de sus pactos de vasallaje, pero no de una obligación genérica y reglada como ocurrirá pocos siglos después en los ejércitos regulares de los reyes y más tarde de las naciones. Podemos decir que, vistos desde el siglo XIII, los ejércitos del futuro son públicos, centralizados y burocratizados, frente al carácter privado, irregular y aglutinante de las mesnadas feudales. Lo mismo podríamos decir al comparar el reino medieval con el Estado moderno.

Otro elemento más les diferencia, hoy particularmente llamativo. En los ejércitos feudales suelen combatir juntos caballeros de distintos reinos. La idea *nacional* importa relativamente poco, aunque no deja de haber quien haya interpretado *El cantar de mío Cid* como afirmación del valor castellano frente a la doblez de leoneses y aragoneses. La propia España medieval es un perfecto ejemplo de esta versatilidad de lealtades de la nobleza feudal, con sus famosas alianzas coyunturales entre cristianos y musulmanes.

Así pues, los reinos medievales se caracterizan fundamentalmente por su marcado policentrismo y por el carácter patrimonial del poder, que depende sobre todo de la propiedad de la tierra. Este policentrismo se acentúa si se pasa del plano horizontal de los feudales al vertical de la estructura estamental de la sociedad o al espacial, con la dicotomía entre las ciudades, con un estatuto muy autónomo y relaciones peculiares con la corona y el campo, feudalizado.

Este acendrado policentrismo político, militar, social y, no hay que olvidarlo, muy significativamente jurídico, no significa caos ni desarticulación. La Edad Media europea genera mecanismos de coordinación llamados a desempeñar un gran papel, una vez modernizados sus contenidos, en los futuros Estados. En los reinos, desde finales del siglo XI, comienzan a proliferar organismos de representación estamental: Cortes, Parlamentos, Estados Generales, Dietas... en los que el rey se reúne con los burgueses de las ciudades, el alto clero y la nobleza. En estos foros se libran distintas batallas, pero la más característica es la batalla fiscal del rey con las ciudades. El rey necesita dinero para financiar sus campañas y apuntalar su autoridad entre los feudales, y sólo las ciudades, florecientes centros mercantiles y artesanales, están en condiciones de facilitárselo, naturalmente a cambio de algo. Se llega así al sistema de pactos entre el rey y las ciudades, el pactismo medieval: las ciudades aceptan votar tributos a cambio de *privilegios*, es decir, de derechos que benefician a sus actividades típicas y de garantías de libertad (entiéndase autonomía) política y de seguridad, tanto comercial como física. Pero, frente a lo que ocurrirá más tarde en la Europa continental, el rey, más que imponer tributos, los negocia. Y los negocia con los representantes de las ciudades a los que convoca a las Asambleas Estamentales. Como ilustra el viejo principio inglés de fiscalidad: *No taxation without representation.*

De alguna manera, las Asambleas Estamentales comienzan a darle unidad al reino, a reforzar la idea de un cierto orden unificado dentro de un territorio más o menos delimitado y con una autoridad suprema, el rey, que si no es aún soberano efectivo en todo su reino, sí comienza a ser soberano imaginado en ese espacio. Al servicio de esta idea, las monarquías europeas comenzarán a construir una simbología y una ideología del rey como supremo poder temporal dentro de su reino, gracias a la legitimidad que le otorga el derecho divino.

La consolidación de los reinos como espacios políticos que se van integrando poco a poco bajo una autoridad cada vez más sólida se beneficia del fracaso de los dos grandes poderes de la Edad Media europea, el Papado y el Imperio, para reconstituir en la cristiandad un poder unitario efectivo, como hiciera efímeramente siglos antes el emperador Carlomagno. Ambos poderes se enfrentarán militar e ideológicamente, y de su combate saldrán reforzados los reinos occidentales. El ideal del Imperio, una cristiandad bajo una única autoridad temporal, fracasará ante la pujanza cada vez mayor de los reinos. El Papado, deseoso de que su carácter de vicario de Cristo en la tierra le conceda una especie de derecho de supervisión y control sobre la autoridad temporal de los monarcas cristianos, que sin excepción legitiman su poder por el derecho divino de sus dinastías a la Corona, aunque también mediante las construcciones que un puñado de juristas que recupera y adapta del derecho romano de la época imperial, verá no sólo cómo los reyes reafirman su autonomía, sino incluso cómo en el norte de Europa muchos de ellos abrazan el protestantismo y crean Iglesias nacionales poco inclinadas a cuestionar la autoridad o las decisiones políticas de los príncipes.

Vemos cómo los reinos van tomando cuerpo *estatal*. La cuestión ahora es si el apoyo que las ciudades, esto es, la emergente burguesía mercantil, le prestan al rey a cambio de privilegios y libertades es explicación suficiente para la progresiva debilitación de la organización feudal del poder y el simultáneo avance de un poder real cada vez más efectivo sobre todo el territorio del reino, ejerciendo cada vez más funciones estatales a través de sus agentes. También está por ver si en el fracaso de Papado e Imperio está toda la explicación del triunfo de los reinos en el siglo XVI, que ni tienen pretensiones de universalidad ni son pequeños feudos autárquicos.

Michael Mann aporta una teoría que trata de comprender tanto la consolidación de los reinos europeos occidentales en los siglos centrales del milenio como su extrordinaria fortaleza, que les permitirá y les impulsará a lanzarse a abrir nuevas rutas comerciales y a buscar riquezas por continentes desconocidos o exóticos para la Europa medieval. Para Mann, es el propio conflicto, la guerra entre los reinos europeos, entidades políticas de tamaño medio, mucho más manejables que un Imperio como el otomano o el chino, pero mucho más poderoso que una ciudad-estado como las del norte de Italia o que una alianza de Feudales, lo que empuja a los reyes a una incesante búsqueda de apoyos y recursos en sus propios reinos. Los reyes se hacen poderosos dentro de su reino gracias precisamente a su incapacidad para imponer una *pax* fuera de él. Francia, Inglaterra, Aragón y Castilla (luego España), Portugal y los Países Bajos, guerrean y se alían sin cesar entre los siglos XIV y XVIII.

Todo ese esfuerzo bélico, como acabamos de apuntar, es costoso, y requiere de algún modo la sinergia de todas las fuerzas del reino, militares, productivas, técnicas y organizativas. Y aquí es donde se produce la novedad. El rey, al contrario que un déspota antiguo, carece de la fuerza necesaria para extraer imperativamente los recursos que necesita para la guerra. Para obtenerlos debe recurrir a la negociación con los sectores de la sociedad que están en condiciones de aportarlos y que, en contrapartida, pueden obtener ventajas haciéndolo. Como apuntaban ya las Cortes, la tendencia a gobernar con la sociedad, una sociedad de nobles y de comerciantes, va a irse acentuando y a generar un nuevo tipo de autoridad real *despóticamente débil* pero *infraestructuralmente fuerte*. La guerra o su posibilidad, como escenario permanente del sistema de Estados europeos que llegará a su madurez en la Paz de Westfalia, propiciará el rápido avance de unos reinos cada vez más y mejor organizados, de carácter cada vez más *estatal*. Y estos reinos deberán apoyarse, ya que no pueden imponerse sin más, en una sociedad cada vez más integrada y, en cierto sentido y con todas las reservas, cada vez más *nacional*. Andando el tiempo, estos reinos de la Edad Moderna se convertirán en los Estados-nación a los que nos referíamos en nuestra introducción.

2. *Características institucionales del Estado moderno*

Los reinos del Renacimiento, y principalmente los más pujantes, esto es, Francia, España e Inglaterra, van creando una nueva estructura institucional al servicio, fundamentalmente, de la guerra. El rey está a su cabeza, y por ello esta estructura nacerá con un carácter marcadamente patrimonial, integrada por servidores del monarca. Este carácter patrimonial, exasperado durante el absolutismo francés de Luis XIV (*L'État c'est moi*), ya en el siglo XVII, se irá posteriormente diluyendo y tomando un carácter más público hasta hacerse claramente nacional con el paso de la legitimidad dinástica de derecho divino a la contractual y proto-democrática típica del liberalismo del siglo XIX. Pero en este capítulo no llegamos tan lejos: nos quedamos en el Estado del Renacimiento y con el absolutista de los siglos XVII y XVIII.

El ejército es la primera necesidad del monarca europeo durante este período. Un ejército nuevo, muy amplio y mercenario, de carácter cada vez más permanente. Un ejército, además, no caballeresco. No es que los nobles queden fuera del oficio de guerreros. Siguen en él, y siguen al mando, pero ya no constituyen el grueso de las fuerzas. No son ya guerreros privados que se concierten para ir al combate, son soldados del rey en un ejército del rey que el propio rey financia. Obedecen a un mando unificado con objetivos militares directamente relacionados con la política dinástica.

La irrupción de las armas de fuego y de los nuevos barcos, el carácter mercenario de los nuevos ejércitos y su mayor tamaño convierten la aventura militar en una empresa con un coste sin precedentes. La guerra devora la casi totalidad de los ingresos del rey. La presión fiscal aumenta o disminuye en función de las campañas. Al servicio de estas necesidades fiscales surge todo un cuerpo de auditores, recaudadores, etc., que se expandirán por todo el reino para intentar saciar, de forma ordenada y reglada, la voracidad de dinero de la máquina militar.

Al mismo tiempo, la complejidad de los asuntos a tratar y resolver por el rey, en continuo aumento, da origen a la creación de órganos asesores y ejecutivos cada vez más especializados. Con el Estado moderno nace la burocracia moderna, el gobierno de las peticiones, los documentos y los tinteros, con sus Consejos, Audiencias y Cancillerías. Felipe II encarnará mejor que ningún otro monarca este nuevo estilo de gobernar.

Este aparato se introduce también en los ámbitos autónomos característicos de la Edad Media, precisamente para mitigar ese carácter reforzando el poder central. En los feudos irá suprimiendo las inmunidades jurisdiccionales y gravará directamente a los campesinos. En las ciudades, las libertades irán restringiéndose y sus autoridades quedarán estrechamente vigiladas por agentes del rey, como los corregidores castellanos o los intendentes franceses. La dependencia romana de la Iglesia decaerá o será directamente eliminada, como en la Inglaterra de Enrique VIII.

Esto no significa que la nobleza quede apartada de los asuntos del gobierno. La nobleza se vuelve cortesana, instruida y palaciega, pero sin dejar de ser militar. Surge con fuerza un nuevo tipo de ciudad aglutinadora de los que son algo o aspiran a algo en el reino: la Corte, la residencia habitual del rey, precursora de las modernas capitales de los Estados. Al mismo tiempo, y en este mismo ámbito, burgueses con estudios universitarios desempeñarán cargos de gran importancia dentro de la administración del rey. El dominio del derecho y de las cuentas pasan a ser capacitaciones fundamentales para abrirse camino en ese mundo. Por esta vía, la vía cortesana, nobleza y comercio quedarán vinculados al rey y al reino, y con frecuencia el matrimonio los integrará en una sola clase. La sed de dinero del Estado acelerará a menudo el proceso, a través de la progresiva venalidad de cargos administrativos y títulos nobiliarios.

Éste puede ser un retrato del Estado del Renacimiento, de los reinos occidentales del siglo XVI. El monarca ha ido tomando, progresivamente, poder y competencias sobre espacios más amplios. El ámbito de su poder se ha afirnado sobre un territorio delimitado y la idea de frontera ha surgido con fuerza. Los vínculos entre los súbditos y el rey han ido haciéndose cada vez más directos a través de la fiscalidad, la justicia y la burocracia. Correlativamente, la autonomía política de las ciudades y la importancia de las asambleas de representación estamental se ha debilitado, con la importante excepción de Inglaterra, llegando en muchos casos hasta la atrofia total. El rey legitima su gobierno apelando a la voluntad de Dios, no postulándose como cabeza de la nobleza o como señor más poderoso.

Ya no quedan huellas feudales en la justificación de su autoridad.

La monarquía absoluta, que se abre camino en la Europa continental, desde Portugal hasta Rusia, en los dos siglos siguientes, acentuará esta tendencia. El monarca absoluto patrimonializa y personifica la autoridad política al máximo. Él es el supremo poder temporal dentro de los límites de su reino, en el que no reconoce superior. Él es la única fuente de la legislación y la justicia. Decide sobre la guerra y la paz y dirige el ejército y la administración. En una palabra, en él reside la *soberanía*.

Como antes apuntamos, el modelo de relaciones internacionales que sale de la Paz de Westfalia (1648) ilustra perfectamente el nuevo orden político, esto es, la rotunda victoria de los Estados tanto sobre los poderes medievales con pretensiones de universalidad como sobre el policentrismo político medieval. Europa queda constituida por Estados soberanos que no reconocen autoridad superior, y que se se encuentran sujetos a la lógica de la lucha por el poder entre ellos. Esta competencia es a menudo militar, y el embrionario derecho internacional ni puede ni pretende contrarrestar el uso efectivo de la fuerza como principio rector de las relaciones internacionales. Las regulaciones internacionales, integradas fundamentalmente por prácticas y principios aceptados por todos, no van más allá de unas normas mínimas para garantizar la coexistencia de los Estados. En cualquier caso, los Estados son considerados como iguales en su soberanía, con independencia de su mayor o menor extensión o poder. Finalmente, la máxima reducción de los impedimentos a la libertad del Estado, naturalmente en el sentido de independencia o libre ejercicio de la soberanía por el monarca dentro de su reino y de mantenimiento de la integridad territorial del mismo, se convierte en la prioridad política por excelencia.

II. LA TEORÍA POLÍTICA DEL ESTADO MODERNO

Del mismo modo que los cambios que se operan en la organización política y en la estructura institucional son progresivos y no bruscos, el pensamiento político medieval se moderniza y se adapta paulatinamente al nuevo escenario. Así, aunque con la notable excepción de Maquiavelo, la teoría política del Estado moderno no se desentiende de golpe del componente teológico y moral característico de la Edad Media.

En este recorrido por las ideas políticas emergentes no iremos tan atrás como lo hemos hecho en la parte histórica, sino que nos limitaremos a unos pocos autores de los siglos XVI y XVII. Fundamentalmente vamos a centrarnos en la teorización de la soberanía de manera que podamos cubrir a los autores más representativos de la producción intelectual que acompaña a las transformaciones históricas antes analizadas. Seguidamente nos ocuparemos de Maquiavelo, cuya obra supone una importantísima innovación en la forma de reflexionar sobre la política, en la que las consideraciones deontológicas sobre aspectos como el poder legítimo y el buen gobierno dejan paso a la cruda descripción de los mecanismos de la política. Así pues, dos perspectivas distintas, aunque no rotundamente diferenciables: una más deontológica, centrada en la discusión sobre el origen, la naturaleza y los límites (si se reconocen) del poder político; la otra más empírica, más descriptiva e innovadora, que se desentiende de las justificaciones y se centra en retratar lo que hay y cómo funciona, poniendo las bases modernas de un modo de acercarse a la política que triunfará en el siglo XX con el desarrollo de la ciencia política, pero que tendrá al mismo tiempo gran relevancia en una parte de la teoría política posterior a Maquiavelo.

1. *El poder legítimo y soberano*

La teoría sobre el poder en los siglos XVI y XVII es muy rica y muy representativa de las corrientes de pensamiento del momento. Parejo a la consolidación de ciertos reinos como actores mayores de la política y a la aparición de un embrionario sistema de Estados, se produce la recuperación de un concepto romano imperial caído en desuso, el de soberanía, que se aplicará en un primer momento al poder del rey. Los monarcas europeos de los siglos XVI y XVII tratarán de presentarse ante su reino como fuente suprema del poder político, que no reconoce superior. En su pugna con los restos de las estructuras de poder feudales, unos monarcas alcanzan más éxito que otros, pero todos, igual los Borbones franceses que los Estuardos ingleses, se dotan de obras que por diversas vías tratan de justificar el hecho de que todo el poder se concentre en los reyes.

La formulación del concepto de soberanía, a finales del siglo XVI, es obra del francés Juan Bodino en sus *Seis libros de la República*, donde la soberanía es definida como «el poder absoluto y perpetuo de una República». La soberanía en estado puro sólo puede darse en la monarquía, porque Bodino aclara que un poder, para ser absoluto, debe ser también indivisible. La idea ya nos suena, de hecho viene apareciendo una y otra vez a lo largo del capítulo. Frente a la dispersión medieval del poder, el poder concentrado en el monarca domina ahora el pensamiento político. Pero este principio está sujeto a muchas interpretaciones, a matizaciones diversas, que en algunos casos contienen el germen de una debilitación del carácter absoluto, no limitado, del poder real.

Para explorar someramente estas diferencias, estos matices, puede sernos de utilidad una preocupación típica de la teoría política de la época: la de si, por el hecho de ser absoluto y efectivo, el poder del soberano es legítimo y si, caso de que no lo sea, puede o no ser legítimamente desobedecido o combatido por sus súbditos. Esta pregunta encierra, en realidad, varias distintas. En primer lugar, plantea la cuestión de la legitimidad. Los criterios de legitimidad varían entre autores, claro está. Estudiando sus diferencias sobre este punto podemos alzar un mapa de las posiciones más importantes en relación con el poder de los reyes.

Podemos comenzar por el propio Bodino, quien exige al poder soberano, para que sea legítimo (y no despótico, señorial o injusto), el respeto de una serie de límites: el derecho divino, las leyes fundamentales del reino (relativas fundamentalmente a la sucesión dinástica) y los derechos naturales de sus súbditos, entendidos como imperativos de la razón, que se concretan básicamente en el respeto a la libertad y a los bienes de sus súbditos. Si los súbditos cumplen reconociendo y obedeciendo la autoridad del soberano, debe el soberano cumplir con ellos respetando esos límites. En estos tres requisitos de Bodino tenemos reunidos los elementos principales de tres corrientes de pensamiento sobre el poder legítimo en la Europa moderna, dos de ellas de gran importancia:

a) El iusracionalismo del XVII, desarrollado fundamentalmente por filósofos protestantes, encuentra ciertos derechos derivados de la razón cuyo respeto marca los límites de la legitimidad de un gobierno. Su vulneración por el gobernante supone la ruptura de un pacto hipotético entre él y sus súbditos en el que éstos ofrecen obediencia a cambio del respeto de aquel por los derechos naturales, deducidos mediante la razón. Este esquema iusracionalista, el del pacto social con ciertos derechos naturales como objeto, es el punto de partida del pensamiento liberal inglés con la obra de John Locke a finales del mismo siglo. La obra de Locke, que concreta esos derechos naturales de los súbditos, de los que no puede disponer el monarca, en el respeto a la libertad individual, la seguridad y la propiedad privada, se convierte en punto de referencia para los pensadores ilustrados del resto de Europa en el siguiente siglo, intrigados y fascinados por el fracaso de las tentativas de absolutismo en Inglaterra tras la *Revolución Gloriosa* (1688) y los logros del parlamentarismo que le sustituirá.

La idea de pacto social, sin embargo, encontrará desarrollo no sólo como instrumento de limitación del poder real, sino también en la más notable teorización de la necesidad de un poder absoluto, la de Thomas Hobbes en *Leviatán*. Su estado de naturaleza, presocial, es un estado de guerra, de confrontación y de abuso, en el que la fuerza es el único argumento válido y la seguridad no existe. En el hombre existe la tendencia a la imposición por la fuerza sobre sus semejantes, *el hombre es un lobo para el hombre*. Pero, al mismo tiempo, el miedo más común y más agudo es el miedo a perder la vida, continuamente amenazada en el estado de naturaleza que Hobbes imagina. El Estado nace precisamente para conjurar este peligro, pero lo hace al precio de la renuncia de los hombres a su primitiva libertad. El cuerpo del Estado está compuesto de todos sus individuos, pero dispone de una sola cabeza y de una sola espada, la del gobernante, la del rey. A ello se llega mediante un pacto social irrevocable en el que hombres libres renuncian a su plena autonomía para ganar la seguridad y entregan su poder a un gobernante de poder ilimitado. Dentro del Estado, la paz es posible de este modo. Entre los Estados, sin embargo, reina el estado de naturaleza, la falta de sumisión a un único poder pacificador.

b) Otro de los requisitos a los que condiciona Bodino la legitimidad del poder soberano del rey es el del respeto el derecho divino. Es éste un punto clásico de la teoría política medieval, de la teoría de una época teocéntrica al fin y al cabo. Pero en la Edad Moderna se multiplican sus sentidos. El siglo XVI es en Europa, de manera muy significativa para la política, el siglo de las *Reformas* y de la *Contrarreforma*. Es también el siglo en que se inician las grandes guerras de religión en Europa. La cristiandad romana se rompe, y tanto el Imperio germánico como Francia conocen levantamientos populares de signo protestante, guerras civiles y guerras «internacionales» de carácter religioso. La relación entre la política y la religión es abordada por un sinnúmero de libelos y tratados en un período en el que el tema es crítico. Y es crítico no tanto porque un poder laico se enfrente a un poder religioso con pretensiones de poder temporal, como ocurría en la baja Edad Media con los enfrentamientos entre el Papado y el Imperio, sino porque las propias sociedades del Imperio o del emergente Estado francés se encuentran dramáticamente escindidas y enfrentadas. En este sentido, la cuestión religiosa amenaza con truncar el desarrollo del modelo monocéntrico y progresivamente unificado de Estado que analizamos en la primera parte de este capítulo.

Las posturas ante este problema son diversas, dentro incluso de cada bando. Lutero, como corolario del giro introspectivo que propugna para el cristianismo reformado, hace hincapié en la separación entre los asuntos temporales y los espirituales. El gobierno es asunto del príncipe, sea católico o protestante. El súbdito le debe obediencia, y la rebelión por discrepancia de credo no es legítima. La sed de poder temporal y de riquezas temporales es el vicio principal de la curia romana. Como principio, las Iglesias reformadas de cuño luterano no deben inmiscuirse en los asuntos del gobierno. Calvino, el reformador francés, aun sin alejarse demasiado de esos principios, pondrá en pie un gobierno teocrático en la ciudad de Ginebra.

Las guerras de religión en Francia generan mucha literatura política. En general, tanto el bando católico como el hugonote (protestante) insistirán en viejas ideas medievales, extremándolas. Para los católicos, un monarca protestante es ante todo un hereje, y en consecuencia el usurpador de un trono católico. Como traidor de una dignidad que se ostenta por la gracia de Dios, el monarca protestante es un tirano contra quien es lícito rebelarse y atentar. La teoría y la práctica del regicidio, entendido como tiranicidio, y que hunde sus raíces en la teoría política medieval de Juan de Salisbury o Tomás de Aquino, cobra nuevos bríos en la Francia del siglo XVI. Otro tanto, a la inversa, puede decirse de los libelos del partido protestante. Pero las reflexiones más interesantes que origina el conflicto son las de los autores de un partido moderado y conciliador, el de *Les Politiques*, entre los que destacan La Boètie, Michel de l'Hôpital o el propio Bodino, y uno de cuyos simpatizantes era Montaigne. *Les Politiques*, más allá de las consideraciones de índole filosófica y teológica, comprenden que el pluralismo religioso es una necesidad inaplazable si se quiere restaurar la paz social en una sociedad enfrentada por motivos confesionales. Inauguran de este modo un camino, el de la tolerancia religiosa, que Locke continuará un siglo después y que terminará incorporándose a la tradición liberal en su forma más desarrollada de libertad religiosa y en general a la modernidad como una de las fracturas más características entre la vieja sociedad teocéntrica y la nueva, la del individuo autónomo con libertad de conciencia y de examen.

Menos importancia teórica tienen otras corrientes, como la de los teorizadores del poder absoluto de derecho divino. Destacan entre ellos Bossuet en Francia y Filmer en Inglaterra. El primero centra su defensa de la autoridad sin límites del monarca en argumentos teológicos sacados de las escrituras y los refuerza con el recurso a metáforas como la del rey como padre de sus súbditos que dispensa a éstos idénticos cuidados a los de un padre con sus hijos. Filmer abunda en la idea y la refuerza recurriendo a curiosas genealogías que llevan a los Estuardos a emparentar con el mismísimo Adán. Significativamente, sin embargo, su obra es hoy famosa porque a su refutación consagra Locke sus *Dos tratados sobre el gobierno civil*.

2. *Maquiavelo y el antimaquiavelismo*

Los autores y las ideas que hemos tratado hasta ahora tienen en común una marcada dimensión deontológica en su tratamiento de la política. Lanzan programas sobre cómo ha de ser un buen gobierno, reflexionan sobre cómo ha de actuar un príncipe para merecer que su gobierno sea considerado como legítimo, qué supuestos justifican la desobediencia o la rebelión, etc. Nos acercamos ahora a un autor que destaca precisamente por tener otro tipo de preocupaciones. Nicolás Maquiavelo desarrolla su obra en la Florencia renacentista. Las repúblicas comerciantes del norte de Italia conocen, cosa nada rara en la historia, su apogeo cultural y artístico en el momento en que se inicia su decadencia económica, con el desplazamiento desde el Mediterraneo al Atlántico de las rutas y los centros comerciales, y política, con la consolidación de los Estados nacionales de Francia, España, Portugal e Inglaterra. En el gozne de los siglos XV y XVI, cuando Maquiavelo desempeña varios cargos relevantes en el gobierno de la República de Florencia, Francia y España se disputan el control de Italia, fragmentado en pequeñas repúblicas y principados. Buena parte del centro se encuentra ocupada por los territorios del papa, y Nápoles y Sicilia se hallan incorporados a la Corona española. Sólo Venecia, con hábiles alianzas, mantiene su fortaleza como escudo protector frente al avance otomano por el Mediterráneo y los Balcanes.

Maquiavelo se encuentra, pues, bajo influencias y con preocupaciones muy distintas a las de los autores tratados más arriba. Su atmósfera es la atmósfera humanista de una de las grandes capitales del *Quattrocento*, que en la filosofía y en todas las artes se esfuerza en la recuperación del legado clásico con su carga de racionalismo y paganismo. Es, al mismo tiempo, una atmósfera en la que todavía está viva, aunque en declive, una cultura política cívica y republicana heredada de los dos siglos anteriores y caracterizada por una vinculación vital muy fuerte entre los ciudadanos y la preservación y el engradecimiento de su república. Cultura, pues, muy distinta del acervo feudal del Occidente no italiano. Y es, finalmente, una atmósfera en la que la amenaza de la pérdida de la independencia pende sobre Florencia y las demás repúblicas italianas.

No es de extrañar por lo tanto que su obra difiera tanto de la de los demás autores analizados. Sus dos obras políticas más importantes son *El príncipe* y los *Discursos sobre la primera década de Tito Livio*.

Maquiavelo es el creador de un nuevo método de estudio de la política que él define como un método orientado a establecer máximas o reglas para un comportamiento político exitoso obtenidas de la historia y de la experiencia, con la intención de que le sean útiles al gobernante. Método, pues, inductivo, en el que las máximas para el gobierno no se deducen de la moral cristiana sino que se alcanzan a través del estudio de la política del pasado o de la observación de la del presente. Su estudio de la política pretende ser útil y realista, no moralizador. En este sentido, Maquiavelo pone las bases modernas de la ciencia política.

El éxito en la política es para Maquiavelo el éxito en el uso del poder. Su peculiaridad estriba aquí en su alejamiento del fatalismo histórico, del continuo girar de los ciclos de la historia característicos de la mayoría de los autores republicanos antiguos. El éxito del príncipe depende, en mucha mayor medida que para los antiguos, de su habilidad, de su inteligencia, coraje y flexibilidad para adaptarse a los cambios o a las amenazas imprevistas, es decir, de su *virtù*, que nada tiene que ver con las virtudes recomendadas al príncipe cristiano en infinidad de *Espejos de príncipes*, obras didáctico-morales de la época. Aun así, este éxito depende sólo en parte de aquella *virtù*, porque el gobernante se halla siempre expuesto a los caprichos de la *Fortuna*, a los cambios y los accidentes imprevisibles. La teoría política de Maquiavelo encarna de este modo el ideal renacentista del hombre que trata de dominar su entorno y que se sabe capaz de tomar las riendas de su historia. Maquiavelo ofrece su técnica al príncipe moderno para que sea más poderoso que los héroes de las tragedias griegas. Le brinda la posibilidad de embridar su destino sin la intercesión de Dios alguno.

Maquiavelo considera al Estado como una estructura orgánica gobernada por sus propias normas de funcionamiento y que se justifica por su éxito. Así, el Estado tiene su propia razón (sus propios motivos, objetivos y reglas), la razón de Estado, término empleado por Guicciardini, contemporáneo de Maquiavelo, y no por éste, aunque el florentino desarrolla la idea. Maquiavelo, frente a las acusaciones de inmoralidad lanzadas contra él por muchas generaciones de detractores, no es un apóstol del inmoralismo. Lo que ocurre es que, al fin y al cabo, el Estado se justifica por sus éxitos, y el gobernante será juzgado con ese criterio por sus súbditos, por lo que los medios morales o no que use para ello le serán excusados. Un mal príncipe echa a perder una victoria por no mentir, y de este modo perjudica al Estado y se convierte en impopular. Respecto de la religión, no es Maquiavelo un enemigo suyo. Más bien al contrario, la integra como uno de los elementos a tener en cuenta en el gobierno y que puede ser manejado con habilidad por el gobernante para lograr obediencia. Puede ser, además un importante elemento de cohesión de la ciudadanía en torno a su república, siempre que adopte una forma de religión cívica al modo de la Roma republicana. Maquiavelo, abundando en esta función de cohesión, muestra sus simpatías por el modelo republicano de la antigua Roma: considera que la adhesión de los ciudadanos a la república es la mejor garantía de su estabilidad y de su éxito. Desde su cargo en el gobierno florentino, impulsó la sustitución de las fuerzas mercenarias por milicias cívicas, integradas por ciudadanos, al modo de las existentes en la mayoría de las polis griegas o en Roma. Finalmente, Maquiavelo destaca otro rasgo de modernidad, la importancia del pueblo en el gobierno de los Estados. La popularidad es uno de los mejores aliados del príncipe.

Desde muy temprano, la obra de Maquiavelo tuvo, como hemos visto, dectractores que la tachaban fundamentalmente de antimoral y anticristiana. Y, cosa curiosa, sus detractores procedían tanto del catolicismo, especialmente a partir de la Contrarreforma, como de las Iglesias reformadas (así, ya bien entrado el siglo XVIII, Federico II de Prusia escribió con Voltaire un *Antimaquiavelo*). Es de destacar que entre los que recogieron y desarrollaron con mejor fortuna los aspectos más ácidos y crudos de su obra se encontrase un jesuita español, Baltasar Gracián.

III. RECAPITULACIÓN

1. El Estado, definido como un poder político y un complejo institucional organizado sobre un territorio determinado, en el que es capaz de ejercer con una eficacia razonable el monopolio de la legis-

lación y del uso público de la fuerza sobre la sociedad o las personas bajo su jurisdicción, *no es un invento moderno ni europeo*.

2. Sí lo es, sin embargo, un tipo concreto de Estado, el *Estado europeo moderno*, que triunfa en algunos reinos europeos occidentales en los siglos XVI y XVII. Él es el origen de los Estados nacionales contemporáneos en los que está hoy dividido todo el mundo habitado.

3. El Estado europeo moderno se forma en un proceso lento de superación del pluralismo de poderes en el interior de los reinos que caracteriza a la Europa feudal. El rey aglutina apoyos de distintos sectores de la sociedad estamental para financiar una máquina militar que le permita actuar en un contexto de guerra casi continua entre los distintos reinos. Esos apoyos los recibe en gran medida mediante la *integración* y *articulación* de los estamentos en el aparato y en los intereses del Estado. Como resultado, consigue asociar a una empresa común de carácter estatal, y por procedimientos no despóticos, buena parte de la energía y de los recursos de su reino. Al ponerlos bajo un único mando, el Estado moderno adquiere un fabuloso poder y terminará imponiéndose a cualquier otra forma de organización política.

4. El Estado europeo moderno, fundamentalmente para satisfacer las necesidades de recaudación y gestión que generan los *grandes ejércitos permanentes*, pero también para atender unas competencias cada vez mayores y el ejercicio de un poder real más y más efectivo, desarrolla, con criterios racionales, una serie de instrumentos de gobierno y administración a gran escala: *la administración burocrática, el aparato fiscal y la diplomacia permanente*.

5. Con la consolidación de los Estados aparece el *sistema europeo de Estados*, tras la Paz de Westfalia. Es el germen, con su principio de soberanía y de integridad territorial, de la sociedad internacional contemporánea.

6. Con el Estado se desarrolla su teoría política. Bodino formula el concepto de *soberanía*, por la que el rey ostenta el poder supremo dentro de su reino, pero sometido a ciertos límites: el derecho divino, la costumbre, ciertos derechos de sus súbditos. El *iusracionalismo* insiste en estos últimos y recupera la noción de *pacto social*: el rey gobierna por un pacto con sus súbditos por el que éstos ofrecen su obediencia siempre que el rey respete sus derechos naturales (Locke

los concretará en tres, poniendo la primera piedra del pensamiento liberal: libertad, seguridad, propiedad). *Hobbes* realiza otra interpretación del pacto con el soberano a partir de un profundo pesimismo sobre la condición del hombre en sociedad: puesto que nada hay tan peligroso para la vida humana en sociedad como el propio hombre actuando según sus instintos, sólo si todos los hombres ceden su libertad a un único gobernate con carácter irrevocable es posible la paz en el Estado.

7. *Maquiavelo*, dejando a un lado las consideraciones normativas sobre la política (esto es, sobre cómo debería ser para ser buena, o justa, o cristiana) trata de analizarla como técnica, como fenómeno humano que es posible comprender mediante la observación del presente y el estudio de la historia. Su obra supone de este modo el (re)nacimiento de los objetivos y los métodos de la ciencia política.

BIBLIOGRAFÍA

1. *Sobre el Estado en general*

Hall, J. e Ikenberry, J. (1995): *El Estado*, Alianza, Madrid.

2. *Sobre la Europa medieval y sus instituciones*

Anderson, P. (1980): *Transiciones de la antigüedad al feudalismo*, Siglo XXI, Madrid.

3. *Sobre las instituciones de la España medieval*

García Valdeavellano, L. (1992): *Historia de las instituciones de la España medieval*, Alianza, Madrid.

4. *Sobre los orígenes y la formación del Estado moderno*

Crossman, R. H. S. (1991): *Biografía del Estado moderno*, FCE, México.
Mann, M. (1991): *Las fuentes del poder social*, Alianza, Madrid.
Tilly, Ch. (1975): *The Formation of National States in Western Europe*, Princeton University Press.

5. *Sobre la teoría política del Estado moderno*

Skinner, Q. (1991): *Maquiavelo*, Alianza, Madrid.
Vallespín, F. (ed.) (1990): *Historia de la teoría política*, vol. II, Alianza, Madrid.

Capítulo 3

EL ESTADO LIBERAL

Fernando Vallespín
Universidad Autónoma de Madrid

Como ocurre con todas las grandes ideologías políticas, el liberalismo no es fácilmente reconducible a una serie de rasgos únicos, predeterminados, sino que exhibe distintas facetas según se vaya enfrentando a circunstancias sociales siempre cambiantes. Ninguna ideología política surge *ex novo*, a espaldas de las tradiciones de pensamiento frente a las que se alza o pretende erigirse en alternativa. En todas ellas hay siempre algún residuo de concepciones del mundo y principios ya formulados con anterioridad, así como una cierta flexibilidad para ir adaptándolos a las mutaciones de la vida social y política. En esto el liberalismo no es, pues, original. Su mayor peculiaridad reside, sin embargo, en haber sabido mantener la vigencia de un importante núcleo de principios que desde siempre han estado ligados a su filosofía y se proyectan sobre un determinado cuerpo institucional. No hay que olvidar que la misma idea de constitucionalismo moderno, con todos los contenidos que abarca —declaraciones de derechos, separación de poderes, Estado de derecho, etc.— es ya una aportación liberal. Su contingencia en tanto que mera ideología política se ve compensada así por el «trato de favor» que en cierto sentido ha recibido por parte de la tradición política occidental. Lo queramos o no, el liberalismo es la ideología creadora de las reglas de juego en las democracias modernas.

El objeto de este tema es ofrecer las claves básicas para alcanzar una mayor comprensión de su génesis, así como de los principios fundamentales sobre los que se apoya. Obviamente, no nos podremos ocupar aquí de analizar con detenimiento todas las variantes que ofrece, ni su traducción institucional detenida, pues ello correspondería ya en rigor a un curso de Derecho constitucional.

I. EL FACTOR HISTÓRICO: LAS «REVOLUCIONES BURGUESAS»

Una de las convenciones o estereotipos históricos más generalizados es, sin duda, el considerar a las revoluciones político-sociales de la Edad Moderna —las inglesas de 1648 y 1688, la americana de 1776 y la francesa de 1789— como «revoluciones burguesas». Dicho adjetivo responde a la idea de que a través de tales convulsiones sociales, más o menos traumáticas según los casos, se consigue, en efecto, el acceso de las nuevas clases burguesas al poder del Estado, rompiéndose con el anterior predominio de la aristocracia terrateniente. Como todo estereotipo, su contenido de verdad es relativo o, al menos, relativizable. Pero por ahora nos puede servir para apuntar algo que sí consideramos fuera de toda duda: que el liberalismo nace como una nueva ideología capaz de dar cabida y de racionalizar las necesidades de una nueva época. Su fuerza responde a su mismo carácter de novedad, de ruptura con una determinada concepción del mundo; a la plena consciencia del protagonismo de una nueva clase en expansión que se encuentra a sí misma en su soledad histórica, renunciando al pasado, a la tradición, creando el mundo a partir de su propia identidad con la razón como bandera.

1. *La Revolución inglesa*

La Revolución inglesa, que abarca, con distintos altos y bajos, desde 1640 a 1660, puede ser considerada todavía como una mezcla entre guerra de religión y conflicto de clase, de enfrentamiento de los intereses de la Corona y la alta aristocracia contra la incipiente burguesía. La «Gran Rebelión» es el producto de una fiera y larga disputa entre el Parlamento y la Corona, que desde el advenimiento de la dinastía de los Estuardos a comienzos del siglo XVII se enzarzan en una larga controversia sobre los límites del poder real. Hay que tener en cuenta que la Corona inglesa no consiguió alcanzar nunca, aun intentándolo con Carlos I, las prerrogativas de las monarquías absolutas del continente. Fuera de la armada, que servía de escudo protector frente a enemigos externos, Inglaterra carecía de un ejército permanente y de una administración centralizada con funcionarios profesionalizados y asalariados. Para la realización de funciones públicas clave, tales como la recaudación de los impuestos aprobados por el Parlamento, supervisar y hacer ejecutar numerosas leyes y estatutos, alistar a la milicia, etc., el rey dependía, en los condados rurales, de un conjunto de servicios no remunerados de los nobles y de las figuras más relevantes de la *gentry* o nobleza menor; y en las ciudades, de determinados ciudadanos de prestigio. La dependencia por parte de la Corona de todos estos grupos sociales con representación en ambas Cámaras impidió que Carlos I pudiera gobernar más allá de once años sin requerir la convocatoria de un nuevo Parlamento, una vez que lo hubiera desconvocado por negarse a aceptar sus pretensiones absolutistas y su política religiosa. Piénsese que en Francia, por ejemplo, los distintos reyes pudieron gobernar sin necesidad de convocar los Estados Generales, equivalente francés del Parlamento, desde 1614 hasta la antesala de la Revolución. Y en Inglaterra también, fue la nueva convocatoria del Parlamento lo que puso en marcha el proceso revolucionario. Éste culminará en 1649 con la ejecución del monarca y la proclamación de la *Commonwealth* o República, que a partir de 1653 cobrará la forma de Protectorado bajo la autoridad casi indiscutida de Oliverio Cromwell. Su hijo Ricardo, que le sucede en el cargo, no es capaz de imponerse ante los intereses en liza, y en 1660 un nuevo Parlamento restaura la dinastía Estuardo. Aunque Carlos II toma el poder bajo determinadas condiciones dictadas por el Parlamento, pronto vuelve a resucitar viejas querellas políticas y religiosas, que desembocan en la incruenta *Revolución Gloriosa* de 1688. Su hijo Jacobo II es obligado ahora a abandonar el trono, acusado de pretender restaurar el catolicismo, y Guillermo de Orange y María, la hija protestante del rey destronado, son elevados conjuntamente a ocupar la Corona. Con el «arreglo revolucionario» de 1689 se cierra el ciclo de luchas civiles y se sientan los presupuestos para la ya indudable supremacía parlamentaria.

Todo este proceso hay que evaluarlo a la luz de los distintos conflictos de ajuste que se fueron produciendo entre los diferentes grupos sociales y la organización del Estado. La quiebra que supuso la ruptura del consenso establecido por los Tudor entre todos esos grupos, así como el correlativo aumento del poder de las clases urbanas, cuyos intereses objetivos fueron compartidos cada vez más por la *gentry*, permiten evaluar la revolución como una larga y fiera disputa constitucional entre el Parlamento y la Corona sobre quién era el auténtico titular de la soberanía. A ello hay que añadir un complejo trasfondo de conflictos religiosos. No sólo en lo que se refiere a relación entre el poder espiritual y político, sino a la misma naturaleza de la tolerancia religiosa. Las creencias religiosas fueron un factor decisivo a la hora de optar por uno u otro bando. Con todo, sin que sea preciso reconocer que las *causas* de la guerra civil se debieran a un antagonismo más o menos explícito entre clases y/o actitudes feudales y burguesas, sí parece importante resaltar cuál fue el *efecto* que tuvieron todos estos acontecimientos que se cierran con la «Revolución Gloriosa». Y aquí es bastante difícil refutar la interpretación convencional: la consecuencia fundamental de todo este proceso no fue otra que el acceso al poder político por parte de las élites mercantiles y bancarias, estrechamente asociadas a una nueva clase de propietarios agrícolas contagiados de su mismo espíritu empresarial. Libre empresa e individualismo posesivo van a ser ahora los dos grandes principios que orienten la marcha de este país hacia su dominación mundial.

2. *La Revolución francesa*

La Revolución francesa ofrece similares dificultades de interpretación. Las teorías más modernas, en vez de centrarse en los hechos y consecuencias más inmediatos del proceso revolucionario, prefieren acentuar el origen del mismo y sus consecuencias a largo plazo. En este sentido, la Revolución serviría únicamente como «vehículo de transmisión» entre causas y efectos a largo plazo. El proceso revolucionario francés es bien conocido en sus rasgos generales. En 1788, el rey Luis XVI se ve forzado a convocar los Estados Generales, donde el Tercer Estado, los representantes no incluidos en los estamentos del clero y la nobleza, se proclaman enseguida como «Asamblea Nacional», y se instituyen en la representación auténtica de la «nación». El 14 de julio de 1789 se produce la primera gran revuelta popular, que inicia una serie casi ininterrumpida de levantamientos y de proclamación de distintas Constituciones —hasta tres—, que llegan casi hasta el golpe de Bonaparte del 18 Brumario de 1799, con el que se pone fin al proceso revolucionario propiamente dicho. Desde enero de 1793, cuando se produce la ejecución en la guillotina de Luis XVI, pero, sobre todo, desde la elección de Robespierre —en julio de ese mismo año— como miembro más relevante del Comité de Salud Pública, se van a producir los acontecimientos conocidos por la historia como el período del «Terror». La dominación de los jacobinos, que pensaban que la voluntad del pueblo podía ser representada de manera más eficaz por un pequeño grupo de élite, que actúa en su nombre, pero que no es responsable ante él, llega a su conclusión a finales de 1794 con la detención de Robespierre y Saint-Just. Las convulsiones políticas y sociales se suceden, sin embargo, hasta el comienzo del período napoleónico. Significativamente, el preámbulo de la primera constitución de Bonaparte —de 13 de diciembre de 1799— señala explícitamente: «La Revolución, reducida a los principios que la iniciaron, termina hoy».

Tres son las principales interpretaciones que se han ofrecido de esta revolución, uno de los acontecimientos más relevantes de la historia universal.

a) La primera y más influyente es la *interpretación marxista*. Para ésta la Revolución fue claramente un conflicto de clases, que constituyó sobre todo un punto de referencia: aceleró el desarrollo capitalista al romper las vinculaciones feudales sobre la producción y condujo a la burguesía al poder. La Revolución fue burguesa por naturaleza, porque sus orígenes y resultados también lo fueron. En un primer momento, esta clase tuvo necesidad de aliarse con los grupos populares para conseguir quebrar la espina dorsal de la aristocracia terrateniente y cortesana. De ahí su mensaje cargado de principios universalistas. En un segundo momento, sin embargo, tuvo que romper con ellos cuando el régimen del Terror amenazó con descontrolar sus logros. Por último, acabó por aliarse con Napoleón para asegurarse los beneficios obtenidos en la protección de los derechos de propiedad y la reforma legislativa, potenciados después por el Bonaparte. El resultado, la hegemonía social y económica de la burguesía, se derivaría directamente de su origen —el conflicto de clase entre burguesía y aristocracia por acceder al poder del Estado— de forma casi inexorable.

b) Una segunda interpretación, *revisionista*, mantiene el criterio de que la interpretación de la Revolución debe partir de una interpretación de sus orígenes sociales y debe fijarse en sus consecuencias a largo plazo. La tesis, sostenida principalmente por A. Cobban, es que la Revolución no fue emprendida por la burguesía para promover el desarrollo capitalista, sino más bien por grupúsculos de oficinistas y profesionales cuyas fortunas estaban en claro declive por las políticas mercantilistas de Luis XVI. No habría habido así un conflicto de clase consciente entre burguesía y aristocracia *antes* de la Revolución. De hecho, en el inicio de los acontecimientos hay que evaluar sobre todo el papel tan relevante jugado por la aristocracia culta y liberal contra el despotismo monárquico, y no el de una burguesía frustrada y relativamente pasiva. Aquí, como en Inglaterra, muchos aristócratas participaban de gran parte de los intereses económicos, sociales y políticos de la burguesía. En consecuencia, los orígenes de la Revolución habría que ir a buscarlos en una «crisis de movilidad social» y ansiedad de *status* dentro de una élite amalgamada de nobles y burgueses. Hay que pensar que el aumento de la población y de la prosperidad económica del siglo XVIII francés no fue acompañado por la correlativa ampliación de los canales de promoción social, provocando las subsiguientes fricciones entre distintos sectores dentro de la élite. El resultado más importante de la Revolución no sería entonces el capitalismo —de hecho, el desarrollo revolucionario hubiera contribuido a aplazarlo—, sino la creación de una élite de notables más unificada.

c) Por último, nos encontramos con la *interpretación de Tocqueville*, para quien la Revolución significó ante todo el aumento del poder del Estado y la centralización política más que el triunfo del capitalismo. Al destruirse los poderes intermedios de la nobleza, la Iglesia y las corporaciones locales, que mediaban entre el monarca y el pueblo, y decretarse la igualdad formal de todos los ciudadanos ante la ley, se habrían abierto las puertas para que el Estado consiguiera acaparar todo el poder. La Revolución permitió así establecer un tránsito entre Luis XIV y Napoleón, a la vez que sirvió de vehículo de modernización del Estado.

Como quiera que fuese, el radicalismo de la Revolución francesa fue muy superior al de las revoluciones inglesas y americanas. En estas últimas, el mismo término «revolución» —empleado en Inglaterra *únicamente* para referirse a la «Revolución Gloriosa»— es utilizado todavía en su sentido antiguo de restauración de un orden político justo violado por un tirano. Otra cosa es que ello no diera inicio, en efecto, a una auténtica reorganización del sistema social y político. En Francia, por el contrario, y bajo la influencia directa de los ideales de la Ilustración, el objetivo explícito perseguido era la ruptura de todo un sistema de organización tradicional y su sustitución por uno radicalmente nuevo. En todo caso, en cada uno de estos acontecimientos políticos nos vamos a encontrar la traducción *política* de procesos sociales y económicos de calado más profundo, que a lo largo de los siglos fueron moldeando una imagen del mundo y una mentalidad que encontraría su traducción más relevante en la ideología liberal.

II. ORÍGENES DE LA IDEOLOGÍA LIBERAL

El precursor de la ideología liberal fue, paradójicamente, quien ofreció también la más elaborada defensa del absolutismo. Nos referimos a *Thomas Hobbes*, en cuya obra se suscitan por primera vez algunos de los elementos fundamentales de lo que luego constituirá el pensamiento liberal. El aspecto de su obra que aquí nos interesa por la repercusión que luego tendrá en toda la tradición del liberalismo es su *teoría de la legitimidad del poder*, apoyada ya en presupuestos radicalmente individualistas. De hecho, Hobbes fue el iniciador de eso que luego se calificaría como individualismo metodológico: la justificación del poder político a partir de un acto de voluntad humana racional o, como se diría luego, a partir del *consentimiento* individual. Este autor rompe de un modo decisivo con la tradición aristotélico-escolástica, que presuponía la identidad entre sociedad y política. En Hobbes la sociedad política no tiene un origen «natural», sino artificial: cada persona «construye», concertándose con los demás, una «persona civil». Y a partir de ahí, al romperse tal identidad, es preciso *justificar* de alguna manera la existencia del poder político. La descripción del estado de naturaleza como estado anárquico cumple esta función de demostrar *por qué* es legítima una determinada configuración política. Lo que hace en su teoría del contrato social es, en definitiva, responder a la pregunta sobre *cómo* y *por qué* «debe» cada persona «reconocer» su vinculación a la autoridad estatal. Y que el individuo no debe obediencia ineludiblemente al Estado como tal, sino a un Estado *verdadero*, aquel capaz de acoger las funciones para las que es creado —en Hobbes, en concreto, la salvaguarda de la paz social—. Esta pregunta incide sobre el auténtico problema que plantea la cuestión de la legitimidad y perdurará en toda la tradición liberal posterior, cuya filosofía se centrará en las mismas premisas individualistas, el individuo visto como anterior al Estado y la separación entre Estado y sociedad. Si bien, como enseguida veremos que ocurre en Locke, dotando de nuevos contenidos a lo que constituye las razones de su «creación». No ya la mera salvaguarda del orden social, sino también la preservación de los derechos individuales.

John Locke puede considerarse ya propiamente —y a todos los efectos— como el primer teórico liberal. Su obra *Segundo tratado sobre el gobierno civil* (1689) ha venido interpretándose como la más elaborada racionalización de la Revolución Gloriosa de 1688, y contiene los elementos fundamentales de su pensamiento político. Sintéticamente cabe encontrar en ella los siguientes elementos, que encontraremos en prácticamente todas las filosofías liberales:

El reconocimiento de la existencia de todo un conjunto de *derechos fundamentales de la persona*. Estos derechos se justifican todavía recurriendo al derecho natural, como regla de la razón que Dios imbuye en los hombres y constituyen una adecuada guía para su acción. Los fundamentales son el derecho a la vida, la libertad, la propiedad o la posesión de bienes. Son derechos que cabe entender como anteriores a la constitución de la sociedad y el Estado y, por tanto, deben ser necesariamente respetados por éste. Rigen, pues, como se encarga de demostrar en su descripción del estado de naturaleza, con independencia de la existencia del Estado, y no pueden ser eliminados o restringidos si no es mediante el *consentimiento* de sus titulares. De ahí que el origen de la sociedad civil y el Estado se conciba como el producto de un doble pacto o contrato: uno primero o «contrato social» propiamente dicho, que no crea todavía la sociedad política, sino que une a las personas en una comunidad que se arroga el poder constituyente; y otro mediante el cual ésta entrega su ejercicio a determinados representantes a los que se vincula mediante una relación de confianza o *trust*. La inseguridad derivada de un estado de naturaleza en el que, con el tiempo, la «invención del dinero» rompe la situación de relativa eficacia del derecho natural e introduce nuevos factores de inestabilidad e inseguridad, mueve a los individuos a abandonar tal estadio e instituir un poder político en el que se delegan las limitadas funciones de garantizar los derechos individuales, arbitrar en los conflictos y mantener la seguridad y el orden social, funciones todas que antes competía resolver a los individuos por sí mismos. Es evidente que este «contrato social» no se vislumbra como un acontecimiento histórico que hubiera acaecido en el pasado o deba producirse en el presente, sino como un mero recurso, «contrafáctico», de tipo hipotético y condicional, que sirve para fundamentar su teoría de la obligación política.

Entre los derechos naturales figura, como hemos visto, el *derecho de propiedad*, que es analizado aquí por primera vez desde la perspectiva de la naciente sociedad capitalista. No hay, sin embargo, en su obra un único argumento de defensa de los derechos de propiedad. Nos encontramos, en primer lugar, una justificación del derecho de propiedad como derecho derivado de la necesidad de la autopreservación, idea a la que se añade la necesidad de que la apropiación no se ejerza sobre bienes ya poseídos y la acaparación de bienes no excluya el ejercicio de similar derecho por parte de otros. En segundo lugar, se argumenta que el derecho se obtiene mediante el trabajo y el cultivo, que la «mezcla» del trabajo del individuo sobre algún objeto lo incorpora ya, por así decir, a su misma personalidad. Pero las conclusiones igualitaristas que comporta esta presentación de su teoría se subvierten después en sus reflexiones sobre la «invención del dinero», factor de intercambio generalmente admitido y, por tanto, producto de un consenso tácito. El dinero va a permitir la posibilidad de acumular una mayor cantidad de riqueza de la derivada exclusivamente del trabajo. En cualquier caso, su teoría constituye una anticipación de la teoría del «valor del trabajo», o, lo que es lo mismo, que el trabajo genera casi todo el valor que tiene la propiedad. De aquí que algunos autores hayan visto en Locke al mejor representante de lo que MacPherson calificara como el «individualismo posesivo», que constituiría la precondición del orden de la propiedad burguesa y capitalista.

El Estado producto del contrato social no sólo nacerá por *consentimiento* de los ciudadanos, sino que será un *Estado limitado* al ejercicio de las funciones antes mencionadas. Existe, así, no sólo una limitación de los *fines* del gobierno (1), sino también, una correlativa restricción de sus *poderes* efectivos (2) para evitar sus potenciales excesos.

1. Señalar que los poderes del Estado deben estar limitados a la realización de determinados *fines específicos* —la protección de la vida, la propiedad, la libertad y la salud de los ciudadanos— equivale a privar al Estado de cualquier legitimidad en lo relativo a la promoción de la vida buena; esto es, la imposición desde los poderes públicos de cualquier doctrina religiosa u otra concepción del bien. Con ello Locke da un paso de gigante hacia la teorización de la *neutralidad* del Estado en lo referente a la libertad de los ciudadanos para elegir la religión que les plazca o sostener su propio plan de vida, así como el ejercicio de otras libertades de pensamiento. Locke es, de hecho, el primer teórico del principio de la *tolerancia religiosa*. En su *Carta sobre la tolerancia* (1689) y en *La razonabilidad del cristianismo* (1695) ofrece una ardiente defensa de la necesidad por parte del Estado de tolerar todos los credos religiosos y su práctica siempre que no interfieran en el ejercicio de los derechos civiles y no traten de imponerse como religión pública. La argumentación parte de un cierto escepticismo sobre la posibilidad efectiva de acceder a verdades demostrables sobre cuestiones religiosas, fuera del hecho de que Jesucristo es el Mesías, que sería el único elemento que inequívocamente sale a la luz de entre todas las doctrinas bíblicas. Al reconocer a la religión como una actividad privada, que debe ser respetada, como otros aspectos del libre arbitrio individual, se la priva de todo su potencial conflictual en el marco de la política, algo que contrastaba claramente con la realidad de su mismo tiempo, pero que tendría enseguida una aceptación pública generalizada en los nacientes Estados Unidos. Por otra parte, el esquema de la tolerancia religiosa saca a la luz uno de los rasgos más característicos del liberalismo, como es su escepticismo hacia la creencia en dogmas o doctrinas que deban recibir un apoyo o impulsión pública, así como el correlativo reconocimiento insti-

tucional del *pluralismo* en una sociedad crecientemente diferenciada y diversa.

2. El sistema de *controles a la acción del gobierno* elaborado por Locke va a tener también un efecto fundamental sobre toda la organización del Estado liberal. Siendo el objeto fundamental de la acción política la preservación de los derechos individuales, es necesario establecer todo un sistema de organización institucional que impida posibles excesos en el ejercicio de tales funciones. Entre ellas, Locke menciona las siguientes:

Primero, el sometimiento de los poderes públicos a la ley (*rule of law*), que necesariamente debe sujetarse a las condiciones del contrato originario y evita la arbitrariedad de las acciones públicas e impide, por ejemplo, un uso patrimonial del poder, o la restricción o eliminación de los derechos de propiedad sin previo consentimiento por parte de los afectados o sus representantes (*no taxation without representation*). Esta conceptualización de una figura que luego recibiría el nombre de Estado de derecho presupone la existencia de un gobierno constitucional y la prioridad de la voluntad de la asamblea legislativa sobre los otros poderes del Estado. Es más, como sostiene explícitamente, ello presupone incluso la capacidad de la asamblea para «deponer a los reyes».

En segundo lugar, y manteniendo esa misma prioridad, la existencia de una efectiva *división de poderes*, que los distintos poderes «estén en manos diferentes», siendo Locke, también aquí, su primer teórico. Nuestro autor distinguiría entre un poder legislativo, que corresponde al Parlamento, y al que compete la creación de la ley, un poder ejecutivo, en manos de la Corona y su gobierno, y el poder federativo, o la capacidad para llevar a cabo las relaciones exteriores o vincular al Estado mediante tratados internacionales, que se atribuye también al ejecutivo. Si Locke separa estos poderes es por su distinta racionalidad: uno, el ejecutivo, está claramente sujeto a la ley, mientras que el otro presupone mucha mayor discrecionalidad por parte del gobierno, lo cual le confiere una naturaleza específica. Y si no menciona, como luego hará Montesquieu, un poder judicial independiente, ello obedece a propia práctica de la Cámara de los Lores —que aún hoy sigue ejerciendo— de operar como la última instancia de apelación jurisdiccional, así como a su propio carácter de instancia con capacidad de crear derecho por la vía judicial. En la práctica política inglesa de su época no había, pues, todavía una clara delimitación entre poder legislativo y judicial.

En tercer lugar, y para conectar a los ciudadanos al mismo poder del Estado, Locke prevé la necesidad de un *gobierno representativo*.

Se concretaría en la necesidad de que la asamblea legislativa se someta a «elecciones frecuentes» y sea la mayoría de la población la que marque las directrices básicas de la política. No hay, sin embargo, una exposición clara de esta figura, que nos impide hablar de una teoría de la democracia propiamente dicha. Para empezar, el sufragio se restringe a los varones contribuyentes y a aquellos que por su posición social tienen un mejor acceso al interés general de la sociedad, y no queda claro tampoco cómo se instituye la relación del legislativo con el pueblo. La figura del gobierno representativo se vislumbra como la adecuada extensión de la dimensión consensual del poder, y como mecanismo de control del legislativo a través de su creación de la ley. Hay que tener en cuenta que para Locke, como sería después la norma en casi todo el liberalismo anglosajón, la libertad se entiende fundamentalmente en su sentido *negativo*, como el disfrute de un ámbito de autonomía libre de intervenciones externas en el que cada cual es su propio dueño. Hasta la obra de Rousseau no vamos a encontrar una visión de la misma en su sentido *positivo*, identificada con un proceso de constitución de voluntades en la esfera pública y asociada a los derechos de plena participación política.

Por último, y como recurso final en manos del pueblo, Locke argumenta a favor de un *derecho de resistencia y a la revolución*, entendido como la prerrogativa que queda en manos de la ciudadanía cuando una mayoría de la población siente que sus intereses y derechos vitales han sido conculcados por el poder del Estado, y como defensa frente a la tiranía. La presencia de este dispositivo de defensa popular corrobora lo dicho con anterioridad sobre la figura del gobierno representativo, ya que no se entiende bien cómo una institución dirigida a introducir el control popular sobre el gobierno puede acabar actuando después sobre los intereses que se supone que representa. El derecho de resistencia puede interpretarse entonces o bien como un mecanismo al que sólo cabe recurrir en situaciones extremas –por ejemplo, cuando el ejecutivo ignora su deber de obediencia a la ley—, o bien, como un mecanismo frente a la patrimonialización del Estado y a la radical desviación del interés general por parte de los representantes populares.

En cualquier caso, en este autor nos encontramos ya *in nuce* todos los elementos de la ideología liberal, y su obra tendría una influencia directa no ya sólo en su país, sino también en los padres fundadores de la Constitución americana y en los redactores de las distintas declaraciones de derechos, tanto en América como en Europa.

III. DIFERENCIACIÓN Y EVOLUCIÓN DE LA TEORÍA

Para comprender la evolución de la teoría liberal nos vamos a valer de un recurso analítico consistente en distinguir entre un núcleo *moral*, uno *económico* y otro *político* dentro de la misma. Esto nos permitirá destacar las diferencias entre sus diversas estrategias de justificación, aunque no es posible olvidar que cada uno de estos elementos va unido en un todo coherente. Cada uno de ellos se corresponde también con los rasgos básicos ya vistos en la obra de Locke. La importancia de lo que consideramos que constituye el «núcleo político» nos llevará a exponerlo en un epígrafe independiente.

1. *El núcleo moral*

La fundamentación de los derechos individuales pronto va a prescindir —tras su crítica en Hume— de la necesidad de una justificación de derecho natural. La revisión de este autor influiría después decisivamente en el *utilitarismo inglés*. Ahora las reglas que definen lo justo o lo injusto no van a ser aprehendidas ya desde un supuesto orden moral objetivo, visto por autores como Bentham o J. S. Mill como una especulación sin sentido, sino que se articulan a partir de los deseos de las personas, de lo que es capaz de proporcionarles «utilidad». Se trata, pues, de una *ética teleológica o consecuencialista*, que busca aunar y maximizar «preferencias» para conseguir el mayor balance neto de satisfacción o «felicidad» general. El bien de las personas y, por extensión, de las instituciones públicas se define como aquello capaz de producir la maximización de sus deseos, placer o felicidad. Los únicos límites a estos fines sólo pueden radicar en lo que en cada momento se considere necesario para conseguir el mayor bien o satisfacción posible, dadas las circunstancias. La ordenación y regulación de las instituciones sociales será tanto más perfecta entonces cuanto mejor exprese el orden más racional de los deseos y preferencias. Pero la premisa individualista que sostiene la teoría lockeana se sigue manteniendo, a la par que se deriva una mayor impronta democrática en su configuración de la política. La motivación por la autopreferencia y la búsqueda de la utilidad y felicidad individuales se combina con una ética igualitarista que no sólo se manifiesta en el reconocimiento de que todos los intereses y deseos de los individuos son igualmente dignos de consideración —el principio de neutralidad sobre las concepciones del bien—, sino que la aplicación del principio de maximizar la «utilidad del mayor número» inspira a su vez importantes proyectos de reforma social.

Es en John Stuart Mill, sin embargo, donde nos vamos a encontrar una mayor «espiritualización» del principio de utilidad. Consiste, en esencia, en diferenciar la utilidad que de hecho puede poseer un bien y su valor «objetivo» real. Todo bien puede ser diferenciado según satisfaga lo que cabría calificar como intereses de «orden superior» o intereses de «orden inferior», con independencia de que sean más o menos deseados por una u otra persona concreta. La gradación entre bienes se hace así ineludible, y el criterio de diferenciación para distinguir entre estos «placeres superiores» e «inferiores» se apoya en la supuesta «preferencia decidida» de aquellos «completamente familiarizados con los dos». No se podría prescindir sin más de los placeres inferiores, «necesarios para la vida, la salud y el vigor». Pero una vez que se hubiera conseguido satisfacer a un nivel mínimo, es absolutamente imprescindible poder acceder a los superiores para elevarse a una vida más plena y completa.

Las consecuencias que tiene este punto de partida saltan a la vista. Si efectivamente hay determinados bienes que deben ser satisfechos por su valor intrínseco, procurar la mayor felicidad al mayor número —que para J. S. Mill sigue siendo el criterio que debe informar toda acción de gobierno— necesariamente supondría la «imposición» de determinadas políticas y atentar así contra la autonomía y libertad de quienes no son capaces de «ver» la utilidad, felicidad o placer que esos bienes comportan. J. S. Mill se encuentra preso del dilema ilustrado de tener que resolver el problema de reconocer que, por un lado, hay un grupo social capaz de acceder a la racionalidad necesaria para imponer o «sugerir» la dirección que debe seguir el gobierno, pero, por otro lado, no puede hacerlo a riesgo de caer en políticas paternalistas y en contra de la voluntad manifiesta de los ciudadanos. Sobre todo porque J. S. Mill es, además, uno de los máximos defensores de la libertad individual. ¿Cómo resolver esta contradicción?

J. S. Mill lo hace dotando, en primer lugar, de una absoluta *prioridad* a la libertad individual y a la correspondiente *autonomía moral* de las personas. No existiría un bien social anterior y distinto del bien individual, sino que aquél es deducido del bien de los individuos («El valor de un Estado, a largo plazo, equivale al valor de los individuos que lo componen»). El *principio de la libertad* suscita, por tanto, la necesidad de incorporar este principio a la organización social. El problema deviene entonces en ver cuál es la naturaleza del poder que se puede ejercer legítimamente sobre los individuos. Y la respuesta que da J. S. Mill a este problema en su libro *Sobre la libertad* es la siguiente: «La única parte de la conducta por la cual es responsable ante la sociedad es aquella que afecta a los otros. En la que únicamente le afecta a él —al individuo— su independencia es, de derecho, absoluta. Sobre sí mismo, sobre su propio cuerpo y espíritu el individuo es soberano». De esta definición se deriva una importante consecuencia, que nos encontraremos luego después también en la filosofía política kantiana: que la individualidad —que abarca el marco de la intimidad personal y familiar— es una «categoría social», debe ser reconocida por el derecho. Lo que Mill busca con esto es tratar de que el principio de la libertad se encarne en la ley y pueda así limitar lo que él consideraba como la «coacción moral» de la opinión pública y las mayorías. Consciente del creciente acceso al poder de las «clases ascendentes» y del «espíritu de servidumbre» de la gente ante sus señores y dioses, y bajo la clara influencia de A. de Tocqueville, Mill trata de salvaguardar un derecho a la disidencia ante la mayoría e, implícitamente, una acción del Estado que sea neutral en lo referente a la vida buena. Los individuos no podrían satisfacer el requerimiento de su autonomía moral si no son independientes de la acción de los poderes públicos y no pueden determinar por sí mismos el tipo de vida que desean llevar a cabo, sus propios planes y decisiones vitales. Y sólo habría autonomía allí donde impera una sociedad civil pluralista en la que es posible elegir entre distintas concepciones del bien y valores plurales.

Pero, en segundo lugar, este mismo énfasis sobre la autonomía individual, y la importancia de que pueda ser potenciada en libertad, le conducen a propugnar un adecuado orden institucional que permita a los individuos el acceso a los intereses «superiores», que puedan familiarizarse también con los «placeres superiores» –como leer poesía, por ejemplo, o evaluar la realidad con mayor conocimiento de causa—. Para ello se requeriría una reforma con detenimiento de la situación de las clases más menesterosas, de forma que todos pudieran configurar con igual libertad aquellas decisiones sobre su propia vida. Además de las correspondientes políticas sociales de promoción de la igualdad de oportunidades, Mill insiste sobre todo en la necesidad de una reforma *educativa* que permita el desarrollo de las potencialidades de la persona. Con ello, se anticipa claramente lo que luego será caracterizado como el «liberalismo igualitarista», que por un lado sostiene que toda persona debe ser libre de imposiciones externas sobre cómo debe vivir, pero por otro subraya la necesidad de hacer efectiva también una libertad frente al «mundo de la necesidad» y reclama las pertinentes políticas sociales redistributivas.

La más importante fundamentación filosófica de la autonomía moral de la persona nos la vamos a encontrar, sin embargo, en la obra de I. Kant. Este autor emprende la transformación conceptual necesaria para permitirnos hablar de otro paradigma epistemológico liberal. El concepto de justicia kantiano no se deriva ya de un juicio pragmático de utilidad (la paz y seguridad hobbesiana, o la maximización de la felicidad para el mayor número de la tradición utilitarista). Lo deduce *a priori* de la *libertad* entendida como una ley de la razón práctica, que exige una autoridad concertada para «ordenar» la arbitrariedad individual. De ahí que la coacción que lleva consigo el derecho sólo pueda ser legitimada a partir de su determinación por una ley estrictamente general. Como se recordará, el criterio de la universalidad constituye el fundamento del imperativo categórico en el marco de la *moralidad*: «obra de tal manera que la máxima de tu voluntad pueda valer al mismo tiempo como ley universal». El problema ahora consistirá en trasladarlo al ámbito de la *legalidad*. Sólo así conseguirá Kant elevar a un plano metodológico nuevo y más seguro lo que en la teoría contractual anterior constituía el auténtico problema: la compatibilización de razón y poder, o sea, el problema de la legitimidad. Kant trata de resolverlo al sustituir el contrato social por una mera idea regulativa, un enunciado *normativo* que no necesita ser derivado desde una situación ideal, es ya *norma* en sí mismo. El fin del Estado se ve así únicamente referido a la garantía del derecho, y la «idea» del Estado debe estar entonces ajustada a los tres principios *a priori* del derecho: 1) la *libertad* de cada miembro de la sociedad en cuanto *persona*; 2) la *igualdad* de todos entre sí en cuanto *súbditos*; y 3) la *autonomía* en cuanto *ciudadanos* de cada miembro de la sociedad. Corolario lógico de este planteamiento es la valoración tan positiva que da al *ámbito de lo público*, ámbito en el que todos podríamos reconocernos como «persona objetiva» con intereses comunes.

La gran ventaja de este paso estriba en su capacidad para afianzar la naturaleza moral de la persona, que no requiere ser deducida de consideraciones historicistas o antropológicas para dotar de contenido categórico a los derechos individuales. Sirve para afianzar la esencial igualdad de todas las personas en su dignidad como sujetos libres y racionales, que toda persona es un fin en sí mismo y que la esclavitud o la servidumbre niegan tal naturaleza. En definitiva, y esto es lo que realmente pretenderán las declaraciones de derechos, extraer la libertad y dignidad moral humanas del flujo de la historia e imponerlas como un absoluto, que la justicia debe prevalecer sobre cualesquiera que sean las contingencias de la vida social. Su inconveniente más sobresaliente es, sin embargo, que se trata de principios demasiado abstractos e indeterminados, dada la necesidad que tiene la argumentación moral *deontológica* de escaparse del subjetivismo y de la dictadura de las circunstancias a la hora de justificar la prioridad de la justicia. En el otro supuesto, el de las teorías *teleológicas*, está claro que es difícil encontrar un punto de referencia fuera de las mismas preferencias individuales. ¿Puede encontrarse este punto sin referencia a un bien objetivo? Y, aun siendo posible encontrarlo, ¿no respondería necesariamente a la suma de las preferencias que en un determinado momento histórico llegan a ser predominantes? Todas estas cuestiones siguen debatiéndose hoy en las teorías que pertenecen a la tradición liberal, sin que hasta el momento se hayan encontrado respuestas satisfactorias a las mismas. Sí se detecta un mayor vigor en las nuevas teorías contextualistas e historicistas, aunque en el ámbito institucional sigue predominando una justificación en términos deontológicos en todo lo relativo a la fundamentación de los derechos de la persona.

2. *El núcleo económico*

En lo que hace al núcleo económico de la teoría liberal, es importante comenzar refiriéndonos a ese cambio de mentalidad al que aludíamos al comienzo. Igual que en la esfera de la moral y la política el liberalismo tuvo que romper con concepciones anteriores —como la organización del Estado a partir del orden estamental o de una concepción patrimonialista del poder propia del absolutismo, por no mencionar la visión de los fines de la política informada hasta la médula por la pretensión de adoctrinar al pueblo en supuestas verdades religiosas—, también aquí es necesario referirse al cambio de perspectiva que introduce la ideología liberal en el ámbito de la producción. Piénsese que el orden feudal, fuertemente imbricado con la religión, imponía todo un conjunto de límites a la organización económica. La idea cristiana de que el bien supremo sólo era posible en la otra vida y que las conductas individuales debían someterse a toda una serie de restricciones morales dictadas por la religión tuvo una influencia considerable sobre las motivaciones económicas y la autorización de determinadas prácticas. El productor medieval estaba sometido así a toda una serie de constreñimientos éticos, además de los más estrictamente estamentales y los derivados de la organización gremial, que influían sobre su capacidad para llevar a cabo su actividad: el tiempo de trabajo, la calidad de la producción, los métodos de venta, el tipo de beneficio, el espíritu de competencia. Todas estas actividades se sometían a un complejo sistema de limitaciones éticas y legales. Predominaba una concepción «comunitaria» de la riqueza que poco a poco va dejando paso a una ya puramente individualista, que comienza a reestructurar las relaciones comerciales y económicas entre las personas. Surge la búsqueda de la riqueza como fin en sí mismo a medida que la sanción religiosa va dejando paso a una sanción puramente utilitaria dirigida a satisfacer las necesidades individuales. Esto constituye la precondición necesaria para pasar de una economía de subsistencia, propia de la sociedad tradicional o estamental, a una economía dinámica informada por el principio de la producción sin barreras y abierta a nuevas posibilidades de experimentación dentro de los nuevos mercados que se van abriendo más allá de los cerrados mercados locales del Medioevo.

De ahí la asociación de este nuevo impulso a la idea de *libertad* y a los nuevos proyectos de reforma política, ya que sus fines, la reestructuración de la sociedad tradicional, coinciden también con el proyecto de quienes aspiran a mayores grados de tolerancia para su propia religión o buscan cualquier otro tipo de fines políticos. La sociedad medieval se caracterizaba por su carácter uniformizador a partir de una visión religiosa de la vida humana, que exige la congruencia entre política, derecho y moral. Los procesos de diferenciación social que introduce el tránsito hacia la modernidad van a dar lugar a eso que Weber calificaría como «esferas de valor» autónomas —derecho, moral, política, economía—, con sus lógicas propias, que ya no se dejan englobar por concepciones del mundo rígidas y unitarias. La autonomía del ámbito de la moral respecto del de la religión y la política explica, por ejemplo, la aparición del principio de tolerancia, así como otros derechos individuales como el de libertad de conciencia o pensamiento. Y otro tanto ocurre con la economía de mercado. Por eso, cuando Adam Smith proclama en *La riqueza de las naciones* (1776) la necesidad de buscar una sistema de organización económica a partir del principio de *laisser faire*, está clamando en contra de las limitaciones u obstáculos que los Estados de la época, normas consuetudinarias u otras disposiciones, imponían a la libre iniciativa individual: privilegios fiscales, organización gremial, aranceles y tarifas varias, restricciones a la venta de determinados bienes o al derecho de herencia, etc.

Todo ello explica en gran medida por qué ese énfasis sobre el derecho de propiedad como uno de los derechos fundamentales de la persona: porque, al garantizar la *independencia* material de los individuos, constituye la posibilidad para resistirse a la autoridad política; no es sólo la precondición de la autopreservación, sino del mismo ejercicio de otras libertades. La propiedad permite al individuo algo así como una educación en la autonomía, al tener que responsabilizarse de su propio destino y, paralelamente, como se encargaron de subrayar los teóricos de la Ilustración escocesa —Hume, A. Smith, R. Millar, A. Ferguson—, facilita el establecimiento de una sociedad gobernada por los hábitos del libre intercambio contractual, la confianza mutua y, en general, la generalización de la paz civil, algo difícil de conseguir en las sociedades dominadas por el espíritu feudal del «honor» y la gloria militar. El mismo Montesquieu acentuó este rasgo al señalar que el comercio potencia la tolerancia, ya que acostumbra a los ciudadanos a relacionarse con otros de modo imparcial e impersonal.

El *mercado*, como recuerda A. Smith, deviene en el punto de encuentro de los distintos intereses y voluntades individuales, que se armonizan, «sin necesidad de ley ni de estatuto», distribuyendo los recursos de la sociedad de manera óptima para el interés general. Permite, pues, la reconciliación del interés individual con el interés general, y como dice en su conocida metáfora, aunque cada persona piense en su ganancia propia, «es conducida por una *mano invisible* a promover un fin que no entraba en sus intenciones». Hay una especie de mecanismo automático, que según la no menos célebre frase de B. de Mandeville hace que los «vicios privados» —la persecución del propio interés— devengan en «virtudes públicas» —el bienestar general—. Para que se produzcan estas beneficiosas «consecuencias no intencionadas» es preciso, sin embargo, como no deja de insistir A. Smith, que no existan interferencias del Estado y hubiera total movilidad de los factores productivos, plena ocupación de recursos y soberanía completa del consumidor. Bajo condiciones de competencia perfecta, que impiden la proliferación de monopolios y establecen el adecuado ajuste entre oferta y demanda y el correspondiente sistema de precios, bajo los prerrequisitos del libre mercado se podrían producir estas bondades señaladas.

Otra va a ser la interpretación que se haga por parte de los autores *utilitaristas*, que al analizar el fenómeno desde una perspectiva histórica posterior no pueden dejar de observar algunas de las falacias de este planteamiento del liberalismo originario. No hay tal supuesta libertad contractual para aquellos que se ven obligados por las circunstancias a aceptar determinadas condiciones impuestas por los más poderosos. En una situación donde las partes se encuentran en una relación asimétrica, la presunción de entrar en intercambios «libres» no es más que eso: una presunción. Por otra parte, no está claro que la no intervención o la armonía natural de los intereses individuales en la sociedad produzca los beneficios que los ilustrados escoceses le imputaban. Lo esencial es saber *cómo* intervenir para no distorsionar los indudables beneficios que comportan el mantenimiento de los derechos de propiedad y la astucia del mercado. Por eso Bentham desarrolla determinadas medidas dirigidas a conseguir mayores efectos redistributivos, como no gravar los bienes de primera necesidad, asegurar seguros de vida, vejez y enfermedad y restringir el derecho de herencia. El cálculo de utilidad es claro: los beneficios que para los más menesterosos se derivarían de tales medidas no pueden ser equiparados a los perjuicios que de ellos derivan a los ricos por la pérdida de sus bienes o propiedades. Ya vimos también cómo J. S. Mill recomienda importantes medidas redistributivas y educativas que lo aproximan a posicionamientos que hoy calificaríamos de socialdemocráticos. En todo caso, el problema de toda intervención para la teoría liberal clásica es el de la compatibilización de su firme defensa de los derechos de propiedad como uno de los baluartes de la libertad y, a la vez, aminorar las consecuencias negativas derivadas de una economía de mercado donde los individuos entran en relaciones asimétricas.

IV. EL NÚCLEO POLÍTICO: DECLARACIONES DE DERECHOS, DIVISIÓN DE PODERES Y ESTADO DE DERECHO

Como ya hemos señalado arriba, la organización de las instituciones políticas del liberalismo sigue en líneas generales el esquema diseñado por J. Locke, que será pulido y reelaborado a lo largo del tiempo. No podemos detenernos en una detenida exposición de esta evolución, que, además, presenta importantes diferencias según los países. La presentación seguirá así un criterio predominantemente analítico.

1. *Las declaraciones de derechos*

Bajo la influencia de la filosofía liberal y la presión de importantes grupos sociales, comenzaron a aparecer las «declaraciones de derechos», que se iban incluyendo en las nacientes *Constituciones* como parte dogmática de las mismas. Tienen sus antecedentes más inmediatos en determinadas declaraciones de la historia constitucional inglesa, como son la Petición de Derechos de 1628, la Ley de Habeas

Corpus de 1679 o la Declaración de Derechos de 1689, pero aquí nos encontramos todavía con medidas dirigidas más a evitar las tendencias absolutistas de la Corona inglesa que a proclamar verdaderos «derechos humanos». Para ello habrá que esperar hasta las declaraciones o *Bills of Rights* de distintos Estados norteamericanos, promulgadas al separarse de Inglaterra, y, fundamentalmente, a la Declaración de Derechos de los Estados Unidos, cuyos primeros doce artículos se incluyeron casi de inmediato en la Constitución americana de 1787, y a la Declaración de Derechos del Hombre y el Ciudadano de 1789, nacida con la misma Revolución francesa, que no sólo se integraría en la Constitución revolucionaria de 1791, sino en otras francesas posteriores hasta llegar a la actualmente en vigor en Francia desde 1958.

Sus antecedentes más remotos se encuentran en las libertades y franquicias de la Edad Media, a través de las cuales los monarcas se comprometían a reconocer ciertos derechos o privilegios a determinados grupos sociales o a corporaciones y territorios específicos. Aun compartiendo con las modernas declaraciones de derechos el hecho de tratarse de una limitación del poder político, su naturaleza es, como nos recuerda García Pelayo, bien distinta. Primero, porque partían del reconocimiento de situaciones concretas y particularizadas a las que se presentaba, y no siempre, en forma escrita más o menos solemne, como en la Carta Magna de 1215, donde se buscaba asegurar los derechos de los barones frente al poder del rey, en la Bula de Oro de Hungría de 1222 o en los Privilegios de la Unión Aragonesa de 1286. No poseían, pues, el carácter de organización racional del poder desde principios generales y racionales. Segundo, porque los derechos allí reconocidos no lo eran a título individual, sino que siempre contemplaban a la persona como inmersa en algún estamento o miembro de algún grupo social concreto. Los «pactos», «fueros» e incluso las «Cartas Generales» se referían siempre a una parte de la población, y no a la generalidad de los ciudadanos o de los «hombres», como luego harán las declaraciones de derechos modernas.

Este último salto cualitativo se expresa con toda nitidez en el artículo 1 de la ya mencionada Declaración Francesa de Derechos del Hombre y el Ciudadano de 26 de agosto de 1789: «Los hombres nacen y permanecen libres e iguales en derechos». O cuando en el Preámbulo de la Declaración de Independencia de los Estados Unidos de 4 de julio de 1776 se dice que los derechos naturales del hombre, que comprenden el derecho a la vida, la libertad y la búsqueda de la felicidad, son «evidentes en sí mismos», y que el gobierno se instituye como garantía de esos derechos. Puede afirmarse, así, que estas declaraciones ofrecen ya la primera presentación solemne y política de lo que ha llegado hasta nosotros como el núcleo central de los *derechos humanos*, que desde entonces se caracterizan a partir de tres rasgos principales:

— Son *universales* e individuales; se reconocen a toda persona por el mero hecho de pertenecer a la humanidad, con independencia de su nacionalidad, raza, sexo, lengua o religión.

— No son «creados» por el Estado, sino únicamente *reconocidos* por él; su garantía última se encuentra en el régimen democrático, única forma de gobierno susceptible de adecuarse a los dictados de estos derechos. Con ello se dirige la pretensión de su reconocimiento al Estado mismo y, en particular, a su renuncia explícita a penetrar en la esfera de la libertad personal.

— Los derechos humanos son derechos *morales,* que se derivan de la humanidad de cada cual y están dirigidos a la protección de la dignidad de toda persona; pero son también derechos *jurídicos,* que se establecen en el ámbito intra e interestatal de acuerdo con la constitución de la sociedad.

Este necesario reconocimiento político-jurídico hace que los derechos humanos no aparezcan establecidos de una vez por todas, sino que están sujetos a *variabilidades históricas* dependientes en gran medida de las contingencias de la lucha política concreta —a los «derechos de autonomía» se van sumando con los tiempos derechos de otra naturaleza, como los «derechos sociales», por ejemplo—; de las mayores o menores posibilidades materiales de cada sociedad para dotarles de protección según cada coyuntura —piénsese en las dificultades para garantizar de hecho los derechos a determinadas prestaciones sociales y económicas garantizados constitucionalmente—; y, en fin, de los distintos desafíos que una sociedad crecientemente tecnológica y mundializada introduce a la hora de garantizar su eficacia plena.

Reflejar esta evolución o entrar en las diferentes tipologías que cabe hacer de los mismos excede con mucho los límites de este trabajo. De ahí que tratemos de esquematizar ambas dimensiones a partir del siguiente cuadro, que resume el estadio actual del reconocimiento de los derechos humanos y políticos tal y como se establecen en la mayoría de las Constituciones democráticas. Para ello será preciso distinguir los «derechos humanos» propiamente dichos, generalmente reconocidos, ya sea de modo expreso en cada Constitución o mediante la ratificación de convenciones internacionales[1], de los *derechos civiles*, cuyo reconocimiento y protección se limita a los *ciudadanos* nacionales de cada país concreto. La «nacionalidad» es, pues, a pesar de la existencia de importantes asimetrías entre Estados en lo relativo al grado de incorporación de otros nacionales, un elemento que condiciona de modo decisivo la efectividad de los derechos. En términos generales puede afirmarse, sin embargo, que salvo los derechos políticos propiamente dichos, toda persona es respetada en los países democráticos en sus libertades básicas fundamentales con independencia de su nacionalidad, y que distintos tratados y convenciones internacionales o de ámbito regional —como la Unión Europea, por ejemplo— van extendiendo su eficacia con el tiempo a personas de otras nacionalidades residentes en ellos. Con todo, la distinción analítica entre «derechos humanos», por un lado, y «derechos civiles» no deja de tener sentido. Ambas dimensiones se unirán el concepto más genérico de *derechos fundamentales*.

2. *La división de poderes*

Tras la formulación, ya analizada arriba, de la división de poderes en J. Locke, nos vamos a encontrar su presentación más clara, elaborada e influyente en el modelo ofrecido por el barón de Montesquieu. El diseño que aporta está claramente influido por la práctica constitucional británica, con sus sistemas de «frenos», «contrapesos» y «controles», que este autor estiliza en un modelo puramente racionalista, no ajustado del todo a la práctica que le sirve de inspiración. Llevado a una síntesis apresurada, sus ideas básicas serían las siguientes:

a) Las principales funciones del Estado, divididas en legislativas, ejecutivas y judiciales, se atribuyen cada una a un distinto poder dentro del Estado: la legislativa se atribuye al Parlamento, con la sanción real de la ley, la ejecutiva al gobierno, y la judicial a los tribunales de justicia.

b) Los poderes se relacionan entre sí a través de un sistema de correctivos, vetos y fiscalización de la actividad de los otros. Con ello se obtiene, por un lado, el necesario fraccionamiento del poder, que se considera imprescindible para evitar sus excesos y salva-

---

1. Como la Declaración Universal de los Derechos Humanos de la ONU de 1948 o la Convención para la Protección de los Derechos Humanos y las Libertades Fundamentales aprobada por el Consejo de Europa en 1950 y ratificada por todos los Estados europeos miembros.

EL ESTADO LIBERAL

DERECHOS HUMANOS				DERECHOS CIVILES
DERECHOS FUNDAMENTALES				
Derechos de libertad	*Derechos de igualdad*		*Derechos procesales*	*Garantías institucionales*
Derecho a la vida y a la integridad física. Derecho a la libertad religiosa o de creencias. Derecho a la libertad de pensamiento y de expresión; libertad de prensa y derecho a una veraz información. Derecho a la libertad de reunión y asociación. Derecho a la libertad de circulación y residencia e inviolabilidad del domicilio, correspondencia, etc. Derecho a la libre elección de profesión. Derechos políticos, como la existencia de elecciones libres, intervención y fiscalización del gobierno, etc.	Derecho a la igualdad ante la ley. Derecho a la no discriminación por razón del sexo, raza, creencias, etc... Igualdad en el ejercicio del derecho de sufragio. Igualdad de acceso a cargos públicos. Derechos económicos y sociales en realización de los imperativos del Estado social: derecho al trabajo, seguridad social y otros beneficios sociales, derecho de huelga, de educación y vivienda digna, etc.		Derecho a la garantía y protección del Derecho. Derecho a la tutela judicial, concebida como independiente de toda instancia política. Garantías procesales —prohibición de los tribunales especiales; derecho de defensa y a recursos judiciales; prohibición de la pena de muerte; *nullum crimen nulla poena sine lege*, etc.	Matrimonio y familia. Propiedad. Derecho de herencia.

guardar más eficazmente así el ejercicio de los derechos individuales; pero, por otro también, el establecimiento de la necesaria comunicación e interrelación entre los mismos. Hay, pues, una integración de criterios técnicos en otros más propiamente valorativos. Y la idea básica que subyace a este planteamiento es que la única forma eficaz de controlar e influir en el poder estatal sólo puede hacerse desde el mismo poder del Estado. Sirve como complemento institucional del pluralismo social, articulado a través del sistema de partidos o la existencia de una opinión pública crítica, heterogénea y plural.

Este modelo fue recogido ya, con formulaciones más o menos fieles a su versión teórica original, por toda la tradición del constitucionalismo. El énfasis que se habría de dar a la funciones específicas o a la autoridad e interrelación de cada poder variaba, como es lógico, según las distintas coyunturas políticas. En general puede afirmarse que cuanto más influidas estuvieran las Constituciones por el principio democrático apoyado en una visión fuerte de la soberanía popular, tanto mayor protagonismo cobraba el poder legislativo, como en la Constitución revolucionaria francesa de 1791 o en la española de 1812. En las que se establecieron como consecuencia del reflujo revolucionario que acompañó a las derrotas de Napoleón se tendía, por el contrario, a subrayar la co-responsabilidad legislativa entre el monarca y las Cámaras, así como el control último de aquél sobre éstas a la hora de designar a un determinado número de miembros de la Cámara Alta, proceder a la convocatoria, disolución o prórroga de la Cámara Baja, etc.

Hoy puede afirmarse que existen dos grandes modelos de organización de la división de poderes, que normalmente se corresponden con las diferencias entre sistemas parlamentarios y sistemas presidencialistas.

a) La interpretación presidencialista

Se trata de una división *rígida* de poderes, cuyo ejemplo más longevo y significativo es la Constitución americana de 1787, la Constitución escrita más antigua del mundo, que, con las pertinentes enmiendas, sigue todavía en vigor. En ella se establece una estricta división entre las funciones de los distintos órganos, imbuidos todos, al contrario que ocurre en la monarquía constitucional, del principio de legitimidad democrática, que se traduce incluso en la elección popular de muchos jueces. El Presidente, órgano de impulsión de la política de la nación, designa o sustituye directamente a sus ministros o «secretarios». Ni él ni su Gobierno son parte del legislativo. Este último, por su parte, integrado por la Cámara de Representantes y el Senado, que conjuntamente constituyen el Congreso, no puede «censurar» al ejecutivo, siendo posible una casi perfecta convivencia entre un presidente de un partido y un Congreso integrado en su mayoría por representantes de otro partido distinto. Y el poder judicial ostenta una independencia difícil de encontrar en otros sistemas. Aun así, los poderes aparecen entremezclados o armonizados de diversas maneras: el Presidente posee determinadas atribuciones en materia legislativa, como la sugerencia de un programa legislativo a través de su mensaje anual, o la posibilidad de vetar la legislación del Congreso, a menos que en una segunda vuelta ambas Cámaras la aprueben por una mayoría de dos tercios; tiene también funciones que alteran la independencia del poder judicial, en tanto que nombra, con la aprobación del Senado, a los miembros del Tribunal Supremo. El Congreso, el Senado en particular, participa también, como acabamos de decir, en el nombramiento de funcionarios importantes, y tiene funciones relevantes en el campo de la elaboración y aprobación de presupuestos, el establecimientos de comisiones de encuesta e investigación sobre la labor del ejecutivo, y no puede ser nunca disuelto por éste. A todo esto se añade su capacidad de enjuiciar al Presidente y a cualquier alto funcionario por responsabilidad penal (*impeachment*), pudiendo destituirlos de sus puestos.

b) La interpretación parlamentaria

Es la propia de lo que técnicamente se considera como separación de poderes *flexible*. Se denomina así por la íntima dependencia entre poder legislativo y poder ejecutivo, ya que el ejecutivo necesariamente debe poder contar con la confianza del poder legislativo, y está siempre sujeto a la posibilidad de ser derrocado por una moción de censura. El gobierno, a su vez, forma parte del Parlamento, y en caso de no contar con su confianza puede reaccionar disolviéndolo. En la mayoría de los sistemas parlamentarios, el Gobierno colabora activamente con el Parlamento, donde dispone de mayoría, a través de la presentación e impulsión de la práctica totalidad de los proyectos de ley. Por otra parte, el Parlamento no deja de cobrar una cierta autonomía controlando al Gobierno mediante preguntas, mociones, comisiones de investigación, además de la ya señalada capacidad para derrocarlo mediante la votación de censura.

c) El Estado de derecho

Aunque en sus orígenes restringía su significado al sometimiento del Estado a la ley —que los órganos del Estado únicamente deben actuar con arreglo a normas jurídicas—, su semántica se ha ido ampliando hasta abarcar todos los principios fundamentales y todos los mecanismos procedimentales que permiten garantizar la libertad de cada ciudadano y aseguran su participación en la vida política. Es, pues, una institución que presupone e incorpora a las otras dos que acabamos de exponer —la garantía de los derechos individuales y la división de poderes—. En nuestra cultura jurídico-constitucional su sentido último está así más próximo a la idea germánica de *Rechtsstaat* que a la más restrictiva anglosajona de imperio o gobierno de la ley (*rule of law*). La incorporación —y casi identificación— de los derechos fundamentales a la figura del Estado de derecho se ha reconocido también, fuera de la elaboración doctrinal, en declaraciones formales tales como la Declaración Universal de Derechos Humanos de la ONU, o por la Comisión Internacional de Juristas.

La figura del Estado de derecho otorga al Estado la forma y las medidas necesarias para permitir al ciudadano la capacidad de prever sus actuaciones y orientar su propia acción en el ámbito público y privado. Sólo en un Estado sometido a un orden constitucional y jurídico puede participar cada cual libremente en la conformación de la vida política. Siguiendo el mandato tan repetido en la teoría liberal, el individuo constituye el fin del Estado, y éste está obligado a garantizar la seguridad jurídica y otra serie de arreglos formales como una de las condiciones para el ejercicio de la libertad de aquél. Es la expresión del *principio de legitimidad* que informa al Estado en el liberalismo: que los individuos sólo deben obedecer a leyes impersonales y objetivamente establecidas, y a las personas únicamente en cuanto que portadoras de una capacidad de actuación jurídicamente establecida. Se resume, así, en la conocida máxima del «gobierno de las leyes, no de los hombres».

Al haber expuesto ya los rasgos básicos de las declaraciones de derechos fundamentales, así como la institución de la división de poderes, vamos a limitarnos aquí a ofrecer un apretado resumen de los otros *elementos* del Estado de derecho. Para ello nos concentraremos en la dimensión de la primacía de la ley y la organización institucional que presupone.

La *primacía de la ley* se entiende, en principio, en su sentido formal: como elaborada por los órganos legislativos del Estado, cuya acción, al tratarse de un órgano representativo, remite al principio de legitimidad democrática. El Estado de derecho vincula la política a la ley y al derecho, somete todo ejercicio de poder estatal al control judicial y garantiza así la libertad de los ciudadanos. De esta presentación general se derivan otros principios:

— La *legalidad de la Administración*: Este principio exige el permanente sometimiento de la Administración a la ley, que debe moverse siempre dentro del marco general legalmente establecido. En la formulación de Montesquieu, el control de la legalidad de la Administración era competencia única del cuerpo legislativo, pero la ulterior evolución de la vida política, que fue paralela a un incesante incremento de la acción de la Administración, enseguida hizo necesario que se complementara con un control jurisdiccional, estableciéndose un sistema de recursos en beneficio de los posibles afectados por sus decisiones. Mediante un sistema jerárquico de normas, que no solamente estipula el sometimiento de la ley formal a la Constitución, sino el rango diverso de las distintas normas según la instancia de la que emanan, su grado y ámbito de validez, ha permitido realizar un relativamente satisfactorio control judicial de la amplia y heterogénea capacidad normativa de la Administración.

— La *independencia del poder judicial*: Se afirma frente a cualquier otro poder del Estado, tanto respecto del poder ejecutivo y la Administración como del legislativo. La independencia del juez es a estos efectos decisiva, y se concreta en su total autonomía a la hora de dictar sentencia, únicamente limitada por su conformidad a las disposiciones legales. El hecho de que, al menos en los países continentales, el juez esté integrado en una carrera profesional dentro del mismo Estado no afecta a dicha independencia; únicamente sirve para racionalizar administrativamente su actuación, así como para evitar posibles excesos en el ejercicio de su cargo, que permiten establecer sanciones disciplinarias.

— El *examen de constitucionalidad de las leyes*: Es la garantía última que permite mantener la prioridad de la Constitución sobre la ley, y está dirigida a frenar los posibles abusos del legislativo o del ejecutivo. Determinados principios constitucionales pueden ser vulnerados siguiendo la más escrupulosa racionalidad procedimental vigente en un determinado sistema constitucional. Ante esta situación, y siguiendo diferentes procedimientos, que varían según el sistema político de cada país, cabe recurrir a un órgano específicamente encargado de esta labor, un Tribunal Constitucional, o bien, como en Estados Unidos, relegar esta labor en los jueces.

— Por último, implica además una serie de *proposiciones sobre el carácter y la forma de hacer las leyes*, que engloban buena parte de los derechos que en la tabla anterior figuraban bajo el rótulo de «derechos procedimentales»: las leyes deben ser minuciosamente redactadas, no deben ser retroactivas en su aplicación, el principio de *nullum crimen, nulla poena sine lege*, no deben imponer castigos crueles e inusuales, la prohibición —en algunos sistemas— de la pena de muerte, o no delegar poderes discrecionales mal definidos o excesivos.

Todos estos rasgos o dimensiones del concepto Estado de derecho habría que elevarlas a una dimensión superior en la que la *autonomía privada* de los ciudadanos, sobre la que se proyecta el sentido último de esta institución, se conecta a lo que bien podríamos calificar como su *autonomía pública*, esto es, a la definición que la ciudadanía va haciendo mediante la expresión de su voluntad política a través de la participación en la esfera o ámbito de lo público. El concepto de Estado de derecho no puede deslindarse tampoco de esta dimensión *democrática* del Estado liberal, que estudiaremos en un tema específico.

BIBLIOGRAFÍA

García Pelayo, M. (1984): *Derecho Constitucional Comparado*, Alianza, Madrid.
Locke, J. (1990): *Segundo Tratado sobre el gobierno civil*, Alianza, Madrid.
Mill, J. S. (1990): *Sobre la libertad*, Alianza, Madrid.
Vallespín, F. (ed.) (1993): *Historia de la Teoría Política*, vol. III, Alianza, Madrid.

Capítulo 4

RUPTURAS Y CRÍTICAS AL ESTADO LIBERAL: SOCIALISMO, COMUNISMO Y FASCISMOS

Carlos Taibo

Universidad Autónoma de Madrid

En este capítulo nos ocuparemos de dos visiones críticas, muy distintas entre sí, del Estado liberal y de sus cimientos ideológicos: la realizada desde las diferentes corrientes del pensamiento socialista y la formulada desde movimientos que calificaremos genéricamente de fascistas. Hay que convenir que el nexo de vinculación entre ambas visiones —la crítica del liberalismo— es débil y que, por lo demás, la relación que una y otra tienen con los sistemas democráticos contemporáneos resulta palmariamente diferente. Mientras son innegables las aportaciones al acervo democrático procedentes de las corrientes socialistas —desde la frescura contestataria de los socialistas primitivos, pasando por muchas de las concepciones de la socialdemocracia, marxista o no, hasta la influencia que el anarquismo ha ejercido sobre los nuevos movimientos sociales—, se antojan nulas, en cambio, las realizadas por los fascismos. De resultas de lo anterior, este capítulo se vertebra en dos grandes epígrafes claramente diferenciados: si el primero intenta dar cuenta de lo que el socialismo ha sido en sus diferentes versiones, el segundo procura hacer lo propio con el fascismo. Cierra el capítulo una reflexión sobre dos términos complejos, los de «autoritarismo» y «totalitarismo», detrás de los cuales resulta posible rastrear, es cierto, algunos elementos de proximidad entre ciertas modulaciones del socialismo y lo que comúnmente se ha entendido por fascismo.

I. LOS MOVIMIENTOS SOCIALISTAS

El término «socialismo» es común a muchas corrientes de pensamiento que se han hecho valer en los siglos XIX y XX, y que surgieron en su momento al calor de la Revolución industrial, de la visión política propia de la Revolución francesa y de la irrupción de la idea de progreso. Aunque es innegable que antes del siglo XIX pueden encontrarse numerosos antecedentes del pensamiento socialista —desde la obra de Platón hasta la *Utopía* de Moro, desde los evangelios hasta *El contrato social* de Rousseau—, hablando en propiedad los movimientos socialistas surgen en el siglo mencionado.

De manera general, por socialismo entenderemos una visión que reclama, con respecto al capitalismo y a otros regímenes económicos, cambios encaminados a establecer una nueva organización social asentada en varios principios: una limitación en el derecho de propiedad, la dirección —o al menos el control— de los procesos económicos por los trabajadores y una mayor igualdad en todos los órdenes. Dentro de esta definición caben, sin embargo, lecturas muy distintas que, a menudo en abierta confrontación entre sí, otorgan un relieve mayor o menor a cada uno de esos principios o recurren a unas u otras fórmulas para hacerlos valer. En este epígrafe intentaremos recalcar las diferencias existentes entre algunas de ellas, y al respecto estudiaremos, por este orden, el surgimiento del socialismo en la primera mitad del siglo XIX, la importancia de la obra de Marx, la posterior revisión socialdemócrata de esta última, los problemas de análisis vinculados con el leninismo y la experiencia soviética, y la singular aportación, en fin, del pensamiento anarquista.

1. *Los antecedentes y el socialismo primitivo*

La palabra «socialismo» hizo su aparición en el lenguaje político en torno a 1825, y lo hizo de manera casi simultánea en Francia y en Inglaterra. La extensión del término, y de la concepción ideológica que lo acompañaba, fue extremadamente rápida: quince años después la palabra era de uso corriente y los movimientos «socialistas» empezaban a proliferar en buena parte del continente europeo.

Aunque el paso del tiempo ha desdibujado notoriamente las identificaciones verbales, conviene que recordemos que en su origen la palabra «socialismo» surgió claramente enfrentada al «individualismo» que despuntaba al amparo del pensamiento ilustrado y de sus secuelas liberales. La reacción socialista no fue, sin embargo, la única suscitada por un individualismo que encontraba múltiples rechazos. También en el ámbito del pensamiento católico, y a través de la obra de muchos pensadores conservadores, se criticaron las consecuencias del «odioso individualismo». Bien es cierto, sin embargo, que la respuesta socialista incorporaba la defensa de un nuevo y armónico orden social que, asentado en la igualdad y en la justicia, no estaba en la mente de los críticos conservadores del individualismo.

El término «socialismo utópico», más bien despectivo y popularizado por Marx, se impuso para dar cuenta de las reflexiones de los primeros pensadores socialistas, que aquí calificaremos, sin más, de «socialistas primitivos». Marx estimaba que había un antes de su propia obra, caracterizado por el contenido irreflexivo e irreal de la mayoría de los propuestas, y un después, vinculado con el carácter «científico» del método marxiano. Aunque difícilmente se puede negar que la obra de Marx marcó un punto decisivo, y que el contenido de muchos de sus análisis —especialmente en el ámbito económico— era más sagaz y profundo que el que se hacía sentir entre los socialistas primitivos, debe recordarse que sin la obra de éstos a duras penas se entiende el desarrollo posterior del pensamiento socialista.

Tres grandes rasgos permiten dar cuenta de lo que fueron los socialistas primitivos. En primer lugar, y aun siendo evidente que en muchos casos se trató de individuos inclinados a las elucubraciones teóricas, no lo es menos que no faltaron entre ellos quienes, como el inglés Robert Owen (1771-1858) o el francés Charles Fourier (1772-1837), protagonizaron significativas experiencias prácticas en las que intentaron plasmar sus ideas. En segundo lugar, es obligado reconocer que la mayoría de los socialistas primitivos, pese a nacer al calor de la industrialización y sus problemas, realizaron buena parte de su reflexión fuera del contexto histórico que era el suyo; no es casual, por ejemplo, que a menudo reivindicasen la huida hacia arcadias rurales alejadas de los grandes centros industriales. Es verdad, sin embargo, que entre los socialistas primitivos hubo quien, como el también francés Henri de Saint-Simon (1760-1825), se ocupó de analizar, sin prejuicios, los nuevos problemas y, adelantándose a su tiempo, subrayó la importancia de que el Estado se encargase de planificar y organizar la actividad productiva. En tercer término, en fin, los pensadores que nos ocupan reflexionaron sobre la condición del ser humano singular y sobre las relaciones de poder, circunstancia que hizo de ellos, en terrenos concretos, estudiosos de la realidad más lúcidos que sus continuadores supuestamente «científicos». Baste con reseñar, por citar un ejemplo, que el pensamiento feminista contemporáneo debe mucho a la obra de Fourier, un pensador evidentemente adelantado a su época. De manera general puede afirmarse que el anarquismo y los llamados «nuevos movimientos sociales» entroncan fácilmente con algunas de las visiones del socialismo primitivo.

2. *La obra de Marx*

Ya hemos apuntado que, para marcar distancias con respecto al «socialismo utópico», el pensador alemán Karl Marx (1818-1883) calificó de científicos sus análisis y propuestas. También hemos subrayado que, aunque la visión de Marx al respecto es discutible, no puede negarse que en su obra se hizo valer un grado sensiblemente mayor de elaboración que en las reflexiones de los socialistas primitivos. La obra marxiana es, por lo demás, extremadamente compleja. Si por un lado resulta posible distinguir varias etapas en su elaboración —el «joven Marx», el «Marx maduro», el «Marx tardío»—, por el otro las interpretaciones de lo que realmente afirmó Marx son tan numerosas como, a menudo, dispares.

1. Aun a costa de incurrir en simplificaciones, inevitables, empezaremos por recordar que la visión de la historia inserta en la mayor parte de la obra de Marx —en sus últimos años de vida inició una eventual revisión de la misma— responde a lo que llamaremos un determinismo finalista: imbuido de una concepción general que le hacía pensar que las sociedades progresan poco menos que por necesidad, Marx estimaba que el desarrollo de las fuerzas productivas había conducido desde el «feudalismo» hasta el «capitalismo» y estaba llamado a conducir en un futuro inmediato —y al menos en buena parte de la Europa occidental— al «socialismo» y, más adelante, al «comunismo». La pretensión última del «socialismo científico» marxiano no era otra que demostrar que la victoria del «proletariado» sobre la «burguesía», y la consiguiente apropiación, por el conjunto de la sociedad, de los medios de producción, eran inevitables y debían poner fin a una historia ajustada desde siempre a la lucha de clases. «La burguesía», afirmaban Marx y su compañero Friedrich Engels (1820-1895) en el *Manifiesto comunista*, «produce sus propios enterradores. La caída de la burguesía y la victoria del proletariado son por igual inevitables».

2. En el marco de esa visión, «la política» tiene una importancia menor: se trata, simplemente, de una emanación de «las relaciones de producción» o, en un terreno más preciso, de una trampa urdida por la burguesía para preservar su condición de privilegio. En esta misma línea, la concepción marxiana del Estado no puede ser más clara: «El conjunto de las relaciones de producción constituye la

estructura económica de la sociedad, la base real sobre la cual se levanta una superestructura jurídica y política [...]. El modo de producción de la vida material condiciona, en general, el proceso social, político y espiritual de la vida».

Así las cosas, Marx cuestiona, invirtiéndola, la visión del Estado inserta en la obra de Hegel. Mientras para Hegel el Estado es la quintaesencia de la razón y el grupo humano en él imbricado, la burocracia, la «clase universal», Marx sostiene que la mayor atención hay que prestarla a la sociedad: el Estado, una mera «superestructura» que nace de ésta, debe subordinarse a la sociedad, y no al revés, toda vez que es en esta última en donde se hacen valer las relaciones materiales. Si la mayoría de los pensadores anteriores a Marx parecían pensar que el perfeccionamiento del Estado era un signo inequívoco de progreso, Marx lo que defenderá es, en sentido contrario, la necesidad de acabar con el Estado una vez que en las relaciones materiales hayan desaparecido los efectos malignos de la división de la sociedad en clases.

Para explicar el escaso relieve que Marx concede a la política, y en su caso al Estado, debe recordarse que su obra vio la luz en un período histórico preciso. Ese período se caracterizó ante todo por una «traición»: la protagonizada por un liberalismo que pactaba con muchas de las instituciones y de las gentes del viejo orden, y que de esta forma traicionaba el grueso de los principios de la Revolución francesa. Al amparo de ese liberalismo quedaban desdibujados, por ejemplo, los principios de la democracia, reducida a un mero enunciado retórico.

3. En la obra de Marx se manifiestan, por lo demás, dos conceptos distintos de Estado. Conforme al primero, el Estado se autoconfigura como un genuino parásito que vive a costa de la sociedad: en su seno se revelan, por encima de todo, los intereses de la burocracia, que en la visión de Marx ya no es la «clase universal» hegeliana. De acuerdo con la segunda visión, el Estado se presenta como un instrumento al servicio de la clase dominante. En el *Manifiesto comunista*, Marx y Engels se refieren al «poder político» como «el poder de una clase organizado para oprimir a otra». Si en el momento en que Marx escribe buena parte de su obra la clase dominante es, no sin problemas, la burguesía, en el futuro será el proletariado el que adquirirá tal condición, de tal suerte que el Estado pasará a subordinarse a sus intereses.

Aunque las dos visiones que acabamos de reseñar remiten a conceptos distintos, una y otra tienen un elemento común: el Estado se presenta como una instancia que vive al margen del conjunto de la sociedad. Sus intereses —sean los de la burocracia o los de la clase dirigente— habían chocado históricamente, además, con los de la mayor parte de esa sociedad.

4. Marx es casi siempre ambiguo, o en su caso indiferente, con respecto al procedimiento concreto que permitirá el derrocamiento de la burguesía y del capitalismo. Al respecto, unas veces parece aceptar de buen grado la vía del sufragio universal y la consiguiente posibilidad de que el acceso del proletariado al poder político se produzca en virtud de procedimientos pacíficos y democráticos. Pero en otros casos defiende sin rebozo una vía revolucionaria que prescinda por completo de las fórmulas de la «democracia burguesa» y que, sin excluir en modo alguno la violencia, acelere el hundimiento del capitalismo y de las formas políticas acompañantes de éste.

La propia práctica política de Marx, y fundamentalmente la desplegada en el ámbito de la I Internacional (1864-1881), no proporciona excesiva luz sobre sus concepciones con respecto a la cuestión que nos ocupa. Es cierto, sin embargo, que una vez derrocado el capitalismo e inaugurada la fase de transición al socialismo, Marx postula la instauración inmediata de fórmulas —elección de todos los cargos públicos, activo control popular, descentralización extrema...— de cariz inequívocamente democrático. Conviene realizar, sin embargo, una precisión adicional: Marx no da su aprobación a cualquier proceso de transformación, por revolucionarios que sean sus objetivos. Para que el cambio prospere en la línea adecuada no basta con el mero activismo revolucionario, sino que es preciso que estén dadas las «condiciones objetivas» de desarrollo de las fuerzas productivas y de manifestación paralela de sus contradicciones.

5. La ambigüedad, o la relativa indiferencia, de Marx en relación con los procedimientos de transformación se explica en buena medida por su visión de lo que es la democracia. Marx distingue con claridad entre «democracia formal» y «democracia real». La primera no es otra que la «democracia burguesa», vacía de contenidos por cuanto no tiene otro objetivo que ocultar fenómenos materiales tan notorios como la desigualdad y la explotación padecidas por capas enteras de la población; en éstas se hace sentir una visible «alienación» derivada de la distancia existente entre el «ciudadano político», supuestamente dotado de todos los derechos, y el «hombre económico», privado, en la realidad, de todos ellos. Cuando esta situación de desigualdad y explotación se supere —cuando desaparezca, en otras palabras—, el capitalismo, se abrirá camino por fin una democracia real. Marx, que es extremadamente crítico, por razones fáciles de comprender, de la democracia formal, no descalifi-

ca, sin embargo, todas las formas de democracia, en la medida en que defiende activamente la instauración de una democracia real. Así las cosas, su ambigüedad con respecto a las vías de transformación se deriva de la desconfianza suscitada por la «democracia formal», y no de una manifiesta indiferencia con respecto a la «cuestión» de la democracia.

6. Debe subrayarse, de cualquier modo, el carácter transitorio de la primera forma estatal que, en la visión marxiana, verá la luz tras el derrocamiento del capitalismo y de la «democracia burguesa». Ese Estado de transición —que Marx suele llamar «gobierno de la clase obrera», aun cuando Engels recurra con mayor frecuencia a la expresión «dictadura del proletariado»— deberá autodisolverse o, en otra formulación, fundirse con la sociedad. Ésa es una condición necesaria para la plena emancipación del ser humano, en una sociedad de la abundancia, y para la paralela desaparición de todas las formas de opresión política. Si en la mayoría de los escritos de Marx y de Engels la fase de transición es calificada como «socialista», el adjetivo «comunista» se reserva para la etapa final de emancipación plena.

Las concepciones de Marx difieren en aspectos importantes de las comunes tanto en el pensamiento anarquista como en el socialdemócrata. Para Marx, a diferencia de los teóricos del anarquismo, es necesario un «Estado de transición»: no puede acabarse de la noche a la mañana con el Estado. Marx parece inclinarse a menudo, en un plano distinto, por la necesidad de una «vanguardia» que dirija al «proletariado», visión completamente ajena al pensamiento anarquista. Frente a la visión socialdemócrata, Marx sostiene, en fin, que carece de sentido cualquier proyecto encaminado a conquistar el Estado desde el interior de éste: el proceso revolucionario debe apostar, desde el primer momento, por la disolución del Estado.

3. *La socialdemocracia*

El Partido Socialdemócrata alemán, fundado en 1875, fue el escenario principal de las discusiones ideológicas en las que se fraguó la socialdemocracia. En líneas generales puede considerarse que esta última, también conocida con el nombre de «socialismo democrático», fue el producto de una síntesis entre parte de los contenidos expresados en la obra de Marx y algunas de las «revisiones» críticas que ésta suscitó. Entre estas últimas se contaron las que realizaron tres pensadores alemanes —Ferdinand Lassalle (1825-1864), Eduard Bernstein (1850-1932) y Karl Kautsky (1854-1938)—, quienes a menudo fueron calificados con el término, más bien despectivo, de «revisionistas».

1. Aunque de acuerdo con la mayoría de las propuestas de Marx, Lassalle difería de éste en una cuestión decisiva: no había que rechazar en modo alguno, muy al contrario, la perspectiva de que el Estado se convirtiese de forma pacífica y paulatina en un agente decisivo de transformación en sentido socialista y permitiese allegar, por ejemplo, el capital necesario para establecer cooperativas. Las concepciones de Lassalle impregnaron muchos de los contenidos del programa aprobado en Gotha, en 1875, por el Partido Socialdemócrata alemán. Marx criticó duramente algunos de los términos de ese programa y adujo, en particular, que la concepción del Estado que en él se hacía valer era muy próxima a la de Hegel, en la medida en que convertía a aquél en una instancia situada por encima de las fuerzas económicas y sociales y, de resultas, en un instrumento neutro no subordinado a los intereses de la burguesía.

Más adelante, Bernstein puso de manifiesto, con mayor claridad, discrepancias en relación con elementos decisivos presentes en la obra de Marx. Por lo pronto, para Bernstein no se habían cumplido algunas de las previsiones de Marx, como la relativa al necesario y rápido colapso del capitalismo: en los últimos decenios del siglo XIX, en particular, el capitalismo había experimentado una etapa de prosperidad de la que, en opinión de Bernstein, se habían beneficiado todas las clases sociales, y no sólo la burguesía. La creciente polarización de clases que Marx había augurado no se había hecho sentir en la realidad, y los elementos de tensión dentro del capitalismo se habían mitigado. Amparado en la certeza de que las perspectivas de un cambio revolucionario eran, por consiguiente, menores, Bernstein llegó a la conclusión —de nuevo contraria a muchas de las tesis de Marx— de que el socialismo no era un resultado inevitable del desarrollo del capitalismo, sino una posibilidad entre otras.

La conclusión final de los análisis of Bernstein era sencilla: la instauración del socialismo debía ser paulatina y había que prescindir de cualquier tentación revolucionaria. En línea con las ideas defendidas por Lassalle, el Estado debía desempeñar un papel decisivo en un proceso encaminado a conseguir una democracia plena y una progresiva y pacífica apropiación de los medios de producción por los trabajadores. En la visión, en fin, de Kautsky, la instauración del socialismo sólo podía ser el resultado de una pausada evolución a partir del capitalismo y de muchas de las instituciones propias de éste.

2. La socialdemocracia se basa en la reivindicación de un orden político que acepta los principios propios del Estado de derecho y

rechaza en paralelo cualquier procedimiento de transformación, política, económica o social, no asentado en fórmulas democráticas. En el ámbito económico la socialdemocracia se ha traducido en una apuesta por la creación y consolidación de lo que se ha dado en llamar «Estados del bienestar»: estos últimos deben encargarse de desarrollar una activa política de prestaciones sociales, deben garantizar el vigor de la igualdad de oportunidades y deben propiciar una reducción de las diferencias sociales a través de mecanismos redistributivos desarrollados ante todo por la vía de los impuestos. Entre los beneficiarios de estas medidas no sólo habrá de contarse el «proletariado» tradicional: también deberán sacarles provecho unas clases medias que encontrarán en los Estados del bienestar, y en las propuestas socialdemócratas, una activa defensa de sus intereses. Para facilitar la consecución de los objetivos mencionados, muchos partidos socialdemócratas han alentado, en fin, fórmulas de acuerdo social como las vinculadas con los pactos neocorporativos.

El «Estado social y democrático de derecho» —otro de los términos en los que se han concretado muchas visiones socialdemócratas— implica, por lo demás, la postulación de una «economía mixta» en la cual se hagan sentir por igual los efectos del intervencionismo estatal y los de una economía de mercado cuyo vigor se respeta. Dejada a su libre funcionamiento, sin embargo, esta última exhibe numerosas imperfecciones que deben ser corregidas por la acción estatal. De esta suerte, la socialdemocracia se opone con claridad a la visión que se ha dado en calificar de «neoliberal», decidida partidaria de reducir a poco más que la nada las funciones económicas del Estado.

Conviene recordar que el contenido de la visión socialdemócrata ha sido analizado desde al menos dos perspectivas. Para la primera, la socialdemocracia se contentaría con gestionar el capitalismo y conferirle un carácter más «civilizado», pero en modo alguno aspiraría a acabar con aquél, circunstancia que encontraría claro reflejo en la decisión de respetar la economía de mercado y, con ella, el grueso de las formas de propiedad capitalista. Según la segunda, en cambio, la socialdemocracia no habría abandonado en modo alguno su anhelo inicial —presente en las reflexiones de Lassalle, Bernstein o Kautsky— de superar el capitalismo y abrir el camino a la construcción de una sociedad socialista; su aceptación del mercado estaría supeditada, entonces, a una paulatina transformación de éste que abocaría en la antes mencionada apropiación de los medios de producción por los trabajadores. Como es fácil comprender, la primera de las perspectivas de análisis identifica un alejamiento, con respecto a las ideas defendidas por Marx, mucho mayor que el que se vislumbra en la segunda.

3. En 1889 surgió la II Internacional, a la que se sumaron tanto formaciones políticas de cariz socialista democrático como otras más radicales. La ruptura entre unas y otras tuvo un momento decisivo en la Revolución rusa de 1917, que a la postre se tradujo en la creación de una III Internacional, visiblemente hostil a los principios hasta entonces defendidos por la socialdemocracia. Éstos se habían extendido con rapidez, sin embargo, en los dos decenios anteriores, al amparo de la presencia de partidos socialdemócratas en muchos de los Parlamentos de los países de la Europa occidental. Otro signo visible del auge de la socialdemocracia había sido su progresiva vinculación con los sindicatos, bien ilustrada por la estrecha relación que desde siempre mostraron los sindicatos británicos y el Partido Laborista.

Pero hubo que aguardar hasta después de la segunda guerra mundial para que los partidos socialdemócratas alcanzasen su máximo predicamento, fundamentalmente —de nuevo— en la Europa occidental. Durante períodos más o menos prolongados, han ejercido el gobierno en sus respectivos países el Partido Socialdemócrata alemán, el ya citado Partido Laborista británico, el Partido Socialista francés, el Partido Socialdemócrata sueco y el Partido Socialista Obrero español. Todos ellos han asumido una progresiva ruptura con el «marxismo» como fundamento ideológico; la decisión más significativa al respecto fue, sin duda, la adoptada en 1959 por el Partido Socialdemócrata alemán en su congreso de Bad Godesberg. Todos han mantenido, también, relaciones sólidas, como anticipábamos unas líneas más arriba, con sindicatos de cariz socialdemócrata. Enmarcados, en suma, en la llamada Internacional Socialista, todos han defendido, con mayor o menor éxito, la gestación y consolidación de fórmulas propias del Estado del bienestar. A finales del siglo XX es indiscutible que la socialdemocracia, aun con graves problemas de identidad, configura una de las grandes corrientes políticas que operan en el mundo desarrollado.

4. *El leninismo*

Llamaremos «leninismo» a la concepción teórica que inspiró, en Rusia, la revolución bolchevique de 1917, y consideraremos que los «regímenes de tipo soviético» han estado vinculados, en mayor o menor medida, con las ideas de Lenin (1870-1924). Desde el punto de vista de la teoría política, el leninismo exhibe, de cualquier modo, escasa relevancia, en la medida en que se configura en torno a dos elementos que poco tienen de novedoso: por un lado, una adaptación del esquema determinista de Marx a las condiciones de un país singular, Rusia, y, por el otro, el despliegue de fórmulas «jacobinas» que convierten en agente decisivo a un reducido y jerarquizado grupo de revolucionarios impregnado de una radical confianza en su visión de la historia. En este marco es difícil identificar genuinas novedades conceptuales en la obra de Lenin, o en las de sus seguidores, de tal suerte que el análisis del proceso revolucionario ruso, tan interesante para el historiador, no lo es tanto, en cambio, para el estudioso de las teorías políticas.

1. Como ya hemos apuntado, Lenin procuró llevar a la práctica, a rajatabla, muchas de las concepciones de Marx. Impregnado de la visión determinista que se hace valer en buena parte de la obra marxiana, interpretó que la tarea prioritaria en un país atrasado —como era Rusia, un escenario que Marx no consideraba adecuado para una revolución socialista— consistía en asumir un ambicioso proceso de «ingeniería» política, económica y social; ese proceso debía encaminarse a acelerar el «desarrollo de las fuerzas productivas» con la vista puesta en generar la base material para una posterior transición al socialismo. En los hechos Lenin apostó, a partir de 1917, por la construcción de una especie de «capitalismo de Estado» y colocó a la cabeza del proceso a un partido férreamente organizado y jerarquizado. La supeditación de todo a un objetivo central de cariz fundamentalmente económico arrinconó cualquier veleidad democrática: no sólo fueron ilegalizados los partidos «burgueses», sino que otro tanto sucedió con las formaciones políticas de la izquierda y con las propias organizaciones que el «proletariado» —el supuesto, y minoritario, protagonista de todo el proceso— había puesto en pie.

Aunque es dudoso que tomas de posición como las anteriores encuentren justificación en la obra de Marx, hay que convenir que Lenin asumió como propias las críticas que a lo largo de la mayor parte de sus trabajos realizó Marx de la socialdemocracia y del anarquismo: rechazó, frente a la socialdemocracia, cualquier inclinación reformista, y defendió, frente al anarquismo, la necesidad de un «Estado de transición». Signo de la voluntad de diferenciarse de esas visiones competidoras fue la decisión de crear, en 1919, una III Internacional. Esto aparte, para distinguirse de los socialdemócratas, que a menudo habían pasado a llamarse a sí mismos «socialistas», los bolcheviques acabaron por aceptar de buen grado que se les denominase «comunistas».

2. Hay que ser, como mínimo, cautelosos, a la hora de establecer una identificación, evidentemente difícil, entre el pensamiento

de Marx y la revolución soviética. Conviene que recordemos, sin ir más lejos, que los regímenes derivados de la revolución bolchevique a duras penas se ajustan a las concepciones de Marx. En ellos despuntó pronto un grupo humano separado —la burocracia— que pasó a dirigir todos los procesos, y que en los hechos marginó a la población de cualquier capacidad de decisión, al tiempo que se servía de fórmulas —así, la que invocaba la «propiedad pública de los medios de producción»— que, nada igualitarias, ocultaban su dominación. Los regímenes resultantes permitieron un notable desarrollo económico que exhibió, sin embargo, un sinfín de irracionalidades y que no abrió el camino, como se esperaba, a una genuina «transición al socialismo». El carácter nada democrático de los sistemas políticos contribuyó a ratificar semejante estado de cosas.

3. Con diferentes modulaciones, la realidad que acabamos de describir de forma somera se hizo notar tanto en la URSS como, a partir de 1945, en sus aliados en la Europa central y balcánica (la RDA, Polonia, Checoslovaquia, Hungría, Rumania y Bulgaria) y en varios países del Tercer Mundo (China, Corea del Norte, Vietnam y Cuba, entre otros). La agudísima crisis que, en todos los órdenes, padeció la Unión Soviética a partir de la década de 1970 abocó en su desaparición como Estado tras un fallido proyecto de reforma, la *perestroika,* en 1991. Poco antes, a finales de 1989, habían caído los regímenes de tipo soviético existentes en la Europa central y balcánica. Estos acontecimientos tuvieron efectos muy claros, por lo demás, sobre muchos partidos comunistas que, en particular en el mundo occidental, se habían mostrado más o menos próximos a la experiencia soviética.

La desaparición del «bloque del Este» ha provocado cambios sustanciales, de efectos no fácilmente evaluables, en el panorama internacional. Entre los debates todavía pendientes de resolución se cuenta el de la causa de fondo del fracaso de los regímenes que nos ocupan: si estribó en la decisión de acometer una ambiciosa «ingeniería» que alteraba procesos presuntamente «naturales», o si consistió en defectos en la *forma* de la ingeniería adoptada. En un plano parecido se discute en qué medida las visiones, a menudo complejas, insertas en la obra de Marx se han visto refutadas por la realidad, poco afortunada, de los regímenes de tipo soviético. Se debate también, en fin, en qué medida esos regímenes merecían el calificativo de «comunistas» y en qué medida su desaparición lo ha sido, también, de la propia idea comunista.

5. *El anarquismo*

El adjetivo «anárquico» exhibe entre nosotros un matiz despectivo y un uso coloquial que poco tienen que ver con una visión de carácter ideológico o político. No podemos decir lo mismo, en cambio, del adjetivo «anarquista» y de su casi sinónimo «libertario», que remite directamente a una concepción ideológica y a un conjunto de movimientos de perfiles más o menos claros: en este sentido el anarquismo no es en modo alguno una reivindicación del desorden, sino una visión del mundo que sostiene que las sociedades humanas se pueden y deben organizar sin necesidad de recurrir a formas coactivas de autoridad. Semejante visión tuvo acaso su primera plasmación escrita en la obra del inglés William Godwin (1756-1836), a finales del siglo XVIII, y recibió específicamente el nombre de anarquismo en los libros del francés Pierre-Joseph Proudhon (1809-1865).

1. Ya hemos señalado que un rasgo central de todas las corrientes del pensamiento anarquista es el rechazo de las formas de autoridad basadas en la coacción, y ello en todos los ámbitos: en el político —el Estado y sus aparatos—, en el ideológico —las religiones, por ejemplo— o en el económico —de resultas de la división en clases—. Lo anterior quiere decir que los anarquistas no rechazan, sin embargo, las formas de «autoridad» que, como la ejercida por un médico, no implican el concurso de la coacción.

De todos los objetos de rechazo mencionados el principal es, sin duda, el Estado, en el que los anarquistas aprecian la doble condición identificada por Marx: si unas veces es una instancia al servicio de un grupo humano parasitario, en otras está subordinado a los intereses de la clase dominante. El rechazo del Estado se extiende al grueso de las fórmulas políticas que permiten su preservación, y en lugar singular a las elecciones; éstas no son sino una farsa encaminada a ratificar la situación de desigualdad que caracteriza todos los órdenes regidos por el Estado. Frente a ello, los pensadores anarquistas reclaman una autoorganización de la sociedad que, en virtud de fórmulas no coactivas y merced a una educación que permita generar un hombre nuevo y solidario, garantice el máximo posible de libertad individual.

La reivindicación paralela de la espontaneidad de las masas y de formas asamblearias de organización distingue con claridad a los anarquistas de otras corrientes del pensamiento socialista. Así, los anarquistas rechazan la necesidad de un Estado de transición como el reivindicado por Marx, cuestionan radicalmente las fórmulas coactivas y estatalistas que han caracterizado el proyecto leninista y critican con dureza la visión socialdemócrata, en la que no aprecian sino un mero intento de gestionar el capitalismo y sus aberraciones. Frente a todo ello, siguen reclamando la autoorganización de los trabajadores y la rápida abolición de todas las formas de opresión. En el trasfondo de la mayoría de las corrientes del anarquismo se encuentra, por lo demás, un rechazo del determinismo histórico marxiano y, al menos en las formulaciones que vieron la luz en el siglo XIX, una ampliación del sujeto llamado a realizar la revolución: si para Marx ese sujeto era, casi en exclusiva, el proletariado, los anarquistas identificaban una amalgama más heterogénea, en la que debían darse cita —junto a los proletarios— los artesanos, los campesinos y los grupos más desheredados de la sociedad.

2. Dentro del pensamiento libertario es menester trazar una distinción previa entre su versión «individualista» y sus versiones «socialistas». Aunque muchos anarquistas rechazan, por estimarla contradictoria, la existencia de un «anarquismo individualista», conviene recordar que desde principios del siglo XIX no han faltado los teóricos empeñados en garantizar al ser humano, considerado de forma individual, una esfera propia en la cual ningún poder externo pudiese penetrar. Ése fue el caso, por ejemplo, del filósofo alemán Max Stirner (1806-1856). Una huella, bien que lejana y transformada, de ese tipo de posiciones se puede percibir hoy en el llamado «libertarianismo», una corriente del pensamiento liberal-conservador que, en países como los Estados Unidos, reclama la desaparición del Estado y de todas sus regulaciones en beneficio de la iniciativa privada y de la libre competencia.

Pero, al margen de lo anterior, la mayoría de las corrientes del pensamiento anarquista tienen un indisputable carácter socialista, aun cuando exhiban diferencias a menudo notables. A este respecto pueden distinguirse dos grandes escuelas. La primera, que calificaremos de «mutualista», tiene un carácter más moderado y encuentra buen reflejo en Proudhon; para éste cada individuo debe poseer, de manera privada o colectiva, sus propios medios de trabajo, en un escenario en el que se habrán hecho desaparecer todas aquellas formas de relación económica que no respondan a criterios éticos.

La segunda gran escuela la configuran los anarquistas colectivistas o comunistas, entre quienes se contaron Mijaíl Bakunin (1814-1876) y Piotr Kropotkin (1842-1921). Conforme a esta visión, deberá procederse a la abolición de la propiedad privada y a su sustitución por fórmulas —organizaciones voluntarias de trabajadores, comunas— que, sobre la base de un modelo federal, garantizarán la autogestión generalizada. Bien entendido, este proceso sólo podrá abrirse camino en virtud de la libre decisión de los trabajadores, y no de resultas de las imposiciones de una vanguardia o de las decisiones de quienes dirigen el Estado. Próximas a esta versión colectivista/comunista han estado algunas corrientes libertarizantes del marxismo, como es el caso del «luxemburguismo» o del «consejismo», el primero vinculado con las ideas de Rosa Luxemburg (1871-1919) y el segundo con la reivindicación de los llamados «consejos obreros».

3. Son varios los hitos significativos en la historia del anarquismo. El primero de ellos lo ofrece, probablemente, la confrontación, en el seno de la I Internacional, entre Bakunin y Marx; en ella se revelaron, de forma enconada, las distintas visiones que uno y otro defendían en relación con el problema del Estado. A caballo entre los siglos XIX y XX se pusieron de manifiesto, por otra parte, las discrepancias que entre los propios anarquistas existían en lo que atañe a los métodos que debían guiar la transformación revolucionaria. Mientras unas corrientes subrayaban el papel decisivo de la educación, reivindicaban la «desobediencia civil» y optaban por fórmulas no violentas, otras defendían abiertamente el uso del terror contra las clases pudientes y sus servidores, en lo que se dio en llamar la «propaganda por el hecho»; si la obra del escritor ruso Lev Tolstoi (1828-1910) refleja la primera posición, las acciones del anarquista francés Ravachol ilustran a la perfección el vigor de la segunda.

Las críticas que los anarquistas realizaron, en el decenio de 1920, del proceso revolucionario ruso apenas tuvieron eco, y ello aun cuando las organizaciones libertarias habían alcanzado por aquel entonces cierto relieve merced al anarcosindicalismo. Este último era un intento de adaptación del anarquismo a las exigencias del medio laboral. La Confederación General del Trabajo (CGT) francesa hasta la primera guerra mundial, y de manera más consistente la Confederación Nacional del Trabajo (CNT) española —el sindicato más importante existente en España hasta la guerra civil de 1936-1939—, fueron las dos principales organizaciones anarcosindicalistas.

Aunque hoy en día el peso del anarquismo y sus organizaciones es muy reducido, su influencia ideológica se antoja más que notable. Esa influencia se hace valer, sobre todo, en los llamados «nuevos movimientos sociales»: muchas de las visiones del ecologismo, el pacifismo y el feminismo contemporáneos serían difícilmente explicables sin el ascendiente anarquista, que ha dejado su huella también en otras formas de revuelta juvenil-estudiantil —el «mayo francés» de 1968 acarreó un renacimiento de fórmulas libertarias— o, en un plano más general, en diferentes corrientes de pensamiento que otorgan a la descentralización, en todos los órdenes, un papel decisivo.

II. LOS FASCISMOS

«Fascismo», en singular, es el nombre que se dio un régimen, el encabezado por Mussolini, que imperó en Italia entre las dos guerras mundiales. El mismo término, en plural, ha adquirido un uso muy extenso pero cargado de problemas. Por lo pronto, algunos especialistas estiman que debe rechazarse el empleo de tal plural, toda vez que no ha habido más fascismo que el italiano. Otros, en cambio, se han servido del término «fascismos» para dar cuenta, sin mayores preocupaciones, de un sinfín de «regímenes no democráticos de derecha» que exhiben, sin embargo, notorias diferencias entre sí.

El hecho de que se hayan manifestado interpretaciones tan distintas, antes que reflejar la complejidad del fenómeno, lo que remite es a una enorme diversidad en los enfoques ideológicos. Varios problemas adicionales se han cruzado, además, de por medio. Uno de ellos tiene una dimensión lingüística: la palabra «fascismo» no aporta ninguna idea relativa a su sentido político (no sucede lo mismo con términos como «liberalismo», «conservadurismo», «socialismo» o «comunismo», que inmediatamente suscitan una imagen de su significado). Otro problema presenta un cariz histórico: en la mayoría de los casos el período de manifestación de los regímenes que comúnmente se entienden por fascistas fue muy breve, circunstancia que dificulta la consolidación de una visión cabal de los mismos. Citemos, en fin, que no deja de ser paradójico que el fascismo italiano haya acabado por prestar su nombre a un sinfín de fórmulas entre las que se cuenta el nacionalsocialismo alemán, un régimen en el que todos los especialistas convienen en reconocer la más clara manifestación del fenómeno político que nos ocupa: al respecto fue vital el hecho de que el movimiento mussoliniano llegase al poder más de un decenio antes que el nacionalsocialismo y procediese, en paralelo, a la primera elaboración teórica al respecto.

Los modelos configurados en la Italia de Mussolini y en la Alemania de Hitler son, de cualquier modo, las fórmulas más acabadas de lo que aquí entenderemos por «fascismos». Consideraremos que este término puede utilizarse también, sin embargo, para designar a otros regímenes que vieron la luz en el período de entreguerras, e incluso, y bien que con cautelas mayores, para identificar a algunas fórmulas políticas posteriores.

1. *Los rasgos ideológicos*

No todos los regímenes fascistas han exhibido los mismos rasgos ideológicos. Esto aparte, la elaboración teórica de los movimientos correspondientes —a menudo impregnados por un claro anti-intelectualismo— fue comúnmente baja, y en cualquier caso muy inferior a la verificada en el ámbito del pensamiento liberal o de las diferentes corrientes del socialismo. Aun así, son varios los rasgos que podemos considerar definitorios de los fascismos.

1. Algunas de las concepciones ideológicas propias de los fascismos hunden sus raíces en el pensamiento legitimista y conservador que cobró alas en el siglo XIX. Varias ideas son compartidas, en los hechos, por unos y otros. Así, y al igual que legitimistas y conservadores, el fascismo contesta la conveniencia de construir una sociedad sobre la base de principios racionales: el poder es algo que está en la naturaleza de las cosas y que como tal debe ser aceptado. También la desigualdad se halla inserta en la naturaleza y, en consecuencia, los intentos de acabar con ella, o simplemente de limitarla, están abocados al fracaso. La autoridad constituye, en fin, el principal fundamento del orden político, al tiempo que la fe debe considerarse la más importante fórmula de conocimiento.

2. Pero la irrupción de los fascismos conlleva algunos cambios de relieve con respecto a las concepciones del pensamiento legitimista y conservador. Por lo pronto, en los fascismos hay un visible intento de adaptación a las exigencias de una sociedad más compleja, como es la derivada de las revoluciones industriales y del parejo proceso de urbanización. Ello no sucede así, en cambio, en el pensamiento tradicionalista propio del siglo XIX, en cuyo cimiento intelectual está un rechazo ante la perspectiva de desarrollo de ese tipo de sociedad.

En segundo lugar, pese a que genéricamente los fascismos se sustentan en una crítica radical de elementos centrales del pensamiento ilustrado, y con él del liberalismo, no por ello dejan de incorporar algunas de las ideas matrices de aquéllos. Valga como ejemplo el énfasis depositado en la importancia del concepto de nación.

En tercer término, en suma, hay un aspecto decisivo que distingue a los fascismos tanto del pensamiento tradicionalista del XIX como de muchas de las corrientes liberales coetáneas: en los fascismos se reclama la necesidad de «cambiar al hombre», de generar un hombre nuevo, de devolverle, entre otras cosas, las virtudes derivadas de su supuesta condición biológica y racial. En este ámbito se hacen valer, por un lado, una reivindicación de la subjetividad y de la fuerza, y, por el otro, un discurso antirracionalista, que obligan a distinguir a los fascismos de muchas de las formulaciones de la derecha conservadora, claramente impregnadas por principios religiosos y tradicionalistas. Buena parte de la derecha conservadora, por lo demás, no había roto amarras con el orden político liberal, de tal suerte que aceptaba, no sin titubeos, el entorno marcado por las elecciones y la representación parlamentaria. Es cierto, con todo, que los sectores más radicalizados de esa derecha se situaban próximos al terreno que acabaría siendo ocupado por los movimientos fascistas.

3. La confrontación con el pensamiento liberal constituye, sin duda, un punto central de vertebración de los fascismos. Esa confrontación asoma a través de varios elementos. El primero lo configura un rechazo de la primacía de los intereses individuales: éstos deben subordinarse al Estado, o en su caso a la comunidad trenzada en torno a conceptos como los de raza y nación. En este mismo marco, la vida privada de los individuos, tan celosamente defendida en el pensamiento liberal, poco menos que desaparece, sometida a la supervisión y al capricho de un Estado a cuyo control nada debe escapar.

El interés general, en segundo lugar, no se determina en virtud del diálogo entre los individuos, sino que viene impuesto, desde arriba, por el criterio de un jefe. El poder de éste, lejos de ser un mal que hay que limitar, se convierte en un elemento positivo que reclama una permanente exaltación. Tampoco son los propietarios individuales quienes están llamados, como sugiere el pensamiento liberal, a delimitar el funcionamiento de la economía a través de la libre competencia: las reglas del juego económico debe establecerlas el jefe mencionado, de tal suerte que en modo alguno puede descartarse una amplia intervención del Estado en la economía.

El papel, por otra parte, que desempeña el nacionalismo es mayor que el comúnmente reservado a éste en el pensamiento liberal. Todos los movimientos fascistas se asientan en una clara reivindicación de una especificidad nacional: en ellos se produjo la fusión entre un sustrato nacionalista —que aportaba ideas, muy anteriores, relativas a eventuales superioridades «raciales» o a proyectos expansionistas— y las nuevas ideas que el fascismo aportaba. La pervivencia de enfoques claramente nacionalistas dificultó a la postre, de forma indirecta, la plasmación de solidaridades y alianzas internacionales, y alentó, por el contrario, la mutua desconfianza entre los regímenes fascistas. La mejor demostración del vigor del nacionalismo que nos ocupa la ofreció la manifestación de un imperialismo expansionista con efectos fácilmente identificables en los casos de Alemania e Italia; esa búsqueda de una expansión exterior tenía también —no debe olvidarse— una doble dimensión de militarización y de reunificación cohesiva de la sociedad en torno a un proyecto común.

4. En el núcleo ideológico de los fascismos hay, también, una crítica virulenta de muchos de los elementos vertebradores del socialismo. Esa crítica rechazaba, ante todo, la idea de que la igualdad era un principio saludable: ya hemos señalado que conforme a la visión imperante en los fascismos, la igualdad no está inserta en la naturaleza de las cosas, de tal suerte que debe preservarse, muy al contrario, la desigualdad imperante. Una segunda crítica al socialismo identificaba en éste una absurda idealización de los efectos de «la democracia» y rechazaba, en particular, la defensa que muchas de las corrientes socialistas habían hecho del sufragio universal y de las virtudes de la democracia parlamentaria. En último término, los fascismos reprobaban el carácter racionalista de los principios del socialismo, a los que oponían un discurso irracional y, en alguna de sus dimensiones, genuinamente aristocrático.

5. Más allá de todo lo anterior, conviene dar cuenta de cuál es la visión de la sociedad, y del orden social, propia de los fascismos. Según esa visión, el objetivo debe estribar, ante todo, en conseguir un orden social caracterizado por la armonía y por la supeditación de todos los intereses privados e individuales a las necesidades del Estado, de la nación o de la patria. Las exigencias de esa armonía son, por lo demás, sencillas de reseñar: una plena uniformidad que acabe con cualquier veleidad pluralista, y la paralela supresión —en todos los planos, pero singularmente en el de las relaciones entre las clases— de los conflictos.

La supresión de los conflictos no debía ser el resultado, sin embargo, de una acción sobre sus causas, sino que más bien había de asentarse en una simple congelación del estado de cosas del momento: los desajustes sociales o la desigualdad estaban llamados a pervivir por cuanto se hallaban insertos en el orden natural de los hechos. En este esquema desempeñaba un papel decisivo la disciplina: los intereses de los individuos y de los grupos debían sacrificarse en provecho de los del Estado, la nación o la patria, organizados según una férrea y vertical estructura supeditada a los designios del jefe. Pero desempeñaba también un papel notabilísimo la propaganda: los regímenes fascistas se dotaron de formidables aparatos cuyo objetivo no era otro que ensalzar la figura del líder y reforzar la identificación, en su persona, de condiciones extraordinarias —el carisma— que en última instancia explicaban la obediencia ciega que se exigía a la población. No es preciso agregar, probablemente, que en este marco —y como el propio sentido del término lo sugiere— la propaganda no era en modo alguno un instrumento de diálogo, sino el cauce, unilateral, a través del cual llegaban a la población las consignas, de obligado seguimiento, emitidas por el jefe. A los efectos de la propaganda, y en un terreno parecido, se sumaron los de una permanente escenificación de rituales —entre ellos, en lugar singular, concentraciones de masas— cargados de simbolismo. Esos rituales remitían, de manera evidente, a un esfuerzo de permanente movilización de la población, obligada a plegarse en todo momento a los designios del jefe.

Otro aspecto vertebrador de los fascismos fue, en fin, el decisivo papel atribuido a la violencia, en el marco de una visión manifiestamente masculina de las relaciones humanas. Si los designios del jefe eran inapelables, nada más lógico que reprimir a quienes manifestaban su oposición. La propia concepción de un poder totalitario, que lo alcanzaba todo y que nada dejaba fuera de su alcance, enlazaba a la perfección con la defensa de la violencia como elemento central en la organización de la sociedad.

2. *La práctica histórica*

En el caso de los fascismos, y esto es importante recordarlo, la práctica histórica cobró cuerpo estrechamente entrelazada con la teoría. Adolf Hitler (1889-1945) y Benito Mussolini (1883-1945) teorizaron sobre el contenido político de los movimientos y regímenes que ellos mismos dirigían. Aunque ello no quiere decir, en modo alguno, que de su parte hubiese una asunción lúcida de la realidad de esos movimientos y regímenes, los problemas que se manifestaron presentaban una dimensión diferente de los que se han hecho valer, por citar un ejemplo, a la hora de analizar la relación entre la obra de Marx y el proceso revolucionario acometido, muchos años después, en Rusia.

1. Ya hemos apuntado que fue en dos Estados europeos, Italia y Alemania, donde el fascismo adquirió su mayor peso. Conviene recordar someramente, sin embargo, que las condiciones de partida de cada uno de ellos eran diferentes. En el caso de Italia, país que acabó la primera guerra mundial entre los vencedores, buena parte de la opinión pública mostraba, pese a ello, un claro descontento. La desmovilización de las unidades militares se sumó a una notable

extensión del desempleo en el marco de una crisis económica muy aguda. El auge del movimiento dirigido por Mussolini mucho tuvo que ver, también, con la división exhibida por las organizaciones de izquierda. Por lo que a Alemania se refiere, hay que hacer mención, en lugar central, de la frustración producida por la derrota en la guerra y por el contenido del tratado de Versalles. A ese hecho se sumó, al igual que en Italia, una profunda crisis económica pronto traducida en una extensión del desempleo y en una agudización de las tensiones sociales. Por añadidura, se hizo sentir el peso de una tradición autoritaria que, de hondo arraigo, marcó la vida política alemana de la década de 1920 (durante la llamada «república de Weimar»); las fuerzas democráticas, y una izquierda de nuevo dividida, apenas supieron ejercer de contrapeso.

2. Por lo demás, los modelos italiano y alemán exhibieron significativas diferencias. En Italia el riesgo de una confrontación entre el movimiento fascista y la burocracia estatal previamente existente era reducido, por efecto ante todo de la extrema debilidad de la segunda. La tarea de Mussolini consistió, precisamente, en moldear un Estado que, producto de una unificación tardía, exhibía escasa fortaleza. En este sentido, la idolatrización del Estado condujo a la configuración de una entidad que, fundida con el propio movimiento fascista, en cierto sentido actuaba de contrapeso y sometía a éste a algunas limitaciones. Así las cosas, no faltan autores que califican de meramente «autoritario» al régimen fascista italiano. No olvidemos, por ejemplo, que la figura de Mussolini no encabezaba formalmente el Estado, tarea que correspondía al rey, que las grandes empresas y las fuerzas armadas disfrutaban de cierta autonomía y, en fin, y como ya hemos señalado, que el propio partido fascista acató algunas reglas del juego vinculadas a un Estado con el que se vio obligado a transigir.

En Alemania el Estado exhibía, por el contrario, mayor fortaleza, de tal suerte que en su seno se hizo valer una innegable resistencia al nacionalsocialismo. A diferencia de Italia, no se produjo una «fusión» entre el Estado y el partido nacionalsocialista (nazi), y la relación entre ambos fue a menudo confusa. No faltaron ejemplos de cómo el partido nazi se guiaba por normas propias distintas, cuando no opuestas, a las instituidas por el Estado, en un escenario caracterizado, como es fácil comprender, por una extrema arbitrariedad. Conviene recordar, sin embargo, que el hecho de que el ascenso al poder del partido nazi se produjese de manera más lenta que la operada en el caso del fascismo italiano obligó al primero a realizar, al menos a principios de los años treinta, numerosos esfuerzos de adaptación y de negociación con los representantes de la derecha tradicional alemana, con el gran capital o con las fuerzas armadas. La necesidad, por lo demás, de ganarse al electorado hizo que el partido nazi asumiese en esos años una relativa moderación y llegase a enunciar compromisos expresos de respeto de la legalidad. Al menos en ese período hubo cierta semejanza entre las situaciones italiana y alemana. De resultas de las diferencias reseñadas, Hitler —beneficiado por la extrema ambigüedad del entorno legal— adquirió un poder innegablemente mayor que el alcanzado por Mussolini. Esto aparte, el tipo de culto, extremo, al jefe que se hizo valer en Alemania a duras penas tuvo parangón en la Italia mussoliniana.

3. Contemporáneos del fascismo italiano y del nacionalsocialismo alemán fueron otros movimientos más o menos relacionados con ellos. Así, en el norte europeo —Reino Unido, Irlanda, Bélgica, Noruega o Finlandia— vieron la luz movimientos que, muy débiles, se manifestaron en confusas amalgamas con la derecha tradicional; a la lista hay que añadir el nombre de Francia, país en el que surgieron la mayoría de las ideas que después se convirtieron en núcleo ideológico inspirador de muchos regímenes fascistas. En la Europa oriental —Hungría, Rumania, Croacia— se hizo visible, entre tanto, la influencia ideológica del nacionalsocialismo alemán, a menudo vinculada con la presencia de un antisemitismo de hondo arraigo. La propia Croacia, pero también Austria, Eslovaquia, Noruega o Rumania, fueron escenario, por lo demás, de la implantación de regímenes producto de la ocupación militar alemana en los años anteriores a la segunda guerra mundial o en el transcurso de ésta.

Por lo que a España se refiere, han sido agrias las disputas sobre la calificación que merecía, en particular, Falange Española: aunque eran evidentes sus vínculos, de todo tipo, con el fascismo italiano, había algunas diferencias —así, el peso de una concepción espiritualista y religiosa, la desconfianza con respecto a las élites existentes, cierto tono de exaltación de la vida agraria y de rechazo de la industria y sus aparentes progresos— con respecto a aquél. Algo parecido puede decirse de las corrientes políticas que, de base más bien tradicionalista, propiciaron en Portugal la aparición del *Estado novo* encabezado por Salazar.

No han faltado tampoco, en fin, las disputas relativas a la condición de algunos regímenes que vieron la luz lejos del continente europeo. Su consideración como fascistas plantea muchos problemas, en unos casos por tratarse de regímenes que se ajustan más bien a lo que en el siguiente epígrafe entenderemos por autoritarismo —el Japón aliado de Alemania e Italia; algunas fórmulas políticas que despuntaron en Brasil, México o Argentina—, y en otros porque la realidad en la que se imbricaron era muy diferente de la de los fascismos europeos de entreguerras —así, algunas de las manifestaciones del régimen surafricano del *apartheid*, la Libia de Gaddafi o determinados regímenes militares en el África subsahariana.

4. Hay que hacer mención, en fin, de la pervivencia del fenómeno fascista a través de lo que se ha dado en llamar «neofascismo». Desde la década de 1980 han empezado a proliferar, sobre todo en Europa, movimientos que, por lo general formados por gentes muy jóvenes, se autocalifican de fascistas o de nazis y parecen empeñados en recuperar muchos de los símbolos del pasado. Muy débiles, esos movimientos no siempre son fáciles de distinguir de algunas de las formaciones políticas de la «derecha radical». Esta última, con un discurso nacionalista que en ocasiones incorpora elementos tradicionalistas y que a menudo defiende fórmulas manifiestamente racistas, ha cobrado un innegable vigor al amparo de sus relativos éxitos electorales en países como Francia —el Frente Nacional de Le Pen—, Alemania —el Partido Republicano—, Italia —la Alianza Nacional— o Rusia —el Partido Liberal Democrático de Yirinovski.

III. TOTALITARISMO Y AUTORITARISMO

El último epígrafe de este capítulo lo dedicaremos a examinar muy someramente una cuestión compleja, como es la vinculada con los términos «totalitarismo» y «autoritarismo». Vaya por delante que estos términos, muy polémicos, han sido interpretados a menudo de forma muy distinta. Recordemos, por ejemplo, que el término «totalitarismo» tuvo alguna presencia en las propias teorizaciones que los regímenes fascistas realizaron sobre sí mismos. Su éxito llegó, sin embargo, más tarde, cuando, una vez concluida la segunda guerra mundial, vieron la luz numerosos análisis sobre ese tipo de regímenes. Pero no puede olvidarse tampoco que, de manera casi simultánea, aparecían los primeros estudios que utilizaban el término «totalitarismo» para referirse tanto a la Alemania hitleriana como a la URSS estaliniana, en un intento de situar, bajo un mismo concepto, a «dictaduras» que hasta entonces habían pasado por ser extremadamente diferentes.

1. De manera más reciente, y al calor de las «transiciones políticas» operadas en América Latina y en la Europa mediterránea, los conceptos de «totalitarismo» y «autoritarismo» han reaparecido con singular vigor. En las líneas que siguen sólo nos ocuparemos del uso

que comúnmente se hace de esos conceptos en el ámbito de los estudios sobre transiciones.

Son varios los rasgos que, tras acopiar los datos que aportan distintas teorizaciones, podemos considerar definen el totalitarismo. El primero de ellos es la concentración del poder en un partido —o en una élite— por lo común encabezado por un dirigente carismático. Consecuencia inmediata de lo anterior es, en segundo lugar, la desaparición de todo tipo de pluralismo, acompañada de una visible jerarquización en todas las relaciones y de un manifiesto olvido de la autoridad del derecho. En tercer lugar, en un régimen totalitario nada escapa a la supervisión ejercida por el Estado o el Partido, que acaba por abarcarlo *todo* bajo su mirada en un escenario marcado por un visible control policial y por la ausencia de trabas a la violencia estatal. En cuarto y último término, el totalitarismo implica la formalización de una ideología que, sin competidores posibles, no sólo se halla claramente delimitada, sino que suscita también una obediencia sin fisuras; en ello desempeñan un papel decisivo el absoluto control estatal de los medios de comunicación y un permanente esfuerzo de movilización de la población en apoyo al régimen totalitario.

2. Conforme a los estudios al uso, un régimen autoritario se abre camino cuando todos o algunos de los rasgos anteriores suavizan su rigor, sin que por ello emerjan fórmulas democráticas y se restaure el imperio del derecho. La teorización de lo que, en este sentido, se entiende por autoritarismo mucho debe a la obra de J. J. Linz, algunos de cuyos estudios se han dedicado a analizar un proceso concreto, el de la España franquista: así, si en los primeros años de su singladura —los inmediatamente posteriores a la guerra civil— el franquismo era un régimen totalitario, con el paso del tiempo fue suavizando muchos de sus perfiles, de tal suerte que, en la visión de Linz, en los decenios de 1960 y 1970 se hizo merecedor del calificativo de autoritario.

Entre los rasgos del autoritarismo, y en la visión de Linz, hay que hacer mención, en primer lugar, de la existencia de un pluralismo limitado: aunque nada asimilable a un pluralismo plenamente democrático se hace valer, hay, sin embargo, cierto pluralismo que obliga a distinguir entre diferentes posiciones. De resultas, y en segundo lugar, el «partido autoritario» no se encuentra ya perfectamente organizado ni monopoliza el acceso al poder, toda vez que una parte de la élite política carece de relación directa y, en su caso no se identifica, con aquél. Un tercer rasgo definitorio es el relativo «descafeinamiento» de la ideología oficial, que ahora se presenta cargada de ambigüedades. El grado de control ejercido por el Estado resulta, en cuarto lugar, mucho menor que el que se manifiesta en un régimen totalitario, circunstancia vinculada con otro hecho: existe un ordenamiento legal que, aunque marcado por numerosas arbitrariedades, obliga al régimen a ajustarse a algunas normas que mitigan su dureza. El autoritarismo reclama, en fin, un grado de movilización y disciplinamiento populares sensiblemente inferior al que demandan los regímenes totalitarios: poco más exige de la población que una especie de pasivo acatamiento.

BIBLIOGRAFÍA

Águila, R. del (1992): «Los fascismos», en F. Vallespín (coord.), *Historia de la teoría política*, vol. 5, Alianza, Madrid.
Arendt, H. (1982): *Los orígenes del totalitarismo. 3. Totalitarismo*, Alianza, Madrid.
Berger, C. (1977): *Marx frente a Lenin*, Zero, Bilbao.
Berlin, I. (1973): *Karl Marx*, Alianza, Madrid.
Carter, A. (1975): *Teoría política del anarquismo*, Monte Ávila, Caracas.
Cole, G. D. H. (1974): *Historia del pensamiento socialista*, FCE, México.
Crick, B. (1994): *Socialismo*, Alianza, Madrid.
Fernández, A. y Rodríguez, J. L. (1965): *Fascismo y neofascismo*, Arco, Madrid.
Hernández Sandoica, E. (1992): *Los fascismos europeos*, Istmo, Madrid.
Horowitz, I. L. (1975): *Los anarquistas*, Alianza, Madrid.
Luhmann, N. (1993): *Teoría política del Estado de Bienestar*, Alianza, Madrid.
Moore, S. W. (1974): *Crítica de la democracia capitalista*, Siglo XXI, Madrid.
Payne, S. (1980): *El fascismo*, Alianza, Madrid.
Vallespín, F. (coord.) (1993): *Historia de la teoría política*, vol. 4, Alianza, Madrid.

Capítulo 5

ESTADO SOCIAL Y CRISIS DEL ESTADO

María Teresa Gallego Méndez
Universidad Autónoma de Madrid

I. ORÍGENES Y EVOLUCIÓN DEL ESTADO SOCIAL

El Estado social se entiende generalmente como transformación de las funciones del Estado liberal en el sentido de introducir y ampliar progresivamente el intervencionismo protector, de un modo cada vez más sistemático e integrado, lo que altera en alguna medida también los fines del Estado. No se refiere a las diversas formas de asistencia social existentes a lo largo de la historia. Ya desde la Edad Media se buscan paliativos ante las crisis agrarias, las epidemias, los efectos de las guerras, etc., que agravan la situación de grupos sociales frágiles como huérfanos, ancianos, enfermos, etc., en un contexto en que la pobreza es un problema masivo. Las familias, los empresarios, las iglesias, los ayuntamientos, las fundaciones, etc., llevan a cabo actividades caritativas y asistenciales para remediar situaciones extremas. El Estado social, en cambio, actúa en cumplimiento de una legislación que le obliga a responder ante las insuficiencias de la sociedad liberal y capitalista.

El Estado liberal se concibe como Estado mínimo en una sociedad que se supone autorregulada. El valor fundamental es la libertad, y es ésta la que debe ser salvaguardada y garantizada por el Estado. Los derechos individuales se entienden, precisamente, como autolimitación del Estado, y toda la articulación social se basa en el contrato, expresión del libre acuerdo entre las partes. El optimismo antropológico produce una idealización del crecimiento económico, del progreso imparable y de la felicidad como logro social. Sin embargo, es bien conocido que la industrialización y la riqueza generan también miseria y marginación de grandes grupos de población, sobre todo en las ciudades. Al tiempo que la ética productivista del capitalismo liberal establece la obligación de trabajar, deslegitimando las formas anteriores de beneficencia y asistencia social.

1. *Críticas al Estado liberal y propuestas teóricas de reforma*

No se puede establecer una teoría del Estado social que vincule su surgimiento a una sola causa, como es lógico. Además de la variedad histórica del proceso intervencionista de los Estados, y de la relación entre capital y trabajo, fueron las diversas críticas sobre los estados de necesidad de la población lo que ofreció modelos distintos de solución con finalidades distintas. La más radical y la más conocida de las críticas al Estado liberal fue el marxismo con su denuncia de la conversión del trabajo en mercancía, sujeto a las leyes de oferta y demanda, sus teorías del valor y de la plusvalía, y su concepción del Estado como instrumento al servicio de los poderosos. Su finalidad de alcanzar la sociedad sin clases pasaba por la revolución y la extinción del Estado.

Otras críticas más moderadas consideraban suficiente la introducción de reformas para mejorar la situación de miseria y desigualdad. Así el socialista Louis Blanc consideraba que el Estado debía intervenir para lograr la justicia social en beneficio de todos, como un objetivo de interés general. Para ello proponía la creación de un ministerio del progreso y una nueva organización del trabajo, creando talleres sobre todo en el ámbito industrial. Parte de los beneficios obtenidos en estos nuevos centros de producción debían ser destinados a atender a situaciones de enfermedad, a los ancianos, o a atajar las crisis de otros talleres. Blanc comprobaba que el mercado no podía garantizar el equilibrio y por ello el Estado debía regular la economía, en defensa de los intereses de todos, no en contra del capitalismo. Para ello habría de tener lugar una revolución social pacífica que se asentaba en la democracia política a partir del sufragio universal. La transformación social requería de la iniciativa privada y para ello era necesaria la creación de un banco nacional y de un sistema de crédito adecuado, en tanto que el Estado debía mantener el control tan sólo sobre algunos sectores como los ferrocarriles, la minería, los seguros... Gran parte de estas propuestas fueron reivindicadas en Francia en 1848.

Otro pensador de mediados del siglo XIX que, desde un planteamiento más conservador, teorizó sobre la monarquía social, fue Lorenz von Stein. Manifestó la necesidad de que el Estado liberal adoptara un contenido social con el fin de evitar las revoluciones que podían ser provocadas por la desesperación de las masas. La situación favorable a los intereses de los propietarios generaba cada vez más dependencia y miseria de la gran mayoría, por ello desde el punto de vista del pragmatismo social conservador se trataba de evitar la toma de conciencia por parte de la mayoría y la consiguiente revolución. Ello requería un Estado con estabilidad y fortaleza, lo que dependía del nivel moral y material de sus ciudadanos. Las reformas sociales, por tanto, no eran una cuestión de ética sino de necesidad histórica. Era necesario garantizar la propiedad privada como condición para el ejercicio de la libertad, pero la propiedad debía ampliarse en alguna medida. Las clases sociales podrían mantener su existencia pero los trabajadores habrían de obtener, mediante su trabajo, capital en alguna cuantía. La integración era un fin más valioso que el monopolio del Estado por la clase burguesa. Se trataba de defender un sistema de intereses recíprocos, para lo cual von Stein consideraba a la monarquía social como la mejor fórmula, a la que consideraba una institución más neutra e integradora de los diferentes intereses sociales.

Otras críticas y propuestas, derivadas o influenciadas por el marxismo, presentaban otras fórmulas de reforma con otros objetivos. Así en la socialdemocracia europea puede citarse a Lassalle, Bernstein y otros. La fundación del Partido Socialdemocrata alemán y su programa de Gotha de 1875 constituyeron un núcleo muy representativo de aquella corriente. Las diferencias más notables con la aportación marxiana se centraban en defender la reforma frente a la revolución y, por tanto, en su concepción del Estado no como un aparato de dominio de la burguesía sino como un instrumento susceptible de actuar al servicio de las clases trabajadoras para su emancipación. Para ello era necesario el acceso al poder del Estado de los partidos y organizaciones obreras a través del sufragio universal masculino, ya que el mismo derecho para las mujeres no fue tratado hasta una etapa posterior. La democracia política y la democracia social habían de ser inseparables, y sólo ambas podían asegurar un equilibrio entre la libertad y la igualdad. Lassalle consideraba que las clases trabajadoras necesitaban un Estado fuerte y eficaz para introducir mejoras en el camino al socialismo, y para dirigir el proceso productivo. Bernstein, observando que a partir de 1870 se frenaban las predicciones de pauperización expresadas por Marx, creía preferible luchar por objetivos particulares del socialismo en lugar de esperar a alcanzarlo de una vez mediante la revolución. La socialdemocracia no proponía una lucha contra el Estado liberal sino contra contenidos y modalidades concretas del mismo, lo que exigía reformas y reorganización de la industria con el control político de los trabajadores. El sector mayoritario del socialismo inglés, representado por los fabianos Shaw, Wells, los Webb, etc., sostenía criterios similares.

Pueden citarse también otras propuestas favorables a las reformas, como la de la Iglesia católica a través de la encíclica *Rerum Novarum* dada en 1891 por el papa León XIII. Al igual que toda una serie de movimientos sociales, en su mayoría organizaciones femeninas, que denunciaban problemas de orden moral en relación con la desintegración familiar, el alcoholismo, la prostitución, el abandono de menores, etc., y que no pretendían abolir el sistema liberal pero que exigían la introducción de reformas en los aspectos sociales.

Así encontramos que, como se dijo antes, no existió una única teoría sobre el Estado social sino una pluralidad de propuestas y opiniones reclamando la intervención del Estado para corregir la situación de miseria de amplios grupos sociales, dado que la creencia en que el sistema liberal capitalista habría de producir justicia social automática era tenazmente negada por la realidad. Exceptuando las críticas de Marx y Engels, la mayoría de las propuestas no pretendían transformar revolucionariamente el modo de producción o el Estado, sino introducir reformas de distinto tipo para mejorar la situación. Sin embargo ha de tenerse en cuenta la diversidad de objetivos presentes en las propuestas teóricas más allá de las posibles coincidencias en las medidas a tomar por los Estados.

2. *El núcleo histórico del Estado social: los seguros sociales*

En Inglaterra existía la experiencia de las leyes de pobres desde comienzos del siglo XVII, la introducción de las primeras medidas legislativas sobre el trabajo a mediados del XIX y el reconocimiento de las organizaciones obreras antes que en otros países. Sin embargo, es frecuente el acuerdo sobre los inicios del Estado social como tal referido a la puesta en práctica de medidas sociales por el canciller Bismarck en Alemania. Este ejemplo, además, ilustra la polémica sobre las funciones y los fines del Estado en relación con las contradicciones entre capital y trabajo, autoritarismo y democracia, logro o concesión, y finalmente entre igualdad y libertad. Ciertamente el caso alemán ofrece peculiaridades que no se dan en otros modelos, tales como la unificación política tardía junto con la idea de responsabilidad del Estado, derivada del despotismo ilustrado, presente también en las teorías del Estado, de muy diferente signo, producidas en Alemania. En todo caso en el período concreto de implantación de las medidas bismarckianas existía una gran necesidad de legitimación del nuevo Estado, por lo que se dio una combinación de elementos liberales y autoritarios; represión del movimiento obrero de un lado y protección social de otro.

En Alemania, por tanto, no se puede establecer una vinculación entre democracia y política social. La Ley antisocialista, prohibiendo el PSD (Partido Socialdemócrata alemán), se producía al tiempo que el gobierno hacía suyas propuestas del movimiento obrero imprescindibles para atajar el estado de necesidad derivado de los cambios sociales y económicos rápidos. La industrialización, la urbanización, las migraciones internas, el crecimiento de la población, etc., en un período en que los salarios no guardaban relación con las necesidades mínimas sino que se establecían según la oferta y la demanda, creaban situaciones ante las cuales algún tipo de intervención resultaba ineludible, sobre todo si se quería evitar la expansión de los movimientos revolucionarios. Algunos análisis que tratan de explicar por qué el sistema protector se desarrolló en Alemania conceden importancia al papel jugado por las élites políticas, cuyos objetivos eran la integración, la estabilidad y la defensa del sistema político establecido en la Constitución de 1871.

La Ley de junio de 1883 establecía el Seguro de Enfermedad obligatorio para obreros industriales (para quienes obtenían rentan anuales inferiores a una determinada cuantía), que incluía atención médica y farmacia. La gestión del seguro correspondía a un organismo autónomo con control estatal. La Ley de 1884 sobre Accidentes del Trabajo obligaba a pagar una cuota a los patronos con el fin de cubrir la invalidez permanente o la viudedad. La Ley de 1889 sobre jubilación hacía obligatorio este seguro, financiado con cuotas obrera y patronal más subvención por parte del Estado. A todo ello se añadió, en 1891, la regulación laboral estableciendo jornadas de 11 y 10 horas, descanso dominical y prohibición de trabajo nocturno de mujeres y niños. Aún no se planteaba la organización del seguro de desempleo. Por otra parte, entre 1891 y 1895 se introdujo en Alemania el primer impuesto sobre la renta con carácter progresivo.

El sistema de seguros mencionado, sistemático y relativamente obligatorio, fue un modelo que se generalizó en toda Europa en los treinta años siguientes. Los primeros seguros establecidos en todos los países fueron los de enfermedad y accidentes. Las pensiones de invalidez y de vejez empezaron a generalizarse a partir de 1910. En España, a finales del siglo XIX se extendió la influencia reformista del krausismo, el catolicismo social y el socialismo, dando lugar a la creación de la Comisión de Reformas Sociales en 1883, con una composición bastante plural. En 1903 fue creado el Instituto de Reformas Sociales y en los años siguientes se introdujo un sistema de previsión social sobre enfermedad y vejez, de carácter voluntario y privado, junto con el primer Instituto Nacional de Previsión y con las Cajas de Ahorro. Más tarde llegó el seguro de paro forzoso y el retiro obrero. Los proyectos de ampliación de los seguros sociales chocaron con la oposición de las empresas y las compañías de seguros, e igualmente la divergencia entre socialismo y anarquismo dificultó su puesta en marcha, hasta que fueron retomados en la II República siguiendo básicamente el modelo alemán y sin incluir aún el seguro de desempleo.

Los sistemas de seguros, obligatorios o voluntarios, existían en toda Europa hacia 1914 y reemplazaban progresivamente los diferentes tipos de ayudas a pobres. Los seguros no siempre fueron entendidos y apoyados por los sindicatos, ya que el control estatal de aquéllos suponía una pérdida para las organizaciones que contaban con sus propios sistemas de autoayuda, como Cajas de Socorro, mutualidades, economatos, etc. Pero al mismo tiempo la generalización de los seguros extendía la idea de la obligación del Estado de financiar un sistema de salud pública y de pensiones y de establecer un mínimo de garantías de vida para todos (Ritter, 1991).

Tales ideas se plasmaron precisamente en la Consitución de Weimar (1919), la Constitución austríaca (1920), la de Querétaro (1917) o la española de la II República (1931). Herman Heller perfeccionó la idea del Estado social desde posiciones socialdemócratas, mostrando las insuficiencias del Estado de Derecho. La igualdad jurídico-formal sólo servía al dominio de clase si no se contraponía una propiedad pública a la propiedad privada. La salvaguardia de la democracia requería cierto grado de homogeneidad social, que permitiera al menos el autorreconocimiento de las masas como integrantes de la unidad política. Así, por primera vez se constitucionalizan los derechos sociales del individuo, que según el texto alemán de 1919 se refieren fundamentalmente a los siguientes: derecho al trabajo o a la subsistencia; garantía de un sistema de seguros para la conservación de la salud y de las capacidades para el trabajo; protección de la maternidad; previsión para la vejez. Y otros, no menos importantes, como un Derecho laboral único, el compromiso social de la propiedad, justicia y existencia digna para todos, o el deber de participar en las cargas públicas en proporción a los propios medios. Estos derechos, sin embargo, siempre han encontrado problemas de exigibilidad en contraste con otros derechos de carácter liberal, como se verá más adelante (Abendroth, 1986). Se puede concluir este apartado señalando que la seguridad social fue el núcleo histórico del Estado social, aunque no constituía, ni mucho menos, un sistema universal, ya que cubría tan sólo a personas con cierta capacidad económica, quienes debían pagar su cuota, en tanto que los pobres y marginados quedaban fuera de este sistema de protección.

3. *Crisis económicas, teoría keynesiana y Estado intervencionista*

La crisis de 1929 afectó al sistema de seguros y a las formas de intervención del Estado de forma decisiva. Así, mientras en Alemania se estancaban por el aumento de la población necesitada de pensiones y subsidios, en gran medida a consecuencia de los resultados de la primera guerra mundial y por problemas financieros, en otros países se produjo una gran extensión popular de los seguros, sobre todo por influencia socialdemócrata, como ocurrió en Dinamarca (1929), Suecia (1932) y Noruega (1935), dando lugar al modelo escandinavo de Estado social, basado en la idea de que la sociedad debe a todos sus miembros un mínimo de seguridad social y económica, generándose una cultura de la solidaridad y de la cooperación social. Las capas más bajas habrían de elevar su nivel de vida con los servicios públicos.

El Estado como fenómeno histórico vinculado al desarrollo del mercado y del sistema capitalista siempre ha tenido una función importante en relación con la economía, más o menos decisiva e intervencionista en cada período concreto. A partir de los años treinta el Estado adquirió un papel económico radicalmente distinto. La crisis de 1929 mostró la inseguridad de las relaciones capitalistas de producción y la inestabilidad del modo de producción capitalista (tesis marxista de las crisis cíclicas), con resultados catastróficos: Estados Unidos, 4 millones de parados en 1930, 12 millones en 1933. Alemania, 3 millones de parados en 1930, 6 millones en 1932. Los precios de las acciones se vieron reducidos en ocasiones a un quinto de su valor, el PNB sufrió caídas del cincuenta por ciento, afectando de modo desigual a los países citados. En otros lugares, por ejemplo en Japón, no tuvo la crisis esta incidencia. En la situación de comienzos de los años treinta, en Europa y Estados Unidos resultó inevitable el crecimiento incesante del gasto público, de los impuestos, del control de la fuerza de trabajo y de los mercados, etc.

Por todo ello puede hablarse de un capitalismo nuevo o controlado con la introducción también de nuevos elementos, de carácter ecónomico y de carácter científico, tales como la competencia imperfecta, la importancia de la macroeconomía, de la teoría matemática y de nuevos métodos de medición y econometría. Sin embargo el sistema económico capitalista mantuvo sus características esenciales, esto es: la propiedad privada de los medios de producción, las transacciones en el mercado de la fuerza de trabajo, de los recursos y de los productos. Ambas cosas juntas y predominantes en todos los procesos y sectores de producción. Además del mecanismo de los precios como forma esencial de asignación de mano de obra, recursos, *outputs* y rentas.

Los gobiernos de los distintos países afectados por la crisis buscaron fórmulas de intervención para paliar la situación. En Estados Unidos el presidente Roosevelt puso en marcha el *New Deal*, en Suecia se iniciaron los pactos entre empresarios, sindicatos y gobierno socialdemócrata, en Alemania e Italia se impuso el fascismo. Modelos muy diferentes entre sí pero con el aspecto común y nuevo de la intervención del Estado en ámbitos en los que antes no había intervenido. Es decir, algunas medidas intervencionistas se pusieron en práctica al comienzo de los años treinta como respuestas a situaciones de urgencia. Tal tipo de medidas se normalizarían y aceptarían, sin embargo, cuando fueron refrendadas científicamente, a partir sobre todo del conocimiento de las nuevas teorías elaboradas por Keynes.

Dada la relevancia e influencia de aquellas teorías se hace necesario comentar brevemente las ideas básicas de las mismas. Keynes publicó en 1936 su *Teoría general de la ocupación, el interés y el dinero*, en la que muestra que el capitalismo es instrínsecamente inestable. Para mantener el pleno empleo la demanda efectiva debe alcanzar una determinada cuantía. Si ésta es menor, las empresas productoras sufren pérdidas, disminuyen su producción y despiden trabajadores... Si es excesiva, se incrementan los precios. Un concepto fundamental del análisis de Keynes, de su teoría, es la demanda efectiva total. La compra de bienes de consumo es bastante estable, ya que depende de los salarios. La compra de planta y equipos e inversión para incrementar la producción, por el contrario, no es estable. Si estas compras se paran en un año (ello afecta directamente a los empleos de las empresas que venden estos productos), disminuyen las rentas para bienes de consumo que venden las otras empresas y en consecuencia se producen depresiones, que tienen un efecto multiplicador.

Keynes sostenía que el capitalismo no contiene mecanismos automáticos y equilibradores para restaurar la producción y el pleno empleo en época de recesión. Por lo tanto el Estado debe intervenir en diversos ámbitos: en el gasto privado mediante impuestos y tipos de interés. En el gasto público, mediante servicios sociales y capital social. Incluso, si es necesario, desequilibrando su presupuesto, rompiendo con el dogma de la economía clásica sobre el equilibrio presupuestario. Había que tener en cuenta que la penuria de los primeros años treinta era intolerable y ponía en peligro todo el sistema, incluido el Estado democrático, tal como ocurrió en Europa. Además de Keynes otros economistas también pedían al Estado el uso de su poder para imponer tributos y gastar, con el fin de disminuir las desigualdades, en distribución de la renta e incrementar las prestaciones de servicios sociales. Hay que recordar que los socialistas llevaban un siglo pidiendo la actuación pública que permitiera un nivel de vida digno para los más pobres, petición basada en razones morales. Keynes vino a mostrar que había también suficientes razones económicas para hacerlo. Es decir, la redistribución de rentas por parte del Estado tendría como efecto asegurar un nivel más alto para el consumo que junto al incremento de sus propios gastos favorecerían el nivel de demanda efectiva necesario (sanidad, educación, vivienda...), reduciendo a la vez el gasto privado y la inversión necesaria para mantener el pleno empleo, ya que esta inversión privada es inestable y en los países capitalistas existe una enorme dependencia del mercado. Todo el mundo compra y vende, pero cuando se rompe la cadena el efecto repercute en todo el proceso.

Por otro lado, el *Informe Beveridge* de 1942, que ejerció gran influencia en otros países, proponía para Inglaterra un amplio programa que vinculara la política social a una política económica estatal orientada al pleno empleo. Éste contituía la idea central del informe, pero a diferencia de la teoría keynesiana sobre la demanda de los consumidores proponía una política de redistribución de la mano de obra, y desde luego la implantación de un sistema completo de seguridad social y medidas de asistencia social (Ritter, 1991). Los laboristas tenían planes de nacionalizaciones para suprimir rentas de la propiedad, modificar políticas monopolistas de precios, permitir la participación obrera en la administración de industrias y en la definición de políticas sobre el pleno empleo. Y lo hicieron, en parte. El objetivo era garantizar a todos un mínimo de renta, la redistribución mediante impuestos progresivos y servicios sociales. Todo ello permitiría mayores cotas de igualdad social y suavizar el sistema de clases. En Estados Unidos, la Ley de Empleo de 1946 y el Plan Marshall para poner en pie las economías capitalistas tendían al objetivo de todos: mantener el pleno empleo y la maquinaria económica en rendimiento.

Teniendo en cuenta las actuaciones de Stalin en la URSS y las experiencias fascistas en Europa, necesariamente se potenciaba la adhesión al sistema democrático como valor irrenunciable. Y se demostró que la planificación y el control estatales, con las instituciones capitalistas, podían lograr el pleno empleo. Europa occidental alcanzó en 1950 su nivel de *outputs* anterior a la guerra, y en 1962 lo había duplicado. De modo que las circunstancias, y no sólo la ideología, en Occidente llevaron a la implantación progresiva del Estado de Bienestar. El Estado podía reformar al capitalismo. Así, G. Dalton pudo decir: «Si Marx es el padre del socialismo y Owen es el hijo, Keynes con toda seguridad es el espíritu santo».

El keynesianismo aportó una línea de actuación intermedia entre el liberalismo y el marxismo al dar relevancia al mercado y a la vez a la actividad pública para alcanzar los objetivos de la política económica, entre ellos un alto nivel de empleo si no de pleno empleo. El sector público debía intervenir si la iniciativa privada no se comportaba como se esperaba. Otros teóricos de la economía desarrollaron las propuestas de Keynes, dando muy diversas interpretaciones de las mismas. Durante las décadas de los cincuenta y los sesenta, de un modo u otro, aquellas propuestas resultaron eficaces, logrando el objetivo principal del crecimiento, con tasas de inversión alta y poco desempleo. Esto llevó a afirmar incluso a M. Friedman: «Ahora todos somos keynesianos». El optimismo y la bonanza económica sirvieron de fondo a la constante y sistemática innovación tecnológica.

II. LA EXPANSIÓN DEL ESTADO SOCIAL

La aplicación de las propuestas keynesianas, sin duda, produjo un crecimiento de la demanda efectiva total con el consiguiente establecimiento de la sociedad de consumo. La política fiscal y el aumento del gasto público, en alguna medida, actuaron como sistema redistributivo de rentas, favoreciendo los dos grandes objetivos del nuevo modelo: el crecimiento económico y la realización de los derechos sociales. Éstos se materializaron, básicamente, en prestaciones monetarias (garantía de recursos) y servicios públicos, sanidad y educación (ver capítulo sobre políticas públicas). El crecimiento significativo de la educación y de la meritocracia, de la movilidad ascendente, engrosó las clases medias logrando la estabilidad social necesaria para el mejor funcionamiento del sistema económico. La aceptación del Estado de Bienestar se generalizó, el pacto social de postguerra se asentó sobre el crecimiento económico y sus resultados exitosos fueron inmediatos. La intervención estatal ofreció la creencia en un capitalismo nuevo o domesticado, sobre todo para la socialdemocracia, la fuerza política más identificada con este modelo de Estado.

En este sentido, se acepta de modo general que Estado de Bienestar y neocapitalismo son dos formas estrechamente interrelacionadas. Las relaciones sociales propias del sistema capitalista pueden ser mejoradas por este tipo de Estado, por lo que, de modo general, se habla de economía mixta (y de «economía social de mercado» desde la Ley Fundamental, 1949) y de que el proceso puede desembocar en un sistema de socialismo democrático, al menos para un amplio sector ideológico defensor de este sistema, aunque desde el liberalismo y desde el marxismo se cuestiona esta posibilidad. Los objetivos básicos del Estado social, en todo caso, se refieren al incremento del consumo y del bienestar social, para lo cual es imprescindible la intervención, la planificación y la coordinación.

1. *El pacto social y sus condiciones tras la segunda Guerra Mundial*

El capitalismo clásico basaba su propia acumulación en las explotación de las masas. Los bajos salarios, con sacrificios y carencias de los trabajadores, proporcionaban el beneficio de la minoría capitalista. Pero un exceso de producción de bienes que no pueden ser adquiridos dan lugar a una cadena de desastres que ponen en peligro al propio sistema. El nuevo capitalismo necesita ampliar de modo cada vez más rápido la demanda de toda clase de bienes. Las necesidades capitalistas para aumentar la producción desplazan en cierta medida la explotación sobre los asalariados a los consumidores. En este proceso la función redistribuidora del Estado, para aumentar el consumo, se hace imprescindible. Y, en buena lógica, el objetivo del pleno empleo tiene relación directa con este mismo objetivo (a diferencia de la etapa anterior, donde el «ejército de reserva» jugaba un papel de control).

Las propuestas keynesianas, que comenzaron a practicarse antes de la guerra, fueron indiscutibles en los años cuarenta y cincuenta. Ello suponía el objetivo del pleno empleo, la estabilidad de los precios y el equilibrio de la balanza de pagos por parte del Estado, así como el control de la demanda, mediante diferentes instrumentos: política fiscal, política monetaria y gasto público. Ello requería por parte del Estado, además de la racionalización política y administrativa, alguna forma de planificación. En principio la planificación obligatoria es propia de regímenes autocráticos, con escasas libertades, y por ello entendida como antagónica del libre mercado. Sin embargo, en la postguerra, la planificación al menos con carácter indicativo resultó imprescindible, y así hubo de ser aceptada.

El intervencionismo tiene que ser, necesariamente coordinado. Este tipo de planificación no supone estatalizar o socializar la economía, y es compatible con la propiedad privada, la iniciativa privada y el mercado. Lo que el Estado intenta de modo indirecto, mediante estímulos, es lograr un determinado comportamiento de las diferentes ramas de la economía para que produzcan un resultado equilibrado.

Francia fue el país europeo donde de un modo sistemático se utilizó más la planificación desde su primer Plan de modernización y equipamiento en 1947, al que siguieron otros. La industria pesada, los transportes, la agricultura, etc., así como el equilibrio regional, desarrollando regiones atrasadas..., requieren planificación. Y otro tanto ocurre con las políticas públicas, como sanidad, atención a ancianos, educación, etc.: requieren planificación. Además la necesidad de reconstruir los países (y los mercados) y de aplicar la ayuda del Plan Marshall hacía también imprescindible la planificación. Esta técnica, sin embargo, no siempre funciona adecuadamente porque no es imperativa y es vista de modo contradictorio por quienes la asocian a un intervencionismo excesivo, contrario al libre mercado.

Otro instrumento es la nacionalización. Desde el socialismo y el laborismo siempre se habían propuesto planes de nacionalización, lo que significa propiedad y gestión pública de industrias básicas. Estas propuestas suponían que en tales industrias había que evitar la competencia, el afán de lucro, y lograr una mejor utilización de los recursos, que serviría también para introducir relaciones laborales más armoniosas y mayor grado de igualdad, lo que serviría de base para lograr mayor eficacia en la planificación económica. El ejemplo más claro lo llevó a cabo el gobierno laborista. Desde 1946 en Inglaterra se nacionalizó el carbón, la energía eléctrica, los ferrocarriles, los transportes en Londres, la aviación civil, el gas, etc. En todos los países se llevaron a cabo nacionalizaciones de esos sectores y otros como la investigación atómica. Se trataba de razones ideológicas basadas en las creencia de que en el sector público podía favorecerse una mayor justicia material y cambios democráticos en las relaciones laborales. También por razón de que aquellos recursos que constituyen monopolios naturales no deber ser de propiedad privada. Sin embargo, más que a razones ideológicas las nacionalizaciones se debieron a otros motivos: necesidad de asumir industrias con tecnología inadecuada y escasa rentabilidad (como extractivas y ferrocarriles). En general hubo razones políticas y económicas para las nacionalizaciones bastante complejas. Por ejemplo, en Francia se nacionalizó la Renault pero no la fabricación de material militar, que por lo general ha estado en manos privadas. En todo caso las nacionalizaciones y la existencia de un sector amplio de economía pública no son elemento esencial del Estado de Bienestar (Rubio de Lara, 1991). Precisamente en países del centro y norte de Europa, donde más se ha desarrollado este tipo de Estado, su sector público no es tan importante. En estos países se ha utilizado más la política impositiva.

En conjunto, los cambios de planteamientos efectuados tras la segunda Guerra Mundial mostraron a partir de 1950 que se podían alcanzar tasas de crecimiento desconocidas hasta entonces. Y se demostró también una relación directa entre crecimiento económico y crecimiento de la protección social. El clima de «progreso» generalizado en las economías capitalistas con sistema político democrático generó también cambios sustanciales en el desarrollo y uso de la tecnología, en las prácticas sociales de todo tipo, en la familia, en los modos de vida, en la movilidad, etc. Así como en el medio ambiente. Cuestiones todas ellas que requieren atención específica porque constituyen los grandes conflictos y diatribas del mundo actual. Esto significa también que la controversia ya no es el capitalismo sí o no, o el mercado sí o no. El problema es la monopolización, la inversión no productiva de capital, la falta de la eficiencia atribuida al capitalismo, su incapacidad para evitar la crisis y, desde luego, la enormemente desigual e injusta distribución de riquezas e ingresos (Scharpf, 1987).

En otro sentido, y para ciertos análisis marxistas, el Estado no es ya sólo un instrumento de dominio de una clase social concreta, sino una estructura vinculada al modo de producción capitalista, de modo que sea quien sea el sector social que ocupe la dirección del Estado estará limitado por los imperativos del proceso de acumulación capitalista. Sin embargo, a pesar de la relación estructural Estado-economía, el Estado tiene una autonomía relativa que permite realizar políticas distintas, de avance o retroceso, en función de las tendencias que se activan en cada Estado y en cada momento. Desde este punto de vista lo que caracteriza al Estado de Bienestar es básicamente «la utilización del poder estatal para modificar la reproducción de la fuerza de trabajo y para mantener a la población no trabajadora en las sociedades capitalistas» (Gough, 1979).

2. *Derechos sociales y ampliación del Estado social*

Se han mencionado antecedentes del Estado social, desde mediados del siglo XIX (aportaciones teóricas: von Stein, Blanc, Lassalle, Heller..., y realizaciones prácticas: los seguros sociales), pero tal modelo de Estado no logró implantarse en su época. El movimiento obrero hasta la primera Guerra Mundial fue un movimiento de oposición. Su triunfo en Rusia se plasmó en la dictadura del proletariado. La Constitución de Weimar y otras de su estilo incluyeron una amplia normativa de carácter social pero tampoco lograron perdurar. En un momento posterior el movimiento obrero se dividió entre comunistas y socialistas, creció la extrema derecha, se produjo la gran crisis económica y por fin el acceso al poder del fascismo. Fue tras el final de la segunda Guerra Mundial cuando las democracias europeas debieron afirmar una fórmula político-jurídica que evolucionando desde sí misma pudiera adaptarse a las nuevas necesidades del desarrollo técnico, social y económico, impidiendo la caída en el totalitarismo fascista y las posibilidades de revolución y sistema del tipo soviético. De un lado era necesario salir de la situación económica postbélica con medidas económicas, como se ha mencionado, y de otro consolidar el sistema democrático.

Así el Estado de Derecho, de carácter liberal, se convierte en Estado social de Derecho para salvaguardar la democracia política corrigiendo el individualismo clásico con contenidos sociales. El Estado tenía que incorporar esa dimensión social haciendo frente a las causas que generaban las crisis económicas e intervenir para mantener en funcionamiento la economía y para lograr una relación adecuada entre salarios y precios. Política económica y política social debían unirse para garantizar la subsistencia y que la población pudiera adquirir bienes de consumo, también de forma adecuada. Prestaciones estatales y distribución de riquezas eran los mecanismos fundamentales.

Las Constituciones intentaron fusionar Estado de Derecho y Estado social. Según Forsthoff (Abendroth, 1986), el Estado de Derecho supone un alto grado de formalización. Sus elementos estructurales, como son: división de poderes, concepto de Ley, principio de legalidad de la Administración e independencia de los Tribunales, llevan en sí mismos las condiciones de su eficacia. Sus garantías son de límites, acotan ámbitos ante los cuales el poder del Estado se detiene. Separan al individuo del Estado (libertades concretas de la persona). El Estado social en cambio vincula a la persona al Estado, la hace depender de él. Sus garantías no son de límites sino de participación. Es un Estado que ayuda, distribuye, adjudica, da subsidios, etc. Esto requiere instituciones propias, que se configuran de otro modo.

Estado de Derecho es predominio de la Ley (abstracta y general). Estado social no se ajusta a un contenido constante. Los derechos de participación se modulan y diferencian según lo que es razonable, oportuno, necesario, o posible en el caso concreto. No es posible la misma concrección constitucional de los derechos fundamentales que de los derechos sociales. Se cambia la relación entre legislativo y ejecutivo, y la estricta separación de competencias, de modo que el ejecutivo cobra preeminencia (referido a la iniciativa legislativa del gobierno, a la legislación delegada, etc., a cómo la legislación se gesta en los despachos ministeriales y a la misma naturaleza de la Ley, en lugar de general y abstracta se convierte en ley a medida). El Estado de Derecho necesariamente es un Estado de leyes y el Estado social (en su desarrollo) es un Estado de administración.

De este modo el Estado social de Derecho no es una categoría especial de Estado de Derecho con características específicas y contenido material propio (según este tipo de explicaciones). Por ello la Constitución permite diferentes órdenes políticos, con diferentes límites y criterios sobre lo social. Sin embargo la Constitución democrática permite el Estado social, incluso aunque éste tenga una realización extraconstitucional. La Constitución contiene referencias claras a la orientación social, que son una realidad, y no son solamente declaraciones programáticas. Y además el Estado cuenta con cauces jurídicos, como es su soberanía tributaria. El Estado de Derecho es también Estado de tributos pero mantiene una estricta distinción entre protección de la propiedad, como un derecho fundamental garantizado, y las posibilidades de invasión del patrimonio y de la renta mediante impuestos. Por ello, concluye Forsthoff que no hay fusión pero tampoco oposición entre Estado de Derecho y Estado social. La conexión de ambos es una realidad, pero ciertamente existe un desfase entre la realidad material del Estado de Bienestar y su formulación jurídico-política, aunque lo que al Estado social le falta de garantía constitucional lo compensan las tendencias sociales, las realidades y exigencias de la vida, al menos en las sociedades desarrolladas.

Los derechos económicos y sociales son los que califican a este Estado, y se consideran por algunos autores parte de los derechos civiles. Su ejercicio procura la igualdad real y plena de las personas. Se relacionan con la legitimidad contemporánea. Y constituyen también un problema muy complejo, no resuelto. De una parte el Estado ha de garantizar derechos sociales y económicos que, en definitiva, están orientados al logro de la igualdad, pero son derechos distintos a los tradicionales derechos civiles y políticos, y la garantía de los primeros (trabajo, huelga, vivienda) puede colisionar con la garantía de los segundos (propiedad privada, igualdad ante la ley).

Los derechos fundamentales (primera fase, derechos civiles; segunda fase, derechos políticos) tienen un profundo arraigo en la cultura liberal-democrática de Occidente. Y resulta difícil, para algunos sectores sociales e ideológicos, la aceptación de que la eficacia de estos derechos requiere la existencia de los otros, de los derechos sociales. Una cosa es la existencia de un catálogo, tan amplio como se quiera, recogido en las declaraciones de derechos constitucionales (logro relativamente fácil de alcanzar) y otra distinta es su garantía y su ejercicio práctico. El alcance jurídico de algunos contenidos de los textos constitucionales siempre ha estado en discusión (por ejemplo el preámbulo). Como también lo están los derechos económico-sociales (se puede recurrir a los tribunales por ejemplo si se considera lesionado el derecho a la libertad de expresión, pero no se puede actuar de igual modo si una persona carece de trabajo o de una vivienda digna; no son exactamente igual de exigibles constitucionalmente).

Los derechos sociales, contenido del Estado social, giran en torno a la igualdad. Es sumamente difícil acordar un sentido preciso de lo que significa la igualdad. La salida de tal dificultad es hacer una traslación a lo que se denomina «igualdad de oportunidades». Parece muy claro el significado de la igualdad ante la Ley, pero no lo parece el de «mayor grado de igualdad», como igualdad material. ¿En qué grado y mediante qué órganos deben los poderes públicos cumplir tal cosa? ¿Cómo interpretar la igualdad en sentido económico-social y cómo exigirlo como derecho positivo ante los tribunales, incluso? No se puede concretar una idea de igualdad que pueda ser comúnmente aceptada por toda la sociedad. Se invoca la igualdad como valor y como principio (aunque no por todos, ni mucho menos, ya que la misma noción de igualdad es indeseable para algunos sectores), pero no existe contemplada en una Ley susceptible de su aplicación precisa.

Por otra parte existe una desconexión entre realidad política y realidad jurídica, y también entre legalidad y legitimidad puede darse tal desconexión si la primera no asegura adecuadamente aquellas actuaciones que son base de la segunda. Así, la igualdad en el plano de la legalidad si no cuenta con desarrollos concretos puede ser sólo una conquista nominal. La Constitución es el «orden supremo de normatividad de una comunidad social» y no debe ser instrumentalizada en favor de un ideal político particular. Esta norma suprema regula sociedades heterógeneas, divididas en clases, sexos, culturas, etc., cuyas concepciones, por ejemplo de la igualdad, como hemos visto, pueden ser contradictorias e incluso excluyentes. Recoge valores, principios, también fines y metas. Y también el contenido material de la constitución refiere fines y fuerzas políticas, es decir, compromiso entre los partidos políticos, y cada uno de ellos pretenderá un desarrollo diferenciado, según su entendimiento programático. Para algunos autores esto supone un uso alternativo del derecho en respuesta a valores muy consistentes en la sociedad.

Se han expuesto, mencionando la interrelación entre Estado social y neocapitalismo, las exigencias del crecimiento económico vinculadas al crecimiento de la protección social y del pleno empleo. Así como las exigencias de salvaguardar el sistema democrático en función de las experiencias previas y contrapuestas de comunismo y fascismo. Se han señalado problemas sobre los términos Estado de Derecho-Estado social y las dificultades filosóficas y jurídicas para articular ambos adecuadamente y que alcanzan a la garantía constitucional de los derechos económico-sociales. Sin embargo, la práctica del Estado social y su consolidación en la postguerra fue un hecho eminentemente político. El pacto (implícito) entre las diversas fuerzas políticas que lo originó incluía un consenso sobre la democracia, aunque para ello se carecía de una definición *a priori* y de unos objetivos bien delimitados.

Pero lo cierto es que se dieron los requisitos básicos para el funcionamiento del modelo, tales como: 1) base constitucional adecuada; 2) pacto político sobre el que sustentar el modelo de bienestar; 3) Estado regulador e intervencionista con fines de crecimiento económico y redistribución de rentas (además del pleno empleo como objetivo central). Se dieron también las pautas de actuación necesarias (García Pelayo, 1989): selección y jerarquización de objetivos (definición por parte del Estado de sus políticas, pero con la búsqueda del consenso necesario entre los sectores implicados: sindicatos, empresarios, etc.); racionalización política, administrativa y económico-social (con gran importancia de la información); planificación generalizada (imperativa o indicativa). Todo ello como expresión del consenso incuestionable sobre la democracia, pero que obviamente también suponía esperar simultáneamente del modelo de bienestar cosas diferentes, tales como: un engranaje necesario para el buen funcionamiento del sistema; una fase superior en el desarrollo de la ciudadanía, o un adecuado instrumento de redistribución de la riqueza y mayor grado de igualdad. Como es fácil entender, las expectativas sobre el modelo no eran las mismas para conservadores, liberales o socialistas.

3. *Expectativas sobre un modelo de bienestar no definido*

La heterogeneidad social y la existencia de intereses no coincidentes se expresa, también, en los valores y fines atribuidos al Estado. Sin embargo la experiencia real del Estado de Bienestar, su realidad histórica específica lo convierte en un modelo que no es posible negar. Y pese a todas sus insuficiencias, es, hasta hoy, el único modelo capaz de llevar a cabo, en mayor medida, la finalidad básica del Estado: el «bien común». Es también el único instrumento que, en medio de las contradicciones sociales, puede atajar la desigualdad como fuente de conflictos manteniendo la libertad, pero ante la carencia de una definción común distintos enfoques teóricos enfatizan distintas finalidades. No es lo mismo mitigar la pobreza que realizar la ciudadanía plena.

Puede ser útil recordar el concepto de procura existencial (*Daseinsvorsorge*) aportado por Forsthoff, que explica cómo con el paso de la sociedad tradicional a una sociedad altamente industrializada el individuo pierde autonomía para obtener por sí mismo los medios básicos para su mantenimiento. Corresponde entonces al Estado proveer de todo aquello que es imprescindible para la prolongación de la existencia física (Abendroth, 1986). Pero éste es un concepto vago, impreciso. Nadie discutirá racionalmente la necesidad de asegurar la existencia, pero sí están bajo discusión los modos concretos de satisfacer esa necesidad y cuáles son sus límites. En realidad porque es un concepto cambiante en función del contexto en que se plantee. Los avances científicos y técnicos, lógicamente, cambian de modo sustancial los límites de lo «necesario». Además, si hablamos de bienestar hemos de pensar que no sólo han de estar cubiertas las necesidades primarias sino también las de orden secundario, que incluyen cultura y ocio. La cultura del bienestar ha supuesto un proceso de ampliación de la asistencia pública desde la satisfacción de necesidades básicas para mantener la existencia física hasta un ámbito realmente amplio y diverso, sin que esto signifique, ni mucho menos, que el resultado sea el logro de la igualdad.

Desde la noción de «procura existencial» hasta la satisfacción de necesidades incluso secundarias se pueden observar muy diversas formas de actuación del Estado. En cuanto a las concepciones políticas e ideológicas del Estado de Bienestar se señalan, de forma muy resumida, las características básicas de las distintas corrientes de pensamiento. Para la socialdemocracia este tipo de Estado constituye el modo de alcanzar mayores cotas de igualdad, siendo uno de sus objetivos la redistribución para reducir la desigualdad como un fin distinto al de atajar la pobreza. En un clima de libertad indiscutible y de cohesión social, pero con el énfasis en la igualdad. El Estado de Bienestar, para la socialdemocracia, no niega los valores básicos del Estado democrático-liberal tales como la libertad, la propiedad individual, el papel del mercado, la igualdad y seguridad jurídica y la participación de los ciudadanos, mediante el sufragio, en la formación de la voluntad estatal. Recoge esos valores entendiendo que no pueden hacerse efectivos si no tienen un contenido material, si no existen condiciones de existencia de las personas, como requisito básico para hacer posible el ejercicio de la libertad.

Las propuestas más generales de «hacer compatibles la igualdad, la libertad y la seguridad» con orientaciones (políticas) incluso antagónicas puede suponer una concepción aséptica del Estado, del viejo Estado de Derecho, con una función uniformadora superficial, vinculada a una regulación e integración del conflicto. El Estado puede rectificar los fallos del mercado y ampliar las «oportunidades vitales», pero su fin primordial sería garantizar la libertad. Por ello otras doctrinas no reconocen tan siquiera el Estado de Bienestar como un modelo específico, ya que el Estado de Derecho, como tal, no tiene fines propios en relación con las condiciones de vida de sus ciudadanos. El llamado bienestar aquí se identifica con el conjunto de las políticas públicas (sanidad, vivienda, educación, etc.) a las que considera variables autónomas, que existen como complementariedad del proceso de modernización (nueva realidad urbano-industrial, complejidad, movilidad social de personas y bienes..., problemas de integración social, etc.).

Una corriente del liberalismo democrático, por ejemplo, vio en el Estado de Bienestar un estadio de la madurez de la libertad, un camino para completar la ciudadanía con el impulso de la política social. Esto significó el desarrollo de las tres esferas de los derechos: civiles, políticos y económico-sociales, asegurando un estándar mínimo de bienestar para todos con la acción de los gobiernos. La plenitud de esta idea de ciudadanía, referida a los individuos en tanto que sujetos miembros de una sociedad, proporciona un cauce de integración del conflicto y un debilitamiento de la identidad de clase. Su objetivo se refiere a las posibilidades de ejercicio de los derechos, con cierto grado de justicia social para consolidar la legitimación del sistema.

Para una explicación de orientación marxista el Estado del Bienestar es un rasgo constitutivo de las modernas sociedades capitalistas. Este tipo de Estado sólo se entiende en el contexto de la economía capitalista y sus relaciones sociales. Y por ello se entiende que es contradictorio en sí mismo: de una parte se le ve como un sistema de control para adaptar a los inconformistas y a la vez se rechaza rotundamente el posible recorte del Estado. Es un instrumento de ayuda para la acumulación y también un instrumento de legitimación al proveer de un «salario social» añadido al del trabajador para mitigar la dureza de la economía de mercado. Resulta contradictorio porque no puede dejar de atender a estas dos funciones de acumulación y legitimación.

También se ha argumentado que la noción de necesidad es central en la búsqueda de un fundamento moral para el Estado de Bienestar, distinguiendo necesidad de preferencia o de carencia o de deseo, ya que es algo fundamental que no puede eludirse. Una sociedad desarrollada ha de garantizar a sus miembros la satisfacción de necesidades, entendidas como hechos objetivos, no como preferencias subjetivas (Harris, 1990). Ello es inseparable de la idea de ciudadanía plena, del valor de los derechos de oportunidad para los individuos, para evitar que algunos o muchos queden excluidos, marginados. El principio de obligación de la comunidad de asegurar oportunidades a todos sus miembros, por el interés superior de la integración y de la legitimidad, está por encima del rechazo que algunos puedan oponer al sistema tributario. La satisfacción de necesidades básicas es imprescindible para la autonomía individual (Loyal y Gough, 1994).

Además el Estado de Bienestar interviene en la economía de diversas formas, incluso como empresario directo, pero lo esencial de su intervención no afecta a la producción sino a la distribución. El Estado utiliza su tradicional potestad fiscal (más cotizaciones y otros ingresos) para redistribuir un porcentaje cada vez mayor del PIB, asignándolo a objetivos sociales, bien con carácter general, bien atendiendo a grupos específicos con carencias más acusadas. El Estado de Bienestar ha ido ampliando su función distributiva desde la «procura existencial» estricta hasta la más amplia extensión de prestaciones y servicios. Sin embargo esta afirmación en la práctica está bastante matizada, y los estudios comparados ofrecen grandes diferencias entre los modelos de bienestar.

Tal variabilidad ha dado lugar a diversas clasificaciones o tipologías, atendiendo a criterios geográficos o geopolíticos: nórdico y continental, o bien centro y periferia; según criterios ideológicos: socialdemócrata, conservador y liberal (Esping-Andersen, 1993), a los que algunos autores añaden un cuarto tipo al que denominan católico o latino; otros se refieren a modelos bismarckiano y de Beveridge. O la clásica diferenciación propuesta por Titmus, y que aun simplificadamente puede resultar útil: *modelo residual* (de política social): describe situaciones en que los canales materiales de satisfacción de las necesidades (mercado y familia) no pueden hacer frente a situaciones emergentes..., entonces el Estado actúa con carácter provisional, temporal y selectivo; *modelo institucional* (redistributivo): describe situaciones en que la intervención pública en el campo social es orientada a ofrecer a los ciudadanos servicios sobre la base de la necesidad (concepto que, como se mencionó antes, supone un contenido moral, que fue sustentado por los movimientos sociales críticamente. ¿cómo y quién define las necesidades?, ¿cómo se gestionan?) En este modelo las políticas públicas son una constante en la vida del país y asumen importancia en la redistribución de recursos. En el modelo institucional el porcentaje del PIB destinado a gastos sociales es más alto, afecta a más población porque los programas dominantes tienen carácter universal y no selectivo, su financiación se produce mediante impuestos progresivos más que por cotizaciones; da más importancia a la prevención, pretende un nivel de vida normal, no de mínimos... Estos dos modelos, de algún modo, articulan en torno a sí bloques ideológicos y de interés que están muy presentes en el debate actual sobre la crisis del Estado de Bienestar.

III. LAS CRISIS DEL ESTADO SOCIAL

El pacto que dio origen al Estado de Bienestar tras la segunda Guerra Mundial y que generó resultados positivos, sobre la base del excedente económico en razón del crecimiento, se ha roto. A la época de bonanza siguió la época de estagflación: fin del crecimiento económico espectacular, fin del pleno empleo y crisis fiscal, como rasgos más sobresalientes sobre los que se asientan la pérdida de confianza en el modelo y las críticas de diversa índole al mismo. Es necesario, en primer lugar, tener en cuenta la referencia a la crisis del Estado social como una situación muy global, con múltiples dimensiones, incluido el hecho de que el propio Estado como concepto también está en crisis. Los analistas, generalmente, no consideran el Estado como macroinstitución, sino aspectos del mismo que necesariamente son parciales. No es de extrañar, por tanto, que la arena política se sitúe en el ámbito del bienestar y se pierda la perspectiva del conjunto del Estado.

1. *Sobre el crecimiento del gasto público*

En relación con la crisis del Estado de Bienestar y las críticas al mismo generadas en los últimos años, suele señalarse en primer lugar lo relacionado con el gasto público, ya que es el factor más conflictivo. Éste adquirió una nueva consideración a partir de las propuestas de Keynes, a las que se achacó el constante crecimiento del gasto. Sin embargo, si se observan los datos de la evolución histórica se puede ver que existe una tendencia de crecimiento del Estado, aunque también hay oscilaciones sustanciales; por ejemplo desde mitad de los años setenta el crecimiento es menor; las actividades que realizan directamente las administraciones públicas, con gasto de funcionamiento, de consumo propio y de consumo final, se mantuvieron estables en la OCDE entre 1960 y 1978, que sólo pasaron del 15,2 por ciento al 16,7 por ciento del PIB. Sin embargo, crecen notablemente las transferencias entre la administración central y las administraciones territoriales; se incorporan formas de actividad y de gasto que por su gran volumen incluso se convierten en un presupuesto anejo al de la administración central, como ocurre con el sistema de seguridad social. Por otra parte es necesario tener en cuenta que los diferentes sistemas de contabilidad social puede llevar en ocasiones a discrepancias sobre las magnitudes de que se habla (González y Torres, 1992).

Gran parte de las transferencias van a las familias (gestionadas por la Seguridad Social y por las administraciones regionales y locales) y también a las sociedades (aunque éstas reciben más apoyo por la vía fiscal, el crédito público y otras ayudas), pero en su conjunto han crecido las transferencias. La consolidación del marco institucional del Estado de Bienestar ha supuesto un aumento del volumen del gasto público en relación con el PNB, y el gasto crece más rápidamente que el PIB. Aunque no hay un modelo único de evolución y un modelo de gasto publico, se puede observar que en países más desarrollados y más democráticos el gasto público es mayor, que existe una relación entre proceso económico y procesos políticos, culturales e ideológicos, y que, obviamente, los procesos de decisión política juegan un papel fundamental. También es necesario tener en cuenta el problema de la definición y naturaleza de los distintos componentes del gasto público. En todo caso se puede analizar cualquier clasificación convencional del gasto público, según las funciones del Estado (administración, defensa, educación, sanidad, etc.), pero también se puede agrupar el gasto de otros modos, preguntándose, por ejemplo, a quiénes benefician, qué finalidad persiguen, etc. O bien separando el gasto público entre gastos de regulación y gastos de bienestar social, estando los primeros directamente relacionados con el crecimiento económico y los segundos, sobre todo, con motivos sociales y políticos. Con éstos las Administraciones proveen de bienes y servicios sociales a la población para mejorar sus condiciones materiales de vida. Los gastos básicos de este apartado son: sanidad, seguridad social, educación, vivienda, protección y promoción social. Otros destinados a mejorar la calidad de vida son urbanismo y ordenación del territorio, medio ambiente, infraestructuras acuíferas, ocio, cultura y bienestar comunitario. Según los autores referenciados más arriba, forman parte también de las políticas de bienestar social la normativa sobre bienes y servicios, la normativa de condiciones de trabajo y la normativa del sistema impositivo.

Es claro que la sociedad ha obligado a lo largo del tiempo al Estado a traspasar el mínimo vital histórico, la satisfacción de necesidades primarias, para atender también a necesidades de orden secundario. El Estado de Bienestar es un proceso abierto, que se readapta en cada momento. Hasta los años setenta el problema fue la seguridad social, al que luego se añadieron otros. Pero es obvio que los gastos que más han crecido han sido los considerados básicos, ya que otros gastos, como los relativos a la calidad de vida, son más discutibles según algunos sectores. Conviene recordar en relación con esto último la variabilidad de lo que se entiende por bienestar social. Por ello todo el mundo parece estar de acuerdo en que hay que mantener el núcleo básico, esto es: sanidad, educación, vivienda, aunque se discutan sus condiciones y medidas en gasto. Las demandas sociales que implican gasto público tanto en lo relativo a gastos básicos como a gastos para la calidad de vida se han mantenido por diversas razones, entre otras por las expectativas creadas por las ofertas electorales de los partidos políticos. Los problemas se han hecho más evidentes por los efectos de la crisis económica, por la crisis fiscal y por el crecimiento del déficit público.

En todos los países, especialmente en los países industrializados de Occidente, ha disminuido la tasa de crecimiento económico, han crecido el desempleo y la inflación y el desequilibrio de la balanza exterior. Muchos autores han considerado que esto supone un fracaso de los postulados keynesianos, pero otros aseguran que también han fracasado los postulados neoclásicos. Hoy se sabe que los resultados posteriores a la segunda Guerra Mundial son irrepetibles, incluso se pone en duda que tal éxito se debiera al keynesianismo, y se señala que los efectos de la propia guerra seguramente tuvieron mucho que ver con el posterior crecimiento excepcional. Incluso algunos autores que siguen la teoría de los ciclos económicos relacionan la crisis con el agotamiento de tales ciclos, de modo que: los efectos de la revolución industrial se habrían agotado hacia 1850; los efectos del ciclo del ferrocarril hacia 1875; los efectos del ciclo de la electrotecnia e industria química hacia 1930; y, por último, los efectos del ciclo de la electrónica, de la industria del automovil y de la fibra artificial estarán agotados en estos momentos, interpretando la crisis actual como una crisis de gran profundidad, de agotamiento, que se puede relacionar con la incapacidad para crear nuevos empleos, con el deterioro masivo del medio ambiente, con la imposibilidad de atajar los desastres de subsistencia en el tercer mundo.

Para otros autores, por el contrario, el gran problema de las economías occidentales estaría en la sobrecarga por culpa del Estado de Bienestar, donde además los intereses organizados habrían producido una «esclerosis institucional», que sólo se podría atajar reduciendo drásticamente el Estado, pero ocurre que todos los valores han empeorado en todos sitios (sea grande o pequeño el tamaño del modelo de bienestar), y también han crecido las diferencias entre países industriales muy desarrollados (Scharpf, 1987), de modo que «las decisiones políticas» que se toman permiten que unos países afronten mejor que otros la crisis.

La política económica sería de este modo un concepto clave. Pero también ocurre que la situación problemática de la economía está influida no sólo por las instituciones de política económica sino por las medidas concretas que se toman y que no logran los resultados deseados, porque dependen del comportamiento de los sujetos (inversionistas y ahorradores, productores, consumidores, empresarios, trabajadores, etc.); de modo que la estrategia de los gobiernos requiere ser la adecuada y además lograr el acuerdo eficaz de los sectores implicados (básicamente de los sindicatos y empresarios, pero también de la ciudadanía).

El gasto público, que en términos generales creció hasta 1973 intensa y extesamente, hay que relacionarlo con los ingresos públicos (ingresos obligatorios, directos, como IRPF, beneficios de sociedad, sobre patrimonio, etc., e indirectos; otros ingresos no obligatorios, como las tasas, etc.). La financiación del gasto público total, además de la fiscalidad, utiliza la emisión de moneda y la deuda pública. La fiscalidad, como el ingreso fundamental, está condicionada por la estructura socioeconómica del país. González Temprano y Torres Villanueva señalan que tienen más peso los impuestos directos y las cotizaciones a la Seguridad Social, de modo que la mayor carga fiscal recae sobre los asalariados (y esto no favorece la redistribucción de rentas). Hasta mediados de los años setenta ingresos y gasto público, más o menos, se mantienen equilibrados, pero a partir de entonces aparece el déficit, la necesidad sustituye a la capacidad de financiación de los Estados. De nuevo las decisiones de los gobiernos, más que la existencia o no del bienestar, influyen en la existencia del déficit público, que, aunque es generalizado, no es igual en todos los países. Los gobiernos, para mantener la demanda global y por razones electorales, recurren a la deuda pública. A comienzos de los años setenta las altas tasas fiscales coincidieron con la crisis económica, vinculada al encarecimiento de las materias primas, afectando lógicamente al crecimiento económico (así parece, analizando los indicadores del crecimiento como ahorro, inversión, empleo). Sin embargo, no es fácil establecer una relación lineal entre fiscalidad y crecimiento económico. En cada país es diferente según como se combinan los diversos elementos. Por otra parte, la resistencia a una mayor carga fiscal también limita el crecimiento del gasto público, que según algunos es autolimitativo. Pero es cierto que los políticos quieren presupuestos cada vez mayores para atender a sus compromisos electorales, al menos hasta ahora. Y de otra parte cuando prometen en las campañas reducir determinados gastos saben que no podrán cumplir tal promesa, excepto cuando afectan a colectivos demasiado débiles para organizar la protesta. Todo ello depende no sólo de la realidad económica de un país sino también de sus valores y sus fines. Puede crecer el gasto público y disminuir el gasto social, o a la inversa.

Algunos autores señalan como fracaso del Estado de Bienestar la imposibilidad de evitar los ciclos económicos y la ineficaz redistribución de rentas, ya que en términos generales dos tercios de la población parecen relativamente satisfechos, pero prácticamente un tercio de la población está excluido, dando lugar a una dualización social bastante acusada. Además se ha producido una ruptura de la alianza entre clases medias y bajas. Las primeras rechazan un aumento de la carga fiscal y del gasto público no productivo. Todo ello lleva a ampliar en la población la distancia político-económica y a una progresiva pérdida de legitimación del propio sistema político.

2. *Sobre la crisis fiscal y la legitimidad*

La tan mencionada crisis fiscal se expresa en la dimensión del déficit público. La subida de precios de los crudos, a comienzos de los años setenta, afecta a las economías occidentales. Se produce crisis económica, inflación, progresivo crecimiento del desempleo... en un período en que, como se ha mencionado, ya existen altas tasas fiscales, con el consiguiente desequilibrio entre ingresos y gastos. Estos problemas, por otra parte, han de analizarse en relación con los nuevos procesos de globalización del capital financiero, de deslocalización industrial, de reestructuración de las regiones económicas del mundo, con los diferenciales de crecimiento y de protección social entre unas y otras..., con los cambios drásticos en la demografía, con la incapacidad de crear nuevos empleos y los cambios rápidos en el mercado laboral relacionados con las nuevas tecnologías, con las reducciones salariales...

El crecimiento del gasto público total y del gasto social (y de los déficits públicos, además de los desequilibrios de la balanza exterior) no es separable tampoco del crecimiento de las demandas sociales: altas tasas de desempleo, necesidades de orden secundario presentes en las sociedades muy desarrolladas, cambios en la estructura social tales como las variaciones en los grupos de edad, con el aumento de la población de personas mayores, aumento de los costes sanitarios, cambios en la estructura familiar y nuevas necesidades, aumento de la pobreza, etc. Todo ello crea dificultades reales de disminución drástica del gasto y del déficit. Tampoco es separable de tasas de beneficio del capital más reducidas que en otras épocas. Una situación en la que «todos piden mayor participación de una tarta cada vez más pequeña».

Sobre la crisis fiscal existen diversas interpretaciones; en una de ellas se afirma que el Estado capitalista debe satisfacer dos funciones básicas: acumulación y legitimación (O'Connor, 1981). El Estado afronta la necesidad de favorecer la acumulación de capital capaz de generar excedentes, mantener los beneficios en un nivel alto y creciente, que permita sus políticas fiscales para crear las condiciones necesarias para un cierto grado de armonía social, base de su propia legitimidad. Los gastos del Estado tienen, según este análisis, un carácter doble: por una parte el capital social que facilita la acumulación privada rentable y que incluye inversión social (proyectos y servicios que incrementan la productividad, por ejemplo zonas industriales financiadas por el Estado) y consumo social (proyectos y servicios que disminuyen el coste de reproducción de la fuerza de trabajo y que incrementan la tasa de beneficios, por ejemplo, Seguridad Social). Por otra parte el gasto social que se refiere a proyectos y servicios para la «armonía social», para su función de legitimación. No son productivos, pero la asistencia social contribuye a mantener en paz a los parados y otros sectores en situación de necesidad.

El incremento del sector estatal y de los gastos estatales es cada vez más la base del crecimiento del sector monopolista y del crecimiento económico total. A su vez el crecimiento de la actividad estatal es resultado del crecimiento del sector monopolista. Por tanto la acción del Estado, su crecimiento, es causa y efecto, al tiempo, de la expansión del capital monopolista. Es así porque se socializan los costes, dado el progresivo carácter social de la producción (especialización, interdependencia, crecimiento de nuevas formas sociales de capital, como la educación) en tanto que el excedente es apropiado por el sector privado. El crecimiento del sector monopolista es irracional porque produce paro o empleo precario, pobreza, paralización económica, y para mantener la lealtad de las masas, y su legitimidad, el Estado debe atender demandas de los que sufren los costes del crecimiento económico. Así los desembolsos de capital social hacen crecer indirectamente la capacidad productiva y a la vez hacen crecer la demanda agregada, la demanda total. Que el crecimiento de la capacidad productiva se deba al crecimiento de la demanda tiene que ver con la composición del presupuesto estatal.

Las demandas de capital social y de gasto social generan crisis fiscal y son ajenas al mercado, si circulan por el sistema político. La acumulación de capital social y los gastos sociales también se dan en el marco político. Por otra parte se ataca al Estado de Bienestar por su función redistribuidora, porque se cree que los recursos van de lo privado a lo público, del capital al trabajo, de los sectores productivos (jóvenes, trabajadores) a los improductivos (ancianos, parados), y a todo ello se achaca el deterioro económico. Sin embargo aunque ha crecido el gasto público total, se ha producido una disminución en gasto social. (La tasa de crecimiento anual de gasto social en los Estados Unidos en el período 1964-1978 fue del 7,9 por ciento, en 1979-1980 del 3,9 por ciento y en los años ochenta del 1,5 por ciento.) Aunque es cierto que el sistema de bienestar reclama más y más recursos, sin él no habría acumulación porque socializa los gastos y legitima el sistema, consiguiendo paz social, porque reduce la inseguridad, realiza transferencias, beneficios fiscales y créditos, etc., mitiga los problemas del crecimiento (educación, vivienda, sanidad, etc.). Pero sin que se pueda probar que el sector público beneficie u obstaculice el crecimiento económico, a él se ha desplazado la arena política. Sin embargo los análisis de orientación marxistas, que parecen perfectamente plausibles, carecen de propuestas prácticas de defensa del Estado de Bienestar porque el problema fundamental radica en el sistema capitalista.

La reestructuración del Estado de Bienestar en el contexto actual sitúa el debate en torno sólo a la reforma de aspectos concretos, en relación con el gasto público, los sistemas de pensiones o los mercados laborales. También desde la defensa del Estado de Bienestar se señalan problemas más relevantes que dificultan la salida de la crisis, tales como: la incapacidad del modelo de Estado intervencionista para evitar las crisis de la economía (mixta, pero fundamentalmente capitalista); la renuncia (no reciente) a las políticas de pleno empleo; la incapacidad de suprimir la pobreza en proceso creciente (se supone que alcanza al 15-20 por ciento de la población en las sociedades desarrolladas); el fracaso de los objetivos redistributivos (la distribución limitada de rentas tiene un carácter horizontal, intraclase social, y no vertical, entre clases sociales), y la ausencia de teorías convincentes y de debates y consensos para salir del *impasse*.

3. *Distintas posiciones ante la crisis del modelo de bienestar*

Así pues, en primer lugar, todo el mundo parece aceptar que el modelo está en crisis. Hay por tanto un gran consenso sobre el diagnóstico, pero no sobre los análisis y las propuestas de salida de la crisis. Analizar la situación obliga a tener en cuenta su gran complejidad y a considerar multitud de factores interrelacionados, que no se resuelve con el discurso, cada vez más extendido, que propone reducir el Estado y ampliar el mercado, supuestamente fundamentado en el carácter científico de la economía, lo que en realidad se limita a una afirmación ideológica, ya que las experiencias en este sentido desarrolladas en los años ochenta (especialmente en Gran Bretaña y Estados Unidos, donde los sectores sociales más perjudicados son precisamente los más vulnerables) no permiten observar cambios positivos para el conjunto social (Mishra, 1993).

Frente a los dogmas económicos se observa cierta carencia de argumentos políticos en el panorama científico actual. Parece cierto que el Estado de Bienestar está sometido a una sobrecarga con pérdida de eficiencia, lo que implica una crisis de racionalidad (no parece claro el fin general, el entendimiento de un fin en beneficio de todos) y una crisis técnica (no parece que los poderes públicos sean capaces de gestionar eficazmente la crisis). Y todo ello redunda en pérdida de confianza, de legitimidad, en un contexto de confusión de valores referenciales. La legitimidad ya no se contempla tanto como ideal normativo, sino a través de los logros materiales... «El asentimiento debe pagarse en efectivo [...]», pero no se paga igual a todos los grupos y éste es también un problema de la democracia.

En relación con la crisis vigente desde hace dos décadas, aceptada por todas las corrientes, la cuestión fundamental es preguntarse si es posible precindir de las cotas de equidad y seguridad alcanzadas con el Estado de Bienestar. En la socialdemocracia existen posiciones bastante diferenciadas, desde los neokeynesianos partidarios de la estrategia expansiva, de mejorar las condiciones de vida con eficiencia y nuevo crecimiento, que consideran que los problemas no son achacables a la dimensión del Estado y que las medidas neoconservadoras que se han experimentado no son útiles. Bajar los impuestos no lleva a incrementar la inversión, sólo beneficia a los más ricos y supone una mayor carga para los más pobres. Es necesaria una reestructuración industrial (impedida frecuentemente por los grupos de presión) y el gobierno ha de prever los impactos negativos. Son necesarios acuerdos entre capital y trabajo. Es imprescindible asegurar a todos una renta mínima. Para ello el Estado ha de crecer y no disminuir, ha de lograrse una nueva relación entre los ámbitos de la economía y del bienestar.

Hay que distinguir además entre dos aspectos considerados globalmente: de un lado el bienestar y las necesidades, de otro la economía, el mercado, los beneficios, la eficacia, etc. Ambos, obviamente, están estrechamente relacionados, pero se presenta enfáticamente el primero como causa de los problemas, perdiendo de vista el conjunto, el todo. Es necesario mantener la libertad económica y el consenso sobre el bienestar, ya que si la gran mayoría no apoya el objetivo de la igualdad sí apoya al menos la supresión de la pobreza. Sin que ello sea obstáculo para revisar algunos principios como, por ejemplo, la universalidad de los servicios (que distinguía al modelo de bienestar institucional frente al residual, de Titmuss), que en algunos contextos parecen beneficiar más a quienes tienen más recursos que a los más pobres. Y si se considera que no funciona la redistribución ni los servicios sociales acortan las diferencias de clase, puede proponerse una mayor distribución de rentas monetarias. Es decir, hay que distinguir lo que es razonable en una situación de conflicto, definir bien el objetivo irrenunciable y adaptar las propuestas teóricas sin dogmatismos. Y prestar mayor atención a los valores para tomar medidas políticas, no sólo administrativas. El esfuerzo nacional se orienta a los problemas del crecimiento y de la inflación, pero podría orientarse a los problemas de la pobreza y de la igualdad...

En cuanto a las corrientes neoconservadoras y liberales, en auge en la década pasada, agrupan las posiciones más contrarias al Estado de Bienestar, al que atribuyen no sólo los problemas económicos sino la destrucción de los valores tradicionales y el consiguiente daño moral para los individuos y para la sociedad. Se parte de una valoración del individualismo y de la relación con la colectividad que no ha de ser coercitiva. Al Estado se le ha sobrecargado de demandas que llevan a la ingobernabilidad, al despilfarro y al desastre. Que el funcionamiento de este modelo de Estado y la dependencia de los ciudadanos ha generado un exceso de seguridad y sus secuelas de burocracia cara, pereza y desánimo de los individuos ante el esfuerzo y la responsabilidad... Por ello esta posición considera como remedio a la crisis el volver a las leyes del mercado, desmontar el modelo de bienestar, cortar el gasto social y retomar valores e instituciones tradicionales. Reforzar la idea de comunidad y de las instituciones mediadoras: la familia y los grupos locales, la religión, la ética del trabajo y la moderación en las demandas... Es decir, recuperar los límites también en la democracia y en la igualdad. Se considera que los excesos igualitaristas del modelo de bienestar (recuérdese que se refiere a tipologías muy variadas) han destruido los valores individuales de libertad y autonomía, dando lugar al consumidor hedonista y a la inflación de demandas que son insostenibles sin poner en peligro el sistema económico.

Pero parece probado en multitud de análisis recientes que las políticas practicadas en Estados Unidos y Gran Bretaña en los ochenta no obtuvieron los resultados esperados. Crecieron la pobreza y el desempleo (con reestructuración del mercado de trabajo), y creció el déficit público. Y su creencia en que el Estado de Bienestar perjudica el crecimiento económico no se demostró con la desregulación llevada a cabo. Los servicios básicos (educación, sanidad, pensiones) no se alteraron sustancialmente aunque se amplió el papel del mercado en la provisión de los mismos. Los servicios de carácter selectivo (parados y pobres) sí fueron recortados. Se marcó más el dualismo, con una brecha más profunda entre centro y periferia. Y por otra parte liberalizar sectores y privatizar la provisión de bienes y servicios es una cosa y desregularizar es otra muy distinta. Precisamente lo primero hace más necesario recurrir a la regulación si se quiere garantizar, justamente, la existencia de servicios públicos irrenunciables en una sociedad democrática, es decir, el acceso a los mismos en igualdad de condiciones para toda la población. Mercado y democracia pueden colisionar, lo que puede ser evitado no recortando la administración, sino adaptando la administración a las exigencias de la realidad actual. Y otro problema diferente es la financiación de los servicios públicos. Es decir, la complejidad presente en el momento actual requiere análisis matizados, no simplificaciones apresuradas.

Las propuestas de orientación marxista coinciden en muchos aspectos del diagnóstico de la crisis con las otras posiciones, pero la interpretan de modo distinto. El Estado de Bienestar está sujeto a la lógica del capitalismo, es consustancial con su última fase de desarrollo, el modelo existente no es un logro de la clase obrera, por ello representa sobre todo un cambio en la forma de la lucha de clases (aunque por supuesto hay aportaciones teóricas muy diversas). Los costes de la reproducción (capital social) son sociales, mientras que el excedente sigue siendo de apropiación privada. Por esto el Estado de Bienestar ha de estar necesariamente en crisis, porque es un modelo contradictorio que debe atender a dos lógicas diferentes: sustentar el capitalismo y favorecer su acumulación, y además sustentar la democracia en apoyo de las masas para la legitimación del sistema (reproducción de la fuerza de trabajo y sostenimiento de los que no trabajan). En la medida en que crecen las demandas y no puede crecer la presión fiscal, la crisis está asegurada (Gough, 1982).

Además el neocorporatismo como estructura de representación de intereses y de relaciones, presente en los Estados de Bienestar, es interpretado de muy diferentes maneras. Tanto se considera elemento necesario para la formación de acuerdos básicos (al menos patronal-sindicatos-gobierno) como se considera un entramado de organización de intereses que presiona sobre la toma de decisiones interfiriendo los canales normales del Estado democrático. También puede ser visto como complementario del sistema democrático en el sentido de expresar la diversidad de intereses sociales, de las diferentes identidades y necesidades de las sociedades fragmentadas. Y en relación con las insuficiencias de los partidos políticos, controlados por élites bastante parecidas entre sí, muy lejanos a la representación de la heterogeneidad social pero insustituibles, ya que los movimientos sociales no parecen haber logrado un cambio importante en el paradigma de la política en las democracias liberales.

A modo de conclusión se puede señalar que la evolución histórica del Estado social muestra una gran diversidad de causas en su implantación, que responde tanto a necesidades del sistema capitalista para su supervivencia como a logros democráticos de los sectores sociales mayoritarios. Que en sus desarrollos concretos adopta tipos muy diferenciados entre sí. Que, sin duda, durante décadas el Estado de Bienestar ha sido el modelo más adecuado para conjugar libertad e igualdad y que, por tanto, sus logros debe ser analizados y readaptados en la situación actual, donde tienen lugar profundas y aceleradas transformaciones.

BIBLIOGRAFÍA

Abendroth, W., Forsthoff, E. y Doehring, K. (1986): *El Estado social*, CEC, Madrid.
Casilda, R. y Tortosa, J. M. (comps.) (19986): *Pros y contras del Estado de Bienestar*, Tecnos, Madrid.
Esping-Andersen, G. (1993): *Los tres mundo del Estado del Bienestar*, Alfons el Magnànim, Valencia.
García Pelayo, M. (1989): *Las transformaciones del Estado contemporáneo*, Alianza, Madrid, 2.ª ed.
González Temprano, A. y Torres, E. (1992): *El Estado de Bienestar en los países de la OCDE*, Ministerio de Trabajo y Seguridad Social, Madrid.
Gough, I. (1982): *Economía política del Estado de Bienestar*, Blume, Barcelona.
Harris, D. (1990): *La justificación del Estado del Bienestar*, Instituto de Estudios Fiscales, Madrid.
Loyal, L. y Gough, I. (1994): *Teoría de las necesidades humanas*, Icaria-FUHEM, Barcelona-Madrid.
Mishra, M. (1993): *El Estado de Bienestar en la sociedad capitalista. Políticas de desmantelamiento y conservación en Europa, América del Norte y Australia*, Ministerio de Asuntos Sociales, Madrid.
Muñoz del Bustillo, R. et al. (1993): *Crisis y futuro del Estado de Bienestar*, Alianza, Madrid, 2.ª ed.
O'Connor, J. (1981): *La crisis fiscal del Estado*, Península, Barcelona.
Ritter, G. A. (1991): *El Estado social, su origen y desarrollo en una comparación internacional*, Ministerio de Trabajo y Seguridad Social, Madrid.
Rubio de Lara, J. (1991): *La formación del Estado social*, Ministerio de Trabajo y Seguridad Social, Madrid.
Scharpf, F. (1987): *Socialdemocracia y crisis económica en Europa*, Alfons el Magnànim, Valencia.

Capítulo 6

LA DEMOCRACIA

Rafael del Águila

Universidad Autónoma de Madrid

1. LOS SIGNIFICADOS DE LA DEMOCRACIA

Democracia es hoy una de las pocas «buenas palabras» que existen en el vocabulario político. Pero por mucho que su uso actual sea positivo, esto no debería hacernos perder de vista dos hechos. Primero, que ese uso positivo es realmente muy reciente. En efecto, resulta complicado encontrar simpatías con la democracia hasta bien entrado el siglo XIX. Es cierto que el término nace en la Grecia clásica y que Atenas se convertirá en ejemplo de un modelo de democracia directa peculiar y original, como luego veremos. Pero también es verdad que en toda la historia de la teoría política es difícil encontrar argumentos favorables a la democracia hasta que las luchas por el sufragio universal aparecen durante el siglo XIX y se desarrollan en el XX. Es más, la democracia ha sido puesta en cuestión, o al menos ha sido un concepto polémico, hasta que la caída del Muro de Berlín y el fin del comunismo ha convertido a los regímenes democráticos de corte liberal en «universalmente» legítimos.

Lo cierto es que la extensión de la democracia liberal ha sido espectacular. Samuel Huntington ha descrito tres olas democratizadoras: la primera, que cubriría de 1828 a 1936, la segunda, que iría de 1943 a 1964, y la tercera, que comenzó en 1974 y parece todavía estar en movimiento. Sobre un total de 191 países el número de democracias es hoy de 117 —un 61,3%—, mientras que tales cifras eran en 1974 de 142 países y 39 democracias, es decir, las democracias representaban hace poco más de veinte años un 27,5% del total. Por supuesto, hay que entender estas olas democratizadoras siguiendo el modelo de mínimos de la democracia del que hablaremos en el último epígrafe de este tema. No obstante las cifras son significativas y todavía lo es más la existencia de una presión democratizante por parte de las instituciones internacionales que se refleja en el discurso político global, lo que hace sospechar que aún es de esperar que el número de regímenes democráticos aumente.

El segundo hecho que hay que reseñar es que esta democracia, que hoy es casi indiscutida, resulta difícil de definir por la multitud de significados políticos que se asocian a ella. Durante mucho tiempo la paulatina atracción de la democracia hizo que se utilizara (convenientemente «calificada») como mecanismo de legitimación de regímenes no democráticos (así, por ejemplo, las «democracias populares» del este de Europa, la «democracia orgánica» franquista, etc.). Pero la polisemia (esto es, la pluralidad de significados) no se debe únicamente a este uso manipulador e interesado del concepto. Se debe también al hecho de que el propio concepto de democracia es poco claro y difícil de determinar con precisión.

Para empezar, en la teoría democrática existen dos grandes formas de abordar el problema del significado de la democracia: la empírica y la normativa. Las dimensiones empíricas de la democracia tratan de contestar a la pregunta «¿qué es y cómo funciona la democracia?». Este enfoque persigue, pues, analizar cómo se manifiesta *de hecho* la democracia en una sociedad dada, su funcionamiento, sus instituciones, sus sujetos y actores, los comportamientos a ella asociados, los condicionamientos objetivos (económicos, sociales, etc.) sobre los que opera, etc. La aspiración última de aquellos investigadores que eligen esa perspectiva empírica es la de construir un concepto de democracia que sea capaz de «reflejar» analíticamente lo que la democracia *es* de hecho.

Por su lado, aquellos que operan dentro del concepto normativo de democracia consideran el problema tratando de responder al interrogante «¿qué debería ser la democracia?». En este caso de lo que se trata es de establecer los principios e ideales normativos a los que una democracia debería ajustarse para merecer tal nombre. En este contexto los investigadores normalmente analizan la democracia como un modo de vida particular en el que el ideal de fondo es la idea de autogobierno de los individuos y las comunidades humanas y el problema se presenta al intentar caracterizar la combinación adecuada de valores, instituciones, prácticas, etc., que resultan favorecedoras de aquel ideal.

Es bien cierto, sin embargo, que las dimensiones empíricas y normativas se entremezclan continuamente en todas y cada una de las teorías sobre la democracia. En realidad, las polémicas entre las diversas teorías se producen porque raramente existe ninguna de ellas que sea netamente clasificable como empírica o normativa. En efecto, si una definición tratara meramente de lo que la democracia *es* y otra alternativa tratara de lo que la democracia *debe ser*, estarían de hecho hablando de cosas distintas (lo que es o lo que debe ser), por lo que no debería existir polémica alguna. Si éstas, sin embargo, existen es, sencillamente, porque ambas dimensiones, empírica y normativa, se entrecruzan constantemente en casi cualquier descripción de la democracia.

Ésta es la razón por la que existe una pluralidad de conceptos de democracia y un continuo debate sobre sus valores, instituciones, mínimos, condiciones, etc. Así, por ejemplo, es usual encontrar en la literatura sobre el tema análisis basados en que la democracia es:

1) un régimen en el que los ciudadanos se gobiernan a sí mismos (directamente o por medio de representantes) y poseen todos los recursos, derechos e instituciones necesarios para hacerlo. O bien...

2) aquel régimen político en el que existe responsabilidad de los gobernantes ante los gobernados, lo que se concreta en que estos últimos, a través de las elecciones y otras instituciones, ejercen control sobre aquellos. O bien...

3) aquel sistema definido por el pluralismo, la competencia libre entre élites y la responsabilidad. O bien...

4) aquel sistema que quizá no sirva para elegir a los mejores gobernantes, pero sí sirve para expulsar a los peores con costes sociales y humanos mínimos (si los comparamos con otros sistemas). Etc.[1]

La existencia de este pluralismo de enfoques y definiciones es la razón por la cual, para ordenar mínimamente el debate sobre el significado de la democracia, debemos establecer alguna tipología que nos permita orientarnos en esa diversidad.

---

1. Estos cuatro ejemplos podrían corresponder, aproximadamente, a otras tantas definiciones propuestas por Robert Dahl, Giovanni Sartori, Philippe Schmitter o Karl Popper, respectivamente. En todo caso, cada una de ellas está estrechamente vinculada con el resto, por lo que deben entenderse como meros ejemplos del pluralismo de conceptos de democracia y no, todavía, como una tipología.

II. MODELOS DE DEMOCRACIA[2]

En los temas subsiguientes nos ocuparemos de las dimensiones territoriales (federalismo, etc.) así como institucionales (parlamentarismo, presidencialismo, etc.) de los Estados democráticos. Aquí formularemos tres modelos principales en los que ordenar la polisemia del concepto. Dado que se trata de ordenar la pluralidad de significados de la democracia, otras clasificaciones o modelos son posibles, pero creemos que los que a continuación se ofrecen poseen la capacidad de ordenar algunos de los rasgos cruciales de las democracias de una manera simple y clara.

1. Modelo 1: Liberal-protector

El principio básico del modelo liberal protector de democracia consiste en definir a ésta como un régimen político que permite la protección de cada ciudadano respecto de la acción de otros individuos y de todos ellos respecto de la acción del Estado, con lo que se conseguiría el máximo de libertad para cada uno. La idea del liberalismo es que la justificación de la democracia consiste en su contribución a la libertad, al desarrollo y al bienestar de cada ciudadano individualmente considerado. Su fundamento es, pues, individualista tanto en sus versiones de liberalismo contractualista (J. Locke, por ejemplo) como en aquellas más inclinadas hacia el utilitarismo (J. Bentham, por ejemplo). En el primer caso, el individuo es la base del contrato social que establece las reglas de convivencia o de justicia. En el segundo, es la utilidad de los individuos o su agregación lo que constituye el fundamento del orden político.

De manera coherente, el modelo liberal protector de democracia se asocia a una serie de instituciones tales como: 1) *los derechos civiles* (protección de la intimidad, la propiedad, la esfera privada, la libertad de conciencia, la libertad de expresión, etc.); 2) *la división de poderes* (haciendo que unos poderes sometan a escrutinio a otros, se contrapesen y equilibren mutuamente impidiendo la concentración del poder y sus abusos); 3) *las divisiones territoriales del poder* (haciendo que los contrapesos y equilibrios entre poderes tengan también base territorial y no sólo institucional); 4) *el control de la legalidad* (de los actos del gobierno o de la administración, sometiéndolos

---

2. Los distintos modelos que a continuación se ofrecen están elaborados a partir de las obras de C. B. Macpherson, D. Held, F. Requejo, R. Maiz y R. del Águila reseñadas en la bibliografía de este capítulo.

a reglas —leyes— que les impidan extralimitarse); 5) *el consentimiento de los gobernados* (lo que garantizaría que el orden político democrático responde a los intereses de los ciudadanos); 6) *el control de los representantes* (sometiéndolos a elecciones periódicas o al principio de publicidad de sus deliberaciones o sus decisiones); 7) *la representación en el Estado de los intereses de los ciudadanos* (lo que permitiría asegurar la presencia en el proceso de toma de decisiones de todos los intereses relevantes y además evitaría la falta de mesura a la que podía conducir, según esta lectura liberal-protectora, un exceso de participación directa de los ciudadanos); etc.

Todos estos y otros instrumentos están inspirados por un idéntico motivo: hay que controlar al poder porque, si bien éste es necesario, es también extremadamente peligroso. La primera intención liberal era impedir la tiranía y sus usos políticos: arrestos arbitrarios, desigualdad ante la ley (por ejemplo, distinta ley para idéntico delito dependiendo de la posición social del que lo cometía), control del Estado sobre la vida de los individuos, imposición desde el poder de un credo religioso o de una conciencia política uniforme, dependencia económica, política o social de los individuos respecto del poder, intervenciones en la propiedad privada, etc. Había, pues, que liberar a los ciudadanos del peso del poder absoluto, pero para ello no era posible abolir el Estado, sino que había que reformarlo para que diera cabida y garantizara a un tiempo la libertad de cada uno.

Y, así, el ideal liberal protector de democracia se configuró según la imagen de un conjunto de individuos que se desarrollan e interactúan en la sociedad civil o el mercado estando sometidos a las mínimas interferencias del Estado. Impedir que el Estado pueda inmiscuirse en la esfera privada y se garantice así un lugar de no interferencia (fundamento de lo que B. Constant llamará la libertad de los modernos), hacer que el poder del Estado no se concentre en unas pocas manos, sino que se disperse (siguiendo aquí las recomendaciones de Locke, Montesquieu o Madison), sujetar la acción estatal mediante reglas a las que debe ajustarse (Estado de derecho que puede seguir, por ejemplo, el modelo kantiano al respecto), forzar a los representantes a la responsabilidad política (asumiendo las teorías de la representación y del consentimiento que pueden encontrarse en E. Burke o en los autores de *The Federalist Papers*), son todos ejemplos de cómo entiende este modelo de democracia la articulación institucional para conseguir el fin político que se persigue: la libertad individual.

En su origen (finales del XVIII y buena parte del XIX) esta concepción liberal protectora de la democracia convivió, sin embargo, con la exclusión del sufragio y de otros derechos políticos (asociación, etc.) de grandes masas de población. Para proteger los bienes institucionales a los que acabamos de hacer referencia, se suponía entonces que el sufragio y la participación política debían ser fuertemente restringidos. No tenemos aquí espacio para rastrear las diversas justificaciones que se dieron a esta decisión, ciertamente sorprendente desde un punto de vista teórico. Baste nombrar algunas: falta de preparación y de juicio político ciudadano en la mayoría de la población, intereses particulares de los «pobres», que tratarían de imponer reglas del juego que les favorecieran a ellos y no al interés general, etc. Muchas de estas justificaciones fueron fuertemente criticadas por aquellos movimientos que lucharon desde el inicio por el sufragio universal (haciendo ver, por ejemplo, los intereses ocultos de los propietarios capitalistas en tales exclusiones). Hoy ya no son de aplicación y sería injusto suponer que esta forma de restricción de los derechos políticos acompaña al modelo liberal-protector. Pero la tendencia a reducir el ámbito de las decisiones políticas y el número de aquellos que las toman sigue viva, para los modernos partidarios de este modelo, aunque ya no ponga en cuestión el sufragio universal. Veamos el ejemplo del neoliberalismo en autores como Hayeck o Friedman.

En efecto, el principio liberal de separación de Estado y sociedad civil se ha convertido contemporáneamente en la exigencia de «menos Estado y más mercado». Dado que se supone que el mercado económico (al cual se reduce, según algunos, el concepto de sociedad civil) es un mecanismo de distribución justo y que recompensa a cada uno según sus méritos, dado que el mercado se define por la libertad inherente de los sujetos que lo componen, dado que los seres humanos, en definitiva, encuentran su autorrealización (profesional, personal, etc.) en él, hay que restringir la acción del Estado al mínimo indispensable, pues ello contribuirá a un aumento de nuestra libertad. Los partidarios contemporáneos del «Estado mínimo» o de la también llamada «democracia legal» se alinearían con estas ideas y exigirían una sustancial rebaja en las intervenciones igualadoras del Estado social (generadoras, en su opinión, de una concentración de poder estatal indeseable) y una reducción de las funciones del Estado a sus mínimos (en concreto: garantizar la estructura legal y el conjunto de reglas del juego aplicables a los ciudadanos).

En este nuevo contexto se articula un derecho típicamente liberal: el derecho a verse libre de la política, es decir, el derecho a que los ciudadanos obtengan garantías institucionales suficientes para no ser molestados en la persecución de sus intereses particulares (todo ello con una mínima participación política y una acción estatal fuertemente restringida). De hecho, según los neoliberales (y no sólo según ellos), la apatía política y el desinterés por la política deben ser bienvenidos, pues en realidad nuestra libertad no se encuentra en esas actividades, sino en la profesión, la vida privada, etc.

Aquí se produce uno de los puntos de fricción más importantes en la política contemporánea. Los argumentos para una lectura alternativa podrían surgir del modelo siguiente.

2. Modelo 2: Democrático-participativo

El modelo democrático-participativo de democracia hunde sus raíces muy atrás: en la democracia ateniense. De hecho, la forma que adoptó la democracia en la Atenas de Pericles tenía poco que ver con lo que hoy consideramos rasgos básicos de este sistema. Así, en Atenas no existían (en su sentido moderno) ni elecciones, ni representación, ni gobierno, ni oposición, ni partidos, ni derechos civiles, ni división de poderes, etc. La Asamblea era el centro de la vida política en la que los ciudadanos participaban directamente, cumplían con funciones legislativas (esto es, votaban directamente las leyes que les serían de aplicación), ocupaban por sorteo y durante períodos muy breves cargos ejecutivos (excepto en el caso de los *estrategos* —generales— que eran elegidos), ejercían directamente funciones judiciales en los jurados populares, etc. Lo esencial en esta forma de democracia directa era la participación activa del cuerpo de ciudadanos, que se autogobernaba por turnos mediante los principios de *isonomía* (igualdad política) e *isegoría* (libertad para tomar la palabra en la Asamblea). Poco que ver, pues, con lo que hoy conocemos.

Cuando a partir del XVIII las discusiones sobre la democracia se reavivan, los partidarios del modelo liberal protectivo rechazan esta forma de democracia por desequilibrada y peligrosa (dado que todo el poder se concentra en un solo cuerpo político: la Asamblea; o bien porque la participación extensiva de todo el cuerpo social produce radicalización y exceso —como el jacobinismo de la Revolución francesa demostraría; etc.—), poco respetuosa de los derechos individuales (reproche bastante cercano a la verdad, dado que tales derechos eran desconocidos; por ejemplo, la *isegoría* no era libertad de expresión, en el sentido en que hoy la conocemos, porque no protegía a los individuos de las consecuencias de sus opiniones, aunque siempre les permitía expresarlas —recuérdese el caso de Sócrates, condenado a muerte por un jurado popular porque sus opiniones «pervertían a la juventud»—), etc.

Otros teóricos afirmaban la superioridad del modelo de democracia directa de corte ateniense, pero afirmaban la imposibilidad de implantarlo en las sociedades modernas, mucho más grandes y complejas (es decir, en este caso no se trataba de que ese modelo de democracia fuera indeseable, sino de que era irrealizable en las condiciones sociales de la época definidas por el espíritu comercial, el capitalismo, el Estado-nación, gran número de ciudadanos, etc.).

No obstante otros teóricos (fundamentalmente J.-J. Rousseau y con posterioridad J. S. Mill) han realizado el esfuerzo por poner al día aquel ideal y explorar sus posibilidades.

El principio básico de la relectura moderna del modelo democrático participativo es que resulta insuficiente hacer girar la definición de democracia alrededor de la idea de protección de los intereses individuales y que tal idea debe ser contrapesada con la exigencia de participación política ciudadana. Tal participación sirve al mismo tiempo para: 1) garantizar el autogobierno colectivo y 2) lograr crear una ciudadanía informada y comprometida con el bien público. La deliberación colectiva en la esfera de los asuntos públicos genera, pues, tanto autogobierno como civismo. Las diversas formas de participación directa deben completar los instrumentos representativos y las instituciones protectivas y tienen que hacerlo, básicamente, porque la comunidad democrática no debe ser definida en términos de individualismo competitivo, conflictivo y egoísta, sino como una comunidad de personas que comparten decisivamente ciertos objetivos y aspiran a ejercitar y desarrollar en comunidad sus capacidades humanas.

Desde este punto de vista ciertos rasgos dejados de lado en el modelo anterior se subrayan aquí: 1) *deliberación conjunta en la(s) esfera(s) pública(s)* (considerada como el conjunto de espacios sociales y políticos en los que los ciudadanos se encuentran, deliberan y debaten en busca de acuerdos que sean capaces de regular su vida en común); 2) *autodesarrollo individual a través de la participación* (dado que la participación genera hábitos de diálogo, desarrolla habilidades argumentativas, etc., que enriquecen a los individuos); 3) *sufragio universal y uso ciudadano de las instituciones mediadoras de participación* (elecciones, partidos, sindicatos, grupos, corporaciones, etc., sirven así de canales de comunicación entre las instituciones representativas y la opinión pública ciudadana); 4) *participación ciudadana en una sociedad civil densa y poblada de instituciones mediadoras* (asociacionismo voluntario —no necesariamente político—, participación extensiva en otras zonas sociales tales como el lugar de trabajo o de estudio, etc.); 5) *democracia considerada como una forma de vida, no sólo como un conjunto de instituciones* (formación de ciudadanos democráticos, informados, capaces de juicio político y cuyos hábitos y valores se vinculan a los procedimientos de diálogo y consecución del consenso y ordenación del disenso); etc. El problema al que este modelo de democracia se enfrenta es el de descubrir los medios a través de los cuales el *demos*, el pueblo, el público, los ciudadanos, pueden hacerse presentes en los principales centros de decisión política y cómo producir, a través de su extensión a toda clase de ámbitos sociales, una ciudadanía comprometida con los valores democráticos y con los hábitos necesarios a la democracia entendida como autogobierno. Pues si la democracia es, como afirman por ejemplo J. Dewey o J. Habermas, una *forma de vida*, entonces no puede ser expresada exclusivamente en instituciones o en reglas, sino que debe encarnarse en prácticas concretas capaces de desarrollar ciertos valores (por ejemplo, diálogo o solidaridad o proyectos comunes) y de desarrollar al tiempo nuestro concepto de bien público y una ciudadanía capaz de buen juicio político.

Pero para conseguir generar ese sentido público de comunidad es necesario, según este modelo, promover la atenuación o eliminación de ciertas desigualdades sociales o económicas (de clase, género, raza, etc.). Se supone aquí que no basta con abrir los canales para participar, sino que hay igualmente que preocuparse por dotar a los ciudadanos de la capacidad y las posibilidades reales para hacerlo. Este modelo, pues, vería con simpatía los instrumentos redistribuidores del Estado social. Ante su crisis contemporánea, este modelo sugeriría como fórmula de superación de la misma aumentar la participación ciudadana en la gestión y organización de los recursos (por ejemplo, abriendo la participación de los implicados en las decisiones relativas a los diversos programas de ayuda —educativos, sanitarios, etc.—). Es decir, se supone que el incremento de la participación ciudadana mejoraría la eficacia en la gestión, disminuiría el burocratismo, evitaría la concentración del poder en manos de agencias estatales, etc.

De hecho, estas ideas no serían más que una variante de lo que hoy se llama «participación extensiva»: es decir, llevar la participación a multitud de esferas, foros y ámbitos para mejorar la calidad de la democracia. Dicho de otra manera, el objetivo sería acercar a los ciudadanos los organismos de toma de decisiones a todos los niveles (Estado, comunidad autónoma, ciudad, barrio, lugar de trabajo, escuela, asociaciones voluntarias, jurados populares, etc.), lo que contribuiría a aumentar tanto el control sobre los representantes elegidos como el autogobierno directo de los ciudadanos en todos los lugares donde esto sea factible y razonable.

Hay, sin embargo, quien opina que este retrato de la democracia es profundamente equivocado, aunque pudiera constituir un programa de acción sobre las democracias realmente existentes. O sea, que hay quien cree que este modelo democrático participativo tiene una grave deficiencia: *es irrealista* (dado que exige a los individuos reales y concretos —a los que se supone consumistas, egoístas y preocupados sólo por su bien privado— un compromiso con el bien público difícil de realizar efectivamente; o bien porque el modelo desconsidera los aspectos institucionales donde tienen lugar las más importantes decisiones políticas que son llevados a cabo por personas [los representantes] especialmente preparadas para ello —expertos, profesionales, etc.—; o bien porque más que plantear una descripción de lo que ocurre, plantea una alternativa política a lo existente; etc.). Y estas críticas son, quizá, el mejor modo de pasar a analizar el tercero de nuestros modelos.

3. *Modelo 3: Pluralista-competitivo*

En buena medida este modelo de democracia se desarrolla como reacción a las críticas que los teóricos elitistas (fundamentalmente Pareto, Mosca y Michels) realizaron al ideal democrático participativo. En efecto, según estos autores, con gran impacto en el primer tercio de este siglo, las ideas de autogobierno, o incluso la de control de los representantes por parte de los representados, son ideas absurdas. La dirección real de la política en cualquier régimen (y también en uno democrático) está en manos de minorías y élites selectas, de modo que la división entre gobernantes y gobernados es permanente e ineludible, y la «palabrería democrática» al respecto sólo encubre una fórmula para legitimar lo que de hecho no es más que dominio.

Lo que los autores (por ejemplo, J. Schumpeter, R. Dahl o G. Sartori) que ponen en marcha el modelo que estamos analizando señalan es que la crítica que acabamos de reseñar exagera la estabilidad y fortaleza de la élite gobernante y desconsidera los diversos modos a través de los cuales ocupa y mantiene su posición. La democracia no se caracterizaría por la inexistencia de élites, sino más bien por las distintas formas de selección de las mismas y por cómo estas formas de selección afectan tanto a la movilidad de las élites como a su pluralismo y a su autointerpretación. Dicho de otro modo, para que existiera democracia, según este modelo, no sería necesario que los ciudadanos participaran directamente en el gobierno, tomaran decisiones fundamentales, etc., sólo se requeriría que tuvieran al menos la posibilidad de hacer sentir sus aspiraciones e intereses a ciertos intervalos y contribuir a la selección de las minorías (plurales) que les gobernarían. Expresado todavía en otros términos, la democracia sería aquel régimen político en el cual se adquiere poder de decisión a través de la lucha competitiva de élites plurales por conseguir el apoyo (voto) de la población. De este modo, lo que resulta crucial es la composición de las minorías (el que éstas sean plurales o bien estén unificadas, como ocurre en los regímenes autoritarios o totalitarios) y su modo de selección (el que compitan entre sí y estén sujetas a elección popular o bien no exista competencia decidida por los ciudadanos mediante elecciones). Así pues, la democracia en este modelo podría caracterizarse por:

1) *Ser un sistema para elegir élites adecuadamente preparadas y autorizar gobiernos*, y no, en cambio, un tipo de sociedad o de régimen que debiera cumplir objetivos morales (tales como el autogobierno o la protección de los individuos, por ejemplo).

2) *El sistema de selección de élites consiste en la competencia entre dos o más grupos autoelegidos de políticos (organizados normalmente como partidos políticos)* que se disputan el voto de los ciudadanos con una cierta periodicidad.

3) *El papel de los votantes no es el de deliberar y decidir sobre cuestiones políticas y después elegir representantes que las pongan en práctica, más bien se trata de elegir a las personas que adoptarán de hecho esas decisiones.*

Como puede verse, en este modelo la democracia parece ser algo parecido a un mecanismo de mercado en el que los políticos son los empresarios y los votantes son los consumidores. En opinión de sus partidarios, el mercado político, definido por el pluralismo y la competición, produciría equilibrio entre la diversidad de intereses y también algo así como la soberanía de los consumidores (y esto sería, de hecho, lo máximo a lo que una democracia podría aspirar).

En todo caso, importantes consecuencias de este modelo serían: 1) destacar la importancia de la «calidad» de las élites en el funcionamiento efectivo de las democracias y ligar esa calidad a su capacidad para presentar al electorado alternativas atractivas al tiempo que funcionales; 2) destacar igualmente el objetivo de la resolución de los problemas políticos mediante el equilibrio de intereses contrapuestos y plurales; 3) establecer la competencia como el mecanismo que garantizaría tanto la mejor selección de élites, como el equilibrio de intereses y, en último término, la soberanía de los «consumidores».

Por esta razón, según algunos autores (Dahl), el término más adecuado para describir estos sistemas políticos ya no sería el de democracia (concepto cuyo uso está demasiado alejado de su funcionamiento real) sino el de *poliarquía*.

Las teorías de *juegos*, las teorías de la *decisión racional* y de la *elección pública*, serían otros tantos enfoques recientes en la ciencia política que, pese a diferencias importantes, podrían compatibilizar este modelo de democracia poliárquica. En efecto, para dichos enfoques los individuos son seres básicamente racionales y egoístas que buscarían maximizar sus beneficios y disminuir sus pérdidas en toda elección. Así, los «electores-consumidores» políticos actuarían «racionalmente» (aunque esta racionalidad fuera imperfecta o limitada) en el mercado político y se orientarían de acuerdo con sus intereses en la selección de élites dirigentes, logrando de esa manera influencia o control sobre el Gobierno.

Hay quien señala, sin embargo, que este modelo supone una desustancialización del concepto de democracia, dado que la reduce a un procedimiento formal de selección de personas bajo ciertas condiciones y olvida o desconsidera lo que siguen siendo conceptos clave para entender un régimen democrático (autonomía de los individuos o autogobierno colectivo, por ejemplo).

Por lo demás, hay quien también ha puesto en duda que el mercado político definido según las analogías económicas no sea profundamente desigualitario, es decir, no esté fuertemente determinado por las desigualdades de dinero y poder que hacen que sólo ciertas alternativas políticas cuenten con los recursos y el apoyo necesarios para poder competir con garantías de éxito (dinero necesario para partidos y candidatos en campañas electorales, para organizar grupos de presión, para lograr espacio en los medios de comunicación, etc.). Por lo tanto, en estas condiciones el resultado de la competición no sería, como quieren sus partidarios, un modelo equilibrado de presiones e intereses políticos, sino un desequilibrio permanente y estructural que conduciría a un mercado oligopólico que acabaría por no responder a las demandas de los «consumidores» políticos, pues, de hecho, éstos deberían decidir entre alternativas sobre cuyo número o características no tendrían ninguna (o muy poca) influencia, y que, debido a las desigualdades apuntadas, llegarían a configurar la democracia como un sistema de manipulación múltiple donde incluso la «demanda» (esto es, la opinión de los consumidores) se hallaría «manufacturada» o «inducida» (esto es, sería construida «desde arriba»).

Para contestar esas críticas, el pluralismo competitivo debe realizar entonces una recomendación directamente política: aumentar el número de grupos, partidos y facciones o, si se prefiere, multiplicar el número de alternativas posibles y de grupos de poder, político y económico (mediante sistemas de financiación de los partidos que dieran oportunidades al mayor número o mediante un reparto proporcional de los espacios en los medios de comunicación durante las campañas electorales o mediante incentivos al asociacionismo voluntario, etc.). De este modo el modelo que analizamos dependería en último términ, no de la *protección de la libertad del individuo* o de la *participación en el gobierno colectivo* (como en el caso de los modelos anteriores) sino del *pluralismo de grupos de poder que conduce al equilibrio*.

Como ha podido comprobarse, los tres modelos subrayan aspectos diferentes al abordar la definición de lo que sea la democracia (protección individual, participación ciudadana o pluralismo de poder). Hay, sin embargo, solapamientos importantes entre los modelos, al menos en sus versiones contemporáneas:

1) Ninguno niega la importancia de los elementos clave de los otros dos (el modelo liberal no niega la necesidad de participación o de pluralismo de poder; el participativo no niega la necesidad de derechos civiles o alternativas políticas plurales; el pluralista no niega la autonomía individual o el control sobre los gobernantes)[3].

2) Todos ellos compartirían la idea de que ciertos elementos son necesarios para cualquiera de sus modelos (un cierto grado de responsabilidad de los gobernantes, ciertas instituciones básicas —participación electoral abierta o derechos civiles protectivos—, algunos rasgos procedimentales —libre competición entre alternativas plurales—, etc.).

III. CONDICIONES DE LA DEMOCRACIA

La ciencia política se ha mostrado siempre muy interesada en la respuesta a la siguiente pregunta: ¿existen ciertas condiciones económicas, sociales y/o culturales que sean requisito indispensable para la existencia de democracia?

---

3. Hay que advertir, sin embargo, que lo que los partidarios de cada modelo echan de menos en los otros es la falta de centralidad e importancia de su propio valor básico en la definición. Es decir, que un liberal-protector advertiría los riesgos para las libertades individuales de un exceso de democracia participativa, un demócrata-participativo hablaría de la desustancialización de la democracia en el modelo pluralista o de la base egoísta del modelo liberal, etc.

Durante los años cincuenta y sesenta la literatura en este campo se mostraba partidaria de contestar con un sí a estas preguntas. Algunos autores (S. Lipset, por ejemplo) suponían que la democracia estaba ligada al desarrollo económico, de manera que cuanto más rica era una nación más posibilidades tenía de instaurar un régimen democrático. Los diferentes aspectos del desarrollo económico (industralización, urbanización, alfabetización, etc.) se suponían estrechamente ligados entre sí e igualmente vinculados al sistema democrático. Sin embargo, la detallada investigación posterior sobre estas tesis no ha logrado confirmarlas, pues el número de casos que no se ajustan en absoluto a esta correlación hacen difícil afirmar que existe tal vínculo. De hecho, lo que parece ocurrir es que ciertas cosas tales como la alfabetización, la ausencia de desigualdades extremas o el surgimiento del pluralismo social e ideológico parecen conducir a sistemas democráticos. Con todo, estos elementos a veces son efectos laterales del desarrollo económico y a veces no. Y, en todo caso, existen sociedades preindustriales en las que sin embargo sí aparecen. Por lo demás existen aquí problemas y preguntas bastante complicadas: ¿existe un umbral económico de la democracia?, ¿hay posibilidades de establecer unos mínimos económicos para el surgimiento de las democracias?, ¿se trata de condiciones necesarias o suficientes? Dado que estos y otros interrogantes no han logrado contestaciones satisfactorias parece razonable usar el sentido común: ciertos mínimos económicos (inexistencia de desigualdades extremas o inexistencia de miseria generalizada) parecen necesarios para —unidos a otros factores sociales, culturales y políticos— poder desarrollar un régimen democrático. Lo cual, desde luego, no es una tesis demasiado concreta ni clarificadora.

Otro tanto ocurre con las condiciones sociales. La tesis de referencia en este punto podría ser la que Barrington Moore articula tomando como caso tipo el de las revoluciones burguesas europeas. En estos países describe unas condiciones sociales de fondo del siguiente tipo: 1) un equilibrio entre monarquía y aristocracia terrateniente; 2) un giro económico hacia formas económicas mercantiles y, posteriormente, hacia la industrialización[4]; 3) debilitamiento eco-

---

4. En realidad Barrington Moore no considera necesario el giro hacia la industrialización como requisito de la democracia. Aunque sea cierto, como ya se ha indicado que la democracia no está *necesariamente* ligada al desarrollo económico industrial, no cabe duda de que la industrialización y sus correlatos de urbanización y desarrollo educativo favorecen la movilización de las clases más pobres, su organización en partidos o grupos de interés, el pluralismo social, etc., y todo esto, a su vez, parece colaborar al surgimiento de poliarquías y democracias.

nómico y político de la aristocracia terrateniente en beneficio de otras clases (burgueses, campesinos, comerciantes, trabajadores, artesanos, etc.); 4) ausencia de coalición entre aristocracia y burguesía contra las clases campesinas o de trabajadores industriales (mientras la colaboración entre aristocracia y burguesía favorece las soluciones autoritarias, su competencia y conflicto favorece la integración de las clases más pobres y la aparición de democracias); etc.

Aunque tales condiciones son de carácter muy general y están centradas en experiencias exclusivamente occidentales, podrían servir de guía a una primera aproximación al tema. Con todo, factores históricos y sociales concretos pueden favorecer u obstaculizar el que las condiciones reseñadas produzcan regímenes democráticos o no lo hagan. Piénsese, por ejemplo, en elementos tales como: existencia o no de unidad nacional (peso de los factores étnicos), amenazas exteriores que impidan o no evoluciones pacíficas, estructura del Estado y de los aparatos represivos, tipo de cultura política particular (peso de elementos autoritarios o tradicionales, etc.), grado de secularización (o, al menos, grado de separación de religión y política), experiencia histórica inmediatamente precedente, disposición de las élites a la ampliación de la ciudadanía, etc. Como puede verse, de nuevo nos movemos en un rango de variables tan diversa y amplia que resulta difícil establecer un modelo concreto de relación entre condiciones sociales y democracia, como este no sea de carácter tan general como en el caso de las condiciones económicas: son favorecedores de la democracia todos aquellos procesos sociales que colaboren a la aparición del pluralismo y del equilibrio de poderes (sociales, económicos, políticos), al tiempo que evitan la concentración del poder en un solo punto (social, económico, político).

Últimamente parece que las definiciones de democracia se han separado definitivamente de la búsqueda de condiciones económicas y sociales para centrarse en una definición diseñada en términos político-culturales. Después de todo, la política está estrechamente ligada a los valores y creencias de la población y por tanto a la cultura. Como veremos más adelante (este asunto se trata en detalle en el capítulo sobre la cultura política), nos encontramos aquí otra vez con la dificultad de concretar las condiciones culturales de la democracia más allá de algunas generalidades guiadas por el sentido común. Sin otro ánimo que el ilustrativo citaremos aquí de nuevo a Robert Dahl, que nos ofrece un pequeño grupo de valores y actitudes que razonablemente podrían ser consideradas como condiciones político culturales de la democracia: 1) creencia de la población en la *legitimidad* de las instituciones; 2) mínima creencia en la *eficacia* del sistema para resolver los problemas; 3) *confianza* recíproca entre los actores del sistema político; 4) disponibilidad para la *cooperación*, el acuerdo y la negociación, sin excluir por ello el conflicto y la competición.

IV. CONCEPTOS CLAVE Y MÍNIMOS DE LA DEMOCRACIA

Llegados a este punto, resulta necesario que establezcamos una definición de mínimos que nos sirva como marco de referencia de la pluralidad de enfoques, condiciones y modelos de democracia. Una suerte de denominador común que enmarque los elementos y conceptos clave de la democracia liberal.

La democracia es una fórmula política para resolver el hecho de la pluralidad humana. Esta pluralidad engloba todo tipo de particularidades y diferencias entre los seres humanos: pluralidad de intereses, valores, ideologías, poder, riqueza, prestigio, pluralidad nacional, cultural, social, ideológica, religiosa, de orientaciones sexuales, de modos de vida, de concepciones del bien, etc.[5]. Al contrario de lo que ocurre con otras soluciones políticas al problema de la pluralidad (con soluciones, digamos, autoritarias o totalitarias), la democracia aspira, al mismo tiempo, a respetar ese pluralismo y a ofrecer una esfera compartida por todos donde esas diferencias puedan expresarse, constituyendo a la postre una comunidad de deliberación y decisión política. La democracia, por lo tanto, es una solución particular y específica cuya aspiración es resolver el problema que surge cuando apreciamos que vivimos juntos y sin embargo somos diferentes.

Así pues, si partimos del hecho de la pluralidad y de la necesidad de unidad[6], advertiremos que la solución que en este punto ofrece la democracia liberal se articula a través de la idea de *tolerancia*. La tolerancia puede ser de muchos tipos (religiosa, ideológica, cultural, etc.), pero existe una de perfil específicamente político que nos interesa resaltar ahora: lo que resulta crucial para la democracia es no

---

5. Estamos hablando de una pluralidad mucho más amplia que la que recoge el modelo 3, pluralista-competitivo, más arriba mencionado.

6. La única forma de negar la necesidad de unidad es el anarquismo individualista. Pero, ya sea en sus versiones de derecha (los libertarios estadounidenses, por ejemplo), como en sus versiones de izquierda (el anarquismo de la España republicana, por ejemplo), también el anarquismo debe interrogarse sobre la unidad de decisión política, aunque ésta ya no sea el Estado, sino, por ejemplo, el barrio o el taller. Lo que importa apreciar ahora es que el problema político de base (lo plural y lo uno) es el problema político por excelencia y que la democracia parece haberse constituido en la fórmula contemporánea con más éxito para resolverlo.

considerar al adversario político como un enemigo al que es necesario destruir. Sin la tolerancia de la oposición política y sin la convicción por parte de todos los actores políticos de que si uno es derrotado (electoralmente, por ejemplo) no será por ello eliminado, sin este tipo de tolerancia no es posible la democracia. Acaso estemos ante un mínimo entre los mínimos, pues sin la tolerancia política ninguna de las instituciones o procedimientos o reglas democráticas puede funcionar.

Ésta es la razón por la que algunos autores (N. Luhmann, por ejemplo) han advertido del riesgo que comportan en política las *descalificaciones morales*. Es decir, si una alternativa política descalifica moralmente a sus adversarios (les supone, por ejemplo, asesinos, esencialmente inmorales, incapaces de respeto a las normas del juego democrático, etc.)[7], elimina al hacerlo una confianza mutua mínima (precisamente la confianza en no ser destruido si uno pierde). Y con ella, elimina las bases de cualquier diálogo, negociación o compromiso y consecuentemente las bases de la convivencia democrática.

Así pues, la democracia exige que la pluralidad de opciones (políticas, ideológicas, sociales, culturales, etc.), pese a todas las esenciales diferencias que las separan, mantengan, sin embargo, ciertos puntos de acuerdo mínimo. Pese a que la democracia pueda definirse como un sistema caracterizado por el disenso, debe no obstante fundamentarse en la existencia de ciertas reglas mínimas compartidas y objeto de consenso entre los diversos actores. Algo así como lo que John Rawls ha llamado un «consenso superpuesto» (*overlapping consensus*) entre las distintas concepciones plurales. Esto es, un espacio de acuerdo que sirva para ordenar los desacuerdos. Puede, en efecto, que no estemos de acuerdo en muchas cosas, y que por esa razón entremos en conflicto los unos con los otros, pero lo que es crucial es que estemos de acuerdo en el procedimiento que utilizaremos para resolver los conflictos. Por ejemplo, debemos acordar *quién* está autorizado para tomar decisiones y bajo qué procedimientos, debemos acordar que la regla para la toma de decisiones debe ser la regla de la mayoría, debemos, no obstante, establecer ciertos

---

7. Piénsese en la situación previa a la guerra en la antigua Yugoslavia, en la cual los distintos actores presentaban a sus adversarios como potenciales amenazas para la seguridad física de la propia comunidad (religiosa, nacional, ideológica, etc.). Cuando todos (o casi todos) los actores jugaron el mismo juego, el resultado fue la ruptura de cualquier regla compartida que permitiera una gestión democrática de la pluralidad y su sustitución por el enfrentamiento abierto y la guerra. Se trata, como es evidente, de un ejemplo extremo.

límites al funcionamiento de esa regla (es decir, la regla de la mayoría debe contrapesarse con los derechos de las minorías), debemos garantizar que en estos procesos todas las alternativas tengan voz y posibilidades de ser conocidas y sopesadas, etc.

Pues bien, existe un conjunto de procedimientos político-institucionales mínimos que recogen estas exigencias y que podrían servir para establecer un concepto mínimo de democracia. Se trata de un concepto (formulado por Robert Dahl y enriquecido por P. C. Schmitter y T. L. Karl) que establecería los siguientes requisitos indispensables para la existencia de la democracia:

1) El control sobre las decisiones gubernamentales ha de estar constitucionalmente conferido a cargos públicos elegidos.

2) Los cargos públicos han de ser elegidos en elecciones frecuentes y conducidas con ecuanimidad, siendo la coerción en estos procesos inexistente o mínima.

3) Prácticamente todos los adultos han de tener derecho a voto.

4) Prácticamente todos los adultos han de tener derecho a concurrir como candidatos a los cargos.

5) Los ciudadanos han de tener derecho a expresar sus opiniones políticas sin peligro a represalias.

6) Los ciudadanos han de tener acceso a fuentes alternativvas y plurales de información. Estas fuentes deben existir y estar protegidas por la ley.

7) Los ciudadanos han de tener derecho a formar asociaciones, partidos o grupos de presión independientes.

8) Los cargos públicos elegidos deben poder ejercer sus poderes constitucionales sin interferencia u oposición invalidante por parte de otros cargos públicos no elegidos (poderes fácticos: militares, burocracias, etc.).

9) La *politeia* democrática ha de poder autogobernarse y ser capaz de actuar con una cierta independencia respecto de los constreñimientos impuestos desde el exterior (poderes neocoloniales, etc.), es decir, debe tratarse de *politeia* soberana[8].

---

8. Respecto de este último punto hay que advertir que estamos hablando de mínimos y que las cesiones voluntarias de soberanía que hoy son corrientes (de los Estados miembros a la Unión Europea o a la OTAN, por ejemplo) no invalidarían el carácter soberano de las democracias envueltas en dichos procesos.

BIBLIOGRAFÍA

Ablaster, A. (1987): *Democracy*, OUP, Oxford.
Águila, R. del (1995): «Liberalismo y democracia en la democracia liberal», en F. Vallespín (coord.), *Historia de la teoría política*, vol. VI, Alianza, Madrid.
Bobbio, N. (1984): *El futuro de la democracia*, FCE, México.
Dahl, R. (1989): *La poliarquía*, Tecnos, Madrid.
Dahl, R. (1993): *La democracia y sus críticos*, Paidós, Barcelona.
Diamond, L. (1996): «Is the Third Wave Over?»: *The Journal of Democracy*, July 1996.
Held, D. (1993): *Modelos de democracia*, Alianza, Madrid.
Macpherson, C. B. (1977): *La democracia liberal y su época*, Alianza, Madrid.
Maiz, R.: «On Deliberation: Rethinking Democracy as Politics Itself», mimeo.
Morlino, L. (1986): «Las democracias», en G. Pasquino, S. Bartolini, M. Cotta y L. Morlino, *Manual de Ciencia Política*, Alianza, Madrid.
Requejo, R. (1990): *Las democracias*, Ariel, Barcelona.
Sartori, G. (1992): «Democracia», en G. Sartori, *Elementos de Teoría Política*, Alianza, Madrid.
Schmitter, P. C. y Karl, T. L. (1993): «Qué es y qué no es la democracia»: *Sistema*, 116.
Touraine, A. (1994): *¿Qué es la democracia?*, Temas de Hoy, Madrid.

Capítulo 7

ESTRUCTURA TERRITORIAL DEL ESTADO

Elena García Guitián

Universidad Autónoma de Madrid

I. INTRODUCCIÓN

1. *El desarrollo del Estado-nación: el modelo centralizado*

Las tendencias centralizadoras que se encuentran en el origen de los Estados modernos favorecieron el desarrollo de unidades políticas en territorios más extensos que en la época medieval y que, por tanto, incluían entidades que habían gozado anteriormente de autonomía política. Esa unión se realiza a través de una monopolización del poder político, que se considera soberano, único e indivisible. El ejercicio de este poder se traduce en el intento de imponer en todo el territorio estatal una administración e instituciones comunes, y un ordenamiento jurídico homogéneo, de forma directa, suprimiéndose los sistemas intermedios de gobernantes y corporaciones. Son tendencias que se van consolidando a lo largo de un proceso que culmina en el siglo XIX en la idea de Estado-nación. Es en ese momento cuando el concepto de nación, que a partir de la Revolución francesa cambia de significado, actuando como nuevo foco de lealtad ciudadana tras la caída del Antiguo Régimen, se identifica con el Estado. Se desencadena entonces en Europa un proceso de construcción de Estados «viables» fomentado por el desarrollo del nacionalismo que, como teoría de legitimación política, incorpora una *visión unitaria del Estado-nación*. Su fundamento básico es la creencia (Gellner, 1988) de que los límites étnicos no deben contraponerse a los políticos; una vez delimitado el ámbito del Estado-nación y obtenida la identificación entre ambos, la estructura unitaria se considera satisfactoria para organizar una comunidad a la que se atribuye un carácter homogéneo. En este sentido, se recogían *ad intra* los ideales extendidos por la Revolución francesa y presentes en la ideología liberal triunfante: la soberanía nacional y la igualdad de derechos de los ciudadanos, expresada en la existencia de leyes generales y abstractas aplicables a todos. Frente al sistema de privilegios del Antiguo Régimen triunfa la exigencia de homogeneidad en la legislación, y esto reforzaba la necesidad de que existiera un centro político que creara las leyes y las aplicara en todo el territorio por medio de sus propios órganos.

Cabe concluir, por tanto (Hobsbawm, 1991), que en el siglo XIX los nacionalismos tuvieron un carácter integrador, lo que quedó oscurecido por el hecho de que suponían a la vez la ruptura de los imperios existentes en Europa. El problema es que en todo este proceso (Gellner, 1988) la realización de unos nacionalismos supuso la frustración de otros, porque las unidades territoriales base de los modernos Estados no eran, como se pretendía, homogéneas, y había más naciones en potencia que Estados factibles. Esto originó problemas de integración y revindicaciones nacionalistas que, como comentaremos, en este momento cuestionan la validez de la propia idea de Estado-nación.

Pero si en el proceso de construcción de los Estados-nación europeos, con excepciones (Suiza), triunfó el modelo de organización unitario, en América la integración se realizó en gran parte imitando el modelo de los Estados Unidos, el moderno Estado federal surgido de la Constitución de 1787.

2. *La Constitución americana de 1787: el modelo federal*

Para muchos autores el principio del federalismo es tan viejo como el hombre y citan como ejemplos la unión de las tribus de Israel (siglo XIII a.C.), la liga aquea de las *polis* griegas (siglo III a.C.), la Confederación suiza de 1291 o la Unión de Utrech de 1579. Desde esta perspectiva, el federalismo tendría su origen (Elazar, 1990) en la necesidad de los pueblos de unirse para conseguir objetivos comunes, permaneciendo a la vez separados para preservar sus identidades respectivas.

Sin embargo, la forma práctica de entender el federalismo sin duda cambia con la Constitución de los Estados Unidos de 1787, que inspirará todos los modelos federales posteriores. Sus creadores transformaron y organizaron los principios del federalismo en un sistema práctico de gobierno. Pero, además, la propia peculiaridad del modelo desarrollado contribuyó a que se conectara la estructura federal con la idea de libertad y el gobierno popular. El debate federalista (*The Federalist Papers*), suscitado por los que deseaban transformar la Confederación creada después de la independencia de Inglaterra en una unión más fuerte, estaba íntimamente ligado a la articulación de un gobierno popular. En este sentido, se consideraba que la estructura federal favorecía la dispersión del poder entre diferentes órganos de gobierno de forma complementaria a la realizada por la división de poderes clásica. Y también permitía el mantenimiento y desarrollo de una sociedad plural que evitara el surgimiento de una mayoría que acabara implantando su tiranía, amenaza constante de los gobiernos populares. Las bases del concepto de democracia utilizado eran la limitación y control del poder, y el gobierno representativo.

Estos principios básicos de organización contenidos en la Constitución de 1787 fueron adoptados por casi todas las naciones que intentaban aplicar la solución federal a los problemas del gobierno popular en una sociedad política pluralista, pero el resultado no fue idéntico en todas ellas, de forma que algunas acabaron adoptando formas más centralizadas[1]. Pero si en Europa occidental durante el siglo XIX había tenido más éxito en general el modelo centralizado, en el proceso de descolonización desarrollado en el siglo XX parece predominar el modelo federal[2], e incluso los que no lo adoptan formalmente incluyen elementos federalizantes. Lo que hay que destacar es que mientras el objetivo era el mismo: conseguir la unidad y crear Estados, el tipo de organización se adoptó teniendo en cuenta el contexto en el que se debía lograr esa unidad.

3. La distinción federalismo/Estado federal

A partir de la creación del modelo de la Constitución de 1787 se generalizó la aplicación del término federal a la Federación (federalismo centralizado), dejándose la denominación Confederación (federalismo periférico) para referirse a una unión de Estados para alcanzar objetivos concretos, pero que, sin embargo, conservan su autonomía. Para valorar las consecuencias de este hecho debemos comenzar diferenciando el federalismo como teoría de la estructura institucional federal (Burguess, 1993). La idea federal presupone el

---

1. En Latinoamérica sólo se mantuvieron como Estado federal Argentina, México y Brasil.
2. Tiene especial éxito, por ejemplo, en las antiguas colonias inglesas como Canadá, Australia o India.

valor de la diversidad en sí misma y plantea qué tipo de organización es la adecuada para promoverla y mantenerla. El *principio federal* es, por tanto, un principio organizativo, mientras que la *estructura federal* sería su posible plasmación práctica. Por ello se afirma que aunque puede haber federalismo sin Federación, no cabe a la inversa. La Federación tiene cierta autonomía, pero si no está apoyada por una ideología federalista que se refleje en sus prácticas políticas y de gobierno, acaba por fracasar.

Sin embargo, la aplicación de los principios federales no conduce necesariamente a la creación de una estructura federal. Pueden existir elementos federalizantes dentro de Estados que institucionalmente no son Estados federales, así como en formas de unión y colaboración entre Estados, como son los mercados comunes, las ligas, las asociaciones de Estados, etc. Desde esta perspectiva, los principios federales aparecen como un instrumento flexible que puede ser utilizado en diferente grado y manera dependiendo de las circunstancias. Podríamos caracterizar entonces el federalismo (Burguess y Cagnon, 1993) como un proceso que ofrece toda una gama de opciones posibles para solucionar conflictos o para facilitar la presencia de determinados grupos en el proceso político. Obtenemos así una visión del federalismo más amplia y de mayor presencia práctica que la que se derivaría de su mera identificación con el Estado federal.

Pero partiendo de esta distinción, algunos autores llegan a afirmar que el Estado federal es una aplicación distorsionada del verdadero federalismo. Para ellos, la versión institucionalizada del Estado federal que se ha generalizado no difiere mucho del Estado centralizado, pues se basa en una autoridad central soberana y los Estados miembros no son verdaderos Estados, sino simples unidades administrativas inferiores. Y esta diferencia de enfoque se refleja en la discusión sobre su validez actual. Al abordar la crisis de los Estados-nación, incluidos los federales, plantean como alternativa la profundización e implantación de los verdaderos valores federales. Piensan que sería necesario transformar la estructura federal en un tipo de unión más laxa que respete la independencia de las unidades que la conforman.

Los que ven en el Estado federal la encarnación del federalismo moderno, en cambio, proponen como solución una reestructuración dentro del modelo federal de las relaciones entre los diferentes poderes para contrarrestar las tendencias centralizadoras que, debido a circunstancias históricas (incremento del intervencionismo estatal a partir de los años treinta con el desarrollo de los Estados de Bienestar), han primado en su funcionamiento.

4. La justificación teórica del federalismo

Desde muchos ámbitos se enfatiza la conexión entre federalismo y defensa de la libertad y de la democracia (gobierno popular), pero los argumentos utilizados difieren radicalmente dependiendo de qué concepción del federalismo se esté utilizando.

Por un lado, como ya hemos comentado, encontramos esa conexión en el *federalismo moderno* articulado por los federalistas. Desde esta perspectiva, la estructura institucional del Estado federal contribuiría a la articulación de la *democracia liberal* favoreciendo el control del poder y el pluralismo, y evitando así el desarrollo de tiranías de cualquier tipo. Pero esa conexión es discutida. Para muchos autores, la estructura federal en sí misma no contribuye automáticamente a promover la libertad, la democracia y el pluralismo. El que lo haga depende de otros elementos como la cultura política, el sistema de partidos, etc., y su defensa como estructura organizativa recomendable es más bien una respuesta a problemas concretos que al deseo abstracto de alcanzar determinados principios. La estructura federal, por tanto, solamente será adecuada en algunas circunstancias, no siempre, y su forma concreta dependerá de cómo se articulen los intereses en juego.

Pero las dudas sobre la conexión entre estructura federal y democracia también proceden de aquellos que conciben el federalismo como una teoría más amplia, cuyos principios no ven reflejados en la estructura de los modernos Estados federales.

Para estos autores, el verdadero federalismo es incompatible con la idea de soberanía popular y de ciudadanía democrática basada en unos derechos individuales universales, pues eso supone una homogeneización que desemboca inevitablemente en un Estado centralizado. El establecimiento de un vínculo directo de los ciudadanos con el poder central es, en su opinión, el modo de acabar con el verdadero federalismo, basado en la idea de *pacto entre grupos*. Y precisamente esto último es lo que sucede en los Estados federales modernos, que basan su legitimidad en la voluntad popular. Desde este punto de vista, la compatibilidad entre el federalismo y la democracia exigiría también una reinterpretación de esta última, en la que el ámbito de participación se trasladaría a las esferas de gobierno y administración locales.

Esta tradición reivindicadora del verdadero federalismo se entronca con las teorías de *Althusius*, que plantea en 1603 la unidad política a partir de la idea de *pacto* entre unidades del mismo nivel para ceder competencias a una unidad superior. Pero el verdadero creador de una teoría federal total fue *Proudhon*, quien articuló los principios federales en conexión con el objetivo anarquista de contribuir a la dispersión del poder. En *Del principio federativo* (1863) plantea la alternativa federalista al nacionalismo. En esta obra el federalismo se traduce en un contrato entre grupos que busca un equilibrio entre libertad y autoridad, subrayando la representación política de la diferencia cultural y de la diversidad comunal. Tomando como base estas ideas, critica la democracia de masas y como alternativa propone la democracia de grupos. Utilizando el *principio de subsidiariedad* como norma de organización, desde la familia a los grupos profesionales, locales, etc., cada grupo cedería las competencias que por sí mismo fuera incapaz de realizar a la unidad superior. Se establecería entonces todo un entramado de relaciones que finalizaría en la creación de una Europa concebida como federación de federaciones. En nuestro país estas ideas fueron recogidas por *Pi y Margall*, y se reflejaron en el movimiento cantonal de la Primera República.

Como filosofía o modo de vida esta concepción federalista reaparece en nuestro siglo, en los años 30, en los escritos de un grupo de teóricos encabezados por *Alexandre Marc* que defendían el *federalismo integral*, profundizando en la crítica de la idea de soberanía del Estado-nación y de las tendencias totalizadoras de las democracias de masas. Su propuesta supondría una transformación social radical que partiría de una nueva visión del individuo (filosofía personalista) y que en lo político se organizaría como una democracia participativa en comunidades populares.

Sin embargo, el federalismo como filosofía general ha sido y es una teoría minoritaria. La mayor parte de los defensores del federalismo lo conciben como una teoría política que busca una unión más laxa que la articulada en el Estado federal y que respeta y refuerza la identidad de las unidades miembro, trasladando el ámbito de la democracia a la participación dentro de esas unidades más pequeñas. Se intenta evitar así el hiperdesarrollo del poder central potenciado por la idea de representación popular. Con todo ello, estos autores ofrecen una concepción que intenta ser una superación del federalismo moderno (reflejado institucionalmente en el Estado federal) y de la idea de democracia liberal con la que aparece conectado.

II. MODELOS CLÁSICOS DE ORGANIZACIÓN TERRITORIAL

Desde una perspectiva práctica, los modelos de organización territorial que se manejan hoy en día (aunque sea en muchos casos para desvincularse de ellos) siguen siendo el Estado unitario, el Estado federal y la Confederación, por lo que es necesario referirse a los rasgos organizativos que los distinguen. Sin embargo, en el próximo apartado los completaremos con una breve descripción de algunas de las formas de organización que han surgido en los últimos años y que se desmarcan de ellos.

Como es habitual, describimos modelos que no tienen, salvo en casos contados que son los que sirven de inspiración, reflejo en la realidad. En la práctica, y más en este caso, el tipo de organización territorial adoptado suele ser el que resulta más adecuado a las necesidades sociopolíticas de una situación concreta. Lo que nosotros describimos son tipos ideales, construidos a partir de los rasgos comunes que comparten las diferentes realidades.

1. *Estado unitario*

Existe cierta discusión en relación con la denominación empleada para referirse a este tipo de Estados. Para algunos es incorrecto utilizar la denominación «unitario», porque todo Estado, incluidos los federales, lo es. Pero tampoco parece lograr el consenso la utilización del término «centralizado», porque dentro de muchos de los Estados unitarios pervivieron formas de descentralización administrativa y política, que en los últimos tiempos, además, se han ampliado y profundizado.

Los Estados comprendidos en este grupo forman una amplia categoría en la que se incluyen formas de organización territorial que están bastante alejadas entre sí. En principio, cuando describimos el modelo resaltamos como elemento caracterizador común la existencia de un único centro de poder que adopta todas las decisiones políticas y detenta el monopolio de la creación de normas jurídicas, aplicables en todo el territorio y a todos los ciudadanos. Lo habitual es que, por exigencias técnico-funcionales, haya también algún tipo de descentralización administrativa organizada sobre unidades territoriales más pequeñas. Sin embargo, lo que constituye una diferencia cualitativa es si estos Estados, manteniendo el principio de unidad estatal, están descentralizados políticamente, es decir, si en ellos existen entidades territoriales con algún grado de autogobierno. En este caso, entraríamos en un continuum que finaliza en el Estado federal, pero que admite multitud de tipos distintos,

desde el Estado de las regiones italiano hasta el de autonomías español, difícil de encuadrar en uno u otro modelo.
[Estados unitarios: Francia, Italia, Gran Bretaña].

2. *Estado federal*

El modelo moderno de Estado federal es, sin duda, el articulado por la Constitución de los Estados Unidos de 1787, que buscaba una mayor integración que la ofrecida por la Confederación. Pero lo que surgió como solución original para solventar problemas prácticos en un contexto concreto se convirtió en algo a imitar. De forma que, desde entonces, han sido muchos los países que han adoptado la estructura federal. Las razones para ello, como ya hemos comentado, son muy diversas, pero parece que son especialmente adecuadas para países de extenso territorio o para salvaguardar la identidad de comunidades con peculiaridades propias. Pero, insistimos, la estructura federal ha tenido éxito históricamente en la creación de Estados en situaciones en las que el contexto específico exigía una unión matizada. Es más discutible, en cambio, su utilidad para solventar tendencias disgregadoras dentro de un Estado tradicionalmente unitario.

Organización

En este tipo de Estado se superponen dos estructuras: la de la Federación y la de los Estados[3] miembros, interrelacionadas entre sí. El instrumento jurídico ordenador es la *Constitución federal,* que coexiste con las *constituciones de los Estados miembros.* La existencia de este doble nivel constitucional ha causado un sinfín de quebraderos de cabeza a los teóricos enfrascados en la interpretación de la naturaleza jurídica de los Estados federales desde la perspectiva de la soberanía. Pero no es algo relevante desde un enfoque más político, y menos en la actualidad, cuando el propio concepto de soberanía está siendo cuestionado. Lo que sí es necesario destacar es que es la Federación la que aparece como sujeto soberano en el ámbito internacional, y configura una unidad territorial y de nacionalidad.

La Constitución federal fija los derechos y deberes de los Estados miembros, imponiendo ciertos límites a sus constituciones y, a

---

3. Aunque existen diferentes denominaciones para referirse a las unidades políticas que componen un Estado federal; *Länder* (Alemania), cantones (Suiza), provincias (Canadá), etc.; como la descripción del modelo federal que presentamos se inspira sobre todo en el de los Estados Unidos, utilizaremos el término «Estados».

la vez, garantizando su participación en la voluntad federal. Entre la Federación y los Estados se establecen relaciones de diferente naturaleza. En su clásica descripción M. García Pelayo (1984) distingue: relaciones de coordinación, en las que ambos niveles están equiparados; relaciones de supra/subordinación, que muestran el predominio de la Federación; y relaciones de inordinación, mediante las cuales los Estados se integran en el conjunto total.

— *Relaciones de coordinación*, que se reflejan en la forma de repartir las competencias. En la Constitución federal se fija el reparto de competencias entre los dos niveles. La forma habitual de hacerlo es especificar las competencias exclusivas tanto de la Federación como de los Estados miembros, y las compartidas y concurrentes, en las que cabe toda una gama de diferentes tipos de colaboración en la legislación y en la ejecución. En la práctica este reparto ha demostrado no ser rígido, y en la mayoría de los casos las competencias de la Federación han aumentado en detrimento de las de los Estados miembros mediante una interpretación laxa de los términos en los que se realizaba su atribución. Pero esto quizá sea debido a la coyuntura histórica (el desarrollo de los Estados de Bienestar) y no es imposible que comience a predominar la tendencia contraria, la devolución de competencias a los Estados miembros, después de la sobrecarga que están experimentando las estructuras de la Federación en una época de auge de las reivindicaciones nacionalistas.

— *Relaciones de supra/subordinación*. Son varios los elementos dentro de este tipo de organización que muestran la primacía de la estructura federal. En primer lugar, la Constitución federal limita la autonomía constitucional de los Estados miembros estableciendo ciertos principios políticos fundamentales, incluso la forma política concreta, que tienen que asumir. Cuando hay contradicción prima el derecho federal sobre el de los Estados y, en caso de conflicto, decide el Tribunal Federal. Está prevista, además, la figura de la ejecución federal, que es la potestad de la Federación de obligar en caso de necesidad a los Estados miembros al cumplimiento de la Constitución y de las leyes federales. Por último, la Federación desempeña también la función de inspección y vigilancia federal sobre los Estados cuando ejecutan competencias federales.

— *Relaciones de integración o inordinación*. Reflejan la integración de los Estados miembros en el conjunto total, de forma regular, por medio de su participación en la formación de la voluntad general, a través de una Cámara de representación territorial, y, más excepcionalmente, en el proceso de reforma constitucional.

Sin embargo, esta descripción está demasiado centrada en el modelo de los Estados Unidos, cuando en realidad cada Estado federal responde organizativamente a razones distintas, existiendo gran variedad. Así, quizás sería más adecuado describir el modelo federal de forma más general utilizando los seis puntos señalados por Lijphart (1987), extraídos del análisis comparado de los diferentes regímenes democráticos:
1. Reparto espacial o territorial de poderes en el que las unidades constitutivas están definidas geográficamente.
2. Constitución escrita, en la que conste y se garantice ese reparto de poderes.
3. Legislativo compuesto por dos cámaras, una de las cuales representa al pueblo en su conjunto y la otra a las unidades constitutivas de la Federación.
4. La Constitución federal no puede cambiarse (salvo Austria) sin consentimiento de las unidades constitutivas.
5. Sobrerrepresentación de las unidades constitutivas más pequeñas en la Cámara federal.
6. Gobierno descentralizado.

Otra descripción general es la propuesta por J. José González Encinar (1985), quien señala también como caracteres básicos del Estado federal:
1. Estado integrado por entes de base territorial con competencias no sólo administrativas, sino también legislativas y de dirección política.
2. Distribución de las posibilidades y medios financieros que responda al reparto de las funciones estatales.
3. Participación de los entes con autonomía política en la organización central, a través de una segunda Cámara, y en la ejecución de las leyes de dicha organización.
4. Garantía de que las mencionadas características no pueden ser alteradas por ley ordinaria.
5. Mecanismo de solución de los conflictos derivados de esa particular estructura, que sea básicamente judicial.

[Ejemplos de Estados federales: Estados Unidos, Canadá, Alemania, Argentina, Australia, Suiza].

3. *Confederación*

La Confederación es un tipo de unión de Estados que estaba en desuso, pues se veía inestable y conflictiva, una realidad intermedia entre la alianza internacional y el Estado federal que con el tiempo tendía a transformarse en este último o acababa rota. En ese sentido, Elazar (1990) señala su declive al final del XIX, al no poder obtener el soporte político necesario para sobrevivir en una época de nacionalismo excluyente que identificaba el Estado con una nación y una soberanía. Pero ahora vuelve a resurgir en los nuevos planteamientos federalistas y en las discusiones suscitadas sobre el devenir de la Unión Europea.

La Confederación se origina en un pacto internacional que da lugar a una unión de Estados con carácter permanente para alcanzar determinados objetivos comunes. A diferencia de lo que ocurría con el modelo federal, la Confederación ratifica la independencia de los Estados que la componen, que mantienen su identidad como sujetos soberanos, pero permite la colaboración para alcanzar esas metas comunes en un tipo de organización en la que priman las relaciones de coordinación.

Los objetivos a alcanzar pueden ser muy variados: culturales, económicos, sociales, etc., pero el fundamental, base de las Confederaciones que existieron históricamente, es establecer una defensa común que garantice la seguridad externa e interna (mediante la intervención federal) de los Estados. En los últimos tiempos, sin embargo, la colaboración económica y la creación de mercados comunes se presenta como móvil principal.

En la descripción institucional propuesta por García Pelayo (1984), el órgano fundamental es un Congreso o Dieta compuesto por mandatarios que obedecen instrucciones de los Estados. Sus competencias son, por tanto, limitadas y están sujetas a mandato imperativo. Los acuerdos adoptados por la Confederación obligan a los Estados, que incluso pueden ser forzados a cumplirlos, pero no forman parte de su derecho interno hasta que cada uno de ellos los incorpora expresamente como normas jurídicas propias, aplicables entonces, y únicamente entonces, a los ciudadanos.

El problema con el que nos encontramos para describir este modelo es que se obtiene a partir de los rasgos de las Confederaciones que existieron en épocas anteriores, y en la actualidad ha quedado algo desfasado. No podemos subsumir dentro de él las nuevas uniones que han ido surgiendo en los últimos tiempos, con peculiaridades propias y que prefieren utilizar otras denominaciones para evitar asumir determinados lastres históricos.

[Ejemplos de Confederación: Estados Unidos entre 1781-1787, Suiza hasta 1848].

III. LOS NUEVOS MODELOS

Aunque el proceso descolonizador de los años sesenta impulsó la adopción de la estructura federal en muchos países y sirvió como herramienta de integración nacional (para crear nuevos Estados-nación), en la actualidad asistimos a un fenómeno diferente, al desarrollo de un federalismo disgregador respecto a la unidad interna de los Estados (Bélgica, España, Italia, etc.) e integrador de Estados en estructuras supranacionales (Unión Europea). E, insistimos en ello, en las nuevas propuestas se evita intencionadamente la remisión a los modelos clásicos, creándose entramados institucionales *ad hoc*. En esta línea, el modelo español representa el nuevo tipo de descentralización política que es posible realizar dentro de un Estado unitario sin generar los traumas que la ruptura simbólica necesaria para transformarse en estructura federal ocasionaría. En lo referente al ámbito de las asociaciones internacionales de Estados, la UE y la CEI son un ejemplo del tipo de unión que hoy es posible alcanzar. La primera, como proceso hacia una unión más profunda. La segunda, como acuerdo de mínimos para poder empezar a hablar.

1. *El Estado autonómico*

En lo relativo a la organización territorial del Estado español, la Constitución de 1978 introdujo una fórmula de descentralización política innovadora que permitió el acuerdo entre los partidarios del Estado unitario y los que reivindicaban un Estado español plurinacional. El éxito obtenido hace que en este momento la fórmula esté siendo imitada por países de tradición centralista con problemas de reivindicaciones territoriales.

Este modelo desde un principio tuvo un carácter controvertido, porque se consideraba un modelo abierto, sin determinar. Hoy en día esta polémica ha perdido su razón de ser, ya que con el desarrollo de los preceptos constitucionales se ha dibujado claramente el mapa de la organización territorial. Todo el territorio español se ha organizado en Comunidades Autónomas (ahora 19, con la aprobación de los Estatutos de Ceuta y Melilla durante 1995), no todas con igual nivel de competencias, aunque sí bastante homogéneas después de la LO 9/1992, de transferencias a las Comunidades Autónomas, y las posteriores reformas estatutarias (hay autores que hablan de asimetría competencial permitida y conveniente según la Constitución y defienden la necesidad de profundizar las diferencias).

Organización

En el Estado autonómico existe sólo una Constitución. La regulación de la autonomía política se contiene en los Estatutos, leyes emanadas del poder legislativo nacional, pero con un estatus peculiar. Por ello muchos autores hablan de «Constitución compleja», formada por las normas constitucionales y los Estatutos de Autonomía, que son los que perfilan la distribución territorial del poder del Estado.

En los Estatutos se regulan las instituciones de autogobierno y se especifican las competencias asumidas. Todas las autonomías disponen de instituciones propias: ejecutivo, legislativo y administraciones autonómicas. Únicamente el poder judicial se mantiene centralizado, ya que los Tribunales Superiores de Justicia, con jurisdicción en el ámbito territorial de las Comunidades, no son órganos propios de éstas.

La base para la distribución de competencias reside en los artículos 148 y 149 de la Constitución, que establecen las competencias que pueden asumir las Comunidades (según determine su Estatuto) y las que son exclusivas del Estado. Sin embargo, las Comunidades tienen la posibilidad de ampliar sus competencias, sobre materias no recogidas expresamente en dichos artículos, mediante la reforma de sus Estatutos y, además, sobre materias atribuidas al propio Estado, por delegación de éste (art. 150). Aparte, existen también competencias compartidas en las que caben formas diversas de colaboración entre el Estado y las Comunidades, en cuanto a la legislación y ejecución. Finalmente, el artículo 149.3 contiene una cláusula residual a favor del Estado y considera el derecho estatal como supletorio del de las Comunidades Autónomas.

Otros elementos a destacar son que el órgano encargado de solucionar los conflictos entre Estado y Comunidades es el Tribunal Constitucional y que, de momento, el Senado no es una verdadera Cámara de representación territorial.

Se puede apreciar, por tanto, la existencia de muchos elementos federalizantes que han suscitado dudas acerca de cuál es el modelo de organización territorial adoptado. Pero esta cuestión no parece ser la más importante en un momento de evolución de los tipos clásicos y de proliferación de estructuras organizativas *sui generis*. Lo que parece que cabe concluir es que el modelo autonómico se ha desarrollado con éxito, pero siempre teniendo presente el hecho de que el problema de la integración territorial en España no puede solucionarse únicamente con fórmulas institucionales.

2. La Unión Europea (UE)

Dentro del desarrollo de nuevos y diferentes tipos de unión en el ámbito internacional habido en las últimas décadas, la UE presenta unas características específicas que hacen que no sea fácilmente encuadrable en ningún modelo. Es especialmente singular su carácter progresivo, resultado de una verdadera cesión de soberanía por parte de los Estados miembros. Así, la UE establece un proceso de integración abierto con unos objetivos a desarrollar por medio de instituciones propias, y para ello cuenta con un presupuesto independiente y un ordenamiento jurídico propio, en gran parte aplicable directamente a los ciudadanos de los Estados miembros.

a) Origen

Desde su inicio la UE fue impulsada por gente de ideas federalistas cuya visión de futuro era conseguir crear un Estado federal europeo. Sin embargo, el proyecto se abordó de forma pragmática comenzando por una unión de mínimos que abriera el proceso hacia una integración progresiva. El primer escalón fue el proyecto de Schuman de la Comunidad Europea del Carbón y el Acero de 1950 (Pinder, 1985), que buscaba la pacificación de Europa por medio del control de las industrias que en aquella época reflejaban el poder militar. Y en este proyecto inicial se introdujeron ya elementos federales: una alta autoridad constituida por personas independientes cuyas decisiones obligaban a los Estados; un tribunal de justicia para dirimir los conflictos; una asamblea conjunta y un impuesto comunitario para financiarla.

El segundo escalón en el proceso de integración lo constituyeron los Tratados de Roma de marzo de 1957, que crearon la Comunidad Económica Europea (CEE) y la Comunidad Europea de la Energía Atómica (EURATOM). El hecho más importante es que los objetivos de la CEE: la unión aduanera y el mercado único; la libertad de servicios, capital, trabajadores y empresas; y una política común en materia de comercio exterior y agricultura, se conseguirían mediante la transferencia de poderes a las instituciones de la Comunidad. Esto supuso una quiebra en el concepto de soberanía de los Estados en su concepción tradicional.

Posteriormente, la profundización en la unión (con muchos altibajos) se ha llevado a cabo a través de los Tratados de Adhesión de los países que se han ido incorporando a la Comunidad y, finalmente, del Acta Única Europea de 1986 y del Tratado de la Unión Europea (Maastrich, 1992), centrados en una progresiva reforma de las instituciones comunitarias. Estos nuevos tratados han supuesto la ampliación de las potestades e influencia del Parlamento; un aumento de las materias en las que es posible utilizar el voto mayoritario para adoptar decisiones; y la introducción de elementos de unión política, como el intento de realizar una política exterior coordinada.

b) Organización

La UE tiene su propio ordenamiento jurídico, compuesto por el derecho primario, que actúa como marco constitucional y está compuesto por los Tratados (de París, 1951; de Roma, 1957; Tratados de Adhesión de los nuevos miembros; el Acta Única Europea, 1986; y el Tratado de la Unión Europea, 1992) y el derecho derivado, creado por las propias instituciones comunitarias

Los objetivos a alcanzar son diversos y se plasman en el desarrollo de unas políticas comunes. Para ello, los Estados han cedido competencias globales en estas materias, pero que son ampliables (de forma limitada) cuando sea necesario para el cumplimiento de los fines de la Comunidad. Las instituciones comunitarias son similares, aunque sus funciones no son idénticas, a las de una estructura estatal: Consejo, Comisión, Parlamento, Tribunal de Justicia y otros órganos de apoyo.

Sin constituir un Estado federal, en la UE aparecen elementos federalizantes claros como son la creación de un mercado único y una unión monetaria; la atribución de poderes presupuestarios (aunque la cantidad total sea pequeña respecto a un Estado federal); el desarrollo de una política exterior coordinada (reforzada en Maastricht); la ampliación de las decisiones adoptadas por unanimidad (en el Consejo); y la existencia de instituciones propias que crean y aplican las normas de la Unión.

Para muchos, estos elementos federales conducen a la UE hacia un Estado federal, pero esto no está claro. Por un lado, la adhesión de nuevos Estados (que no ha finalizado) incrementa la diversidad y el ámbito territorial de la UE, haciendo que sea poco factible la creación de un gran macro-Estado que lo comprenda todo. Pero, además, a ello se oponen los que previenen contra el Estado federal (moderno) considerándolo el mejor camino para destruir la unión (defienden los elementos federales «auténticos» que son destruidos por las tendencias centralizadoras del estado federal). El futuro no está claro, pero sí parece que la estructura actual ha superado el tipo de integración proporcionada por la Confederación, pues lleva consigo la cesión de soberanía de los Estados miembros en determinados ámbitos. Así, la UE en este momento es ejemplo de utilización de los principios federales sin necesidad de constituir un nuevo Estado federal.

3. La Comunidad de Estados Independientes (CEI)

En un principio se pensó que la Comunidad tenía intención de convertirse en una Confederación que agrupara a los países de la antigua URSS. Pero pronto se vio que esto no era así. La base jurídica de la CEI son los Acuerdos de Minsk de 1991 (entre Rusia, Bielorrusia y Ucrania) que dieron lugar al Convenio de Fundación de la CEI y los de Alma-Ata, donde se aprobó el Protocolo al Convenio de Creación de la CEI (integración de 11 Repúblicas) y la Declaración de Alma-Ata. Estos instrumentos jurídicos componen la base de la Comunidad, que expresamente nace con vocación de no convertirse en un Estado y que no tiene subjetividad jurídica internacional. No actúa siquiera como un organismo supranacional porque no tiene órganos propios y los acuerdos que alcanzan sus miembros, expresados en tratados internacionales, sólo obligan a los firmantes. Por ello se considera (Valdés y Tarasov, 1993) que todavía es pronto para determinar su naturaleza jurídica, pues todo dependerá de hacia dónde se encamine. Los acuerdos firmados de momento no permiten construir nada, y los intentos de profundización en la línea de crear órganos de cooperación militar y económica pueden encontrar una frontal oposición por parte de determinados países dentro de la Comunidad. La CEI, por tanto, es también reflejo de la búsqueda actual de nuevas formas de arreglo institucional que permitan la unión y la cooperación de Estados, que intentan superar las rigideces y las connotaciones que tienen los modelos clásicos buscando fórmulas prácticas que permitan la conciliación de intereses en juego.

IV. CONCLUSIÓN

En los últimos tiempos se oye constantemente hablar de la crisis del Estado-nación, tanto en su versión unitaria como federal. Las razones son múltiples y se traducen en la superación del concepto de soberanía estatal tradicional. Por un lado, tienen que ver con la internacionalización de la política y de la economía, que incrementa la interdependencia entre Estados y genera la multiplicación de los marcos de cooperación y la creación de organismos internacionales y asociaciones de Estados. Por otro, la crítica proviene de comunidades o unidades territoriales con identidad propia que cuestionan la mitificada homogeneidad nacional de los Estados-nación. Para ellos (Bishay, 1993), los proyectos nacionalistas de construcción de comunidades homogéneas han fracasado y, en la práctica, han supuesto la imposición de los valores de un grupo sobre los demás. En el plano teórico (Requejo, 1996) el reconocimiento de los derechos individuales de ciudadanía supone la introducción en la esfera pública de toda una serie de rasgos y valores colectivos hegemónicos desde los que se trata de construir desde arriba una identidad nacional homogeneizadora que, de hecho, también afecta a los derechos individuales (y plantea un problema de identidad a algunos colectivos). En la realidad, las naciones sin Estado en una época de auge de los nacionalismos reivindican su presencia política. De lo que se trata entonces es de conseguir la aceptación del igual reconocimiento de las identidades nacionales fácticas y de regularlo organizativamente.

El «verdadero» federalismo aparece como una respuesta a la decadencia del Estado-nación, pues permite tanto la alianza de pequeñas comunidades como la creación de estructuras regionales más amplias que sustituyan a los Estados actuales, siempre bajo el principio de la subsidiariedad. E implica un cambio en la concepción de la democracia que acentúa su carácter participativo, pero en el ámbito de esas unidades más pequeñas.

Sin embargo, junto a las propuestas de cambio generales, es posible plantear también reivindicaciones más pragmáticas que abogan por profundizar en la descentralización institucional (sea cual sea el tipo de Estado), también desde perspectivas variadas: mejorar y racionalizar la gestión; contrarrestar la hiperestatalización de los últimos tiempos; reconstruir comunidades más homogéneas; permitir la expresión y la supervivencia de identidades diferentes, etc. Y las fórmulas institucionales manejadas también son distintas: confederaciones, autogobierno, federalismo asimétrico, etc.

BIBLIOGRAFÍA

Bishay, S. (1993): «Conformist federalism»: *Telos*, 95.
Burguess, M. y Gagnon, G. (1993): *Comparative Federalism and Federation*, Harvester Weatsheaf, London.
Elazar, D. (1990): *Exploración del federalismo*, Hacer, Barcelona.
Gellner, E. (1988): *Naciones y nacionalismo*, Alianza, Madrid.
González Encinar, J. J. (1985): *El Estado unitario-federal*, Tecnos, Madrid.

Hobsbawm, E. J. (1991): *Naciones y nacionalismo desde 1780*, Crítica, Barcelona.
Lijphart, A. (1987): *Las democracias contemporáneas. Un estudio comparativo*, Ariel, Barcelona.
Pinder, J. (1993): «The New European Federalism», en M. Burguess y G. Cagnon: *Comparative Federalism and Federation*, Harvester Weatsheaf, London.
Requejo, F. (1996): «Diferencias nacionales y federalismo asimétrico»: *Claves de la Razón Práctica*, 59, 24-37.
Valdés, F. y Tarasov, O. (1993): «La Comunidad de Estados Independientes. Génesis y Perspectivas»: *Política Exterior*, 7, 25-96.

Capítulo 8

ESTRUCTURA INSTITUCIONAL DEL ESTADO

Ramón Palmer Valero

Universidad Autónoma de Madrid

Por «estructura institucional del Estado» se entiende aquí la configuración interna en su dimensión central-horizontal del poder del Estado, es decir, del poder «en» la organización estatal. Lo que implica, en primer lugar, la identificación del sujeto o de los sujetos u órganos que efectivamente ejercen el poder, que aplican y actualizan el poder de la organización. Y, en segundo lugar, dada la pluralidad de órganos, la determinación de las relaciones entre ellos. Las soluciones que se adopten al respecto suponen una respuesta no sólo a la pregunta de «quién» manda o gobierna, sino también a la de «cómo» se gobierna, o sea, a través de qué mecanismos u ordenación institucional se aplica el poder del Estado. La estructura institucional del Estado nos plantea una serie de temas relevantes interrelacionados entre sí y que desarrollaremos a continuación: las formas básicas de Estado y los distintos tipos de sistemas políticos, así como la clasificación de las funciones y actividades estatales.

I. ESTADO MONOCRÁTICO Y ESTADO CONSTITUCIONAL

Cualesquiera que sean los rasgos institucionales y procedimentales específicos de cada tipo de sistema político o de cada sistema político singular y concreto, las condiciones de la actuación del poder estatal responden inicialmente a uno de estos dos principios: o un solo individuo u órgano concentra en sus manos el poder último «en» la organización estatal, lo que caracteriza un Estado monocrático; o bien dicho poder se divide en su ejercicio, lo que implica la intervención de varios órganos, de tal suerte que la eficacia de cada uno de ellos está subordinada a la colaboración de los demás, lo que da lugar a un Estado constitucional.

El principio democrático en la estructuración del Estado supone que el poder «sobre» la organización estatal se halla en el pueblo o nación. O sea, que la capacidad para determinar el «modo de ser y la forma» del Estado, la soberanía, reside en los ciudadanos que componen la comunidad política. De ahí no se deriva el ejercicio cotidiano y directo del poder por parte de los individuos o grupos que la integran, pero sí un modo específico de organizar la actuación de los poderes del Estado y su relación con los gobernados, que incluye, principalmente, el reconocimiento de los derechos y libertades individuales, y la parcelación del poder del Estado entre diferentes órganos e instituciones, para conseguir su moderación, limitación y control. Así es como debe concebirse el principio de la soberanía del pueblo, en palabras de H. Heller, «como un principio polémico de la división política del poder, opuesto al principio de la soberanía del dominador absoluto». Por el contrario, cuando la soberanía o el poder «sobre» la organización estatal no se atribuye al pueblo, sino a una persona, individuo o grupo, la subsiguiente ubicación del poder estatal aparece concentrada en dicho sujeto, que lo ejerce autoritariamente sobre los gobernados. Todo el poder estatal reside aquí en el autócrata, a quien incumbe adoptar las decisiones políticas. Es cierto que encuentra límites a su voluntad en las relaciones efectivas de poder existentes en la sociedad, en los grupos de poder religiosos, económicos o de cualquier otra índole, en la propia estructura burocrática o en el partido político que le sustenta. Pero no se trata de limitaciones jurídicas políticamente institucionalizadas, sino que la concentración del poder en una sola persona u órgano otorga al Estado monocrático unas pautas y procedimientos de relación entre gobernantes y gobernados desprovistos de la seguridad y garantías que, ciertamente en medida variable, acompañan y definen al Estado constitucional (Heller, 1963, 265-267).

Por lo demás, la relación entre la diferente localización de la soberanía en cada uno de los dos sujetos indicados —pueblo o persona individual— y la existencia de un Estado constitucional democrático u otro autoritario o dictatorial no es una necesidad lógica, pero sí una verdad histórica. Nada impide en teoría que un solo jefe que reúna en sus manos todo el poder político escuche las opiniones de los gobernados, respete su libertad y subordine sus decisiones a los deseos de la mayoría. Pero la evidencia empírica demuestra que un poder individualizado y concentrado ha producido regímenes absolutos y dictaduras, y que, por el contrario, los sistemas liberales y democráticos se han construido a partir del reconocimiento de la comunidad política como titular y fuente del poder del Estado. Veamos cómo emerge esta forma de organización estatal desde la perspectiva de la que hemos partido.

II. LA TEORÍA DE LA SEPARACIÓN DE PODERES

La teoría de la separación de poderes ha sido la gran aportación del liberalismo contemporáneo a la cuestión de la división del poder del Estado. Su formulación más influyente se debe a J. Locke (1632-1704) y, especialmente, al barón de Montesquieu (1689-1755), quienes la convierten en uno de los elementos teóricos e institucionales más universales y relevantes del constitucionalismo. Actualmente, se muestra insuficiente para describir y explicar el proceso del poder en nuestros sistemas políticos. No obstante, continúa siendo un criterio organizativo primordial en las Constituciones vigentes y un punto de referencia inevitable en la literatura política y constitucional, e, incluso, en ciertos debates políticos de la opinión pública. Por ello, interesa nuestra atención, y, aunque no es aquí pertinente un tratamiento pormenorizado, sí conviene plantear algunos extremos de la misma.

En primer lugar, hay que recordar que la teoría liberal de la separación de poderes va unida a una determinada concepción de las funciones del Estado, pero que son dos temas diferentes. Una cosa es el principio de la división del poder estatal y otra el criterio según el cual debe efectuarse. Que se crea conveniente tal división no prejuzga la manera como haya de concretarse. Lo que ocurre es que el propio Montesquieu y el Derecho constitucional tradicional adoptaron como pauta para repartir el poder del Estado entre diferentes órganos la clasificación tripartita de sus manifestaciones en la función legislativa, la función ejecutiva y la función judicial. Y suele admitirse comúnmente esta diferenciación funcional como la causa que exige la división del poder estatal, haciendo depender ésta de aquélla, lo que no es exacto. Por el contrario, el principio de la división del poder tiene su propia autonomía e independencia con respecto a ésta o a cualquier otra formulación de las funciones en las que se escinda el poder estatal (Burdeau, 1985). Lo cual resulta beneficioso ante lo que son problemas actuales de la Teoría del Estado y de la dinámica política real: la redifinición de las funciones del Estado en términos más descriptivos y válidos, y la búsqueda de nuevos y más eficaces mecanismos de limitación y control de su poder.

Como he dicho, se debe a Montesquieu la vinculación definitiva en la teoría constitucional liberal del principio de la separación de poderes y de la conocida fórmula de clasificación de las funciones estatales en legislativa, ejecutiva y judicial. Es también característica del pensamiento de Montesquieu, como lo había sido de Locke, la definición de dichas funciones a partir de la legislación, de la cual las otras dos son tributarias. Según esta concepción, que seguirá con posterioridad una buena parte del Derecho constitucional decimonónico, la actividad central del Estado consiste en la promulgación de reglas generales bajo la forma de ley; el resto es la aplicación de esas reglas, bien a través de decisiones gubernamentales y administrativas, bien mediante decisiones jurisdiccionales. La estrechez de este esquema se rompe, fundamentalmente, por la entidad propia que adquiere la acción del Gobierno, la función política, independiente de la legislación, y que, redefinida más comprensivamente, es un elemento esencial de la nueva concepción de las funciones del Estado a la que me referiré más adelante.

La doctrina clásica de la separación de poderes tiene, por tanto, en primer lugar, una dimensión material: existen tres tipos de actividades del Estado: la función legislativa, la función ejecutiva y la función judicial. Tiene, en segundo lugar, una dimensión orgánica: cada una de estas funciones es atribuida primordialmente a un órgano o conjunto de órganos que integran los tres poderes del Estado: Legislativo, Ejecutivo y Judicial. En tercer lugar, cabe hablar de una dimensión personal: quienes integran cualquier órgano de uno de los poderes del Estado no pueden pertenecer a órgano alguno de otro poder, es decir, hay también separación de personas. Finalmente, la acción de cada uno de los poderes del Estado se gesta y concluye por procedimientos y formalidades distintos, y tiene una «forma» y una eficacia jurídica diferente: la ley, una sentencia de los tribunales, etc.

En una hipotética versión «pura» de la idea de la separación de poderes la prescripción de cada una de estas dimensiones se llevaría a sus últimas consecuencias. Por consiguiente, todas, absolutamente todas las actividades estatales serían claramente reconducibles a una de las tres funciones legislativa, ejecutiva y judicial. Cada órgano o poder del Estado tendría atribuidas todas y únicamente las competencias correspondientes a una función que se exteriorizaría según específicas características formales, sin que persona alguna que participara de las atribuciones institucionales de un poder estatal pudiera hacerlo en ninguno de los otros. Pues bien, un tal modelo «puro» de esta teoría no coincide con el pensamiento de Locke ni de Montesquieu, como redescubría con alborozo Louis Althusser, ni se encuentra en los textos constitucionales y menos aún en la dinámica institucional de ningún Estado.

Ciertamente, la doctrina de la separación de poderes exige, sobre la base de la distinción de funciones ya indicada, su atribución y desempeño por cada uno de los poderes del Estado de modo prevalente pero no exclusivo. La participación del Ejecutivo en las tareas legislativas no es un fenómeno nuevo conforme al creciente protagonismo gubernamental, aunque éste haya podido acrecentarla e incluso darle un carácter distinto, sino que en realidad la admitían ya Locke y Montesquieu. El primero de ellos tiene que compatibilizar en sus escritos un principio muy vigente en el pensamiento político británico de la época, el de la supremacía del Legislativo, con su sincera defensa de la separación e independencia del Ejecutivo. Uno de los cauces para librar al Ejecutivo de su subordinación al Legislativo, afirma, lo consituye precisamente la participación de aquél en las tareas legislativas. Por su parte, Montesquieu, aunque parece más claro y contundente en la distinción funcional y orgánica, no excluye las interferencias mutuas entre el Legislativo y el Ejecutivo, y reconoce a éste el derecho a vetar la legislación y al primero el de examinar la manera como son ejecutadas las leyes. Pero los frenos y contrapesos también operan en los planos orgánico y personal. Así, Locke reconoce al Ejecutivo el derecho a determinar el lugar, el momento y la duración de las reuniones del Parlamento y será Montesquieu quien excluya a la persona del Rey como parte del Legislativo, aunque no le priva de su participación en la legislación. Finalmente, señalará la importancia de la independencia personal de los jueces por más que en determinados pasajes de su obra parezca compatibilizarla con el ejercicio de cargos de confianza regia. Por otra parte, ni Locke ni Montesquieu teorizaban de espaldas a la estructura social de su país y de su tiempo, sino que asociaban sus propuestas institucionales a muy específicos condicionamientos fácticos con respecto a los que su *parti pris* histórico y político es innegable, aunque no debemos ahora extender nuestra atención a estas cuestiones (Althusser, 1968).

Así pues, la teoría de la separación de poderes, en esencia, significa, en primer lugar, un principio de independencia y de igualdad entre cada uno de los poderes del Estado, con mayor o menor grado de rigidez en cuanto a la incompatibilidad personal, que permite condicionamientos recíprocos en la actuación de cada uno por parte de los demás. En segundo lugar, a cada poder se le atribuye el ejercicio de una función, pero, como ya he señalado, no de un modo exclusivo sino prevalente. Es decir, que cada poder ha de tener capacidad para configurar el resultado final de su propia función, sin excluir que en la misma participen órganos o instituciones ajenos. Lo que permite afirmar la multifuncionalidad de las estructuras del poder del Estado, porque, si bien cada una de ellas atiende principalmente a la tarea que le es específica, extiende su acción también a la realización de las otras. Sobre esta concepción, serán las Constituciones de los diferentes países las que desarrollarán esquemas no coincidentes de independencia e interrelación entre los poderes del Estado en las dimensiones funcional, orgánica y personal, con una serie de variantes y singularidades que constituyen elementos básicos para la tipología tradicional de los sistemas políticos constitucionales (Vile, 1967; Almond, 1960).

III. TIPOLOGÍA DE LOS REGÍMENES CONSTITUCIONALES

Así pues, las modalidades de aplicación de la teoría de la separación de poderes constituyen un criterio diferenciador de la clasificación tradicional de las formas gubernamentales en el marco del régimen representativo liberal. Según la organización de cada uno de los poderes del Estado, así como del conjunto de interrelaciones entre ellos, o más específicamente entre el poder legislativo y el ejecutivo, aparecen rasgos y peculiaridades que permiten distinguir entre gobierno de asamblea, presidencialismo y régimen parlamentario. Como acabo de indicar, las características de cada uno de ellos las declaran más o menos explícitamente las Constituciones. Pero no hay que olvidar que la coincidencia entre el Derecho constitucional y la realidad político-institucional no siempre es elevada, como tendremos ocasión de comprobar. Sino que la interpretación del precepto constitucional y la fuerza de los hechos desencadenan un juego de los mecanismos institucionales que, en ocasiones, se aleja considerablemente de la norma jurídica. Son ambas dimensiones, la normativa y la fáctica, las que hay que tener en cuenta a la hora de una aproximación definitoria de cada uno de los tipos de gobierno, dentro de los cuales existen, por otro lado, abundantes variantes o subtipos.

Queda dicho que esta tipología arranca de los orígenes mismos del régimen constitucional, y es al análisis de los sistemas políticos nacidos a finales del siglo XVIII y durante el siglo XIX donde resulta más útil su aplicación. Con posterioridad, transformaciones tales como el espectacular crecimiento de las actividades del Estado y su mayor complejidad hacen tambalearse la clasificación tripartita de las funciones estatales sobre la que se asienta el principio de la separación de poderes y sus diferentes versiones constitucionales. Asimismo, otros cambios en las bases sociales y políticas del Estado, como la universalización de los derechos políticos y el protagonismo institucional de los partidos políticos contemporáneos, afectan de modo relevante al funcionamiento real de los órganos estatales. No obstante, ni las Constituciones recientes, ni la literatura especializada, ni los medios de comunicación de la opinión pública, abandonan la antigua clasificación de las formas gubernamentales derivada del principio de la separación de poderes y funciones. Por ello, conviene una aproximación conceptual a las mismas tanto en lo que significaron en su origen, como en las formas en que han evolucionado posteriormente y se encuentran presentes en la realidad actual.

1. El gobierno de asamblea

El gobierno de asamblea toma su nombre del predominio de que disfruta ésta respecto de los demás órganos del Estado que aparecen subordinados a ella. La Asamblea, elegida periódicamente por los ciudadanos, sólo ante ellos es responsable. Por el contrario, el poder ejecutivo es tan sólo un órgano delegado, designado y destituido discrecionalmente por la Asamblea, sin que aquél, a su vez, pueda disolverla. La autonomía del Gobierno es, pues, escasa, ya que se limita a cumplir los mandatos de la Cámara legislativa. Hay, por lo tanto, una concentración de poder en ésta que difícilmente se compagina con el principio de la separación de poderes, por más que, un tanto paradójicamente, en ciertos casos sea proclamado por los propios textos constitucionales que pretenden instaurar este sistema. En vista de ello, se ha denominado tal régimen como de «confusión de poderes» o «despotismo electivo».

Este tipo de gobierno es el menos frecuente y el menos conocido. Pueden considerarse precedentes del mismo la experiencia del Parlamento Largo en Inglaterra (1640-1649), que monopolizó el ejercicio del poder hasta ser vencido por Cromwell, y el período constituyente de los Estados Unidos (1775-1787), cuando las trece colonias estuvieron unidas bajo la dirección del Congreso continental. Pero hace propiamente su entrada en la historia constitucional contemporánea con el gobierno de la Convención en Francia, a partir de agosto de 1792, ratificado por la Constitución de 1793, razón por la que se le conoce también como «gobierno convencional».

A partir de entonces, la postura favorable a un papel destacado de la Asamblea ha constituido una tendencia relevante en la evolución del constitucionalismo galo, que se manifiesta por última vez en la Constitución de 27 de octubre de 1946 y, más aún, en el proyecto de Constitución de ese mismo año, rechazado por el electorado francés en el referéndum del 2 de junio. Aduzco este ejemplo aquí para señalar que, si bien el tipo de gobierno convencional como tal ha tenido una implantación precaria, uno de sus componentes, la potenciación de la Asamblea representativa, muestra su influencia en los momentos constituyentes marcados por una inflexión democrática, como es el caso de la segunda postguerra mundial. Y otro tanto cabría decir de muchas de las Constituciones aprobadas en varios países europeos en el período comprendido entre las dos guerras mundiales. En tales coyunturas históricas, las exigencias de una mayor participación política conducen a ampliar el peso específico del órgano representativo de la voluntad popular en el ejercicio del poder estatal y a configurarlo en una sola Cámara, dado el carácter habitualmente menos democrático de la segunda o Cámara alta. Es decir, que la defensa del unicameralismo encuentra un sólido aliado en el «régimen convencional», dado que, si bien existen ejemplos históricos calificables como «convencionales» con un sistema bicameral, lo que resulta más peculiar y coherente con tal forma gubernamental es la existencia de una sola Cámara que tiende a concentrar en sus manos el poder estatal.

Aunque no se trate de sistemas convencionales estrictamente hablando, cabe considerar los regímenes políticos de Suiza y de las Repúblicas populares del pasado reciente como formas gubernamentales definidas teóricamente por la supremacía de la Asamblea sobre los demás órganos del Estado. Se trata, obviamente, de ejemplos muy distintos. El sistema político suizo data de muy antiguo, desde la Constitución de 1848, aunque haya sido completamente revisada con posterioridad, y se enmarca en la filosofía que inspira los regímenes representativos liberales. Por el contrario, el sistema político de la URSS y de las otras Repúblicas populares fue consecuencia de la revolución socialista y organiza el nuevo Estado, prescindiendo de las exigencias del individualismo liberal, mediante mecanismos de participación jerarquizada y centralizada. Pero dos características comunes comparten ambos sistemas: la supremacía que la Constitución otorga a la Asamblea y el alejamiento de la realidad del proceso político respecto de las declaraciones constitucionales.

El sistema político de Suiza es un caso *sui generis* desde la perspectiva de las instituciones políticas comparadas. Es un Estado federal en un ámbito geográfico relativamente reducido y en él funcionan, con mayor importancia que en otros países, determinadas formas de democracia directa, como el referendum, la iniciativa y la asamblea cantonal abierta (*Landgemeinde*). La Asamblea federal, compuesta por dos Cámaras, es el «supremo poder» de la Federación, y como tal le corresponden no solamente funciones legislativas, sino también «más atribuciones precisas, en lo que se refiere a la esfera gubernamental y administrativa, que a cualquier otro Parlamento. Además, no puede ser disuelta más que en caso de reforma constitucional, y no hay veto alguno, salvo el popular, mediante el referéndum, que se oponga a sus decisiones» (García Pelayo, 1991, 558 y 559). La Asamblea nombra un Consejo federal el cual debe plegarse teóricamente a los criterios y disposiciones de la Asamblea, si bien no puede ser destituido por ésta. Aunque se reconoce la división de poderes como «principio», sin embargo las relaciones constitucionalmente previstas entre el Legislativo y el Ejecutivo privan a éste del carácter de poder autónomo en pie de igualdad con la Asamblea.

No obstante, en la práctica del proceso político, la tendencia general al fortalecimiento del poder Ejecutivo y la concreta evolución histórica de los sistemas de Asamblea se manifiestan en la conversión del Consejo Federal en un fuerte órgano ejecutivo que domina la Asamblea. Es decir, que la realidad llega a invertir los papeles: en lugar de mantenerse como mero agente subordinado de la todopoderosa Asamblea, el Consejo desempeña el verdadero liderazgo político del sistema y a él corresponden de hecho la adopción de las directrices políticas del país, que aquélla ratifica. El control político queda así en manos del electorado, quien, además de la elección de los miembros de la Asamblea, lo ejerce a través del referéndum para ratificar o no una ley aprobada por la Cámara, o de la iniciativa popular para que se regule legalmente una cuestión. En definitiva, «la noción originaria del gobierno de Asamblea ha quedado así transformada en Suiza en un proceso del poder en el cual el Gobierno ejerce el indiscutible liderazgo político con el contrapeso de un constante control político a través del electorado, lo que hace que se le califique y conozca más como "gobierno directorial" que como gobierno de asamblea» (Loewenstein, 1964, 144; Burdeau, 1985, 375).

En opinión de Karl Loewenstein, «la adopción del tipo de gobierno de asamblea en el ámbito de influencia comunista es un acontecimiento realmente notable en el marco de la historia constitucional reciente» (1964, 100). El radicalismo democrático de la propia revolución socialista explicaría en parte la opción tomada. La Constitución de la URSS de 1936, que fue imitada por la mayoría de los países de su ámbito de influencia, otorgaba al Soviet Supremo el máximo poder del Estado, la exclusividad del poder legislativo y la facultad para nombrar a los miembros del Presidium, que ejerce los poderes del Soviet Supremo cuando éste no se encuentra reunido, así como a los miembros del Tribunal Supremo, al Gobierno y a los ministros, estrictamente subordinados al Presidium y al Soviet Supremo.

Es evidente que no existe separación de poderes, pero aquí, por obvias razones ideológicas, no hay proclamación de filiación respecto del mismo ni de la filosofía política que lo alumbra. Por el contrario, el poder popular se dice ejercido por la Asamblea o Soviet Supremo, que, a su vez, lo actualiza escalonadamente a través de los otros órganos del Estado como el Presidium y el Consejo de Ministros. Pero la elección de los miembros de la Asamblea en un circuito político cerrado, prácticamente monopolizado por un solo partido político, elimina las posibilidades de control del poder que, de existir, sería sobre mecanismos institucionales distintos a los del constitucionalismo occidental. En cualquier caso, se trata de un tipo de estructura institucional que, aunque alejada de los postulados del liberalismo y de sus aplicaciones concretas, se construye sobre el principio teórico de la supremacía de la Asamblea (Verney, 1961).

2. *El presidencialismo*

Si el régimen convencional pudo calificarse de «confusión de poderes», el presidencialismo, por el contrario, se caracteriza por una aplicación del principio de la separación que garantiza un grado importante de autonomía a cada uno de los poderes del Estado, especializados en el ejercicio de las funciones estatales asignadas. Mas ello no implica un aislamiento rígido de los distintos órganos, lo que podría conducir a bloqueos institucionales, paralizando así el proceso político, sino que, por el contrario, se predeterminan ciertos «puntos de contacto» en los que se hace imprescindible la cooperación mutua. Esta colaboración, concretada e impuesta por la Constitución, hace que califiquemos las relaciones de los mecanismos del poder, en su conjunto, como de «interdependencia por coordinación». Es decir, que actuando cada uno con autonomía dentro de su esfera de acción está, sin embargo, obligado a cooperar con los demás en determinados supuestos. Así se compagina el principio de independencia entre centros de poder con la necesaria armonización en beneficio de la eficacia de la acción estatal.

Bajo este esquema y con el nombre de sistemas presidenciales se agrupan regímenes políticos con notables diferencias entre ellos, producidas por el contexto político —sistema de partidos, cultura política, etc.— y social —crecimiento económico, conflictos sociales, etc.—. En situaciones extremas el presidencialismo ha constituido la fachada oficial de una autocracia, lo que se aprecia mejor a través de indicadores distintos de los que voy a mencionar a continuación. No obstante, lo que pretendo ahora es enumerar los elementos típicos del sistema presidencial y constatar las peculiaridades del mismo en relación a los tipos de gobierno convencional y parlamentario. Frente a ellos, el presidencialismo se configura con las siguientes particularidades en lo que atañe a la organización del poder estatal (Loewenstein, 1964; Burdeau, 1985; Verney, 1961).

1. El poder ejecutivo no está dividido entre el Jefe del Estado y el Gobierno, sino que recae exclusivamente en el Presidente, elegido directamente por el pueblo o bien por una Asamblea. En el primer supuesto, que es el habitual en la actualidad, el voto popular le otorga una amplia legitimidad democrática, tanto mayor si la elección es directa y cuanto mayor sea el número de ciudadanos que lo apoyan, lo que refuerza su posición política frente a las Cámaras representativas.

2. Los jefes de los departamentos o ministros son nombrados por el Presidente, si bien en ocasiones se exige la conformidad de la Asamblea. Por regla general, no pueden ser miembros de las Cámaras, acentuándose así la separación personal entre el poder ejecutivo y el legislativo, aunque pueden estar autorizados a asistir y tomar parte en los debates. Pero el Presidente no puede, salvo en ocasiones excepcionales, dirigirse directamente a la Asamblea ni servirse de ella como tribuna habitual, sino que la comunicación con la opinión pública se establece en buena medida al margen de aquélla, a través de los medios de comunicación.

3. El Presidente no es políticamente responsable ante la Asamblea, pero sí le puede ésta exigir responsabilidad por infracción de la ley o de la Constitución. Esta acción de la Asamblea significa un control de la corrección jurídica de los actos del Ejecutivo, aunque puede existir evidentemente un componente político nada desdeñable en el desarrollo de tal proceso. El Presidente sí depende de las Cámaras en la aprobación de las medidas legislativas y económicas para llevar a cabo su programa. Pero éstas son cuestiones distintas de la exigencia de responsabilidad política o de la otorgación de la confianza de la Cámara, de la que no depende en este régimen

la sobrevivencia política del Ejecutivo. Por eso se afirma que ante quien responde políticamente el Presidente es ante el electorado, que en la mayoría de los sistemas actuales es quien le ha elegido, como ya he indicado. No es que pueda ser destituido sino que aquél manifiesta su grado de aprobación de la política presidencial bien de modo indirecto por los cauces cotidianos u ocasionales de expresión de la opinión pública, bien en el momento de la siguiente elección presidencial otorgando o no su apoyo al mismo candidato y/o al mismo partido político.

4. Si la Asamblea, como acabamos de ver, no puede destituir al Presidente, en justa correspondencia éste no puede disolver tampoco la Asamblea. Por lo tanto, se le impide usar la posibilidad de que el pueblo renueve su elección de la rama legislativa de la estructura estatal como arma con la que coaccionar en un determinado sentido las decisiones de la Asamblea. Suele tener facultades, dentro de ciertos límites, para obligarla a reunirse o, por el contrario, para aplazar sus sesiones. Pero no tiene a su alcance el derecho de disolución, que queda como peculiaridad del régimen parlamentario.

En conclusión, puede afirmarse que, teóricamente, el sistema se configura sobre una aparente igualdad entre los poderes del Estado. Pero la dinámica histórica desequilibra siempre la correlación de fuerzas, en ocasiones de manera muy llamativa. Es suficientemente conocida la capacidad de liderazgo adquirida por el Presidente de los Estados Unidos como conductor de la nación para que debamos insistir aquí en ella. Uno de los que más contribuyeron a consolidarla, F. D. Roosevelt, creía que lo preeminente no eran las atribuciones concretas del Presidente sino el «caudillaje moral» que podía ejercer sobre la sociedad norteamericana. Así lo hizo, y la suya fue una etapa, muy polémica, de predominio del Presidente sobre el Congreso y el Tribunal Supremo. Pero quizá la evolución más constante del régimen americano, y la más discutida con respecto a las prescripciones de la propia Constitución, sea el creciente papel de los Tribunales a través de la interpretación judicial de las leyes y del examen de su constitucionalidad. La propia Constitución de los Estados Unidos ha devenido así una obra de los jueces, una creación del poder judicial, que ha definido su contenido y adaptado el alcance de sus preceptos. Lo que ha contribuido a que sobreviviese hasta la actualidad una Constitución promulgada en 1787. Este texto, que inaugura el régimen presidencial en el constitucionalismo contemporáneo, obedece al impulso básico de los constituyentes de limitar, de frenar el poder; parece que en él se trate sobre todo de organizar lo que Montesquieu llamaba la *faculté d'empêcher*, de impedir el despotismo de cualquier poder del Estado. Ello se ha logrado, en efecto, con un cuidadoso sistema de controles mutuos entre los poderes, aunque coyunturalmente el predominio de uno u otro sobre los demás haya variado o se hayan introducido elementos que sólo indirectamente quepa fundamentar en el texto de la Constitución.

El sistema presidencialista se ha extendido principalmente entre los países de Hispanoamérica. La característica común a todos ellos, desde la óptica de la distribución del poder entre los órganos del Estado, es la extensión de las atribuciones del poder ejecutivo. Tanto las Asambleas como la Judicatura adquieren de hecho un lugar subordinado a la Presidencia. Y ello tanto en los periodos de normalidad política, debido a los mecanismos constitucionales que lo permiten, como en situaciones de excepción que a veces encubren un poder autoritario. Es la frecuencia de estas situaciones de excepción lo que resta interés al análisis de los sistemas hispanoamericanos desde la perspectiva que nos interesa ahora. Salvo importantes excepciones, como la de Méjico hasta hace pocos años, se trata de sistemas multipartidistas en los que no parece haberse producido ese efecto hacia el bipartidismo o pluripartidismo atenuado que G. Burdeau atribuye al sistema presidencial a raíz del análisis de su funcionamiento en Estados Unidos y Francia. Por lo demás, las condiciones sociales y económicas tremendamente «convulsivas» lanzan sobre el sistema político de estos países impulsos de movimiento hacia un orden social nuevo, para cuya aceleración o contención las fuerzas políticas recurren una y otra vez a la eficacia de un liderazgo presidencial que difícilmente permite a la acción política las formas estables de su ejercicio. Uno de los debates políticos de este momento es precisamente el de la eficacia del esquema teórico-constitucional del presidencialismo para encauzar el gobierno participativo y controlado democráticamente de los países hispanoamericanos, o bien buscar la aplicación del modelo parlamentario. Lo que ilustra, por lo demás, que esta tipología clásica de las formas gubernamentales sigue siendo una referencia difícil de abandonar incluso desde una perspectiva no estrictamente jurídico-institucional.

3. *El régimen parlamentario*

El régimen parlamentario es, más que ningún otro, resultado de la evolución histórica del constitucionalismo occidental, especialmente del constitucionalismo inglés. Constituye una respuesta con éxito al enfrentamiento entre la autoridad del Rey y la de la Cámara representativa a medida que ésta se consolida, autentifica y amplía sus bases sociales. Lo que llamamos régimen parlamentario clásico es el sistema gubernamental que ha permitido combinar esos dos poderes, conducirlos a colaborar por medio de una institución particular cual es el Gabinete ministerial. Éste se convierte en el punto de convergencia, en el órgano donde el poder de aquéllos se conjuga para dar nacimiento a una autoridad gubernamental única, que se resume en esta fórmula: el Consejo de Ministros del Rey investido de la confianza parlamentaria.

Ahora bien, si inicialmente el parlamentarismo es la solución para asegurar la colaboración entre dos poderes en discordia, el Rey y el Parlamento, a través del Gobierno, la evolución posterior tiende a privar al Monarca del poder efectivo en beneficio del papel político del Gobierno, quedando aquél como instancia moderadora de las relaciones entre éste y el Parlamento. Además, el Gobierno, cuyos miembros proceden de la Cámara representativa, depende cada vez más unilateralmente de ésta que del Monarca. Si a esto añadimos el dominio del Parlamento por el partido político o coalición mayoritarios, la concatenación de los órganos del poder político es unilineal: electorado-partido-Parlamento-Gobierno. Con lo que se transforma el dualismo inicial de los poderes Rey-Parlamento, en otro distinto Gobierno-Parlamento, con la mediatización central de los partidos políticos, la moderadora del Jefe del Estado y la arbitral y definitiva del electorado. No obstante, la específica organización de las relaciones entre el poder ejecutivo —el Gobierno y con menor trascendencia el Jefe del Estado— y el poder legislativo da lugar a una serie de notas distintivas de esta forma gubernamental que en este caso ejemplifico con las previsiones correspondientes de la Constitución española, y que son las siguientes (Burdeau, 1985; Verney, 1961):

1. El poder ejecutivo se divide en dos órganos: el Jefe del Estado, Monarca o Presidente de la República, y el Gobierno. Aún cabría distinguir, jurídica y sobre todo políticamente, entre el Jefe del Gobierno y el propio Gobierno como tal, tanto por las diferencias que veremos enseguida respecto a su nombramiento, como por las relaciones con el Parlamento y las atribuciones que les son propias. De hecho, el Jefe del Gobierno suele desempeñar un liderazgo más o menos acusado, pero siempre importante, que lo destaca como figura relevante del poder ejecutivo (art. 98.2 CE).

2. El Jefe del Estado nombra al Presidente del Gobierno y éste a los ministros. En los casos en que se exige una declaración de con-

formidad o confianza del Parlamento junto al nombramiento formal de aquél por el Jefe del Estado, hay que concluir que quien realmente le designa es el Parlamento. Éste es el caso de la actual monarquía parlamentaria española (arts. 62, d; 99 y 100 CE).

3. El Gobierno es un cuerpo colectivo, a diferencia del sistema presidencial, donde no existe con este carácter. Es decir, que sin perjuicio de las competencias propias del presidente y de cada ministro como jefe de su respectivo departamento, el Gobierno tiene las suyas propias como órgano colegiado y un papel político que puede verse incrementado en determinados supuestos como los de gobiernos de coalición entre representantes de varios partidos políticos (art. 97 CE).

4. Los ministros son generalmente miembros del Parlamento. En algunos casos se impone como necesaria esta pertenencia y pocas veces se prohíbe expresamente. La Constitución española no establece ni una cosa ni otra. Reconoce explícitamente (art. 98.3) la compatibilidad entre la condición de miembro del Gobierno y el mandato parlamentario, y deja abierta la entrada en él a quien no pertenezca a las Cámaras legislativas. Así pues, en la mayoría de los sistemas parlamentarios no se establece la separación personal entre los integrantes del poder ejecutivo y del poder legislativo como ocurre en el régimen presidencial. Ésta es una de las características, junto al esquema concreto de competencias y relaciones, que lleva a destacar la mayor unión entre ambos poderes, si la comparamos con el sistema presidencial, como nota peculiar del parlamentarismo, definida gráficamente como «interdependencia por integración», personal en este caso, del Gobierno en el Parlamento.

5. El Gobierno es políticamente responsable ante la Asamblea, y sólo indirectamente, a través de ella, ante el electorado. El artículo 108 de nuestra Constitución, al declarar que «el Gobierno responde solidariamente de su gestión política ante el Congreso de los Diputados», es un ejemplo de la formulación de este principio. Dicha responsabilidad se exige a través de un «voto de censura» apoyado por la mayoría de la Cámara o por la negativa a otorgarle al Gobierno un «voto de confianza» cuando él lo solicita. En ambos casos termina la vida política del Gobierno, ya que es básica en el sistema la confianza política del Parlamento en el Gobierno. Inicialmente, esa confianza ha podido manifestarse en la investidura o ratificación de su nombramiento y necesita mantenerse, como mínimo, en cuanto que el Parlamento no sea capaz de tomar un acuerdo en sentido contrario, lo que se ha denominado «parlamentarismo negativo». La Constitución española se basa, hasta cierto punto, en ese supues-

to al darle carácter «constructivo» a la moción de censura, es decir, al vincular la retirada de confianza a un Gobierno con la otorgación de la misma a otro presidente, de modo que si el Congreso de los Diputados es incapaz de acordar su apoyo a un nuevo candidato, no se priva formalmente de la confianza al Gobierno existente, y, por tanto, continúa como tal (arts. 112, 113 y 114 CE).

6. El Gobierno puede disolver el Parlamento y convocar nuevas elecciones. Éste es el contrapeso de la facultad del Parlamento para provocar la caída del Gobierno mediante la exigencia de responsabilidad política. Ambos mecanismos, escribe K. Loewenstein, son el potencial que hace funcionar las ruedas del mecanismo parlamentario. Su atrofia o limitación excesiva desemboca en la quiebra del sistema parlamentario, del equilibrio y del control mutuo entre Gobierno y Parlamento. Nuestra Constitución (art. 115) configura esta facultad como propia del Presidente del Gobierno, a quien previa e individualmente el Congreso de los Diputados ha otorgado su confianza en la votación de investidura.

Si, como hemos visto, las formas gubernamentales adquieren en buena medida sus características propias en virtud de la tradición y del contexto sociopolítico en que se desenvuelven, más allá del derecho escrito, el Gobierno parlamentario es, de modo especial y como ya he indicado, consecuencia de la evolución de las normas y prácticas constitucionales inglesas, a lo largo de un período de tiempo dilatado, en que vienen a cristalizar, a finales del siglo XVIII, las notas típicas de este sistema, que acabamos de recordar. El régimen de Gabinete, como suele denominarse al parlamentarismo inglés, es sinónimo de gobierno responsable cuya esencia radica, según la teoría tradicional, en la consideración del Gabinete, que es un cuerpo más restringido formado en el seno del Ministerio, como una especie de comité del Parlamento, para cuya actuación necesita de la confianza de éste y a quien la Cámara de los Comunes puede exigirle responsabilidad y, llegado el caso, destituir. Pero de hecho en la evolución histórica de las relaciones entre los dos poderes es el Gabinete quien domina al Parlamento. Las atribuciones del Gabinete son sucesivamente ampliadas y la correspondencia entre su composición y la mayoría parlamentaria, en un sistema de partidos fuertes, prácticamente un sistema bipartidista, le asegura, por la unidad de liderazgo parlamentario y partidista, el apoyo de la Cámara. Y si bien ésto imposibilita de hecho la remoción del Gabinete, también es cierta, en la práctica constitucional británica, la necesidad en que se encuentra éste de justificar constantemente ante el Parlamento la utilidad de su actuación política tanto en las cuestiones generales como en las particulares (García Pelayo, 1991; Burdeau, 1985). Además de Gran Bretaña, como es bien sabido, el régimen parlamentario es el de los países de Europa occidental. Con características propias en cada uno de ellos, fruto de su historia constitucional y de determinados rasgos de su identidad nacional, pero también con abundantes similitudes y coincidencias, consecuencia del caudal inmenso de influencias e intercambios culturales recíprocos, bien puede afirmarse que el parlamentarismo es la forma gubernamental propiamente europea. A las democracias clásicas y estables de los Estados del centro y del norte han venido a sumarse en los últimos años las de varios países del sur, con lo que el régimen parlamentario constituye un elemento específico del patrimonio común de Europa. Sobre todo si, en un próximo futuro, los países del Este consolidan sus sistemas políticos siguiendo las pautas básicas compartidas por los demás.

IV. LA REVISIÓN DE LAS FUNCIONES Y DE LOS «PODERES» DEL ESTADO

La concepción tradicional de las funciones del Estado quiebra muy pronto debido, entre otras razones, a la estrechez con que fue definida la actividad del Gobierno: la ejecución de las leyes. Desde siempre, el Poder ejecutivo, además de encabezar la jerarquía de los órganos administrativos, ha extendido su ámbito de acción a decisiones y materias que van más allá de la ejecución de las leyes, incluso entendida ésta en un sentido amplio. Por ello se le reconoció, junto a ésa, otra función denominada política o de gobierno, para incluir en ella las actividades que no podían considerarse como ejecución de ninguna medida legislativa previa y/o constituían resoluciones de marcado carácter político. Esta tradicional «función política» no coincide, por ser de ámbito más reducido, con lo que voy a llamar función gubernamental aunque en cierta medida apunta hacia determinados aspectos de la misma. Por otra parte, como hemos visto al describir los tres tipos clásicos de gobiernos constitucionales, la separación entre el Ejecutivo y el Legislativo raramente se ajusta al esquema de la Constitución sino que entre ambos se entreteje una relación compleja que ha tenido, entre otras consecuencias, la de incrementar la participación del Gobierno en la tarea legislativa. Finalmente, he indicado también la incidencia creciente de los partidos políticos tanto en el funcionamiento interno de los órganos estatales como en sus relaciones recíprocas, lo que constituye otro factor imprevisto por las Constituciones decimonónicas pero progresivamente relevante. Por lo tanto, el replanteamiento del análisis de la estructura institucional del Estado ha de incluir, por una parte, un nuevo criterio diferenciador sustantivo que, a su vez, incluya entre las funciones del Estado todo el abanico de actividades que despliega su poder, y, por otra, una mejor adecuación a la realidad en la adscripción del desempeño de éstas a las instituciones que de hecho las implementan, dando cabida a los nuevos actores presentes en la actualización del poder estatal como son los partidos políticos y la propia burocracia pública. Se trata, pues, de reclasificar el conjunto de las actividades del Estado y de tener en cuenta la presencia de otras instituciones que operan junto y en los órganos componentes de sus poderes.

Si la distinción tradicional de las funciones del Estado reposa en la consideración central de la legislación con relación a la cual se identifican las otras dos, y en la naturaleza jurídica de los actos con que se cumplen cada una de ellas, una clasificación más reciente, que juzgo la de mayor alcance e importancia desde la perspectiva de la Ciencia Política, propugna como criterio básico diferenciador la trascendencia política y el grado de poder estatal presentes en los actos y decisiones emanados de los órganos estatales a impulso de las fuerzas políticas que los integran. En consecuencia, a partir del mismo podemos distinguir entre «la adopción de decisiones políticas fundamentales», manifestación genuina y superior de la intensidad del poder estatal, que constituye la «función gubernamental» en su sentido más profundo y decisivo; y, por otra parte, la aplicación de aquellas decisiones fundamentales que expresan una intensidad menor, por su carácter derivado y secundario, del poder del Estado y que configuran la «función administrativa» entendida también con una significación amplia y comprensiva. Completan la nueva tríada funcional las actividades específicas de control político mutuo entre los órganos constitucionales o «función de control» (Loewenstein, 1964; Burdeau, 1985).

1. *La adopción de decisiones fundamentales
   o función gubernamental*

Hay, efectivamente, acciones y decisiones estatales que representan una elección política fundamental para la conformación de la sociedad, a través de las cuales se manifiesta el poder del Estado con autonomía y plenitud creadora. Estas decisiones establecen la dirección política de la comunidad, son su gobierno e integran la función gubernamental. Sea para satisfacer una exigencia social o para imprimir un cierto sentido al devenir de la comunidad, el poder político toma decisiones relevantes, de carácter normativo o no, que tienen como consecuencia, en su caso, la introducción de la materia afectada bajo el dominio del Derecho, creando así un nuevo elemento del ordenamiento jurídico. La forma primaria de la manifestación de esta función es la actuación del poder constituyente, la elaboración de una Constitución, que por su propia peculiaridad merece una consideración específica dado que establece el marco general en el que se aprueban otras medidas de carácter conformador, las cuales, aun supeditadas a la finalidad y a las modalidades de ejercicio del poder que la Constitución instaura, no pierden su carácter de «decisiones iniciales» que innovan la realidad política y jurídica, y configuran el orden básico de la sociedad. Con posterioridad a la elaboración de la Constitución toda sociedad atraviesa momentos en los que ha de elegir entre varias posibilidades determinantes no sólo permitidas, sino en ocasiones propiciadas por aquélla. Posibilidades que afectan a asuntos internos o internacionales, de carácter socioeconómico o cultural, de índole moral o estrictamente política.

Tales decisiones fundamentales se adoptan frecuentemente a través de la legislación. La función gubernamental incluye esencialmente la capacidad para hacer las leyes. En contra de la formulación tradicional, se niega así una cierta contraposición entre la antigua concepción de la «función política» y la ley. Gobernar implica una serie de órdenes y reglas que se expresan de modo primordial en la ley. No se puede concebir el poder de gobernar sin la facultad de legislar. Pero además de esta nueva inserción de la ley en el conjunto de las actividades estatales, en nuestra época ha evolucionado también el concepto mismo de la ley. El liberalismo decimonónico la concebía como expresión de un orden natural, de una racionalidad objetiva, que el legislador tenía que descubrir y formular en términos jurídicos. Además, la misión del legislador consistía en la creación de un orden, un marco general para la acción, presidido por la idea del abstencionismo estatal. Por el contrario, el Estado constitucional de nuestro tiempo, que extiende ampliamente su ámbito de penetración en la sociedad, concibe la legislación no sólo como un medio para definir las condiciones generales en el despliegue de la libertad de las personas y de los grupos, sino también como un instrumento de acción al servicio de determinados objetivos de organización social. La ley deviene así una creación artificial que trata de imponer una determinada dirección a las relaciones sociales. Responde a una racionalidad instrumental y funcional, es decir, definida con respecto al logro de sus objetivos. Todo lo cual supone un aumento tanto de la cantidad como de la diversificación de las formas de la ley, algunas de las cuales, por otra parte, dado su limitado alcance o su carácter utilitario, no integran la categoría de decisiones políticas fundamentales sino la de su aplicación o ejecución, como indicaré enseguida (García Pelayo, 1977, 61-64).

En la adopción de las decisiones políticas fundamentales participan el Gobierno y el Parlamento, además de la actuación del poder constituyente limitada a un tiempo determinado, y del electorado en ciertos supuestos. Aunque las Asambleas conservan su carácter de poder deliberante y legislativo, de hecho en el desarrollo de la legislación el protagonismo corresponde al Gobierno, quien impulsa y dirige la actividad parlamentaria, no sólo mediante la iniciativa y las facultades que tradicionalmente le son reconocidas, sino también, y de modo muy sustancial, a través del partido político mayoritario o de la coalición de partidos que le apoyan. Tan es así que bien podría decirse que son los partidos mayoritarios o coalición de partidos quienes ocupan y dirigen los órganos del Estado. Es bien cierto, afirma García Pelayo, que en la actualidad los verdaderos componentes estructurales de las Cámaras son los grupos parlamentarios que actúan somo subunidades de la organización de los partidos y que los Gobiernos dependen de las mayorías parlamentarias más o menos estables que se forman en aquéllas. Por lo que los partidos políticos adquieren el carácter de centros de poder cuasiconstitucionales, en continua interacción con el conjunto de instituciones estatales revestidas jurídicamente con las competencias propias establecidas en el orden constitucional. Y si los partidos políticos emergen con fuerza en la escena constitucional, otro tanto ocurre con la Administración pública, aunque debido a diferentes razones y mediante procesos político-institucionales peculiares. Por una parte, los partidos políticos también penetran y politizan hasta cierto punto distintas instancias de la Administración. Mas, por otra parte, ésta conserva un grado importante de autonomía y poder propio no sólo frente a los partidos sino también con relación al Gobierno, en base no únicamente al *ethos* estamental que desarrolla y a las características del sistema de reclutamiento de sus miembros, sino a los principios jurídico-constitucionales sobre los que se asienta su objetividad, imparcialidad y neutralidad, por más que, con posterioridad, queden relativizados en la *praxis* administrativa. De lo que resulta que, con cierto grado de independencia, los niveles superiores de la Administración intervienen considerablemente en la preparación y determinación del contenido de decisiones políticas fundamentales y en su operacionalización. Así pues, por encima de sus competencias derivadas y ejecutivas, las máximas instancias de la Administración, participan también del genuino poder creador del Estado y toman parte en el ejercicio de la función gubernamental (García Pelayo, 1986, 89-114, 121-127; Burdeau, 1985, 362). Finalmente, hay que incluir también a los Altos Tribunales con jurisdicción constitucional como partícipes en las decisiones políticas fundamentales, puesto que su capacidad para interpretar la propia Constitución y la adecuación a la misma de las leyes condiciona la validez definitiva de aquéllas una vez emanadas de las instancias políticas correspondientes.

Por todo lo cual, resulta evidente que el *locus* real de la decisión puede encontrarse no sólo en el Parlamento y el Gobierno, sino también en los órganos superiores de los partidos y de la Administración pública. Lo que significa, en primer lugar, el reconocimiento de nuevos sujetos institucionales, los partidos políticos y la Administración, junto a los dos poderes tradicionales, el Parlamento y el Gobierno. Segundo, que el funcionamiento de éstos se halla condicionado por su «dependencia» de un centro decisorio, la dirección de los partidos políticos, externo a la estructura gubernamental clásica. Y tercero, que no puede predicarse la adscripción a un solo órgano de la adopción de las decisiones políticas fundamentales, sino que la comparten con regularidad las instituciones indicadas, amén del poder constituyente y del electorado como tal, en determinadas circunstancias.

2. *La ejecución de la decisión fundamental o función administrativa*

Existen, como he indicado, actividades estatales que no traducen sino una potestad derivada, secundaria y subordinada para aplicar las decisiones políticas fundamentales. Ellas integran la función administrativa en su acepción más consistente y más amplia, que incluye no solamente los actos ordinarios de la Administración pública, o función administrativa *stricto sensu*, sino también determinadas resoluciones del Parlamento, un número muy elevado de actos del Gobierno y la función judicial en su sentido tradicional. Implica una menor intensidad en el despliegue del poder estatal que la ejercida en la decisión política fundamental de la que depende, bien directamente o de modo indirecto por una sucesión de actos interpuestos, o por tratarse de disposiciones de carácter técnico-utilitario relacionadas con aquélla sólo de modo mediato.

Aunque, como hemos visto, las leyes son el medio natural para la adopción de las decisiones políticas fundamentales, sin embargo, desde el punto de vista cuantitativo, la mayor parte de ellas, o bien están destinadas a la ejecución de decisiones fundamentales precedentes y sirven para trasladar dichas resoluciones, en un momento posterior, a la vida cotidiana de la comunidad, o bien tienen un carácter estrictamente utilitario y regulan el desarrollo normal de las relaciones sociales, sin que aporten ninguna novedad a lo establecido por aquéllas. Así pues, en vista de su vinculación al cumplimiento de ambas funciones debemos concluir que «la legislación ha dejado de ser una categoría funcional separada o separable del resto de las otras actividades estatales, tal como era concebida en la teoría clásica de la separación de poderes», para constituirse en un medio de expresión tanto de la decisión política creadora del poder estatal como de su aplicación (Loewenstein, 1964, 66).

Pero es a través de las decisiones del Gobierno y de la Administración pública, normativas o no, como se hace presente de modo más frecuente la aplicación de las decisiones políticas, que tradicionalmente integran el ámbito de la «ejecución» de las leyes. La función administrativa *stricto sensu* tiene un alcance menor que la que hemos denominado «función administrativa» entendida como actividad general de aplicación de las decisiones políticas, que puede revestir también la forma de ley, como hemos visto, y que incluye, por otra parte, la función jurisdiccional de los jueces y tribunales. Efectivamente, ésta no es «una función independiente en el proceso del poder», sino una actividad subordinada y limitada por decisiones previas del poder estatal. La función judicial, excepción hecha de ciertas competencias de los Tribunales Constitucionales, consiste fundamentalmente en la ejecución y aplicación de la ley a personas y a hechos concretos o a determinados pronunciamientos de los poderes públicos. Ahora bien, esta ejecución la lleva a cabo la Judicatura mediante procedimientos especiales que difieren considerablemente de las otras modalidades de aplicación de la decisión fundamental, por lo que bien puede admitirse dentro de ella como categoría propia individualizada la actividad jurisdiccional.

Como resulta evidente, esta triple vía que puede seguir la aplicación de las decisiones políticas fundamentales coincide en algunos aspectos, puesto que comprende actos emanados del Parlamento, la función ejecutiva y administrativa en sentido estricto y la función judicial, con la clasificación tradicional de las funciones del Estado, y nos demuestra la participación en la nueva función administrativa de órganos distintos: Parlamento, Gobierno, Administración y Judicatura, a veces de modo concurrente o sucesivo. En cualquier caso, se observa que tampoco esta función está ligada a una sola estructura estatal sino que es compartida por varias de ellas. No puede establecerse, por lo tanto, ningún emparejamiento ni rígido ni flexible entre estructura y función, sino que por el criterio definidor de ésta —la intensidad del poder del Estado que actualiza y su relación con las decisiones fundamentales— requiere, podemos decir que necesariamente, de órganos distintos que la implementen, a su vez, mediante técnicas y procedimientos diferentes, puesto que varios son, en los distintos supuestos, los condicionamientos para la aplicación de la decisión política fundamental previamente aprobada (Loewenstein, 1964, 66-68; Burdeau, 1985, 306-308, 362-364).

3. El control político

«Pour qu'on ne puisse abuser du pouvoir, il faut que, par la disposition des choses, le pouvoir arrête le pouvoir» (Para que no pueda abusarse del poder es necesario que, por la disposición de las cosas, el poder limite el poder), escribía Montesquieu, el gran inspirador del constitucionalismo moderno. Hay que vigilar y limitar el poder mediante una adecuada disposición de las cosas que salvaguarde la libertad. El primer paso es la división del poder que, aunque con criterios distintos a los de Montesquieu, se mantiene en la concepción actual de las funciones del Estado y en su asignación a diferentes instancias políticas. «El mecanismo más eficaz para el control del poder político, afirma Loewenstein, consiste en la atribución de diferentes funciones estatales a diversos titulares [...], que si bien ejercen dicha función con plena autonomía y propia responsabilidad están obligados en último término a cooperar para que sea posible una voluntad estatal válida».

La vigilancia mutua entre los órganos estatales en el ejercicio de las diversas funciones supone una aplicación del control «en virtud de la Constitución». Es decir, que el control es el resultado del proceso impuesto por la Constitución a los titulares de las distintas potestades para su ejercicio, lo que les impele a colaborar y a limitarse entre sí. Es el caso de la necesaria conjunción de las dos Cámaras del Parlamento para la elaboración de una ley si nos fijamos en el proceso legislativo como tal; del Gobierno y el Parlamento en la adopción de una decisión política fundamental que normalmente revestirá forma de ley o en determinados nombramientos de altos cargos.

Pero los que denominamos mecanismos de control propiamente tal no funcionan de modo ineludible en el desarrollo y aplicación de la voluntad estatal, sino que dependen de que alguien los impulse libremente, por lo que podemos decir que operan a instancia de parte. Por lo tanto, pueden producirse o no discrecionalmente por determinación de la parte interesada. En este caso estamos ante «el control autónomo del poder», que tiene en sí mismo su propia finalidad. Son ejemplos del mismo las preguntas e interpelaciones del Parlamento al Gobierno, las Comisiones de investigación, el examen judicial de los actos de la Administración pública o de la constitucionalidad de las leyes aprobadas por el Parlamento, etc. Pero la expresión más específica del control se produce cuando éste va acompañado de una sanción que acarrea la finalización de la existencia política del órgano controlado, como la exigencia de responsabilidad política del Parlamento al Gobierno y consiguiente destitución de éste, o la disolución de las Cámaras por el poder ejecutivo. Estas modalidades de control son propias, como hemos visto, del régimen parlamentario y aún hoy nos sirven para distinguirlo del régimen presidencial en el que tales mecanismos no existen. Por esta razón, es en el parlamentarismo donde encuentra su más amplio campo de desarrollo la función del control político (Loewenstein, 1964, 68-70).

V. RECONSIDERACIÓN DE LA TIPOLOGÍA DE LAS FORMAS GUBERNAMENTALES

Por cuanto acabo de exponer, cualquier intento actual de clasificación de los sistemas gubernamentales ha de romper su dependencia de la tradicional división entre funciones y órganos legislativos y ejecutivos. Como consecuencia de la redefinición de las funciones estatales y de su relación con los poderes y entidades políticas, el Gobierno no es, en rigor, el «Ejecutivo», ni el Parlamento el «Legislativo», sino que ambos participan en las funciones gubernamental y administrativa, de igual forma que otras instituciones cumplen con la tarea de aplicar las decisiones gubernamentales. Además, los poderes y órganos estatales están impulsados y conducidos por las fuerzas políticas que los ocupan y dan vida. Por lo tanto, el primer criterio diferenciador de los sistemas políticos actuales será el del principio —unidad o pluralismo— a que responda el despliegue de las fuerzas políticas en el proceso político, lo que guarda una clara coincidencia con las formas básicas de Estado a que me refería en el apartado primero. Si el proceso político está protagonizado por la existencia de una fuerza política única estamos ante un sistema político monocrático, en el que, cualquiera que sea el número de órganos formalmente autorizados para intervenir en la exteriorización de la voluntad estatal, obedecen todos ellos, por su origen y sus objetivos, a un solo centro de decisión o son los agentes de dicha fuerza política. Por lo que queda excluido todo pluralismo real. Cualquier divergencia o tendencia discrepante puede afectar a cuestiones derivadas y secundarias pero no tiene presencia en la organización de las estructuras gubernamentales ni en la definición del contenido de cada función.

Por el contrario, en los sistemas políticos pluralistas o «deliberantes» las instituciones se organizan y funcionan para permitir la competencia entre fuerzas políticas autónomas, su participación o influencia en la determinación de las decisiones políticas o su ejecución, y en el ejercicio del control y de la vigilancia entre los órganos o actores del proceso político. Cualquiera que sea el grupo de opinión mayoritario, los disidentes y la oposición tienen sus posibilidades de ser y actuar garantizadas constitucionalmente y efectivamente ejercidas. El debate y la discusión, componente esencial del racionalismo ilustrado que inspirara el primer constitucionalismo, constituyen también, aunque sobre una base institucional y sociológica distinta, el eje definitorio de los actuales sistemas pluralistas y competitivos en sus diferentes variantes en cuya caracterización continúan presentes no pocos conceptos y planteamientos de la teoría tradicional (Burdeau, 1985, 371-374).

Por lo tanto, si, por una parte, la pluralidad de fuerzas políticas autónomas que habitan las instituciones constitucionales y, por otra, ciertos elementos tradicionales que configuran la relación entre los Gobiernos y los Parlamentos constituyen los elementos políticos fundamentales en los sistemas políticos democráticos, la concreta relación de fuerzas políticas y la modalidad de su inserción en los órganos estatales, así como la especie concreta de dispositivos que precisa la vinculación Gobierno-Parlamento, serán los criterios que permitan distinguir entre sí diferentes tipos de gobiernos constitucionales o pluralistas.

Así, aquellos sistemas en los que la multiplicidad social real es tal que no impide la formación de una mayoría parlamentaria de un solo partido político que, a su vez, genera una voluntad política homogénea en el Parlamento y en el Gobierno, podemos denominarlos «gobiernos unitarios» o de «democracia mayoritaria». Debido a la solidez y disciplina de la mayoría, bajo un liderazgo seguro, aquélla deposita formalmente su confianza en el Gabinete, pero, de hecho, es éste quien dirige la acción de la mayoría que le sustenta y del propio Parlamento, por lo que se desvanece en la práctica el principio de la separación de poderes, dado que el Gabinete impone su autoridad sobre el Parlamento.

Para la alternancia en el Gobierno de este tipo de mayorías se requiere un sistema de partidos compuesto principalmente por dos grandes formaciones compactas y eficazmente dirigidas. El ejemplo más representativo, entre varios regímenes parlamentarios que responden en mayor o menor medida a las características indicadas, lo constituye el sistema político británico, más propiamente calificado como gobierno de Gabinete, en el que éste, verdadero comité del partido que obtiene la mayoría de la Cámara de los Comunes, impulsa y define la orientación política a seguir, que la Cámara ratifica y controla. Por otra parte, la oposición goza de todas las libertades y prerrogativas para criticar y vigilar al Gabinete y para incitar a la opinión pública a la creación de una nueva mayoría parlamentaria.

En cambio, aquellos sistemas en los que no existe una fuerza parlamentaria claramente mayoritaria, sino que la voluntad del Parlamento y la existencia del Gobierno dependen de un acuerdo o coalición de partidos políticos más o menos afines como es el caso de los sistemas parlamentarios multipartidistas, o bien aquellos otros en los que el poder Ejecutivo no necesita de la confianza de la Asamblea, como en los regímenes presidenciales, constituyen los «gobiernos mixtos» o «democracia de consenso» sin que sea necesario que, en los supuestos de gobiernos de coalición, ésta sea de gran tamaño o sobredimensionada. George Burdeau denomina a éstos «gobiernos mixtos» para resaltar tanto una mayor separación entre el Parlamento y el Gobierno de cuya concurrencia emana la decisión política o legislativa, como la frecuencia de la alternancia entre esos dos órganos estatales en la primacía o liderazgo en la conducción del proceso político. El resultado es una más equilibrada relación Legislativo-Ejecutivo, sin que éste tenga asegurada su superioridad sobre el primero, a diferencia de lo que acontece en el modelo de «democracia mayoritaria» (Burdeau, 1985; Lijphart, 1991).

Dentro de este tipo de «democracia de consenso» caben, como acabo de indicar, estructuras gubernamentales diferentes. Lo integran, en primer lugar, los regímenes parlamentarios en los que el Gobierno no es fruto de la mayoría parlamentaria de un solo partido, sino consecuencia de los acuerdos u omisiones de diferentes minorías de la Cámara y, en este sentido, G. Burdeau los denomina «gobiernos por delegación parlamentaria». Es decir, que su génesis la propicia más la institución parlamentaria como tal que la estructura de un solo partido. También podemos considerar que integra este grupo el denominado gobierno de Asamblea, pues si bien es cierto que el poder permanece concentrado formalmente en ésta y que el Ejecutivo no parece tener independencia, sin embargo, dada la dificultad que entraña el ejercicio del poder cotidiano por parte de un órgano de las características de aquélla, la dinámica de la toma de decisiones impulsa el fortalecimiento del Gobierno, que puede imponer su autoridad en la práctica incluso en ocasiones contra las pretensiones de la propia Asamblea, con lo que la relación auténtica entre ambos se aproxima a un cierto equilibrio. Finalmente, incluyo aquí también el régimen presidencial, en contra del criterio de Burdeau, porque en el supuesto de que la mayoría de la Asamblea no coincida con el partido de la Presidencia se hace inevitable una colaboración paritaria entre los dos poderes, y en el caso contrario, es decir, cuando el jefe del Ejecutivo pertenece a la formación política que domina el Legislativo, dado que ninguno de los dos órganos depende del otro en su existencia política, se mantiene una cierta igualdad entre ambos. Si bien es cierto que en contextos políticos de acusado liderazgo presidencial la relación entre Ejecutivo y Legislativo se aproximaría a la de una «democracia de mayoría», nunca tendría el primero en sus manos la posibilidad de someter a la Asamblea mediante la amenaza de su disolución, como tampoco tiene ésta la posibilidad de acabar con la vida del Gobierno mediante la aprobación de una moción de censura. Así pues, por la mayor separación y equilibrio entre los dos poderes considero más correcta la inclusión del régimen presidencial entre los de «democracia de consenso», o de «gobierno mixto», en este sentido de requerir, como decía más arriba, una «colaboración por coordinación» entre Gobierno y Asamblea.

Esta tipología de las formas gubernamentales tiene un evidente y doble carácter procesual y dinámico. Por una parte, es consecuencia de la consideración central otorgada a las fuerzas y agentes políticos que, dentro del marco jurídico-constitucional, animan y conducen las instituciones centrales del Estado. Por otra, la ubicación de un sistema político concreto en alguno de los tipos indicados puede variar si lo hacen el comportamiento y la correlación de fuerzas que en él actúan, aunque no se altere el esquema formal de la Constitución. El resultado es, pues, una clasificación nada dogmática ni estática, sino flexible y muy sensible a las variaciones funcionales de los sistemas políticos. Ello es así por mandato de la evidencia empírica, sin que deba desconcertarnos la falta de rigidez e incluso el carácter discutible de la evaluación implícita de los diferentes elementos de un sistema político para situarlo en uno u otro lugar de la clasificación.

Por otro lado, y para terminar con una referencia a las cuestiones planteadas inicialmente —la concepción tradicional de las funciones y los poderes del Estado, así como su determinación de los tipos clásicos de regímenes constitucionales—, es evidente que la revisión efectuada de las mismas relativiza la importancia del principio clásico de la separación de poderes, ya que ha pasado de ser el eje cardinal de la organización gubernamental a convertirse en un elemento, en un subsistema, de los que integran el conjunto o sistema más amplio de poderes, funciones y la red de interrelaciones mutuas. No obstante, continúa teniendo entidad propia como cauce unificador y estabilizador de la concurrencia de partidos y grupos en el seno del Estado pluralista. Además, como escribe García Pelayo, «tiene la función de contribuir a la racionalidad del Estado introduciendo factores de diferenciación y articulación en el ejercicio del poder político por las fuerzas sociales y de obligar a los grupos políticamente dominantes a adaptar el contenido de su voluntad a un sistema de formas y de competencias, objetivando así el ejercicio del poder» (1977, 60 y 61). Se trata, por tanto, de admitir, con la relativa importancia de cada uno de ellos, los distintos elementos que configuran la organización real de las instituciones que actualizan el poder del Estado para obtener un cuadro taxonómico que dé cuenta de la variedad de formas gubernamentales, aun cuando carezca de una fijeza e inmutabilidad que, por lo demás, difícilmente se compadecen con la fluidez y la mudanza constantes del acontecer político de nuestro tiempo.

BIBLIOGRAFÍA

Almond, G. A. (1960): «A Functional Approach to Comparative Politics», en G. A. Almond y J. J. Coleman: *The Politics of Developing Areas*, Princeton University Press.
Althusser, L. (1969) [e.o. 1959]: *Montesquieu, la política y la historia*, Ciencia Nueva, Madrid.
Blondel, J. (1972) [e.o. 1969]: *Introducción al estudio comparativo de los gobiernos*, Revista de Occidente, Madrid.
Burdeau, G. (1985³): *Traité de Science Politique*, vol. V. *Les régimes politiques*, Librairie Général de Droit et de Jurisprudence, Paris.
García Pelayo, M. (1986): *El Estado de partidos*, Alianza, Madrid.
García Pelayo, M. (1987) [e.o. 1977]: *Las transformaciones del Estado contemporáneo*, Alianza, Madrid.
García Pelayo, M. (1991) [e.o. 1953]: *Derecho constitucional comparado*, Alianza, Madrid.
Heller, H. (1963) [e.o. 1934]: *Teoría del Estado*, FCE, México.
Lijphart, A. (1991) [e.o. 1984]: *Las democracias contemporáneas*, Ariel, Barcelona.
Loewenstein, K. (1964) [e.o. 1957]: *Teoría de la Constitución*, Ariel, Barcelona.
Verney, D. V. (1961): *Análisis de los sistemas políticos*, Tecnos, Madrid.
Vile, M. J. C. (1969) [e.o. 1967]: *Constitutionalism and the Separation of Powers*, OUP, Oxford.

Capítulo 9

REPRESENTACIÓN POLÍTICA Y PARTICIPACIÓN

Ángel Rivero

Universidad Autónoma de Madrid

> «No nos faltan razones para estar en guardia contra los riesgos que entraña el camino de aquellos defensores de la democracia que, aun aceptando las realidades del proceso democrático debido a la presión de la acumulación de pruebas, intentan perfumarlas con ungüentos del siglo dieciocho.»
>
> (Schumpeter, 1975, 253)

I. INTRODUCCIÓN

La representación política y la participación política son dos conceptos que aparecen en numerosos capítulos de este libro. Ello nos indica que nos encontramos ante conceptos centrales, importantes e ineludibles para la Ciencia Política, ante conceptos esenciales para la descripción y el análisis de los sistemas políticos. Pero ocurre, como acontece usualmente en las ciencias sociales con este tipo de conceptos básicos, con los conceptos que forman el vocabulario esencial de una disciplina, que no resultan fáciles de acotar y definir. Y esto se debe a motivos varios. Uno de ellos es que son conceptos con larga historia y esta historia es responsable de la modulación y hasta la inversión de sus significados. Otro motivo que explica su inaprensibilidad sería la carga retórica, normativa, evaluativa y hasta prescriptiva que su potencia semántica permite y que hace que jueguen un papel relevante tanto en la contienda política como en su análisis científico. En suma, si en general las ciencias sociales se enfrentan al problema de la neutralidad valorativa en sus descripciones y análisis, cuando nos ocupamos del significado de la representación política y de la participación política la única neutralidad posible es la de explicitar el alcance descriptivo y normativo de ambos conceptos.

Por tanto, lo primero que hemos de hacer es advertir que la representación política y la participación política son rasgos muy importantes del funcionamiento de los sistemas políticos y que también son conceptos muy importantes para su análisis pero, al mismo tiempo, son oscuros, plurales en sus significados y encubren hasta concepciones opuestas, en el plano normativo, acerca de lo que deba ser la política.

Podemos ver, como introducción, algo de esta vaporosidad de ambos conceptos. Esto es, empezaremos por la confusión y la complejidad para después poner un poco de claridad.

1. *La representación política*

Empecemos por la representación. Representar en latín tiene el significado de poner ante los ojos. En el caso de la representación política lo relevante es saber qué y a quién se representa. En la Roma republicana senadores y tribunos de la plebe representaban a estamentos e intereses contrapuestos: caballeros y plebe. Hacían visible y daban voz a dos conjuntos separados de ciudadanos y a sus intereses. En los parlamentos medievales (y desde entonces los parlamentos son la principal institución representativa) se representaban también los intereses de diversos estamentos (la nobleza, el clero y, en algunos casos, el pueblo) enfrentados entre sí y enfrentados al interés del monarca. El Parlamento era una cámara de negociación entre representantes de intereses contrapuestos. En general lo que se negociaba era la recaudación de tributos y su reparto. Y este modelo de concertación medieval redundaba en una satisfacción óptima de todos los intereses reconocidos, esto es, representados.

Sin embargo, la edad moderna trastocó por completo la representación haciéndola cada vez más abstracta. El pluralismo medieval fue sustituido por la centralización del poder del Estado moderno. El monarca se sustrajo a la fiscalización de los otros estamentos y se arrogó por completo la representación. Pero ¿de quién y de qué? Hobbes en su *Leviatán* dijo que «el soberano, en toda república, es el representante absoluto de todos los súbditos». El monarca absoluto devino soberano y representante por antonomasia. Representante de un cuerpo político, el Estado, en tanto conjunto de individuos asociados políticamente. Y sumo representante y personifición de ese cuerpo colectivo que llamamos a veces Estado-nación. El soberano es el representante, aquello que nos pone a la vista, que encarna, un sujeto colectivo abstracto, la sociedad política. Más adelante tendremos ocasión de explorar los distintos conceptos de representación y la construcción histórica de nuestra percepción contemporánea de la misma. Ahora basta señalar que estos dos sentidos de la representación, el medieval —la representación de intereses— y el moderno —la relación símbolica entre el gobernante y la nación—, son los que se entremezclan para dar lugar a nuestra compleja y plural concepción de la representación política. Así, de manera legítima o no, la representación política en el orden simbólico se la atribuyen por igual, por ejemplo, el terrorista nacionalista que se siente voz y espada de una comunidad étnica sojuzgada (imaginaria o no); el monarca absoluto (sustituido hoy día, algunos apelando a la gracia divina, por el golpista salvapatrias) que se ve como caudillo, cabeza, de esos miembros sin inteligencia que componen el cuerpo-organismo que es la nación; el diputado obediente a la diciplina de voto que se siente expresión de la soberanía popular e instrumento de su partido (y en este sentido es expresión simbólica de la representación y expresión instrumental —partido, parte— de la misma). Pero también entidades más prosaicas como los equipos de fútbol pueden devenir eventualmente símbolos de representación de la comunidad política, y qué duda cabe que ésta se cosifica con éxito en seres inertes como banderas, escudos y también en himnos y canciones nacionales, etc. El sesgo instrumental de la representación de intereses también tiene su lugar en nuestro mundo contemporáneo. Si la representación simbólica apela a un interés único de la nación (representado por un monarca, un dictador o un Parlamento moderno, esto es, deliberante), la fragmentación de los intereses en una sociedad pluralista ha devuelto actualidad a la percepción medieval de la representación como una negociación entre intereses distintos y contrapuestos. Así, están los representantes de clases sociales (los sindicatos de clase, los partidos de clase, las organizaciones patronales o los famosos partidos burgueses), los partidos religiosos (que defienden al viejo estamento clerical o a los miembros de una confesión), los partidos nacionalistas o étnicos (que defienden los intereses diferenciados de una nación sin Estado, una minoría o una mayoría étnica, una identidad racial, etc.). La última vuelta de tuerca de esta representación de la diferencia (frente a la unidad simbólica del cuerpo político) es la búsqueda de la representación del género, obviamente haciendo énfasis en aquel discriminado y minorizado en la vida social y política.

La representación política, y esto es lo primero y poco que podemos adelantar, es, cuando menos, compleja.

2. La participación política

Y otro tanto ocurre con la participación política. La participación política está ligada al ejercicio de la ciudadanía. La ciudadanía antigua implicaba un ejercicio intenso y exclusivo de actividad política. La ciudadanía moderna implica el ejercicio casi universal (en el contexto de las democracias liberales) de los derechos políticos. La intensidad de la participación política parece ser, por tanto, inversamente proporcional al número de los que la ejercitan.

En los lejanos tiempos de la Atenas de Pericles la participación política tenía un significado principal bien definido y preciso (o así nos lo parece en ese cuadro que los modernos nos hemos construido de nuestro presunto pasado clásico). Era éste el denotado entonces por el concepto mismo de ciudadano. En palabras de Aristóteles, ciudadano era aquel susceptible de ocupar un cargo público. De manera más descriptiva era ciudadano quien en uso de su *parresía* (libertad del lenguaje), *isonomía* (igualdad ante la ley) e *isegoría* (igualdad de acceso y palabra en la asamblea), en el *ágora* (asamblea), participaba del gobierno de la ciudad. Repitámoslo, la participación política en la democracia antigua era principalmente *participación directa* en el gobierno de la ciudad.

Pero también había otras formas de actividad orientadas a la influencia política menos directas. Eran éstas la discusión política o hasta la conspiración en el mercado (en búsqueda habitualmente de una condena de *ostracismo,* esto es, del destierro de los contrincantes políticos, pero también las campañas políticas, incluidas aquellas destinadas a orientar e incluso pervertir el voto en la asamblea, como atestiguan las enormes cantidades de *ostrakón* (fragmentos de cerámica que se utilizaban en las votaciones) con nombres preinscritos encontrados en el barrio de los ceramistas de Atenas o en los barrancos de la colina de la Acrópolis.

El eclipse del ciudadano clásico (el *homo politicus*) señala el fin de la participación política intensiva y exclusiva de la antigüedad —exclusiva en el sentido en el que un club es exclusivo, esto es, cuando permite a muy poca gente ingresar en el mismo.

Por contraste, la democracia liberal es un club muy inclusivo —deja pasar a casi todo el mundo, al menos por comparación con la democracia clásica—, pero la participación política ha perdido intensidad. El ejercicio de la ciudadanía en la antigüedad consistía en la participación en el gobierno. En las democracias liberales los ciudadanos (salvo unos muy pocos que caben sentados en una mesa) no participan en el gobierno. La participación política en la democracia liberal consiste básicamente en un tipo de actividad orientada a influir sobre el gobierno mediante el ejercicio de los derechos políticos. La articulación de esta influencia puede tomar la forma central de la elección de los gobernantes (las elecciones) o encarnarse en diversas actividades orientadas a influir en las decisiones políticas de los mismos.

La participación política moderna ha perdido el rango y significado que tenía el ejercicio de la ciudadanía en la democracia clásica. La participación política de los ciudadanos ya no se da en el ámbito del Estado sino en la sociedad. Ya no es el ejercicio del gobierno en la asamblea sino que se parece más a esa participación menor de la discusión en el mercado que no es toma de decisiones políticas sino búsqueda de influencia. La participación política ha perdido intensidad y precisión y, también, se ha pluralizado y complejizado. Y aquí es donde quería llegar respecto a la susodicha inespecificidad del concepto de participación política. La participación política va ahora desde las formas más directas de gobierno popular (los referenda, por ejemplo), a las más «representadas» (la participación electoral), pasando por formas tan exóticas como la no participación electoral como participación política (que Berelson entiende muestra de un amplio consenso y asentimiento políticos) o la cultura política como forma de participación. Sobre esta última, la cultura política, Robert A. Dahl ha señalado que es quizás donde el pueblo participa más directamente en el gobierno, pues es ésta la que define el marco de valores, percepciones y problemas políticos que los gobernantes (y los aspirantes al gobierno) han de hacer suyos para ganar ese *input* básico del sistema político que es el apoyo popular.

En fin, esta disgresión sobre ambos conceptos estaba orientada no a acotar los conceptos, que ya vemos son inabarcables, ni a sembrar confusión (pues es propósito poco digno de un libro destinado a introducir alumnos en esta disciplina) sino a mostrar la necesidad de precisar la aplicación temporal de los mismos así como de concretar el tipo de régimen político en el que representación y participación se nos hacen relevantes. Y esto se justifica por la siguiente razón. Como señaló el filósofo austriaco L. Wittgenstein (Birch, 1993, 70), cuando analizamos, como es el caso, una palabra que tiene dos o más usos bien diferenciados, lo que tenemos que hacer es tratar esos usos como a los miembros de una familia. Esto es, todos ellos nos parece que tienen un aire parecido (precisamente el aire de familia), pero lo importante, si queremos conocerles de verdad, no es que nos concentremos en lo que tienen en común sino en sus rasgos distintivos. Pues con la representación política y con la participación política pasa algo parecido. Si las tomamos en abstracto, haciendo caso omiso de tiempo, lugar y régimen político, no nos responderán nada o nos proporcionarán vaguedades y generalidades cuando las interpelemos. Por tanto, hemos de especificar y acotar temporal, geográfica y políticamente el sistema político del que estemos hablando. Y entonces podremos decir algo sobre el qué y el cómo de participación y representación.

3. *Representación y participación política en la democracia liberal*

En general, en la Ciencia Política de manera muy notable, pero sin duda en este manual, cuando se habla del problema de la representación política y de la participación política se está haciendo referencia a las democracias liberales. Esto es, a un tipo muy particular de sistema político en el que la representación y la participación políticas son moduladas de forma peculiar (y, también, variable). De nuevo nos encontramos ante el problema de las definiciones. Pero baste ahora decir que las democracias liberales son sistemas políticos que combinan las instituciones típicamente liberales de limitación del poder (separación de poderes, derechos individuales) con mecanismos de elección de los gobernantes en los que participa la mayor parte de la población adulta. De hecho, lo que hace diferentes a unas democracias (y por ello podemos hablar de democracias) de otras es, principalmente, la forma en la que organizan la representación y la participación políticas. Esto es, por el tipo de organización institucional, electoral y territorial de la representación y por los canales de influencia política definidos por esas instituciones y por la cultura política del país.

Pero veámos cómo puede definirse la democracia liberal y de qué manera se hacen relevantes para su funcionamiento la representación y la participación políticas. De esta manera podremos precisar algo acerca del tipo de representación y participación que aquí nos importan. Y puesto que estamos interesados por esta realidad de la representación política y de la participación política, fácilmente se justificará el recurso a una definición schumpeteriana de la misma. Pero aclaremos qué significa esto.

J. A. Schumpeter se encontró en los años cuarenta con un problema parecido al que ahora nos ocupa. Schumpeter estaba tratando de encontrar una definición de la democracia que fuera congruente con la descripción de las democracias existentes. Lo que descubrió es que las definiciones al uso estaban cargadas de expectativas normativas que apuntaban más a lo que debería ser la democracia (en especial enfatizaban significados muy precisos acerca de lo que debía ser la representación y la participación política) pero no daban cuenta de ninguno de los rasgos centrales de las democracias existentes. Esto es, las definiciones entonces existentes de democracia (lo que él denominó la «doctrina clásica de la democracia») estaban orientadas hacia una justificación filosófica de la democracia (una tarea en la que alcanzaron un éxito dudoso) pero poco decían acerca del funcionamiento de la democracia moderna ni de sus requisitos funcionales. La propuesta de Schumpeter, seguida desde entonces por la Ciencia Política, fue la de ofrecer una definición alternativa de la democracia, otra «teoría de la democracia», esta vez *realista*. Esto es, una definición que estuviera construida sobre la descripción de la realidad de las democracias existentes (y no sobre el ideal al que aspiraban sus defensores). Y aquello que encontró como rasgo definitorio de las democracias fue «la competición por el liderazgo político». Esto es, la democracia resultó ser, después de todo, no el gobierno del pueblo sino el de unas personas autorizadas por éste: los políticos.

El rasgo definitorio de la democracia no hace refencia, por tanto, a quién ostenta nominalmente la soberanía sino al procedimiento por el que aquellos que detentan el poder político acceden al mismo. Esto es lo que quiere decirse cuando se denomina procedimental a la definición schumpeteriana de democracia.

Pero, por supuesto, la democracia es más (incluso en términos descriptivos) que un proceso. Y Schumpeter era muy consciente de ello. El proceso mismo exige determinados requisitos procedimentales que forman parte del paisaje habitual de las democracias liberales. La competición ha de ser mínimamente equitativa y la autorización la otorga exclusivamente el voto (individual, libre y secreto). Y a poco que nos detengamos a pensar se nos hace evidente que la competición misma exige pluralidad de opciones, exige elecciones en condiciones aceptables de información, de falta de coacción, incluso exige una limitación y agrupamiento de las opciones posibles, etc. Esto es, el utillaje institucional de las democracias (y también el cultural, por ejemplo, el tipo de relaciones de confianza mutua que exige el funcionamiento del proceso) puede entenderse como aspectos auxiliares de la democracia como proceso.

Robert A. Dahl refinó esta comprensión de la democracia al objeto no sólo de dar una descripción precisa de su funcionamiento sino, también, una evaluación de la misma en términos de su funcionamiento como proceso. Para ello desglosó en dos conceptos la democracia. Por una parte, retuvo el concepto de democracia como gobierno popular, pero como ideal normativo que permite la evaluación política (esto es, el responder a preguntas tales como ¿qué democracia es mejor, *A* o *B*?). En esta perspectiva, el proceso democrático no estaría limitado a un mecanismo de elección de élites políticas, autorización, sino que sería aquel gobierno que responde permanentemente a las preferencias de sus ciudadanos. Como se acaba de decir, este concepto justifica su utilidad en su capacidad de evaluación de los procesos de democratización. Pero no es éste el sentido que aquí nos interesa primordialmente. El concepto que nos interesa es el que acuñó Dahl para describir las democracias realmente existentes. Y éste es el de poliarquías. *Poli-arquía* hace referencia a la pluralidad o fragmentación del poder en las sociedades democráticas. Las poliarquías son las sociedades pluralistas en las que el funcionamiento del proceso democrático (tal como lo definió Schumpeter) es posible merced a esta ausencia de concentración de poder. Pero vayamos a la poliarquía como orden político. Dahl nos da dos rasgos principales de la misma que nos servirán para centrar y acotar de una vez de qué representación y de qué participación estamos hablando. Estos dos rasgos sintetizan la cualidad de dos variables: la participación y la oposición. Esto es, el proceso democrático (la elección de gobernantes) funciona sobre dos ejes definidos por estos rasgos. El de la participación hace referencia a que la ciudadanía (el pase de entrada al proceso político) debe incluir al menos a una alta proporción de los adultos. Como se sabe, este rasgo es relativamente reciente en las democracias liberales. Democracias que hasta hace muy poco se han caracterizado por la exclusión del sistema político de una mayoría de la población a la que afectaban sus decisiones (no podemos dedicar ahora espacio a este asunto, baste recordar que los motivos de la exclusión han sido la falta de propiedades, el sexo, la raza, la etnia, la lengua. De hecho, si el sufragio universal se toma como rasgo definitorio de la democracia, la primera democracia de la historia ha sido Nueva Zelanda, que en 1893 incluyó a las mujeres en el sufragio. El resto de países democráticos no lo hizo hasta este siglo e incluso Suiza se demoró hasta 1971). El otro rasgo central es que estos ciudadanos han de tener la oportunidad de oponerse al gobierno y cambiarlo mediante el voto. ¿Qué nos queda, por tanto, de la representación política en la poliarquía, en la democracia como proceso de elección de gobernantes, con ciudadanía amplia y capacidad de oposición y de exigencia electoral de responsabilidades políticas?

La representación significa aquí, necesariamente, que el gobierno no está en manos del pueblo sino de los gobernantes por él autorizados. Significa también que están sujetos a su control electoral y que por tanto han de representar de algún modo las preferencias de los gobernados si quieren seguir manteniendo esa autorización. La representación política tiene, por tanto, un significado preciso (la autorización mediante el proceso electoral) y otro más difuso (el reflejo de la sociedad y sus aspiraciones). Y de forma simétrica, la participación política tiene una faceta precisa, el voto, y otra más imprecisa, el ejercicio de los derechos políticos, como mecanismo destinado a influir sobre el gobierno. De todo ello se hablará algo más en los siguientes apartados.

II. EL CONCEPTO DE REPRESENTACIÓN POLÍTICA

Acabamos de decir que aquello que sea la representación política en las democracias modernas, en las democracias liberales, es algo complejo y a veces difícil de perfilar. Y ello se debe a que el proceso político que llamamos democracia tiene como eje central la competición política y sólo de forma secundaria el reflejo en el gobierno de una determinada voluntad política colectiva (aunque esta última actúa poderosamente en el proceso electoral y en el gobierno desde la «sociedad civil» y la «cultura política»).

1. *La taxonomía de la representación política*

Se ha señalado que las elecciones son uno de los rasgos centrales de la democracia liberal y que, sobre todo, nos ofrecen la clave para la comprensión de aquello que sea la representación política. Pero «las elecciones no son un fin en sí mismas, sino un medio de provisión personal de determinados órganos políticos. El fin está en esta correcta y legítima composición de tales órganos, primordialmente del Parlamento, pero el medio utilizado para ello, las elecciones, condiciona el ulterior funcionamiento del Parlamento y, a su través, del sistema político todo» (Torres del Moral, 1997, 15). Por tanto, si la representación política hace referencia al gobierno delegado y no directo de los ciudadanos, la representación política como problema hace referencia a la organizacion de esta provisión de personal de la asamblea legislativa (e indirectamente al gobierno). Birch (1993, 69-70) ha reseñado tres disputas fundamentales referidas a la representación en los parlamentos:

a) Quién y qué ha de estar representado. ¿Intereses sectoriales o estamentales, todos los adultos, sólo los varones, sólo los nacionales, también los residentes, los territorios etc.?

b) Cómo se eligen los representantes. ¿Se nombran (como algunos senadores de democracias contemporáneas) o se eligen? Si se eligen, ¿a través de qué sistema electoral, mayoritario o proporcional?

c) Cómo han de comportarse los representantes. ¿Deben obedecer a un mandato de su electores o deben tener la libertad de obrar según su conciencia, o según la disciplina de partido?

La respuesta a la primera disputa ha de entenderse, en línea con lo que hemos dicho antes acerca de la democracia liberal, de una manera peculiar. Quién o qué han de estar representado no puede sino significar quién está autorizado a participar en el proceso político. Esto es, quién ha de ser incluido en el sufragio. La respuesta ideal, según Dahl, es que todos aquellos adultos que no sean transeúntes o discapacitados psíquicos. Pero esto no es tan sencillo. Las sociedades están atravesadas por divisiones sociales de muchos tipos que conforman la identidad de los individuos y que éstos esperan ver reproducidas en las asambleas. Estas divisiones incluyen los intereses sectoriales, las clases sociales, las identidades etno-territoriales, las religiosas y las genéricas.

Las repuestas a las disputas *b)* y *c)* son si cabe más complejas y están sujetas a debate. La disputa acerca de los sistemas electorales tiene visos de ser permanente e irresoluble. Y otro tanto ocurre con la relación entre el representante y sus representados, puesto que sus relaciones de lealtad y obligación son complejas (hacia su circunscripción, sus votantes, su país, su partido y hasta su conciencia).

Las tres disputas acerca de la representación y el Parlamento (en especial la segunda y la tercera) son irresolubles precisamente porque la representación política es un concepto plural e impreciso y cada una de las respuestas prácticas que se han dado a estos tres tipos de problemas significa, en realidad, privilegiar un sentido determinado del significado de la representación política. Birch ha distinguido cuatro tipos básicos de representación que nos pueden ayudar a iluminar un poco este problema. De estos cuatro sentidos, los tres primeros no son políticos en origen (aunque tienen un uso político) y sólo el cuarto tiene un sentido plenamente político:

a) El primer uso del concepto de representación refiere al que empleamos cuando decimos que un abogado nos representa, o que un embajador es representante de un país, o cuando hablamos de un representante comercial. Básicamente referimos el hecho de que alguien hace de portavoz de un sujeto distinto a él mismo, y que manifiesta su voluntad a través de él. Aquí el representante es lo que en lenguaje coloquial se denomina felizmente un «mandado». Esto es, hay una relación de mandato entre el representante y el representado que señala muy bien el verbo mandar (mandar algo a alguien, mandar a alguien).

b) El segundo uso hace referencia a la semajanza física o a la imitación de la realidad. Es el tipo de representación que aparece en la pintura. Pero este uso aparece también cuando se dice que algo es representativo de algo, y muestra por tanto una relación de semejanza. Así, si se compara un Parlamento con una sociedad puede concluirse que no es representativo en este sentido si la composición social del mismo no se corresponde en una proporcion justa con determinados rasgos relevantes de ese país (clases, lenguas, religiones, género, etc.). Esto es lo que se denomina también representación sociológica y refiere, en este sentido, a la semejanza entre la sociedad y los representantes políticos (en multiples aspectos, desde el número de hijos y el nivel de educación a la orientación política).

c) El tercer uso hace referencia no a la semejanza sino a la representación simbólica. Los ejemplos hacen referencia a todos aquellos símbolos cotidianos como la cruz y el cristianismo, la balanza y la justicia, las banderas y los países y naciones, los monarcas constitucionales y sus Estados o sus pueblos.

d) El cuarto uso lo deriva Birch del hecho de que ninguno de los anteriores agota aquello que sea la función representativa de un parlamento. Esto es, todos los sentidos anteriores tienen cabida en aquello que sea el Parlamento, pues de alguna manera le pueden aplicar todos estos usos de la representación. Usos que no son originariamente políticos pero que tienen una evidente vertiente política. Pero este cuarto uso hace referencia a por qué denominamos representantes a los miembros electos de un Parlamento, por qué llamamos a ésta cámara representativa y a este sistema político gobierno representativo o democracia representativa: «son representantes porque han sido escogidos a través de un proceso particular de elección [...] Fue Hobbes el primero que señaló que la representación es esencialmente un proceso de autorización [...] Los miembros de un Parlamento o de un Congreso son personas que han sido autorizadas mediante el proceso de su elección a ejercer determinados poderes. Ésta es su característica definitoria» (Birch, 1993, 74).

Es este cuarto sentido de la representación política el que nos da la clave de su significado en la democracia liberal, el que nos permite definir las funciones que la representación política tiene en ésta. Estas funciones serían al menos seis (Birch, 1993, 76-78):

a) El reclutamiento político para cubrir los cargos políticos.

b) La evaluación de los aspirantes a ocupar cargos políticos mediante la competición electoral.

c) Asegura la receptividad (*responsiveness*) del gobierno a las demandas de la gente.

d) Permite la exigencia de responsabilidad política a los gobernantes (las elecciones son un instrumento de juicio político).

e) Tiene una función legitimadora del gobierno (los gobernantes son investidos de autoridad política mediante su elección)

f) Sirve para movilizar el apoyo al gobierno, dando publicidad y justificación a sus planes.

2. Las ambigüedades normativas de la representación política

La representación política tiene, por tanto, muchos sentidos. Pero tiene un sentido político principal que refiere al gobierno elegido a través de un proceso electoral. Un gobierno autorizado mediante ese proceso por los titulares de la soberanía, esto es, por el pueblo. La democracia liberal es, por tanto, democracia representativa. Pero si las cosas son complejas en el terreno descriptivo, mucho más lo son en el normativo.

David Held ha señalado que básicamente hay dos tipos, modelos, de democracia, la democracia directa y la democracia representativa. La democracia directa (un concepto algo redundante etimológicamente) refiere literalmente a que el pueblo gobierna, toma las decisiones políticas directamente, él mismo. La democracia representativa, en consonancia con lo dicho hasta ahora, no es tan fácil de definir, puesto que une el concepto anterior «democracia» con «representativa». Si volvemos a la definición que dimos al principio, esto es, a la definición realista de Schumpeter, la democracia es aquel sistema de gobierno en el que los representantes políticos son elegidos «democráticamente». Así dichas las cosas, parece clara la diferencia sobre el papel entre ambos sistemas. Pero no es así, y debido, precisamente, a esa varidad de significados del concepto representación.

Y ello se debe a que el adjetivo «representativa» elicita demasiados significados de alcance normativo. Por adelantar un poco a dónde queremos llegar, casi nadie acepta que la participación popular quede confinada a la elección de los representantes, y casi todo el mundo sostiene que también la democracia representativa tiene que ver con el gobierno del pueblo. Así, el diccionario de la Real Academia Española define *gobierno representativo* como «aquel en que, bajo diversas formas, concurre la nación, por medio de sus representantes, a la formación de las leyes». La *democracia*, por su parte, es definida como «doctrina política favorable a la intervención del pueblo en el gobierno» y como «predominio del pueblo en el gobierno político de un Estado». De estas definiciones se concluye (al margen de la imprecisión politológica de la Academia) que difícilmente se sostiene, en la percepción general, la diferenciación entre esos dos modelos básicos señalados por Held. Si tuvieramos dos modelos tendríamos dos definiciones de democracia distintas, coherentes en su diferencia, contrastables y hasta opuestas. Pero no parece que tengamos tal cosa. Lo que tenemos es un modelo ideal, la democracia directa, y una versión de ésta, la democracia representativa. Con esto quiero decir que desde su inicio mismo la concepción política de la representación política en el discurso democrático tiene una profunda relación simbólica con el gobierno del pueblo (en sentido literal). Nuestra definición de democracia representativa de unas líneas más arriba, en su simplicidad y minimalismo, era demasiado schumpeteriana. Y el hecho relevante es que ni los teóricos políticos, ni el pueblo en general, ni los políticos en público aceptarían que la democracia estuviera limitada a un procedimiento de elección de élites gobernantes. El hecho es, por tanto, que los dos modelos tienen una fuerte conexión entre sí. Una conexión que es más que simbólica. La democracia representativa tiene una especie de nostalgia etimológica y en la percepción general, en el *uso* del concepto, por la democracia directa. Y esto hace que incluso la Ciencia Política postschumpeteriana haya introducido toda una serie de téminos orientados a cuantificar y señalar la forma en la que ese gobierno del pueblo se produce en esta otra democracia. Estos conceptos son, entre otros muchos, los de influencia política, representación sociológica, capacidad de respuesta o receptividad, representatividad, etc. Conceptos que rescatan esos usos de la representación a los que hicimos antes referencia y que se sintetizaban en la representación como mandato, la representación como semejanza y la representación simbólica. Además, estos conceptos no carecen de importancia y alcance político, pues no sólo están destinados a evaluar la efectividad de la representación sino también a orientar las reformas electorales y legales precisas para alcanzarla.

Por resumir algo este último argumento, la democracia directa y la democracia representativa no son percibidas como regímenes políticos distintos sino como dos etapas diferentes en la evolución de un mismo modelo. Y esto añade aún más confusión acerca de aquello que sea la representación política. Una ilustre enemiga del concepto de representación política, H. F. Pitkin, ha subrayado (con propósitos distintos de los que persigue quien escribe este capítulo) lo curioso de la identificación entre estos dos modelos. Y ha notado también lo peculiar del tipo de percepción acerca de lo que sea la representación política que produce esta identificación: «Casi nadie que esté a favor de la democracia duda de que la representación sea su forma moderna, su equivalente indirecto. Si el gobierno representativo tiene fallos, esos fallos son atribuidos a un sistema electoral particular, o a un sistema de partidos o a la exclusión de algún grupo del sufragio» (Pitkin, 1989, 149-150).

En resumen, la representación política, en el uso que se hace del concepto, refiere a una deseable semejanza entre gobernantes y gobernados. Es decir, la representación política apunta a un horizonte normativo que va más allá del sentido que hemos querido privilegiar de la participación popular en la elección de los gobernantes. Se busca lograr esa semejanza a través de determinados procedimientos e instituciones (la ingeniería electoral, los sistemas de partidos y la construcción de la ciudadanía).

¿Es la democracia representativa gobierno del pueblo o participación del pueblo en la elección del gobierno? Quizá unas notas acerca de la construcción de la democracia liberal, representativa, puedan iluminar este punto.

III. BREVE NOTA ACERCA DE LA HISTORIA DE LA REPRESENTACIÓN POLÍTICA EN SU RELACIÓN CON LA PARTICIPACIÓN POLÍTICA

Las democracias modernas, desde su nacimiento hace un par de siglos, andan enredadas en un problema en apariencia sólo terminológico pero que encierra dentro de sí consecuencias de enorme alcance político. La democracia moderna es, por contraste con la democracia antigua —centralmente con la ateniense— una democracia representativa. En principio esto quiere decir simplemente que no es una democracia directa como aquella que realizaban los ciudadanos de Atenas en al ágora. Y aquí acaba la claridad y empiezan las paradojas.

1. *Democracia y república*

Detrás de la democracia moderna hay una larga historia en la que se entremezclan conceptos e instituciones políticas de orígenes diversos y propósitos variados. Para empezar, la democracia moderna es en buena medida heredera de una tradición adversaria de la democracia antigua. Esta tradición, el republicanismo, se entendía a sí misma como una alternativa justa y estable frente a las distintas formas de gobierno. Formas puras o corrompidas que componían una rueda maléfica en la que se reiteraban despotismo e inestabilidad. Y entre aquellas a las que se oponía sobremanera figuraba centralmente la democracia. Una forma inestable de tiranía ejercida por los muchos —pobres, rencorosos, pasionales e irreflexivos— sobre el conjunto de la ciudadanía.

La libertad en la tradición republicana se asimiló no al gobierno popular en sentido absoluto sino al gobierno mesurado, sujeto a la ley, orientado a la estabilidad. En suma, la tradición republicana devino centralmente protección contra la arbitrariedad (de uno, pocos o muchos) como condición de libertad y estabilidad. Para ello postulaba el abandono de las formas puras de gobierno (monarquía, aristocracia y democracia) y la instauración de una forma mixta de gobierno. Esta forma mixta de gobierno proporcionaría un doble equilibrio. Por una parte, gobierno equilibrado, por la participación de todos los estamentos de la ciudadanía en el mismo de manera no directa, sino representada (lo que reforzaba la mesura). Y, por tanto, gobierno equilibrado también en tanto gobierno estable. La República romana, con sus cónsules, senadores y tribunos de la plebe, sirvió durante mucho tiempo de paradigma de este modelo. La monarquía inglesa del XVII con su monarca, su cámara de los lores y su cámara de los comunes sirvió para atizar la llama del republicanismo en nuestro pasado casi inmediato. Lo que deseo enfatizar a través de este brevísimo relato es que durante mucho tiempo la democracia fue percibida como una forma particularmente enojosa de despotismo y que la única forma aceptable de participación popular en el gobierno quedó ligada a esta tradición republicana. Una tradición para la que el gobierno del pueblo era algo indeseable pero para la que, también, alguna forma limitada o indirecta de participación popular era necesaria.

2. *El gobierno representativo y el Estado moderno*

Además, la democracia representativa fue construida sobre la unidad política paradigmática de la modernidad: el Estado-nación. Este Estado-nación redefinió las instituciones políticas de la Edad Media para adaptarlas a las nuevas condiciones sociales y políticas. Así, el Estado moderno antes que democrático fue constitucional y liberal (aunque, claro, esto sólo vale para algunos casos, centralmente el británico). Esto es, operó de nuevo bajo dos de los principios de la tradición republicana: la primacía de la ley y la limitación del poder mediante su fragmentación y reparto.

La modernidad política también desbarató el principio de legitimidad propio de la Edad Media —el derecho divino de los monarcas— y lo sustituyó por el principio del consentimiento individual. Todas estas circunstancias y desarrollos, en buena medida contingentes y que son respuesta a situaciones históricas y sociales puntuales, prepararon el renacimiento de la democracia en la modernidad tras largos siglos de ausencia y menosprecio. Como cabía esperar, la democracia moderna fue primero república y más tarde fue denominada democracia representativa.

Lo dicho hasta ahora podría sintetizarse siguiendo a Sartori. Entre la democracia antigua y la democracia moderna sólo hay homonimia (tienen el mismo nombre) pero no homología (difieren en su significado). De hecho no hay nada en común entre la democracia de los antiguos y la democracia de los modernos. No comparten ni la unidad política sobre la que operan, ni sus instituciones, ni su concepto de ciudadanía. Si apuramos, sin embargo, sí compartirían algo. Y esto serían unas cuantas palabras que aparecen en ambos vocabularios. Pero no su significado. El renacimiento de la democracia en la modernidad hace referencia a la recuperación de un vocablo, no al restablecimiento de un sistema político. ¿Qué es, pues, la democracia representativa?

En el relato que acabamos de introducir, el de la construcción de la democracia representativa, nos faltó el último y más importante de los capítulos. Este capítulo habría de recoger el triunfo del discurso normativo del gobierno representativo en los siglos XVIII y XIX (de Publio a J. S. Mill). Y, también, la quiebra de esta justificación filosófica y su sustitución por una definición de la democracia liberal, representativa, realista.

Los primeros defensores y publicistas de la democracia representativa celebraron las virtudes republicanas de la misma frente los vicios de las democracias puras de la antigüedad. Estas virtudes estaban ligadas, sobre todo, al hecho novedoso de que las condiciones del Estado moderno, sustancialmente distintas a las ciudades-Estado del pasado (especialmente en cuanto a territorio y población), no constituían una desventaja de las modernas repúblicas frente a las antiguas (al limitar la intensidad del ejercicio de la ciudadanía) sino un regalo inesperado de la fortuna. Las condiciones de las nuevas repúblicas hacían necesario que la participación de los ciudadanos en el gobierno fuera no directa sino indirecta. Y esto ahora ya no se veía como pérdida sino como ganancia. La distancia entre gobernantes y gobernados, una distancia no absoluta, puesto que éstos últimos retenían la capacidad de control sobre los primeros a través de la elecciones, se contempló como una fuente de la que brotaban innumerables ventajas: quedaba conjurado el peligro de la tiranía de la mayoría y el del ejercicio pasional de la política, se reforzaba la deliberación política y se mejoraba así el juicio político, y, por último, se posibilitaba la orientación de la acción política en la dirección de un bien común situado por encima de todos los bienes particulares, mayoritarios o no. La democracia representativa era, pues, ejercicio «delegado» de la soberanía popular, orientado hacia un presunto bien común. La legitimidad popular, la fuente moderna de la legitimidad, y el bien común, el fin propio de la política, quedaban salvaguardados como nunca hasta entonces. Los modernos tenían buenas razones para ufanarse de su libertad. Es este mundo del siglo pasado la edad de oro del parlamento.

Pero este cuadro idílico quedó pronto truncado. La legitimidad como consentimiento había desencadenado la lógica de la igualdad política. Y ese camino que había abierto la burguesía en busca de un nuevo arreglo político dejó expedito un sendero que otros nuevos sujetos políticos colectivos quisieron recorrer. Las masas se reconocieron a sí mismas como ese pueblo soberano de la mítica fundacional del Estado liberal. Y, así, la democracia liberal, que fue primero escasamente inclusiva, como Atenas, no pudo resistirse a la realización de sus propias promesas (para el caso particular de España véase Murillo, 1990). La ampliación del sufragio bajo la presión de los movimientos sociales abrió la compuerta a la democracia de masas y a la política como mercado. La política dejo de ser ocupación de notables para convertirse en competición por el voto. Schumpeter, con ayuda del enorme magisterio de Weber, quiso poner orden conceptual ante tanta mudanza y confinó los ideales normativos de la democracia representativa en una implausible y agotada doctrina clásica de la democracia. Una concepción que, a través de la mística de la representación, aún sostenía que el pueblo gobernaba, que era soberano y que realizaba el bien común en su acción de gobierno. No, la democracia, sostuvo Schumpeter, es el gobierno de los políticos, eso sí, de unos políticos que han competido a través de una contienda pacífica —las elecciones— por el voto de los ciudadanos. Pero tan abrupta conclusión no consiguió cerrar la caja de Pandora de lo que sea o haya de ser la representación en esta democracia moderna.

En efecto, muchos teóricos y filósofos políticos se negaron a enterrar ese cadáver del concepto clásico de democracia, pues entendían que en él se encontraba todo aquello de noble que hay en la política. Otros, aun aceptando aparentemente el llamado de Schumpeter en favor de un análisis descriptivo y realista de la democracia, reintrodujeron el debate en términos científicos y sociológicos. De los primeros cualquier teórico dedicado a la evaluación democrática valdría de ejemplo. De lo segundo, algo más curioso sin duda, tampoco faltan una pléyade de ejemplos. De hecho, fue el desarrollo mismo de la metodología schumpeteriana en el análisis de las democracias lo que coadyuvó a un refinamiento de la teoría clásica de la representación. La democracia es el gobierno de los políticos pero también del pueblo. Y esto no es una paradoja. El pueblo define el marco general de valores de la sociedad que los políticos han de respaldar para ser elegidos y el pueblo demanda determinados bienes políticos que los políticos han de satisfacer para gozar de apoyo popular. Esto es, el pueblo es mucho más que un consumidor pasivo en este proceso de selección de élites.

Pero además muchos científicos políticos, aun aceptando que la democracia es un procedimiento para elegir gobernantes, afirman que también es un mecanismo para traducir votos en escaños en el parlamento. Así, las elecciones son la institución esencial de la democracia representativa porque encarnan el mecanismo que, por decirlo de manera vistosa, «traduce» un modelo de democracia en el otro. Esto es, se entiende que, de alguna manera, debe haber una correlación entre las preferencias expresadas y los representantes para que la representación opere de forma correcta. Y, sin duda, ésta es otra forma de intentar salvar la distancia entre los dos modelos de democracia que antes mencionamos. Esto es, de reintroducir el problema de la representación es un escenario post-schumpeteriano.

Y de hecho hay algunas razones que avalan la ampliación del concepto de representación política en el horizonte postschumpeteriano. La competición por el liderazgo político no es algo a lo que concurran los políticos a título individual sino a través de partidos políticos. Los partidos políticos se hacen cargo de la fragmentación existente en las sociedades políticas apelando a estas distintas identidades diferenciadas. Los partidos son partes, facciones, fracciones de un todo que es la comunidad política. Si esto es así, parece que la representación como semejanza casi exige que el balance de partes en las que está dividida la sociedad tenga reflejo en los representantes políticos. La democracia schumpeteriana es un procedimiento y una competición, pero no entre individuos sino entre grupos: los partidos políticos.

3. La democracia de partidos

M. Duverger, en su estudio clásico *Los partidos políticos*, señala la peculiar posición de los partidos políticos modernos entre los representantes y los representados. Tal y como él lo ve, este tercer elemento altera radicalmente el significado y la función de la representación. Es más, llega a afirmar que la teoría clásica de la representación nunca se correspondió con la realidad, nunca existió por tanto la edad dorada del parlamentarismo. En su interpretación, la teoría clásica de la representación era un mecanismo ingenioso cuyo fin probable era la transferencia de la soberanía nacional oficialmente proclamada a la soberanía real del Parlamento.

Pero las dudas de Duverger no se circunscriben a la realidad de la democracia representativa en su imagen idealizada de deliberación parlamentaria en pos del bien común. La percepción post-schumpeteriana de la representación política también le ofrece dudas. Esto es, duda de que la representación pueda ser algo más que un mecanismo de elección del gobierno. Así, la representación sociológica (semejanza), el parecido entre las opiniones políticas de la nación y las del Parlamento, le parece un pozo de misterio. Porque en ausencia de mandato (el representante como mandado) lo que hay es una conexión casi metafísica entre gobernantes y gobernados.

La representación sociológica (semejanza), el parecido entre diputados y electores, parece ser como la relación que hay entre un paisaje y su fotografía. Y aparentemente es una concepción que ofrece un amplio espacio para la investigación y contrastación empíricas. Tan sólo se trataría de medir la precisión de la fotografía, esto es, de contrastar la opinión pública con su expresión parlamentaria. Pero para Duverger esta investigación está basada en presupuestos dudosos, puesto que para llevarla a cabo lo que podemos comparar es el porcentaje de votos a los partidos con el porcentaje de escaños en el Parlamento (la dimensión electoral con la dimensión parlamentaria). Y esto nos conduce a una doble deformación. Es una doble deformación porque siempre hay una disonancia entre las dos dimensiones antedichas. Y es una deformación porque es mucho suponer que los votos sean la única expresión de la opinión pública. Para Duverger el sufragio es sólo una forma entre muchas de expresar la opinión pública. Y es una forma, además, difícil de descifrar. Por tanto, la distancia entre el pueblo y el gobierno, entre gobernados y gobernantes, no es fácil de salvar desde la perspectiva sociológica de la representación.

Pero seguimos sin decir mucho sobre los partidos. Acabamos de mencionar que para Duverger son crucialmente importantes en la comprensión de lo que sea la democracia representativa (precisamente por la manera en la que alteran el significado y la función de la representación). Y precisamente ésta es la idea que parece recoger Manuel García Pelayo al presentar una descripción de la democracia que, al centrarse en los partidos políticos, parece ir más allá de la normatividad del concepto de representación política. García Pelayo, en su trabajo *El Estado de partidos,* define la democracia contemporánea como una «democracia de partidos». Entiende este tipo de democracia como una «adaptación» del principio democrático a las circunstancias contemporáneas. Por las razones que hemos mencionado al narrar la historia de la democracia moderna, la palabra adaptación apunta a una continuidad en el desarrollo de la democracia con la que no estamos de acuerdo. En cualquier caso, lo importante aquí es atender a cuáles sean esas circunstancias contemporáneas a las que alude García Pelayo. Y éstas son básicamente dos. En primer lugar está el espectacular aumento del *demos* debido a la extensión del sufragio a la mayoría de la población adulta de estas sociedades. Esto es, la circunstancia de la elevada inclusividad de las democracias modernas. El otro se refiere al tipo de sociedad en la que opera el proceso democrático. García Pelayo denomina a ésta «sociedad organizacional» denotando con ello el papel prominente que juegan las organizaciones nacionales pequeñas, medias y grandes y las organizaciones transnacionales en la estructuración de la sociedad.

En este orden corporativista los partidos tienen un papel enormemente importante para el funcionamiento del sistema democrático. Estas funciones serían: 1) la integración y movilización política de las masas; 2) la transmisión de las demandas de la sociedad al gobierno, pero también la creación de nuevas demandas; 3) la articulación de la agenda política para competir por el voto y para informar la acción de gobierno; 4) la simplificación de los problemas políticos con el fin de orientar las preferencias políticas de los ciudadanos; 5) facilitar el gobierno de minorías bajo determinadas circunstancias: que las minorías gobiernen mediante la elección y que el gobierno de las mismas esté temporalmente limitado; y 6) la representación de intereses. Por tanto, lo que aquí sea la representación política tiene un carácter muy peculiar.

En la democracia de partidos, el partido no sólo media entre los representantes y los representados sino que mediatiza a los diputados (a través de la disciplina de partido, una nueva forma de mandato imperativo) y mediatiza al pueblo. En este contexto, las elecciones no son primariamente expresión de preferencias políticas (de forma que el Parlamento no es un espejo de las preferencias del pueblo) sino una competición plebiscitaria en la cual los partidos compiten en busca de la confianza de los electores. Por tanto, los partidos, no la gente ni tampoco los representantes, devienen el principal actor político. J. LaPalombara y J. Anderson han subrayado que «el advenimiento de los partidos representa un cambio cuántico en la naturaleza de la política», denotando con ello un cambio radical y revolucionario en su significado y funcionamiento. Y han dicho también que los partidos dan sustancia a un concepto, el de representación política, que había quedado vacío. La democracia representativa significa ahora democracia de partidos. La representación política como mecanismo de autorización no puede ignorar a los partidos, pues son los partidos los que informan el funcionamiento del sistema político a través de su organización.

IV. LA PARTICIPACIÓN POLÍTICA
EN LA DEMOCRACIA REPRESENTATIVA

¿Qué hay, pues, de la participación política en la sociedad organizacional y altamente inclusiva de las democracias de partidos? ¿Qúe sentido tiene la participación política en las democracias liberales?

El significado originario de la palabra participación en latín era el de tomar parte en un reparto y, también, comunicar algo. Y estos dos significados tienen aún vigencia en el contexto de las democracias liberales. La participación política está referida ahora, principalmente, al tomar parte en el proceso de elección de los gobernantes. Un proceso mediante el cual se asignan partes (votos) por parte de los ciudadanos y se reparte y adjudica el poder político. Y también, de esta forma, el proceso electoral comunica la voluntad política de los ciudadanos. Autoriza y desautoriza a los candidatos a gobernantes y realiza un juicio político sobre los mismos. Por tanto, hace partícipes a los políticos y a la opinión pública en general de sus preferencias políticas.

1. *Las formas de participación política*

La participación política en las democracias liberales tiene que ver fundamentalmente con la participación en las elecciones. Y las elecciones son centralmente importantes para la democracia liberal. Así, la participación política electoral (y sobre todo el voto) es centralmente importante para este tipo de democracia.

Las democracias liberales son sistemas políticos en los que el pueblo participa en la elección de los gobernantes. Ésta es la función esencial que realizan las elecciones. Y esto está en consonancia con lo que hemos referido respecto a qué sea la representación en las democracias liberales. Vallès y Bosch (1997, 16-29) han señalado que las elecciones realizan tres funciones esenciales en estas democracias: la producción de representación, la producción de gobierno y la producción de legitimidad. La producción de representación es algo muy complejo, como hemos visto anteriormente. Algo que ha ido cambiando con el tiempo. De forma muy general significaría que las elecciones buscan producir una «representación representativa» (*ibid.*, 20) en la que habría una correspondencia entre el perfil de gobernados y gobernantes respecto a determinados rasgos que se han ido convirtiendo en relevantes políticamente: la orientación ideológica, el origen territorial y, muy recientemente, la raza, la étnia, la religión y el género. Ya se ha señalado lo problemático de esta senda.

La producción del gobierno es algo que hemos comentado con anterioridad y refiere a ese carácter plebiscitario de las elecciones como mecanismo de autorización o desautorización del gobierno y sus políticas. Por su parte, la producción de legitimidad está muy ligada a esta producción del gobierno. El gobierno en tanto autorizado de forma expresa por los ciudadanos mediante el proceso electoral se encuentra en posición de presentarse como titular legítimo del mismo y de este modo sus decisiones gozan de autoridad y se perciben como obligatorias (obligación política). Los tres rasgos son en cierta medida distintas maneras de intentar describir un mismo fenómeno: la separación entre gobernantes y gobernados y su unión a través de la autorización de los últimos (el soberano) a los primeros. Las elecciones serían el mecanismo que explicita ese consentimiento y juicio político de los ciudadanos y su resultado sería el gobierno representativo y legítimo.

La participación política es, por tanto, muy importante para las democracias liberales, pues es aquello que permite salvar esa distancia entre representantes y representados. Y el mantenimiento de esta conexión es un requisito funcional del sistema mismo. También hemos dicho que este requisito funcional se satisface principalmente mediante el ejercicio del voto. Esto es, la participación en la elección de los gobernantes es el rasgo principal de la participación política contemporánea. Y por ello el estudio de cómo se ejerce esta participación, su aumento o su declive y la variación comparativa de su ejercicio componen algunas de las áreas de investigación a las que se ha aplicado con mayor ahínco la Ciencia Política.

Pensemos, por ejemplo, cómo puede interpretarse, desde la lógica que acabamos de señalar, una abstención alta en unas elecciones (esto es, una baja participación política). ¿Habría de interpretarse como una reacción disfuncional en cuanto a la producción de representación, gobierno o legitimidad? ¿O podría integrarse en la lógica funcional del sistema democrático? La Ciencia Política tiende a contestar afirmativamente a la primera pregunta, pero también ha defendido la funcionalidad de la apatía política.

En línea con esto último, Berelson se hizo famoso en los años cincuenta, en Estados Unidos, al afirmar que una baja participación es suficiente para satisfacer las necesidades sistémicas de la democracia. E incluso que una participación mayor (y más intensa que el voto) propiciaría la radicalización y quiebra de estabilidad del sistema. Por el contrario, muchos otros, centralmente Carol Pateman, han señalado que el funcionamiento de la democracia liberal necesita de una cultura participativa. Esto es, de individuos que participen con intensidad en el proceso político y que tengan juicio político. Si esto no se da, se produce una apatía y alienación del sistema que acaban por corromperlo. La apatía elogiada por Berelson es denunciada por Pateman con un dato relevante: la correlación entre apatía política y estatus social. De manera permanente son aquellos más desfavorecidos los que tienen mayores índices de apatía. Pateman se pregunta si esto quiere decir que los que se encuentran peor manifiestan una mayor conformidad con el sistema. O si, más bien, los que están peor tienen menor confianza en la efectividad de su participación política y por ello se abstienen.

Definitivamente, la participación política de las democracias contemporáneas carece de los rasgos grandiosos (imaginarios o reales) del ejercicio de la ciudadanía en Atenas. Pero esto no quiere decir, en absoluto, que no exista la participación política o que sea ésta de importancia menor. La participación política ya no es como entonces gobierno del pueblo (o lo es sólo en el sentido indirecto que antes hemos mencionado, aquel al que apunta el concepto de cultura política). La participación política de los ciudadanos se ejerce desde la sociedad civil, no desde el Estado. La tipología normal de esta participación incluye las siguientes formas:

a) la discusión política cotidiana y el seguimiento de la vida política;
b) la participación en campañas electorales;
c) la más obvia y central al sistema político, el voto;
d) la presión sobre los representantes políticos;

e) la militancia en grupos y asociaciones, ONGs, grupos de interés, etc.;
f) la participación en manifestaciónes legales y, por último,
g) la desobediencia civil y hasta la revuelta (estas últimas formas llamadas también «participación no convencional»).

2. *Los motivos para la participación política*

Los motivos para la participación política hacen referencia a aquello que impele a los ciudadanos a participar políticamente de formas variadas y con objetivos diversos. Aquí la eficacia política deviene esencial. La eficacia política es la percepción que tienen los ciudadanos acerca de su capacidad de influencia política. De esta forma, una percepción alta de la propia eficacia política vendrá acompañada de un grado alto de participación. Y, a la inversa, una percepción débil inducirá la apatía o la abstención. Otras personas encuentran el motivo de su participación lejos de los réditos que les proporciona: en el sentido del deber, el patriotismo y en otros tipos de consideraciones morales ligadas a su socialización como ciudadanos. Esta faceta tiene más que ver con el tipo de ciudadano promovido por lo que antes denominamos la tradición republicana. Y otros, sin que esto agote los motivos posibles, participan estimulados por el mecanismo psicológico que se ha denominado identificación partidista y que refiere al hecho de que hay personas que ligan psicológicamente su apoyo a un partido y su identidad propia.

En suma, la representación política en la democracia liberal refiere al hecho de que los gobernantes son autorizados a gobernar, de forma explícita, por medio de la contienda electoral. Pero la representación política no se agota en el mecanismo de la autorización y esto da lugar a un intenso debate normativo acerca de la democracia. La representación política en sus acepciones de mandato, semejanza y simbología tiene también importantes consecuencias políticas, especialmente en el diseño de los sistemas electorales y de partidos. La participación política de los ciudadanos, en este contexto, refiere sobre todo a ejercicio del derecho de voto como mecanismo que autoriza, desautoriza, juzga responsabilidades políticas y legitima al gobierno. Otras formas de participación política en la democracia liberal están orientadas a ejercer influencia política sobre el gobierno desde fuera de la contienda electoral.

BIBLIOGRAFÍA

Ball, T., Farr, J. y Hanson, R. L. (eds.) (1989): *Political Innovation and Conceptual Change*, CUP, Cambridge.
Birch, A. H. (1993): *The Concepts and Theories of Modern Democracy*, Routledge, London.
Dahl, R. A. (1993): *La democracia y sus críticos*, Paidós, Barcelona.
Duverger, M. (1987): *Los partidos políticos*, FCE, México.
García Pelayo, M. (1986): *El Estado de partidos*, Alianza, Madrid.
Held, D. (1996), *Models of Democracy*, CUP, Cambridge, 2.ª ed.
LaPalombara, J. y Anderson, J. (1992): «Political Parties», en M. Hawkesworth y M. Kogan, *Encyclopedia of government and politics*, Routledge, London.
Lijphart, A. (1994): *Electoral Systems and Party Systems*, OUP, Oxford.
Mill, J. S. (1991): «Considerations on Representative Democracy», en *On Liberty and Other Essays*, OUP, Oxford.
Murillo, F. (1990): «El comportamiento político y la socialización», en *Estudios de sociología política*, Tecnos, Madrid.
Pitkin, H. F. (1967): *The Concept of Representation*, University of California Press, Berkeley.
Pitkin, H. F. (1989): «Representation», en T. Ball *et al.*, 1989.
Robespierre, M. (1973): *La revolución jacobina*, Península, Barcelona.
Sartori, G. (1987): *The Theory of Democracy Revisited. Part One: The Contemporary Debate*, Chatam House Publishers Inc.
Sartori, G. (1992): «Representación», en *Elementos de Teoría Política*, Alianza, Madrid.
Schumpeter, J. A. (1975): *Capitalism, Socialism and Democracy*, Harper Torchbooks, New York.
Torres del Moral, M. (1997), en M. Ramírez (ed.), *El Parlamento a debate*, Trotta, Madrid,
Vallès, J. M. y Bosch, A. (1997): *Sistemas electorales y gobierno representativo*, Ariel, Barcelona.

Capítulo 10

CULTURA POLÍTICA

Mariano Torcal

Universidad Autónoma de Madrid

La cultura política ha sido uno de los conceptos que mayor interés ha despertado en el estudio de la política debido a su supuesta influencia en los sistemas políticos, y más en concreto en la estabilidad de la democracia, a través del comportamiento y la participación políticas. De hecho, las características culturales de los diferentes pueblos definidas en términos de «carácter nacional» han constituido elementos frecuentemente utilizados por diversos pensadores para explicar el origen y evolución de diferentes regímenes políticos comenzando en Aristóteles y finalizando en Stuart Mill y Schumpeter, pasando por Burke, Montesquieu, Rousseau, Saint-Simon, Comte, Tocqueville y muchos otros. La incorporación del concepto de cultura política a la ciencia política moderna se produce con el clásico *La cultura cívica*[1]. Sus autores, Almond y Verba, definen la cultura política como «[...] el conjunto de orientaciones específicamente políticas de los ciudadanos hacia el sistema político, hacia sus partes componentes y hacia uno mismo como parte del sistema» (Almond y Verba, 1963, 13-14; ver Almond y Powell, 1978, 37). Como ellos mismos añaden, se trata de las disposiciones psicológicas básicas de las ciudadanas hacia los objetos sociales y políticos.

La cultura política constituye un intento de crear un instrumento que sirva para conectar causalmente la *micropolítica* (com-

---

1. Las referencias a las páginas de *La cultura cívica* (Almond y Verba, 1963) se efectuarán sobre la edición de Sage de 1989.

ponentes psicológicos individuales) con la *macropolítica* (los sistemas políticos). De ahí que el concepto se componga, de un lado, por un abanico de actitudes no-políticas, fundamentalmente psicológicas, llamadas orientaciones generales, y, de otro, por un conjunto de actitudes políticas hacia los objetos del sistema político (Almond y Verba, 1963, 29-30). Esta definición y operacionalización de la cultura política de Almond y Verba sentó, junto con la escuela de estudios electorales y actitudinales de la Universidad de Michigan, las bases fundamentales de uno de los paradigmas de investigación más importantes de la ciencia política moderna, constituyéndose en una de las teorías fundamentales de «grado medio» que servían para rellenar o completar los vacíos dejados por las grandes macro-teorías como el funcionalismo o la teoría de los sistemas políticos.

No obstante, no puede ignorarse que esta aproximación ha sido objeto de continua crítica incluso entre aquellos estudiosos de la política que la defienden. En realidad, los análisis en cultura política se han caracterizado por un ininterrumpido debate desde diferentes paradigmas de investigación con respecto a su definición y a distintos aspectos metodológicos[2], lo que contribuyó en alguna medida al deterioro del propio concepto y a su declive en la ciencia política durante los años setenta (Gibbins, 1989, 2-3; Pye, 1991, 487; Thompson, Ellis y Wildavsky, 1989, 215). Este capítulo sobre cultura política quiere evitar la reproducción de los términos de este ya largo debate sobre la definición de la cultura política. Sin embargo, parece inevitable que, tras repasar algunos aspectos teóricos del paradigma iniciado por Almond y Verba, se presenten algunas de las críticas y contribuciones teóricas que originaron, con el fin de finalizar reflexionando sobre la situación actual de los estudios de cultura política. Ello se justifica porque, a pesar de las incertidumbres y ambigüedades, el trabajo de Almond y Verba y mucha de la literatura que surgió a su alrededor contienen propuestas teóricas y líneas de investigación que suponen importantes contribuciones todavía vigentes en la mayoría de los estudios de actitudes y del comportamiento y de la participación políticas.

---

2. Las discusiones más recientes de las diferentes definiciones, usos y funciones del concepto de cultura política, con una amplia bibliografía, pueden verse en Patrick (1984, 265-314), Gibbins (1989, 1-30), Pye (1991, 487-508), Lane (1992, 362-387) y Welch (1993).

I. LA CULTURA CÍVICA

Este apartado no pretende ser un exhaustivo relato del trabajo de Almond y Verba. Sólo se van a mencionar algunos de los aspectos teóricos que merecen ser destacados por su importancia teórica y por los debates que desataron. El primer apartado a discutir sobre este trabajo es que las disposiciones psicológicas básicas de las ciudadanos hacia los objetos sociales y políticos pueden ser, siguiendo la tradición parsoniana, cognitivas, afectivas y evaluativas (Parsons y Shils, 1962, 53 ss.). Las primeras hacen referencia a los conocimientos y creencias referidas al sistema político; las afectivas, a los sentimientos con respecto al sistema político; y, por último, las evaluativas se componen de los juicios y opiniones de los objetos políticos, y consisten en realidad en una combinación de información y sentimientos (Almond y Verba, 1963, 14 ss.). Además, las orientaciones específicamente políticas se dirigen de manera diferenciada hacia tres dimensiones esenciales en el sistema político. La primera es hacia el sistema político en general, la segunda hacia todas las instituciones que generan los *inputs* del sistema (partidos, parlamento), y la tercera hacia los *outputs* del sistema (sus resultados). A estas tres dimensiones hay que añadir las orientaciones hacia uno mismo como sujeto participante en el sistema político (*ibid.*, 14-15). Según Almond y Verba, las actitudes políticas hacia esos objetos y las no políticas constituyen un todo coherente e interrelacionado que influye en el comportamiento político de los ciudadanos y, como consecuencia, en la estabilidad del régimen democrático (*ibid.*, 215-216, 227 ss.). Por tanto, la cultura política de un país es el agregado de actitudes y orientaciones que tienen que ser coherentes.

Un segundo tema a destacar es la clasificación de la cultura política en tres tipos ideales: la *parroquial*, la de *súbdito* y la *participante* (*ibid.*, 19 ss.). Según Almond y Verba, la comunidad política en la que predomina la *cultura participante* se caracteriza porque sus integrantes tienden a estar claramente orientados hacia el sistema en general adoptando un papel activo en la comunidad política, encaminando sus esfuerzos tanto hacia el *input* como al *ouput* del sistema. Aquella presidida por la *cultura de súbdito* presenta unos ciudadanos que enfocan su atención política solamente hacia los *outputs* del sistema, adoptando en cambio un papel pasivo en el proceso de adopción de las decisiones. Los sujetos de comunidades políticas con cultura de súbdito son conscientes de la existencia de una autoridad política especializada que adopta decisiones que les afectan y, por tanto, generan afectos hacia el sistema en general con base en los resultados obtenidos; sin embargo, carecen de la motivación o el deseo de tomar parte activa en el proceso político adoptando un papel fundamentalmente pasivo con el sistema. Finalmente están las comunidades políticas en las que prevalece la *cultura parroquial*. Ésta se caracteriza, según estos mismos autores, porque sus integrantes apenas reconocen la presencia de una autoridad política especializada, careciendo, por tanto, de expectativas con respecto al sistema en general o a cualquier cambio que éste pudiese generar. En este tipo de cultura predominan sentimientos afectivos de rechazo de cualquier organización social o política que vaya mas allá del ámbito más cercano o familiar.

Sin embargo, ninguna de estas culturas se presenta en la realidad, según Almond y Verba, en estado puro, sino que lo hace en forma híbrida con base en dos dimensiones actitudinales básicas: la identificación con el sistema político y el compromiso participativo (*ibid.*, 16 ss.). Entre los tipos de cultura política híbrida que Almond y Verba identifican destaca la «cultura cívica», que es la mezcla de elementos predominantes de la cultura subjetiva y participante que genera confianza y respeto hacia las autoridades y el sistema, al mismo tiempo que una actitud positiva que propicia una participación política activa. Esta mezcla proporciona, según estos autores, una armonía perfecta entre las dos dimensiones (identificación con el sistema político y compromiso participativo), que favorece el funcionamiento y estabilidad del sistema liberal democrático (*ibid.*, 29-30). De hecho, según estos mismos autores, esta cultura se encuentra presente en el Reino Unido y Estados Unidos, dos países de larga tradición democrática incluidos en su estudio y apenas se muestra en México, estando en un punto intermedio Alemania e Italia. Es decir, simplificando la argumentación, las democracias liberales funcionan mejor y son más estables si tienen ciudadanos que participan (pero no demasiado) y obedecen (pero no de forma pasiva).

No es de extrañar que este trabajo se interpretara como la formulación de un modelo causal en el que la cultura política o, más concretamente, un tipo de cultura política, la cívica, constituía una variable decisiva para la estabilidad y efectividad de la democracia. Reforzado por el paradigma de la «modernización cultural» (Lerner, 1958) y política dominante durante los años cincuenta y sesenta, este modelo hizo de la cultura cívica una precondición para la existencia de la modernización política y de la democracia[3]. De hecho,

---

3. Véanse Lipset (1959, 69-105; 1960; 1963 y 1981).

Almond y Verba finalizan su trabajo «aconsejando» los medios para suplantar el largo y costoso proceso que llevó a las democracias occidentales más estables a formar este tipo de cultura política (Almond y Verba, 1963, 369-374). Cabría destacar, finalmente, que, según estos mismos autores, todas estas orientaciones y actitudes se desarrollan y solidifican durante la adolescencia y juventud conforme a las experiencias preadultas del individuo en el entorno familiar y las personales con el sistema, para mantenerse estables el resto de su vida (*ibid.*, 266-267).

Almond y Verba afirman que su modelo contempla una doble causalidad; es decir, que las instituciones del régimen y su funcionamiento también pueden influir sobre las actitudes de los ciudadanos. Sin embargo, la defensa de las actitudes políticas como resultado preferente de la socialización preadulta significa reconocer que el cambio de un régimen político por otro no puede alterar las actitudes políticas de los individuos adultos, las cuales, ya formadas, permanecen estables. En este sentido, se trata de un modelo «culturalista»: es decir, la cultura política deviene como variable exógena (independiente) para explicar un modelo de estabilidad democrática.

II. LAS REACCIONES CRÍTICAS

Muchas son las críticas, sin embargo, que han proliferado desde que se publicó este trabajo en 1963. Efectuadas en muchos casos desde presupuestos teóricos e ideológicos diferentes, las críticas se han centrado fundamentalmente en tres aspectos: el concepto de cultura política, la supuesta relación existente entre esta última, el comportamiento de los ciudadanos y el sistema político (incluyendo aquella que hace referencia a la pobre operacionalización de la variable dependiente), y los tipos de cultura política, o más concretamente un tipo determinado, la cultura cívica. Aquí vamos a recoger las críticas que consideramos más importantes para la evolución posterior del paradigma.

La primera se debe a autores como Barry y Pateman, quienes, desde un planteamiento ideológico diferente, destacaron el etnocentrismo y el sesgo ideológico del concepto de cultura cívica[4]. Según ambos autores, toda la investigación del trabajo de Almond y

---

4. Existe mucha literatura sobre este tema, pero los exponentes clásicos de estas críticas lo constituyen los trabajos de Barry (1970) y Pateman (1971, 291-305; 1989, 57-102).

Verba se realiza en torno a una lógica efectuada desde una determinada definición normativa de democracia que considera necesaria la existencia de un equilibrio óptimo entre participación de los ciudadanos y autonomía de las élites (Pateman, 1989, 50). En realidad, como afirma el propio Barry, en el trabajo de Almond y Verba nunca se define la variable dependiente (ni se mide), simplemente se asume que las democracias mejores y más estables se encuentran en el Reino Unido y los Estados Unidos (Barry, 1970, 50-51). De este modo se concluye que la cultura cívica, presente en mayor medida en esos países, favorece el mantenimiento de la democracia liberal que allí existe. Pero la pregunta que entonces surge es saber si el régimen político italiano o alemán que existía en los años cincuenta es menos democrático que el que existía en el Reino Unido o en los Estados Unidos. Almond y Verba se no pronunciaron al respecto.

Este trabajo adquirió, por tanto, una reputación muy conservadora reforzando, según esta interpretación crítica, las teorías elitistas de la democracia entonces dominantes. Además, sus resultados se interpretaron en las mismas línea que las ya entonces conocidas conclusiones alcanzadas por los estudios electorales de la Universidad de Michigan, según los cuales la mayoría de la opinión pública carecía de unas opiniones coherentes y sustantivas de los asuntos políticos (Campbell *et al.*, 1954; Id., 1960). Sin embargo, no hay que olvidarse de que, como señala el propio Barry, la aproximación de Almond y Verba, al igual que toda aquella que él califica de «sociologista», se vio condiciona por la obsesión de los acontecimientos políticos que llevaron a la segunda Guerra Mundial (Barry, 1970, 8). En realidad, la preocupación principal del libro de Almond y Verba consistía en estudiar la estabilidad de la democracia, no en legitimar la democracia liberal, ni en aportar una prueba concluyente que sustentara la teoría elitista de la democracia.

Otra crítica por parte de este mismo grupo de autores resalta que, contrariamente al modelo causal establecido en *The civic culture*, la cultura política puede también ser el resultado de la interacción de los ciudadanos con las propias instituciones, es decir, las actitudes se aprenden con el funcionamiento de las instituciones democráticas (Barry, 1970, 51-52). Como diría más tarde Converse, el tiempo favorece el aprendizaje de ciertas actitudes democráticas (Converse, 1969). Sin embargo, debe señalarse que no todos los autores están de acuerdo con la interpretación de la dirección y determinismo causal del modelo de Almond y Verba. Por ejemplo, Lijphart afirma que detrás del uso de los términos «variables dependientes e independientes» no se implica de una forma directa que exista una unidireccionalidad entre cultura política y estructura política (Lijphart, 1989, 47 ss.). De hecho, Almond y Verba afirman que se tratan de dos variables, la cultura política y la estabilidad política, «...en un sistema complejo y multidireccional de causalidad»; y también concluyen que el modelo está estructurado en torno a tres variables: las estructuras y procesos sociales (variables independientes), la cultura política (variables endógenas o intervinientes), y la eficacia y estabilidad de la democracia (variable dependiente) (Almond y Verba, 1963, 34 ss. y 252 ss.; Almond, 1990, 138-156).

Un segundo grupo significativo de críticas proviene de otra aproximación al estudio de la cultura cuyo origen se remonta a los trabajos de antropólogos y sociólogos como Laswell (1954), Arnold (1962), Edelman (1971; 1972) y más recientemente (Geertz, 1973; 1980), y que está estrechamente unida a la utilización del método hermenéutico de Dilthey[5]. Su argumentación fundamental se centra en la definición del concepto de cultura y en la utilización de encuestas para la realización de estudios culturales. Pero su discusión careció de aceptación entre los politólogos por dos razones. La primera era porque este enfoque apenas concedía autonomía a la cultura, a la que se veía formando parte de un sistema social más amplio. La segunda era porque los análisis antropológicos no producían categorías sistemáticas que puedan ser útiles para los estudios culturales comparados. Sin embargo, en los últimos años han proliferado trabajos en la ciencia política cuyo denominador común ha sido la utilización de un concepto más amplio de cultura, y, por tanto, de cultura política, que engloban un abanico también más amplio de esferas de la vida social y estados mentales, y que a su vez, manifiestan una cierta autonomía tanto con respecto al sistema social en general, como al comportamiento observado[6]. Estos últimos trabajos ayudan, según sus defensores, por un lado a superar la visión funcionalista de la necesaria «congruencia» entre sistemas políticos y culturas determinadas (Street, 1993, 113), y, por el otro, a ampliar el concepto de cultura más allá de la definición implícita en la escuela «behaviorista», contribuyendo a retomar (que no a rechazar) el

---

5. Éste es el método de interpretación para descubrir la naturaleza de las estructuras subjetivas internas y descubrir su significado yendo mucho más allá de la mera observación (véase Dilthey, 1976, 247-263).
6. Algunos ejemplos de los trabajos más recientes con este enfoque son los de Thompson (1990) y Merelman (1991). Para una discusión sobre esta literatura, véase Street (1993, 95-113). Un buen ejemplo de una reformulación más sofisticada de cultura política en su tradición culturalista se encuentra en Barnes (1988, 8 ss.).

discurso funcionalista original en el que ya se contemplaba la existencia de un concepto de cultura menos restrictivo.

Una tercera crítica significativa proviene del paradigma del *rational choice*, que mantiene que el comportamiento político responde solamente al cálculo racional de los individuos en base a sus intereses. Los individuos actúan como «maximizadores» de las utilidades, una vez definidas sus preferencias presentes. La cultura no juega, por tanto, un papel directo a la hora de explicar el comportamiento político. Existen dos trabajos sobre la participación política que destacan en esta línea. El primero es el famoso trabajo de Downs en que se señala que el coste de votar es siempre superior al beneficio que se obtiene (el beneficio personal que se obtiene con la victoria de ese partido multiplicado por la probabilidad de que su voto cambie el resultado de la elección) (Downs, 1957). En el segundo, Olson, basado en una lógica economicista semejante, concluye que el único beneficio que supera el coste de participar en organizaciones y asociaciones colectivas son un conjunto de «incentivos selectivos» que los militantes pueden obtener (Olson, 1965). Pero si ambos aspectos son ciertos, entonces cabría preguntarse la razón por la cual los ciudadanos acuden a votar de forma mayoritaria. También debería responderse el motivo por el cual los ciudadanos españoles se sindican en mucha menor medida que otros europeos o por que lo hacen en determinadas regiones o sectores industriales menos que otros. En realidad, como afirma Barry, el «precio a pagar» por participar no viene determinado por el equilibrio de la oferta y la demanda, el problema es que el «precio justo» está fijado de antemano por cada uno de los ciudadanos. Por tanto, el problema es saber cómo los ciudadanos han llegado a la conclusión sobre el «precio justo» a pagar, cómo esa creencia ha sido transmitida y mantenida entre los distintos ciudadanos, y cómo los ciudadanos establecen precios diferentes (Barry, 1970, 16).

Reformulaciones más recientes, tras numerosas críticas que subrayaron su incapacidad para explicar determinados aspectos aparentemente «irracionales» como los mencionados más arriba, han incorporado elementos importantes de la aproximación cultural socio-psicologista que al principio rechazaban. Por ejemplo, Riker apunta claramente en este sentido cuando intenta superar la paradoja de la abstención de Downs. Según este autor, los beneficios de votar se encuentran en actitudes y valores psico-culturales como «satisfacción con el cumplimiento del deber cívico de votar», «afirmar el apoyo concedido al régimen democrático», «mostrar las preferencias partidistas», y «reafirmar la eficacia personal que el individuo cree que tiene sobre el sistema político» (Riker y Ordeshook, 1968, 28). En este mismo sentido, Kinder también argumenta que los individuos realizan simples evaluaciones afectivas de la realidad política que pueden transformarse en la base para posteriores re-evaluaciones cognitivas (Kinder, 1983, 389-428); es decir, las preferencias de los individuos no tienen que ser necesariamente racionales, ya que pueden ser también producto de la afectividad. La racionalidad opera una vez que las preferencias están dadas, independientemente de que éstas sean producto del conocimiento y la reflexión o de la más absoluta irracionalidad afectiva. En estas últimas formulaciones no sólo se acude a los clásicos valores psico-culturales tan disputados por la aproximación racionalista, sino que además a los individuos se les siguen atribuyendo las preferencias, que se constituyen en parte de los objetivos de los actores racionales. Esto supone obviar el estudio del origen, desarrollo y cambio de las preferencias, e imposibilita establecer un criterio para determinar el grado de importancia de las motivaciones y su incidencia relativa en el comportamiento político. Las combinaciones de posibles preferencias y motivaciones que explicarían el comportamiento político pueden ser, de este modo, infinitas, lo que supone, además, que las preferencias constituyan en sí mismas incógnitas también a resolver en el problema. Tal vez por ello, como se ha discutido recientemente, el enfoque racionalista carece de demostraciones empíricas determinantes que vayan más allá de explicaciones *ad hoc*[7].

Finalmente, debe destacarse la crítica marxista, que mantiene que el origen y los cambios de las actitudes son el resultado de las estructuras económicas y sociales. La cultura política, según estos autores, es la variable dependiente, y, por tanto, las actitudes políticas tienen poca capacidad explicativa independiente, por lo que carece de sentido analizarlas. Especialmente cuando el comportamiento político, más fácilmente observable, responde también a los mismos condicionantes del sistema. En este sentido, las actitudes políticas no parece que puedan (ni deban) separarse del estudio del comportamiento político[8]. Esta crítica significó un serio reto pese a su evidente carga ideológica, ya que implicaba argumentar que el concepto de cultura política se restringía a sus aspectos psicológicos,

---

7. Para una reciente y acertada discusión de este problema, véase Green y Shapiro (1994).
8. Esta perspectiva, predominante entre los estudiosos de la cultura política en los regímenes comunistas, afirma que el comportamiento político es parte integrante de la cultura política. Véanse Tucker (1973, 173-190) y White (1979; 1984, 351-365).

lo que propiciaba una total «subjetivación» del fenómeno que, en definitiva, subestimaba, según estos mismos autores, la capacidad de las estructuras políticas de poder moldear las actitudes. Los ciudadanos de los países comunistas evidenciaban, según mantenían estos autores, unas actitudes políticas maleables que se manifestaban en su comportamiento. El comportamiento político de esos ciudadanos constituía, para ellos, la confirmación de su argumentación. Sin embargo, los acontecimientos políticos recientes —y no tan recientes— han revelado que las actitudes poseen una gran autonomía, ya que, una vez desmantelados los regímenes comunistas, las actitudes se han manifestado más abiertamente y han demostrado que éstas se habían resistido al cambio a pesar de las enormes transformaciones económicas y sociales que habían ocurrido durante las décadas de vigencia de los regímenes comunistas. Como afirma Almond, «el argumento de la maleabilidad de las actitudes por los factores estructurales ya no se mantiene seriamente por los marxistas contemporáneos, quienes han descubierto en las recientes décadas que [...] la religión, la nacionalidad y la etnia no se desvanecen por vía de la resocialización (fomentada desde el Estado)» (Almond, 1990, 144). El impacto que el comunismo ha tenido en la cultura política de los países de Europa central y del Este durante un período de tiempo importante resulta escaso, por lo menos en lo que hace referencia a ciertas actitudes y planteamientos ideológicos que los analistas consideraban erradicados con la experiencia comunista[9]. Por tanto, detrás del comportamiento manifestado por los ciudadanos de estos países se encontraba un conjunto de actitudes políticas que mantenían su nivel de autonomía (Di Palma, 1992, 49-80).

El relativo impacto de todas las críticas anteriores contribuyó a que el concepto dejara de «estar de moda», corriendo la misma suerte que el funcionalismo al que estaba tan íntimamente ligado. A este declive también ayudó la creciente evidencia empírica de la caída de las actitudes «cívicas» en Gran Bretaña y los Estados Unidos (Abramowitz, 1989, 177-211; Kavanagh, 1989, 136-162). Aun así, el conjunto teórico ha sobrevivido y ha seguido siendo la fuente de inspiración de muchas de las investigaciones empíricas sobre cultura política, y especialmente sobre participación política, en los que se han utilizado con profusión muchos de sus conceptos, definiciones y

---

9. Sin embargo, el estudio y evolución de la cultura política en esos países ha demostrado que ésta no es tan fácilmente moldeable y que, además, es algo diferente del comportamiento observado. Hay bastante literatura importante sobre este aspecto, pero deben destacarse Almond (1983, 127-138) y Brown (1984).

metodología. Además, es evidente que en los últimos años se ha producido un relanzamiento importante de los estudios de cultura política. A ello han ayudado las contribuciones teóricas y empíricas de ciertos autores que han enriquecido el paradigma iniciado por Almond y Verba.

III. LAS RESPUESTAS A LAS CRÍTICAS

La respuesta a las críticas anteriores por parte de los integrantes de este paradigma no se hizo esperar. La primera reacción destacable se produce en el clásico trabajo de Pye y Verba *Political culture and political development*. A éste se unieron, transcurridos unos años, Barnes, Kaase *et al.*, Inglehart, Wildasky y Putnam. Todos ellos destacan por importantes contribuciones teóricas en determinados aspectos concretos que sirvieron para matizar, enriquecer y, en algunos casos, corregir aspectos fundamentales del trabajo original de Almond y Verba. Estas contribuciones no sólo han ayudado a la supervivencia de este paradigma, sino que también han favorecido la creciente importancia que ha retomado en los últimos años.

Como ya se ha dicho, la primera aportación proviene del estudio de Pye y Verba *Political culture and political development* (*Cultura política y desarrollo político*). Este trabajo, pese a su proximidad temporal con *The civic culture*, es destacable desde el punto de vista teórico por varias razones. Primero, porque conjugó las aproximaciones cognitivas y simbólicas para el estudio de la política y de la sociedad, centrándose tanto en las orientaciones básicas que rigen el entramado cultural de un determinado grupo, como en los problemas de aprendizaje y adaptación al entorno en cambio. El propio Verba manifiesta una posición sustancialmente modificada cuando afirma en este libro que la cultura política «consiste en un sistema de creencias empíricas, símbolos expresivos y valores que definen la situación en la cual la acción política tiene lugar» (Pye y Verba, 1965, 527). Además, cuestiona elementos fundamentales de su trabajo anterior afirmando también que «cuando se trata de cultura tendemos a pensar en una determinada estructura de creencias y valores, pero ello no debe implicar que todo este conjunto de creencias esté perfectamente integrado. Puede haber creencias políticas que son radicalmente discontinuas y en cierto modo inconsistentes con otras creencias, [...] sin que ello suponga que tengan efectos desestabilizadores para el sistema político» (*ibid.*, 524-525). Estas matizaciones supusieron reconocer que las actitudes políticas eran una parte de un conjunto de valores culturales que respondían a su propia lógica interna, no siempre semejante a la que los autores de *The civic culture* habían señalado (normativamente) para las democracias más estables, Estados Unidos e Inglaterra.

La contribución de *Political action* (*Acción política*), editada por Barnes, Kaase y otros, también fue muy importante. Este trabajo mostró que el incremento de las movilizaciones políticas de los años setenta no se trataba de una crisis del sistema político democrático en general como hasta entonces se había interpretado. Simplemente evidenciaba la mayor utilización de una forma de participación política que «constituirá una característica más de las democracias representativas y no solamente un aumento momentáneo del interés por la política que se desvanecerá con el transcurrir del tiempo» (Barnes, Kaase *et al.*, 1979, 524). Este importante trabajo empírico supuso una contribución importante, ya que los autores demostraban en el mismo que los estudios de cultura política podían ayudar a entender la evolución y cambio de una de las dimensiones definitorias de las democracias representativas, la participación política, sin presunciones normativas sobre el tipo de «democracia estable». Además, la extensión y sofisticación del tratamiento de los datos que se efectuó en este trabajo también supuso una demostración de las posibilidades de este tipo de estudios cuantitativos. Trabajos empíricos posteriores en esta línea reforzaron las conclusiones alcanzadas por este primero[10].

Los trabajos de Inglehart, que conectan claramente con los anteriores, también han favorecido al relanzamiento de la cultura política[11]. Sus estudios, basados en un detallado análisis de los datos recogidos por varias encuestas en diferentes países europeos (entre ellas las del Eurobarómetro), han servido para comprobar que las distintas características de la cultura política existentes entre ellos o, más concretamente, las distribuciones diferentes de un conjunto de orientaciones básicas (satisfacción con la vida, confianza interpersonal, satisfacción con la política, altos niveles de discusión política y apoyo al orden social existente) mantienen una importante relación con la estabilidad y funcionamiento de las instituciones democráticas (Inglehart, 1990, 40-48)[12]. Además, este autor ha demostrado,

---

10. Véase entre muchos otros Kent Jennings, Van Deth *et al.* (1990).
11. Los trabajos publicados por Ronald Inglehart son numerosos, pero destacamos: Inglehart (1977, 1988 y 1990).
12. Maravall (1995, 253, nota 3) recientemente ha criticado este trabajo con tres argumentos importantes a tener en consideración: primero, se miden los valores democráticos con sólo tres indicadores cuya validez es cuestionable (satisfacción con la vida,

en la misma posición que Barnes, Kaase y otros, que una parte importante de los «nuevos ciudadanos» de las «viejas democracias» poseían una mayor «movilización cognitiva», es decir, eran ciudadanos con un mayor grado de información política y más sofisticados que demandaban del poder político mecanismos de participación diferentes a los tradicionales sin que ello supusiese una crisis de legitimidad. Finalmente, Inglehart ha defendido que la prosperidad y la paz de las que han disfrutado las sociedades industriales han generado entre las generaciones más jóvenes un cambio cultural que propicia el progresivo aumento de los valores postmaterialistas en detrimento de los materialistas, favoreciendo, como consecuencia, la búsqueda de esos mecanismos de participación política alternativos (*ibid.*, 67-71). Independientemente de lo discutible de estas hipótesis, la contribución de Inglehart consiste en mostrar cómo puede reflejarse el cambio cultural producido por medio del reemplazo generacional utilizando análisis de cohortes, y cómo éste incide sobre determinados comportamientos políticos y la creciente proliferación de determinados mecanismos de participación política (*ibid.*, 83-103).

Otra importante contribución a este paradigma proviene del intento de Wildavsky de aproximar la teoría del *rational choice* a los estudios de cultura política. Para este autor, los objetivos de los actores racionales no vienen dados, sino que están culturalmente predeterminados (Wildavsky, 1987, 3; 1994, 132). En su discusión de dos paradigmas tan distantes, Wildavsky realiza algunas contribuciones teóricas importantes, aunque algunas de ellas ya habían sido parcialmente adelantadas en el clásico trabajo de Pye y Verba anteriormente comentado. Primero, reformular de nuevo los procesos causales que explican el cambio y/o la continuidad de la cultura. Así, la cultura política es, según Wildavsky, construida «en un proceso de toma de decisiones, [...] en el que un continuo reforzamiento, modificación y rechazo de las relaciones de poder existentes enseña a los individuos qué preferir» (Wildavsky, 1987, 3). Segundo, precisa que la cultura política no es un concepto estático con el que se puedan clasificar las naciones en cívicas, autoritarias, subjetivas, etc. En realidad, cada nación «posee una mezcla de culturas [propias]» (*ibid.*, 5), aunque, sin embargo, «hay un número limitado [de ellas]»

confianza interpersonal, y rechazo a cambios revoluvionarios); segundo, los años de democracia entre 1900 y 1986 tampoco parece que sea un indicador válido para medir la democratización (años de democracia entre 1900 y 1986), y, tercero, el problema de que el efecto anteceda a la causa (los valores medidos entre 1981 y 1986, y la democracia medida entre 1900 y 1986). Véase también Muller y Seligson (1994, 637-639).

(*ibid.*, 18), lo que significa que todas las culturas poseen un conjunto de elementos básicos (orientaciones básicas) comunes, pero que se mezclan de manera singular en cada una.

La aproximación de Wildavsky al estudio de la cultura política ha generado una importante literatura, a la que se ha denominado con el nombre genérico de «racionalismo cultural» (Lane, 1992, 365). Sin embargo, su contribución no debe confundirse con la teoría del *schema*[13], proveniente de la psicología política, de la que se diferencia notablemente. Esta última ve a los ciudadanos como «simples conocedores» que poseen una limitada capacidad para tratar la información, por lo que necesitan utilizar algunas «pistas» previamente almacenadas en el conocimiento para juzgar y decidir eficaz y adecuadamente. Aunque esta lógica pueda parecer similar a la teoría cultural racionalista, se trata de dos enfoques claramente diferenciados. Existen dos puntos básicos que las diferencian. Primero, para «el racionalismo cultural» no todo es conocimiento; más bien al contrario, muchas de las preferencias pueden ser afectivas o emotivas. Segundo, la cultura no es un conglomerado de ideas desarticuladas que carecen de coherencia, como mantiene implícitamente la teoría del *schema*. Para Wildavsky, simplemente, existen diferentes niveles que conforman la cultura política y que poseen un importante grado de autonomía entre sí, lo que no equivale a decir que no exista ninguna lógica interna.

Finalmente, la última contribución destacable está constituida por el trabajo de Putnam. Este autor demuestra la relación que existe entre determinadas actitudes y orientaciones «cívicas» que caracterizan las distintas regiones italianas, y la vitalidad de la sociedad civil, constituyendo lo que él denomina el «capital social». Este capital tiene un relación, finalmente, con el diferente grado de responsabilidad y eficiencia de las instituciones democráticas de cada una de las regiones (Putnam, 1993). Para evidenciarlo este autor desarrolla, y esto también supone una novedad, un índice de eficacia de las instituciones basado en el grado de responsabilidad (respuesta) y efectividad del sistema, o lo que él llama «funcionamiento institucional»[14]. Para este autor el capital social no resulta fácilmente alte-

---

13. Véase Fiske y Taylor (1984); Johnson Conover y Feldman (1984); Lau y Sears (1986).
14. Este enfoque puede ser válido, como demuestran muchas de sus aplicaciones, para el estudio de procesos cognitivos relacionados con la evaluación de programas y candidatos en elecciones. Algunos ejemplos de la aplicación de esta literatura pueden verse en Lau (1986), Conover y Feldman (1989, 912-940), Entman (1989, 347-370), y Erber y Lau (1990, 236-253).

rable por el crecimiento económico y la prosperidad, sino que es más bien el resultado de un largo proceso de «acumulación cultural» (Putnam, 1993, 152-162).

IV. CONCLUSIONES

Hoy en día la cultura política y los indicadores y conceptos desarrollados por Almond y Verba siguen vigentes, aunque se hayan visto expuestos a numerosas puntualizaciones y matizaciones. En realidad, pese a las críticas mencionadas, todas estas contribuciones han impulsado el estudio de la cultura política desde la perspectiva cuantitativa, ayudando al paradigma de Almond y Verba a superar algunos problemas teóricos importantes. Estos trabajos, por tanto, constituyen el punto de partida de las investigaciones actuales sobre cultura política, por ello merece la pena recapitular sus conclusiones principales de un modo más sistemático en cuatro puntos:

1. En primer lugar, todos estos autores coinciden en que debe evitarse una clasificación de los tipos de cultura política al menos desde una perspectiva basada en determinados modelos de democracia, como ocurría con el concepto de cultura cívica. Esto ha significado reconocer que si no existen culturas que por definición normativa sean más favorables para la estabilidad de la democracia, tampoco existe un conjunto de actitudes que pueda constituir una precondición para la existencia de la democracia. En todo caso, tales actitudes tienen una incidencia en el funcionamiento y la calidad de la democracia a través de dimensiones fundamentales del comportamiento político.

2. En segundo lugar, muchos de los trabajos antes mencionados han puesto de manifiesto que no es precisa la existencia de una total coherencia entre las actitudes políticas. De este modo, puede haber ciudadanos que apoyen formalmente el sistema democrático y que al mismo tiempo muestren un alto desinterés y escepticismo con respecto a sus reglas de juego. Ésta es una característica básica de muchas de las culturas políticas de las nuevas democracias. Contrariamente a lo que originalmente afirmaban Almond y Verba, no parece que puede mantenerse que deba esperarse una coherencia interna entre todas las actitudes. Esta coherencia deviene como una condición excesivamente restrictiva, consecuencia de los presupues-

tos normativos culturales y democráticos de los que partían en su investigación

3. En tercer lugar, esa literatura ha reformulado la causalidad del modelo de Almond y Verba. Como se ha dicho, originalmente este modelo mantenía que la participación política era el resultado de las actitudes políticas; sin embargo, trabajos como el de Wildavsky y Eckstein defienden que las actitudes políticas pueden ser consecuencia de la evaluación del entorno político y de las propias experiencias participativas. En muchos de los recientes estudios comparados sobre participación política se ha mantenido que la mayor o menor presencia de ciertas actitudes depende también de las propias experiencias participativas de los ciudadanos. En esta idea se ha basado toda la literatura mencionada de la crisis de confianza y de la desafección política.

4. Por último, todas esas contribuciones han señalado la posibilidad de que las actitudes políticas de un determinado ciudadano pueden cambiar con el transcurrir de los años; es decir, que los ciudadanos pueden adquirir valores democráticos a través de sus experiencias en un nuevo régimen. Esto supone admitir la posibilidad de que exista una proceso de aprendizaje o de resocialización adulta unido al cambio de régimen.

BIBLIOGRAFÍA

Abramowitz, A. I. (1989): «The United States. Political culture under stress», en Almond y Verba (eds.), 1989, 177-211.
Alexander, J. C. (1990): «Analytic debates: understanding the relative autonomy of culture», en C. A. Jeffrey y S. Seidman (eds.), *Culture and Society. Contemporary debates*, CUP, Cambridge, 1-27.
Almond, G. A. (1983): «Communism and political culture theory»: *Comparative Politics*, 15, 127-138.
Almond, G. A. (1990): «The study of political culture», en *A discipline divided. Schools and sects in political science*, Sage, Newbury Park, 138-156.
Almond, G. y Powell, B. (1987): *Comparative politics: system, process, policy*, Little Brown, Boston.
Almond, G. A. y Verba, S. (1963): *The civic culture: political attitudes and democracy in five nations*, Princeton University Press, Princeton; *The civic culture revisited*, Sage, Newbury Park, ²1989.
Arnold, T. (1962): *The symbols of government*, Harcourt, Brace and World, New York.
Barnes, S. (1988): *Politics and culture*, Center for Political Studies, Institute for Social Research, Ann Arbor.

Barnes, S. H., Kaase, M. *et al.*: *Political action: mass participation in five western democracies*, Sage, Beverly Hills.
Barry, B. (1970): *Sociologists, economists and democracy*, Collier-Macmillan, London.
Brown, A. (ed.), *Political culture and communist studies*, M. E. Sharpe, New York.
Bryson, *et al.* (eds.) (1954): *Symbols and values: an initial study*, New York.
Campbell, A., Gurin, G. y Miller, W. E. (1954): *The voter decides*, Row and Peterson, Evanston.
Campbell, A. *et al.* (1960): *The American Voter*, Wiley, New York.
Conover, P. J. y Feldman, S. (1989): «Candidate perception in an ambiguous world: campaigns, cues, and inference processes»: *American Journal of Political Science*, 33, 912-940.
Converse, P. E. (1969): «Of time and partisan stability»: *Comparative Political Studies*, 2, 139-171.
Di Palma, G. (1992): «Legitimation from the top to civil society: politicocultural change in Eastern Europe», en Bermeo, N. (ed.), *Liberalization and democratization. Change in the Soviet Union and Eastern Europe*, Johns Hopkins University Press, Baltimore, 49-80.
Dilthey, W. (1976): «The development of hermeneutics», en H. P. Rickman (ed.), *W. Dilthey: selected writings*, CUP, Cambridge, 247-263.
Downs, A. (1957): *An economic theory of democracy*, Harper and Row, New York.
Easton, D. (1965a): *A framework for political analysis*, Prentice Hall, Englewood Cliffs.
Easton, D. (1965b): *A system analysis of political life*, Wiley, New York.
Eckstein (1990): «Political culture and change»: *American Political Science Review*, 84, 253-258.
Edelman, M. (1971): *Politics as symbolic action*, Academic Press, New York.
Edelman, M. (1972): *The symbolic uses of politics*, University of Illinois Press, Urbana.
Entman, R. N. (1989): «How media affect what people think: an information processing approach»: *Journal of Politics*, 51, 347-370.
Erber, R. y Lau, R. R. (1990): «Political cynicism revisited: an information-processing reconciliation of policy-based and incumbancy-based interpretations of changes in trust in government»: *American Journal of Political Science*, 34, 236-253.
Ferejohn, J. A. y Fiorina, M. P. (1974): «The paradox of not voting: a decision theoretic analysis»: *American Political Science Review*, 68.
Fiorina, M. P. (1977): «An outline for a model of party choice»: *American Journal of Political Science*, 21, 601-626.
Fiorina, M. P. (1981): *Retrospective voting in American national elections*, Yale University Press, New Haven.
Fiske, S. T. y Taylor, S. E. (1984): *Social cognition*, Random House, New York.
Gamson, W. A. (1968): *Power and discontent*, The Dorsey Press, Homewood.
Geertz, C. (1980a): *The interpretation of cultures*, Basic Books, New York.
Geertz, C. (1980b): *Negara*, Princeton University Press, Princeton.

Gibbins, J. R. (1989): «Contempary political culture: an introduction», en *Contemporary political culture*, Sage, Beverly Hills.
Gibson, J. L., Duch, R. M. y Tedin, K. L. (1992): «Democratic values and the transformation of the Soviet Union»: *The Journal of Politics*, 54, 329-337.
Green, D. P. y Shapiro, I. (1994): *Pathologies of rational choice theory*, Yale University Press, New Haven.
Inglehart, R. (1977): *The silent revolution: changing values and political styles among western publics*, Princeton University Press, Princeton.
Inglehart, R. (1988): «The renaissance of political culture»: *American Political Science Review*, 82, 1.203-1.230
Inglehart, R. (1990): *Culture shift in advanced industrial society*, Princeton University Press, Princeton.
Inkeles, A. y Diamond, L. J. (1980): «Personal development and national development: A cross-national perspective», en A. Szalai y F. M. Andrews (eds.), *The quality of life: comparative studies*, Sage, London, 1980.
Johnson Conover, P. y Feldman, S. (1984): «How people organize the political world»: *American Journal of Political Science*, 28, 93-126.
Kavanagh, D. (1989): «Political culture in Great Britain: the decline of civic culture», en Almond y Verba (eds.), 1989, 136-162.
Kent Jennings, M., Van Deth, J. W. et al. (1990): *Continuities in political action. A longitudinal study of political orientations in three western democracies*, Gruyter, New York.
Kinder, D. R. (1983): «Diversity and complexity in American public opinion», en Finifter, A. W., *Political science. The state of the discipline*, American Political Science Association, Washington, 389-428.
Kuklinski, J. H., Luskin, R. C. y Bolland, J. (1991): «Where is the schema? Going beyond the 'S' word in political psychology»: *American Political Science Review*, 85, 1341-1355.
Laitin, D. D. (1995): «The civic culture at 30»: *American Political Science Review*, 89, 171-173.
Lane, R. (1992): «Political culture. Residual category or general theory?»: *Comparative Political Studies*, 25.
Lasswell, H. (1954): «Key symbols, signs and icons», en Bryson, L. et al. (eds.),1954.
Lau, R. L. (1986): «Political schemata, candidate evaluations and voting behavior,» en Richard R. L. y Sears, D. O. (eds.),1986.
Lau, R. L. y Sears, D. O. (eds.) (1986): *Political cognition*, Erlbaum, Hillsdale.
Lerner, D. (1958): *The passing of traditional society: modernizing the Middle East*, Free Press, Glencoe.
Levi, M. (1994): «Social and unsocial capital: a review essay of Robert Putnam's *Making democracy work*»: *Politics and Society*, 24, 45-55.
Lijphant, A. (1989): «The structure of inference», en Almond, G. A. y Verba, S. (eds.), *The civic culture revisited*.
Lipset, S. M. (1959): «Some social requisites of democracy: economic development and political legitimacy»: *American Political Science Review*, 53, 69-105.
Lipset, S. M. (1960): *The political man: the social bases of politics*, The

Johns Hopkins University Press, Baltimore; ed. revisada y expandida en 1981.
Lipset, S. M. (1963): *The First new nation*, Basic Books, New York.
Maravall, J. A. (1995): *Los resultados de la democracia*, Alianza, Madrid.
Marcus, G. E. (1988): «The structure of emotional response: 1984 presidential candidates»: *American Political Science Review*, 82, 737-361.
Merelman, R. M. (1991): *Partial visions: culture and politics in Britain, Canada and The United States*, University of Wisconsin Press, Madison.
Mishler, W. y Rose, R. (1995): «Trust, distrust and skepticism: popular evaluations of civil and political institutions in post-communist society», trabajo presentado en el *Annual meeting of Southern Political Science Association*, Tampa, 1995
Mishler, W. y Rose, R. (1996): «Testing the Churchill hypothesis: popular support for democracy and its alternatives»: *Journal of Public Policy*, 16, 29-58.
Muller, E. N. y Seligson, M. A. (1994): «Civic culture and democracy: the question of causal relationships»: *American Political Science Review*, 88.
Olson, M. (1965): *The logic of collective action. Public goods and the theory groups*, Harvard University Press, Cambridge.
Parsons T. y Shils, E. A. (1962): *Toward a general theory of action*, Harper Torchbooks, Cambridge.
Pateman, C. (1971): «Political culture, political structure and political change»: *British Journal of Political Science*, 1, 291-305.
Pateman, C. (1989): «The civic culture: a philosophic critique», en Almond y Verba (eds.),1989, 57-102.
Patrick, G. M. (1984): «Political culture,» en Sartori, G., 1984.
Putnam, H. (1993): *Making democracy work*, Princeton University Press, Princeton.
Pye, L. W. (1991): «Political culture revisited»: *Political Psychology*, 12.
Pye, L. W. y Verba, S. (eds.) (1965): *Political culture and political development*, Princeton University Press, Princenton.
Reisinger, W. M. et al. (1994): «Political values in Rusia, Ukraine and Lithuania: sources and implications for democracy,» *British Journal of Political Science*, 24, 183-223.
Riker W. y Ordeshook, P. C. (1968): «A Theory of the calculus of voting»: *American Political Science Review*, 62.
Rogowski, R. (1974): *Rational legitimacy*, Princeton University Press, Princeton.
Sartori, G. (1984): *Social science concepts*, Sage, Beverly Hills.
Street, J. (1993): «Review article: political culture - from civic culture to mass culture»: *British Journal of Political Science*, 24, 95-113.
Taylor, Ch. (1987): «Interpretation and the Sciences of Man», en P. Rabinow y W. M. Sullivan (eds.), *Interpretative Social Science. A Second Look*, University of California Press, Berkeley, 33-81.
Thompson, J. B. (1990): *Ideology and modern culture. Critical social theory in the era of mass communication*, Stanford University Press, Stanford.
Thompson, M., Ellis, R. y Wildavsky, A. (1989): *Cultural Theory*, Westview Press, Boulder.

Tucker, R. C. (1973): «Culture, political culture and communist society»: *Political Science Quarterly*, 88, 173-190.
Welch, St. (1993): *The concept of political culture*, St. Martin's Press, New York.
White, St. (1979): *Political culture and soviets politics*, Macmillan, London.
White, St. (1984): «Political culture in communist states: some problems of theory and method»: *Comparative Politics*, 16, 351-365.
Wiatr, J. (1989), «The civic culture from a marxist sociological perspective», en Almond y Verba (eds.),1989, 103-123.
Wildavsky, A. (1987): «Choosing preferences by constructing institutions: a cultural theory of preference formation»: *American Political Science Review*, 1987.
Wildavsky, A. (1994): «Why self-interest means less outside of a social context. Cultural contributions to a theory of rational choices»: *Journal of Theoretical Politics*, 6.

Capítulo 11

LOS PARTIDOS POLÍTICOS

Pablo Oñate *
Universidad Autónoma de Madrid

Resulta prácticamente imposible hablar en nuestros días de democracia, de Parlamento o de Gobierno sin aludir, implícitamente al menos, a los partidos políticos. De hecho, podemos afirmar que los partidos son «instituciones» fundamentales para el desarrollo del sistema democrático contemporáneo. Estructuran y transmiten la opinión pública, comunican demandas a los poderes públicos, propician el control público del poder político y la influencia de los ciudadanos en las decisiones públicas, dan lugar a la formación de las principales instituciones políticas del país, protagonizan el reclutamiento de las élites dirigentes, colaboran a la integración y legitimación del sistema político en su conjunto o canalizan las protestas contra un sistema político determinado que pretenden derrocar, etc. Los partidos, en definitiva, son organizaciones sin cuya mediación entre el Estado y un «pueblo amorfo» no es posible, como dijera García Pelayo, actualizar en nuestros días los principios democráticos[1].

---

* Quiero dejar constancia de mi agradecimiento a Idoia Barrenechea, del Servicio de Documentación de la Universidad Autónoma de Madrid, por su paciencia infinita al atender y solucionar con su acostumbrada diligencia las dudas de carácter cibernético que me surgieron al tratar de consultar desde Estados Unidos las bases de datos bibliográficos nacionales. Igualmente quiero agradecer a Eusebio Mujal-León, de la Georgetown University, que leyera el manuscrito e hiciera agudos comentarios al mismo que, sin duda, contribuyeron a mejorarlo.
1. Vamos a limitar nuestro estudio a los partidos de los sistemas políticos (más o menos) democráticos, pluralistas y competitivos. También existen partidos políticos en sistemas no democráticos, no competitivos y no pluralistas, aunque sólo comparten algunas de las características, funciones y elementos de los partidos que aquí estudiaremos. Las limitaciones de espacio y el mayor interés que pueden despertar los partidos propios de los sistemas competitivos nos llevan a concentrarnos en éstos.

No obstante, en los últimos años ha ido ganando adeptos la teoría de que los partidos políticos están en un proceso de crisis que podría llevarles a desaparecer y ser sustituidos por otras organizaciones de carácter no partidista. De hecho, como señalan Bartolini y Mair (1990, 55), la cuestión del cambio o la transformación parece ser la nota dominante en la bibliografía contemporánea sobre partidos políticos. Se aduce que los partidos no son ya los instrumentos adecuados para llevar a cabo algunas, si no todas, las funciones que tradicionalmente tenían encomendadas. No obstante, en la mayoría de las ocasiones, esas afirmaciones se han hecho sin el correspondiente aval empírico que las sostenga, pudiendo resultar que, a la postre, esa inestabilidad, esas crisis de los partidos y de los sistemas de partidos no sean tan grandes como *a priori* se nos aparecen. Debemos tener siempre presente que lo que en otro tiempo pudo ser definitorio de los partidos tal vez no lo sea ya hoy, o no sea algo privativo de ellos.

En cualquier caso, sí es cierto que en las dos o tres últimas décadas han surgido un buen número de organizaciones, grupos y asociaciones de diversa naturaleza que, de una u otra manera, con mayor o menor intensidad, y en uno u otro momento, han intervenido en la realización de algunas de las funciones que en principio parecerían tener atribuidas los partidos, compartiendo con éstos algunas de sus características. Se hace preciso, por tanto, diferenciar las organizaciones que en este capítulo nos interesan de otras que, aunque intervengan en el proceso político, no pueden recibir el nombre de partidos políticos.

I. DEFINICIONES Y CARACTERÍSTICAS GENERALES

Desde que a principios de siglo, y de la mano de Ostrogorsky, Weber o Michels, se iniciaran los estudios de los partidos políticos ha resultado extraordinariamente difícil alcanzar una definición que fuera generalmente admitida por los distintos especialistas. La pauta ha sido, por el contrario, que cada uno acuñara su propia definición, tras encontrar insatisfactorias las ofrecidas por anteriores autores. Por otra parte, las definiciones han ido ganando en precisión, desde la acuñada por Ostrogorsky en su *Democracia y los partidos políticos*, donde consideraba parcamente que los partidos eran «grupos de ciudadanos organizados para lograr un fin político». Esta definición no permite diferenciar los partidos de las otras organizaciones que intervienen en la realización de algunas de sus funciones: cualquier grupo con un fin político sería un partido. Los grupos de ciudadanos que trataban de influir en las decisiones del Senado de la Roma imperial constituirían, según Ostrogorsky, partidos políticos. Obviamente, debemos precisar más el perfil de lo que consideramos partidos políticos.

Más recientemente, y atendiendo a las que a su juicio eran las características distintivas de los partidos, LaPalombara y Weiner (1966, 29) definieron al partido político como una «organización que está localmente articulada, que interactúa con y busca el apoyo electoral del público, que juega un papel directo y sustantivo en el reclutamiento de los dirigentes políticos y que está orientada a la conquista y el mantenimiento del poder, bien sola o mediante coaliciones con otras». En esta definición se recogen los que son los principales elementos que caracterizan a los partidos políticos y que, en uno u otro momento, los han diferenciado de otras organizaciones que también median entre el Estado y los ciudadanos. Pueden sistematizarse de la siguiente manera:

1. Organización formal, de carácter estable y permanente, y territorialmente extendida.

2. Objetivo de alcanzar y ejercer el poder político o de compartirlo, no conformándose con influir en el proceso de toma de decisiones.

3. Un programa de gobierno con los objetivos a alcanzar, por mínimo y abstracto que sea[2].

4. Búsqueda del apoyo popular normalmente a través de procesos electorales, esto es, mediante la presentación de candidatos a comicios para ocupar cargos públicos.

Este último elemento es el criterio que más claramente distingue en nuestros días a los partidos de otras organizaciones estables y duraderas que, en algún momento, han podido mediar entre el Estado y los ciudadanos, buscando ejercer el poder político —mediata o inmediatamente— con un programa de objetivos a implementar (Sartori, 1976, 63; Panebianco, 1988, 6; LaPalombara y Anderson, 1992, 395). Los partidos son las únicas organizaciones que operan

---

2. Se supone que los objetivos y fines a alcanzar deben ser de carácter público, aunque no ha faltado quien entendiera que podían —y debían— ser de carácter privado. Así, Schumpeter, dentro de su concepción elitista de la democracia, considera que los partidos no tienen por qué defender un interés general, público, y los define, por tanto, como «grupos cuyos miembros actúan concertadamente en la lucha competitiva por el poder [...] Los partidos y los políticos profesionales son la respuesta al hecho de que la masa (de ciudadanos) es incapaz de actuar si no es en forma de estampida, y constituyen un intento de regular la competición política de forma exactamente igual a como está regulado el tráfico entre asociaciones comerciales».

formalmente en la arena electoral, a diferencia de otros grupos de interés, movimientos sociales o asociaciones profesionales, como ha señalado Sartori (1976, 63) al poner el acento precisamente en esta característica, al acuñar su definición mínima de partido, entendiendo por tal un «grupo político que presenta a elecciones, y es capaz de colocar mediante elecciones, a sus candidatos en cargos públicos». Pero esta característica que hoy resultaría emblemática compartía en otro tiempo su importancia con otras, por lo que conviene que atendamos a la evolución que han experimentado los partidos desde su surgimiento.

II. ORIGEN Y EVOLUCIÓN HISTÓRICA

Allí donde ha existido poder político han surgido conflictos en torno a los cuales aparecían grupos, más o menos organizados, que luchaban y competían por hacerse con el mismo. Pero por muchas características que esos grupos, clubs o camarillas compartan con los partidos políticos tal y como hoy los entendemos, aquéllos no son susceptibles de recibir este nombre[3]. La aparición de los partidos políticos, *stricto sensu*, es un fenómeno mucho más reciente, que se registra en Inglaterra a partir del primer tercio del siglo XIX[4], como consecuencia de las transformaciones políticas derivadas de la modernidad. Realmente, los partidos surgen cuando la política deja de ser un asunto en el que sólo interviene una pequeña minoría, para constituirse en las organizaciones que mediarán entre el poder político (el Estado) y las masas de un «público ampliado» que paulatinamente tendrá que ser tenido en cuenta por los dirigentes políticos. De esta forma, a medida que el sufragio fue extendiéndose, se generalizó la aparición del fenómeno de los partidos políticos en casi todos los sistemas políticos occidentales.

Se han formulado diversas teorías para explicar el surgimiento de los partidos políticos, teorías que atienden a las circunstancias

---

3. Ver, en este sentido, la distinción que establece Sartori (1976, 3 ss.) entre «partido» y «facción». La aportación de Ostrogorsky (1908) constituye una de las mejores sistematizaciones de los precedentes de los partidos políticos en sentido moderno. Ver especialmente los primeros capítulos de la segunda parte del volumen I, pp. 117 ss.

4. Se trata de un lento proceso que se inicia en Inglaterra especialmente desde las reformas electorales y parlamentarias introducidas por la *Reform Act* de 1832, a partir de las cuales los clubes, camarillas y grupos de notables que constituyeron el precedente inmediato de los partidos modernos irán asumiendo el perfil de éstos (Ostrogorsky, 1908, 117 ss., en especial, 135 ss.).

que rodearon la aparición de esos mecanismos de mediación y que fueron sintetizadas por LaPalombara y Weiner (1966, 7 ss.) en torno a tres grupos:
1. Teorías institucionales, que parten del desarrollo de los Parlamentos (Ostrogorsky y Duverger).
2. Teorías de la situación histórica que ponen el acento en las crisis sistémicas vinculadas al proceso de construcción de los Estados nacionales (Lipset y Rokkan).
3. Teorías del desarrollo que vinculan la aparición de los partidos con el proceso de modernización (LaPalombara y Weiner).

Las teorías institucionalistas entienden que los partidos surgieron fundamentalmente de la necesidad que sintieron los miembros de los Parlamentos de actuar de consuno frente a la ampliación del sufragio, para lo que constituyeron los grupos parlamentarios, los comités electorales y vínculos permanentes entre ambos (Duverger, 1961, xxiii-xxxvii; Ostrogorsky, 1908, 135 ss.). Esas organizaciones habrían surgido ante la necesidad de atraer electoralmente a las masas, para lo que esos grupos y comités se habrían desarrollado tanto en el nivel local como en el nacional, dando lugar a organizaciones cada vez más amplias y más estables. Duverger habla, así, de partidos creados interna y externamente al Parlamento, a partir de él o fuera de él. Pero esta teoría acaba siendo insatisfactoria, pues da cuenta de algunos casos históricos, pero resulta totalmente inadecuada para explicar otros, como la aparición de los partidos «externos», nacidos de conflictos ideológicos o religiosos, o de la de aquellos de carácter nacionalista, por ejemplo, que en muchos casos se negaban a actuar dentro del sistema parlamentario o eran previos al mismo.

El segundo grupo de teorías entendería que los partidos políticos surgieron con las crisis (fundamentalmente de legitimidad, de integración y de participación) que los sistemas políticos atravesaron en el proceso de construcción del Estado-nación, crisis que no sólo supusieron el contexto en el que nacieron los partidos, sino un factor determinante para su evolución posterior. En este grupo se enmarcaría la propuesta de Lipset y Rokkan (1967), que entiende que los partidos surgen en torno al desarrollo y resolución de una serie de *cleavages* o divisiones sociales con las que se enfrenta la construcción del Estado-nacional, adoptando una forma u otra en función de su actitud hacia determinado *cleavage* (o en plural, ya que pueden cruzarse): *cleavage* centro-periferia, que da lugar a partidos con un fuerte componente nacionalista —centralista o periférico—; *cleavage* Iglesia-Estado, en torno al cual surgen partidos de carácter confesional o laico; *cleavage* sector primario-sector secundario, del que han nacido los partidos campesinos (más propios del norte de Europa); y, por último, el *cleavage* trabajo asalariado-capital, también conocido como *cleavage* clase social, el más extendido y en torno al cual se ha articulado mayor número de partidos (Lipset y Rokkan, 1967, 14 ss.). Para estos autores, el sistema de partidos existente cuando elaboraron su teoría (años sesenta) respondía, salvo algunas excepciones, a la estructura de *cleavages* que había en los años veinte (*freezing hypothesis*).

El tercer grupo de teorías entiende que el surgimiento de los partidos es una consecuencia del proceso de modernización y de los consiguientes cambios socio-económicos (nuevas clases de empresarios y comerciantes, mayor movilidad social, incremento de los niveles de información y de los medios de comunicación, secularización, etc.). Pero este tipo de teorías también presenta inconvenientes, puesto que, como ha señalado García Cotarelo (1985, 24), no definen claramente qué hemos de entender por modernización, suponiéndose que hay que interpretar el término en el sentido que Weber le confirió como proceso de secularización, «desencantamiento» y racionalización, por lo que parece especialmente aplicable a los sistemas en transición hacia la industrialización. Estos dos últimos grupos de teorías pueden complementarse adecuadamente para explicar el surgimiento de los partidos, las circunstancias y elementos que se dieron cita en su génesis, aunque no acaben de resultar del todo satisfactorias para explicar exhaustivamente el proceso de nacimiento de los partidos en todo momento y lugar.

Por lo que respecta a la evolución que los partidos han experimentado desde su surgimiento, y circunscribiéndonos a la esfera occidental —este esquema no sería siempre aplicable a otros casos—, podemos hablar de diferentes modelos por los que los partidos habrían pasado en el proceso evolutivo que iría desde su surgimiento hasta nuestros días. Así, coincidiendo con su aparición a finales del siglo XVIII y principios del XIX, la forma que adoptaron fue la de *partidos de notables* (Weber), caracterizándose por girar en torno a determinadas personalidades relevantes de la vida político-parlamentaria, teniendo una organización laxa, que muchas veces no era más que la unión de algunos comités electorales coordinados alrededor de un interés común para implementar un programa político, por otra parte, no demasiado nítido. Estos incipientes partidos habrían tenido una débil estructura interna y carácter oligárquico, al representar, casi exclusivamente, a propietarios y profesionales.

A medida que el sufragio iba extendiéndose, surgió otro tipo de partido, el *partido de masas*, que basaba su fuerza en el número de sus afiliados, más que en la «calidad» de los mismos. Al objeto de ampliar su militancia y su capacidad de actuación, estos partidos fueron extendiendo su organización, tanto espacial como temporalmente, hasta convertirse en organizaciones de funcionamiento permanente y con una estructura definida, mantenida por personal dedicado permanentemente a esas funciones. Los partidos socialistas fueron los que primero abrazaron este perfil, al que paulatinamente se acercarían los partidos burgueses. Los programas se hicieron mucho más nítidos, al ser —la ideología— el elemento que vinculaba a la mayoría de sus miembros (el partido llevará a cabo una labor de concienciación, información y educación de sus miembros, en un intento por incorporar moral y espiritualmente a las masas en el ideario básico de la organización [De Esteban y López Guerra, 1982, 14 ss.]). Éstas fueron las organizaciones que estudiaría Michels (1969) y de las que predicó su conocida «ley de hierro», al manifestar que siempre que hablamos de organización, hablamos de oligarquía. Paulatinamente, la élite dirigente iría controlando la actuación del partido, dejando en un segundo plano tanto el papel de los militantes como el de los parlamentarios.

Después de la segunda Guerra Mundial, en los países de la Europa occidental se configuró un nuevo tipo de partido político, fruto de la evolución de los partidos de masas, tipo al que Otto Kirchheimer (1966) denominó *partido* de electores, de votantes o, más literalmente, «atrapa-todo» (*catch-all people's party*). Se trata de un partido que renuncia a sus intentos de incorporar moral e intelectualmente a las masas, concentrando su atención en el conjunto del electorado, sacrificando una penetración ideológica más profunda por una aceptación más amplia y un éxito electoral más inmediato (Kirchheimer, 1966, 184). Esa transformación supondrá también una drástica transposición de los componentes ideológicos del partido, confiriéndose absoluta primacía a las consideraciones estratégico-electorales a corto plazo; un fortalecimiento del papel de los máximos dirigentes, cuyas actuaciones serán juzgadas ahora desde el punto de vista de la eficacia del conjunto de la sociedad y no desde la consecución de los fines últimos del partido; una desvalorización del papel de los militantes de base, ya que la atención está puesta en el conjunto de los posibles votantes, esto es, en toda la sociedad; una negativa a tener una clase de «clientela» de un tipo (ideológico o social) determinado, en función de conseguir el apoyo de sectores de toda la sociedad; y un esfuerzo por establecer lazos con los más variados grupos de interés, que eventualmente podrán asegurar el apoyo electoral de los más variados sectores de la sociedad (Kirchheimer, 1966, 190). El objetivo final es conseguir el mayor apoyo posible en las urnas el día de la elección, convirtiéndose para ello en una especie de artículo de consumo de masas, que se promociona con tácticas de márketing comercial, para lo que se procurará concitar el mayor consenso posible, al objeto de evitar realineamientos electorales. Los programas de los partidos *catch-all* serán, por lo tanto, ambiguos, vagos y muy generales, eludiendo la concreción que eventualmente pudiera espantar a parte de la potencial clientela electoral y condicionar la futura gestión. Por ello, la función más importante de las que llevan a cabo los partidos políticos hoy es, según Kirchheimer (1966, 198), la de la nominación de los candidatos que luego ratificarán o rechazarán los ciudadanos, en detrimento de la función de integración del ciudadano en la vida política, que ahora se canaliza principalmente a través de otras instancias (nuevos movimientos sociales, grupos de interés, asociaciones profesionales o de otro tipo).

Panebianco (1988, 262 ss.) ha acuñado el término de *partido electoral-profesional* para referirse al mismo tipo de partido descrito por Kirchheimer al objeto de poner de relieve, por un lado, el aspecto de la profesionalización del mismo, esto es, la sustitución progresiva de la burocracia partidista por un conjunto de profesionales, técnicos y expertos en diversos campos, a medida que el partido desliza su centro de atención desde los afiliados al electorado; poner de relieve, por otro, que la dimensión más importante del nuevo tipo de partido es la organizacional. En un sentido similar creo que se puede acuñar la etiqueta de *partidos de gestores* para designar a estos partidos de profesionales, técnicos y expertos, que son ya más un subelemento del aparato estatal que un componente de la sociedad civil (Katz, 1990, 158-159; Katz y Mair, 1994, 18 ss.); que se centran en la actividad gubernamental o parlamentaria (institucional) y en la de desarrollo de su propia estructura e intereses organizativos, abandonando la relacionada con sus afiliados o militantes (social) (Katz y Mair, 1993, *passim*; Mair, 1994, 4 ss.); en los que los aspectos ideológicos no tienen demasiado peso a la hora de diseñar su línea política, al estar más pendientes de consideraciones de cariz estratégico-electoral. Los líderes de estos partidos se han convertido, en el marco de los Estados de Bienestar, casi en meros gestores de recursos y de políticas públicas tanto en un nivel estatal como regional y local. Como consecuencia de esos cambios, en su actividad los criterios de eficacia suelen primar sobre otras consideraciones que antes tenían mayor peso, al compartir —en términos generales— un modelo de sociedad y de sistema económico común.

III. ESTATUTO JURÍDICO Y FINANCIACIÓN

Como señala González Casanova, el derecho de asociación no fue reconocido hasta mucho tiempo después de la consolidación del Estado liberal, dado que éste consideraba al individuo el único sujeto de la relación política, viendo con reticencia toda otra organización que se interpusiera entre él y el Estado. La regulación de los partidos políticos ha sido, por tanto, tardía, al entenderse que su naturaleza era de carácter privado, por lo que inicialmente se tendió a enmarcarla bajo el derecho general de asociación que regía las asociaciones privadas. Tampoco los partidos tenían demasiado interés en ser regulados, al considerar que esa regulación podría limitar de alguna manera su capacidad de actuación. De esta forma, en un largo proceso se pasó desde una actitud de rechazo y desconfianza frente al fenómeno de los partidos hasta considerarlos esenciales para el funcionamiento del sistema político por las diversas constituciones.

Podemos hablar, por tanto, de diferentes fases en ese proceso de regulación jurídica de los partidos: fase inicial de rechazo explícito; fase de ignorancia legal pero aceptación fáctica; fase de mera legalización externa, esto es, de determinados aspectos parciales de la actividad de los partidos, sin reconocer legalmente su existencia y personalidad jurídica pública (regulación de la actividad parlamentaria, de determinados aspectos en el proceso electoral, etc.); fase de «tímida» regulación de los partidos en algunas constituciones (la de Weimar de 1919 o la española de 1931, en la que se habla de «representantes de las distintas fracciones políticas»), rigiéndose en lo demás por sus propias normas estatutarias; y fase de plena incorporación constitucional, tras la segunda Guerra Mundial, considerándose a los partidos como auténticos protagonistas de la vida política y asociaciones de carácter público que merecen ser, incluso, financiadas por el Estado, dada la importancia de las funciones que desempeñan[5].

La financiación de los partidos ha sido, de alguna manera, pareja a esa evolución de la regulación jurídica. En un principio, los partidos de notables se financiaban con el capital de las personalidades en torno a las cuales giraban o aquellas cuyos intereses iban a defender éstas en el Parlamento. Los gastos de los partidos, dada su escasa y esporádica actividad, eran bastante reducidos, y las campañas electorales tampoco suponían grandes dispendios. Pero con la

---

5. Ver, en este sentido, el tenor del artículo 6 de la vigente Constitución española.

aparición de los partidos de masas y su organización de carácter permanente, mucho más amplia y con mayores cometidos, los gastos de los partidos políticos se incrementaron considerablemente. Había que llegar a más miembros, en muchas más actividades y participar en bastantes más procesos electorales, cuyas campañas eran, también, cada vez más costosas. Los partidos se financiaban, además de con donativos que eventualmente pudieran hacer los particulares, con las cuotas que los afiliados pagaban periódicamente.

Hoy, por el contrario, una vez reconocida la naturaleza pública o cuasi-pública de los partidos y la importancia de las funciones que desarrollan dentro del sistema político, la mayor parte de sus gastos son sufragados con cargo a los Presupuestos Generales del Estado, es decir, gozan de financiación pública. Ello no es óbice para que sigan existiendo fuentes de financiación privada, aunque su importancia queda bastante eclipsada por el volumen que alcanza en nuestros días la pública[6]. No obstante, a la hora de sistematizar las diversas fuentes de financiación de los partidos, deben ser tenidas en cuenta.

Así, dentro de las fuentes privadas de financiación hay que mencionar las cuotas de los afiliados, los donativos (generalmente, limitados de alguna manera por la ley), la gestión del patrimonio del partido y los préstamos y créditos que eventualmente pueden concederles los bancos. En cuanto a las fuentes públicas de financiación, debemos distinguir, siguiendo a García Cotarelo (1985, 193 ss.) entre las de carácter directo y la de carácter indirecto. Las primeras suelen consistir en una cantidad que los partidos reciben con cargo a los Presupuestos Generales del Estado, y que se justifica en función de los gastos en los que los partidos incurren en unas campañas electorales cada vez más costosas, y para evitar discriminaciones entre unos partidos con más medios que otros. En nuestro país, esa cantidad se establece en función del número de votos y de escaños que el partido en cuestión obtiene en una elección dada. La financiación pública indirecta vendría dada por una serie de ingresos o de servicios que los partidos obtienen por distintas vías, como por ejemplo la retención de un porcentaje sobre el sueldo de sus cargos públicos o la cesión de medios materiales o de servicios por parte del Estado (locales, espacios gratuitos de propaganda en medios de comunicación de carácter público, exenciones fiscales o de determinadas tasas —correos o telégrafos—, etc).

---

6. Sólo en Holanda, Gran Bretaña y Estados Unidos el volumen de la financiación privada es mayor que el de la pública.

Al margen de estas formas de financiación, que podríamos denominar regulares, estarían todas aquellas otras no legales o, cuando menos, no legítimas, y que consistirían en el cobro de comisiones, donativos encubiertos, etc. No es que se trate de una práctica habitual entre los partidos políticos, pero la facilidad con la que puede llevarse a cabo, y el volumen de dinero que puede suponer para las arcas del partido, ha llevado a que se conozcan casos de corrupción en muchos de los sistemas políticos democráticos de nuestro entorno, sin que se pueda afirmar, no obstante, que se trata de un fenómeno generalizado, ni decir que la corrupción es una característica consustancial a la política.

IV. FUNCIONES DE LOS PARTIDOS POLÍTICOS

El cumplimiento de las funciones que los partidos tienen comúnmente asignadas ha sido señalado como un indicador de la buena salud de los mismos, entendiéndose que su crisis puede predicarse, precisamente, a partir del momento en el que ya no están en condiciones de llevarlas a cabo (Lawson y Merkl, 1988, 4 ss.; y, en general, todos los estudios compilados por estos autores). Otros, por el contrario, entienden que el establecimiento de las funciones de los partidos políticos ha de ser necesariamente abstracto y variable, ya que no es algo que pueda fijarse teóricamente, prescindiendo de lo que los partidos hacen o no en la práctica (Sartori, 1976, 18 y 56 ss.; LaPalombara y Anderson, 1992, 400). Hemos visto que los partidos son un fenómeno dinámico, que ha evolucionado con el paso del tiempo, por lo que sería un desatino considerar de forma estática las funciones que cumplen —o deben cumplir— dentro del sistema político. La distinta postura que se adopte acerca de esta cuestión llevará a considerar de forma distinta la situación actual de los partidos. Aquí nos limitaremos a tratar de sistematizar algunas, las principales, de las que hasta ahora han desarrollado, debiendo quedar claro que su cumplimiento puede variar en función de consideraciones de tiempo y lugar, y ser compartido en mayor o en menor medida con otras organizaciones o agentes del sistema político.

La principal función que, al menos hasta la fecha, han venido cumpliendo los partidos políticos ha sido la de servir de instrumentos de mediación entre el Estado y la sociedad, mediación en su relación recíproca de comunicación e interacción. De esa función general de mediación derivan las demás, que sintetizaremos siguiendo el esquema utilizado por García Cotarelo (1985, 90 ss.), al clasificarlas en dos grupos: funciones sociales, en las que se concibe al partido como un elemento de la sociedad civil, y funciones institucionales, en las que se atiende al partido como elemento del aparato estatal.

Dentro de las funciones sociales puede distinguirse, en primer término, la de formar, articular y canalizar la opinión pública, estructurando identidades políticas y colaborando en la socialización política de la ciudadanía al transmitirle determinados valores y pautas de conducta (con diferente contenido, en cada momento). Se discute hoy si los partidos siguen cumpliendo esta función, tras haber adoptado las características de los partidos *catch-all* y haber, por tanto, rebajado el contenido ideológico de sus programas y mensajes. Pero el que hayan dejado de lado determinados contenidos ideológicos no significa, ni mucho menos, que ya no transmitan a la sociedad pautas y valores, aunque su contenido esté muy alejado del que fomentaban a principios de siglo los partidos de masas y aunque compartan cada vez más esta función con los movimientos sociales y los grupos de interés y de presión. Por otro lado, los partidos canalizan la pluralidad de intereses (o parte de ellos) presentes en la sociedad, transformando y concretando las demandas de la misma en medidas políticas que se implementarán desde las instituciones. También en esta función se ven acompañados por los grupos de interés y de presión, que participan incluso en la implementación de las medidas que han colaborado a tomar, en sociedades en las que los fenómenos de regulación neorcorporativa están a la orden del día. Otra función que los partidos políticos vienen cumpliendo es la de movilizar a la opinión pública, haciendo posible la participación política, tanto institucional como extra-institucionalmente. También han cumplido los partidos la función contraria, la de desmovilizar a una sociedad civil políticamente activa, moderando y restringiendo esa participación a los límites de lo compatible con el sistema, «encapsulando» el conflicto (Bartolini y Mair, 1990, 2 ss.) y fomentando lo que se ha denominado el «privatismo político y social», esto es, la advocación a los intereses privados, profesionales y familiares, dejando en manos de los políticos profesionales los asuntos públicos (Habermas, 1987, II, 490 ss.; Offe, 1988, 171 ss.). Los partidos sirven, así, a la integración y la legitimación del sistema político, siendo su propia existencia una de las medidas más habituales para comprobar el grado de democracia existente en un régimen dado, ya que suele entenderse que en su seno y mediante ellos se discuten y controlan las decisiones políticas y se plasma la *voluntad política ciudadana*, al tiempo que se moderan las posiciones al canalizar institucionalmente el conflicto y la protesta social y política.

Pero los partidos no sólo actúan como partes de la sociedad civil, sino que también cumplen importantes cometidos en tanto que elementos del aparato estatal, esto es, llevando a cabo determinadas funciones institucionales[7]. Entre éstas puede señalarse, en primer lugar, la del reclutamiento de la élite dirigente, seleccionando a los candidatos que presentarán a las elecciones y designando a los cargos políticos en distintos niveles de la Administración. En diversas ocasiones se ha criticado el excesivo poder que tienen las maquinarias de los partidos respecto al control que ejercen en la selección de candidatos, especialmente cuando el sistema electoral opta por listas cerradas y bloqueadas, en las que los electores no pueden introducir ninguna modificación en la candidatura que les presentan los partidos[8], y los elegidos están sometidos a las cúpulas partidistas al depender de ellas su próxima nominación. Lo cierto es que, hoy por hoy, los partidos son prácticamente los únicos agentes políticos que deciden la nominación de candidatos y, así, quienes resultarán —o no— elegidos por los ciudadanos. Al tiempo, los partidos permiten canalizar el procedimiento electoral, al articular las opciones de los ciudadanos —en definitiva, el voto—, realizar diversas actividades complementarias (campañas electorales, elaborar y difundir programas, participar en el escrutinio y en el control de las votaciones, etc.), siendo su participación formal en la contienda electoral la característica que, como vimos, mejor les distinguía frente a otras organizaciones de carácter no partidista.

Otras importantes funciones institucionales que cumplen los partidos son las de formar, dirigir y controlar la acción de Gobierno, tanto

---

7. Según Katz (1990, 158 y 159) y Mair (1994, 18 ss.), los partidos políticos estarían viendo transformada su naturaleza en nuestros días, pasando de ser un elemento de la sociedad civil a formar parte del aparato estatal. En la base de esta transformación habría un cúmulo de factores, como los cambios en la estructura de la comunicación política introducidos por la revolución tecnológica, los cambios en las fuentes de financiación, el desarrollo de la fisonomía del partido «atrapa-todo», o el cambio en el tipo de conflicto político y las correlativas formas y mecanismos de participación (postmaterialismo y desarrollo de formas de participación no convencionales). Es en este sentido en el que podemos decir que los partidos políticos están en crisis, al contemplarlos desde la óptica de su relación con la sociedad civil, como instrumentos de mediación entre ésta y el Estado, como mecanismos integradores de identidades individuales o colectivas y como canales de participación política ciudadana. Pero la perspectiva social debe complementarse con la institucional, la que contempla a los partidos como elementos integradores del aparato estatal. Desde este punto de vista, los partidos no sólo no estarían en crisis, sino que gozarían de una envidiable salud que ya querrían para sí otras instituciones y organizaciones.

8. Michels (1969) puso de manifiesto las tendencias claramente oligárquicas de los partidos políticos, de todos ellos en tanto que organizaciones.

constituyendo el poder ejecutivo como marcando la línea política que éste debe seguir. El Gobierno depende, en última instancia, del apoyo del que goce en el Parlamento, esto es, del apoyo que le presten los partidos en el mismo, por lo que el partido mayoritario será, normalmente (en los sistemas parlamentarios[9]), el encargado de formar Gobierno, bien solo, bien en coalición con otros partidos. Serán también mujeres y hombres del partido los que, como norma general, ocupen los cargos políticos de confianza que desde el Gobierno (nacional, regional o local) deben nombrarse, «tiñendo» los cargos directivos de la administración, y así su línea de actuación política, del color del partido (o partidos) que haya ganado las elecciones.

Corresponde igualmente a los partidos políticos la función de organización y composición del Parlamento, posibilitando que este órgano funcione a través de los grupos parlamentarios, que protagonizan la labor legislativa, de control político, e, indirectamente, de designación de otros órganos del Estado (Poder judicial, Tribunal Supremo o Constitucional, Defensor del Pueblo, consejos de administración de empresas públicas —televisión, cajas de ahorros, etc.—). También ha sido y es muy discutida la relación entre partidos y Parlamento, acusándose a los primeros de haber sustituido al segundo como foro de discusión y de decisión (limitando la primera y concentrándose en la segunda). Con la extensión de los fenómenos neocorporativistas de regulación y decisión política, el Parlamento ha perdido buena parte de su razón de ser, aunque habría que estudiar más a fondo si alguna vez cumplió efectivamente las funciones que retóricamente se le asignan como centro de deliberación y formación del consenso racional que se supone deben preceder a la decisión política[10].

---

9. En los regímenes presidencialistas los partidos suelen jugar un papel relevante a la hora de la elección del presidente de la República, aunque éste suele gozar de mayor autonomía a partir de entonces.
10. *Veritas, non auctoritas, facit legem*, rezaba el lema que subyacía a toda la concepción del liberalismo clásico. El Parlamento era, según esta teoría, el lugar donde, con luz y taquígrafos, se alcanzaría, mediante la argumentación y el convencimiento, el consenso racional, el acuerdo entre los diversos intereses plurales en él representados. El problema es que cuando se elaboró esta teoría los intereses representados en el Parlamento no eran los generales, y cuando, con la instauración del sufragio universal, los intereses de todos los ciudadanos y ciudadanas pudieron estar representados en el Parlamento, entonces las instancias decisorias se desplazaron al Ejecutivo, a las cúpulas de los partidos y a mesas de regulación corporativa, vaciándose en buena medida al Parlamento de sus funciones substantivas más importantes, que han sido sustituidas por las de aclamación y ratificación de personas y cuestiones decididas fuera de su ámbito de *publicidad*.

V. LOS SISTEMAS DE PARTIDOS. CRITERIOS DE CLASIFICACIÓN Y TIPOLOGÍAS

Los sistemas de partidos son el resultado de las interacciones de las unidades que los componen, esto es, el resultado de las interacciones que se registran en la competición político-electoral entre los partidos políticos existentes. Para estudiar cómo se han ido configurando esas interacciones y qué resultados han generado se han utilizado diversos enfoques que podemos agrupar, con Bartolini (1988), en enfoques genéticos, enfoques basados en los modelos de competencia y enfoques morfológicos.

Los análisis que utilizan el enfoque genético se centran en el estudio de los procesos de nacimiento, desarrollo y cristalización de los sistemas de partidos desde mitad del siglo XIX hasta aproximadamente la primera Guerra Mundial. En un sentido más amplio, se trata de los procesos concomitantes con la formación de los Estados nacionales y el desarrollo de las consecuencias de la revolución industrial, procesos que darán lugar a la aparición de las líneas fundamentales de división social (*cleavages*) que constituirán la base sobre la que, con la democratización y la extensión del sufragio, irían naciendo los diversos partidos políticos en los países occidentales. Las estructuras de división social o de *cleavages* y los sistemas de partidos nacidos en ellas han permanecido estables desde los años veinte, como vimos más arriba, aunque esto está siendo cuestionado en nuestros días. Pese a que la estructura en torno a la cual se articulan los partidos políticos no parece haber cambiado demasiado, podría haberse iniciado una nueva tendencia (postmaterialismo) que convendrá no perder de vista.

Con este tipo de enfoque se distingue entre sistemas de partidos en los que éstos se configuran en torno a una sola línea de división, esto es, sistemas unidimensionales; y sistemas multidimensionales, en los que existen diversas líneas de fractura social relevantes, posicionándose los partidos a lo largo de sus diversos ejes, que pueden aparecer cruzados o superpuestos.

Un segundo tipo de enfoque para estudiar los sistemas de partidos sería el que pone el acento en la dirección o direcciones y las tendencias espaciales de la competencia electoral, para lo que se ubica a los electores (según sus propias manifestaciones) en una escala «1-10» en la que se representa su posición respecto a una determinada cuestión o dimensión relevante para el sistema de partidos (suele ser la «ideológica» —izquierda-derecha—, hoy concretada por la mayor o menor intervención del Estado en la esfera económica, aunque caben otras). En este tipo de enfoque, el elector es percibido como un selector racional que al decidir su opción se rige exclusivamente por criterios relativos a la dimensión relevante, prescindiendo de todo vínculo «extra-racional», esto es, de carácter emotivo, tradicional, ideológico, etc. Se supone que el elector se comporta en la esfera política como un «consumidor», igual que lo hace en la esfera económica. La competencia partidista se mide entonces en la búsqueda de posiciones de máximo beneficio (electoral, claro), según la autoubicación que los electores hacen de sí mismos y la posición en la que ubican a los partidos.

El defecto que presentan estos enfoques es que se basan en presuposiciones que no siempre se cumplen, como por ejemplo que los electores se rigen por criterios «racionales» y que están totalmente informados acerca de los diversos partidos y sus propuestas, olvidando, por otro lado, que la mayor parte de los electores define su posición en la escala en función de la posición que percibe ocupa el partido con el que se identifica o vota, y no en función de su elección «racional». No obstante, estos enfoques, que resultan insuficientes cuando se les pretende dotar de total validez, pueden resultar útiles cuando se usan como complemento de otro tipo de estudio o análisis.

El enfoque más extendido y que goza de mayor aceptación es el de carácter morfológico, esto es, el que atiende al número y la «forma» de las unidades (partidos) que interactúan en el sistema, lo que, como afirma Sartori (1976, 120), indica automáticamente, si bien de forma tosca, una característica fundamental del sistema político: la medida en la que el poder está fragmentado o no, disperso o concentrado. En este sentido, Duverger (1961, 206 ss.) distinguió entre sistemas monopartidistas, sistemas bipartidistas y sistemas multipartidistas.

Pero la clasificación basada en un criterio meramente numérico resultaba poco satisfactoria, tanto por las dificultades para encontrar un sistema bipartidista puro (más tarde acuñaría la categoría de «bipartidismo imperfecto» o de «sistema de dos partidos y medio»), como por la imprecisión de la categoría multipartidista[11]. El mismo Duverger distinguió, atendiendo a la fuerza de los partidos (en relación con su potencial papel en la formación de Gobiernos), entre *partidos de vocación mayoritaria* (que dado su tamaño pueden as-

---

11. No es lo mismo que haya 5 partidos que se repartan el voto de forma aproximadamente igual (20 por cien cada uno), a que de esos cinco partidos haya uno hegemónico que consiga el 80 por cien de los votos, repartiéndose los otros cuatro el 20 por ciento restante.

pirar razonablemente a obtener la mayoría de escaños y, por tanto, a formar Gobierno); *partidos grandes* (que están en condiciones de formar Gobiernos estables si cuentan con el apoyo de algún otro partido mediano); *partidos medianos* (que serían los que complementarían a los grandes para dotar a los Gobiernos de la necesaria estabilidad); y *partidos menores* (cuyo papel es insignificante).

No obstante, la clasificación más extendida es aquella a la que llegó Sartori tras introducir algunos criterios más concretos para «contar» adecuadamente los partidos (1976, 121 ss.). Así, trata de dilucidar cuáles son *relevantes* para el sistema, comenzando por establecer que la importancia de un partido viene constituida, en primer lugar, por su fuerza electoral, más en concreto, por su porcentaje de escaños en la cámara baja. El peso de ese porcentaje de escaños se mide por las *posibilidades de coalición* o *de chantaje* que confiere al partido dentro del sistema en cuestión, esto es, cuando su presencia tiene influencia en las tácticas de la competición de los demás partidos (Sartori, 1976, 122 y 123). Junto a este criterio, tiene en cuenta el de la *polarización*, esto es, la distancia ideológica que separa a los partidos en competencia (*ibid.*, 126).

Combinando ambos criterios elabora la siguiente *tipología*: sistema de partido único; de partido hegemónico (que no permite la competición —ni formal ni de facto— de otros partidos por el poder); de partido predominante (un único partido mantiene una posición de mayoría absoluta de escaños durante al menos tres elecciones consecutivas); bipartidista; de pluralismo limitado y moderado (entre tres y cinco partidos con escasa distancia ideológica entre sí, con una competición bipolar de bloques y una tendencia centrípeta); pluralismo extremo y polarizado (más de seis partidos *relevantes*, entre los que habrá partidos anti-sistema, con considerable distancia ideológica entre sí, que da lugar a oposiciones bilaterales e *irresponsables* y a una competición multipolar de tendencia centrífuga; el pluralismo extremo también puede adoptar la forma de pluralismo extremo moderado); y pluralismo atomizado (en el que el poder se encuentre totalmente fragmentado, con diez, veinte o más partidos relevantes) (Sartori, 1976, 121-243).

Como decimos, éste es el tipo de enfoque que mayor aceptación tiene a la hora de clasificar los sistemas de partidos, más desde la definitiva aportación de Sartori, ya que es la que proporciona mayor información y permite comparar mejor los diversos sistemas. No obstante, los tres enfoques mencionados pueden utilizarse conjuntamente, pues aportan información complementaria que enriquecerá la percepción que tengamos de un sistema de partidos dado.

Comenzábamos estas páginas afirmando que los partidos son instituciones sin las que no pueden entenderse los modernos sistemas democráticos. Pese a que en muchas ocasiones y en muy diversos foros se haya predicado su crisis contemporánea, hoy por hoy parece impensable que los partidos políticos vayan a desaparecer, siendo suplantados por otros mecanismos de participación política (nuevos movimientos sociales, neocorporativismo, etc.).

Pese a que el «fantasma» de la crisis de los partidos (Bartolini y Mair, 1990) siga teniendo una considerable audiencia, existen ya estudios rigurosos que permiten sostener que es preferible la teoría de la transformación y adaptación partidista a las nuevas circunstancias. Esa adaptación obliga a poner más el acento en los aspectos institucionales y organizativos de los partidos que en los sociales[12]. Pero de ahí a asegurar la próxima desaparición de los partidos hay un gran trecho. Probablemente resulte más prudente, una vez constatada esa transformación, reflexionar de nuevo acerca de la teoría de la representación y repensar el papel que queremos que los partidos políticos cumplan en las democracias contemporáneas.

BIBLIOGRAFÍA[13]

Bartolini, S. (1988): «Partidos y sistemas de partidos», en Pasquino (ed.), *Manual de Ciencia Política*, Alianza, Madrid, pp. 217-285.
Bartolini, S. y Mair, P. (1990): *Identity, Competition and Electoral Availability. The Stabilisation of European Electorates. 1885-1985*, CUP, Cambridge.
Bayme, K. von (1986): *Los partidos políticos en las democracias occidentales*, CIS, Madrid.
Dalton, R. J., Beck, P. A. y Flanagan, S. (eds.) (1984): *Electoral Change in Advanced Industrial Democracies: Realignment or Dealignment?*, Princeton University Press, New Jersey.

---

12. Katz y Mair (1993) y Mair (1994) han distinguido tres facetas de los partidos políticos, que ellos denominan *party on the ground* (vertiente social), *party in public office* (vertiente institucional) y *party in central office* (vertiente organizativa).
13. Bastantes de las citas están hechas sobre ediciones en inglés, por encontrarme disfrutando de una estancia de investigación en la Universidad de Georgetown (Washington DC) en el momento de redactar estas páginas, y no poder, por tanto, cotejar, antes de mandar el trabajo a la imprenta, las referencias en inglés con las respectivas ediciones en castellano. El lector podrá encontrar, por tanto, un desajuste entre la paginación que se cita y la que corresponde según las ediciones en castellano. Cuando exista traducción de la obra, se indicará a continuación de la referencia en inglés, ubicándola entre corchetes.

Dalton, R. J., Kuechler, M. y Bürklin, W. (1990): «The Challenge of the New Movements», en Kuechler, M. y Dalton, R. J. (eds.), 1990, pp. 3-20.
Del Castillo, P. (1985): *La financiación de los partidos y candidatos en las democracias occidentales*, CIS, Madrid.
Duverger, M. (1961): *Political Parties*, John Wiley and Sons, New York; trad. española: *Los partidos políticos*, FCE, 1957 y ediciones posteriores.
Esteban, J. de y López Guerra, L. (1988): *Los partidos políticos en la España actual*, Planeta/IEE, Barcelona.
García Cotarelo, R. (1985): *Los partidos políticos*, Sistema, Madrid.
Habermas, J. (1987): *Teoría de la acción comunicativa* I-II, Taurus, Madrid.
Inglehart, R. (1991): *El cambio cultural en las sociedades industriales avanzadas*, CIS/Siglo XXI, Madrid.
Katz, R. S. (1990): «Party as a Linkage: A Vestigial Function?»: *European Journal of Political Research*, 18, 143-161.
Katz, R. S. y Mair, P. (eds.) (1992): *Party Organizations: A Data Handbook on Party Organizations in Western Democracies. 1960-90*, Sage, London.
Katz, R. S. y Mair, P. (1993): «The Evolution of Party Organizations in Europe: The Three Faces of Party Organization»: *The American Review of Politics*, 14, 593-617.
Katz, R. S. y Mair, P. (eds.) (1994): *How Parties Organize. Change and Adaptation in Party Organizations in Western Democracies*, Sage, London.
Kirchheimer, O. (1966): «The Transformation of Western European Party Systems», en LaPalombara y Weiner (eds.), 1966, pp. 177-200; trad. española: «El camino hacia el partido de todo el mundo», en K. Lenk y S. Neumann (eds.), *Teoría y sociología críticas de los partidos políticos*, Anagrama, Barcelona, pp. 328-347.
Kitschelt, H. (1990): «New Social Movements and the Decline of Party Organization», en M. Kuechler y R. J. Dalton (eds.), 1990, pp. 179-208.
Kitschelt, H. (1994): *The Transformation of European Social Democracy*, CUP, New York.
Klingemann, H. D. y Fuchs, D. (eds.) (1995): *Citizens and the State*, OUP, Oxford.
Kuechler, M. y Dalton, R. J. (1990): *Challenging the Political Order. New Social and Political Movements in Western Democracies*, OUP, New York.
Kuechler, M. y Dalton, R. J. (1990): «New Social Movements and the Political Order: Inducing Change for Long-term Stability?», en Id. (eds.), 1990, pp. 277-300.
LaPalombara, J. y M. Weiner (1966): «The Origin and Development of Political Parties», en Id. (eds.), *Political Parties and Political Development*, Princeton University Press, Princeton, New Jersey, pp. 3-42.
LaPalombara, J. y J. Anderson (1992): «Political Parties», en Hawkesworth, M. y Kogan, M., *Enciclopedia of Government and Politics* I, Routledge, London, pp. 392-412.
Lawson, K. y Merkl, P. H. (eds.), 1988 *When Parties Fail. Emerging Alternative Organizations*, Princeton University Press, New Jersey,
Lipset, S. M. y Rokkan, S. (1967): «Cleavage Structures, Party Systems, and Voter Alignments: An Introduction», en Id. (eds.), *Party Systems and*

Voter Alignments: Cross-National Perspectives, The Free Press, New York, pp. 1-64.

Mair, P. (1983): «Adaptation and Control: Towards an Understanding of Party and Party System Change», en Daadler, H. y Mair, P. (eds.), *Western European Party Systems. Continuity and Change*, Sage, London, pp. 405-429.

Mair, P. (1994): «Party Organizations: From Civil Society to the State», en Katz y Mair (eds.), *How Parties Organize. Change and Adaptation in Party Organizations in Western Democracies*, Sage, London, pp. 1-22.

Michels, R. (1969): *Los partidos políticos. Un estudio sociológico de las tendencias oligárquicas de la democracia moderna*, Amorrortu, Buenos Aires.

Offe, C. (1988): *Partidos políticos y nuevos movimientos sociales*, Sistema, Madrid.

Ostrogorsky, M. (1908): *Democracy and the Organization of Political Parties*, 2 vols., Macmillan, New York.

Panebianco, A. (1988): *Political Parties: Organization and Power*, CUP, New York; trad. española, *Modelos de partidos*, Alianza, Madrid, 1990.

Sartori, G. (1976): *Parties and Party Systems. A Framework for Analysis*, CUP, Cambridge (USA); trad. española: *Partidos y sistemas de partidos*, Alianza, Madrid, 1987.

Schmitt, H. y Holmberg, S. (1995): «Political Parties in Decline?», en Klingemann, H. D. y Fuchs, D. (eds.), 1995, pp. 95-133.

Weber, M. (1991): «La política como vocación», en Id., *El político y el científico*, Alianza, Madrid, pp. 81-179.

Weber, M. (1992): «Parlamento y gobierno en una Alemania reorganizada», en Id., *Escritos políticos*, Alianza, Madrid, pp. 103-302.

Capítulo 12

LOS PARTIDOS POLÍTICOS EN ESPAÑA

José Vilas Nogueira

Universidad de Santiago de Compostela

I. INTRODUCCIÓN

En todas las democracias contemporáneas los partidos políticos son actores particularmente relevantes. En el caso español también; más si cabe. Nuestro exitoso «modelo» de transición, de reforma-ruptura pactada, no sólo ha implicado un decisivo papel de las élites políticas, sino que el acuerdo entre los reformistas del antiguo régimen y los dirigentes de la oposición se ha vertebrado sobre posiciones partidistas, lo que ha atribuido a los partidos políticos una particular relevancia, tanto en los propios momentos de transición como en los posteriores de consolidación del régimen democrático.

Es importante tener en cuenta esto porque, en aparente paradoja, este papel decisivo de los partidos españoles coincide con una relativa debilidad organizativa y movilizadora y, en consecuencia, con débiles vínculos con sus votantes. Así, uno de los rasgos de los partidos españoles es su escasa afiliación, que se traduce en una relación afiliados/electores de las más bajas de Europa. Esto probablemente se debe a la tradición antipartidista del franquismo. Pero, también ha podido concurrir a ello el hecho de que el restablecimiento del sistema de partidos en España haya coincidido con un auge notable de los medios de comunicación social. La sociedad contemporánea dispone de una gran variedad de cauces y medios de información, comunicación y debate, que compiten con los partidos políticos en cuanto medios de articulación colectiva e institucional de la opinión pública.

Una tercera causa, aducida por algunos autores, la creciente profesionalización de la actividad política que privaría a gran número de personas de incentivos para la afiliación, en cuanto no resulta muy estimulante la expectativa de servir de mero soporte de carreras ajenas, no se ha comprobado empíricamente en aquellos países que disfrutan desde hace tiempo y sin interrupción de régimen de partidos (Vilas Nogueira, 1995), ni parece lógicamente pertinente si se tiene en cuenta el gran peso que las determinaciones de identidad de grupo juegan en la afiliación partidaria. Sí es verdad, en cambio, que en España, tanto como en cualquier otro país, la «organización gobernante» del partido, en términos de Katz y Mair, cobra mayor relieve que la «organización de afiliados»; la fuerza de los partidos radica más en su apoyo electoral que en el de sus afiliados. Pero esta circunstancia no se traduce necesariamente en los niveles de afiliación, sino en la desvalorización progresiva del papel de los afiliados de base. En consecuencia, algunos comentaristas han reducido el problema mediante el simplismo de que nuestros partidos obedecen al tipo *catch-all* (para una consideración crítica de esta categoría, Dittrich, 1983).

También se ha enfatizado en la existencia de cauces de articulación y defensa de intereses, alternativos a los partidos, a través de corporaciones (Pérez Yruela y Giner, 1988) y nuevos movimientos sociales (Díaz, 1988). Pero la verdad es que los partidos han superado con éxito el reto, real o presunto, de los nuevos movimientos sociales, y han acomodado su concurrencia con las corporaciones económicas y profesionales, mediante una especie de división del trabajo, que reserva para los partidos los aspectos más formales de la actividad pública y, sobre todo, por una eficaz penetración partidista de las corporaciones.

Hasta tal punto ha sido así que las actitudes partidistas han impregnado enteramente la actuación de los poderes del Estado y de muchas de las agencias más relevantes de lo que algunos gustan llamar «sociedad civil». Lo primero encuentra su más patente manifestación en la indisimulada aplicación del «sistema de cuotas» para la designación de los miembros de los órganos constitucionales y otros órganos del Estado, de elección parlamentaria (Cotarelo, 1992, 307-308). Lo segundo es más difícilmente demostrable, pero mi impresión es que hoy en España la mayor parte de las posiciones sociales relevantes, en la mayor parte de los casos, están controladas por los aparatos de partido.

El liderazgo de nuestros partidos está muy «personalizado» (mejor sería decir «neopersonalizado», para distinguir este fenómeno de la significación clásica de la «personalización», que se determinaba por oposición a la institucionalización del poder político). Este fenómeno parece consecuencia principalmente de la riqueza e incidencia contemporánea de medios de comunicación de masas. Obviamente, la noción resta bastante imprecisa. Como mínimo, expresa que las opciones políticas se identifican cada vez más con el líder principal, que tiende a ser el mayor recurso del grupo o formación al que pertenece. Así nuestro lenguaje político, tanto trivial como «mediático», abunda en la metonimia personalizadora: «Aznar ganó las elecciones», «Anguita no arranca», etc. La costumbre llega tan lejos que todo el mundo, incluso los constitucionalistas, se toma en serio la figura electoral de «candidato a la Presidencia del Gobierno», que nuestro sistema constitucional excluye (incluso se la toman en serio partidos políticos que, se sabe, nunca lograrán que uno de los suyos ocupe ese puesto). En este sentido, la personalización del liderazgo político ha encontrado en España una especie de plus, que se puede resumir en una anómala vivencia «presidencialista», por llamarla de algún modo, del régimen parlamentario, que, como suele acontecer con las degeneraciones, reúne los inconvenientes del presidencialismo y del parlamentarismo.

La «personalización» implica, a veces, otras cosas, por ejemplo, que la aptitud principal para el liderazgo viene determinada por capacidades carismáticas, en particular «comunicativas», a través precisamente de los medios audiovisuales (podría ser el caso de Felipe González); la preponderancia creciente de la cabeza del Ejecutivo en el régimen parlamentario y la correlativa debilidad del Parlamento; la debilitación de los *cleavages* ideológicos o de clase, etc.

II. EL RÉGIMEN JURÍDICO DE LOS PARTIDOS POLÍTICOS

La Constitución de 1978 se inscribe en el movimiento de constitucionalización de los partidos políticos. En su artículo 6 considera a las organizaciones partidistas como expresión del pluralismo político, que concurren a la formación y a la manifestación de la voluntad popular y como instrumento fundamental de participación política. Este sistema garantiza muy eficazmente el régimen de partidos, pero también supone posibilidades de control de los partidos por el Estado.

Su regulación ordinaria se encuentra en la Ley de Partidos Políticos, de 4 de diciembre de 1978, que en tanto ha sido contemplada a veces como ley de desarrollo constitucional presentaría la curiosidad de ser anterior a la propia Constitución. Ello puede servir de indicio del ya señalado predominio de los partidos políticos en el proceso de la transición y subsecuente consolidación, lo que quizá contribuye a explicar, también, la abundancia normativa sobre los mismos[1]. La Ley de Partidos Políticos establece los requisitos que han de cumplir; en el artículo 4 se dispone que su organización y funcionamiento deberá ajustarse a principios democráticos (exigencia reiterada por el artículo 6 de la Constitución). Desde el punto de vista jurídico, los partidos deben ser considerados como asociaciones privadas que cumplen fines de interés público. Así se desprende del citado artículo 6 de la Constitución. Esto supone que la alternativa que, en general, se han planteado los teóricos de la organización entre los partidos como asociaciones en interés exclusivo de sus miembros o asociaciones de interés general (Parsons, 1966 [1960]; Merton, 1992 [1968]) es resuelta, normativamente, en nuestro caso, en el segundo sentido.

III. LA FINANCIACIÓN DE LOS PARTIDOS POLÍTICOS

Los fundamentales cometidos asignados por el artículo 6 de la Constitución a los partidos políticos, imprescindibles para el funcionamiento democrático, justifican un sistema de financiación pública de los partidos. El artículo 6 de la Ley de Partidos Políticos está dedicado a la financiación, que se hace en su mayor parte con recursos públicos. Posteriormente, esta cuestión ha sido objeto de una ley específica, la Ley Orgánica de Financiación de Partidos, de 2 de julio de 1987. La financiación pública, así estatal como autonómica, se hace en función del número de escaños y de votos obtenidos por cada partido en las elecciones legislativas últimas, tiene carácter anual y se limita a los partidos que hayan obtenido representación parlamentaria.

---

1. Respecto de la normativa sobre partidos políticos, a la Ley de 4 de diciembre de 1978 y al artículo 6 de la Constitución, hay que añadir la Ley de 29 de mayo de 1976 sobre derecho de reunión, que modificaba el Código Penal, el RD-Ley sobre normas electorales de 18 de marzo de 1977, en el que se contienen algunas disposiciones sobre financiación de los partidos, la Ley Orgánica de Régimen Electoral General, de 19 de junio de 1985, que sustituyó a la anterior, y la Ley Orgánica de Financiación de Partidos, de 2 de julio de 1987. Esta normativa refleja una justificada preocupación por la financiación de los partidos. Al corpus normativo hay que añadir la jurisprudencia del Tribunal Constitucional, especialmente en los primeros momentos de funcionamiento de este órgano, que ha sentado doctrina en diversos y comprometidos asuntos, como el registro de los partidos y competencias al respecto de la Administración, la condición de los partidos respecto del régimen general del derecho de asociación, los supuestos de suspensión e ilegalización de los partidos, las relaciones entre los partidos y sus afiliados que ocupen cargos públicos, etc.

Por otra parte, la Ley Orgánica de Régimen Electoral General determina las subvenciones con motivo de las elecciones, siempre sobre la base de que están limitadas a los partidos que hayan obtenido representación institucional, según la elección de que se trate (al Parlamento Europeo, al Congreso de Diputados, al Senado o a los Ayuntamientos). Las cantidades por escaño y voto son, respectivamente, 2.000.000 de pesetas por cada diputado europeo y 70 pesetas por voto; 1.500.000 pesetas por cada diputado al Congreso y 60 pesetas por voto; 1.500.000 pesetas por cada Senador y 20 pesetas por voto; 15.000 pesetas por cada concejal y 20 pesetas por voto, en pesetas constantes. También supone financiación pública la cesión gratuita durante las campañas electorales de locales y espacios de propaganda en los medios de comunicación públicos. Hay que añadir la subvención que reciben los grupos parlamentarios (con cargo a los presupuesto de los respectivos Parlamentos, nacional y autonómicos).

La financiación privada está integrada por las cuotas de los afiliados, las donaciones de personas físicas y jurídicas (con las limitaciones expresadas en la ley), los ingresos procedentes de la propia actividad de los partidos, como venta de material de propaganda y similares, y los procedentes del recurso a operaciones de crédito. Tanto los ingresos como los gastos están sujetos al control del Tribunal de Cuentas. La vidriosa cuestión de la financiación de los partidos políticos ha merecido una creciente regulación y fiscalización de las fuentes de ingresos y del destino de los gastos, pues la complejidad de la actividad política y su elevado coste suelen derivar en prácticas ilegales de financiación. Gran parte de los escándalos de corrupción pública que se han desatado en España se vinculan al problema de la financiación de los partidos, lo que comporta serios daños para la legitimidad del sistema.

IV. LA ORGANIZACIÓN DE LOS PARTIDOS POLÍTICOS

Como organizaciones, los partidos políticos pueden diferir considerablemente entre sí, en su conformación y desarrollo, siendo más o menos fácilmente discernibles de su entorno. En general, las constricciones burocráticas y jerárquicas son más típicas de los partidos socialistas y comunistas que de los partidos de centro o de derecha. En este segundo caso, es más probable que los partidos estén poco diferenciados de su entorno, del sistema político, y que sea difícil distinguir sus organizaciones del Gobierno, por una parte, y del electorado, por otra.

Pero en España los partidos de derecha y de centro han asumido bastante fielmente las pautas organizativas rígidas de los partidos de izquierda. En consecuencia, la organización de los partidos españoles es bastante homogénea. A ello contribuyen también, muy eficientemente, las constricciones normativas. Así, la Constitución establece que la estructura interna y el funcionamiento de los partidos deberán ser democráticos (art. 6), y la Ley de Partidos Políticos (de diciembre de 1978), que su órgano supremo será la asamblea general del conjunto de sus miembros, directamente o por medio de compromisarios; asamblea general que suele ser denominada «congreso del partido».

En cuanto a la estructuración territorial, los partidos siguen, naturalmente, el modelo del Estado. La generalidad de ellos tienen una organización bastante compleja, con diferenciación a los distintos niveles territoriales, de órganos deliberantes y ejecutivos. El congreso del partido se reúne periódicamente, en plazos variables según cada partido, y, en el ínterim, cuando las circunstancias lo imponen, se recurre a congresos extraordinarios. El congreso elabora y aprueba el programa del partido y elige a los órganos de dirección, bien sobre la base de un criterio estrictamente mayoritario, bien reservando alguna representación para la candidatura o candidaturas que queden en minoría. A este respecto, los partidos españoles suelen ser contrarios no ya a las fracciones, sino a las meras corrientes internas, que son prohibidas de derecho, o excluidas de hecho. Excepciones relativas son o han sido el Partido Comunista, que reservaba un porcentaje de representación a la minoría en la elección de la Ejecutiva, pero no reconocía legitimidad a la organización formal de corrientes minoritarias. El PSOE reconoce formalmente en su seno la corriente «Izquierda Socialista». De hecho, es más fácil encontrar fracciones apoyadas en determinaciones territoriales, cuando organizaciones de esta naturaleza coinciden con posiciones políticas o ideológicas diferenciadas. En general, pues, se admite el fenómeno de las «tendencias» (o «sensibilidades diferentes», según un barbarismo exitoso), esto es, carentes de sustrato organizativo diferenciado, pero no el de las corrientes y fracciones.

V. ANTECEDENTES DEL SISTEMA Y DE LOS ACTUALES PARTIDOS

Un hecho a tener en cuenta, en cuanto revelador de una mayor capacidad organizativa y de un plus de legitimidad, es la antigüedad de las organizaciones partidistas. A este propósito ha de tenerse en cuenta el hiato de los cuarenta años de franquismo. De los partidos existentes en la etapa de la segunda República, muy pocos siguieron actuando en la clandestinidad, y otros pocos quedaron en una ambigua situación de latencia. De hecho, de las actuales organizaciones de partido, sólo PCE, PNV, PSOE y Unió Democràtica de Catalunya se remontan a antes de la guerra civil.

El régimen del general Franco, que acabó violentamente con la segunda República, proscribió los partidos políticos. En sus inicios intenta constituirse como régimen de «partido único», pero después transita a un sistema anti-partido. En efecto, este régimen comenzó por declarar fuera de la ley a todos los partidos políticos existentes, confiscando sus bienes, efectos y documentos, para crear un «partido único», en consonancia con los regímenes totalitarios que tanto eco tenían en la Europa de entonces. El partido único, Falange Española Tradicionalista y de las Juntas de Ofensiva Nacional Sindicalista (FET y de las JONS), fue fruto de la unificación de distintas fuerzas políticas que habían ayudado a la sublevación contra el régimen republicano. Su curioso y prolijo nombre es, en sí mismo, síntoma de la debilidad del intento. Sus capacidades de movilización y control fueron muy escasas, consecuencia de su débil implantación y fuerza social.

Con la derrota de las potencias del Eje en la Guerra Mundial, el régimen se desplaza del totalitarismo al autoritarismo (en el sentido que Linz presta a estos términos) y FET y de las JONS pasa a desempeñar un ambiguo papel, entre fachada vacía del régimen y uno más de los actores políticos, y no precisamente el más relevante, en un nuevo contexto de «pluralismo limitado» (también en el sentido de Linz). La función de control social se limita a aparatos represivos, el Ejército y la policía, y la función movilizadora es incompatible con la inclinación anti-partidista, tan del gusto del General (*enemigo de hacer política*). A partir de 1967, con la promulgación de la Ley Orgánica del Estado, se empieza a propiciar el recurso al «asociacionismo» dentro de los principios del Movimiento Nacional, para encauzar el «contraste de pareceres». Tras la muerte de Franco, se insiste en la vía de las «asociaciones políticas», que clausura Adolfo Suárez con la Ley para la Reforma Política.

De todas formas, en la contemporaneidad, aunque los partidos sean proscritos, es difícil erradicarlos enteramente, como fuerzas clandestinas u operantes en el exilio. La prohibición por el régimen franquista no consiguió impedir que algunos militantes mantuviesen la existencia en la clandestinidad de algunos de los partidos más combativos. Este hecho es relevante no sólo históricamente, sino también para entender la formación del actual sistema de partidos. En particular, otorgó a la izquierda, especialmente al PCE, una especie de legitimidad añadida.

Efectivamente, tras la derrota en la segunda Guerra Mundial de las potencias fascistas, y al calor de un movimiento internacional de cerco del régimen franquista, a partir de los años cincuenta la oposición clandestina abandona el *maquis* e intenta una resistencia política y de «masas», bajo la hegemonía del Partido Comunista de España, que se convierte en el «Partido» por antonomasia en el lenguaje de la época.

La persecución política que confinó en la clandestinidad a los partidos se fue suavizando con el paso del tiempo. Ya relativamente avanzada la dictadura, nacen el Partido Socialista Popular, de Tierno Galván, el FELIPE (Frente de Liberación Popular), etc. Aunque la persecución de los partidos jamás cejó del todo e incluso, como suele acontecer en situaciones de este tipo, conoció episodios de esporádico recrudecimiento poco antes de la muerte del general Franco, el proceso de crisis del régimen autocrático, especialmente desde el asesinato de Carrero Blanco en diciembre de 1973, permitió a los partidos ciertas apariciones más o menos públicas, pudiéndose hablar de una «oposición tolerada».

VI. EL SISTEMA DE PARTIDOS

No hubo ruptura con el régimen anterior y uno de sus políticos, Adolfo Suárez, fue el conductor de la transición. En febrero de 1977 se inaugura el «Registro de Asociaciones Políticas» en el Ministerio del Interior, en el que habrían de inscribirse todas las organizaciones que pretendiesen ser consideradas tales. El número de partidos que se inscribió fue enorme. Las primeras elecciones que determinan el punto de arranque de la transición (Linz, 1992) manifiestan la primera configuración de nuestro sistema de partidos, aunque la legalización hubiese presentado dificultades para los de extrema izquierda. En efecto, la legalización del PCE sólo precedió en breve tiempo a las elecciones de 15 de junio de 1977.

Las clasificaciones de los sistemas de partidos tienden, como es conocido, a basarse preferentemente en el criterio cuantitativo. Este criterio puede completarse con otros declaradamente normativos o, dada la terminología utilizada, susceptibles de comprensión en sentido normativo. Así, según algunos autores, el bipartidismo puede ser «perfecto» o «imperfecto», y el multipartidismo puede ser «moderado» o «extremo». La clasificación más autorizada sigue siendo la de Sartori (1976), que, a partir del elemento del número, lo conjuga con criterios institucionales (restricción de la competencia efectiva), de «tamaño» (del apoyo electoral) y de dinámica de la competición («centrífuga» o «centrípeta»).

En España desde las elecciones fundadoras de 1977 nos hemos encontrado con un sistema bastante complejo, como consecuencia de la existencia de subsistemas regionales y su plural incidencia en el sistema de partidos nacional. En general, respecto de los subsistemas autonómicos de partidos, la expresión es utilizada con dos valores distintos. Algunas veces se limita a aquellos casos en que se da alguna dimensión significativa de identificación partidista propia, y por tanto no presente en el sistema nacional. En esta acepción, se dan claramente subsistemas autonómicos de partidos en Canarias, Cataluña, Navarra y el País Vasco. Todos ellos presentan la concurrencia de fuerzas nacionalistas o regionalistas con peso suficiente para competir, y en algunos casos ganar, a las formaciones de ámbito estatal. La importancia de algunos partidos nacionalistas periféricos influye en la complejidad del sistema nacional, en tanto no son sólo partidos de ámbito regional, ya que están presentes en los órganos representativos estatales y no sólo en el (seudo)territorial (Senado), sino también en el fundado en la representación personal (Congreso), presencia que en los últimos tiempos, a causa de la distribución del voto, ha sido extraordinariamente influyente en la formación o sostenimiento del Gobierno. Por otra parte, la mera existencia de fuertes partidos nacionalistas periféricos hace imposible el bipartidismo y puede ejercer una presión «centrífuga» y, en los casos de nacionalismo extremo e independentista, comprometer la estabilidad del sistema político en su conjunto. También los partidos de ámbito español influyen de modo muy diverso los subsistemas territoriales de partido.

Menos claramente, por la presencia de algún partido nacionalista o regionalista podría hablarse también de subsistema autonómico en Andalucía, Aragón, Baleares, Comunidad Valenciana, Galicia, etc. (no es cuestión aquí de decidir en qué casos esta presencia es suficientemente relevante para producir un subsistema).

En otra acepción, se llama subsistema autonómico de partidos a la constelación de partidos en cada Comunidad, aunque no incluya partidos ni relaciones entre ellos significativamente diferentes de las que operan a nivel nacional. La gran mayoría de estos «subsistemas» son similares al nacional, de multipartidismo moderado, con dos partidos principales, que en 14 de las 17 Comunidades Autónomas consiguen cerca del 80% de los sufragios.

Desde 1977, el sistema de partidos español ha experimentado considerables cambios en el número, identidad y peso parlamentario de sus componentes, con la consiguiente pluralidad de relaciones sistémicas, muy afectadas por la distinta relevancia, según los momentos, para el sistema nacional de algunos partidos de ámbito infra-nacional. Las tendencias constantes son un grado de polarización política no muy intensa, similar a la de los países de nuestro entorno, la simplificación del número de los partidos nacionales relevantes y la intensificación de la incidencia en el sistema nacional de los partidos regionales. El sistema ha girado sobre la matriz del multipartidismo moderado, con dos partidos principales (actualmente PSOE y PP; otrora, PSOE y UCD) y uno o dos partidos relevantes más pequeños (actualmente IU; antes, PCE y AP; IU y CDS), con la complejidad añadida de la existencia de dos partidos nacionalistas periféricos relevantes (CiU y PNV). En términos generales y aproximados sus sucesivas configuraciones han sido:

1) Un sistema multipardista (más bien) moderado, con cuatro partidos alineados bipolarmente en la dimensión izquierda-derecha, con los mayores en las posiciones más centrales y los menores en las extremas (lo que frecuentemente ha sido calificado entre nosotros como «bipartidismo imperfecto»), pero con la particularidad de incluir en posiciones de «chantaje» a dos partidos regionales.

2) Un sistema de partido predominante, con un partido reiteradamente mayoritario (el PSOE) acompañado por otros dos o tres nacionales y otros dos regionales relevantes (desde las elecciones de 1982 hasta las de 1993).

3) Actualmente, un sistema de partidos de multipartidismo moderado, pero cercano al multipartidismo extremo, con seis partidos relevantes: dos grandes partidos nacionales, uno de derecha (o centro-derecha), el PP, y otro de izquierda (o centro-izquierda), el PSOE, un partido mediano de izquierda relativamente extrema, pero que acepta el sistema (IU), con alguna capacidad de chantaje, y tres partidos regionales con capacidad de gobierno y/o de oposición a nivel nacional, uno mediano, por su peso parlamentario (CiU), y dos pequeños (PNV y Coalición Canaria)[2]. Estos partidos regionales, pequeños o medianos en el sistema nacional, son grandes en los subsistemas de sus respectivas Comunidades.

---

2. En realidad, Izquierda Unida, Convergencia i Unió y Coalición Canaria son coaliciones de partidos, pero dada su estabilidad y permanencia, principalmente en el caso de las dos primeras, han de ser tratadas a nuestros efectos como partidos, so pena de hacer imposible el análisis (lo mismo pasa con el Bloque Nacionalista Galego).

VII. ALINEAMIENTO DE LOS PARTIDOS EN LA DIMENSIÓN IZQUIERDA-DERECHA

En la consideración de los partidos por su proyección sobre el eje izquierda-derecha, ha de partirse de la distribución que se inicia al comienzo de la transición (cf. Míguez, 1990), para referirnos a sus sucesivas variaciones (de valoración muy desigual, según los autores).

1. *La izquierda*

Como se ha dicho, el PCE fue el partido que destacó más en la lucha contra la dictadura. Al iniciarse la transición, sus dirigentes históricos (Dolores Ibárruri y Santiago Carrillo) regresaron del exilio. La influencia comunista resultaba potenciada por su hegemonía en la central Comisiones Obreras, virtualmente la única organización sindical existente fuera del aparato franquista. El PCE insistió en su política de reconciliación nacional, elaborada en la lucha contra la dictadura, que produjo una especie de fruto póstumo con el restablecimiento democrático, pero que no fue disfrutado principalmente por el «partido». Bajo la dirección de Santiago Carrillo, legitimó su posición política mediante el recurso al «eurocomunismo», adoptando, con frecuencia, posturas más moderadas que las de los socialistas en la elaboración del texto constitucional. Sin embargo, no consiguió disipar sino muy lentamente los recelos y las reservas que suscitaba en base a los recuerdos de la guerra civil.

El reconocimiento de la legalidad del PCE debe mucho a Adolfo Suárez, que comprometió su influencia política en esta medida, adoptada en vísperas de las elecciones de 1977. Los resultados de estas elecciones defraudaron las expectativas comunistas (que habían confundido su capacidad de movilización y dirección política en la lucha clandestina con la capacidad de obtención de apoyo electoral en una situación democrática, confusión de la que participaron algunos de sus más acérrimos adversarios), pues el Partido sólo obtuvo un modesto 9,3 por ciento de los votos.

Tras una ligera subida en las elecciones de 1979 (1,5 por ciento de los votos), tuvo lugar el desastre de 1982 (en que sólo consiguió el 3,9 por ciento de los votos emitidos). Como consecuencia, Gerardo Iglesias sustituyó a Santiago Carrillo en la Secretaría General, pero ello no se tradujo en un cambio definido de política. En medio de graves enfrentamientos internos, el PCE encontró en la bandera de la oposición al ingreso de España en la OTAN un modo de eludir su crisis de identidad política y de intentar aglutinar y, en la medida de lo posible, encabezar los sectores más «progresistas» del país. De hecho, Izquierda Unida, la actual coalición de partidos en la que el PCE es el principal, deriva de una plataforma de apoyo al «no» en el referéndum de 1986, sobre aquella cuestión. En los últimos años se operó un nuevo cambio en el liderazgo comunista, con la llegada de Julio Anguita a la Secretaría General, que desempeña además el cargo de coordinador general de IU. Esta formación —Izquierda Unida— ha venido aumentando moderada pero progresivamente su apoyo electoral desde 1986. Sin embargo, la modestia de este crecimiento en las elecciones generales de 1996 ha dado un impulso adicional a los «críticos», que cuestionan la hegemonía del PCE en el seno de la coalición, incentivando la conversión en partido político de la corriente «Nueva Izquierda», lo que ha llevado a que el PCE renuncie al objetivo formal de la hegemonía[3].

Al comienzo de la transición apareció una multiplicidad de pequeños partidos de extrema izquierda, en proceso de permanente división (Partido del Trabajo de España, Liga Comunista Revolucionaria, Organización Revolucionaria de Trabajadores, etc.), que no obtuvieron su legalización hasta después de las elecciones de 1977, por lo que hubieron de concurrir a las mismas bajo la fórmula de agrupaciones de electores (cf. Míguez, 1990). Sus resultados fueron mínimos. La normalización constitucional eliminó prácticamente a estos partidos del sistema político, buena parte de cuyos militantes recaló en el PSOE o en partidos nacionalistas periféricos.

En el caso de los socialistas, ante la prolongación de la dictadura se fue abriendo con el transcurrir del tiempo una grieta profunda entre los dirigentes exiliados y los nuevos líderes, más jóvenes, que emergen dentro de nuestras fronteras. Estos nuevos líderes empiezan a distanciarse de las consignas emanadas de aquellos otros que, ausentes, desconocían la nueva realidad del país. En las elecciones de 1977 se presentaron tres formaciones distintas con identificación socialista: el PSOE (histórico), el PSOE (renovado) y el Partido Socialista Popular (PSP), que con la «Federación de Partidos Socialistas», que integraba a partidos de ámbito regional, presentó una candidatura de «Unidad Socialista». Como fácilmente se alcanza, el PSOE (h) era la organización de los socialistas «históricos», recién llegados de su exilio, compuesta en su mayoría por viejos militantes, más cercanos por edad y convicciones a los problemas e ideales de la

---

3. Después de redactado el texto, se ha abierto una grave crisis entre Nueva Izquierda y la dirección de Izquierda Unida que parece presagiar la expulsión del partido de la coalición.

segunda República que a los de la nueva construcción democrática. Su fracaso electoral comportó su desaparición. El PSOE (r) estaba constituido por jóvenes activistas del antiguo partido que por razón de su edad no habían vivido la guerra civil y que, más en general, por ideología y objetivos se distanciaban de los históricos. El electorado premió a los renovadores con el 29,9 por ciento de los votos, lo que supuso el inicio de una carrera progresivamente ascendente del PSOE. «Unidad Socialista», es decir, el PSP más la Federación de Partidos Socialistas regionales, obtuvo sólo el 4,5 por ciento de los votos. El PSP, fundado por el profesor Tierno Galván en los años cincuenta, fue siempre una organización menor, con una militancia peculiar e implantación geográfica circunscrita. Este partido se disolvió en abril de 1978, ingresando gran parte de sus afiliados en las filas del PSOE (ya sin otras especificaciones).

Aunque para las elecciones de 1979 el Partido Socialista Obrero Español ya no tenía rival en su familia ideológica, aquél fue un año crítico, en el que hubo de pasar la prueba de fuego del XXVIII Congreso. El partido precisaba, a juicio del joven liderazgo nacido en Suresnes, abandonar el marxismo como premisa ideológica básica, entrando en la esfera de la socialdemocracia europea. El congreso supuso un drama interno de cierta magnitud, resuelto de forma favorable para los planteamientos de Felipe González, significando, en general, un robustecimiento de la unidad del partido.

En mayo de 1980 se presenta por los socialistas en el Congreso de los Diputados la primera moción de censura a un Presidente del Gobierno, que, aunque fue derrotada, contribuyó a fraguar una imagen de alternativa para el líder socialista Felipe González. Y en enero de 1981 el país asiste atónito, dada la falta de explicaciones convincentes, a la dimisión del Presidente del Gobierno, Adolfo Suárez. El 23 de febrero siguiente tuvo lugar el intento de golpe de Estado que estuvo a punto de dar al traste con el proceso de consolidación democrática. Estas circunstancias influyeron notablemente en la victoria del PSOE en 1982. Las sucesivas victorias electorales, con mayoría absoluta en 1986 y 1989, e incluso con la mayoría limitada de 1993, lo configuraron como un gran partido. Abandona el Gobierno tras las elecciones de 1996, en las que es vencido por un muy escaso margen de votos, a pesar de un cierto clima de opinión que le auguraba una gran derrota[4].

---

4. Después de redactado el texto, se ha producido el relevo de Felipe González por Joaquín Almunia en la Secretaría General del PSOE. No obstante, de momento, el primero conserva un cierto liderazgo.

2. El centro

Este espacio se convirtió en objetivo preferente del reformismo proveniente del régimen anterior. Aunque el recuerdo de la experiencia republicana evocaba una polarización radical, toda la transición se efectuó sobre la base de un compromiso entre los reformistas del antiguo régimen y una oposición democrática pactista, lo que favorecía naturalmente posiciones de moderación. El centrismo ofrecía la oportunidad de conquistar para la democracia a amplios sectores de opinión que, sin una identificación ideológica definida, habían apoyado el régimen de Franco pero que, considerando agotado su «modelo» político, reclamaban mayores libertades.

Adolfo Suárez, el principal de los líderes reformistas del franquismo, presidente del Gobierno convocante de las primeras elecciones, fue la cabeza y el principal activo de una nueva fuerza política, que encarnaba el designio reformista. Así nació, primero como coalición, más tarde como partido unificado, Unión de Centro Democrático, que aunaba en torno al presidente del Gobierno a una compleja amalgama de pequeñas organizaciones, todas ellas con líderes («barones») que, a pesar de su diversidad, encontraron un punto de identificación en su posición moderada y la consiguiente prosecución del centro político, al servicio de la conservación del poder. La heterogeneidad de familias, ideologías y líderes era una «espada de Damocles» pendiendo sobre UCD, pero lo cierto es que en junio de 1977 obtuvo el respaldo del 34,8 por ciento del electorado, y que en 1979 revalidó su victoria electoral, con un ligero incremento porcentual, lo que le convirtió en partido gobernante en el primer quinquenio de la restauración democrática. Pero a partir de 1980 UCD padeció una sangría de deserciones, que incluyó al propio Adolfo Suárez, y finalizó con la derrota electoral de 1982, de difícil comparación, donde ni siquiera el presidente Calvo Sotelo, convocante de los comicios, consiguió escaño parlamentario.

El Centro Democrático y Social fue fundado por Adolfo Suárez en el verano de 1982, tras abandonar con un grupo de fieles la UCD. El carisma del líder y la reivindicación de la continuidad del «proyecto» centrista fueron sus principales reclamos. La convocatoria de elecciones, cuando apenas habían pasado dos meses de su constitución en partido, no contribuyó, precisamente, a su éxito. En las elecciones de 1986, con un 9,2 por ciento de los votos, se convirtió en el tercer partido en apoyo electoral, lo que permitía augurar cierto éxito al designio de sus dirigentes de convertirlo en «partido bisagra». Pero las elecciones de 1989 marcaron el inicio de un rotundo declive, caracterizado por divisiones internas y el abandono de su principal líder, Adolfo Suárez, que culmina en 1993 con su desaparición del arco parlamentario.

3. La derecha

En España, los partidos de derecha (no sólo ellos, es verdad, pero sí muy caracterizadamente) han solido parasitar la organización de la Administración pública. Por otra parte, con escasas excepciones y más bien a título personal, el conjunto de las derechas se habían entregado al régimen del general Franco, lo que asociaba incómodamente su imagen con el régimen anterior. Finalmente, los reformistas de este régimen, que se revelaron más capaces y lúcidos, optaron por ubicarse en el centro político.

De esta suerte, al producirse el cambio de régimen la derecha española encuentra serias dificultades de organización y escaso respaldo electoral, y no se verificaron las previsiones de algún importante académico (Linz), de un fuerte partido demócrata-cristiano, como fue el caso de Italia hasta hace muy poco tiempo. Ni fuerte, ni débil, las tentativas de un partido demócrata-cristiano español fracasaron rotundamente.

La Federación de Partidos de Alianza Popular incluía a algunos de los más significados políticos del franquismo, en una especie de sumo órgano colegiado que llegó a conocerse popularmente como «los siete magníficos», seis de ellos ex-ministros de Franco.

La posición de AP ante el nuevo régimen era muy reticente, hasta el punto de que un académico, poco sospechoso de izquierdismo, como Linz no duda en atribuirle una posición «anti-sistema» (calificación que corrobora el hecho de que alguno de los «siete magníficos» votaran contra la aprobación del texto constitucional). En 1977, con Manuel Fraga al frente, sólo obtuvo el 8,4 por ciento de los votos, resultado más pobre todavía en relación a las aspiraciones de sus líderes, que se habían declarado partidarios de un sistema de sufragio mayoritario. Posteriormente, AP propendió a las coaliciones electorales, siempre con relativa fortuna. Para las elecciones de 1979, Fraga se une con Areilza y Osorio en la Coalición Democrática, que obtuvo resultados todavía por debajo de los de 1977; y en 1982, con el Partido Demócrata Popular (PDP), de Óscar Alzaga, y Unión Liberal (UL), de José Antonio Segurado, en la Coalición Popular. En esta ocasión alcanza su mejor resultado y con el 25,9 por ciento de los votos se convierte en el primer partido de la oposición.

La anunciada desaparición de UCD orientó a gran parte del electorado de derechas a Alianza Popular. Pero su limitación al 25 por ciento de los sufragios, que dio en ser considerado el «techo de Fraga», del que se hacía responsable a su pasado político franquista, significaba un incentivo para el cambio de líder. Tras su dimisión, Fraga fue sucedido por Antonio Hernández Mancha, un político inexperto y errático, y después por José M.ª Aznar, que tenía alguna experiencia de gobierno regional y parecía más grato a Manuel Fraga. Aznar ha ido consolidando progresivamente su liderazgo dentro del partido, que desde 1989 adopta el nombre de Partido Popular, al que ha intentado «centrar» en el espacio político. El PP ha ido creciendo en apoyo electoral hasta ganar las europeas de 1994, las municipales de 1995 y las legislativas de 1996, aunque bastante lejos de la mayoría.

Al comienzo de la transición, había algunos pequeños grupos de extrema derecha, integrados por los sectores más irreductibles del régimen franquista, cuya identificación se hacía exclusivamente en negativo respecto del «comunismo» (que para estas fuerzas incluía también otras posiciones de izquierda y sobre todo de nacionalismos periféricos) y contra los «traidores», esto es, los reformistas procedentes del antiguo régimen. Fuerza Nueva alcanza un solo diputado, para su «caudillo» Blas Piñar, en las elecciones de 1979. Los demás grupos de este carácter no llegaron ni a eso.

VIII. LOS PARTIDOS NACIONALISTAS PERIFÉRICOS Y REGIONALISTAS

El *cleavage* «centro-periferia» ha estado siempre presente a lo largo de la historia española de los dos últimos siglos, aflorando particularmente en los momentos de restablecimiento de las libertades públicas. El problema ha sido planteado por las Comunidades llamadas históricas, Cataluña, País Vasco y Galicia, principalmente por las dos primeras. Precisamente, el calificativo de «históricas» aplicado a estas Comunidades se explica en función de un mayor sentimiento de identidad diferenciada; no porque sean las Comunidades más caracterizadas históricamente como titulares de sistemas políticos propios. Tanto en Cataluña como en el País Vasco existen partidos nacionalistas con un amplio respaldo popular, lo que dota, como ya hemos visto, al sistema de partidos español de una notable complejidad. Estos nacionalismos plantearon desde el comienzo del proceso constituyente el problema de la articulación territorial del Estado.

En Cataluña la diferencia entre partidos nacionalistas moderados y radicales se sustancia principalmente en la aceptación o no del sistema político existente, en particular de la unidad del Estado, y no hay diferencia en cambio en la común reducción a los medios de acción política democrática. Por el contrario, en el País Vasco, unos y otros con distintos énfasis cuestionan el sistema político existente, en particular la unidad del Estado, y la diferencia se sitúa en los medios de acción política: los moderados se reducen a la lucha democrática, mientras que los radicales defienden y practican la llamada por ellos «lucha armada», o sea, el terrorismo. Con frecuencia, los moderados en uno u otro sentido han sabido utilizar en su estrategia de negociación la capacidad de presión generada por la presencia de los nacionalismos radicales.

El sistema catalán por el número y el tamaño de los partidos no es muy diferente del de toda España: hay dos partidos grandes, uno de centro-derecha y nacionalista moderado, CiU, y otro de centro-izquierda que, sin ser nacionalista, afirma enérgicamente el hecho diferencial catalán, de suerte que es algo más que una organización regional del PSOE, el PSC-PSOE; dos partidos medianos, uno a la derecha, el PP, y otro a la izquierda, con una contextura entre coalición y «nuevo movimiento social», Iniciativa per Catalunya, que hereda del PSUC la independencia que éste mantuvo con el PCE, referida ahora a Izquierda Unida. Finalmente, hay un pequeño partido, Esquerra Republicana de Catalunya, independentista, pero que acepta el juego democrático.

Convergència Democràtica de Catalunya y Uniò Democràtica de Catalunya mantienen una coalición muy estable (CiU), que a efectos de este análisis puede ser considerada un solo partido. Convergencia i Unió gobierna Cataluña, con Jordi Pujol como presidente de la Generalitat, sin interrupción desde las primeras elecciones autonómicas de 1980. La opción del nacionalismo catalán de centro-derecha es también relevante en las elecciones generales, manteniendo un número de escaños aproximadamente constante en el Parlamento español. Su peso político nacional se ha acrecentado como consecuencia de que su concurso, tras las elecciones de 1993 y 1996, es virtualmente imprescindible para la formación de una mayoría parlamentaria de apoyo al Gobierno.

En el País Vasco se da un multipartidismo polarizado, no porque presente más partidos, sino porque manifiesta grandes distancias ideológicas. Ofrece además configuraciones plurales, a veces muy disímiles según las determinaciones territoriales interiores. Los partidos más importantes son, en la dimensión nacionalista, el PNV, un partido de centro-derecha, de nacionalismo radical en sus objetivos, pero moderado en su actuación, y en el espacio autonomista, el

PSOE y el PP. El Partido Nacionalista Vasco también ha gobernado el País Vasco desde las primeras elecciones de 1980, pero en coalición, las más de las veces, con el PSOE. El enfrentamiento entre el antiguo *lehendakari*, Carlos Garaicoechea, y el principal líder del PNV, Xavier Arzallus, se tradujo en la escisión que dio lugar a Eusko Alkartasuna (EA), que se pretende más nacionalista y más de izquierdas que el PNV. EA obtuvo resultados sólo discretos, pues aunque ha conseguido representación tanto en el Parlamento vasco como en el nacional, parece mostrar una tendencia de constante declive, que puede presagiar su desaparición. La coalición Herri Batasuna, considerada primero «brazo político» y después «cabeza» de ETA, ha obtenido un apoyo electoral de relativa importancia y bastante «cristalizado», cuya proyección en la representación parlamentaria en el Congreso ha oscilado entre dos y cinco diputados. Desde 1993 se manifiesta una tendencia al descenso de su apoyo electoral, en correspondencia con su cada vez más explícito apoyo al terrorismo. Unidad Alavesa es un partido provincialista de orientación derechista, que se alimenta principalmente del temor a los excesos nacionalistas.

El caso gallego es el más simple, de sólo tres partidos, con un gran predominio del PP, una presencia algo más débil que en el promedio nacional del PSOE, y un tercer partido más pequeño, pero que se halla en línea ascendente, el Bloque Nacionalista Galego (BNG). Aquí la peculiaridad no radica sólo en la presencia de este tercer partido, sino también en que el PP gallego ofrece imágenes y tiene apoyos relativamente diferentes del PP nacional, de modo parecido a lo que se decía para Cataluña a propósito del PSC y PSOE.

Por último, cabe mencionar en otras Comunidades algunos partidos regionalistas, que en su mayoría derivan de la descomposición de UCD. Según Montero y Torcal (1990), lo que alentó estos partidos fue la quiebra de UCD, unida a las tradicionales dificultades de articulación política de los sectores españoles de centro y centro-derecha, así como el relativo fracaso de los partidos de ámbito nacional para recoger demandas regionales específicas, lo que abrió el camino de su capitalización a ciertas élites políticas locales o regionales.

REFERENCIAS

Cotarelo, R. (ed.), 1992: *Transición política y consolidación democrática. España (1975-1986)*, CIS, Madrid.
Cotarelo, R. (1992): «Los partidos políticos», en Id. (ed.), 1992, 299-326.

Díaz, E. (1988): «Socialismo democrático, instituciones políticas y movimientos sociales»: *Revista de Estudios Políticos*, 62, 41-68.
Dittrich, K. (1983): «Testing the catch-all thesis: some difficulties and possibilities», en H. Daalder y P. Mair (eds.), *Western European Party Systems. Continuity and Change*, Sage, London, 257-266.
Linz, J. J. (1992): «La transición a la democracia en España en perspectiva comparada», en R. Cotarelo (ed.), 1992, 431-460.
Merton, R. K. (1992): *Teoría y estructura sociales*, FCE, México, 3.ª ed.; orig.: *Social Theory and Social Structure*, Free Press, London, 1968, 3ª. ed.
Míguez, S. (1990): *La preparación de la transición a la democracia en España*, Universidad de Zaragoza.
Montero, J. R. y Torcal, M. (1990), «Autonomías y Comunidades Autónomas en España: preferencias, dimensiones y orientaciones políticas»: *Revista de Estudios Políticos*, 70, 33-91.
Parsons, T. (1966), *Estructura y proceso en las sociedades modernas*, IEP, Madrid; ed. orig. *Structure and Process in Modern Societies*, Free Press, London, 1960.
Pérez Yruela, M. y Giner, S. (eds.) (1988): *El corporatismo en España*, Ariel, Barcelona.
Sartori, G. (1976): *Parties and Party Systems. A framework for analysis* I, CUP, Cambridge.
Vilas Nogueira, J. (1995): *Las organizaciones de partido* (Discurso inaugural lido na solemne apertura do curso académico 1995-1996), Universidade de Santiago de Compostela.

BIBLIOGRAFÍA

Además de los escritos citados en las «Referencias»:

Para una panorámica vulgarizadora:

Román, P. (1995): «Partidos y sistemas de partidos», en Id., *Sistema político español*, McGraw-Hill, Madrid, 183-200.
Linz, J. J. y Montero, J. R. (eds.) (1986): *Crisis y cambio: electores y partidos en la España de los años ochenta*, CEC, Madrid; aunque preferentemente centrado en cuestiones electorales, contiene alguna contribución interesante sobre partidos.
Ramírez, M. (1991): *Sistema de partidos en España (1931-1990)*, CEC, Madrid; recopilación de artículos publicados con anterioridad.

Para los antecedentes:

Linz, J. J. (²1967): «The party system of Spain: past and future», en S. M. Lipset y S. Rokkan (eds.), *Party systems and voter alignments*, 197-282 (trad. española: *El sistema de partidos en España*, Narcea, Madrid, 1974).

Para el contexto social de la transición:

Linz, J. J. et al. (1981): *Informe sociológico sobre el cambio político en España, 1975-1981*, Euramérica, Barcelona.

Para los partidos de extrema izquierda en la transición:

Laiz, C. (1995): *La lucha final. Los partidos de la izquierda radical durante la transición española*, Los Libros de la Catarata, Madrid; se resiente de una información bastante limitada y de algún exceso de «simpatía» hacia los partidos estudiados.

Para la configuración inicial del nuevo sistema:

Linz, J. J. (1980): «The new Spanish party system», en R. Rose (ed.), *Electoral participation: a comparative analysis*, Sage, London, 101-189.

Una referencia de los partidos que se presentaron a las primeras elecciones:

Linz, J. J. (1977): *Partidos políticos y elecciones*, IEP, Madrid.

Para el liderazgo:

Colomé, G. y López Nieto, L. (1989): «Leadership selection in PSOE and AP», ICPS, Barcelona (Documento de trabajo).

Para la derecha:

Montero, J. R. (1987): «Los fracasos políticos y electorales de la derecha española: Alianza Popular, 1976-1986»: REIS, 39, 7-44.

Para los subsistemas regionales:

Llera, F. J. (1988): «Continuidad y cambio en el sistema de partidos vasco: 1977-1987»: *Revista de Estudios Políticos*, 59, 277-375.
Llera, F. J. (1989): «Continuidad y cambio en el sistema de partidos navarro: 1977-1987»: *Rev. Int. Soc.*, 47/4, 503-60.
Colomé, G. (1993): «The Catalan party system», en Fossas y Colomé, *Political parties and institutions in Catalonia*, ICPS, Barcelona, 37-64.
Montero, J. R., Pallarés, F. y Oñate, P. (1995): «El subsistema de partidos», en R. Chueca y J. R. Montero (eds.), *Elecciones autonómicas en Aragón*, Tecnos, Madrid, 193-238.

Capítulo 13

LOS GRUPOS DE PRESIÓN

Miguel Jerez

Universidad de Granada

I. INTRODUCCIÓN

La existencia de grupos de presión en sentido moderno, como la de los partidos políticos, no se remonta mucho más allá de comienzos del siglo XIX, centrándose inicialmente en los Estados Unidos de América y, en menor medida, en Gran Bretaña. Su génesis aparece ligada a los procesos de industrialización, así como al reconocimiento del derecho de libre asociación y a la regulación por vía parlamentaria de las más diversas actividades económicas. Así, el primer caso conocido de *lobbying* —la modalidad de presión más común en los grupos— se produjo en pleno período fundacional del país norteamericano, concretamente en 1789, siendo su objetivo influir en el Congreso con ocasión de la aprobación de la primera ley aduanera. A la vuelta de aquella centuria ya se habían organizado los primeros grupos de presión, entre los que cabe destacar la Philadelphia Society for the Promotion of National Industry, dirigida por Alexander Hamilton, uno de los redactores de la Constitución y el fundador del Partido Federal. La construcción de los ferrocarriles, iniciada en 1827, representará la época clásica del *lobbying* norteamericano, a la vez que el capítulo más negro de su historia. Lo expeditivo de los métodos empleados dejaría profunda huella en una opinión pública que a menudo conserva una imagen negativa de este tipo de actores sociales (Beyme, 1980, 64). Por la misma época, concretamente en 1839, se fundaba en Inglaterra la Anti-Corn Law League, un ejemplo clásico de poderoso grupo de presión, aunque sin vinculación con un partido político determinado.

Desde entonces, los grupos y sus actividades se han ido extendiendo paulatinamente a otros ámbitos geográficos y culturales, coincidiendo las etapas de mayor auge con aquellos períodos en los que el Estado ha ejercido un papel más relevante en la economía y en el mercado de trabajo. En el caso de Europa, dos hechos han incidido en la proliferación de organizaciones de intereses en los últimos tiempos: de un lado, la nueva e intensa regulación normativa de numerosas cuestiones a nivel comunitario, sobre todo a raíz de la firma por los doce Estados miembros, en febrero de 1986, del Acta Única Europea que —entre otros aspectos— impulsaba la realización del gran mercado interior, fijando para ello un horizonte temporal concreto (el 31 de diciembre de 1992); de otro, la propia entidad económica de los Fondos de la Unión Europea a repartir entre los Estados miembros —atendiendo a los sectores considerados prioritarios— y, dentro de cada uno de ellos, entre las distintas áreas geográficas.

Los primeros estudios sobre grupos de presión se encuentran ligados al despegue y proceso de consolidación de la Ciencia Política como disciplina autónoma, muy especialmente en los Estados Unidos. Aunque esta temática ha sido igualmente abordada desde otros ámbitos de las ciencias sociales, en particular desde la Historia y la Sociología, sólo en nuestro campo constituyen una categoría central de análisis. En efecto, mientra el sociólogo tiende a hablar en términos de valores y sistemas de valores, el estudioso de la política tiene por terreno clave el de los intereses. Lo que le concierne, en palabras de Lasswell, es quién tiene poder y cuánto (bajo qué presiones e influencias) o, cómo se pregunta Robert Dahl, ¿quién gobierna? (y su natural corolario: en beneficio de quién). En otras palabras, el elemento interés se convierte en central porque la cuestión del poder político es una cuestión de intereses, no de valores, como Max Weber pondría de manifiesto en *La ética protestante y el espíritu de capitalismo*.

El planteamiento teórico arranca de la obra de Arthur Bentley *The Process of Government. A study of social process* (Chicago, 1908), cuyo subtítulo resulta revelador de la novedosa orientación teórica y metodológica. Aunque entonces recibió poca atención, en ella estaban ya las tesis esenciales de la denominada *group theory of politics*, para la cual la esencia de la vida política es el conflicto entre grupos que compiten libremente en defensa de un interés (en opinión del autor norteamericano, la tarea de la ciencia política consiste en distinguir los «intereses» que definen los actos de los individuos y que les unen en una variedad infinita de relaciones o de «grupos»). Esta tendencia analítica, estrechamente ligada a la corriente pluralista, sería relanzada con singular éxito por David Truman a comienzos de los cincuenta en *The Governmental process*, y alcanzaría su cima con la obra de Robert Dahl, en particular con *A preface to democratic theory* (1956).

El primer estudio sistemático de base empírica se debe a Peter Odegar (*Pressure politics: the story of the Anti-saloon league*, Nueva York, 1928). Muy pronto esta temática se convertiría en una de las joyas del *pre-behavioralismo*, etapa de la disciplina en la que —junto a la publicación de sendas monografías sobre las actividades de presión de los grupos ante el Congreso de los Estados Unidos y sobre la poderosa American Medical Association— destaca *Política, partidos y grupos de presión*, de V. O. Key (1942). En la segunda mitad de los cincuenta verían la luz un par de trabajos que anunciaban la definitiva apertura de este tipo de estudios hacia áreas distintas de la angloamericana: *a)* el libro editado por Ehrmann bajo el expresivo título de *Interest groups in four Continents*; y *b)* el artículo de Gabriel Almond en la *American Political Science Review*, «A comparative study of interest groups and the political process», en el que da cuenta de los temas debatidos y las conclusiones alcanzadas al respecto en la reunión del Comité de Política Comparada de la Asociación Americana de Ciencia Política, celebrada en Stanford (California), en 1957. El propósito del nuevo programa de investigación era eminentemente práctico: obtener una visión más amplia del cambio y funcionamiento social en países de diferentes áreas culturales a partir del estudio de su particular sistema de grupos de presión, la percepción de dichos actores por la opinión pública, sus relaciones con los partidos, etc.

Tras experimentar un cierto declive, la década de los ochenta conoció una auténtica resurrección del interés científico hacia los grupos de presión, coincidiendo con la proliferación de toda suerte de intereses organizados en las distintas fases del proceso político; y, en el terreno académico, con el auge de las corrientes «corporatistas» y, sobre todo, del enfoque de políticas públicas. Inspirados por el trabajo teórico de académicos como Mancur Olson o Theodore Lowi, una generación de politólogos volvía a las preguntas básicas que se planteron Bentley y Truman: *a)* ¿por qué se forman los grupos y cómo lo hacen?; y *b)* ¿cómo ejercen su influencia en el proceso de toma de decisiones? (Cigler y Loomis, 1991, vii). Más recientemente, el interés mostrado por los politólogos en fenómenos como la corrupción política y el clientelismo —hasta no hace mucho terreno casi exclusivo de los filósofos, en el primer caso, y de antropólogos e historiadores, en el segundo— ha supuesto un nuevo impulso para los estudios sobre grupos de presión.

II. CONCEPTOS Y TERMINOLOGÍA

La categoría «grupos de presión» empieza a difundirse en las ciencias sociales españolas a mediados de los años cincuenta, consolidándose en la segunda mitad de la siguiente década con su incorporación a los primeros manuales de Sociología Política publicados en nuestro país (Murillo, 1963; Duverger, 1968) y con la aparición de algunas monografías pioneras (Celis, 1963; Ramírez, 1969). Desde esa época viene también formando parte del lenguaje habitual de los medios de comunicación, e incluso de la calle. Al igual que ocurre en otros países, aludiendo al mismo fenómeno y tanto en el ámbito académico como en el de los medios, se emplean otras expresiones, no siempre equivalentes, siendo las de mayor uso las de grupos de interés o de intereses, *lobby* (del inglés, vestíbulo o antecámara), intereses organizados y asociaciones u organizaciones de intereses. Sin embargo, entre nosotros prevalece por el momento —aunque no tan rotundamente como en Francia— la voz grupos de presión, traducción literal del *pressure groups* de los textos norteamericanos (los teóricos pluralistas ingleses de finales del siglo pasado no hicieron uso de esta expresión). Curiosamente, en Estados Unidos, al cabo de medio siglo, se invirtió la tendencia inicial, y desde entonces casi toda la literatura especializada —como ya venía ocurriendo en Alemania— utiliza el término grupo de interés, expresión predominante también en las reuniones científicas internacionales.

El término «presión» tiene a su favor lo familiar, y aun gráfico, de la expresión, además de apuntar a lo políticamente significativo de los grupos. Sin embargo, como argumentan quienes se inclinan por el término «grupos de interés» (grupos de interesados sería una expresión probablemente más adecuada), *pressure*, además de tener una connotación negativa, nos remite a un método particular de influencia política entre los varios posibles. Por otra parte, aquí y allá, es cada vez más frecuente eludir la palabra grupo y hablar en términos de organizaciones o asociaciones de intereses —o de intereses organizados—, con lo que se estaría subrayando lo decisivo del doble aspecto estructural y formal de la relación entre los individuos que integran tal o cual grupo, desde la perspectiva de su potencial de incidencia en el proceso de toma de decisiones. Con todo, resulta dudoso que estos términos, sobre todo el de intereses organizados, puedan servir como equivalentes o alternativos a los que venimos considerando, ya que valdrían igualmente para un grupo empresarial, e incluso para una empresa individual en cuanto tal, con lo que estaríamos ensanchando demasiado el concepto. El hecho de que, por ejemplo, una corporación transnacional realice actividades dirigidas a influir sobre los poderes públicos en un país determinado no basta para asimilarla a un grupo de presión, por lo mismo que no podemos incluir dentro de esta categoría una figura como la del «señor de presión», a la que el profesor Murillo se refiriera en su día (entre nuestros contemporáneos, Giovanni Agnelli, *rey de Fiat* durante decenios, o Mario Conde en sus mejores tiempos, servirían perfectamente para ilustrar el caso, en Italia y España, respectivamente). Como advierte Claus Offe, los grupos de presión pueden ser percibidos simplemente como organizaciones, pero siempre que se les contemple en primera instancia como una variedad de organización formal caracterizada por la ausencia de producción o distribución de bienes o servicios para un mercado externo.

En el lenguaje de las ciencias sociales la palabra *grupo* se puede entender fundamentalmente en dos sentidos: *a*) en una acepción amplia, estaríamos hablando de cualquier conjunto o agregado humano, voluntario o natural, situado entre el individuo y la sociedad global, si hablamos en clave preponderantemente social, o entre el individuo y el Estado, si hablamos en clave preponderantemente política (tan grupo sería la familia como el partido político, la clase social, la etnia o el sindicato); *b*) una acepción más restringida, en ciertos aspectos contrapuesta a la anterior, nos remite a las voces «grupo de interés» y «grupo de presión», en cuanto *species* del género «grupo» que, en puridad, no son ni sinónimas ni intercambiables. En efecto, como veremos enseguida, un grupo de presión es siempre un «grupo de interés» —expresión que en castellano y así, en singular, no deja de resultar semánticamente equívoca—, pero no todos los grupos de intereses se transforman en grupos de presión.

El término interés, desde la temprana formulación realizada por Bentley, ha sido usualmente entendido como sinónimo de grupo, remitiendo ambas palabras a la idea de actitudes compartidas y de actividad en común. El grupo de interés es un actor del sistema social que, básicamente, desarrolla la función de articulación de las aspiraciones de individuos o colectivos que, sin ellos, actuarían directamente frente a los poderes públicos en las direcciones más dispares. De este modo, los grupos contribuyen a proporcionar racionalidad, congruencia y viabilidad a las demandas de cuantos comparten una determinada posición frente a otros sectores del sistema social. Dado que este último comprende los subsistemas económico y cultural, puede haber grupos que se muevan en el primer ámbito, persiguiendo de modo exclusivo o primordial objetivos materiales, y grupos que promuevan —también de manera exclusiva o primordial— valores. En la primera situación estaríamos ante grupos de intereses propiamente dichos, de protección o defensa de los mismos: por ejemplo, una organización empresarial o un sindicato. Por contra, en la segunda lo procedente sería hablar de «grupos de promoción» (*promotional groups*) o de causa: tal sería el caso de una sociedad para la protección de los animales o contra los malos tratos a los niños, o de cualquiera de las diversas organizaciones no gubernamentales cuya razón de existencia es ante todo, si no exclusivamente, alcanzar unos objetivos que no benefician necesariamente a sus propios miembros (de hecho, pueden incluso perjudicarles en algún sentido o causarles molestias), sino al conjunto de la población. La finalidad de la existencia de algunos de estos grupos, en principio, no es otra que divulgar determinados valores con miras a su aplicación a la sociedad como un todo. Tal es el caso, por ejemplo, de algunas iglesias o de diversos grupos evangelizadores.

Sin embargo, la anterior diferenciación no siempre resulta nítida, por una doble suerte de razones: de un lado, porque no son pocos los grupos de interés en sentido estricto cuyos miembros piensan sinceramente que mediante la persecución de ventajas materiales para quienes integran la organización contribuyen a mejorar la situación del conjunto de la sociedad en la que se insertan o, al menos, de amplios sectores amplios de la misma (así, cuando se argumenta desde las correspondientes organizaciones que la libertad de empresa o una mayor flexibilidad laboral contribuye a estimular la creación de empleo, o que un profesorado mejor retribuido y con menos horas de clase está más motivado a la hora de afrontar sus tareas docentes). De otro lado, porque algunos de estos grupos se encuentran en realidad a caballo entre los dos tipos señalados: las iglesias, por ejemplo, pueden perfectamente buscar a un tiempo ventajas materiales para su propia organización —*v.gr.*: la obtención de exenciones fiscales o la realización de plusvalías mediante la venta de parte de su patrimonio— e inculcar un determinado ideario al conjunto de la sociedad.

El marco más propicio para la existencia y acción tanto de los grupos de intereses económicos como de los promocionales o de causa es aquel caracterizado por la autonomía del sistema social, de modo que los grupos compiten entre sí con arreglo a las reglas propias del sistema y de sus componentes. No obstante, con frecuencia a los grupos de intereses les resulta insuficiente el ámbito del sistema social, necesitando descender a la arena política para difundir y defender sus demandas y reivindicaciones con unas mínimas perspectivas de éxito. Éste es justamente el paso que hace de un grupo de interés un grupo de presión. Por consiguiente, un grupo de interés se convierte en grupo de presión cuando entra en la escena política, operando como actor político. Es decir, mientras la actividad del grupo quede circunscrita a un ámbito no estrictamente político (sea la dimensión social, económica o cultural) será considerado un grupo de interés y, en cuanto tal, objeto de estudio de la sociología más que de la politología. Es sólo en tanto que entra en política, y mientras permanece en ella (de hecho, puede abandonar tal escenario, una vez conseguidos sus objetivos) cuando se convierte en grupo de presión. Éste podría ser definido como una organización o colectivo de personas —físicas o jurídicas— que ante todo busca influir en política o promover sus ideas dentro de un contexto económico y político determinado, incidiendo en el proceso de toma de decisiones mediante su actuación sobre los poderes ejecutivo, legislativo y/o judicial —directamente o a través de la opinión pública— para intentar moldear la formulación de políticas públicas y condicionar su implementación.

Cabe preguntarse qué es lo que hace que el grupo de interés, que es en primera instancia un actor del sistema social (a diferencia del partido político que es fundamentalmente un actor del sistema político), descienda a la arena política. En principio, podría limitarse a defender sus intereses en el ámbito social, económico o cultural. Y de hecho es lo que tiende a hacer allí donde persisten áreas no políticas de experiencia individual y colectiva. En la medida que la dimensión política respete la autonomía de la dimensión no política, serán menos los grupos que se vean inducidos a actuar sobre los centros de decisión política —formales o no— para que se adopten, aplacen o descarten determinadas decisiones que les afectan. En definitiva, si el sistema económico o cultural es autónomo tenderá a buscar y encontrar en sí mismo las reglas de su dinámica funcional. Por el contrario, en la medida que se acentúe la interdependencia e interpenetración entre las esferas respectivas de lo político, económico y cultural, y aumente el intervencionismo público en todos los sectores y niveles de la vida individual y social, los grupos se verán inducidos a jugar un papel político con objeto de obtener ciertas decisiones —o no decisiones— de los poderes institucionales.

Sin duda puede objetarse que la fuerte interpenetración entre las esferas política y económica, propia de lo que se ha llamado la «sociedad compleja», desdibuja las fronteras entre una y otra arena, que ven progresivamente atenuadas su identidad específica. En tal contexto se desvanecería la propia distinción entre grupos de intereses como actores del sistema social y grupos de presión como actores del sistema político. Pero hay al menos un par de argumentos sólidos a favor de mantener la anterior distinción. En primer lugar, el hecho indudable de la interpenetración entre las áreas económica y política no contradice la necesidad de mantener la distinción teórica entre ambas, a efectos análiticos: ¿cómo podríamos hablar de interpenetración si no partimos de la idea previa de autonomía? En segundo lugar, si no contemplamos una cierta tendencia a la autonomía entre las esferas económica, política y cultural, difícilmente podremos calibrar con una cierta base empírica la intensidad de dicha interpenetración, la dirección en que se produce y las vertientes en las que incide en un mayor grado; y, por ende, tampoco podremos constatar el peso político de los grupos de intereses (Fisichella, 1994, 446-447).

Las anteriores disquisiciones terminológicas, conceptuales y de método no son obstáculo para que en la práctica sean numerosos los especialistas españoles y extranjeros que emplean indistintamente ambas expresiones (por citar tan sólo algunos de los más relevantes, von Beyme, Bobbio, García Pelayo, Linz y de Miguel, Loewenstein, Morlino, LaPalombara o Wilson). Probablemente estén en lo cierto quienes consideran más relevante la diferenciación de los grupos de interés y/o de presión con respecto a otras muchas manifestaciones de la vida política, tales como los movimientos sociales o los partidos políticos, ya que un uso excesivamente elástico de aquellos términos supondría su total devaluación como instrumento de análisis. En principio, hay un par de elementos que podemos considerar esenciales para la definición de nuestra categoría: en primer lugar, debe existir una organización que busca o pretende representar a individuos u organizaciones que comparten uno o más intereses —o ideales— comunes; en segundo lugar, un grupo de esta naturaleza puede ser fácilmente distinguido del *interés* que representa porque es una organización que —además de un personal a su servicio y normalmente una sede— cuenta con unas listas de afiliados en las que, a excepción de las corporaciones de adscripción forzosa, sólo figura una parte de sus miembros potenciales: la gente que comparte ese interés o intereses comunes. Esto permite distinguir a los grupos de presión de, por ejemplo, los jóvenes en cuanto tales en un determinado país, los intelectuales bajo tal o cual régimen, etc. (Wilson, 1988, 4-5). También permite diferenciarlos de instancias de gobierno —cuando no del mismo gabinete— que en la lucha política no es raro que sean tomadas por tales. Sin ir más lejos, mientras se redactaba este trabajo todo un catedrático de Derecho Político, ex-ministro socialista por más señas, en referencia al Gobierno Aznar, titulaba su colaboración en la página de opinión del diario *El País* «Gobierno o grupo de presión», aludiendo al uso supuestamente perverso de la figura del Decreto-ley por el Ejecutivo popular, como «instrumento de intimidación contra un rival público o privado» —léase PRISA a propósito del tema de la televisión digital—, con lo que concluía que el Gobierno se habría convertido «pura y simplemente en un grupo de presión».

III. GRUPOS DE PRESIÓN Y PARTIDOS POLÍTICOS: ALGUNOS CRITERIOS DIFERENCIADORES

Convencionalmente se suele argumentar que, a diferencia de los partidos, los grupos de presión no se proponen dominar al gobierno entero mediante el control de sus miembros, sino ejercer influencia sobre el mismo para que adopte una política favorable a los objetivos que defienden o aspiran a conseguir, que bien pudiera consistir —como ya vimos— en sacar de la agenda determinado asunto, por un cierto tiempo o indefinidamente. Así pues, los grupos de presión no pretenderían reemplazar ellos mismos al grupo que está en el poder, sino que, por lo general, aceptan al gobierno y a sus miembros como un hecho dado e intentan influir en su política, obteniendo las máximas ventajas posibles. Sin embargo, en la realidad el planteamiento es bastante más complejo: el grupo de presión puede prestar su apoyo a una política determinada que favorezca sus intereses, de modo que la línea divisoria entre dónde esté el grupo político y dónde el grupo de presión sea muy difícil de precisar (por ejemplo, la CEDA y la ACNP —Asociación Católica Nacional de Propagandistas— durante la II República española, o, más recientemente, el PDP de Óscar Alzaga y Miguel Herrero de Miñón, que tanto hizo por la voladura interna de la UCD y que podría haber nacido del seno de grupos de intereses ligados a la jerarquía eclesiástica).

Además, la distinción pierde validez en países con sistema multipartidista, como la Polonia actual, donde —según su propio nombre indica— el Partido Campesino (en los años ochenta Partido de los Agricultores Unidos) entronca inequívocamente con el grupo de presión en el que tiene su origen (lo propio ocurrió en las Cortes de nuestra segunda República con la Minoría Agraria, grupo parlamentario que representaba los intereses de los propietarios agrícolas, o en Holanda y Suecia hasta no hace mucho). Incluso en el marco de un sistema bipartidista, como el que caracteriza a los Estados Unidos, los grupos de presión no siempre son fácilmente diferenciables de los partidos, ya que realizan muchas de las funciones propias de estos últimos; por ejemplo, intervenir activamente en la campaña electoral facilitando a los candidatos políticos la oportuna infraestructura organizativa, fondos y publicidad. El caso del Estado de Minnesota resulta paradigmático: los vínculos entre dos grupos de intereses concretos y el Partido Demócrata han sido tradicionalmente tan estrechos que éste es conocido como Democratic Farmer Labor Party (Wilson, 1988, 6). Además, en la práctica un grupo de presión puede terminar haciéndose con el poder político como ocurriera en Polonia con el sindicato Solidaridad, que en el período de transición a la democracia presentó sus propios candidatos a la Dieta (Cámara baja) y al Senado con un éxito espectacular (en las elecciones de junio de 1989 —todavía bajo un régimen comunista— de sus 261 candidatos, 260 resultaron elegidos como diputados o senadores) y acabó consiguiendo que su líder, Lech Walesa, se convirtiera en primer ministro. En fin, sin llegar tan lejos, cada vez resulta menos excepcional, especialmente en las elecciones de ámbito local, la presentación de listas que aglutinan, al margen de los partidos convencionales, desde automovilistas (3,4 por ciento de los sufragios en las elecciones suizas de septiembre de 1989) a peatones, pasando por ecologistas o jubilados.

Otra nota distintiva comúnmente señalada es la que toma como criterio la naturaleza de los intereses defendidos. En este sentido, se dice que los partidos políticos defienden intereses generales, mientras que los grupos de presión defenderían únicamente intereses propios, planteando exclusivamente aquellas cuestiones que afectan a sus intereses y ofreciendo las oportunas soluciones. Sin embargo, frente a este argumento caben, al menos, un par de objeciones. En primer lugar, los grupos de presión tienden a presentar sus intereses como generales, como hacen muchas empresas con mensajes del tipo «¡Velamos por usted!». En segundo lugar, hay una larga tradición que se acentua a finales de lo sesenta de lo que se ha dado en llamar *public interest groups*, los cuales buscan promover su concepción del interés general o del bien común, antes que la ventaja material de sus miembros. Así, en el siglo pasado ejercieron gran influencia los movimientos abolicionistas como el Anti-Slavery Movement en Estados Unidos y la Anti-Slavery Society de Wilberforce en Inglaterra o, aun antes —tanto en España como en Hispanoamérica—, las sociedades económicas de amigos del país, puestas en marcha por nuestros ilustrados como organizaciones no estatales para la promoción del desarrollo económico, incluyendo entre sus actividades, junto a la agricultura, la industria o el comercio, otras menos tangibles, como las «ciencias y artes útiles» o «política y buenas letras». Dos de los grupos más conocidos entre los que han funcionado recientemente en Estados Unidos, la Audubon Society (grupo medioambiental) y la League of Women Voters (grupo que trabaja en favor de reformas en el gobierno local, estatal y federal, así como de un reducido número de causas progresistas) tienen sus orígenes en 1905 y 1920, siendo tan antiguos como muchos de los grupos de intereses económicos. Pero es a finales de aquella década cuando se produce un tremendo incremento en el número, tamaño y eficacia de este tipo de grupos, desde Common Cause (organización de masas fundada en 1970 con el objetivo de promover la honradez y la eficiencia en el gobierno) a nuevos grupos de protección medioambiental como Friends of the Earth (equivalente al grupo pan-europeo Greenpeace), pasando por las múltiples organizaciones de consumidores.

Más peso parece tener una tercera diferenciación, según la cual los partidos son responsables políticamente del poder que pueden ejercer a cualquier nivel (nacional, regional o local) mientras que los grupos de presión no asumen en ningún caso la responsabilidad política que pudiera derivarse de sus acciones. Sin embargo, esto no salva el problema de que frecuentemente los partidos políticos agrarios, al igual que los confesionales y regionales, en su práctica política, actuen como auténticos grupos de presión. Entre nosotros, tal imputación ha sido realizada con respecto a la coalición catalanista CiU —especialmente desde la legislatura inaugurada en 1993, que supuso la pérdida de la mayoría absoluta socialista— y también en relación al PNV y Coalición Canaria a raíz de la precaria victoria electoral del PP en marzo de 1996.

A la vista de las anteriores consideraciones, quizá todo lo que podemos hacer para distinguir a los partidos políticos de los grupos de presión es sugerir que el propósito ostensible de estos últimos es siempre bastante más concreto. En la práctica, mientras no usemos el término «grupo de presión» —o «de interés»— para hacer referencia a organizaciones políticas o instituciones estatales que de ordinario son etiquetadas de otro modo, sino que, por el contrario, lo reservemos para aludir a organizaciones antes que a amplios segmentos de la población, no tendremos mayores dificultades (Wilson,

1988, 5). Un recurso igualmente válido es acudir a las circunstancias de tiempo y espacio, es decir, a la conciencia que la gente tenga en cada contexto de lo que es un partido o un grupo de presión.

Un tema que merecería una atención más detallada por parte de los estudiosos, dado su impacto en el funcionamiento del sistema político —y que aquí nos limitamos tan sólo a apuntar, por razones de espacio— es el de las relaciones entre partidos políticos y grupos de presión; en particular, la revisión de los tradicionales vínculos entre las fuerzas políticas situadas a la izquierda del espectro político y los sindicatos —tanto cuando aquéllas tienen responsabilidades de gobierno como cuando están el la oposición—, y las relaciones que mantienen las fuerzas políticas del centro y de la derecha con la organización-cúpula de los empresarios, convencionalmente percibida como «el partido de los patronos», por emplear la metáfora acuñada por Henri Weber en su monografía sobre la CNPF francesa (1986).

IV. TIPOLOGÍAS DE LOS GRUPOS DE PRESIÓN

Un breve examen de los distintos tipos posibles de grupos de presión puede darnos una cierta idea sobre los problemas y campos de interés en el estudio de estos actores sociales. Entre las innumerables clasificaciones posibles, nos inclinamos por la que apunta Von Beyme a partir de la contraposición entre grupos de «interés económico especializado» y «grupos de interés público» (1986, 81 ss.). A diferencia de la clásica dicotomía entre grupos de intereses económicos y grupos de promoción (S. E. Finer, Sartori) —también llamados de propaganda (Lasswell y Kaplan) o ideológicos (Eckstein)—, en la anterior tipología no se establece ninguna separación entre *idea* e *interés*. No se olvide que los grupos «de interés público» también pueden tener intereses económicos (por ejemplo, las organizaciones de consumidores). La diferencia estriba en que quienes se incorporan a un grupo de interés económico buscan ante todo su propio beneficio, mientras que quienes entran en los *public interest groups* están motivados primordialmente por su afán de hacerse cargo del déficit en los intereses de los demás. Así pues, a partir de aquella contraposición se establece una diferenciación entre cinco grupos principales: *a)* organizaciones de empresarios e inversores (*business associations*); *b)* sindicatos; *c)* grupos profesionales y corporativos de la clase media (*professional associations*); *d)* grupos de promoción y asociaciones cívicas, de iniciativa privada (*public interest groups*); y asociaciones políticas.

Las organizaciones más influyentes en los sistemas de economía de mercado son aquellas constituidas por los grupos industriales y de negocios, comenzando por los inversores de capital cuyo peso se ha acentuado con la globalización de la economía y la difusión de la fórmula de los fondos de inversión a escala planetaria. Aunque las organizaciones empresariales surgieron para tratar de influir en las decisiones políticas, ante la presión sindical se vieron impelidas a jugar también el papel de interlocutores válidos ante los sindicatos en las negociaciones para fijar los salarios. En algunos países, como Francia, Estados Unidos o España, ambas funciones han permanecido concentradas en asociaciones cúpula (*peak associations*) u organizaciones de organizaciones (si bien la política salarial permaneció de hecho radicada preponderantemente en un plano local y de empresa), probablemente porque el movimiento sindical en estos países ha sido relativamente débil. Por contra, en países como Alemania (hasta 1965) y Gran Bretaña las dos funciones aparecen diferenciadas. Por otra parte, ante los procesos de concentración de capital, en muchos países los empresarios de la pequeña y mediana empresa —tradicionalmente representados dentro de las Cámaras de Comercio e Industria— crearon organizaciones autónomas con objeto de intentar defender sus intereses y puntos de vista específicos (*v.gr.*: en Italia, la CONFAPI frente a Confindustria), si bien no pocas de ellas han acabado integrándose en las organizaciones cúpula (así, en España, la Confederación Empresarial de la Pequeña y Mediana Empresa —CEPYME— ha sido prácticamente absorbida por la CEOE).

Los sindicatos en los países capitalistas pueden agruparse en tres «tipos ideales» en función de criterios ideológicos y de organización: i) el modelo pluralista, formado por asociaciones muy fragmentadas con muchas organizaciones de prestigio dentro de las organizaciones cúpula (Gran Bretaña, Estados Unidos) y con escasa disposición de los sindicatos a una cooperación organizada y a la cogestión empresarial; ii) el modelo corporativo, integrado por sindicatos unitarios cuyas asociaciones miembros están organizadas preponderantemente según el modelo industrial y que se consideran fundamentalmente «de orientación socialdemócrata» (Alemania, Austria, Países nórdicos), desarrollando —con ayuda estatal— una predisposición a la cogestión en el plano empresarial y a la cooperación con órganos estatales; iii) el modelo «sindicalista», también llamado latino, hoy en franca regresión, compuesto por centrales organizativamente separadas y unidas por una misma ideología, generalmente de orientación comunista, que han venido rechazando programáticamente cualquier intento de participación empresarial basado en el *statu quo* capitalista y en un compromiso corporativo con el sistema de toma de decisiones, si bien en la práctica de las relaciones laborales se han mostrado bastante más pragmáticos.

Dentro de los grupos profesionales y de trabajadores independientes, los más influyentes por lo general son las organizaciones de agricultores y ganaderos o granjeros (especialmente en Francia y Escandinavia) y las que agrupan a médicos, abogados y arquitectos, tres clásicas profesionales liberales (cada vez menos en el primer caso) organizadas según un modelo corporativo y ligadas a otras tantos bienes preciosos para el común ciudadano: la salud, el bolsillo (y eventualmente la libertad personal) y la vivienda. Considerando la entidad presupuestaria de las políticas de subvenciones al sector agrario —en el caso de la Unión Europea centralizadas en Bruselas— es poco probable que aquellas organizaciones, no pocas veces enfrentadas entre sí a propósito de la distribución de las ayudas (por ejemplo, en España, las que agrupan al sector lácteo con las del aceite), pierdan capacidad de presión. No parece necesario glosar la capacidad de influencia que pueden tener los Colegios médicos, especialmente en el ámbito de la Sanidad pública, o los arquitectos, sobre todo en el plano local y en torno a temas de política urbanística donde están en juego unos capitales cuyos rendimientos dependen de decisiones de la Administración. En cuanto a los abogados, resulta proverbial su peso en países como Estados Unidos donde los dirigentes de la American Bar Association acostumbran a ocupar posiciones clave en las las más altas instancias judiciales; en el nuestro, los Colegios de abogados, especialmente el de Madrid, ejercieron una notoria influencia durante la transición a la democracia, y siguen teniéndola en no pocos temas, sobre todo en aquello que afecta más directamente a la profesión (a este respecto se cuenta que, en los últimos años, hasta tal punto se daba por supuesto que los abogados presionarían a la hora de discutirse los presupuestos generales del Estado para incrementar la cantidad destinada al turno de oficio, que la plasmación de esa presión se conocía popularmente entre los parlamentarios como «enmienda Pedrol», en alusión al entonces presidente de los abogados españoles, siendo práctica habitual elaborar a la baja el presupuesto inicial para esa partida, ante el convencimiento de que la enmienda prosperaría y a fin de que el presupuesto no se disparase).

Aunque el politógo alemán nos los menciona en su clasificación, entre los grupos profesionales y corporativos de clase media podríamos incluir también los burócratas, que a menudo operan como auténticos grupos de presión en el seno del aparato del Estado, especialmente allí donde rige el modelo del funcionario de carrera (por ejemplo, los cuerpos funcionariales de élite en Francia o en España). Lo mismo cabe decir, sobre todo en Estados Unidos y en el mundo latino, con respecto a los militares, subdivididos según las diferentes armas y frecuentemente «haciéndose la guerra entre sí» (Loewenstein, 1976, 431). Recuérdese en el caso español el papel jugado por las Juntas de Defensa bajo la monarquía alfonsina. Constituidas según el modelo de la de Ingenieros, que defendía los derechos de jefes y oficiales para ejercer su oficio en la vida civil compitiendo con ingenieros civiles y arquitectos en un reducido mercado de trabajo, inicialmente perseguían consolidar una «conciencia de clase» con la que combatir la «inmoralidad», en particular el favoritismo en los ascensos durante la guerra con Marruecos; pero pronto pasaron de las reivindicaciones puramente corporativas —subidas de sueldo, una mayor justicia en las recompensas, etc.— a actividades netamente políticas, lo que provocaría la baja de aquellos de sus miembros más comprometidos con la neutralidad profesional del Ejército, y finalmente la quiebra de la legalidad constitucional.

Entre los grupos al servicio de intereses públicos suelen incluirse las iglesias (en Europa hay aún cierto reparo en considerarlas como grupos de presión, pero no en los Estados Unidos, donde constituyen la modalidad de grupo numéricamente más importante). Desde luego en los países latinos, incluido el nuestro, hay una larga tradición de actuación de la Iglesia católica en el proceso político —directamente, por medio de la jerarquía eclesiástica, organizada colectivamente en la conferencia episcopal, y a través de organizaciones confesionales de seglares, como Acción Católica o determinadas asociaciones de padres de familia—, intentando ejercer su influencia en una serie de decisiones, desde la redacción de tal o cual artículo del texto constitucional hasta la aprobación del calendario laboral, pasando por la asignación presupuestaria para el clero o las subvenciones a la enseñanza privada.

El nombre de las asociaciones puede resultar engañoso, dificultando la distinción entre los grupos de orientación preponderantemente materialista y no materialista. Por ejemplo, Odegard, en su clásico estudio sobre la Anti-Saloon League, reveló cómo las organizaciones que articulaban los intereses de las cerveceras y las destilerías de bebidas alcohólicas durante los años de la prohibición, se disfrazaban con *sweet sounding names* como Civic Liberty League, Liberty League, o más o menos neutros, como Manufacturing and Business Association o Manufacturing and Business Club. Además, aunque un grupo de promoción carezca de intereses materiales, sus objetivos ideales pueden no estar exentos de intereses personales. A este respecto von Beyme contrasta el caso de la norteamericana National Campaign for the abolition of the Capital Punishment, sustentada por personas que no tenían un interés personal directo en la consecución de su objetivo, con el de la Divorce Law Reform Union, de la que formaban parte muchos miembros divorciados que propugnaban una reforma de la ley de divorcio a raíz de experiencias e intereses propios. Tampoco en Europa resulta fácil fijar la diferencia entre intereses ideales y materiales. Así, en su clásico estudio sobre los grupos de intereses italianos LaPalombara (1964) llegó a la conclusión de que determinadas asociaciones de intelectuales, como Il Mulino o Nord e Sud, eran auténticos grupos de presión. Igualmente las campañas de Azione Catolica, a la vez que promocionaban fines religiosos, buscaban objetivos políticos y económicos. De modo semejante, en Francia, el prestigio de grupos promocionales políticos —algunos de ellos ligados a la masonería— como la Liga de los Derechos del Hombre, la Liga de la Enseñanza o la Liga de la República los transformó en grupos de presión en sentido material, sin que llegaran a ser sindicatos profesionales formales.

Finalmente, dentro de las asociaciones *políticas* quedarían incluidas ante todo las regiones y los municipios. Así, en Alemania los *Länder* (Estados miembros) mantienen, al modo de las asociaciones privadas, una «oficina de enlace» en Bonn. Probablemente siguiendo este modelo, el presidente de la Junta de Andalucía, que había anunciado años atrás la creación de un *lobby* andaluz en Bruselas (Canarias o la Generalitat ya lo tenían), ha defendido recientemente ante diputados y senadores socialistas impulsar otro *lobby* en Madrid con el doble objetivo de ganar más peso político e influencia y borrar la imagen de comunidad subsidiada que se tiene en algunos círculos (*El País*, 17 de marzo de 1997). La Federación Española de Municipios y Provincias constituye un ejemplo cercano y claro de asociación de corporaciones públicas, que en este caso trata de influir sobre Gobierno y Parlamento para conseguir, a menudo por encima de posiciones de partido, una modificación presupuestaria de la estructura de gasto de las Administraciones públicas que les sea menos desfavorable que la actual (en 1996 recibían tan sólo el 12 por ciento del total, frente al 23 por ciento de las Comunidades Autónomas y el 65 por ciento que se reservaba la Administración central).

Junto a estas instancias a menudo practicantes —como los propios gobiernos nacionales— de lo que se ha dado en llamar el *public lobbying*, cabría incluir también, de un lado, determinadas asociaciones semiestatales, como las asociaciones científicas, academias, Cruz

Roja, asociaciones de funcionarios públicos y asociaciones ciudadanas; de otro, las asociaciones de ex-combatientes y de civiles que sufrieron daños bélicos o han sido víctimas del terrorismo. Unas y otras, por lo general, dependen de algún tipo de ayuda pública para su normal funcionamiento, y no son pocas las que persiguen, entre otros objetivos, mejoras de índole material para sus afiliados, las cuales dependen igualmente de los presupuestos públicos.

Algunas asociaciones son especialmente difíciles de ubicar en un tipo concreto. Por ejemplo, las organizaciones de consumidores y usuarios que tanto han crecido últimamente en número y miembros, si bien arrastrando problemas organizativos y de eficacia. Es claro que esta modalidad de asociaciones persigue intereses públicos (por ejemplo, mayor seguridad en automóviles y carreteras, recibos telefónicos detallados, reducción de tarifas eléctricas, etc.), pero a su vez el avance en esos objetivos repercute en beneficios materiales para sus miembros.

De cualquier manera, en la práctica las anteriores categorías se interfieren y aparecen escindidas en múltiples subgrupos que no pocas veces persiguen objetivos contrapuestos. Un ejemplo le resultará familiar al estudiante: en nuestro país se produjo durante la etapa de mayoría socialista un llamativo enfrentamiento en el seno de la CEOE entre la postura de la patronal catalana, Fomento del Trabajo Nacional (en la que prima el sector industrial) y las organizaciones sectoriales de la hostelería, a propósito de si debía mantenerse como no laborable la festividad religiosa de la Inmaculada, a tan sólo dos días de la fecha en la que los españoles celebramos la aprobación de la Constitución mediante referéndum, con el consiguiente puente y su impacto económico, perjudicial para los unos y beneficioso para los otros, por razones que no parece preciso explicitar. Otro caso registrado recientemente en nuestro país nos muestra la existencia de intereses contrapuestos entre sectores empresariales: las posturas enfrentadas entre la patronal del transporte por carretera y los empresarios de gasolineras a propósito del incremento en el precio del gasoil, cuando el Gobierno propuso como solución el aprovisionamiento directo de los camioneros fuera de la red de estaciones de servicio.

El caso de la Unión Europea puede ilustrarnos sobre la inmensa variedad de asociaciones especializadas existentes en sectores concretos. Según cálculos de la propia Comisión Europea, en 1993 existían en Bruselas 3.000 grupos de presión, cifra que incluye unas 500 federaciones sectoriales —de ellas aproximadamente 150 dedicadas especialmente a temas agrícolas— y 50 oficinas de representación de autoridades regionales y locales de los Estados miembros de la Comunidad, además de 200 empresas con representación directa, un centenar de consultorías y otros tantos despachos de abogados especializados en asuntos comunitarios con presencia física en la capital de la Comunidad (CEIM, 38). Más en detalle, en un censo por sectores de actividad elaborado por la Comisión para el año 1985, el total de asociaciones de intereses de todo tipo representadas en Bruselas ascendía a 654, distribuidas como sigue:

Cámaras de Comercio.	1
SME's	5
Artesanía	6
Transporte	7
Consumidores	7
Varios (*Miscellaneous*)	7
Sindicatos	20
Otras actividades	51
Profesiones	79
Comercio	139
Industria	332

Por supuesto, los recursos disponibles difieren considerablemente de unas organizaciones a otras, al igual que su capacidad de influencia, manifestada en la mayor o menor frecuencia y facilidad de acceso al proceso de toma de decisiones de la Comisión. Por lo demás, un simple vistazo a la anterior relación pondría de manifiesto que la cantidad de asociaciones que representan a los empresarios sobrepasan ampliamente a aquellas que representan a los trabajadores, artesanos y consumidores (Schmitter y Streeck, 1990, 9-10).

V. MODOS DE ACTUACIÓN

Hasta aquí hemos intentado comprender lo que entendemos por grupos de presión, diferenciando esta categoría de otras más o menos próximas y presentando los tipos más usuales. Naturalmente, ahora hay que preguntarse por el *cómo* ejercen su actividad, es decir, sus modos o métodos de actuación. Antes de abordar la cuestión de manera necesariamente sucinta, conviene hacer un par de observaciones previas, señaladas tradicionalmente en este punto.

La primera consiste en la imposibilidad de confeccionar un catálogo completo y, sobre todo, cerrado de sus estrategias y tácticas de influencia, o de los medios empleados en la persecución de sus objetivos. Tanto aquéllas como éstos varían según el tipo de régimen y la forma de gobierno; también de país a país, de manera que fórmulas usuales, o al menos posibles, en determinados ámbitos culturales resultarían inimaginables en otros. Un par de casos concretos —todo lo anecdóticos que se quiera—, extraídos de la prensa diaria, pueden darnos una idea de la infinita gama de posibilidades en la materia, no siempre exportables, por razones que no será preciso explicitar: los médicos británicos, entre los que se ha producido una sustancial reducción del tabaquismo —en 1955 los fumadores eran un 70 por ciento frente al 10 por ciento a finales de los ochenta— no dudaron en recurrir hace unos años a un método ligeramente macabro para estimular iniciativas antitabáquicas de sus parlamentarios, a quienes enviaban esquelas con la siguiente leyenda: «Deseo informarle del fallecimiento de uno de sus electores, que era paciente mío. Esta persona fumaba». Mientras tanto, en nuestros lares, miembros de la Cofradía de la Vera Cruz de Zamora amenazaron con una huelga de procesiones, al decidir, en asamblea general celebrada el 21 de enero de 1990, no salir en procesión el Jueves Santo si la Junta de Castilla y León lo mantenía como laborable.

La segunda de las precisiones es la que hace referencia a la necesidad de tener siempre presente el carácter relativo de cualquier criterio de valoración moral de los medios empleados, que siempre estará en función de parámetros culturales; así, medios que en una sociedad serían considerados ilícitos, en otra pueden ser percibidos como totalmente aceptables o, cuando menos, tolerables (a veces, porque el uso frecuente de los mismos hace que terminen por no ser condenados por la opinión pública). En el mismo sentido, hay que tener en cuenta que la forma de actuación de un grupo de presión —y en concreto los medios que pueda estar dispuesto a emplear— dependerá del grado de legitimidad que el grupo otorgue al gobierno o al régimen político, e incluso al sistema en su conjunto. Así, cuando un grupo acepta al gobierno, o al menos el régimen, generalmente tenderá al empleo de métodos y medios legales; por el contrario, si les niega legitimidad, es más que probable que acuda fundamentalmente a vías y medios ilegales de actuación.

Hechas las anteriores salvedades, los recursos o medios de actuación en manos de los grupos de presión podrían agruparse bajo cinco grandes categorías:

a) La persuasión, es decir, el suministro de información y el empleo de argumentos racionales para hacer ver a las élites gobernantes y funcionarios de peso, a través de contactos muchas veces amistosos, que las propuestas y demandas del grupo son justas, y que deben ser satisfechas; por ejemplo, un grupo contrario a la despenalización de la interrupción voluntaria del embarazo —o a la ampliación de los supuestos bajo los que la ley lo considera admisible— intentará reunir y ofrecer datos con marchamo científico que demuestren la existencia de vida humana desde las primeras semanas de gestación. Y lo propio se puede hacer dirigiéndose a la opinión pública. Veamos otro caso extraído de la prensa diaria: el director del Gabinete de comunicación del Grupo PVC de la Confederación Española de Empresarios de Plásticos se dirige a un diario de gran difusión, mediante carta al director —respuesta a otra carta «en la que se hacen graves acusaciones contra el PVC»—, en la que recoge una serie de datos, citando incluso «un exhaustivo estudio medioambiental pedido por el MOPTMA», con el propósito de demostrar no sólo que «el PVC es un material inocuo, inerte y reciclable, por mucho que algunas organizaciones ecologistas se empeñen en que no lo sea», sino incluso que se trata de «un material que aporta grandes beneficios a toda la sociedad».

b) La amenaza o intimidación, que normalmente se emplearía una vez que el método anterior se mostrara ineficaz para que las autoridades cedieran a sus pretensiones. Las amenazas pueden ser de muy diversa índole: electoral (retirar el apoyo en las próximas elecciones), gubernamental (prestar apoyo a la oposición para derribar al gobierno, o recurrir a la «desobediencia civil», como propuso Ferrer Salat, a la sazón presidente de la CEOE, coincidiendo con la llegada de los socialistas al poder, en 1982), profesional (obtaculizar la carrera de un político o de un funcionario), etc. El ejemplo del grupo anti-abortista o el de un sindicato disconforme con la política gubernamental en materia económica o laboral valdrían perfectamente para ilustrar las distintas variantes del caso.

c) El dinero, cuyo empleo se realiza no pocas veces al borde mismo de la legalidad, cuando no da lugar a prácticas inequívocamente corruptas: incluiría desde la simple contribución a los gastos de campaña de un candidato o de un partido al soborno de un político, un funcionario, etc.

d) El sabotaje de la acción de gobierno, que igualmente puede adoptar las formas más diversas: desde la mera negativa a colaborar con las autoridades, lo que dañaría su política (por ejemplo, las organizaciones de empresarios en ocasiones han optado por no seguir las recomendaciones del Ejecutivo en materia salarial y llegado a acuerdos con los sindicatos en el seno de las empresas, elevando las nóminas varios puntos por encima de lo sugerido por la Administración), a la provocación de situaciones críticas que pueden traer consigo la caída de un gobierno, o incluso de un régimen (tal fue el caso de la huelga de la patronal del transporte en el Chile de Allende, que contribuyó decisivamente a preparar el clima que hizo posible el golpe de Pinochet). El método de la resistencia pasiva ha sido considerado paradójicamente como una variante de la violencia que tendría la finalidad de crear el clima apropiado para las negociaciones con los destinatarios de la presión.

e) Otros medios «de acción directa» que, aunque no pretenden sabotear totalmente la acción del gobierno, sí tienen gravedad suficiente como para condicionar su actuación, en una u otra medida. Aquí entrarían tanto la huelga como las movilizaciones de protesta (en la vía pública, en las carreteras, etc.), que ocasionalmente pueden suponer el empleo de alguna forma de violencia. Junto a la huelga más o menos convencional, convocada por una organización de trabajadores de tal o cual sector, agraria o estudiantil, y la huelga general, nos encontramos con variantes más sofisticadas. Por ejemplo: la objeción fiscal por parte de grupos de contribuyentes antiarmamentistas o de ciudadanos partidarios de destinar un porcentaje mínimo del presupuesto para ayuda al tercer mundo; una huelga de inversiones (la fuga de capitales al extranjero, como la registrada en Francia el año 1981 a raíz de la victoria electoral del PSF, cuyo programa incluía un impuesto sobre las grandes fortunas, vendría ser algo equivalente); una huelga de celo, pongamos por caso, de los controladores aéreos, de los funcionarios destinados en la inspección de Hacienda, o de los aduaneros; las «huelgas de amabilidad», como la realizada en cierta ocasión por la policía local holandesa al negarse a sancionar a los automovilistas que infringían las normas de circulación; etc. En definitiva, algo que provoque ineludiblemente la intervención de la Administración en el sector en cuestión.

Las tácticas o métodos de los grupos de presión van, pues, de lo constitucional a lo inconstitucional, y de lo legal a lo ilegal, variando en función de las limitaciones impuestas por las instituciones, las reglamentaciones y los valores dominantes en una sociedad dada, y de acuerdo con el objeto sobre el que actuan. En general, los destinatarios de la influencia son, de un lado, todos aquellos individuos y órganos titulares del poder oficial: el Gobierno y la Administración —al nivel territorial que corresponda—, el Parlamento y sus miembros individuales, y los jueces (el simple hecho de que los profesionales de la justicia, cuya actuación se supone neutral, a la vez formen parte del público es ya una razón para que estén sometidos a esta influencia); de otro lado, la masa de los destinatarios de poder, fundamentalmente en cuanto electores. Sin embargo, no hay que olvidar que la actividad de presión puede dirigirse también hacia otros grupos de intereses, bien para frenar su potencial actuación ante un determinado tema, o para que incidan en el proceso político en el sentido deseado (Loewenstein, 1976, 432-433); y lo mismo cabría decir con respecto a otros posibles destinatarios de la influencia, como los partidos políticos o las organizaciones internacionales (Von Beyme, 1986, 229 ss.)

Cuando el destinatario de su influencia es el Parlamento, los grupos de presión suelen actuar fundamentalmente de cuatro modos: *a*) tratando de conseguir una representación directa en las cámaras mediante el apoyo a candidatos miembros del grupo que, una vez elegidos, defiendan los intereses del mismo (en los primeros veinte años de funcionamiento de nuestro actual sistema político esta actividad *parachutiste* sólo ha sido relevante en la primera legislatura de mayoría socialista, por parte de organizaciones empresariales y sindicales); *b*) encargando la defensa regular de sus intereses a determinados parlamentarios, práctica admitida —y aun corriente— en países como Gran Bretaña y Estados Unidos, pero prohibida en Francia o en España; *c*) a través de la audiencia o *hearing*, fórmula típica del Senado y de la Cámara de Representantes de los Estados Unidos, donde las comisiones correspondientes contrastan los datos que les remite la Administración con los que les facilitan los representantes de los grupos (la fórmula ha sido adoptada por numerosos parlamentos, incluido el de Estraburgo y —tímidamente— el nuestro, desde la llegada de los socialistas al poder, si bien fue Manuel Fraga su primer defensor en el seno de la ponencia constitucional); y *d*) mediante el *lobbying*, término que alude al lugar del Congreso norteamericano donde se practicaba originariamente esta actividad consistente, según la clásica definición de Milbrath, en la estimulación y transmisión de comunicación, por parte de alguien distinto a un ciudadano que actuara en su propio nombre, hacia alguien que toma decisiones de gobierno, con la esperanza de influir en su decisión (*The Washington lobbyists*, 1963, 7-8). Sin embargo, hoy día, en esta modalidad de «ejerccicio de la presión» la propaganda masiva es tan importante como el contacto individual con los parlamentarios, quienes como resultado se pueden ver sometidos, por ejemplo, a un aluvión de llamadas telefónicas, o recibir millares de cartas o telegramas de ciudadanos. Además, como se desprende de la anterior definición, el *lobbying* no se realiza exclusivamente en relación con procesos decisorios del Parlamento, sino del conjunto de las instituciones de gobierno (no así en relación a decisiones de organizaciones privadas, aunque también éstas puedan ser influidas desde el exterior). El modelo clásico es el de los Estados Unidos, donde esta práctica fue regulada a nivel federal tras la segunda Guerra Mundial mediante la Federal Regulation Lobbiyng Act de 1946, con la finalidad de definir claramente la actividad de los grupos y hacerla controlable (mediante el registro de sus miembros, presentación periódica de una declaración jurada, etc.), sin que los resultados, pese a reformas posteriores, hayan sido lo bastante satisfactorios. En los Parlamentos europeos la transparencia de las vinculaciones grupales ha mejorado notablemente desde los años setenta, pero no ha sido posible una reglamentación completa de los grupos; por lo demás, probablemente tampoco sea tan necesaria: dado que en este lado del Atlántico la penetración parlamentaria juega un papel más importante que el ejerccicio de la presión profesional, las medidas adoptadas han ido más bien en la línea de fijar incompatibilidades, aumentar la transparencia, mejorar la reglamentación legal contra el soborno a parlamentarios, etc. En España, a raíz de la ola de escándalos de comienzos de los noventa, se han desarrollado normas para evitar y penalizar el tráfico ilegal de influencias, pero hasta el presente no se ha ido mucho más allá. Aunque en febrero de 1993, a iniciativa de uno de los escasos diputados del CDS, se aprobó una proposición no de ley para regular los *lobbies*, creando un registro al efecto, el PSOE optaría por congelar el tema. Según manifestaciones del entonces ministro de Relaciones con las Cortes, que inauguraba unas jornadas celebradas en la Facultad de Ciencias Políticas y Sociología de la Complutense, los *lobbies*, convenientemente regulados, podrían desempeñar una función «positiva» y «en cierto sentido moralizante», pero convenía esperar el tratamiento que la Comunidad Europea estaba preparando, para tomarlo como «ejemplo» (*El País*, 7 de mayo de 1993).

Más importante resulta en nuestros días, al menos en Europa, la actuación sobre el Gobierno y la Administración por parte de un grupo de presión. Esta puede producirse, de modo directo, a través de la entrada de alguno/s de sus miembros en el Ejecutivo, al máximo nivel u ocupando posiciones de élite en la Administración del Estado. Así, tradicionalmente líderes sindicales han formado parte de los gobiernos laboristas de Gran Bretaña, Australia y Nueva Zelanda, así como de algunos gobiernos socialdemócratas. Más raramente, dirigentes de organizaciones empresariales han hecho lo propio en gobiernos de la derecha y del centro, aunque sí que ha sido muy frecuente la presencia en ellos de hombres de negocios. Entre nosotros, bajo el actual régimen político y a nivel nacional, lo primero tan sólo ha ocurrido excepcionalmente en algunos Gobiernos del PSOE (el caso más notable fue probablemente el de Corcuera, destacado dirigente ugetista); por su parte, Suárez nombró ministro de Defensa y vicepresidente del Gobierno al presidente de CEPYME y ex-vicepresidente de la CEOE, Agustín Rodríguez Sahagún, mientras que Aznar asignó la cartera de Industria, Energía y Turismo al señor Piqué, presidente del Círculo de Economía —el foro económico más influyente de Cataluña—. También cabe, *a sensu contrario*, la incorporación de individuos procedentes de la élite política y administrativa al personal directivo de los grupos de presión, al objeto de aprovechar sus relaciones y/o su conocimiento de los entresijos de los aparatos del Estado.

Entre los métodos plenamente constitucionales de influencia en el Gobierno y la Administración cabe destacar —además de los Consejos económicos y sociales del tipo de los existentes en países como Francia, Italia o España y en la propia Unión Europea— el asesoramiento a través de cuerpos consultivos adjuntos a los ministerios (como en Gran Bretaña y Francia), las audiencias formales —en el seno de los ministerios o fuera de ellos— y las consultas *ad hoc*. Con frecuencia estos contactos tienen lugar a iniciativa de la propia Administración, que, por elementales razones de eficacia y eficiencia, necesita obtener información por parte de los grupos implicados en una política pública concreta y conocer de primera mano su posición al respecto, las posibles reacciones ante eventuales medidas, etc. En ciertas materias, como las relaciones laborales y experiencias de concertación social en general, tales contactos pueden llegar a sustituir al Parlamento, a menudo convertido, en expresión de Marcos Vizcaya —a la sazón portavoz del PNV en el Congreso—, en «testigo mudo» de importantes acuerdos alcanzados fuera de su ámbito entre los principales actores sociales, normalmente con la intervención directa o indirecta del Ejecutivo (el diputado vasco aludía al Acuerdo Económico y Social —AES— firmado por el Gobierno socialista, CEOE y UGT, en 1984).

En el caso de nuestro país existe toda una tradición de desconfianza mutua entre los grupos organizados y las Administraciones públicas, produciéndose una situación paradójica: la Administración concede una serie de prerrogativas a organizaciones que se dicen privadas e independientes de ella, lo que no es obstáculo para que esas mismas organizaciones no tengan el menor reparo en exigir su asistencia para garantizarse la afiliación —caso de los distintos Colegios profesionales— o poder atender sus gastos de funcionamiento —los sindicatos, pero también la patronal—, cuando no ambas cosas a la vez —caso de las Cámaras de Comercio, si bien estas últimas se limitan a subrayar su autonomía, ya que son corporaciones de Derecho público—. Algo parecido ocurre en Francia, donde algún académico ha llegado a hablar de «complicidad» entre el Estado y determinados grupos (Molins, 1994, 8-12).

La actuación sobre la opinión pública acompaña a la mayoría de los esfuerzos tendentes a ejercer influencia, con independencia de la institución que resulta destinataria final de la actividad de presión, y puede tener lugar a través de órganos de prensa de la propia organización y/o mediante diarios y medios independientes, acudiendo primordialmente a recursos como la información, la publicidad y la propaganda. Esta modalidad de actuación resulta especialmente importante en cuestiones que dividen a una sociedad, sobre todo aquellas relativas a la moral o la justicia (*v.gr.*, grupos pro-amnistía, en favor o en contra de la pena capital, de la eutanasia, etc.), pero se emplea también habitualmente en la defensa de intereses empresariales, profesionales, etc. Muestra palpable de ello es que incluso las confederaciones provinciales de empresarios, según pudimos comprobar en el curso de una reciente investigación para el ámbito andaluz, por reducido que sea el personal fijo a su servicio —que lo es— cuentan con un periodista en nómina antes que un abogado o un economista. Y un ejemplo de la segunda variante mencionada, la campaña de «información» a los consumidores realizada años atrás por los Colegios farmacéuticos españoles con motivo de la medida del Gobierno socialista que suponía la rebaja de algún punto en sus comisiones sobre el precio final de los medicamentos.

Finalmente, en relación con el significado de las organizaciones internacionales —o supranacionales— como destinatarias de la influencias de los grupos, cabe anotar que generalmente el «lobbysmo» es más intenso en aquellas que están facultadas para adoptar decisiones económicas y sociales que pueden ser obligatorias para los países miembros. En este sentido, el caso de la Unión Europea y el peso de sus Directivas en las políticas nacionales de los Quince, y aun de terceros países, es paradigmático (Schendelen, 1993).

BIBLIOGRAFÍA

1. Referencias

Beyme, K. von (1986): *Los grupos de presión en la democracia*, Belgrano, Buenos Aires.
CEIM, Revista de Información de la Confederación de Empresarios de Madrid-CEOE, 1993.
Celis, J. de (1963): *Los grupos de presión en las democracias contemporáneas*, Tecnos, Madrid.
Cigler, A. J y Loomis, B. A. (eds.) (1991): *Interest Group politics*, Congressional Quarterly, Washington, D.C.
Duverger, M. (1968): *Sociología política*, Ariel, Barcelona.
Fisichela, D. (1994): «Gruppi di interesse e di presione», en *Enciclopedia delle Scienze Sociali*, Riuniti, Roma.
LaPalombara, J. (1964): *Interest groups in Italian Politics*, Princeton University Press, Princeton, N.J.
Loewenstein, K. (1976): *Teoría de la Constitución*, 2.ª ed., Ariel, Barcelona [e.o.: 1957].
Molins, J. (1994): «Los grupos de interés en España»: *Papeles de la Fundación*, 7.
Murillo, F. (1963): *Estudios de sociología política*, Tecnos, Madrid.
Ramírez, M. (1969): *Los grupos de presión en la Segunda República*, Tecnos, Madrid.
Schendelen, M. P. C. M. van (1993): «Introduction: the relevance of national public and private EC lobbying», en Id., *National public and private lobbying*, Darmouth, Aldershot.
Schmitter, Ph. y Streeck, W. (1990): *Organized interests and the Europe of 1992*. Trabajo presentado al XII Congreso Mundial de Sociología.
Weber, H. (1986): *El partido de los patronos: el CNPF (1940-1986)*, Ministerio de Trabajo y de la Seguridad Social, Madrid.
Wilson, G. K. (1988): *Interests Groups in the United States*, OUP, Oxford.

2. Lecturas complementarias

Berger, S. (comp.) (1988): *La organización de los intereses en Europa Occidental*, Ministerio de Trabajo y Seguridad Social, Madrid [e.o.: 1981]. Conjunto de trabajos en los que, tras abordar diversas perspectivas teóricas de comprensión de los grupos de presión, se analizan una serie de grupos concretos y su impacto en la definición de las políticas públicas en distintos paíeses europeos.
Finer, S. E. (1966): *El imperio anónimo*, Tecnos, Madrid [e.o.: 1958]. La obra clásica sobre el *lobbying* en Gran Bretaña.
Garson, G. D. (1978): *Group theories of politics*, Sage, London. Una revisión de la historia de la teoría de los grupos de interés que emplea como base de datos los artículos y críticas publicados en la *American Political Science Review* y una veintena de libros frecuentemente citados sobre el particular.

Olson, M. (1992): *La lógica de la acción colectiva*, Limusa, México [e.o: 1965]. Obra en la que se ponen en duda las bases teóricas de la *group theory of politics* o neopluralismo. Aplicando un análisis económico, se argumenta que los grupos de interés no representan de la mejor manera los intereses de sus miembros.

Pérez Yruela, M. y Giner, S. (eds.): *El corporatismo en España*, Ariel, Barcelona. Incorpora un magistral ensayo de Juan Linz en el que se exploran las relaciones entre intereses y política en España a lo largo de un centenar de años de nuestra historia más próxima.

Streck, W. y Schmitter, Ph. (1985): *Private interest government*, Sage, London.

Wilson, G. K. (1990): *Interest groups*, Basic Blackwell, Oxford. Responde a un enfoque crítico y actual del tema. Junto a sendos capítulos sobre Estados Unidos y Gran Bretaña, se analizan las relaciones entre grupos de intereses y Estados, y entre grupos y partidos, así como el propósito y valor del estudios de esta temática para los politólogos.

Capítulo 14

CORPORATIVISMO Y NEOCORPORATIVISMO

Alberto Oliet Palá

Universidad Autónoma de Madrid

Un manual colectivo exige un cuidado especial con la congruencia de los contenidos que se incluyen en él y la delimitación de los mismos. En mérito a ello hay que indicar que el presente tema, aparte de converger en sus contenidos con el tema relativo al Estado del Bienestar, coincide parcialmente en su objeto con otro, el dedicado a los grupos de presión. En ambos se va abordar el juego de los intereses en la sociedad, su actualización ante el Estado y el peso de los mismos en la decisión estatal. En lo que sigue se pretende *integrar* la explicación del neocorporativismo en la sociología de los grupos de presión, en la que tiene especial relevancia la interpretación pluralista, *sin invadir* el contenido material de otro capítulo del libro. La exposición de las ideas y las prácticas corporativas en las democracias avanzadas sería el objeto inmediato de esta lección. El juego de las relaciones sociedad-Estado y la afectación como consecuencia del principio de soberanía estatal, que se debilita o fortalece en función de las mismas, la reflexión de fondo. Ésta justifica la introspección histórica y la referencia a los sistemas corporativos del pasado.

I. CORPORATIVISMO TRADICIONAL, LIBERALISMO Y FASCISMO

La esencia del Estado moderno fue la conquista de la soberanía, esto es, de la preeminencia del orden político estatal sobre la sociedad y los órdenes y grupos surgidos en la misma. O, si se quiere, la imposición de una exclusividad centralizada del derecho de coerción. La pulsión que le dio vida en términos objetivos, con independencia de la sed de poder de los personajes que encarnaban la realeza, era la pretensión de disolver la competencia desordenadora de los poderes sociales. Objetivo arduo, pues la sociedad europea que se trataba de transformar se caracterizaba, de un lado, por estar marcadamente estructurada a partir de grupos sociales diferenciados y, de otro, por la presencia política institucionalizada de estos grupos como tales. En este sentido se habla de corporativismo y estamentalismo tradicionales.

El corporativismo tradicional nos remite, en primer lugar, a la primacía del grupo social sobre el individuo, a la preeminencia de la «comunidad» orgánica o corporación. Esto es, de las categorías sociales particulares dotadas de solidaridad hacia dentro. Lo que define el ser social no es tanto el magma agregativo de individuos independientes como la pertenencia de los mismos a la corporación. Entendiendo esa pertenencia como vínculo obligado por el nacimiento o por otros criterios minuciosamente establecidos. En segundo lugar, a una especial integración del grupo determinada por su autonomía hacia el exterior, frente a las otras categorías y, hacia el interior, por su capacidad semisoberana de autorregulación. La corporación detenta poderes normativos que sirven para reglamentar el comportamiento de los individuos adscritos y solventar sus conflictos.

Es difícil generalizar en relación con las corporaciones premodernas, especialmente en el contexto particularista de la época medieval. Su enorme variabilidad integraba todo tipo de asociaciones, incluidas cofradías o confraternidades orientadas a la atención religiosa u otras no vinculadas al sistema productivo o de estratificación social. La corporación por excelencia —o más bien la idealizada posteriormente— es el *gremio de artesanos*, que agrupa a individuos que ejercen la misma actividad productiva, que monopolizaba un arte u oficio, vetándolo a los extraños. Cuya capacidad de regulación era esencial en el aspecto económico, estableciendo incluso normas de comercio y precios. Normalmente en él mismo se solía dar —aunque no siempre como es la creencia común— una relación jerárquica y paternalista entre el maestro y los oficiales y aprendices. No obstante, no fue ésta la única forma de corporación. Existían, por ejemplo, los gremios mercantiles con los que pugnaban y, sobre todo, la asociación corporativa de los estratos sociales superiores, que de forma mucho más significativa disputaban la soberanía al poder político emergente. En realidad, no toda la sociedad se organizaba en estamentos, esto es, en corporaciones o agregaciones corporativas. Preferentemente lo hacían las capas socioeconómicas supraordinadas a la masa de población rural, es decir, la nobleza, el clero y la burguesía urbana.

El estamentalismo era la fórmula de representación de los intereses según las divisiones corporativas presentes en la sociedad. Se trataba de una representación funcional de la sociedad ordenada según estamentos. Aunque la casuística histórica no permite hacer generalizaciones escuetas, su punto de partida era que el derecho de representación política se confiere a los grupos corporativos, nunca a los individuos desagragados. Los Parlamentos, Cortes o Dietas estamentales, que integran la representación de los territorios sometidos a un príncipe o la de determinadas ciudades políticamente, daban cabida a determinados órdenes o categorías estamentales[1]. El derecho a la representación política lo ejercían a título personal los miembros de los altos estratos de la nobleza y el clero, que tenían derecho a asiento en las cortes estamentales, o, por delegación, las otras instancias gremiales. La representación, por último, se traducía en la posibilidad de debatir los asuntos del gobierno real —más concretamente la tributación—, la de presentar sus exigencias o quejas y la de participar en una embrionaria función legislativa.

El régimen liberal, instaurado o no abruptamente, ha sido interpretado como una ruptura con el Antiguo Régimen que incluía prioritariamente la defenestración de toda asociación intermedia[2]. El resultado final fue, en cualquier caso, que la destrucción de cualquier vestigio del orden corporativo acompañó a la caída del absolutismo. No podía ser otro si el nuevo orden no quería ver discutida la exclusividad en el protagonismo político de los individuos y se apropiaba del principio de soberanía estatal. Así en casos extremos (por ejemplo, el de Francia bajo la ley de Chapelier) quedaron formalmente abolidas todas las formas de asociación y de mediación efectiva entre el ciudadano y el Estado. En estrecha relación, no se

---

1. La representación de la corporación por excelencia, el gremio artesanal, tenía especial presencia en la comuna medieval italiana.
2. El asunto se ha analizado desde la perspectiva contraria: considerar la victoria de la representación parlamentaria como una derivación del sistema estamental europeo. En este sentido el clásico trabajo de Otto Hintze «The preconditions of Representative Government in the Context of World History», en F. Gilbert (ed.), *The Historical Essays of Otto Hintze*, OUP, Oxford, 1975, pp. 353 ss.; también A. R. Myers, *Parlaments and States in Europa to 1789*, Thames and Hudson, London, 1975. En ese modelo de representación de intereses surge y se desarrolla el impulso revolucionario inglés asentado en el Parlamento. En Francia el estallido revolucionario comienza con una reacción corporativa: fueron los estamentos privilegiados quienes forzaron la convocatoria de los Estados Generales en 1789.

permitía la incidencia de órdenes intermedios en la formación de las leyes del mercado y su distribución «neutral».

El sistema liberal se adecuaba al propietario competitivo que no quería intervenciones sobre el mercado, vinieran del Estado o de los *gremios o corporaciones*. Y que tampoco deseaba el poder político de los viejos estamentos privilegiados, pues la ruptura del sometimiento jerárquico a los mismos era ineludible para el desenvolvimiento del nuevo orden, plebeyo y burgués. La incompatibilidad de base lo era con el capitalismo industrial, que requería para su desarrollo la quiebra del rígido tejido corporativo, cerrado al dinamismo productivo y a la innovación tecnológica.

Pero si la pretensión liberal tuvo éxito histórico con la destrucción de las viejos estamentos, sólo obtuvo una vigencia circunstancial y probablemente nunca plena en lo relativo a su máxima substantiva. Entre una primera etapa de intereses estatistas, que se desvaneció a finales del siglo XVIII, y una era de rivalidad colectiva o entre grupos de interés, que surgió en el último tercio del XIX, se dio un intervalo de relativo aislamiento parlamentario con respecto a las necesidades y requerimientos del mercado, o, si se quiere, un «paréntesis liberal», en el sugestivo término de Alessandro Pizzorno. Pero a pesar de las prohibiciones tenaces relativas al asociacionismo, la presencia política de los intereses particulares se aprecia incluso en los momentos virginales del régimen liberal. El propio contexto de la competencia en el mercado lo explica: los grupos que resultan perjudicados por su distribución «impersonal» se organizan para defenderse, considerando para ello el plano político.

Al final, de forma general en el último tercio del siglo XIX, el derecho de asociación debió ser asumido en la ortodoxia liberal, incluso para aquellos grupos, como el de los trabajadores, potencialmente subversivos. E incluso el aumento en importancia de los grupos de interés hizo anacrónico el análisis liberal de la política, refugiado en el formalismo de la Teoría General del Estado. Condicionando la asunción por la politología anglosajona de la propuesta antiformalista y realista de Weber, que culminaría en la teorización pluralista de los grupos de interés.

Lo significativo en lo que aquí nos interesa es que aquella pretensión liberal tenía mucho de artificial y forzado, ante la tendencia natural de la sociedad a ordenarse en grupos, situados por encima de los individuos, y a que la decisión estatal fuera objeto de disputa entre los poderes sociales. Por eso no debe extrañar que la afirmación exclusivista del individualismo político, la negación política de los gremios o corporaciones antiguas y la negación teórica del papel y significado de las asociaciones modernas tuvieran siempre importantes detractores. Tanto en el ámbito filosófico como en el de las doctrinas políticas se justificó la representación profesional-estamental. Fue Hegel quien adelantó una concepción de las *Korporationen* como máxima expresión de la sociedad civil, que tuvo notable influencia entre los teóricos del siglo XIX. Este filósofo sólo encontraba un sentido orgánicamente razonable en los diputados como representantes políticos, en el caso de que no fueron representantes de los individuos de una masa, sino representantes de una de las esferas esenciales de la sociedad[3].

En el terreno de las ideologías no es de extrañar que surgieran las adscritas al mismo. El abismo entre la realidad política en la que intervenían los *corps intermédiaires* y la ficción del monopolio político del parlamentarismo, la crisis y corrupción de éste en relación con el propio conflicto de clases amenazante, hicieron que la teoría de la representación funcional de la comunidad orgánica adquiriera una renovada credibilidad. Especialmente en los comienzos de nuestro siglo XX la idea de realzar a los grupos profesionales definidos estamentalmente, frente a la hegemonía política de los individuos, llegó a ser considerada como una panacea desde enfrentadas posiciones ideológicas[4].

Fue en el ámbito conservador en el que se dió cabida, de forma más firme, a la nostalgia comunitario-gremial como contraposición al atomismo individualista y no solidario. El tradicionalismo antiliberal, todavía persistente en el cambio de siglo, lo acabó acogiendo como una de las bases de su ideal restaurativo. La reivindicación del modo societario preindustrial, estático, jerarquizado y sin conflictos, incluía la exigencia de una reconstrucción orgánica de la sociedad, en la que la pluralidad natural de las corporaciones se contrapusiera al Estado. Este corporativismo se encuentra en el programa de ciertos grupos monárquico-tradicionalistas hasta bien entrado el

---

3. *Filosofía del derecho*, UNAM, México, 1975, pp. 243 ss. Los diversos intereses de la sociedad civil encuentran su expresión en las corporaciones y en la Asamblea de los Estados, que representan los intereses agregados de los varios elementos de la sociedad civil. «El fin de la corporación, como limitado y finito, tiene su verdad —así como la separación existente en la disposición exterior de la policía y en la identidad relativa a ella— en el fin universal en sí y para sí, en la realidad absoluta de éste; en el tránsito de la esfera de la sociedad civil al Estado».
4. De forma hasta cierto punto anecdótica incluso en la izquierda ideológica. El socialismo de los gremios en Inglaterra apuntaba a esa dirección y parecía confiar en el equilibrio de las fuerzas sociales bajo una organización corporativa. Especialmente en la elaboración de G. D. H. Cole, *Guild Socialism*, New York, 1921.

siglo XX[5]. Un corporativismo de raíz tradicional fue también asumido por la Iglesia católica, en el marco de su primera doctrina social. En la encíclica *Rerum Novarum* se habla expresamente de instituciones como las corporaciones de artes y oficios que pudieran contribuir a la solución del conflicto social.

Pero la ideología corporativa fue incorporada al plano de la organización política, entre otras, por las autocracias portuguesa y española y el fascismo italiano. En estos sistemas se quiso aniquilar el individualismo liberal, responsable de una «democracia vacua por inorgánica», a través de la articulación corporativa de la sociedad. El ideal de referencia era el de una sociedad sin clases pero estructurada en corporaciones —autorizadas por el Estado—, que agregaban a los individuos de acuerdo con su función en la división del trabajo, armonizando intereses conflictivos.

Merece especial mención el caso italiano, en el que el corporativismo de Estado o «dirigista» tuvo un mayor desarrollo. La rica tradición gremial italiana en el marco decadente del parlamentarismo liberal del período de entreguerras hacía que, con anterioridad al fascismo, no hubiera un solo partido que no pretendiera darle a la constitución un sentido gremial. Los ideólogos fascistas se encargaron de integrar ese potencial legitimador en su enfrentamiento con el liberalismo y el marxismo[6]. Así pretendieron obviar el conflicto social mediante el agrupamiento forzado de trabajadores y empresarios en corporaciones paraestatales de carácter sectorial que se presentaban como instituciones gremiales. Aunque el símil gremial y estamental servía de base legitimatoria, en el sistema fascista el Estado no estuvo nunca supeditado a las corporaciones, sino que las creó y dominó en todo caso. También, y ante el rigor individualista presente en el parlamentarismo liberal, plantearon un sistema representativo que se pretende extraído de la comunidad orgánica (Cámara de los fascistas y las corporaciones). A partir del mismo justificaban la supresión de los partidos políticos, que ya no serían precisos ante la representación natural de los «órdenes intermedios», en la línea de deshacer la aguda presencia del conflicto social que trasladaban aquéllos.

---

5. Como por ejemplo la Action Française y la «Comunión tradicionalista» del carlismo español.

6. Para la filosofía política del fascismo, inspirada en Hegel a través del idealismo de Gentile, el hombre sólo existe en tanto que es sostenido y determinado por la comunidad. Pero incluso los grupos son relativos. El artículo 1.º de la Carta de Trabajo de 1927 describía a la nación italiana como un «organismo con unos fines, una vida y unos medios superiores en poder y pervivencia a los simples individuos o grupos que la integran».

II. EL NÚCLEO TEÓRICO DEL NEOCORPORATISMO

El neocorporativismo —o neocorporatismo— aparece como una innovadora doctrina sociológica y politológica a mediados de los años setenta, convulsionando el análisis de las relaciones entre la sociedad y el Estado y de la representación de los intereses sociales. La nueva teoría venía a responder a una realidad patente: el desarrollo en el mundo occidental, con diferentes ritmos y en diferente grado, de una cierta «intensificación» de la red de actualización de intereses ante el Estado, especialmente en el ámbito de la división social del trabajo. Lo más llamativo era la generalización, especialmente en el norte y centro de Europa, de la negociación de la política social y de rentas entre organizaciones cuasi monopolizadoras del substrato representado y el Estado, que activamente las promocionaba. Determinados sindicatos y organizaciones patronales participaban así en la formulación y en la implementación de las políticas públicas[7]. Las semejanzas de este proceso sociopolítico con el corporativismo tradicional e ideológico a muchos parecían evidentes, en lo que se refiere a la representación funcional de intereses y a su intervención en una concertada decisión estatal. Ello determinó la eclosión del nuevo paradigma teórico y el uso del término neocorporativismo para titularlo.

La propia indeterminación del conjunto de fenómenos que pusieron en marcha esa nueva perspectiva analítica hace que nos encontremos, no tanto ante una teoría, como ante el encuentro de perspectivas teóricas a veces muy diferenciadas. De entre ellas se puede destacar, en primer lugar, la que podríamos adjetivar como *concepción total* del corporatismo desarrollada por Pahl y Winkler (Winkler, 1976). Partían de una interpretación organicista de la sociedad, formada por unidades interdependientes abocadas a la cooperación funcional en el mantenimiento del cuerpo social. Con la que analizan la circunstancia de crisis económica planteada en mitad de los años setenta y aplican a su necesaria gestión. Desde su punto de vista, todo inducía a la emergencia de un nuevo sistema económico y de asignación de recursos (el corporatismo) que haría irrelevantes las opciones partidarias a al hora de determinar la acción de gobierno. Los grupos de interés, las corporaciones y las empresas serían los elementos de

---

7. Un hito en este modelo de políticas de articulación de intereses lo representó una ley alemana de 1967 que establecía los principios de la *Konzertierte Aktion*, aunque ese tipo de experiencias ya se venían desarrollando en el norte de Europa, especialmente en Suecia, e incluso cabe vincularlas al llamado por Dahrendorf «pacto social-liberal» postbélico.

los que nacería un esfuerzo de integración —más cooperativo que competitivo— promovido a su vez por el Estado merced a su control relativo sobre las entidades privadas. Éste adquiriría desde esa posición un papel dirigente que disciplinaría a los agentes productivos y a los intereses sociales en busca del bienestar económico. Este nuevo sistema de economía política, alternativo al capitalismo y al socialismo, se impondría por ser el que menos pérdidas producía a los grupos sociales más relevantes e iría acompañado del reforzamiento del nacionalismo económico.

Pero el cuerpo básico de la doctrina neocorporatista, y el impulso al debate en relación con la misma, hay que atribuirlo a Schmitter, con el que colabora Lehmbruch, quien aporta una iluminación crítica esencial de la misma esencial. Tanto uno como otro autor se formaron intelectualmente en la política comparada. De hecho, Schmitter alumbró el fenómeno al comparar la representación de intereses en ciertos regímenes de América latina, que había estudiado exhaustivamente, con la realidad europea. Descubrió ciertas equivalencias entre el corporativismo autoritario, de larga tradición, que se daba en aquellos países, y la estructura de articulación de intereses de las zonas más desarrolladas de Europa.

Su punto de partida es que existen una serie limitada de modelos de representación de intereses. Con características muy diversas, condicionadas por el número de asociaciones representativas; el grado de monopolio o competencia en la representación de intereses; los mecamismos de actuación empleados y la relación con el Estado, y el grado en que el mismo les presta reconocimiento institucionalizado. A partir de aquí se centra en la contraposición de lo que considera los dos grandes modelos con relevancia contemporánea: la estructura de intermediación de intereses, interpretada por la teoría pluralista[8] y la neocorporativa, que daría lugar a la emergencia de un nuevo paradigma teórico.

---

8. Aunque los orígenes de la teorización se encuentran en los trabajos de Lasky en los años veinte, la gran expansión de la teoría se produce en los años cincuenta y sesenta. Se pueden destacar las siguientes obras: R. Dahl, *Who Governs, Democracy and Power in American city*, Yale University Press, New Haven, 1961; D. B. Truman, *The Governmental Opinion*, Knopf, New York, 1962; A. M. Pottes, *Organized Groups in British National Politics*, Faber, London; G. Almond (ed.), *The Politics of the Developing Areas*, Princeton University Press, 1960; J. Meynaud, *Nouvelles études sur les groupes de pression en France*, A. Colin, Paris; J. G. LaPalombara, *Interest Groups in Italian Politics*, Princeton University Press, 1964; F. L. Neumann, *The Democratic and the Authoritarian State: Essays in Political and Legal Theory*, 1957. Se puede encontrar una cuidada selección de los escritos mas significativos de los clásicos de la

El modelo pluralista se basaría en un surgimiento espontáneo de las organizaciones de interés; en la autonomía de las mismas; en el carácter voluntario de la pertenencia a ellas; en la competencia cuasi perfecta que se daría entre ellas; en los solapamientos y cruces en relación con la defensa de intereses y en una influencia de las organizaciones directamente proporcional a la intensidad de sus preferencias y a la magnitud de sus recursos; relaciones todas ellas características del modelo de mercado. Por otro lado, los grupos de interés se limitarían a articular las necesidades y reivindicaciones presentes en la sociedad y a transmitirlas en forma de demandas pragmáticas al sistema de decisión político[9].

La definición de pluralismo —desde cuya inversión define el autor el neocorporatismo— sería la siguiente: «un sistema de representación de intereses en el cual las unidades que lo constituyen están organizadas en un número indefinido de múltiples categorías, voluntarias, competitivas, no ordenadas jerárquicamente y autodeterminadas, que no son especialmente otorgadas, reconocidas, financiadas, creadas o, por otros medios, controladas en la selección de líderes o en la articulación de intereses por el Estado y que no ejercen una actividad de monopolio representativo dentro de sus respectivas categorías» (Schmitter, 1974, 96).

La teoría neocorporativa aparecería como opción explicativa alternativa a la teoría pluralista de los grupos de interés, dominante hasta entonces, pero obsoleta por su patente decadencia en la realidad del capitalismo postliberal. En el que sería aplicable el nuevo modelo corporativista, con una nueva y propia lógica de acción y reproducción, que tendería a convertirse en forma dominante de

---

teoría pluralista (G. D. H. Cole, J. N. Figgis, H. J. Laski) en Paul Hirst, *The Pluralist Theory of the State*, Routledge, New York, 1989.

9. El matiz más significativo que aportan los teóricos del pluralismo es su idea de que el sistema impide de por sí la dominación de un grupo, o grupos, o su preeminencia permanente. Empiristas como R. Dahl y N. Polsby (1961) quisieron demostrar ese hecho en razón de que bajo el sistema democrático los contendientes y los alineamientos resultaban alterados constantemente. Grupos de intereses, antagónicos en algún tema específico, se convertían en aliados o indiferentes en otros, trastocándose así constantemente el poder efectivo de los grupos. El solapamiento en la pertenencia a grupos diversos de los individuos, demandantes múltiples, tendía también a hacer difícil una hegemonía permanente. La movilidad social, la variabilidad de mecanismos de presión (medios financieros, capacidad de movilización, información, etc.), que se reparten y no se acumulan por ningún grupo, es también esencial a la hora de difuminar cualquier influencia prepotente. En un cierto sentido se traslada el mito de la libre concurrencia mercantil a otro marco, el político: es como si el orden político-social estuviera en función de la «mano invisible» de la competencia entre los grupos.

representación de intereses. En 1974 daba una definición del mismo en estos términos: «Sistema de representación de intereses en el que las unidades que lo forman están organizadas en un número determinado de categorías específicas, obligatorias, no competitivas, ordenadas en jerarquía y disociadas por su función, aceptadas o incluso creadas por el Estado, que les garantiza el monopolio representativo de su estrato a cambio de colaborar en la selección atemperada de los líderes y de la moderación en las reivindicaciones» (1974, 93-94).

El modelo corporativo, en cuanto vertebrado por la escasez de las entidades representativas, la tendencia al monopolio de la representación y el reconocimiento por parte del Estado, sería una fórmula genérica para vincular los intereses que se dan en la sociedad civil con las estructuras decisionales del Estado. Que no sería exclusiva de una época concreta, ni siquiera de un régimen político particular. Cabría ubicarlo al tiempo tanto en los regímenes autoritarios de Brasil, Portugal y España como en los democráticos Estados de Bienestar de Austria, Suiza y Noruega de la época, por ejemplo. Ahora bien, el distinto sistema político en el quedan integrados daría lugar a una subdivisión entre corporatismo autoritario y el societal. En el primero, propio de los regímenes capitalistas dependientes o periféricos, el sistema corporativo derivaría de una voluntad estatal impuesta obligatoriamente sobre el mecanismo de representación de intereses. En el segundo, propio de las sociedades capitalistas avanzadas, de un movimiento espontáneo surgido en la sociedad, por el que se transforma el sistema de representación de intereses en su conjunto, especialmente a partir del crecimiento del poder monopolista de las organizaciones de intereses.

Siguiendo a Schmitter los elementos más significativos del nuevo escenario corporativo serían los siguientes:

1. Las funciones de las organizaciones de intereses van mucho más allá de la mera formulación de demandas sociales y de su transmisión al interior del sistema político: hay una participación institucionalizada de determinados grupos de interés en la deliberación, definición y ejecución de las políticas públicas en ciertos sectores socio-económicos. Frente al cuadro que nos mostraba la teoría pluralista en las sociedades avanzadas, para los teóricos corporatistas los grupos de interés no sólo expresan intereses y transmiten demandas a las esferas de adopción de decisiones por vía de autoridad, sino que participan en esas esferas y en la ejecución de las políticas.

2. La red de defensa de intereses ha dejado de ser concurrencial y abierta y tiende a ser más oligopolista y cerrada. Las organizacio-

nes operan en condiciones de cuasi-monopolio en relación con cada categoría de intereses, en general con la complicidad activa del Estado, que lo potencia legalmente.

3. Frente a la interpretación pluralista el llamado orden asociativo-corporativo tiene muy poco de libre mercado en su lógica de acción: hay una tendencia a que los representantes sean *estratégicamente interdependientes*, en el sentido de que las acciones de las organizaciones tienen un efecto determinante y predecible (positivo y negativo) sobre la satisfacción de los intereses de las demás, y esto es lo que las induce a convenir pactos relativamente estables. Para que esto suceda, las organizaciones que pactan deben haber logrado, si no unos recursos simétricos, al menos una capacidad de influencia recíproca y de representación y control de la conducta de sus miembros. Esto suele implicar que tengan un monopolio efectivo en su papel de representantes e intermediarios de una determinada clase, sector o profesión.

4. En relación directa con lo anterior se puede decir que el proceso de «corporativización», se incrementa en la medida en que se atribuya un estatus público a los grupos de interés organizados. Cuando son muchos los grupos de interés que gozan del mismo, en todas o en la mayoría de las dimensiones más relevantes del ámbito abierto a la institucionalización el avance en aquel proceso es notable. Es esencial entender, en este aspecto, que la corporativización se incrementa a medida que los recursos de una organización de intereses son proporcionados en mayor grado por el Estado.

5. Las asociaciones no se limitan a la mera «representación» de los intereses de sus miembros, sino que son organizaciones muy centralizadas y que tienen una enorme autonomía para definir los mismos y disciplinar a sus bases. No sólo «expresan» intereses, en la ortodoxia pluralista, sino que incluso los generan y los inculcan a sus miembros. Por ello Schmitter desecha el término «representación de intereses» y utiliza en su lugar el de «mediación de intereses», que incluye no sólo el proceso en virtud del cual los intereses son transmitidos desde la base al proceso político, sino también aquel por el cual las propias asociaciones adoctrinan a los miembros sobre sus intereses, se los transmiten e imponen.

6. Las asociaciones tienen relaciones de privilegio con el Estado, precisamente por el intercambio que se produce entre ellos: las asociaciones acceden por reconocimiento expreso del Estado a la formalización de políticas públicas y a un estatus institucional privilegiado; a cambio contribuyen a la gobernabilidad mediante el acatamiento por sus afiliados y bases de las políticas que así formulasen.

7. En este contexto el Estado no es un mero escenario sobre el que las organizaciones viertan sus exigencias, tal como se defendía en el supuesto teórico pluralista, sino que es un agente crucial que interviene y diseña el pacto corporativo, al que normalmente recurre para proveerse de capacidad de realización administrativa.

Schmitter no consideraba que se había detectado la presencia de un nuevo sistema económico, tal como sostenían los defensores de la concepción total. No obstante, llevado por la importancia del «descubrimiento», inicialmente exageró determinados aspectos del fenómeno y dio a su interpretación teórica un alcance excesivo. En primer lugar al conferir un sentido tan central al mismo en cuanto nueva y específica estructura de intermediación de intereses. Que se manifestaba como una tendencia irreversible: en las sociedades de capitalismo avanzado, debido a las necesidades de reproducción del capital a las que se adapta funcionalmente mejor el corporatismo social, decae irremediablemente el pluralismo voluntario y competitivo. Todas se verían abocadas a corporativizar la representación de intereses (Schmitter, 1974, 107 ss.). En segundo lugar, y en conexión con ello, su teoría no se queda en mero referente analítico de ciertos sistemas, sino que se ofrece como *paradigma alternativo* al pluralista dominante hasta entonces.

Lehmbruch, colaborador y crítico de Schmitter a un tiempo, orientó la teoría corporatista hacia una perspectiva más realista, que llegó a ser asumida por éste. Experto en «democracia consociacional», había estudiado antes la resolución del conflicto en el capitalismo avanzado, basada en la cooperación interesada de las élites. El corporatismo, en su concepción, estrechamente vinculado a la política, emergería en ese tipo de democracias y, más allá del consenso entre los partidos, se sustentaría en la interpenetración de las cúpulas de las instituciones estatales y de los grandes grupos de interés. La revisión teórica que incorpora tendría dos caras. De un lado, el corporatismo no sería tanto una estructura definida de articulación de intereses como una forma en la que los grupos organizados participan en las decisiones en torno a las políticas públicas. En sus términos, «el corporatismo es, más que un modelo peculiar de articulación de intereses, un modelo institucionalizado de formación de políticas en el cual grandes organizaciones de intereses cooperan entre sí y con las autoridades gubernamentales, no sólo en la articulación e intermediacion de intereses, sino incluso en la asignación autoritaria de valores y en el desarrollo y ejecución de tales políticas» (Lehmbruch, 1977,94). De otro lado, revisa la idea de la necesaria expansión del modelo atribuyéndole una contingencia que deriva de ciclos socioeconómicos y de las circunstancias de aparición y crisis de las que depende en general la democracia consociacional. La colaboración crítica de Lehmbruch se deja sentir en la evolución de Schmitter, que admite una doble vertiente en la comprensión del fenómeno y la historicidad del mismo[10]. En relación con lo primero establece dos categorías: corporatismo en sentido estricto, que sería específicamente un tipo estructural de intermediación de intereses; y concertación, que sería la fórmula consensuada e institucional de hacer y aplicar las políticas públicas, ya sea en el campo de rentas u otro (Schmitter, 1985). No cabría hablar de paralelismo automático en la presencia fáctica de ambos aspectos, aunque sí de una relación de «afinidad efectiva» entre el corporatismo estricto y la concertación, en el sentido de que se potencian mutuamente. El éxito de la concertación social en los países del centro y norte de Europa, con un marco de intermediación de intereses muy corporativizado, mostraría lo más obvio de esa interacción. Pero también se darían situaciones «anómalas», cuando en países con una consistente estructura corporativa fracasa durante largo tiempo la concertación social, o cuando ésta se da sin que exista monopolio en la representación de intereses, etc.

Junto a este desdoblamiento conceptual, el autor traslada el énfasis analítico al proceso de formación de políticas y su implementación y al estudio empírico de las condiciones de posibilidad del mismo. Desde esa preocupación enuncia la contingencia del fenómeno, e incluso reconoce que su primer análisis fue «sobrepredictivo», al afirmar sin duda la tendencia a la expansión generalizada de la estructura corporativa más competitiva. Éste ya no se ve como un requerimiento funcional e intocable de las sociedades contemporáneas, que crece establemente en una dirección o bajo unas parecidas pautas en todas partes. Dada la afinidad efectiva entre corporativismo y concertación, el modo en que se produce ésta dependerá de la herencia institucional del pasado. Pero, en todo caso, influirán variaciones imprevisibles en las relativas capacidades de poder de sus asociaciones de clase, sectoriales o profesionales y otros determinantes vinculados al juego político y a las previsiones de poder futu-

---

10. En su artículo titulado «Reflections on Where the Theory of Neo-Corporatism Has Gone and Where the Praxis of Neo-Corporatism May Be Going» (publicado precisamente en una obra editada conjuntamente por ambos autores: *Patterns of Corporatist Policy-Making*, Sage, London-Beverly Hills, 1982) se explicitaba esa inflexión.

ro. En conjunto la posición de Schmitter se acaba adecuando también a una concepción más cíclica que funcional de la intermediación de intereses.

Por último, una perspectiva crítica la aportó el marxismo, que se incorpora a la disputa intelectual advirtiendo que la realidad neocorporativa renovaría las estrategias de dominación del capital. Panitch, en esa línea, precisó que «el corporatismo es una estructura política en el capitalismo avanzado que integra a los grupos organizados de un sistema de representación e interacción mutua, en el nivel de dirección, y de un sistema de movilización y de control social, en el nivel de masas» (Panitch, 1979, 119). Las estructuras corporatistas de concertación pueden considerarse una instancia a la que el Estado trata de expandir su ámbito de actuación involucrando a la clase trabajadora en la legitimación de su política. No obstante el autor se preocupó de poner de manifiesto su carácter de estructura parcial, dentro del modelo liberal-democrático, en el que la perspectiva pluralista hacía inteligibles todavía una gran parte de los procesos.

En términos mucho más matizados Offe basaba una colaboración de clases inducida por el Estado en el hecho de la capacidad asimétrica de los diferentes agentes sociales que se incorporan a la intermediación. El poder social de la propiedad no sería equiparable al poder organizativo de los asalariados[11]. Por otro lado no cabría, genéricamente, determinar la equivalencia o no sin definirla en relación con el escenario concreto de cada conflicto. Ello al margen de que si el intercambio neocorporativo supone un sacrificio recíproco, será precisa la certeza, también recíproca, de que el correspondiente lado de enfrente está haciendo su aportación. En el núcleo básico del pacto, la moderación salarial y la política de empleo, no puede asegurarse que los sacrificios de los trabajadores tendrán su contrapartida en la actitud empresarial, pues las decisiones sobre inversiones, empleos y precios son cuestiones privadas, reguladas en el mercado y sobre las que las organizaciones patronales no tienen ninguna atribución[12].

---

11. «Normalmente se supone, sin más, que basta con que haya "contrapoder" de una organización, para contrarrestar el poder social de la propiedad. Sin embargo, esta construcción no es convincente [...] no cabe en modo alguno excluir que los propietarios gocen, por un lado, de ventajas organizativas especiales, y que los no propietarios tengan, por otro lado, problemas típicos organizativos, no pudiendo compensarse simplemente la falta de un recurso de poder con la utilización de otros» (Offe, 1988, 157).

12. No obstante Offe distingue entre una corporativización, que afecta a los grupos de interés que son de hecho organizaciones de clase, y es en la que se da esa

III. EL MARCO SOCIAL Y DE LEGITIMIDAD

Una pregunta parece ineludible: ¿a qué se ha debido esta acentuación de las intervenciones sociales en el ámbito público estatal, en detrimento de la magnificación del poder político propia de la democracia? Que propició incluso el surgimiento de una teoría que «revitaliza» el término corporativismo.

Las posiciones son muy variadas al respecto. Se enfatiza por algunos el aspecto socioeconómico: el incremento de la complejidad social, la creciente dependencia económica internacional, la alteración en la economía capitalista que supone el cambio en la relación entre el trabajo y la dirección de las empresas (Hernes, Schmitter, Maier). Otras dan más importancia a las variables políticas: decadencia del parlamentarismo, incompetencia de la administración en la puesta en marcha de políticas públicas, incapacidad de los partidos para proponer programas políticos coherentes (Offe, Salvatti, Berger, Keeler). Si lo entendemos como delegación parcial de la elaboración y ejecución de la política del sector público en intereses privados organizados, hay que pensar, en primera instancia, que el proceso pudo ser iniciado por el sector público con el objetivo de aumentar su control sobre la vida económica y social o pudo ser generado por el impulso de los grupos de interés. La diversidad de las variantes nacionales es simplemente abrumadora[13].

---

capacidad asimétrica en perjuicio de los trabajadores y otra forma que afecta a grupos de interés organizados que representan a colectividades específicamente afectadas por la política estatal (*policy takers*). El Estado tendría ante ellos una actitud dual y la función subyacente de la corporativización sería completamente diferente en cada uno de los casos. En relación con sindicatos y similares el objetivo sería la contención, la disciplina, la responsabilidad y la mayor previsibilidad del comportamiento colectivo que se deriva de la «burocratización». En el caso de los receptores de políticas, a los que se concede un *status* de derecho público y el derecho a la auto-administración, el motivo dominante es la entrega, la trasferencia de demandas a un ámbito ajeno al dominio político-gubernamental para reducir su «sobrecarga» (Offe, 1988).

13. Como ha expuesto Schmitter (1977), el brote temprano de las asociaciones del humus de la sociedad civil dando lugar a su expansión «hacia arriba», *suele ser* el anticipo de un corporativismo posterior cohesivo y disciplinado. Pero no ha sido así, por ejemplo, en los Estados Unidos. A pesar de la enorme profusión de grupos de presión y probablemente debido a la flexibilidad de la intermediación que deriva del sistema de comités del Congreso y a la relativa descentralización gubernamental. De otro lado, aunque la democracia liberal ha sido un buen substrato para el surgimiento de asociaciones fuertes, lo cierto es que su presencia deriva de variados factores históricos que no tienen que ver necesariamente con ella: en Alemania la fragmentación territorial, la ubicuidad y fuerza de las asociaciones gremiales se mantuvieron durante tanto tiempo que hicieron fácil la transición de la fase preliberal de los grupos de

Cabe sin embargo ensayar una explicación que, aunque no sea universalizable, señale un aspecto esencial y recurrente en todos los casos. El problema cabe centrarlo en la precaria relación entre capitalismo y democracia y en uno de los principios mediadores que han hecho factible su convivencia: el Estado social keynesiano. La propensión intervencionista hacia el Estado social, o si se quiere la «estatificación» de la sociedad en que consiste el mismo, ha incrementado paralelamente la «socialización» del Estado, es decir, la entrada en la decisión estatal de los intereses organizados. Especialmente después de la segunda Guerra Mundial, la interdependencia que generó el intervencionismo redistribuidor, en ascenso hasta los años setenta, dio entidad pública a los intereses sociales organizados.

De un lado, el carácter redistributivo hace que la formación de la voluntad del Estado naturalmente tienda a estar afectada por una presión de los distintos sectores para obtener una buena cuota en la riqueza distribuida en grandes magnitudes por el mismo. De otro lado, y en conexión con lo anterior, el Estado de Bienestar hasta la década de los setenta se sustentaba en el llamado pacto social-liberal postbélico. Por virtud del mismo la fuerza de trabajo aceptaba la lógica del mercado y del beneficio privado a cambio de la garantía de unas protecciones mínimas, entre las que se contaba un seguro de desempleo generalizado. La aceptación como prioridades por las partes del crecimiento económico y la política social expansiva funcionó admirablemente, autorreforzándose así la confianza mutua. Pues bien, obviamente eso trastocó el conflicto de intereses, que se hizo «economicista» y más institucionalizado, borrándose sus contornos ideológicos. La aceptación de la quietud del modelo económico dio impulso lógicamente a una permanente concertación, en la que el agente idóneo es la organización social representativa de intereses y el procedimiento más eficaz la intermediación corporativa.

Pero la aceleración de la corporativización del sistema hay que relacionarla con la crisis del Estado social y el retroceso intervencionista que desde mediados de los setenta hizo su aparición. El relato

interés a la postliberal. En otros casos el fortalecimiento y la adquisición de *status* público de las asociaciones de interés deriva de regímenes «cesaristas» o con gran predominio del ejecutivo, en los que, decaída la legitimidad plebiscitaria, se haría necesario el fomento de la representación de los grupos de intereses, para conseguir el apoyo de los mismos y refrenar la influencia parlamentaria. O es resultado final de situaciones excepcionales como las bélicas .

de una crisis ya crónica en el Estado social es suficientemente conocido. El excedente, en el contexto de una economía expansiva, había hecho posible un equilibrio entre los ingresos y el gasto público social, haciendo factible el mantenimiento de la inversión y el crecimiento. Su minoración o desaparición, aceleradas por la crisis energética de los setenta, destruyó ese equilibrio. A partir de ese momento las condiciones de revalorización del capital se vincularon negativamente a las políticas sociales expansivas.

La «ingobernabilidad» —en el término neoconservador— generada por la cada vez mayor dificultad en satisfacer una demanda social siempre expectante, favoreció el incremento de la corporativización de las relaciones entre Estado y sociedad. La pérdida de la capacidad de dirección por parte del Estado obligaba a contar cada vez más expresamente con los sectores implicados en sus políticas. Ante la crisis fiscal y de legitimidad —en el término de la ciencia social crítica— las instancias gubernamentales se vieron obligadas a refugiarse en una actitud concertatoria, que, básicamente, buscaba eludir el poder organizativo procedente de la demanda social emergente. Por eso se articula el nuevo modo de intermediación de intereses que «canalizaba» la demanda social en beneficio de la «gobernabilidad».

Esto se puede entender bien haciendo una distinción simple entre dos tipos de racionalidad política. Una, la que pretende satisfacer tantas demandas e intereses especiales procedentes de la sociedad como sea posible, aumentando los recursos gubernamentales y dotándoles de mayor eficiencia. Esto es, tratar los *inputs* de demanda como algo dado y racionalizando la eficiencia y efectividad de los *outputs*. Pero este intervencionismo no agota todas las posibilidades estatales. Se puede acudir a un tipo inverso de racionalidad, manteniendo los *outputs* en unos niveles posibles, y canalizando los *inputs* de demanda de una forma que parezca compatible con los recursos existentes. Una variable con la que se puede operar para conseguir ese objetivo es precisamente el sistema de representación de los intereses y los modos de resolución del conflicto. Se trata de establecer, en relación con ellos y éste, unos parámetros que garanticen que los problemas que hay que afrontar no desborden los recursos de que se dispone. En este sentido se puede decir que las transformaciones en el sistema de representación de intereses, el incremento de la institucionalización política por medio de formas corporativistas de «representación funcional», responden a una estrategia vinculada a este segundo modelo de racionalidad política.

Estas prácticas han sido impulsadas especialmente por los partidos socialdemócratas en el Gobierno[14]. En realidad ante la crisis del Estado de Bienestar se planteó una terapia *socialcorporatista,* cuya premisa era que aquél no era renunciable y sí compatible con la economía capitalista de mercado. Pero que para sostenerse necesitaba la cooperación y el consentimiento de los principales intereses económicos (especialmente los productivos). Terapia que, en las dos últimas décadas, ha servido de alternativa al planteamiento del neoconservadurismo más radical, con su retórica ideológica del desmantelamiento del Estado de Bienestar y su confianza en el mercado para alcanzar el crecimiento económico, universal benefactor. Frente a la obsesión neoliberal por mejorar la oferta, el socialcorporatismo encaminaría el esfuerzo hacia el perfeccionamiento de fórmulas institucionales de negociación e intercambio.

El debate intelectual en torno al neocorporatismo surge en conexión inmediata con aquella propuesta práctica. La preocupación central era la búsqueda de soluciones a la crisis y la legitimación de ese tipo de mecanismos eficaces para atemperar la «sobrecarga» de la democracia. En este sentido la nueva teoría atendía a una necesidad analítica, pero aún más a una pretensión normativa: la justificación de los nuevos mecanismos de estabilización[15].

IV. EL FUTURO DEL CORPORATISMO Y EL PLURALISMO

Un buen número de politólogos de los años setenta proclamaban con seguridad la tendencia en el largo plazo a la toma de decisiones por el canal corporativo. Desde la perspectiva de los años noventa la apelación al éxito del neocorporativismo son menos obvias. Ahora bien, esto responde tanto a una cierta confusión conceptual como a los procesos sociales reales. Para aclararla comenzamos bien si compartimos con Schmitter su renuncia —ya citada— a la predicción de la necesaria «estructuración» corporativa de las sociedades del capi-

---

14. Como ha demostrado suficientemente Schmitter (en Berger, 1981, 353 ss.), la estrecha asociación histórica entre el predominio de los partidos socialdemócratas y el corporativismo social, excepto en el caso británico, se sigue manifestando en la elevada correlación positiva entre ambos fenómenos que se registra en el mundo contemporáneo.

15. Streeck sostiene que el predominio de lo normativo sobre lo explicativo se puso de manifiesto por el hecho de que la búsqueda de la salida negociada a la crisis a través de ensayos corporatistas sólo se interrumpió cuando surgieron otros modelos, como el neoliberal, que imponía, con aparente éxito, otros criterios. En ese momento se abandonaron también los estudios sobre neocorporativismo (1993).

talismo avanzado, que queda contrastada por los hechos de forma irrebatible. Continuamos en el buen camino si aceptamos el carácter *contingente pero también recurrente* del corporatismo, entendido como concertación social.

Es cierto que aun en el mejor de los casos, es decir el de los sistemas políticos que han llegado a contar con asociaciones de intereses de carácter monopolista y altamente centralizadas y que han dispuesto de mayores capacidades para negociar voluntariamente, e imponer con efectividad acuerdos sociales, han sido incapaces durante mucho tiempo de absorber las tensiones y concertar. Incluso en muchos países desapareció en los años ochenta la intermediación neocorporativa, revitalizándose la acción estatal canalizada por las instituciones tradicionales y perdiendo incidencia social los monopolios representativos. La expansión económica iniciada a mediados de esa década, que revitalizó las expectativas de la población y la agresividad sindical, estuvo detrás de esa decadencia. La terapia neoliberal también: el éxito electoral de sus valedores en aquella década les ha permitido intentar soluciones unilaterales. La precaria combinación de imperativos de gobierno, objetivos organizativos e intereses de los miembros, que están presentes en los esfuerzos corporativistas, se complicaron —no se puede negar— y aumentaron las dificultades incluso en los países del norte de Europa, con una tradición más arraigada.

Creo que a nadie se le escapa la fragilidad consustancial al modelo neocorporativo. Valga la redundancia, es un mecanismo estabilizador especialmente inestable. Su eficacia deriva precisamente del carácter informal y relativamente institucionalizado del procedimiento y del carácter «voluntario» de los acuerdos alcanzados que dan la pauta a las políticas económicas. A las organizaciones siempre les cabe la posibilidad de desligarse. Pero lo que quizás es aún más relevante, la autonomía de las organizaciones con respecto a sus miembros, esencial para permitir la mediación, que debe contar con la disciplina y aquiescencia de las bases, es producto de un cúmulo de circunstancias concatenadas[16]. Cualquier cambio, por ligero que sea, puede provocar la dependencia inmediata de las organizaciones con respecto a sus bases y a las demandas inmediatas de sus representados. Son precisas unas condiciones muy especiales de moviliza-

---

16. De determinado nivel de afiliación sindical, opinión pública orientada al pacto, coyuntura económica, carisma de los líderes sindicales, concurso en torno a los mismos, grado de competitividad entre las organizaciones si el monopolio representativo no es completo, etc.

ción política y de crecimiento económico como para que los sindicatos sean «factor de ordenación» y «contrapoder al tiempo».

Evidentemente no se puede esperar que el modo corporativista de organizar la mediación de intereses se vaya a instalar definitivamente en los sistemas políticos. El tira y afloja entre la mediación neocorporativa y la canalización institucional de la decisión política, cuando no la reemergencia de la soberanía estatal, es tónica generalizada en las democracias contemporáneas. Las asociaciones pueden sustituir las estrategias de concertación por las de confrontación abierta, los políticos profesionales pueden oponerse al cortocircuito del canal partidista que suponen aquéllas, los *policy takers* pueden irrumpir en la representación limitada y monopolística, propia del neocorporativismo, con una oleada de asociacionismo. La intensificación de conflictos no derivados de la división social del trabajo, como los culturales, étnicos, nacionalistas, religiosos, etc., puede resituar el conflicto político en otro lugar en donde no quepa aquel modelo de intermediación. El mismo efecto pueden producirlo los grupos de presión, o movimientos, que actúan en nombre del «interés público», que no pueden ser contenidos dentro de los límites de la mera mediación de intereses.

Pero aun más importante que eso es que los conflictos distributivos pueden agudizarse. Hasta el punto de producir una reideologización de determinadas cuestiones, que regresan a las instituciones sometiéndolas de nuevo a grandes tensiones. Y, sobre todo, que los problemas que la representación corporativista tiene que integrar se han ampliado e incluso se han hecho progresivamente distintos. El cambio tecnológico, el creciente envejecimiento de las poblaciones, ha ampliado extraordinariamente el número de marginados de una prosperidad que sólo a través del Estado pueden disfrutar. La ayuda a estos colectivos limita la redistribución y la inversión. El vínculo y la dependencia entre protección social y organización de la producción se ha hecho tan estrecha que, en todo caso, ese implícito pacto social sobre el que se asentó la estrategia neocorporativa durante mucho tiempo debería ser renegociado en sus fundamentos.

En definitiva, la precariedad del capitalismo avanzado bajo el Estado democrático y benefactor se traduce en la de los propios sistemas de estabilización. Pero, si no estable, sí cabe describirlo como un fenómeno recurrente según la experiencia de los últimos veinte años. Los mecanismos de concertación necesariamente vuelven a ser utilizados. Desde el equilibrio imposible de un sistema como el nuestro, con antagonismos ineludibles en su núcleo, se hace necesario imaginar todos los sistemas que inhiban y controlen los conflictos. No es fácil que se desechen para siempre los que ya se han puesto en práctica y han demostrado su efectividad. En este sentido matizó su teoría Schmitter al hablar del carácter cíclico del fenómeno, sujeto a un desarrollo interruptivo, nunca lineal y evolutivo, determinado por el ciclo económico[17]. Los hechos, a mediados de los noventa, le están dando la razón. En muchos países de Europa los pactos sociales están siendo reutilizados ampliamente para modificar la estructura de los costes laborales, alcanzar la moderación salarial y acomodar el antiguo Estado de Bienestar a la realidad, que el nuevo impulso de crisis de comienzos de los noventa presentó[18].

En todo caso es patente que la profusa literatura científica relativa al fenómeno neocorporativo remitió en el último cambio de décadas. Se había producido una cierta saturación que coincidía con una decadencia real del impulso corporativo. Eso agudizó la percepción de la crisis. Esta «muerte súbita» de la teoría neocorporativa fue en todo caso sorprendente. Quizás habría que buscar la razón de la misma en el propio radicalismo teórico con el que nació, potenciado por la necesidad de legitimar un fenómeno emergente, que podía pacificar ámbitos muy conflictivos. La ambición conceptual del primer momen-

---

17. Con este título escribió un artículo sobre su crisis, queriendo aludir a la continuidad dinástica del mismo, salpicada de periódicos desfallecimientos y posteriores resurrecciones. La mayoría de las economías se habrían adaptado en un alto grado al modelo corporativo y la competencia internacional forzaría a los más rezagados a afrontar los ajustes institucionales necesarios. Pero no todos los países convergerían hacia un conjunto similar de prácticas. E incluso el mismo país podría estar sujeto a variaciones considerables en el tiempo, con la posibilidad de que se diera un corporatismo blando y titubeante en función de los cambios en las relativas capacidades de poder de sus asociaciones de clase sectoriales o profesionales. Ello parecería anticipar un futuro mas cíclico que lineal. Las condiciones variables y contingentes que impulsan a los actores a cambiar sus preferencias desde soluciones corporatistas/concertadas a soluciones determinadas por la competencia pluralista y las presiones políticas tendrían sobre todo que ver con el ciclo económico (Schmitter, 1989).

18. Sin referirnos a los países con sistemas más estrictamente corporativistas, se pueden poner algunos ejemplos. A la abolición de la *scala mobile* o sistema de indexación salarial en 1992 ha seguido en Italia, en el verano de 1993, un pacto sobre salarios e inflación entre los sindicatos, la patronal y el Gobierno. Los interlocutores sociales firmaron en Alemania, en marzo de 1993, un programa de ajuste fiscal hasta 1995, que se ha ido completando más tarde con un compromiso de moderación salarial y restricciones presupuestarias. En enero de 1995 suscribieron empresarios y sindicatos un gran pacto por el empleo bajo la mediación del ejecutivo. En el mes siguiente se planteó una negociación sobre el Estado social, incluidas jubilaciones, para hacerlo fiscalmente soportable. En Francia sindicatos —excepto la CGT— y patronal pactaron un recorte de las pensiones del sector privado en mayo de 1996. En España una reforma laboral fue aprobada por una acuerdo entre las patronales y los sindicatos *más representativos* en abril de 1997.

to resultó incompatible con la variabilidad observada en este tipo de procesos sociales y provocó la rápida decadencia de la doctrina cuando la solución «corporatista» tuvo un declive como práctica.

Al respecto hay que decir que la teoría como intelección racional y/o científica de la realidad tiene intereses propios: en ocasiones, en su afán por autofundamentarse, recurre a la exageración de rasgos existentes; o escinde realidades sociales, sin que se den de hecho variaciones o especificidades que nutran la disociación. Ello condiciona las observaciones posteriores y sucesivas de la misma realidad, que se contemplará en los rasgos más abruptos, formulados por la teoría exitosa.

En muchos casos, por supuesto, el problema es de la vulgarización de los conceptos, que confunde el tipo ideal usado con fines analíticos con la descripción de la realidad a la que apunta la teoría. El problema se complica si aceptamos la afirmación clásica: la teoría social o histórica no es algo que permanezca al margen de esa realidad, sino que se encuentra integrada en la misma como elemento condicionado y condicionante. Todo ello ha estado especialmente presente en la interpretación científico-social de los últimos veinte años en relación con la representación de intereses y su fórmula neocorporatista. La cual ha generado, en su divulgación, un prejuicio en torno a la emergencia de una nueva realidad invasora en la intermediación de interés, que finalmente iba a invalidar la explicación del modelo pluralista.

Quizás sea exagerado apreciar que la alternativa pluralismo/corporativismo es más nominalista que de substancia. Pero sí es cierto que entre las realidades sociales que pretenden contemplar racionalmente ambas teorías no hay solución de continuidad lo suficientemente significativa como para revolucionar las claves de análisis e interpretativas. Aunque no cabe la reducibilidad lógica del corporatismo al pluralismo, las pautas de la nueva realidad estaban ya presentes en la vieja, aunque en un grado menor, y el pluralismo, en aproximaciones de gran pureza, persiste en la sociedad actual. Como se ha dicho aquí, las implicaciones normativas para la gobernabilidad se sobrepusieron a las necesidades explicativas. Pues bien, aquellas *también determinaron un «radicalismo teórico» que hacía hablar incluso de un nuevo paradigma.*

La legitimidad científica de la teoría neocorporativa, su validez explicativa, no se discute, pero sí se advierten los peligros de su sobreestimación. En este sentido ya en los comienzos de la teorización, Panitch, advirtió que su carácter auténticamente significativo se daría en las relaciones entre el Estado y las asociaciones de interés derivadas de la división del trabajo, y no en las de otros grupos de presión con el mismo. Sólo en las parcelas de la política social y económica la interacción corporativa tendía a excluir al viejo sistema, con el juego de partidos, grupos de presión, Parlamento, Administración burocrática, etc. (Panitch, 1979).

La transformación de la red de actualización de intereses ante el Estado percibida en los setenta dió lugar a la eclosión del nuevo modelo teórico. Éste cobra sentido en cuanto sirve al análisis de una nueva realidad; pero en la que meramente se han agudizado síntomas ya presentes en períodos anteriores, en los que la actualización de intereses en el mundo occidental se explicaba desde la teoría pluralista. Por tanto hay un *continuum* palmario entre ambas realidades, en las que el cambio deriva exclusivamente de la radicalización de algunas tendencias, especialmente en el ámbito socioeconómico[19].

Lo que ha ocurrido es que, en primer lugar, la teoría pluralista enfatizó un marco de libre concurrencia entre grupos, autoequilibrado, por un lado, acorde con el liberalismo económico y, por otro, no contradictorio con el principio de legitimidad democrática. «Olvidando» preeminencias, imposiciones de hecho y reiteradas de unos grupos sobre otros, monopolios representativos, determinaciones irrevocables y secretas de las decisiones estatales condicionadas por la presión de aquéllos, poco conciliables con aquel principio. En segundo lugar, que a partir de los años setenta esas tendencias, que conforman lo que hemos denominado corporatismo estructural, se hacen más presentes y sostenidas, lo que obliga a un cambio de estrategia estatal frente a algunas organizaciones representativas. El cisma exagerado que, en ocasiones, se observa entre el viejo y el nuevo modo de representación de intereses es el resultado de esa ocultación presente en el pluralismo. Al hacerse insostenible cuando se agudizan las tendencias «corporativistas» se genera una teorización al respecto, todavía subalterna de aquélla en lo ideológico, en la medida en que percibe la realidad asentada en una lógica sustantivamente distinta. Es decir, que el prejuicio ha de atribuirse más si cabe al idealismo artificioso de la teoría pluralista, que a la ambición de autonomía «teorética» de los neocorporativistas.

---

19. Cawson (*What is Corporatism*, Basil Blackwell, New York, 1986, pp. 86 ss.), por ejemplo, entiende que la coexistencia de ambos modelos describe un *continuum* en el hecho contemporáneo y la forma evolutiva. En las políticas económicas y de ingresos el corporativismo sería nueclar. Se extiende, desde luego, a otras áreas, planificación ambiental, política sanitaria, educativa, etc. Pero cuanto más se aleja de los grandes intereses económicos, tanto más actúan vestigios del modelo de mercado pluralista de los intereses.

V. DEMOCRACIA Y CORPORATIVISMO

El encuentro entre los procedimientos de la democracia liberal, con su representación parlamentaria mediada por los partidos, y el neocorporativismo basado en la intermediación de intereses plantea problemas a los teóricos de la democracia. Pues se produce un desplazamiento de las formas representativo-territoriales, sobre las que se asienta la participación en la democracia liberal, a formas funcionales de representación de intereses que expropian ciertos ámbitos de decisión públicos. De esta forma la soberanía estatal es recortada por organizaciones privadas defensoras de intereses particulares. Lo que rememora a la figura del emergente Estado estamental como *primus inter pares*, al que los grupos corporativos impedirían el ejercicio pleno del poder soberano. Aunque ahora la limitación de la soberanía puede distorsionar el procedimiento democrático —basado en el voto individual— para alcanzar la voluntad mayoritaria. El Estado, en las realidades definidas como neocorporativas, renuncia en cierto grado a la dominación democrática y a su papel universalizante. Con las obvias consecuencias para la legitimidad del sistema, que se verá necesariamente afectada.

Cobra también importancia, desde la óptica democrático-participativa, la degradación de la publicidad política y la ampliación de lo que podríamos denominar «política sumergida», que de suyo impone el modelo de la concertación: el procedimiento informal basado en la transacción y la negociación entre asociaciones de interés supone necesariamente una pérdida general de información y comunicación. Lo que, finalmente, es decisión política adopta la forma de regateo, en el que se sopesa la influencia de cada grupo «privado» para satisfacerlo proporcionalmente y se intercambian directamente indemnizaciones particulares. Como la publicidad no puede desprenderse de lo que es su base de legitimación, el bienestar común, esa negociación elude el espacio público evitando así los ataques normativos referidos al interés general.

Es insustancial reflexionar sobre los procedimientos de la democracia liberal en términos meramente idealistas. Hay que contar con que el patente déficit de participación en nuestras sociedades se debe no sólo a ésta sino a otras muchas y complejas causas, no siempre evitables. Por otro lado, pensar en la posibilidad de una representación política, desvinculada de la representación societal de intereses ante el Estado, es una quimera del liberalismo fundacional. Pero este realismo se afirma también cuando nos planteamos terapias para evitar las disfunciones democráticas del actual modelo de intermediación de intereses. Por ejemplo, a través de una política dirigida a frenar institucionalmente la influencia de las asociaciones a través de una regulación legal limitativa, que salvaguardara el canal representativo-democrático frente a las redes del poder social. El propósito de recortar «linealmente» la influencia de las asociaciones resultaría inadecuado, pues es diferente el modo de organizar la representación de intereses entre los empresarios y los trabajadores, núcleo central de la presión corporativa bipolar sobre el Estado. Los sindicatos necesariamente dirigen requerimientos explícitos a las empresas y al Estado para realizar sus intereses. Necesariamente también deben respaldar tales requerimientos con una organización a partir de la cual puedan amenazar con medidas solidarias de lucha. Los empresarios no necesitan presentar exigencias interesadas que se manifiesten como tales, pues representan a las unidades del sistema económico indiscutido sustancialmente. Su capacidad de amenaza es tal, con la mera retracción de la inversión, que no se ven obligados a utilizar medios de presión explícita y a organizar la ejecución de la amenaza. Visto esto, una regulación de las organizaciones de intereses, limitativa, restrictiva, afectaría a los procedimientos de actuación de los sindicatos sin afectar suntancialmente a la capacidad de acción de la patronal (Offe, 1988, 157 ss.).

Además, a pesar de que el efecto perturbador sobre los procedimientos de la democracia representativa es notorio, la funcionalidad de las formas de regulación corporativa las hace inevitables. El argumento habitual para rechazar las objeciones normativas se refiere a su extraordinaria eficacia y a su funcionalidad para resolver conflictos en determinados ámbitos. Hay problemas como la inflación, la productividad, la tecnología, el empleo, pero también los de la estructura regional y otros, que no pueden ser ni asumidos ni reprimidos por las técnicas de decisión de la democracia liberal, y precisan de una negociación en la que están representados los intereses sociales, las corporaciones regionales y la burocracia gubernamental.

Claro que estas dificultades no nos puede hacer olvidar otros argumentos de mucho peso a favor del mantenimiento de la soberanía política interna, que trasladan los procedimientos políticos institucionalizados de la democracia liberal. La sociedad que funciona bajo un modelo de regulación corporatista, con estructura de mediación de intereses y plasmación de consensos, se autocircuita a sí misma. Si el Estado depositara sus competencias en la negociación autónoma entre los sectores sociales, podría obtener cierta racionalidad y eficacia en la autorregulación obtenida, pero habría reducido el espacio de lo regulable, pues los actores se frenarían ante todo aquello de lo que resultara un *statu quo minus* para ellos. Con ello quedaría anulada toda una serie de posibilidades de la sociedad para incidir, por medio de la dominación política, sobre sí misma y sobre su propio desarrollo.

En todo caso cabría plantearse hipotéticamente la posibilidad de compatibilizar un modelo de representación de intereses como el que estamos tratando, con una concepción de la democracia que necesariamente tendría que ser más amplia que la se plasma en la formulación liberal, de la que nuestros sistemas políticos son herederos. Por ejemplo, mediante una amplia socialización de la política del Estado, gracias a una exhaustiva representación de los intereses sociales y a sistemas de engarce perfeccionados entre éstos y aquél, o, en términos de Schmitter, mediante una fórmula política en que todos los intereses de la sociedad estén representados[20]. Si pudiera alcanzarse una distribución equitativa efectiva de los recursos de poder social entre trabajo, capital, vendedores, consumidores, etc., podrían desaparecer las objeciones planteadas desde la teoría normativa de la democracia. Ahora bien, esto plantea una problemática muy compleja con situaciones probablemente irresolubles.

Evidentemente, en cualquier sociedad de corporativización avanzada nos encontraremos, por la forma en que se da la organización de la representación, con distintas posiciones en cuanto a poder so-

---

20. Schmitter propuso una expansión regulada de las prácticas corporativas, que corrigiera las distorsiones de las prácticas «naturales», aprovechando sus principales ventajas para mejorar la calidad de las modernas democracias. A los grupos y corporaciones habría que atribuirles, dentro de la teoría democrática, un estatuto formal similar al de los individuos, ya que han desplazado a los mismos en muchas áreas de la política adquiriendo derechos y obligaciones casi ciudadanos con los riesgos consiguientes. Su proyecto de reforma de la democracia convencional lo desarrolla así: como presupuesto propone una perfeccionada fórmula para articular adecuadamente el *status* semipúblico de las asociaciones, con un procedimiento especial de Registro de las asociaciones y sus estatutos y una fórmula para asegurar a las asociaciones el acceso a todas las discusiones estatales que conciernan a sus intereses y a la intervención en las políticas públicas. Otra idea sería la de presionar por todos los canales adecuados para que las asociaciones sean «mejores» ciudadanos, haciendo que compitan en un plano de igualdad y respeten el interés público. El objetivo sería erradicar la principal disfunción del corporativismo fáctico, que sería la tendencia hacia la realización del autointerés sin límites. Schmitter se refiere también al establecimiento de una financiación para las asociaciones de interés basada en contribuciones obligatorias, a recaudar por la maquinaria estatal. Y, por último, a un procedimiento (*Choice by Voucher*) en virtud del cual los ciudadanos pudieran otorgar voluntariamente su apoyo a las asociaciones, graduándolo por sí mismos (Ph. Schmitter, *Corporative Democracy: Oxymoronic?, Just Plain Monohic? or a Promising Way Out of the Present Impasse?*, Standford University, 1988).

cial. Por un lado, los grupos monopolísticos o semimonopolísticos, que constituyen el núcleo del subsistema corporativo: capital y trabajo. Por otro con los grupos organizados al margen de ese circuito, no monopolísticos, con mucha menor capacidad de presión. También con grupos sociales no organizados u organizados deficientemente con escasa incidencia político social, (desempleados, mujeres), o, sencillamente, no organizables, todavía más postergados, aun cuando su esfera de interés pertenezca al ámbito de la división social del trabajo: los que acuden al primer empleo. Hay una desigualdad manifiesta entre los grupos monopolísticos sobrerrepresentados y los que carecen de vertebración organizativa. Como la decisión social no puede amalgamar las diversas preferencias de los grupos, es evidente el peligro de que sea el potencial organizativo y no las circunstancias concretas y los argumentos objetivos lo que prevalezca.

Otra cuestión ligada obviamente a la anterior es la de la asimetría estructural entre los grupos de interés, con independencia de su potencial organizativo. Grupos sociales y de intereses, por su posición concreta en nuestra compleja y vulnerable estructura productiva, pueden ostentar un poder extraordinario: cuanto más cuestionen los presupuestos de la estabilidad del sistema más privilegios podrán obtener en detrimento de los ámbitos y grupos de interés que no provoquen riesgo sistémico alguno o lo hagan en menor medida. Esta observación tiene una importancia determinante en el propio núcleo del pacto corporativo y a ello nos hemos referido: no cabe hablar de homogeneidad entre los actores sociales por cuanto si el interés esencial del capital (su subsistencia y reproducción) está garantizado, su actualización y representación en el pacto corporativo no puede tener el mismo significado que la de la fuerza del trabajo, que sólo a partir de la acción de sus organizaciones puede modificar las condiciones con las que se integran en el sistema productivo.

Además de éstos hay otros problemas que podemos denominar «procedimentales» de difícil solución: ¿quiénes tienen derecho a estar en el círculo de los participantes en los sistemas de negociación basados en una representación funcional?, ¿con qué peso proporcional y con qué derechos de procedimiento ha de dotarse a esta representación? Incluso, ¿a qué terreno objetivo han de referirse sus deliberaciones y decisiones? (Oliet, 1994, 181 ss.).

Ante ello la macrorregulación descentralizada, ajustada al principio «democrático» de representación completa, podría ser institucionalizada en la forma en que, parcialmente, se intenta a través de los Consejos Económicos y Sociales y similares. Se resolverían quizás algunos de estos problemas «procedimentales», reseñados, aun cuando la aspiración de hacer completa la representación es complejísima, dado el número de intereses que pueden ser afectados por cualquier cuestión político-social. Además, en contra de lo anterior está el argumento de que las ventajas del modelo corporativo se encuentran, precisamente, en el carácter secreto e informal de toma de decisiones que permite una negociación más fluida, liberada de controles.

Pero, por otro lado, en contra de una representación completa de intereses, hay que decir que el neocorporativismo tiene éxito en la medida en que es parcial, en la media en que hay grupos poco o nada representados *a los que se trasladan los costes de los pactos realizados por los grupos mejor organizados y presentes en la mesa de negociación*. La institucionalización de un sistema público, con pretensiones de representación completa, impediría esa expulsión de los costes fuera del sistema de intermediación de intereses, con lo que aquéllos serían siempre internos y las decisiones más difíciles, si no imposibles.

El ámbito organizativo burocrático también plantea muchos problemas a la legitimación democrática del neocorporativismo. En primer lugar, hay que precisar que la eficacia del mismo, entendido en su sentido estricto como estructura de intermediación corporativa, ha estribado en que frente a la asociabilidad voluntaria, que podía caracterizar más a la fase de «pluralismo democrático», se ha impuesto un «cuasi-monopolio representativo» *de facto*. Cada vez más consagrado en el derecho positivo, debido al interés estatal por garantizar la solidez del proceso de concertación.

En segundo lugar, esta cuestión hay que vincularla a la tendencia oligárquica de todas las organizaciones, máxime cuando adoptan esas formas monopolísticas, lo que no es una novedad del momento. Es preciso tener en cuanta que la oligarquización en el mismo es un imponderable, ya que el modelo no funciona si las agrupaciones no ejercen una masiva capacidad de comprometer a sus miembros, con la merma de derechos y libertades de participación que el asunto conlleva.

Por último, y en relación con lo anterior, una democracia corporativa encontraría siempre una crítica insoslayable: el hecho de que la intermediación de intereses, que estaría siempre en su base, se puede reducir a una interacción entre élites. Cabe considerar que en la realidad neocorporativa lo que se ha producido es una mera ampliación de la élite dirigente, mediante un procedimiento de cooptación orientado a incorporar a nuevas minorías a las tareas de dirección socioeconómica, que facilitan, a cambio, la aquiescencia de sectores conflictivos. Desde este punto de vista, las prácticas neocorporativas se diseñarían para ajustar las políticas del Estado de Bienestar a los requerimientos del sistema económico, y se asentarían en el intercambio elitista y en la retribución a organizaciones y burocracias (Oliet, 1994, 203 ss.).

BIBLIOGRAFÍA

Berger, S. (comp.) (1989): *La organización de los grupos de interés en Europa occidental*, Ministerio de Trabajo y Seguridad Social, Madrid.
Espina, A. (ed.) (1991). *Concertación social, corporativismo y democracia*, Ministerio de Trabajo y Seguridad Social, Madrid.
Lehmbruch, G. (1977): «Liberal Corporatism and Party Government»: *Comparative Political Studies*, XX/1.
Lehmbruch, G. (1985): «Democracia consociacional, lucha de clases y nuevo corporativismo»: *Papeles de Economía Española*, 22.
Offe, C. (1988): *Partidos políticos y nuevos movimientos sociales*, Sistema, Madrid.
Oliet, A. (1994): *Liberalismo y democracia en crisis*, CEC, Madrid.
Panitch, L. (1979): «The Development of Corporatism in Liberal Democracies», en P. C. Schmitter y G. Lehmbruch (eds.), 1979.
Schmitter, Ph. (1974): «Still The Century of Corporatism?»: *The Review of Politics*, XXVI/1.
Schmitter, P. C. y Lehmbruch, G. (1979): *Trends towars corporatist intermediation*, Sage, London.
Schmitter, P. C. (1985): «Reflexiones sobre adónde ha ido el neocorporativismo y sobre adónde podrá ir la praxis del neocorporativismo»: *Papeles de Economía española*, XXII/1-3.
Schmitter, P. C. (1985): «Neocorporativismo y Estado»: *Revista Española de Investigaciones Sociológicas*, 31.
Schmitter, P. C. (1989): «Corporatism is Dead! Long Live Corporatism!»: *Government and Opposition*, XXIV/1.
Streeck, W. (1993): «The rise and decline of neocorporatism», en L. Ulman, B. Eichengreen y W. T. Dickens (eds.), *Labor and integrated Europe*, The Brooking Institutions, Washington D.C., 1993.
Williamson, P. J. (1989): *Corporatism in perspective*, Sage, London.
Winkler, J. (1976): «Corporatism»: *Archives Européennes de Sociologie*, XVII/1.

Capítulo 15

LOS SISTEMAS ELECTORALES

Juan Hernández Bravo

Universidad de La Laguna

I. APROXIMACIÓN CONCEPTUAL, RELACIONES E INFLUENCIAS

1. *Sistemas electorales, políticos y de partidos: los efectos políticos de los sistemas electorales*

Los estudios sobre los sistemas electorales y la investigación sobre sus relaciones con y su influencia en los sistemas políticos y en la representación política han adquirido una gran importancia en la Ciencia Política de nuestros días. Los sistemas electorales son elementos constituyentes de los sistemas políticos y mantienen con ellos interrelaciones y mutuas influencias, lo que llevó a algunas perspectivas metodológicas a intentar explicar en función de los sistemas electorales todos los aspectos estructurales y funcionales de los sistemas políticos. Igual sucedió, en general, con los sistemas electorales y la democracia. Pero, como veremos, la cuestión es mucho más compleja, y establecer correspondencias mecánicas entre los sistemas políticos y los sistemas electorales o entre éstos y la democracia es una simplificación del problema que ha sido muy corregida por la evidencia empírica (Nohlen, 1981).

Precisamente algunos análisis empíricos, como el de Rae sobre las consecuencias políticas de los distintos sistemas electorales, plantearon la problemática de sus condiciones de origen y de sus efectos sobre la estructura política (Rae, 1978). Pero es necesario precaverse contra la sobrevaloración de estos efectos al margen de otros factores, tales como las variables sociales, económicas y culturales y los condicionantes históricos de una determinada sociedad, y siempre en el seno de sistemas políticos procedimentalmente democráticos, es decir, en los cuales los procesos electorales supongan una competencia genuina por los puestos de representación o escaños y los cargos electivos. Aunque, naturalmente, un sistema electoral puede no ser democrático y estar al servicio de un régimen político y de un poder no democráticos. Tampoco hemos de olvidar que cuando los sistemas electorales representan un factor institucional relevante en la formación de la voluntad colectiva en un determinado sistema político manifiestan, al mismo tiempo, la distribución de las relaciones políticas de fuerza que se dan en ese sistema (*vid.* V). Es decir, *no existen sistemas electorales políticamente neutros*, todo sistema electoral es el producto de una decisión política y sus efectos buscados están en la línea de favorecer determinados intereses sociales y políticos y no otros. De modo que si es preciso evitar la sobrevaloración de los sistemas electorales, no lo es menos el no minusvalorar o ignorar su importancia, lo que no siempre han conseguido los estudios electorales. Esto nos da idea de la complejidad de la cuestión. En definitiva, los problemas que atañen a los sistemas electorales son simultáneamente problemas sobre el poder y sobre la concepción de la sociedad y de la democracia (Nohlen, 1981).

En relación con la sobrevaloración de los sistemas electorales, hoy en día podemos afirmar que un sistema electoral cualesquiera se limita a cumplir funciones de mayor modestia, fortaleciendo o no ciertas tendencias sociales y políticas que ya se encuentran presentes en un determinado sistema político, y que sus efectos concretos pueden variar si varían las condiciones sociales y políticas sobre las que actúa. Un sistema electoral, entonces, es un componente importante de todo sistema político, pero no es el único ni el decisivo. Incentiva, pero no determina, y su importancia real suele proceder no tanto, incluso, de este efecto incentivo como de su valor simbólico y de un cierto efecto demostración que le es propio (Nohlen, 1981).

Los efectos políticos de los sistemas electorales dependen de las relaciones mutuas que se establezcan entre todos sus elementos configuradores (según la propia denominación «sistema» nos sugiere) y no únicamente de alguno de ellos, tal como podría ser el modo de escrutinio o fórmula electoral. La configuración de las circunscripciones es importante para estos efectos (Vanaclocha, 1988).

La influencia de un sistema electoral en un sistema de partidos determinado tiene carácter recíproco, y los sistemas electorales no sólo pueden inducir efectos autónomos en los sistemas de partidos, sino ser también, y sobre todo, el resultado de la correlación de fuerzas políticas, las estrategias partidistas y las condiciones sociales.

Como reflexión conclusiva de estas consideraciones anteriores nos puede servir una síntesis de las tesis de Nohlen sobre las condiciones constitutivas, los criterios de enjuiciamiento y los efectos de los sistemas electorales, que parecen especialmente clarificadoras al respecto. Afirma el autor alemán que los sistemas electorales surgen y actúan en el interior de estructuras sociales y políticas específicas y que sus condiciones constitutivas determinan también sus efectos. Añade que cuando cambian las condiciones sociales y políticas, un mismo sistema electoral puede llegar a producir efectos y cumplir funciones diferentes en los procesos políticos, y que, por el contrario, sistemas electorales diferentes pueden llegar a producir efectos similares y cumplir funciones parcialmente comparables en situaciones sociopolíticas distintas. Y que la relación entre tipos fundamentales de sistemas electorales y modelos de democracia no es necesaria teóricamente ni sostenible por la evidencia empírica, mientras que las funciones que se atribuyen a los sistemas electorales en el seno de los sistemas políticos pueden ser desempeñadas por otros elementos de dichos sistemas políticos.

Afirma también Nohlen que en la mayoría de los casos los efectos atribuidos a los sistemas electorales dependen de las actitudes en relación con la teoría de la democracia y/o de las concepciones políticas y sociales, y que no es el análisis de modelos, sino el sociológico, el que aclara la cuestión de los efectos de los distintos sistemas electorales. Los criterios para enjuiciar dichos sistemas electorales, sigue afirmando este autor, se organizan en torno a conceptos fijos y comprobados con los que los tipos fundamentales de sistemas electorales son unidos de forma positiva o negativa. La importancia de los sistemas electorales en los sistemas políticos no es constante, así como también varía los efectos que producen sobre la estructura de los sistemas de partidos.

Por último, destaca Nohlen que no existen pruebas empíricas que avalen la tesis de que un sistema electoral determinado facilite la alternancia gubernamental de los partidos políticos, lo que depende, en realidad, de las condiciones políticas y sociales concretas en cada caso (Nohlen, 1981).

2. *El objeto de los sistemas electorales: las funciones electorales*

En todo sistema político democrático, en el marco de un Estado de Derecho, el objeto del sistema electoral, es decir, el objeto al servicio del cual cobrará sentido político democrático dicho sistema electoral, son las funciones *legitimadora, representativa, reclutadora de las élites políticas, productora de dirección política* y *de socializa-*

ción política, que son las funciones electorales fundamentales. Veámoslo con algo más de detalle.

a) La función legitimadora

Los sistemas electorales genuinos son los sistemas democráticos. Y hasta los regímenes políticos autoritarios que quieren dotarse de una apariencia democrática recurren a ellos para hacerlo. Esto es así porque el principio fundamental de toda sociedad política democrática es que la única vía legitimadora del poder político es la de los procesos electorales: la legitimidad política de origen electoral, que supone la voluntad de la mayoría de los ciudadanos. Por eso la primera y principal función electoral es la legitimadora, antes, incluso, que la representativa, y el más fundamental objeto de los sistemas electorales es la legitimación del poder político, la concesión a dicho poder de una *auctoritas* suficiente que legitime el ejercicio de su *potestas*.

b) La función representativa

Esta función de los sistemas electorales es consecuencia de la constatada imposibilidad de la democracia directa, al modo de la *polis* griega clásica, como práctica habitual, salvo en contextos poblacionales muy reducidos (los Ayuntamientos de Concejo abierto, por ejemplo, en donde no se eligen concejales y todos los vecinos participan en los Plenos). De modo que las denominadas *instituciones de democracia directa* (referéndum e iniciativa legislativa popular) tienen en las democracias contemporáneas un uso limitado y excepcional, y desde la implantación del liberalismo se imponen los procesos y sistemas electorales como procedimientos para conseguir una adecuada representación política de los ciudadanos y, en particular, para formar los Parlamentos representativos emergentes. Primero a través de formas de sufragio *restringido* (*censitario* y *capacitario*, según se exigiera al elector bien contar con una renta de un nivel prefijado, tener determinadas propiedades o pagar impuestos en una cierta cuantía, o bien poseer algunos requisitos educativos o profesionales), después de sufragio *universal masculino* y finalmente de sufragio *universal*. En regímenes políticos autoritarios o no plenamente democráticos o en territorios coloniales se han usado o se usan, además, otras clases de sufragio no universal, tales como el sufragio *segregativo*, que implica la exclusión del censo electoral por motivos raciales, étnicos, religiosos o ideológicos y políticos o la agrupación por estos motivos de unos determinados ciudadanos en un colegio electoral diferenciado, al que se asigna un número limitado, y generalmente reducido, de escaños (los judíos en la Alemania nazi y el clero en el México revolucionario, como ejemplos de la primera posibilidad, y los no blancos en la Sudáfrica del *apartheid*, como ejemplo de la segunda) y el sufragio *familiar*, que supone la necesidad de cumplir unos requisitos de carácter familiar para poder votar, tales como tener la condición de cabeza de familia, de casado (los procuradores de representación familiar en la España franquista eran elegidos únicamente por los cabezas de familia y las mujeres casadas) o de progenitor de familia numerosa.

La representación política así delimitada, además, en congruencia con los principios de la representación popular, se configura paulatinamente como una representación que supone un *mandato representativo* o *apoderamiento general* de los representantes por los representados y en ningún caso esos representantes están sujetos a un *mandato imperativo*, que queda prohibido (esta clase de mandato supondría la obligatoriedad por parte de los representantes antes de manifestar su voluntad en cuanto tales de recabar instrucciones vinculantes de sus representados). Es decir, los elegidos representan al pueblo en cuanto tal y en su conjunto, y de ningún modo a sus electores o a su circunscripción, de los que no pueden recibir instrucciones vinculantes ni pueden ser cesados antes del final de su *mandato* (*recall*). En cuanto a la duración de este mandato de los elegidos o *legislatura*, en el caso de las Asambleas representativas, viene determinado en las Constituciones o las Leyes y suele oscilar en torno a unos dos años de mínimo (las Asambleas legislativas de los Estados-miembros norteamericanos o la Cámara de Representantes, por ejemplo) y unos siete años de máximo (la Presidencia de la República Francesa). Mandatos muy prolongados en el tiempo e, incluso, vitalicios son propios, naturalmente, de regímenes políticos autoritarios y de sistemas electorales no democráticos.

De modo que, en efecto, los sistemas electorales democráticos cumplen esta función representativa en cuanto que el resultado final del desarrollo de todo sistema electoral democrático, independientemente de sus características concretas, es la formación legítima de los órganos constitucionales de representación parlamentaria y, además, de los ejecutivos (de manera inmediata en la forma de gobierno presidencial y mediata en la parlamentaria y en la directorial). Eventualmente, incluso, también de órganos judiciales. Las instituciones del denominado *parlamentarismo racionalizado*, tales como la investidura del Presidente del Gobierno, la cuestión de confianza y la moción de censura también racionalizada, por ejemplo, son buena muestra de este objeto de triple producción (*vid*. IV. 7). Y todo ello independientemente de si nos referimos a ámbitos estatales, supra o subestatales.

c) La función reclutadora de las *élites* políticas

En relación con la función anterior, los procesos y sistemas electorales cumplen también la función de seleccionar y renovar las *élites* políticas, la clase política, que se profesionaliza y especializa en torno a ellos, y de crear, confirmar y destruir los liderazgos políticos.

d) La función productora de dirección política

Acabamos de afirmar que el resultado final del desarrollo de un sistema electoral democrático, independientemente de sus características concretas, es la formación legítima de los órganos constitucionales de representación parlamentaria y, además, de los ejecutivos. En efecto, los electores configuran también los poderes ejecutivos. Y estos poderes asumen la dirección política de la sociedad a través de la implementación de los programas de gobierno que han resultado vencedores en las elecciones como expresión de las preferencias políticas de los electores.

e) La función de socialización política

La participación en un proceso electoral democrático de conformidad con sus propias normas y la aceptación de sus resultados por todos, tanto vencedores como perdedores, implica un proceso de socialización política en unos mismos valores y principios democráticos. Y tiene una indudable dimensión simbólica política como un ritual de doble significado: en cuanto renovación de los lazos que mantienen unida una determinada sociedad política en torno a esos valores y principios y en cuanto investidura de sus gobernantes.

3. *Aproximación conceptual a los sistemas electorales*

A partir de las consideraciones anteriores, estamos ya en condiciones de abordar una aproximación conceptual a los sistemas electorales. Decíamos antes que son elementos constituyentes de los sistemas políticos y mantienen con ellos interrelaciones y mutuas influencias. Pero, de hecho, y como su propia denominación nos lo indica, ellos mismos no son otra cosa sino un conjunto de elementos interrelacionados entre sí, que los configuran, cumplen funciones en orden a la conservación de los propios sistemas y están orientados a transformar los votos emitidos por los ciudadanos de acuerdo con su estructura de preferencias electorales en puestos de representación o escaños y cargos electivos. Más tarde estudiaremos estos *elementos configuradores* (*vid. IV*). En definitiva, los sistemas electorales constituyen ellos también, a su vez, elementos institucionales significativos para la formación de la voluntad de los ciudadanos en una sociedad política democrática, y, en cuanto tales, mantienen estrechas relaciones con la concepción que de la democracia (democracia representativa) y de la propia representación política mantenga una determinada sociedad.

II. EL DERECHO DE SUFRAGIO, EL SUFRAGIO Y LA ABSTENCIÓN ELECTORAL. SUS CLASES

Los estudios electorales identifican tradicionalmente la *abstención electoral* con la ausencia del ejercicio del *derecho de sufragio activo*, es decir, con el no acudir a votar en un proceso electoral determinado por parte de aquellos electores que, estando en pleno uso de su derecho de sufragio activo, no lo ejercen. Dicha abstención electoral puede tener su origen en una discrepancia radical con el régimen político (o, incluso, con la democracia), en los que no se desea participar de ninguna forma, en un desinterés por la política, en un convencimiento de que nada puede cambiar realmente gane quien gane las elecciones o con las características o el contenido de la propia consulta electoral, entre los principales motivos que fundamentarían esta actitud. Pero también puede ser una abstención electoral forzada por errores censales no detectados y corregidos a tiempo (bien personas que figuran indebidamente en el censo electoral o bien personas que debiendo estar en el mismo no han sido incluidas) o por circunstancias materiales de diversa índole externas a la voluntad del elector: causas laborales, dificultades insuperables climáticas, meteorológicas o de transporte, enfermedades, indisposiciones o accidentes, viajes no previstos con la suficiente antelación como para poder hacer uso del procedimiento del *voto por correo* (donde este procedimiento sea admitido), imposibilidad de delegar el voto (donde sea admitida su delegación), acontecimientos personales de índole varia. En este segundo caso, el votante hubiera deseado poder votar, y lo hubiese hecho de no haber ocurrido el error, la imposibilidad o el imprevisto que lo ha impedido. Se trata, entonces, de una abstención *no voluntaria* como era la anterior, de una abstención forzada, que podemos denominar *técnica* y que es un componente siempre presente en toda abstención electoral. Aunque, por supuesto, es de una difícil cuantificación y sólo podríamos estimarla aproximadamente utilizando algún porcentaje o coeficiente corrector sobre el total de la abstención electoral producida, en función de las circunstancias concurrentes en un determinado proceso electoral.

En relación con esta abstención electoral, nos parece que, ante todo, debe evitarse absolutamente su manipulación política. Es decir, quien calla, quien no vota, nada expresa y no es ni técnica ni políticamente correcta la capitalización de esta clase de abstención por ninguna fuerza política en concreto, sobre todo por dos fundamentales razones: *a*) porque, en cuanto a la discrepancia radical con el régimen político, puede provenir indistintamente de cualquier sector externo y contrario al mismo y, por consiguiente, no es en ningún caso reconducible a una alternativa política determinada; y *b*) porque incluso cuando una fuerza política concreta hace una llamada a la abstención electoral pasiva, al margen de la calificación política que atribuyamos a ese reclamo, en cuanto se opone a la participación del cuerpo electoral en la decisión sobre una cuestión que le atañe, y al margen también de los efectos negativos de deslegitimación política que para la propia democracia pudiera tener eventualmente la abstención electoral o, en general, política, resulta imposible, una vez concluido el proceso electoral, medir cuantitativamente con un grado razonable de precisión la abstención electoral voluntaria producida.

Pero, en cualquier caso, sea *voluntaria* o *técnica*, la abstención electoral que acabamos de explicitar se caracteriza por la no participación en el proceso electoral, por ser una *abstención no participante*, que consiste precisamente en un no hacer, en un *no votar*. Por esa razón, preferimos denominarla *abstención pasiva* (eludiendo otras posibles adjetivaciones, como sería *abstención negativa*, para evitar connotaciones de carácter peyorativo). Aunque, naturalmente, hemos de tener presente que utilizamos el término en un sentido muy distinto al que tendría, por ejemplo, en la expresión *derecho de sufragio pasivo*, derecho a presentarse como candidato y a ser elegido.

Sin embargo, la abstención electoral a la que nos hemos referido hasta aquí no agota las posibilidades abstencionistas de un potencial elector en un proceso electoral determinado. Abstenerse electoralmente no significa tan sólo no votar o no participar en las elecciones. También puede significar *no expresar preferencia* por ninguna de las opciones electorales concurrentes. Por supuesto, el no votar ya implica la no expresión de preferencia alguna. Pero, y aquí estaría el matiz diferencial importante, *también es posible no expresar ninguna preferencia y, sin embargo, no dejar de participar en el proceso electoral*, porque manifestar preferencia y votar no son ni acciones idénticas ni sinónimos. Se trata, qué duda cabe, también de una abstención electoral, pero de una abstención distinta de la anterior y de otro orden, de una abstención participante, que denominamos *abstención activa* (eludiendo también, del mismo modo que en el caso de antes y por idénticos motivos, otras posibles adjetivaciones, como sería *abstención positiva*, y utilizando el término en un sentido muy distinto al que tendría, por ejemplo, en la expresión *derecho de sufragio activo*, derecho a votar). Esta abstención electoral ha sido tradicionalmente algo descuidada en los estudios electorales y no ha merecido la atención específica que requiere.

Estamos hablando, claro está, del *voto en blanco* y del *voto nulo*. Éstos son los dos componentes de la abstención activa y, por consiguiente, a ellos debemos dedicar nuestra atención. El voto en blanco es una abstención activa voluntaria y, por lo demás, legítima. Es un voto que se emite desde una concepción de cumplimiento de un deber ciudadano, y hasta puede llegar a tener un componente de apoyo o identificación con el régimen político (o, incluso, con la democracia). Pero, al mismo tiempo, también es un voto que se emite desde la no preferencia (y hasta desde el rechazo) por todas las opciones electorales concurrentes, por todas las candidaturas. En algunos sistemas electorales, y también en el español, forma parte, además, del *voto válido* o válidamente emitido de conformidad con la normativa electoral (que algunos análisis electorales confunden con el sufragio válidamente expresado a favor de alguna de las opciones electorales o *sufragio expresado*, como preferimos denominarlo) y, por consiguiente, tiene que ser incluido también cuando se calculan porcentajes sobre el voto válido, por ejemplo, en el caso de *barreras electorales de exclusión* que consistan en uno de esos porcentajes.

El *voto nulo* es siempre un voto no válido o no válidamente emitido de conformidad con la normativa electoral. Es un voto irregular, que puede suponer una *discrepancia formal* con las reglas establecidas en dicha normativa, pero también una *discrepancia material*, en el sentido de que no permita averiguar inequívocamente cuál sea la voluntad que el elector pretende expresar, es decir, suscite dudas razonables acerca de cuál sea esa voluntad (si se trata de una preferencia electoral expresada incorrectamente o si precisamente se trata de no expresar preferencia electoral alguna y, además, de hacerlo de forma no válida). Y así, es nulo el voto que no respeta alguno de los requisitos esenciales en la emisión técnica del voto o se emite en modelo no oficial de papeleta o de sobre. No forma parte del sufragio válidamente expresado a favor de alguna de las opciones electorales ni tampoco del voto válido, pero sí del *sufragio emitido* en cada proceso electoral, como lo denominamos. Y, a su vez, puede ser de dos clases, a saber: *voto nulo involuntario*, producido por error o inadvertencia del elector (que, en este sentido, se equipararía a la abstención pasiva técnica) y *voto nulo voluntario*. Este último tendría interés en cuanto participaría, al menos en parte, de la concepción, propia del voto en blanco, de cumplimiento de un deber ciudadano, pero incorporaría un elemento de protesta o rechazo frente al régimen político, frente a alguna de las opciones electorales concurrentes o, incluso, frente a algún candidato determinado. Eventualmente, podría incorporar también algún elemento de falta de respeto por el proceso electoral en cuanto tal, por alguno de sus componentes y hasta por la propia democracia.

La abstención activa válida, el voto en blanco, no sólo es una forma legítima de participación electoral democrática, que no ha gozado hasta ahora del relieve tanto doctrinal como político que merece, sino que es, además, una variable muy interesante del comportamiento electoral. Pero su importancia se ha visto minimizada probablemente por su escasa incidencia cuantitativa y por la relevancia objetiva que en todo proceso electoral tiene la configuración mayoritaria o minoritaria de las agregaciones de preferencias en orden a las funciones legitimadora, representativa, reclutadora de las *élites* políticas, productora de dirección política y de socialización política, que, tal como hemos comprobado antes, son las funciones electorales fundamentales, es decir, el objeto al servicio del cual cobra sentido político democrático el sistema electoral en toda democracia, en el marco de un Estado de Derecho. Aquí radicaría la problematicidad de la abstención activa, cuyo crecimiento podría incidir en cuestiones tan radicalmente importantes para toda sociedad democrática como la legitimidad de los gobernantes o la gobernabilidad. Aunque, teniendo en cuenta su componente ya señalado de apoyo o identificación con el régimen político (o, incluso, con la democracia), sería una incidencia cualitativamente diferente de la que tendría un crecimiento análogo de la abstención pasiva y hasta del voto nulo.

Es decir, la abstención activa válida, a diferencia de la pasiva, no cuestiona los procesos electorales democráticos, sino todo lo contrario. Sin embargo, plantea problemas tales como la validez de los actuales cauces de participación democrática en las sociedades de nuestros días y, en particular, de los partidos políticos en cuanto tales y como la idoneidad de los sistemas de garantías de las minorías frente a las mayorías y de los sistemas de control del poder político, y pone de relieve algunas graves disfuncionalidades democráticas, por ejemplo, la denominada *partitocracia*, tanto *externa*, hacia la sociedad en su conjunto, como *interna*, hacia el interior de los propios partidos. En definitiva, puede llegar a convertirse en mayor medida que la abstención pasiva y, sobre todo, con mayor legitimidad que ella, en una necesaria señal de alerta, en un imprescindible indicador del aumento más allá de los umbrales tolerables de los déficits democráticos de una determinada sociedad.

Dado que la normativa electoral española actual considera el voto en blanco como voto válido, prestaremos una atención preferente a su tratamiento de la abstención activa. La regulación que contiene esta normativa sobre el voto nulo es extensa y parece que, en líneas generales, correcta. Por el contrario, la dedicada al voto en blanco es muy escueta y, como veremos inmediatamente, no tan aceptable. Se establece que es nulo el voto emitido en sobre o papeleta diferente del modelo oficial, así como el emitido en papeleta sin sobre (nulidad que radica en la existencia de una violación de las normas sobre emisión del voto, en concreto de su carácter secreto) o en sobre que contenga más de una papeleta de distinta candidatura. En el supuesto de contener más de una papeleta de la misma candidatura, se computa como un solo voto válido. En el caso de elecciones con listas electorales cerradas y bloqueadas son también nulos los votos emitidos en papeletas en las que se hubiera modificado, añadido, señalado o tachado nombres de los candidatos comprendidos en ella o alterado su orden de colocación, así como aquellas en las que se hubiera producido cualquier otro tipo de alteración. En las elecciones con listas electorales abiertas son nulos los votos emitidos en papeletas en las que se hubieran señalado más nombres de los permitidos por la propia normativa. Asimismo, son nulos los votos contenidos en sobres en los que se hubiera producido cualquier tipo de alteración de las señaladas en los párrafos anteriores.

Esta normativa electoral establece que se considera voto en blanco, pero válido, el sobre que no contenga papeleta y, en las elecciones con listas electorales abiertas, las papeletas que no contengan indicación a favor de ninguno de los candidatos. Pues bien, un sobre que no contenga papeleta puede ser reconocido al tacto por el presidente de la mesa electoral cuando, de conformidad con la propia normativa, el elector le entregue por su propia mano el sobre o sobres de votación cerrados para que sea él quien los deposite en la urna o urnas. Y eso violaría el carácter secreto del voto. Estaríamos en un caso análogo al del voto emitido en papeleta sin sobre (cuya nulidad, como veíamos antes, radica en la existencia de una violación de las normas sobre emisión del voto, en concreto de su carácter secreto). Lo democráticamente correcto sería la consideración de este voto como nulo y la confección de papeletas en blanco destinadas al voto en blanco en todos aquellos procesos electorales que requieran papeletas conteniendo listas electorales cerradas y bloqueadas.

III. LOS PRINCIPIOS Y LA CLASIFICACIÓN DE LOS SISTEMAS ELECTORALES: CARACTERES DEL SUFRAGIO

1. *Cuestiones generales. La condición directa, obligatoria y personal del sufragio*

Los principios de todo sistema electoral democrático, que devienen en caracteres del sufragio que se produce en su seno, son tan sobradamente conocidos y aceptados sin excepciones por las normas electorales democráticas y la doctrina politológica, que han devenido en clásicos: *universalidad, libertad, igualdad* y *secreto*. La *condición directa* del sufragio, no obstante, y aunque suele ser añadida a la anterior relación, sufre excepciones, que pueden ser de carácter *procedimental formal* (que no implican una auténtica mediatización de la voluntad de los electores) y que configuran un *sufragio indirecto no sustantivo*, tal como ocurre, por ejemplo, en las elecciones presidenciales norteamericanas, en que son elegidos compromisarios sujetos a mandato imperativo, o *sustantivas*, como en el caso de los senadores representantes de las Comunidades Autónomas en España, que configuran un *sufragio indirecto sustantivo*. Precisamente esta clase de procesos electorales de representación territorial son los únicos casos de sufragio indirecto sustantivo presentes en las democracias contemporáneas. En definitiva, el sufragio *indirecto* implica que los electores no eligen directamente a sus representantes, sino a unos *compromisarios*, los cuales, a su vez, pueden elegir o bien a los representantes o bien a otros compromisarios, que continuarían el proceso. Cada una de estas fases supone un *grado*, y así han existido o existen sufragios indirectos de segundo, tercer o sucesivos grados (la Constitución española de 19 de marzo de 1812, por ejemplo, configuró un sistema electoral de carácter universal, pero indirecto de cuarto grado). El sufragio *indirecto sustantivo no territorial* es propio del liberalismo doctrinario o conservador, que lo configura como medio para corregir la supuesta inmadurez del cuerpo electoral.

El sufragio puede ser legalmente *obligatorio* o no, sin relación alguna con el carácter democrático o no del sistema electoral. Por ejemplo, a diferencia de otros Estados democráticos, como Australia, Bélgica o Italia, el sufragio no es obligatorio en España, como lo fue en el pasado desde 1907. Con la obligatoriedad del sufragio en los regímenes políticos democráticos se pretende minimizar la abstención pasiva y evitar la supuesta deslegitimación política que comportaría un elevado abstencionismo electoral de esa clase. En los regímenes no democráticos suele ser obligatorio votar, sobre todo si se trata de plebiscitos, y el no ejercicio del sufragio activo comporta penas pecuniarias o de otra clase y sanciones especiales para los funcionarios civiles, los policías y los militares porque se busca la legitimación política en los altos índices de participación (y también en las mayorías casi unánimes, obtenidas alterando la intencionalidad del sufragio de los electores por medio de coacciones, fraudes y producción de temores razonablemente fundados). En general, las sanciones por el incumplimiento del deber de votar pueden ser *jurídicas* (privación temporal del derecho de sufragio), *pecuniarias* (multas, supresión de subvenciones o ayudas), *administrativas* (de diversas clases, incluyendo descuentos de sueldo a los funcionarios civiles y militares) y *sociales* (listas públicas de no votantes, por ejemplo). En el caso de los regímenes políticos democráticos estas sanciones suelen ser poco más que simbólicas.

El sufragio es *personal* cuando ha de ser emitido materialmente por el elector que ejerce su derecho de sufragio activo, lo que garantiza que el voto corresponde efectivamente a su voluntad. Pero su exigencia tiene el inconveniente de que incrementa la abstención pasiva técnica. Por eso, en relación con el carácter personal del sufragio se han configurado cuatro procedimientos alternativos: el *voto por correo*, el *voto por delegación* (posibilidad legal de que un elector autorice a otro a votar en su nombre), el *voto en el extranjero* (en la representación diplomática o consular del país del elector) y el *voto desplazado* (autorización para votar en una sección electoral distinta a la propia del elector). El primero de ellos permite que el sufragio siga teniendo la condición de personal (excepto en sistemas como el italiano) y fomenta la participación electoral, por lo que suele considerarse que su uso debe ser permitido con flexibilidad y amplitud, aunque existen sistemas restrictivos al respecto. En cuanto al segundo, que impide que el sufragio tenga la condición de personal, allí en donde es admitido (Francia) existe unanimidad en considerarlo un procedimiento susceptible de producir fraude y, por consiguiente, que debe ser usado tan sólo por excepción, cuando no resulta materialmente posible la emisión del voto personal o por correo. Con los otros dos procedimientos es claro que el sufragio sigue siendo personal.

2. Universalidad

La universalidad del sufragio implica la atribución del *derecho de sufragio activo* (poder votar) a todos los ciudadanos mayores de edad y es compatible con la exigencia de determinadas condiciones y requisitos: pleno disfrute de derechos civiles y políticos, inscripción en el censo electoral, no incurrir en causa de inelegibilidad o gozar de un determinado *status* jurídico (nacionalidad, residencia o vecindad administrativa). También es compatible con la exigencia de condiciones o requisitos agravados o de carácter restrictivo en relación con el sufragio activo para el ejercicio del *derecho de sufragio pasivo* (poder ser votado), es decir, para poseer *capacidad electoral pasiva* (nacionalidad de origen o adquirida con una antelación prefijada, nacimiento en el territorio nacional, residencia o vecindad administrativa o propiedades en un determinado lugar, generalmente la circunscripción propia, residencia o vecindad administrativa con una antelación prefijada, una cierta edad).

Asimismo, este carácter universal del sufragio no se ve afectado por las privaciones del derecho de sufragio activo y pasivo o las declaraciones expresas de incapacidad para el ejercicio del mismo, habitualmente por sentencia judicial firme como pena accesoria o principal de un delito general o de carácter electoral, o por las autorizaciones judiciales o gubernativas para el internamiento en un hospital psiquiátrico que declaren expresamente dicha incapacidad o, incluso, por la privación de dicho derecho a ciertos funcionarios (jueces, policías, militares profesionales) o a causa de motivos de carácter económico fiscal o de cambio de régimen político (colaboracionistas, miembros de familias ex-reinantes). Tampoco se ve afectado este carácter por la existencia de las citadas *causas de inelegibilidad*, a las que es necesario distinguir de la capacidad electoral pasiva. Las primeras suponen unas determinadas circunstancias (ser titular de un cargo o de una actividad pública que pueda llegar a influir en el sentido del voto o en la proclamación de resultados, no acatar expresamente el ordenamiento constitucional del Estado, no comprometerse a tomar posesión, no cumplir la obligación de pagar una fianza para poder presentarse candidato, como ocurre en Canadá e Irlanda) que pueden ser evitadas por la libre voluntad del ciudadano afectado en el momento procedimental oportuno (inicio del proceso electoral, presentación de su candidatura o fases posteriores hasta la celebración de las elecciones), mientras, por el contrario, la segunda supone la concurrencia de condiciones o requisitos que o bien no dependen en absoluto de la voluntad o bien no pueden ser evitados tan libre e inmediatamente, como quedó explicado antes.

Hemos de distinguir también *inelegibilidad* de *incompatibilidad* entre la condición representativa y el desempeño o la ostentación de determinados cargos y situaciones institucionales, actividades, percepciones o participaciones, que obligan a optar entre la representación y ellos. Las dos están encaminadas a asegurar la independencia de los representantes y su debida dedicación a su función. La primera trata, además, y como acabamos de señalar, de eliminar situaciones de privilegio durante el proceso electoral en razón del cargo, la actividad o la función desempeñados y garantizar la independencia de determinados funcionarios del Estado, tales como magistrados, jueces y fiscales o militares profesionales en activo, además de evitar que sean elegidas personas que no acatan el ordenamiento constitucional del Estado o las propias normas electorales. Suele ser habitual que las causas de inelegibilidad lo sean también de incompatibilidad y que, además, se añadan otras causas de incompatibilidad.

La universalidad del sufragio no implica necesariamente su igualdad, ni siquiera la que inmediatamente calificaremos de *formal*, por lo que resulta preciso considerar por separado los dos principios. También es necesario distinguir suficientemente la universalidad del sufragio de su carácter directo. La universalidad en un sufragio indirecto evidentemente sólo puede existir o no en su primer grado y no en los sucesivos (cf., por ejemplo, la Constitución española de 19 de marzo de 1812).

El sufragio universal masculino fue reconocido por primera vez en la Constitución francesa de 1793, aunque sólo se implantó efectiva, aunque no permanentemente, tras la revolución democrática de 1848, y se extendió por Europa occidental al final de la primera Guerra Mundial. En España fue introducido por la citada Constitución de 1812, reimplantado por la revolución de 1868 y establecido definitivamente en 1890 por el Gobierno Sagasta. El sufragio universal en procesos electorales de carácter político se inicia efectivamente en uno de los Estados norteamericanos, Wyoming, en el último tercio del siglo XIX (1869), prosigue en otro de esos Estados, Utah (1870), en Nueva Zelanda (1893) y en Australia (1902), y se generaliza desde el período de entreguerras del presente siglo hasta el final de la segunda Guerra Mundial, como consecuencia, entre otras, de la incorporación de la mujer al mercado laboral y de su participación en el esfuerzo bélico. En España es constitucionalizado en 1931 y 1977 (en las elecciones constituyentes de 1931 las mujeres no tuvieron derecho de sufragio activo, pero sí pasivo). La introducción del sufragio femenino no se realizó en todos los casos con carácter universal, sino, en algunos Estados se hizo mediante requisitos específicos de edad, condición familiar o estudios.

3. Libertad

La libertad del sufragio, es decir, la orientación libre del sentido de su voto por parte del elector, implica, claro está, la democracia, y puede verse afectada por la existencia de una estructura socioeconómica desigualitaria. Esta libertad consiste en la no alteración de la *intencionalidad del sufragio* del elector (de su estructura de preferencias electorales, bien *únicas* o bien *ordenadas* o *graduadas*) y supone un voto sin *coacción electoral* (coacciones o presiones en relación con el sufragio, antes o después de emitir el voto), sin *fraude electoral* (manipulaciones anteriores o posteriores al sufragio y, particularmente, la manipulación de los resultados con posterioridad a la celebración del acto electoral y, en consecuencia, la alteración, más o menos radical, de dichos resultados, por ejemplo destrucción, sustitución o alteración de votos) ni *temores razonablemente fundados* a las consecuencias negativas de la orientación del sentido de su voto para el elector o su entorno en ningún momento. Algún autor mantiene la opinión de que el voto a una lista electoral cerrada y bloqueada condiciona severamente el principio de voto libre (Santaolalla, 1986).

El *fraude electoral* queda imposibilitado en los sistemas electorales democráticos por diversas circunstancias del proceso electoral, tales como la posibilidad legal de todas las candidaturas competidoras de colocar interventores suyos en todas las mesas electorales y, además, poder hacer uso de una abundante previsión normativa de carácter democrático sobre impugnaciones y anulación de resultados. Por otra parte, en los sistemas electorales cuyo principio de elección es proporcional o mixto, y en función siempre de sus elementos configuradores, en particular de su modo de escrutinio o fórmula electoral, es posible que para alterar de forma mínimamente significativa el reparto final de puestos de representación o escaños sea necesario generar un fraude de proporciones muy elevadas, basado, además, en un cálculo continuo sobre la atribución de los votos restantes, a medida que se van produciendo los resultados electorales, todo lo cual, como es obvio, deviene imposible ante el carácter simultáneo o inmediato de la información de los medios de comunicación, sobre todo de la radio y de la televisión.

En lo que atañe a la *alteración de la intencionalidad del sufragio*, si admitimos en cada uno de los electores una *intención de sufragio*, originaria y de carácter personal (sin analizar las motivaciones de su origen), la cual, a partir de su formulación, interaccionaría con los sistemas social, político, económico y cultural de su entorno, recibiendo y suministrando, bien influencias ideológicas de todas clases —familiares, laborales, sindicales, partidistas, religiosas, informativas, propagandísticas—, o bien influencias puramente *materiales*, tales como la posible dificultad en determinadas secciones electorales para preservar adecuadamente el secreto del sufragio u obtener papeletas de ciertas candidaturas, debemos concluir que en ciertos ambientes, por ejemplo rurales, esta influencia puede estar fundamentada en una relación laboral e, incluso, personal de absoluta dependencia y llegar a ser invencible.

Por otra parte, existe una bien conocida modalidad de alteración de la intencionalidad del sufragio en circunscripciones electorales rurales, modalidad habitual, entre otros, en ciertos Estados de América latina, y que también se dio en España en regímenes políticos anteriores: la *compra de votos*. Tal como afirma Lambert, esta práctica indica menos la influencia del caciquismo que su propia decadencia, puesto que para que un voto se pueda vender —por dinero o especie, o, más frecuentemente, por promesas demagógicas— es necesario que sea libre, de forma que la docilidad respecto de la persona del cacique individual o del grupo oligárquico que hace sus funciones ya no tenga la cualidad de absolutamente segura, aunque todavía no se haya transferido de un modo pleno al Estado. En efecto, mientras el cacique o el grupo oligárquico imperen auténticamente en sus dominios y las fuerzas políticas estén obligadas a tener en cuenta su autoridad, toda precaución resulta superflua, ya que los clientes son los más interesados en perpetuar el estado de cosas existente (Lambert, 1955).

4. Igualdad

A causa de sus importantes consecuencias, requiere una atención especial y es necesario insistir en la *igualdad* del sufragio, que puede ser entendida en dos diferentes sentidos, a saber: *a*) en un sentido meramente *formal* o de igual *valor numérico*, cada ciudadano un voto o el mismo número de votos que los demás ciudadanos (el sufragio *desigual* implica entonces un voto *plural*). Según comprobaremos inmediatamente, es, además, la única igualdad posible en los sistemas electorales mayoritarios, junto a iguales *oportunidades en el resultado*, como las denomina Maunz; *b*) en un sentido *sustancial* o de igual *valor de resultado* (no sólo de oportunidades), que se refiere a la proporcionalidad entre la cantidad de los votos y su *peso específico político*, es decir, la *igualdad cuantitativa* y la *igualdad de posibilidades de eficacia*, que se traducen en que cada puesto de representación o escaño esté respaldado por un número de votos *razonablemente* igual al de los demás escaños.

Es evidente la imprecisión del concepto y la necesidad de cuantificar el fenómeno, para lo cual se utilizan los denominados *índices de proporcionalidad*. El primero de los propuestos, el *índice de Rae*, se basa en la media de las desviaciones, de modo que suma las diferencias entre los porcentajes de votos (sufragio expresado a su favor) (% s) y de escaños (% e) de todas las candidaturas y divide esta suma por el número total de candidaturas (n): $I_{ra} = [\sum (\% s - \% e)]/n$ (Rae, 1971). Un problema que plantea el uso de este índice de proporcionalidad es su sensibilidad a la presencia de candidaturas muy poco votadas, cuyo aumento de número llega a distorsionar el propio índice. Como alternativa, Rae propone la exclusión en su cálculo de las candidaturas con menos del 0,5 por ciento del sufragio y de las que son agrupadas como «otras» en las estadísticas electorales. El *índice de Loosemore-Hanby* evita estos problemas y por ello tiene un uso muy extendido. Consiste en el porcentaje total de sobrerrepresentación de las candidaturas sobrerrepresentadas, porcentaje total que, por supuesto, coincide con el porcentaje total de subrepresentación. Es decir, este índice no refleja la desviación media de la proporcionalidad por candidatura, tal como hace el de Rae, sino la desviación total, por lo que también suma las diferencias entre los porcentajes de votos y de escaños de todas las candidaturas, pero divide esta suma no por el número total de candidaturas, sino por dos: $I_{l-h} = [\sum (\% s - \% e)]/2$ (Loosemore-Hanby, 1971). Otro de los índices más conocidos, el *índice de Mackie-Rose*, es simplemente la versión positiva del índice de Loosemore-Hanby. Se calcula sumando las diferencias entre el porcentaje de votos y el porcentaje de escaños obtenidos por cada candidatura, dividiendo el resultado por dos (hasta aquí el índice de Loosemore-Hanby) y restándolo de 100 (entendido como ciento por ciento): $I_{ro} = 100 - [\sum(\% s - \% e)/2]$. En resumen, $I_{ro} = 100 - I_{l-h}$. La proporcionalidad electoral absoluta se identificaría precisamente con un índice de proporcionalidad igual a 100. La doctrina alemana ha prestado una particular atención a los conceptos de *valor numérico* y *valor de resultado*, es decir, a la igualdad en sentido formal y en sentido sustancial (Stein, 1973).

El voto plural consiste en conceder varios votos al elector que cumpla determinados requisitos de carácter educativo, económico o fiscal, profesional o familiar, o que tenga reconocida su vinculación con varias circunscripciones electorales. En el segundo caso cada uno de los votos ha de ser emitido, precisamente, en cada una de esas circunscripciones. Coexistió extensamente con el sufragio restringido, pero también fue utilizado en sistemas electorales de sufragio universal bajo la forma del derecho a emitir un *voto adicional* en colegios electorales diferenciados de carácter universitario y corporativo (España según la normativa electoral de 1890) o universitario (el Reino Unido hasta las reformas electorales de 1948), voto adicional que elegía diputados diferenciados (voto plural de *eficacia diferenciada*), si bien en número muy escaso.

5. *Proporcionalidad. Clasificación de los sistemas electorales: sistemas electorales mayoritarios y proporcionales*

En principio, y como veremos más adelante (*vid.* IV.2), la proporcionalidad se puede predicar bien de la distribución de los escaños entre las circunscripciones, que habría de realizarse en proporción a la población de derecho o al censo electoral de cada una de ellas, o bien del denominado *modo de escrutinio*, o sea, de la *fórmula electoral* utilizada para traducir los votos en escaños en el interior de cada circunscripción. Este doble sentido de la proporcionalidad electoral convierte en problemático cualquier intento de clasificación de los sistemas electorales, aunque se suele aceptar que pueden dividirse de acuerdo con dos *principios*: el de la *elección mayoritaria* y el de la *elección proporcional*, con dificultades técnicas de definición precisa, distinción mutua y ordenación de los distintos sistemas, que han desembocado en la consideración bien de un *continuum* unidimensional y unipolar que, a partir de la proporcionalidad electoral absoluta entre cantidad de votos y escaños obtenidos, se aleja en la dirección de una desproporcionalidad creciente (Meyer), o bien, como

Cuadro 1. COMPARACIÓN ENTRE LOS ÍNDICES
DE PROPORCIONALIDAD DE MACKIE-ROSE
DE DIVERSOS SISTEMAS ELECTORALES (1983)

Sistemas de principio de elección proporcional	Índice
Alemania Federal	98
Dinamarca	97
Países Bajos	96
Irlanda	96
Italia	95
Bélgica	91
Luxemburgo	90
España (1986)	87

Sistemas de principio de elección mayoritaria	Índice
Japón	91
EE.UU. (Cámara de Representantes, 1976)	89
Canadá	88
Australia	87
Gran Bretaña	85
Nueva Zelanda	80
Francia	80

Fuente: Vanaclocha, 1988

hace Nohlen, en un *continuum* bipolar entre los dos principios aplicados en su más extrema pureza (Nohlen, 1981). La problemática implicada en los intentos de clasificación de los sistemas electorales y de sus variantes, según los diferentes criterios utilizados para fundamentarlos, ha sido objeto de atención de la doctrina politológica española con algunos estudios muy clarificadores (Vallés, 1986).

Los sistemas electorales mayoritarios implican la no traducción en representación de los votos perdedores en cada circunscripción, mientras que, por el contrario, los sistemas proporcionales aspiran no sólo a establecer una distribución de la representación *razonablemente proporcional* a los votos obtenidos por cada una de las candidaturas, sino a que sean los menores votos posibles los que no alcancen su traducción en representación. Esto nos lleva al problema de las *barreras electorales de exclusión*, que estudiaremos más adelante (*vid.* IV.7). Pero la cuestión presenta una mayor complejidad, porque una cosa es el *principio de elección*, mayoritaria o proporcional, que fundamenta un sistema electoral, y otra son las *consecuencias electorales* de la aplicación de ese principio, es decir, los resultados mayoritarios o proporcionales que la aplicación práctica de un sistema electoral produce en la realidad. Lo que significa que un sistema electoral fundamentado en el principio de elección mayoritaria puede tener consecuencias electorales de una notable proporcionalidad y también al contrario. Lo cierto es que los sistemas fundamentados en el principio de elección mayoritaria fueron los primeros en el tiempo, y tan sólo la extensión de las concepciones democráticas en el seno del liberalismo y de los regímenes políticos liberales concedieron un mayor auge a los sistemas fundamentados en el principio de elección proporcional, que comenzó a afirmarse en Estados étnicamente no homogéneos con el objeto de proteger electoralmente a las minorías.

La *proporcionalidad electoral absoluta* entre el número de votos y el número de puestos de representación o escaños obtenidos requeriría el cumplimiento simultáneo en un determinado sistema electoral de cuatro condiciones: *a*) modo de escrutinio o fórmula electoral proporcional pura; *b*) circunscripción electoral única; *c*) número de puestos de representación o escaños a elegir no establecido previamente, lo que significa posibilidad de adjudicación de escaños adicionales a los restos o *votos restantes*, como preferimos denominarlos, es decir, a los votos sobrantes no utilizados para la atribución inicial de escaños o no traducibles inicialmente en escaños según el modo de escrutinio o fórmula electoral empleada, en función de los propios resultados electorales obtenidos; *d*) inexistencia de primas electorales explícitas y de barreras electorales de exclusión. El incumplimiento de cualquiera de estas cuatro condiciones produce inevitablemente la *pérdida de votos*, o sea, la no traducción de algunos de ellos, muchos o pocos, según los casos, en escaños y su desaprovechamiento a efectos electorales. La condición *c*) se refiere a una variación sincrónica del número de puestos de representación o escaños a elegir en un mismo proceso electoral y va más allá de su variación diacrónica a lo largo de sucesivos procesos electorales y la fijación de un número de electores por cada escaño, con lo que el número de escaños a cubrir se ajustaría automáticamente en cada ocasión a las variaciones del censo electoral. Caciagli nos advierte al respecto cómo ni siquiera en Estados con sistemas electorales proporcionales y circunscripción única (posible, además, dadas sus reducidas dimensiones territoriales), tales como los Países Bajos e Israel, existe una proporcionalidad electoral absoluta (Caciagli, 1980).

En cuanto a los efectos de estas dos clases de sistemas electorales, las tesis de Nohlen sobre los efectos de los sistemas electorales mayoritarios o proporcionales, en síntesis, afirman que los sistemas electorales mayoritarios y los proporcionales se distinguen mutuamente por la desproporción que producen entre votos y escaños. Pero los sistemas mayoritarios no producen sistemas bipartidistas, como los sistemas proporcionales no producen sistemas multipartidistas, sino que, en todo caso, fortalecen las tendencias sociales y políticas orientadas hacia esos tipos de sistemas de partidos. Y la mayor parte de las veces que se constituyen mayorías partidistas sucede como consecuencia del efecto desproporcionador de los sistemas electorales, efecto que produce mayorías (Nohlen, 1981).

6. *Secreto*

El sufragio *secreto* se opone al *público* (oral, al dictado, con papeleta abierta o de colores diferenciados u otro medio similar, a mano alzada, por aclamación). Para garantizar el secreto del voto se han ido configurando determinados elementos materiales del proceso electoral: introducción obligatoria de la papeleta en un sobre, papeletas y sobres de modelo obligatorio, cabinas de voto o mecanismos de votación automatizada. Puede ser afectado por circunstancias aparentemente inocuas, tales como, por ejemplo, cuando el elector se ve obligado a escoger en público su papeleta entre otras, lo que sucede en las secciones electorales españolas más de lo que sería de desear.

IV. COMPONENTES DE LOS SISTEMAS ELECTORALES:
SUS ELEMENTOS CONFIGURADORES

1. *Introducción: determinación e importancia de estos elementos*

Compartimos la afirmación de Nohlen respecto a que los elementos configuradores aislados de un sistema electoral determinado pueden adquirir importancia más que decisiva, y a través de la variación, la agregación o el cambio de un elemento se pueden conseguir efectos tales que supongan la transformación de hecho del sistema (Nohlen, 1981). Los elementos que tienen carácter configurador de los sistemas electorales son: la *circunscripción electoral*, las *formas de las candidaturas*, los *modos de expresión del voto*, los *modos de escrutinio* o *fórmulas electorales*, las *primas electorales* y las *barreras electorales de exclusión*.

2. *Circunscripción electoral: concepto y clases. Su relación con la proporcionalidad electoral. El cuerpo electoral. El censo electoral. El gerrymandering. Colegios, secciones y mesas electorales. Los escrutinios electorales*

La circunscripción electoral es la división, fundada en el criterio de la residencia de derecho, del *cuerpo electoral*, división que constituye el ámbito personal y territorial del ejercicio del derecho de sufragio activo y que sirve como unidad básica en la organización del proceso electoral, a fin de elegir a uno o varios representantes, bien exclusivamente con los votos obtenidos en su interior, o bien mediante la utilización de sus votos restantes o no transformados en representación en una fase posterior de ámbito superior al de la propia circunscripción. En una circunscripción electoral pueden ser elegidos, por tanto, uno o varios representantes, según sea, respectivamente, *uninominal* o *plurinominal*. Se denomina *cuerpo electoral* (y también *electorado*, desde puntos de vista más descriptivos) al conjunto de los ciudadanos, nacionales o, incluso, extranjeros, según los casos y los procesos electorales (en España, por ejemplo, en las elecciones municipales), no privados de ni incapacitados temporal o definitivamente para el ejercicio del derecho de sufragio activo, del derecho a votar. La doctrina suele exigir también que, además, estén incluidos en el *censo electoral*. Es llamada así, precisamente, la relación explícita y pública de estos ciudadanos, que figuran en ella con algunos de sus datos personales relevantes a efectos electorales e identificativos. El censo electoral puede: *a)* confeccionarse de oficio por las autoridades correspondientes, que es lo habitual, y ser actualizado de forma continua o cada cierto tiempo; *b)* depender de la voluntad expresa de los ciudadanos, que han de inscribirse para figurar en el mismo, como ocurre, por ejemplo, en los Estados Unidos; o *c)* elaborarse utilizando los dos criterios anteriores combinados de varias formas. Generalmente, la no inclusión en el censo electoral supone la imposibilidad de ejercer el derecho de sufragio activo, aunque se posea tal derecho, así como también el no poder identificarse adecuadamente ante la mesa electoral en el momento de votar. El ejercicio del derecho de sufragio pasivo, por el contrario, no suele depender del censo electoral. Además, en la mayoría de los casos dicho censo está organizado por secciones y mesas electorales dentro de cada circunscripción, y únicamente en la sección y mesa en que figure cada elector es donde podrá votar (con excepciones tales como los interventores de las mesas electorales), aunque podrá presentarse como candidato en otras circunscripciones distintas a la suya.

A su vez, desde el punto de vista de su *magnitud* o *tamaño* (número de puestos de representación o escaños a elegir en ella), una circunscripción electoral puede ser *pequeña* (hasta 5 escaños), *media* (hasta 10 escaños) y *grande* (más de 10 escaños). Sería preferible utilizar en exclusiva la denominación *magnitud* en este sentido y reservar *tamaño* para la mera dimensión física o territorial de la circunscripción, no relevante, en general, a los efectos del análisis politológico, pero sí para otra clase de análisis, por ejemplo, en el ámbito de la llamada *Geografía política y electoral* (denominación impropia en cuanto esos análisis no sean estrictamente geográficos). El término *amplitud*, utilizado en algunos casos, podría ser inadecuado por equívoco con *tamaño* y debería reservarse tan sólo para aludir a la cuantía de la población de derecho o del censo electoral de cada circunscripción. Las *ratios* número de escaños/número de habitantes de derecho o del censo electoral de cada circunscripción pueden responder a diversos criterios (Fernández Segado, 1979/1986).

La asignación de escaños a una circunscripción puede hacerse de forma igualitaria para todas ellas, independientemente de la amplitud de su población de derecho o censo electoral, de forma estrictamente proporcional a esa población de derecho o a ese censo electoral, o mediante la asignación inicial de un número de escaños igual para todas ellas y el posterior añadido de otros escaños, ahora en número proporcional a la población de derecho o al censo electoral. En este caso la proporcionalidad disminuye con el aumento de ese número inicial de escaños; en España, por ejemplo, que utiliza este último sistema en las elecciones para el Congreso de los Diputados, algunos han sugerido reducir de dos a uno el número inicial de diputados por provincia a efectos de mejorar la proporcionalidad (Vallés, 1986).

La magnitud de las circunscripciones está directamente relacionada con la proporcionalidad electoral, de modo que en las circunscripciones pequeñas la elección siempre es mayoritaria, a pesar de que utilicemos modos de escrutinio o fórmulas electorales proporcionales, y es sólo desde un umbral situado entre 6 y 10 escaños cuando podemos empezar a hablar en puridad de elección proporcional en una circunscripción. Además, la proporcionalidad electoral en una circunscripción, dentro de cada modo de escrutinio o fórmula electoral, aumenta con su magnitud, es decir, con el número de puestos de representación o escaños a elegir en ella, pero a partir de 20 ya no mejora (Rae, 1971). Aunque es verdadera la afirmación que suele hacerse sobre que algunos modos de escrutinio o fórmulas electorales generan por sí mismos una cierta desproporcionalidad electoral que favorece a las candidaturas mayoritarias, como sucede, por ejemplo, en España con la fórmula electoral de d'Hondt, que, como veremos inmediatamente —*vid.* IV.5B) d)—, utiliza como divisores la serie de los números naturales, el efecto producido por la magnitud de la circunscripción es tan decisivo que convierte en secundario cualquier otro. Y los distintos modos de escrutinio o fórmulas electorales sólo pueden ser comparados entre sí en cuanto a sus consecuencias electorales de desproporcionalidad en el marco de circunscripciones de magnitud igual o del mismo orden (Montero, Llera y Torcal, 1992). Por eso Nohlen advierte que los cambios en las magnitudes de las circunscripciones electorales pueden suponer un cambio del sistema electoral (Nohlen, 1981).

También es muy importante, no sólo a los efectos de la proporcionalidad electoral, sino, sobre todo, de la genuina representación del cuerpo electoral, la *división circunscripcional del territorio*, con el peligro de la práctica del denominado *gerrymandering* (juego de palabras entre el término *salamander* (salamandra) y el apellido del gobernador Elbridge Gerry, de Massachusetts, que aprobó su práctica a principios del siglo XIX [1812], configurando unas circunscripciones cuyos perfiles sinuosos recordaban al citado animal). Se denomina así la manipulación fraudulenta por parte del poder de los límites territoriales entre las circunscripciones, a fin de obtener ventajas en función de las tendencias de voto de los electores residentes en uno u otro de los territorios implicados. Puede presentar algunas variantes, tales como la denominada *noyade*, que fracciona un territorio políticamente hostil y lo reparte entre territorios afines, o la creación de circunscripciones mixtas rural-urbanas, por medio de la división electoral de un centro urbano y la unión de cada una de sus partes resultantes a un territorio rural. Una aplicación norteamericana reciente de esta técnica se traduce en un *gerrymandering* a la inversa: la obligación legal de conceder representación a las minorías étnicas ha llevado a delimitar circunscripciones que concentran una mayor proporción de electores de estas minorías, a efectos de facilitar su representación (Vallés y Bosch, 1997). El *gerrymandering* se va haciendo cada vez más difícil de implantar cuando se incrementa la magnitud de la circunscripción, hasta volverse impracticable en circunscripciones de más de 5 ó 6 escaños, y una circunscripción superior de carácter nacional lo elimina como problema (Lijphart, 1995). En definitiva, la conformación de las circunscripciones es muy importante por cuanto en ellas se forman y desarrollan las clientelas políticas que sustentan cada una de las opciones electorales.

Como sinónimo de *circunscripción* suele usarse el término *distrito* electoral, que puede inducir al equívoco con significados de carácter administrativo y que históricamente significó tan sólo «circunscripción uninominal». También es necesario distinguir circunscripción de *sección electoral*, que es la unidad organizativa electoral mínima en el interior de cada circunscripción y puede contener una o varias *mesas electorales*, ante las cuales votan materialmente los electores en cada sección. A veces las secciones se denominan *colegios electorales*. Pero junto a este concepto de colegio electoral coexiste otro de mayor rigor técnico, en el sentido de toda división o fragmento del cuerpo electoral (e, incluso, toda duplicación del cuerpo electoral, como sucede en los *colegios electorales nacionales*) que elige un número determinado e independiente de puestos de representación o escaños. Los colegios electorales nacionales son utilizados para la adjudicación de escaños a los votos restantes de todas las circunscripciones, que se reúnen para ese fin.

La *mesa electoral* es el órgano que preside la votación y garantiza su legítimo desarrollo, a través de la identificación de los electores, la garantía de la libertad y el secreto del voto y el mantenimiento del orden público en el interior de la sección electoral, para lo cual puede recabar ayuda a las autoridades y fuerzas de orden público, que están obligadas a prestársela. También es la mesa electoral el órgano encargado de dar fe de los resultados electorales producidos en ella a través de la realización del escrutinio de los votos depositados en sus urnas, es decir, de llevar a cabo el denominado *escrutinio de mesa*, que es la primera fase, y la más importante, del escrutinio electoral. El presidente y los vocales son los miembros que constituyen y forman parte de la mesa electoral. Se trata de electores designados para esa función de modos y por procedimientos de carácter diverso, la mayor parte de las veces por algún procedimiento aleatorio. Asimismo, pueden componer la mesa electoral los interventores o representantes debidamente acreditados de las diversas candidaturas concurrentes, que participan también en el escrutinio de mesa.

Este escrutinio suele ser público y empezar inmediatamente después de concluida la votación en el mismo lugar en donde esté ubicada la mesa electoral, y todas las discrepancias que puedan surgir durante su desarrollo habitualmente se resuelven por mayoría de los miembros de la mesa. Las papeletas nulas y dudosas se suelen adjuntar al acta de escrutinio para su posterior comprobación, si fuere necesario. El escrutinio de mesa, que proporciona unos resultados electorales provisionales, es seguido, inmediatamente o algunos días después, por un escrutinio general realizado por un órgano objetivo e imparcial, tal como una junta electoral o un tribunal de justicia. Finalizado el escrutinio general y resueltos los posibles recursos, este órgano proclama los resultados electorales definitivos y los candidatos que han sido elegidos.

3. *Las formas de las candidaturas. Las listas electorales, sus clases y su relación con los sistemas electorales*

Las candidaturas pueden adoptar una forma *individual* o *colectiva*. La forma individual supone una candidatura personal, propia de los sistemas electorales mayoritarios, pero también utilizada en algunas variantes proporcionales (voto único transferible). La forma colectiva implica las llamadas *listas electorales*, que pueden ser *abiertas* o *cerradas*, *bloqueadas* o no. Las listas electorales son propias de los sistemas electorales proporcionales, aunque existen algunos sistemas mayoritarios que las emplean (elección de los compromisarios estatales en las elecciones presidenciales norteamericanas). En estos sistemas electorales mayoritarios con circunscripciones plurinominales, la lista vencedora en cada circunscripción es elegida en su totalidad. Una lista electoral *abierta* es la que permite al elector escoger entre los candidatos, que están incluidos en ella en un orden convencional, y supone un sistema electoral de carácter mayoritario y, en la práctica, una agrupación de candidaturas unipersonales. Algunas modalidades de listas abiertas permiten al elector combinar candidatos de listas distintas (*panachage*). Una lista electoral *cerrada* obliga al elector a aceptar a todos los candidatos que incluye, aunque si es *no bloqueada* o *flexible* le ofrece la posibilidad de alterar el orden de todos o de algunos de ellos a efectos de su elección. Es propia de los sistemas electorales proporcionales. En algunos sistemas electorales es posible que listas electorales diferentes, de la misma candidatura o de otras, en la misma circunscripción o no, se emparenten para aprovechar las primas electorales explícitas o implícitas que el sistema puede ofrecer y que explicaremos más adelante (*vid.* IV.6). Las listas electorales pueden incluir bien el mismo número de candidatos que número de puestos de representación o escaños a elegir, o bien un mayor número, incorporando entonces candidatos *suplentes*. Además, y como acabamos de comprobar, el carácter abierto o cerrado, bloqueado o no bloqueado de las listas electorales no tiene relación directa con la condición mayoritaria o proporcional del sistema electoral, con la posibilidad de cubrir unidades poblacionales y territoriales diferentes, de ser únicas o no y de emparentarse o no con otras listas de la misma o distinta fuerza política.

La cuestión de las listas electorales, sobre todo en lo que respecta a la crítica de las cerradas y bloqueadas, es un aspecto en el que se ha concretado una parte sustancial de las iniciativas reformistas electorales en España y en otros países. A las listas electorales se les suele conceder una importancia desmedida y que, en cualquier caso, no tiene mucho que ver con los efectos que pretenden modificarse (Montero, Llera y Torcal, 1992). Otro de estos aspectos de los sistemas electorales es el modo de escrutinio o fórmula electoral de d'Hondt, de la que, por ejemplo en España, suelen exagerarse sus consecuencias electorales desproporcionales en favor de las candidaturas más votadas —*vid*. IV.5 B) d).

4. *Los modos de expresión del voto*

Si cada elector puede emitir tan sólo un voto, sea a una candidatura unipersonal o a una lista, el voto es *único*. Este modo de expresión del voto puede ser, además, *ordinal*, que implica la atribución por parte del elector de un orden de preferencia entre los candidatos, para que si el primero de ellos no puede aprovechar su voto lo haga el segundo y así sucesivamente. Si el voto ordinal es empleado en un sistema electoral mayoritario recibe la denominación de *voto alternativo* (sistema australiano), mientras que en los sistemas proporcionales se denomina *voto transferible* (sistema irlandés).

Cuando los electores pueden emitir varios votos, el voto es *múltiple*. Supone, en principio, que se pueden emitir tantos votos como número de puestos de representación o escaños corresponda elegir en la circunscripción. Si se puede emitir tan sólo un número inferior de votos, se denomina voto *múltiple limitado*; si permite acumular todos los votos o algunos de ellos en un mismo candidato, el voto es *múltiple acumulativo*; y si es posible emitir un número superior de votos al número de puestos de representación o escaños que corresponda elegir en la circunscripción (acumulando lógicamente algunos de ellos en un mismo candidato), el voto es *múltiple fraccionado*. Finalmente, el voto *múltiple combinado* o *panachage* es el voto que en algunas modalidades de listas abiertas emite el elector para combinar candidatos de listas distintas. La forma del voto *doble* alemán supone el voto a una candidatura en una circunscripción uninominal y el voto simultáneo a otra candidatura, de lista cerrada y bloqueada, en una circunscripción diferente, de carácter plurinominal. Se suele denominar voto *quebrado* al voto múltiple que se emite en favor de candidaturas distintas y no emparentadas. Decíamos antes que las listas electorales cerradas y no bloqueadas ofrecen al elector la posibilidad de alterar el orden de todos o de algunos de los candidatos incluidos en ellas a efectos de su elección. El voto que se emite para utilizar esta posibilidad recibe el nombre de *preferencial*.

5. *Los modos de escrutinio o fórmulas electorales*

Los *modos de escrutinio* o *fórmulas electorales*, que también se pueden denominar *reglas para la atribución de escaños*, son los procedimientos de carácter aritmético que permiten transformar los votos en puestos de representación o escaños y cargos electivos. Son un elemento configurador de los sistemas electorales que tiene carácter fundamental en los mismos y son también definitorios del principio electoral de cada uno de los sistemas, sea mayoritario o proporcional. Por eso es posible clasificar los modos de escrutinio en mayoritarios y proporcionales y distinguir claramente entre ambas clases.

A) *Los modos de escrutinio mayoritarios*

a) Los modos mayoritarios simples

Se caracterizan porque conceden la victoria electoral a la candidatura con mayor número de votos (cualquiera que sea su mayoría, es decir, con mayoría simple) en cada circunscripción, sea uninominal (sistema británico) o plurinominal, incluso de lista, que es elegida en su totalidad (los compromisarios estatales en las elecciones presidenciales norteamericanas). El empleo del voto *limitado* o del voto *acumulativo* permite la representación de las minorías en estos modos. Las diferencias en número de votos que conceden la victoria electoral en cada una de las circunscripciones pueden ser tan divergentes entre sí que lleguen a originar una disociación entre las candidaturas vencedoras en escaños y en votos (el Reino Unido en las elecciones generales de 1929, 1951 y 1974 y Nueva Zelanda en 1978 y 1981). Y si las dos candidaturas con mayor sufragio expresado a su favor (A y B) superan entre las dos un umbral en torno al 90 por ciento del sufragio expresado total, la relación entre sí de los escaños que les son atribuidos (eA/eB) se aproxima a la relación entre sí de los cubos de los porcentajes relativos de sus respectivos sufragios ($\%sA^3/\%sB^3$) (*regla del cubo*).

Cuadro 2. APLICACIÓN DE TRES FÓRMULAS DEL COCIENTE
GENERAL EN UNA CIRCUNSCRIPCIÓN DE 8 ESCAÑOS
Y 4 CANDIDATURAS SIN ABSTENCIÓN ACTIVA NI PASIVA

Cociente de Andrae-Hare = $[100.000$ votos $/ (8$ escaños$)] = 12.500$

Candidaturas	Sufragio expresado	Cociente	Escaños por cociente	Escaños por restos mayores	Escaños totales
A	41.000	3,28	3	0	3
B	29.000	2,32	2	0	2
C	17.000	1,36	1	1	2
D	13.000	1,04	1	0	1
Total	100.000	8,00	7	1	8

Cociente de Hagenbach-Bischoff = $[100.000$ votos $/ (8$ escaños$+1)] = 11.111$

Candidaturas	Sufragio expresado	Cociente	Escaños por cociente	Escaños por restos mayores	Escaños totales
A	41.000	3,69	3	1	4
B	29.000	2,61	2	0	2
C	17.000	1,53	1	0	1
D	13.000	1,17	1	0	1
Total	100.000	9,00	7	1	8

Cociente Imperiali = $[100.000$ votos $/ (8$ escaños$+2)] = 10.000$

Candidaturas	Sufragio expresado	Cociente	Escaños por cociente	Escaños por restos mayores	Escaños totales
A	41.000	4,10	4	0	4
B	29.000	2,90	2	0	2
C	17.000	1,70	1	0	1
D	13.000	1,30	1	0	1
Total	100.000	10,00	8	0	8

Fuente: Lijphart, 1995

LOS SISTEMAS ELECTORALES

b) Los modos mayoritarios absolutos

Están concebidos como medio para paliar en alguna medida los efectos desproporcionales de los modos mayoritarios simples y, en consecuencia, sólo conceden la victoria electoral a la candidatura con mayoría absoluta de votos (la mitad más uno del sufragio expresado o válido) en cada circunscripción. Su aplicación implica que en caso de no alcanzarse la mayoría absoluta por ninguna candidatura en una circunscripción (situación denominada *ballotage*) se recurre a una segunda vuelta, en la que basta la mayoría simple. Habitualmente tan sólo pueden participar en esa segunda vuelta aquellas candidaturas que hayan obtenido en la primera bien los primeros lugares en la circunscripción (los dos primeros en la Alemania imperial, por ejemplo) o bien un porcentaje determinado del censo electoral o del sufragio expresado o válido en la circunscripción (el 12,5 por ciento del censo electoral de la circunscripción en Francia desde 1976 y, en su defecto, las dos primeras candidaturas). Otra posibilidad, que evita la segunda vuelta, es el citado voto *alternativo*, con candidatura unipersonal (Cámara baja australiana). Los electores indican un orden de preferencia entre los candidatos y el escrutinio se realiza en una primera fase según las primeras preferencias de los electores, atribuyéndose los escaños a los candidatos que alcanzan la mayoría absoluta. Los escaños sobrantes se atribuyen atendiendo a las segundas preferencias de los electores cuyas primeras preferencias fueron bien los candidatos que han superado la mayoría absoluta o bien el candidato peor situado (los votos restantes de los primeros o todos los votos del segundo se transfieren al resto de los candidatos y así sucesivamente, hasta que todos los escaños son ganados por candidatos con mayoría absoluta).

B) *Los modos de escrutinio proporcionales*

a) Las fórmulas del cociente general

α) Los cocientes entero y rectificados

La primera fase de este modo de escrutinio, a efectos de realizar una atribución de escaños inicial, consiste en dos operaciones sucesivas. La primera de esas dos operaciones es la obtención de un *cociente electoral* (llamado a veces también *cuota*), que indica los votos necesarios para obtener un escaño. La segunda operación es el cálculo de las veces que cada candidatura ha obtenido ese cociente electoral (dividiendo su número de votos o sufragio expresado a favor suyo por el cociente), lo que nos da su número inicial de escaños. El cociente electoral *entero,* de *Andrae* o de *Hare* se obtiene dividiendo el total del sufragio expresado o válido (S) por el número de escaños a elegir (E): Q_H = S/E (Bélgica, Dinamarca, Grecia, no para todos los escaños en los tres casos). Los cocientes electorales *rectificados* aumentan en una o varias unidades el denominador del cociente electoral de Hare. Así, el cociente electoral de *Hagenbach-Bischoff*: Q_{H-B} = S/(E+1) (Luxemburgo, Confederación Helvética, Grecia no para todos los escaños, en el caso griego); el cociente electoral *Imperiali*: Q_I = S/(E+2) (Italia hasta 1993), y el cociente electoral *Imperiali reforzado*, también llamado por algunos *italiano* porque fue usado en Italia con anterioridad hasta 1953: Q_{Ir-It} = S/(E+3). El aumento de la rectificación disminuye las consecuencias electorales proporcionales de la fórmula. Rectificaciones superiores a 3 son muy improbables porque se ha de tener en cuenta siempre el número de escaños en juego, para evitar la posibilidad de adjudicar un número mayor. Cuanto más rectificado sea el cociente electoral (cuanto menor sea), menor número de votos valdrá cada escaño y mayores serán las posibilidades de conseguirlos para las candidaturas con menos votos (Rose, 1983), aunque de una mayor rectificación del cociente no se derivan siempre necesariamente beneficios electorales para dichas candidaturas.

Si quedaran escaños sin adjudicar una vez concluida esta primera fase (cuyo número será tan pequeño como mayor haya sido la rectificación del cociente), se hace necesario acudir a una segunda fase para concluir la adjudicación de escaños. Esta segunda fase puede desarrollarse en la misma circunscripción o ámbito poblacional y territorial que la primera o en otro distinto. Los métodos alternativos a utilizar en esta segunda fase son dos, a saber:

1) *El método de los restos*, que consiste en ordenar los restos (votos restantes o no utilizados en la atribución de escaños en la primera fase) de todas las candidaturas y atribuir precisamente por ese orden los escaños no atribuidos todavía. El orden descendente (restos mayores a menores) beneficia a las candidaturas con pocos votos y el orden ascendente (restos menores a mayores) tiene efectos contrarios. No suele ser necesario completar la primera vuelta o iniciar una segunda para atribuir todos los escaños. El resto igual a cero no atribuye ningún escaño porque obviamente implica que no existen votos restantes.

2) *El método de la media electoral más alta*, que consiste en calcular la media de votos por escaño de cada candidatura dividien-

do el número de votos o sufragio que ha obtenido (s) por el de escaños que le han sido atribuidos en la primera fase (e) aumentado en una unidad (para no eliminar a las candidaturas que todavía no han obtenido escaño): m = s/(e+1). Los escaños no atribuidos todavía se atribuyen entonces en orden descendente, de medias mayores a menores. Si se completara la primera vuelta y fuera necesario iniciar una segunda para atribuir todos los escaños, las medias de las candidaturas habrán de ser calculadas otra vez, contabilizando ahora el escaño obtenido en la primera vuelta.

β) El cociente de Droop

Dentro de estas fórmulas electorales del cociente se incluye el citado *voto único transferible* (sistema irlandés), que consiste en un voto único ordinal con candidaturas unipersonales. El escaño se obtiene al superar el denominado *cociente de Droop* con los votos obtenidos como primera preferencia de los electores y con los votos transferidos y procedentes de segundas o sucesivas preferencias de los electores y correspondientes a aquellos candidatos que obtuvieron como primera preferencia un mayor número de votos que los necesarios para salir elegidos y a aquellos que obtuvieron, también como primera preferencia, un menor número de votos. El cociente de Droop se calcula dividiendo el total del sufragio expresado o válido (S) por el número total de escaños a adjudicar (E) aumentado en una unidad y sumando otra unidad a esta fracción: $Q_D = (S/E+1) + 1$. Decíamos antes (*vid.* III.5) que los sistemas fundamentados en el principio de elección mayoritaria fueron los primeros en el tiempo y que tan sólo la extensión de las concepciones democráticas en el seno del liberalismo y de los sistemas políticos liberales concedieron un mayor auge a los sistemas fundamentados en el principio de elección proporcional. Pues bien, el primer sistema electoral proporcional (Dinamarca, 1885) empleó esta fórmula electoral.

b) La fórmula proporcional pura

Consiste en conceder en una primera fase un escaño a cada candidatura por cada cierto número de votos que obtenga y agrupar en una segunda fase los votos restantes en un colegio nacional único, para atribuir los escaños no adjudicados en la primera fase (Alemania de Weimar). Con esta fórmula electoral se consigue una proporcionalidad muy alta. Fue utilizada por primera vez en Baden y hoy en día ya no se utiliza.

Cuadro 3. APLICACIÓN DEL VOTO ÚNICO TRANSFERIBLE
EN UNA CIRCUNSCRIPCIÓN DE 3 ESCAÑOS Y 7 CANDIDATOS
SIN ABSTENCIÓN ACTIVA NI PASIVA

Sufragio expresado	
15 papeletas P-Q-R	20 papeletas S-T
15 papeletas P-R-Q	9 papeletas T-S
8 papeletas Q-R-P	17 papeletas U
3 papeletas R-P-Q	13 papeletas V

Cociente de Droop = [100 votos / (3 escaños+1)]+1 = 26

Candidatos	_____ Cómputos _____					
	Primero	Segundo	Tercero	Cuarto	Quinto	Sexto
P	30	-4=26	26	26	26	26
Q	8	+2=10	+5=15	15	15	15
R	3	+2=5	-5=0	0	0	0
S	20	20	20	+9=29	-3=26	26
T	9	9	9	-9=0	0	0
U	17	17	17	17	17	17
V	13	13	13	13	13	-13=0
No transferible	—	—	—	—	+3=3	+13=16

Candidatos elegidos: P, S, y U

Fuente: Lijphart, 1995

c) Las fórmulas del cociente de candidatura

Estas fórmulas también adjudican los escaños utilizando un cociente electoral en una primera fase, pero se diferencian de las que hemos analizado en *a)* en que no utilizan un cociente *general* para todas las candidaturas, sino uno *específico* para cada una de ellas y en que, además, proporcionan directamente en una sola operación el número inicial de escaños adjudicados a cada una de las candidaturas en esta primera fase. El más conocido de estos cocientes es el de *Niemeyer* (Alemania Federal desde 1985), que se calcula multiplicando el número total de escaños a adjudicar (E) por el sufragio expresado a favor de cada candidatura (s) y dividiendo el resultado por el total del sufragio expresado o válido (S): $Q_N = (E \times s)/S$. Este cociente, como acabamos de explicar, nos proporcionará directamente el número inicial de escaños adjudicados a cada una de las candidaturas en esta primera fase. Si quedaran escaños sin adjudicar, se hace necesario acudir a una segunda fase. El método a utilizar en esta segunda fase puede ser el de los restos mayores, expresados en los decimales obtenidos al calcular el cociente.

d) Las fórmulas de los divisores

Son unas fórmulas electorales que se caracterizan porque *no necesitan una segunda fase para adjudicar todos los escaños* (lo que, además, las diferencia de las fórmulas que utilizan cocientes, incluyendo la proporcional pura). Su aplicación se concreta en dividir el sufragio obtenido por cada candidatura por una serie de divisores (diferentes en cada una de las fórmulas y en número siempre igual al de escaños a adjudicar) y seleccionar ordenadamente igual número de cocientes mayores que el de esos escaños a adjudicar (en caso de igualdad de dos cocientes tiene preferencia el correspondiente a la candidatura que haya obtenido mayor número de votos). Cada candidatura obtendrá así tantos escaños como cocientes suyos hayan sido seleccionados. En definitiva, se trata de unas fórmulas que nos proporcionan el *valor medio* (expresado en número de votos) que para cada candidatura tiene cada escaño. La fórmula de *d'Hondt* (Bélgica, España, Países Bajos, Portugal) utiliza como divisores la serie de los números naturales (1-2-3-4-5...). La fórmula *Imperiali* utiliza la misma serie, pero omitiendo el primer término (2-3-4-5-6...). La fórmula de *Sainte Laguë pura,* la serie de los números impares (1-3-5-7-9...) (antigua de Dinamarca). La fórmula de *Sainte Laguë rectificada* o *igualada,* la misma serie, pero sustituyendo el primer término por 1,4 con el objeto de favorecer a las candidaturas medias frente a los partidos tradicionalmente vencedores (1,4-3-5-7-9...) (Dinamarca, no para todos los escaños, Noruega, Suecia). La fórmula *danesa* o *nórdica,*

Cuadro 4. LAS FÓRMULAS DE LOS DIVISORES

FÓRMULAS	SERIES DE DIVISORES
d'Hondt	1-2-3-4-5-6-7-8...
Imperiali	2-3-4-5-6-7-8-9...
Sainte-Laguë pura	1-3-5-7-9-11-13-15...
Sainte-Laguë rectificada	1,4-3-5-7-9-11-13-15...
Danesa o nórdica	1-4-7-10-13-16-19-22...

CUADRO 15.5
APLICACIÓN DE LAS FÓRMULAS DE LOS DIVISORES A UNA CIRCUNSCRIPCIÓN DE 8 ESCAÑOS Y 4 CANDIDATURAS SIN ABSTENCIÓN ACTIVA NI PASIVA

Candidaturas	Sufragio expresado	Divisor /1	Escaños	Divisor /2	Escaños	Divisor /3	Escaños	Divisor /4	Escaños	Divisor /5	Escaños	Divisor /6	Escaños	Divisor /7	Escaños	Divisor /8	Escaños	Total de escaños obtenidos
Fórmula d'Hondt
A	224.653	224.653	(1)	112.327	(3)	74.884	(5)	56.163	(7)	44.931	(8)	37.442	—	32.093	—	28.082	—	5
B	168.757	168.757	(2)	84.379	(4)	56.252	(6)	42.189	—	33.751	—	28.126	—	24.108	—	21.095	—	3
C	44.526	44.526	—	22.263	—	14.842	—	11.132	—	8.905	—	7.421	—	6.361	—	5.566	—	0
D	23.101	23.101	—	11.551	—	7.700	—	5.775	—	4.620	—	3.850	—	3.300	—	2.888	—	0
Fórmula Imperiali
A	224.653	112.327	(1)	74.884	(3)	56.163	(5)	44.931	(6)	37.442	(8)	32.093	—	28.082	—	24.961	—	5
B	168.757	84.379	(2)	56.252	(4)	42.189	(7)	33.751	—	28.126	—	24.108	—	21.095	—	18.751	—	3
C	44.526	22.263	—	14.842	—	11.132	—	8.905	—	7.421	—	6.361	—	5.566	—	4.947	—	0
D	23.101	11.551	—	7.700	—	5.775	—	4.620	—	3.850	—	3.300	—	2.888	—	2.567	—	0

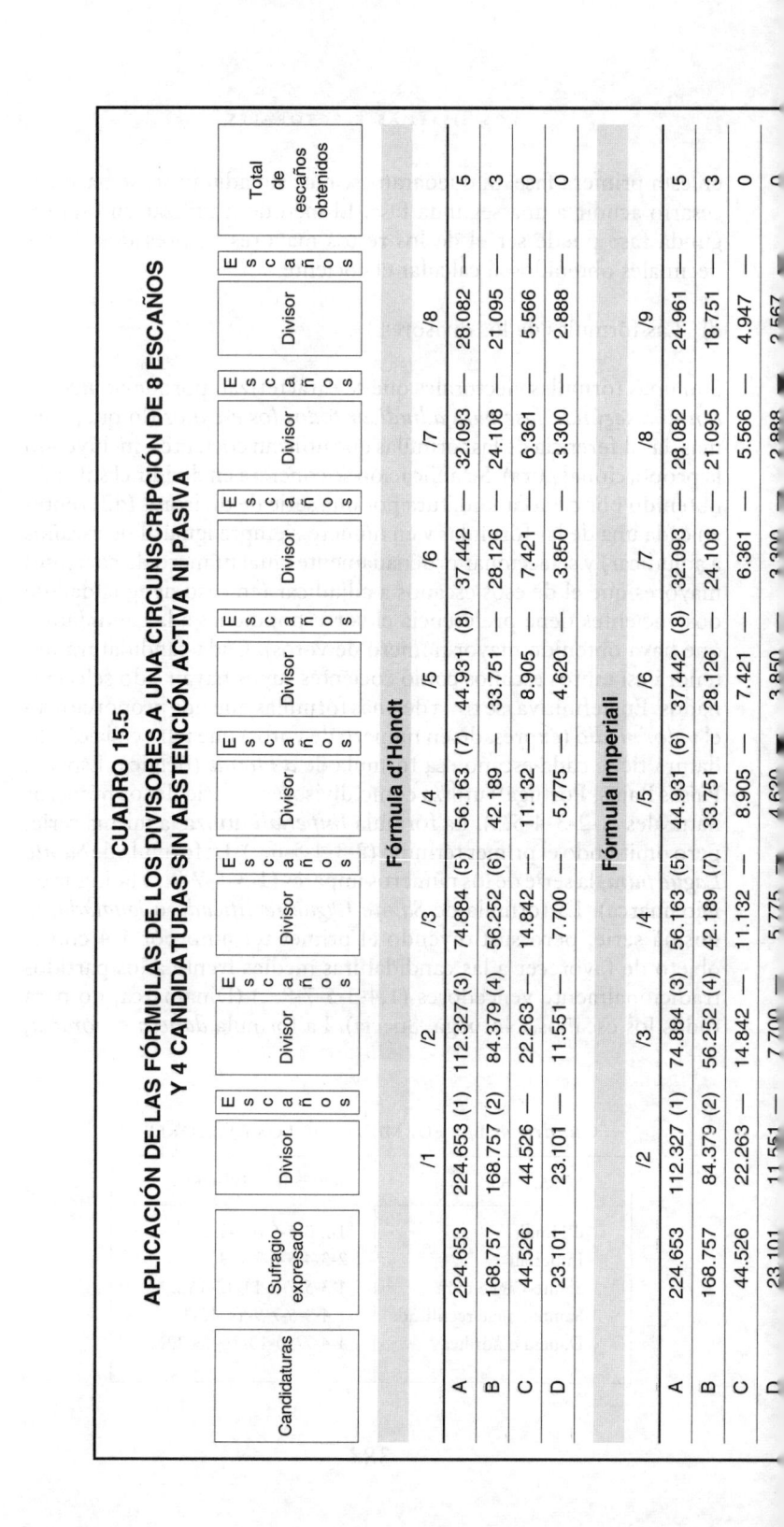

	/1	/3	/5	/7	/9	/11	/13	/15
A	224.653	224.653 (1)	74.884 (3)	44.931 (5)	32.093 (8)	24.961 —	20.423 —	17.281 —	14.977 —	4
B	168.757	168.757 (2)	56.252 (4)	33.751 (7)	24.108 —	18.751 —	15.342 —	12.981 —	11.250 —	3
C	44.526	44.526 (6)	14.842 —	8.905 —	6.361 —	4.947 —	4.048 —	3.425 —	2.968 —	1
D	23.101	23.101 —	7.700 —	4.620 —	3.300 —	2.567 —	2.100 —	1.777 —	1.540 —	0

Fórmula Sainte-Laguë rectificada

		/1,4	/3	/5	/7	/9	/11	/13	/15
A	224.653	160.466 (1)	74.884 (3)	44.931 (5)	32.093 (7)	24.961 —	20.423 —	17.281 —	14.977 —	4
B	168.757	120.541 (2)	56.252 (4)	33.751 (6)	24.108 —	18.751 —	15.342 —	12.981 —	11.250 —	3
C	44.526	31.804 (8)	14.842 —	8.905 —	6.361 —	4.947 —	4.048 —	3.425 —	2.968 —	1
D	23.101	16.501 —	7.700 —	4.620 —	3.300 —	2.567 —	2.100 —	1.777 —	1.540 —	0

Fórmula danesa o nórdica

		/1	/4	/7	/10	/13	/16	/19	/22
A	224.653	224.653 (1)	56.163 (3)	32.093 (6)	22.465 —	17.281 —	14.041 —	11.824 —	10.212 —	3
B	168.757	168.757 (2)	42.189 (5)	24.108 (7)	16.876 —	12.981 —	10.547 —	8.882 —	7.671 —	3
C	44.526	44.526 (4)	11.132 —	6.361 —	4.453 —	3.425 —	2.783 —	2.343 —	2.024 —	1
D	23.101	23.108 (8)	5.775 —	3.300 —	2.310 —	1.777 —	1.444 —	1.216 —	1.050 —	1

Nota: Los números entre paréntesis indican el orden en la asignación de los escaños.

que está en desuso, una progresión aritmética cuyo primer término es la unidad y su *razón* (r) (diferencia aritmética entre dos términos de la serie) es 3 (1-4-7-10-13...). En contra de lo que suele afirmarse, las posibilidades de obtener escaño que cada fórmula concede a las candidaturas no mayoritarias en número de votos no dependen de cuánto más alto sea el primer término de la serie de cada una de ellas, sino de la proporción existente entre los términos de la serie [n:(n+r)] y, sobre todo, entre su primer término y su segundo (Nohlen, 1981). Desde esta perspectiva, y haciendo abstracción de otras circunstancias concurrentes en el proceso electoral, la fórmula danesa o nórdica es la más favorecedora de esta clase de candidaturas y la fórmula de d'Hondt la menos favorecedora.

6. *Las primas electorales*

La no existencia de la que hemos denominado antes *proporcionalidad electoral absoluta* implica la sobrerrepresentación o la subrepresentación de las candidaturas, en relación con las características específicas de los elementos configuradores de cada sistema electoral. Es decir, en un proceso electoral determinado las candidaturas obtendrán siempre una mayor o menor proporción de puestos de representación o escaños que de sufragio expresado a su favor, lo que supondrá una prima electoral *positiva* o *negativa*, respectivamente, de carácter *implícito* (parece que es posible denominarlas así, aunque, en general, la doctrina suele denominar *primas electorales* tan sólo a las positivas, sean *implícitas* o *explícitas*). Es frecuente, por ejemplo, que los sistemas electorales concedan una prima electoral positiva de este carácter a las candidaturas vencedoras y, en relación con esta circunstancia, nos acabamos de referir a que es cierta la afirmación que suele hacerse sobre que algunos modos de escrutinio o fórmulas electorales generan por sí mismos una cierta desproporcionalidad electoral que favorece a las candidaturas mayoritarias, como sucede en España con la fórmula electoral de d'Hondt, de la que, sin embargo y como antes recordábamos, suelen exagerarse sus consecuencias electorales desproporcionales en favor de esas candidaturas (*vid.* IV.3).

Ahora bien, también pueden existir primas electorales positivas de carácter *explícito*, que consisten habitualmente en la concesión a la candidatura (o a las candidaturas emparentadas) que consigan un determinado sufragio expresado a su favor, en términos absolutos o relativos y siempre elevado, bien todos los escaños o bien un número de ellos muy superior al que les correspondería si la prima electoral no existiera (tales *escaños de prima* se distribuirían proporcionalmente entre las candidaturas emparentadas, si fuera el caso). Estas primas introducen unas consecuencias electorales mayoritarias en sistemas electorales con principio electoral proporcional, fomentan el emparentamiento de listas electorales y propician amplias mayorías parlamentarias (con su correlato de estabilidad gubernamental). Han devenido en muy infrecuentes debido al descrédito originado por su utilización en sistemas electorales no democráticos e, incluso, por el fascismo italiano, aunque fueron usadas en Europa a principios de los años cincuenta (en Francia y en Italia, por ejemplo).

7. *Las barreras electorales de exclusión*

Las barreras electorales de exclusión constituyen una de las técnicas del ya aludido *parlamentarismo racionalizado*, conjuntamente con instituciones tales como las citadas investidura del Presidente del Gobierno, cuestión de confianza o moción de censura también racionalizada —*vid.* I.2.b)—. Son propias de los sistemas electorales de principio de elección proporcional (su uso no tendría sentido en los mayoritarios, salvo el caso de los modos mayoritarios absolutos, a los que nos referiremos luego) y su introducción tiene un objetivo muy preciso: impedir la excesiva fragmentación política en el seno de los Parlamentos, facilitando de este modo la formación de mayorías parlamentarias sólidas que sustenten Gobiernos estables y evitando, si no la constitución, al menos la proliferación y crecimiento de grupos parlamentarios mixtos sin coherencia política interna.

Suele también recibir los nombres de *Sperrklausel* (cláusula de exclusión), *barrera legal* o *barrera de exclusión*, viene fijada expresamente por la normativa electoral y establece los resultados electorales mínimos que necesita cada candidatura o candidaturas emparentadas entre sí para poder participar en la atribución de escaños, mediante el modo de escrutinio o fórmula electoral que corresponda, en una circunscripción o en el conjunto de las circunscripciones. En función de los efectos que se busque inducir, la barrera es establecida habitualmente en una cantidad mínima de votos, que a menudo es un porcentaje en torno al 3 ó 5 por ciento sobre los votos expresados a favor de alguna de las candidaturas o sobre los votos válidos. Las barreras consistentes en un número absoluto de votos o, incluso, en un número de escaños obtenidos por otro procedimiento, dentro del mismo proceso electoral (en Alemania Federal 3 escaños en las circunscripciones uninominales), son menos frecuentes, así como también lo son las que consisten en porcentajes superiores a los señalados. Las barreras pueden ser *múltiples* (varias barreras simultáneas), que bien han de ser superadas en su totalidad (barrera *múltiple acumulativa*) o bien sólo alguna de ellas (barrera *múltiple alternativa*). En los sistemas electorales que constan de varias etapas o fases, por ejemplo para la atribución de escaños a los votos restantes, pueden existir barreras *secundarias* o de *segunda fase* (la barrera italiana del colegio nacional único) o de etapas o fases sucesivas.

Los estudios empíricos muestran que las barreras despliegan mayor eficacia a medida que el número de escaños a repartir en una circunscripción o en el conjunto de las circunscripciones es mayor. Además de estas barreras electorales de exclusión de carácter *explícito* y *legal*, cada sistema electoral puede comportar la existencia de barreras *implícitas* inherentes al propio sistema. Y, por supuesto, ya hemos señalado que los modos mayoritarios absolutos sólo conceden la victoria electoral a la candidatura con mayoría absoluta de votos en cada circunscripción y que en caso de no alcanzarse la mayoría absoluta por ninguna candidatura en una circunscripción se recurre a una segunda vuelta, en la que basta la mayoría simple y habitualmente tan sólo pueden participar aquellas candidaturas que hayan obtenido en la primera vuelta bien los primeros lugares o bien un porcentaje determinado del sufragio expresado o válido, lo que puede ser también considerado una barrera electoral de exclusión.

V. LA REFORMA DE LOS SISTEMAS ELECTORALES

La reforma de un sistema electoral es una cuestión problemática. No debemos olvidar que si, como antes afirmábamos, los sistemas electorales constituyen elementos institucionales significativos para la formación de la voluntad de los ciudadanos en una sociedad política democrática, también son, al mismo tiempo, una expresión de la distribución de fuerzas que existe en esa sociedad política. Dejemos la palabra a los especialistas: «... el cambio del sistema electoral es una cuestión de poder político. En lo esencial, es mayor el número de iniciativas e intentos de reforma que fracasan que el de los que consiguen cambiar el sistema electoral existente, debido a que estos sistemas electorales suelen reflejar los intereses y estructuras sociales y políticas reales» (Nohlen, 1981). Y también: «Los partidos políticos se adaptan a unas condiciones que les son impuestas, pero temen siempre una modificación de las condiciones de la competición que amenaza con hallarlos desprevenidos; se han adaptado al terreno y temen un cambio» (Cotteret y Emeri, 1973). En definitiva, las fuerzas políticas prefieren unas condiciones de competición conocidas, que ellas mismas han contribuido a crear, y recelan siempre de un cambio, el alcance real de cuyas consecuencias electorales y políticas temen no son previsibles en su totalidad. El punto de partida para analizar esta importante cuestión, y también la inevitable conclusión, es la idea de que todo sistema electoral supone una determinada concepción de la organización política, por lo que no es posible reformar uno sin estar de acuerdo en la otra.

BIBLIOGRAFÍA

AA. VV. (1977), *Ley electoral y consecuencias políticas*, Centro de Investigación y Técnicas Políticas, Madrid.
Baras Gómez, M. y Botella Corral, J. (1996): *El sistema electoral*, Tecnos, Madrid.
Bogdanor, V. y Butler, D. (1983): *Democracy and Elections: Electoral Systems and their Political Consequences*, Cambridge University Press, Cambridge.
Brams, S. J. y Fishburn, P.C. (1982): *Approval Voting*, Birkhäuser, Boston.
Caciagli, M (1980): «El sistema electoral de las Cortes según los artículos 68 y 69», en A. Prediери y E. García de Enterría (dirs.), *La Constitución española de 1978. Estudio sistemático*, Civitas, Madrid.
Carreras, F. de y Vallès, J. M. (1977): *Las elecciones. Introducción a los sistemas electorales*, Blume, Barcelona.
Cotteret, J.-M. y Emeri, C. (1975): *Los sistemas electorales*, Oikos-Tau, Barcelona.
Esteban, J. de y otros (1977): *El proceso electoral*, Labor, Barcelona.
Fernández Segado, F. (1979): «La composición del Congreso y del Senado desde la perspectiva del Derecho comparado»: *Revista de Derecho Público*, 2.ª época, V/II, pp. 76-77.
Fernández Segado, F. (1986): «Las distorsiones de los principios de igualdad de voto y proporcionalidad en el Decreto-Ley de Normas Electorales»: *Revista de Derecho Público*, XII/I, p. 102.
Fisichella, D. (1982): *Elezioni e democrazia: un'analisi comparata*, Il Mulino, Bologna.
Giusti Tavares, J. A. (1994): *Sistemas eleitorais nas democracias contemporâneas. Teoria, instituições, estratégia*, Relume-Dumará, Rio de Janeiro.
Grofman, B. y Lijphart, A. (1984): *Electoral Laws and their Political Consequences*, Agathon Press, New York.
Harrop, M. y Miller, W. L. (1987): *Elections and Voters. A Comparative Introduction*, Macmillan, London.
Lambert, J. (1973): *América Latina. Estructuras sociales e instituciones políticas*, Ariel, Barcelona.
Lijphart, A. (1995): *Sistemas electorales y sistemas de partidos. Un estudio*

de veintisiete democracias 1945-1990, Centro de Estudios Constitucionales, Madrid.
Lijphart, A. y Grofman, B. (1984): *Choosing an Electoral System: Issues and Alternatives*, Praeger, New York.
Mackenzie, W. J. M. (1962): *Elecciones libres*, Tecnos, Madrid.
Mackie, T. T. y Rose, R. (1991): *The International Almanac of Electoral History*, Macmillan, London.
Montero, J. R., Llera, F. J. y Torcal, M. (1992): «Sistemas electorales en España: una recapitulación»: *Revista Española de Investigaciones Sociológicas*, 58.
Nohlen, D. (1977): *Análisis del sistema electoral español*, Centro de Investigación y Técnicas Políticas, Madrid.
Nohlen, D. (1981): *Sistemas electorales del mundo*, Centro de Estudios Constitucionales, Madrid.
Nohlen, D. (1994): *Sistemas electorales y partidos políticos*, Fondo de Cultura Económica, México.
Rae, D. W. (1977): *Leyes electorales y sistema de partidos políticos*, Centro de Investigación y Técnicas Políticas, Madrid.
Rae, D. W. (1978): *Las consecuencias políticas de las leyes electorales*, Centro de Investigación y Técnicas Políticas, Madrid.
Rae, D. W. y Ramírez, V. (1993): *Quince años de experiencia. El sistema electoral español*, McGraw-Hill/Interamericana de España, Madrid.
Reeve, A. y Ware, A. (1992): *Electoral Systems: a Comparative and Theoretical Introduction*, Routledge, London.
Rokkan, S. (1970): *Citizens, Elections, Parties: Approaches to the Comparative Study of the Processes of Development*, Universitetsforlaget, Oslo.
Rose, R. (1970): *Influencing Voters*, Faber & Faber, London.
Santamaría Ossorio, J. (1977): «Sistemas electorales y sistemas de partidos»: *Cuadernos Económicos del ICE*, 1, Ministerio de Comercio, Madrid.
Santaolalla, F. (1986): «Problemas jurídico-políticos del voto bloqueado»: *Revista de Estudios Políticos*, 53 (nueva época).
Stein, E. (1973): *Derecho Político*, Aguilar, Madrid.
Taagepera, R. y Shugart, M. S. (1989): *Seats and Votes: the Effects and Determinants of Electoral Systems*, Yale University Press, New Haven.
Vallès Casadevall, J. M. (1986): «Sistema electoral y democracia representativa: nota sobre la Ley Orgánica del Régimen Electoral General de 1985 y su función política»: *Revista de Estudios Políticos*, 53 (nueva época).
Vallès Casadevall, J. M. y Bosch Guardella, A. (1997): *Sistemas electorales y gobierno representativo*, Ariel, Barcelona.
Vanaclocha Bellver, F. J. (1989): «Procesos y sistemas electorales», en Pastor, M. (comp.), *Ciencia Política*, McGraw-Hill/Interamericana de España, Madrid.

Capítulo 16

ELECCIONES EN ESPAÑA*

José Ramón Montero

Universidad Autónoma de Madrid

Las elecciones constituyen la pieza central del sistema democrático: según la teoría clásica, *producen* representación y gobierno. Las elecciones despliegan los vínculos representativos entre los ciudadanos y los cargos públicos, seleccionan a los parlamentarios y a la élite política, determinan la formación y composición de los gobiernos, inciden en la ejecución de los programas partidistas y gubernamentales. Además, las elecciones cumplen otra serie de funciones no menos importantes: permiten la comunicación de las preferencias de los ciudadanos, confieren la imprescindible legitimidad a sus representantes, canalizan la competencia pacífica por el poder y refuerzan la integración política de los miembros de una comunidad. Y por si todo ello fuera poco, las elecciones proporcionan a los ciudadanos un mecanismo básico de participación política, así como la oportunidad de intervenir en procesos políticos tan relevantes como la selección de un Parlamento, la formación de un Gobierno o la consecución de unas políticas públicas.

Los españoles han tenido que esperar al actual sistema democrático para disfrutar de la realización de estas funciones. En realidad, la historia electoral española, como la de otros países europeos, se remonta al último tercio del siglo XIX; pero ha conocido con mucha mayor intensidad los efectos negativos de la discontinuidad política

* Debo agradecer la ayuda prestada por Richard Gunther, Pablo Oñate y Mariano Torcal, la financiación del Comité Interministerial de Ciencia y Tecnología (CICYT) y las facilidades del Centro de Estudios Avanzados en Ciencias Sociales, del Instituto Juan March.

y de la falsificación sistemática de la voluntad popular. España fue uno de los primeros países que adoptó, en 1868, el sufragio universal (masculino); pero la monarquía liberal de la Restauración lo suspendió durante más de 20 años, e instrumentó en cualquier caso una larga serie de procesos electorales caracterizados por las manipulaciones, las irregularidades y los resultados fraudulentos. En los años treinta, la segunda República conoció la celebración de tres elecciones libres y competitivas; pero la polarización electoral, la inestabilidad política y la quiebra del propio sistema republicano dieron paso a la guerra civil y a la dictadura del general Franco, el más duradero de los muchos regímenes autoritarios nacidos en la Europa de entreguerras.

De modo que sólo a partir de 1976 los españoles han vivido el período más largo de celebración ininterrumpida de elecciones democráticas. Ha sido, además, un período repleto de convocatorias. En las últimas dos décadas se han celebrado ocho referendos (tres nacionales y cinco autonómicos) y más de treinta consultas electorales. Siete de ellas han designado a los representantes de las dos Cámaras de las Cortes Generales, cinco a los de los Ayuntamientos y tres a los del Parlamento Europeo. Las comunidades autónomas han tenido, a su vez, consultas diferenciadas entre las que cuentan con capacidad de convocatoria propia (País Vasco, Cataluña, Galicia y Andalucía), que suman cinco elecciones cada una, y las restantes, que han celebrado otras cuatro. Desde 1977 no ha pasado un solo año que no haya tenido alguna convocatoria electoral, siendo mayoría los que han conocido dos y tres elecciones; en 1979 y 1986 llegaron a celebrarse incluso cuatro consultas de diferente naturaleza.

En este capítulo quiero presentar sintéticamente algunos rasgos destacables de la trayectoria electoral española. Dada la diversidad de convocatorias y de niveles territoriales, me limitaré sólo a las del Congreso de los Diputados. Esta selección es consistente con el papel institucional de la Cámara y con la trascendencia que le confieren los electores. Al igual que los ciudadanos de otras democracias occidentales, los españoles ordenan jerárquicamente las elecciones de distinta naturaleza en función de la importancia e interés que les atribuyen: en esta ordenación, el primer lugar suele estar ocupado por las elecciones legislativas a la Cámara baja, cayendo las demás en la categoría de las denominadas de *segundo orden*. Y entre las muchas facetas de las elecciones al Congreso de los Diputados, me fijaré exclusivamente en las tres que considero más relevantes. Apuntaré así, en primer lugar, las expresiones cuantitativas de los resultados electorales mediante las llamadas *dimensiones del voto*; en segundo lugar, examinaré los distintos *factores del comportamiento electoral* de los españoles; y, finalmente, señalaré el impacto de una variable institucional tan decisiva como la del *sistema electoral*. Cada una de estas secciones tendrá un acento distinto. La primera intentará estructurar sistemáticamente un considerable caudal de datos y tendencias alrededor de las dimensiones más significativas de los resultados electorales. La segunda tratará de analizar los principales factores que concurren en la decisión electoral y que enmarcan las relaciones entre los partidos y sus votantes de modo más o menos estable. Y la tercera describirá las reglas básicas del sistema electoral y resumirá los criterios evaluadores de sus rendimientos tras la celebración ya de siete elecciones generales. De este modo, confío en que las páginas siguientes permitan una comprensión suficiente de las elecciones españolas en cuanto pieza central de su sistema democrático. Una pieza cuya configuración actual rompe de forma irreversible con unos precedentes históricos de fraude y polarización, que ha intervenido decisivamente en el proceso de cambio político desde la dictadura franquista y que ha facilitado la entrada del caso español en la reducida nómina de los sistemas democráticos estables y eficientes.

I. LAS DIMENSIONES DEL VOTO

Las dimensiones del voto expresan las principales características de los resultados electorales. Su naturaleza es diversa, y contiene facetas que se aplican tanto a las preferencias básicas de los votantes como a los rasgos diferenciadores de los sistemas de partidos. Aquí me referiré a cuatro dimensiones: la distribución del voto entre los partidos, el número de partidos relevantes, la distancia ideológica existente entre ellos y las pautas de cambio o continuidad del voto en elecciones sucesivas.

1. *La orientación del voto*

Las siete elecciones generales celebradas hasta el momento pueden agruparse en tres períodos. El primero abarca las consultas de junio de 1977 y marzo de 1979; el segundo, las de octubre de 1982, junio de 1986 y octubre de 1989; y el tercero, las de junio de 1993 y marzo de 1996. Como puede comprobarse en la tabla 1, durante el primer período las preferencias electorales se dirigieron mayoritariamente hacia la Unión de Centro Democrático (UCD) y el Partido Socialista Obrero Español (PSOE), que sumaron el 64 por ciento de

TABLA 1. *Primer período electoral: votos y escaños en las elecciones generales de 1977 y 1979*

PARTIDO	1977 VOTOS (%)	1977 ESCAÑOS	1977 %	1979 VOTOS (%)	1979 ESCAÑOS	1979 %
PCE[a]	9,4	20	5,7	10,8	23	6,6
PSOE[b]	29,3	118	33,7	30,5	121	34,6
UCD	34,6	166	47,4	35,0	168	48,0
AP[c]	8,8	16	4,6	6,1	9	2,6
PNV	1,7	8	2,3	1,5	7	2,0
CiU[d]	2,8	11	3,1	2,7	8	2,2
Otros	13,4	11[e]	3,1	13,4	14[f]	4,0
TOTAL	100	350	100	100	350	100

(a) Los resultados incluyen los del Partit Socialista Unificat de Catalunya (PSUC).
(b) Los resultados incluyen los del Partit Socialista de Catalunya (Congrés) (PSCc) en 1977.
(c) En 1979 se presentó como Coalición Democrática (CD), que incluía a Unión del Pueblo Navarro (UPN) en Navarra; en el País Vasco se presentó como Unión Foral del País Vasco (UFPV).
(d) En 1977 se presentó como Pacte Democràtic per Catalunya (PDC).
(e) Obtuvieron escaños Partido Socialista Popular/Unidad Socialista (PSP/US, 4,5% del voto y 6 escaños), Unió del Centre i la Democràcia Cristiana de Catalunya (UCDCC, 0,9% y 2), Esquerra de Catalunya (EC, 0,8 % y 1), Euskadiko Ezquerra (EE, 0,3% y 1) y Candidatura Aragonesa Independiente de Centro (CAIC, 0,2% y 1).
(f) Obtuvieron escaños Unión Nacional (UN, 2,1% y 1), Herri Batasuna (HB, 1% y 3), EE (0,5% y 1), UPN (0,2% y 1), Esquerra Republicana de Catalunya (ERC, 0,7% y 1), Partido Socialista de Andalucía (PSA, 1,8% y 5), Partido Aragonés Regionalista (PAR, 0,2% y 1) y Unión del Pueblo Canario (UPC, 0,3% y 1).

los votos y el 81 por ciento de los escaños. Ambos estaban flanqueados por sendos partidos minoritarios: el Partido Comunista de España (PCE) en la izquierda y Alianza Popular (AP) en la derecha. Y todos ellos estaban a su vez acompañados por distintos partidos nacionalistas o regionalistas, entre los cuales destacaban la coalición catalana Convergència i Unió (CiU) y el Partido Nacionalista Vasco (PNV). El resultado general cristalizó en un sistema partidista de pluralismo moderado, caracterizado por la intensa competición existente entre los dos principales partidos, la dificultad de los Gobiernos minoritarios de UCD para formar coaliciones y la división del electorado casi a mitades entre izquierda (42,2 por ciento de los votos como promedio) y derecha (43,3 por ciento). Las elecciones de 1982 alteraron profundamente este panorama: trajeron consigo un cambio de proporciones extraordinarias tanto en lo que hace al sistema de partidos como a sus propios integrantes. Y sus resultados, tildados de provisionales, se alargaron nada menos que durante los siguientes diez años. Según se aprecia en la tabla 2, la UCD quedó triturada, mientras que el PSOE consiguió doblar su electorado y duplicar su representación parlamentaria. Si la derrota de UCD carecía prácticamente de antecedentes en la historia europea, el triunfo del PSOE le permitió formar Gobierno en solitario por vez primera desde su fundación; era también la primera vez en la historia española en la que un partido obtenía la mayoría absoluta de escaños, y la primera ocasión en la que gobernaba un partido de izquierda tras el largo régimen autoritario. El PCE conoció un retroceso importante, agravado además por las escisiones internas que dieron lugar a la existencia de tres partidos comunistas. Y AP sustituyó a UCD en el espacio de centro y derecha, bien que parcialmente, por lo que quedó relegada a una notable distancia, en votos y escaños, del PSOE. En las tres elecciones generales de los años ochenta, caracterizadas por la continui-

TABLA 2. *Segundo período electoral: votos y escaños en las elecciones generales de 1982, 1986 y 1989*

	1982			1986			1989		
PARTIDO	VOTOS	ESCAÑOS	%	VOTOS	ESCAÑOS	%	VOTOS	ESCAÑOS	%
IU[a]	4,0	4	0,8	4,5	7	2,0	9,1	17	4,8
PSOE	48,4	202	57,7	44,6	184	52,6	39,9	175	50,0
UCD	6,5	12	3,4						
CDS	2,9	2	0,6	9,2	19	5,4	7,9	14	4,0
PP[b]	26,5	106	30,3	26,3	105	30,0	25,9	107	30,6
PNV	1,9	8	2,3	1,6	6	1,7	1,2	5	1,4
CiU	3,7	12	3,4	5,1	18	5,1	5,1	18	5,1
Otros	6,1	4	1,5	8,7	11[d]	3,2	11,0	14[e]	4,1
TOTAL	100	350	100	100	350	100	100	350	100

(a) En 1982 se presentó solo como PCE; los resultados incluyen los del PSUC en 1982, los de Unió de l'Esquerra Catalana (UEC) en 1986 y los de Iniciativa per Catalunya (IC) en 1989.
(b) En 1982 se presentó en coalición con el Partido Demócrata Popular (PDP); en Navarra lo hizo además con UCD y el Partido Democrático Liberal (PDL), y en Navarra con UPN. En 1986 se presentó como Coalición Popular (CP), a la que se añadió UPN en Navarra. En 1989 volvió a coligarse con UPN en Navarra.
(c) Obtuvieron escaños HB (1,0% del voto y 2 escaños), ERC (0,7% y 1) y EE (0,5% y 1).
(d) Obtuvieron escaños HB (1,1% y 5 escaños), EE (0,5% y 2), Coalición Galega (CG, 0,4% y 1), PAR (0,4% y 1), Agrupaciones Independientes de Canarias (AIC, 0,3% y 1) y Unió Valenciana (UV, 0,3% y 1).
(e) Obtuvieron escaños HB (1,1% y 4), Partido Andalucista (PA, 1% y 2), UV (0,7% y 2), Eusko Alkartasuna (EA, 0,7% y 2), EE (0,5% y 2), Partido Aragonés Regionalista (PAR, 0,3% y 1) y AIC (0,3% y 1).

dad relativa de sus resultados, el promedio del voto de la izquierda (50,2 por ciento) superó claramente a la derecha (35,1 por ciento). De ahí que el espectacular realineamiento electoral ocurrido en 1982 diera lugar a un sistema de partido predominante, en el que el PSOE ocupaba un lugar extraordinariamente favorable y se enfrentaba a una oposición tan fragmentada como débil.

Tras más de una década de predominio socialista, las elecciones de los años noventa abrieron una nueva etapa (tabla 3). Sus consecuencias se desarrollaron en dos momentos. En el primero, ocurrido en la consulta de 1993, la pérdida de la mayoría parlamentaria absoluta por parte del PSOE estuvo acompañada por el nuevamente extraordinario crecimiento del Partido Popular (PP, nueva denominación de AP). Para el PSOE la cuarta victoria consecutiva combinaba la pérdida de 16 escaños con un aumento significativo de sus votantes. Y para el PP la nueva derrota se compensaba sustancialmente por los 34 nuevos escaños, la ruptura del *techo* electoral de los años ochenta y la reducción definitiva de la distancia que hasta entonces le había alejado del PSOE. Izquierda Unida (IU, una coalición de pequeños partidos dominada por el PCE) conoció un ascenso inferior al que esperaba conseguir a costa del PSOE, y el Centro Democrático y Social (CDS, el partido formado por Adolfo Suárez tras su abandono de la UCD) finalizó su irregular trayectoria tras la absorción de su electorado por el PP. Los votantes de los partidos de izquierda (48,3 por ciento) seguían superando a los de la derecha (34,8 por ciento), y los partidos nacionalistas, sobre todo CiU y PNV, lograron mantener sus niveles de votos y escaños. Pero la creciente competitividad entre PSOE y PP, de una parte, y entre IU y PSOE, de otra, implicaba la vuelta a un sistema de pluralismo moderado y apuntaba a procesos de cambios sustanciales en los electorados de los principales partidos de ámbito estatal.

En un segundo momento, las elecciones de marzo de 1996 han culminado algunas de estas tendencias. Para empezar, por el clima de opinión que las rodeó. La campaña electoral estuvo dominada por la seguridad en la derrota del PSOE (acosado por los efectos de la crisis económica, los escándalos de corrupción y las implicaciones del «caso GAL» en la política antiterrorista) y por la certeza en la victoria del PP (tras la estrategia de una oposición parlamentaria y mediática extraordinariamente crispada contra el Gobierno socialista, así como tras sus éxitos *anticipados* en las elecciones regionales celebradas el año anterior). Pero la derrota del PSOE fue menos aguda, y la victoria del PP más limitada, de lo que se esperaba durante la campaña. En realidad, la competitividad entre el PP y el

TABLA 3. *Tercer período electoral: votos y escaños en las elecciones generales de 1993 y 1996*

	1993			1996		
PARTIDO	VOTOS (%)	ESCAÑOS	%	VOTOS (%)	ESCAÑOS	%
IU	9,6	18	5,1	10,6	21	6,0
PSOE	38,8	159	45,4	37,5	141	40,3
CDS	1,8					
PP	34,8	141	40,3	38,8	156	44,6
PNV	1,2	5	1,4	1,3	5	1,4
CiU	4,9	17	4,9	4,6	16	4,6
Otros	8,9	10	2,9	7,2	11	3,1
TOTAL	100	350	100	100	350	100

(a) Obtuvieron escaños Coalición Canaria (CC, 0,88% del voto y 4 escaños), HB (0,88% y 2), ERC (0,80% y 1), PAR (0,61% y 1), Eusko Alkartasuna-Euskal Ezkerra (EA-EUE, 0,55% y 1) y UV (0,48% y 1).

(b) Obtuvieron escaños CC (0,89% del voto y 4 escaños), Bloque Nacionalista Galego (BNG, 0,88% y 2), HB (0,73% y 2), ERC (0,67% y 1), EA (0,46% y 1) y UV (0,37% y 1).

PSOE fue tan intensa que el primero ganó al segundo por una diferencia de sólo 340.000 votos en un total de 25 millones de votantes. Pese a su capacidad para incrementar su electorado, convertirse en el primer partido y culminar la alternancia gubernamental, el PP sólo consiguió un 45 por ciento de los escaños, lo que le obligaba a la búsqueda de apoyos en los grupos nacionalistas como CiU y el PNV, o regionalistas como Coalición Canaria (CC). Y en el caso del PSOE, la pérdida del Gobierno estuvo compensada por el aumento de sus votantes y el mantenimiento del 40 por ciento de los escaños, lo que facilitaba su nuevo papel en la oposición parlamentaria. De esta forma, las condiciones implícitas en la *amarga victoria* del PP y en la *dulce derrota* del PSOE (Wert, 1966) seguían manteniendo la superioridad de la izquierda (con el 50,9 por ciento de los votos) sobre la derecha (con el 38,8 por ciento), pero con nuevos interrogantes sobre su evolución en el futuro próximo. El triunfo del PP vino de la mano de circunstancias difícilmente repetibles. Una nueva victoria podría depender tanto de una modificación sustancial de las imágenes sólidamente conservadoras del PP, como de los niveles de aceptación de sus propias políticas gubernamentales. A su vez, estas políticas están condicionadas por la continuidad de los apoyos parlamentarios de CiU, PNV y CC, los *socios* del Gobierno del PP en unas peculiares relaciones de cooperación. Por su lado, la división entre IU y PSOE en el seno de la izquierda se encuentra ya cristalizada. Pero el peso específico de sus respectivos apoyos electorales está sujeto a cambios. IU habrá de replantear sus relaciones con el PSOE, tras una década de enfrentamientos crecientes, ante el adversario común de un Gobierno conservador; además, deberá solventar los problemas internos surgidos por las difíciles relaciones existentes entre el PCE y algunos socios de la coalición. Y el PSOE deberá llevar a cabo un amplio proceso de reestructuración de sus círculos dirigentes y de renovación de sus ofertas ideológicas si pretende conectar de nuevo con los sectores sociales que resultan imprescindibles para recuperar su posición de partido mayoritario; una reestructuración que comenzó tras el XXXIV Congreso del partido, celebrado en junio de 1997, y que supuso tanto la sustitución de Felipe González por Joaquín Almunia en su Secretaría General como una renovación considerable en su Comité Ejecutivo.

2. *La fragmentación electoral y parlamentaria*

La dimensión de la fragmentación hace referencia al número de partidos que compiten en el interior de un sistema. Como muestra de su importancia, las clasificaciones convencionales de los sistemas de partidos suelen basarse en este criterio cuantitativo para distinguir entre los unipartidistas, los bipartidistas y los multipartidistas. En realidad, tan importante como el número de partidos es su relevancia, expresada por su peso electoral y por su capacidad de coalición o de intimidación. De esta forma, la fragmentación comprende dos notas básicas: el número de partidos y la fuerza electoral o parlamentaria de cada uno de ellos. En el caso español, la combinación de ambas notas presenta dos características distintivas. Se trata, en primer lugar, de una fragmentación relativamente baja. Así se deduce del denominado *índice del número efectivo de partidos* que se recoge en la tabla 4: sus datos expresan cuántos partidos compiten electoralmente, y cuántos lo hacen parlamentariamente, teniendo en cuenta en ambos casos sus tamaños relativos respectivos (Taagepera y Shugart, 1989, 79). Pese al crecimiento de la oferta electoral (en 1993, por ejemplo, se presentaron 805 candidaturas, frente a las 579 de 1977), los españoles concentraron sus votos en un escaso número de partidos relevantes. Desde el punto de vista histórico, este bajo nivel resulta novedoso. Las Cortes de la Restauración monárquica, a finales del siglo XIX y principios del XX, sufrieron la creciente división faccionalista y personalista de los partidos dinásti-

TABLA 4. *Número efectivo de partidos electorales
y parlamentarios en España, 1977-1996*

	NÚMERO DE PARTIDOS		
ELECCIONES	ELECTORALES	PARLAMENTARIOS	DIFERENCIA
1977	4,16	2,85	1,31
1979	4,16	2,77	1,39
1982	3,33	2,32	1,01
1986	3,57	2,63	0,94
1989	4,16	2,77	1,39
1993	3,53	2,70	0,83
1996	3,28	2,72	0,56
Media	3,74	2,68	1,15

Fuente: Montero (1994, 70), que se ha actualizado con el cálculo de los datos de 1996.

cos. Y las de la segunda República, en los años treinta de este siglo, conocieron con especial intensidad los efectos negativos de una fragmentación extraordinariamente elevada: ausencia de mayorías parlamentarias, coaliciones multipartidistas de gobiernos ineficaces, elevada inestabilidad gubernamental. En cambio, los índices del actual sistema democrático son moderados tanto electoral como parlamentariamente. Lo fueron ya durante los años setenta, y después incluso se redujeron como consecuencia del profundo realineamiento ocurrido en 1982. Desde entonces han mostrado una cierta tendencia al crecimiento que parece haberse interrumpido en 1993, cuando los mayores niveles de bipolarización y de competitividad entre el PSOE y el PP han reducido el número de partidos electorales, pero no tanto el de los parlamentarios. En los ámbitos regionales, el promedio del índice es de tres partidos electorales; pero contiene diferencias significativas entre los muy bajos índices de Extremadura y las dos Castillas, de un lado, y los mucho más elevados de Navarra, Cataluña y el País Vasco, de otro. Y en el ámbito europeo la fragmentación española se coloca entre los países con menores índices: es menor incluso que la de Francia, sólo algo mayor que la del Reino Unido y próxima a la de Grecia, Austria, la República Federal de Alemania e Irlanda, que tienen los más bajos niveles de fragmentación (Montero, 1994).

Una segunda nota destacable del caso español reside en la compatibilidad entre esta baja fragmentación y la llegada al Congreso de los Diputados de un número relativamente alto de partidos y coaliciones: 12 en las elecciones de 1977, 14 en las de 1989, 11 en las últimas de 1996. Ello se debe a la presencia de los nacionalistas o regionalistas, que han logrado acceder al Congreso de forma variable. Los votantes vascos y catalanes han contado siempre con representación parlamentaria específica, y de más de un partido; los canarios, aragoneses, andaluces, gallegos, navarros y valencianos, por su parte, han tenido una presencia esporádica. Esta situación evidencia la estructura desigual del sistema de partidos, dadas las diferencias de voto existentes entre los dos primeros y los dos siguientes partidos, y entre estos cuatro y todos los restantes, constituidos por fuerzas regionales e incluso provinciales de escaso peso electoral. Mediante la incidencia del sistema electoral (que se verá más adelante), la distribución de las preferencias de los españoles en unos pocos partidos relevantes ha permitido la formación de Gobiernos homogéneos y propiciado la excepcional serie de tres mayorías absolutas consecutivas en el Congreso durante los años ochenta. En todo caso, esa fragmentación moderada ha facilitado que los Gobiernos hayan podido contar con mayorías parlamentarias suficientes, recabar los apoyos necesarios para sus principales decisiones políticas y disfrutar de una estabilidad institucional desconocida en la historia parlamentaria española. Así ha ocurrido incluso tras las elecciones de 1993 y 1996, cuando tanto el PSOE como el PP, hubieron de conformarse con el 45 por ciento de los escaños, el umbral más bajo obtenido hasta el momento por los Gobiernos democráticos de los últimos veinte años.

3. *La polarización ideológica*

La polarización hace referencia a la distancia ideológica existente en el sistema de partidos o entre dos partidos relevantes. Junto a la fragmentación, la polarización es un componente básico de la teoría empírica de la democracia, ya que la suma de ambas dimensiones contribuye a explicar los problemas de inestabilidad, ineficiencia y eventualmente quiebra de muchos sistemas democráticos. Los medios más frecuentes para medir la polarización radican en las propias preferencias de los votantes o en los indicadores procedentes de encuestas representativas. En términos electorales, los datos españoles ofrecen, para empezar, un nuevo alejamiento del pasado reciente. Durante los años treinta, las elecciones de la segunda República incrementaron decisivamente la extraordinaria polarización de la vida política: los líderes partidistas plantearon objetivos radicales y maximalistas, los grupos extremistas marcaron la dirección de la competencia política al atraer a un número creciente de votantes y los partidos terminaron dividiéndose en dos bloques de izquierda y derecha tan irreconciliables como alejados entre sí. Desde los años setenta, en cambio, el comportamiento electoral de los españoles se ha caracterizado por su moderación. Las opciones mayoritarias de los votantes se han dirigido a partidos de centro-derecha (como UCD) primero, para concentrarse después en los de centro-izquierda (como el PSOE) y encauzarse recientemente hacia un partido como el PP, que se mueve entre la derecha y el centro-derecha. Sea como fuere, los partidos democráticos han llenado virtualmente todo el arco parlamentario. Y, de ellos, los que ocupaban las posiciones centrales del espectro político han logrado hacerse al menos con tres de cada cuatro votos y con ocho de cada diez escaños. Los apoyos electorales de los partidos extremistas han sido, pues, mínimos: sólo han podido llegar al Congreso sendas organizaciones antisistema de la derecha (Unión Nacional [UN] en 1979) y de la izquierda nacionalista radical (Herri Batasuna [HB] desde 1979).

La moderación electoral es correlativa a la ideológica. Como demuestran los indicadores sobre la ubicación de los españoles en escalas ideológicas, esta moderación abarca a diferentes sectores sociales, cohortes de edad y grupos ocupacionales. Y ha manifestado también una llamativa continuidad desde el comienzo del período democrático, hasta el punto de mantenerse a través de los muchos cambios ocurridos en las preferencias electorales, los sistemas de partidos y las relaciones parlamentarias. La distribución de los españoles en escalas izquierda-derecha de diez posiciones, como las recogidas en el gráfico 1 de distintas encuestas poselectorales[1], permite comprobar tanto esa continuidad como la debilidad de las posiciones extremas y la intensidad de las posiciones centrales, especialmente las de centro-izquierda. En las mismas escalas ideológicas, las posiciones medias de los españoles suelen oscilar alrededor del 4,5. En términos comparados, esas posiciones hacen del electo-

---

1. La encuesta de 1979 se realizó en abril-mayo por DATA a una muestra nacional representativa de 5.439 españoles mayores de edad (puede verse al respecto Gunther, Sani y Shabad, 1986); la de 1982 se llevó a cabo por DATA en octubre-noviembre a una muestra de 5.463 (Linz y Montero, 1986); y las dos olas de la encuesta *panel* de 1993 se realizaron por DATA entre mayo y julio a una muestra de 1.448 (Montero, 1994). Por su lado, las encuestas procedentes del Banco de Datos del Centro de Investigaciones Sociológicas (CIS) se realizaron en junio-julio de 1986, octubre-noviembre de 1989 y marzo de 1996 a muestras nacionales representativas de 8.236, 3.084 y 5.350 españoles mayores de edad, respectivamente.

rado español uno de los menos conservadores de la Europa comunitaria. En el interior de España existen variaciones territoriales entre las comunidades más «izquierdistas» (como el País Vasco, Asturias y Extremadura) y las más «conservadoras» (como Baleares, Castilla-León y La Rioja). En congruencia con todo ello, el electorado español expresa una acusada proclividad al mantenimiento de actitudes reformistas en los órdenes políticos, sociales y económicos (Montero y Torcal, 1990).

GRÁFICO 1. *Autoubicación del electorado español en escalas izquierda-derecha, 1979-1996*

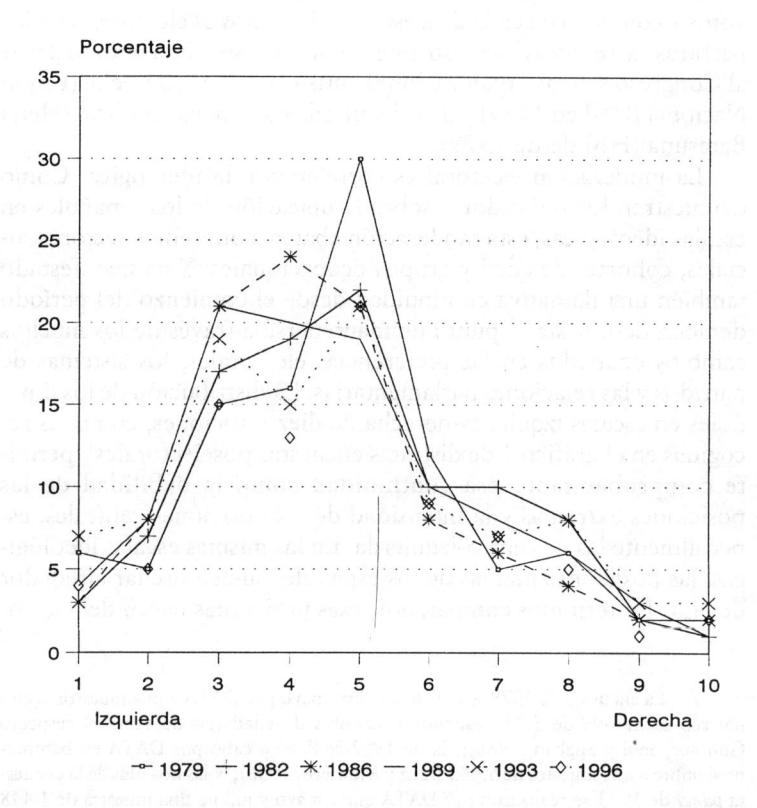

-◦- 1979 + 1982 ✳ 1986 — 1989 ✕ 1993 ◇ 1996

Fuentes: Para 1979, 1982 y 1993: Encuestas DATA 1979, 1982 y 1993; para los restantes años, Banco de Datos del Centro de Investigaciones Sociológicas (CIS).

Por lo demás, la moderación ideológica de la sociedad española se ha proyectado también en las distintas subculturas partidistas, con la excepción parcial de los partidos antisistema del País Vasco. Como expresan los datos de la tabla 5 y del gráfico 2, los votantes del PCE/ IU y de AP/PP han ocupado los extremos del continuo, mientras que los del PSOE y (cuando estuvo en activo) el CDS se encuentran en posiciones más próximas al centro, bien que en medidas distintas. Es cierto que estos datos pueden ocultar una considerable diversidad interna. Aun así, vuelve a resultar llamativa su estabilidad, que es tanto más destacable si se piensa en las muy cambiantes fortunas electorales de los partidos y en los procesos de renovación demográfica de sus votantes a lo largo de los últimos veinte años. En términos comparados, las autoubicaciones de los votantes españoles se asimilan a los de otros países del sur de Europa, que también cuentan con partidos comunistas significativos, carecen de fuertes partidos de centro y presentan partidos conservadores relevantes por diferentes razones. Esta configuración amplía el espacio partidista y aumenta la distancia entre sus integrantes; es decir, incrementa la polarización del sistema de partidos. España ocupa así un lugar destacado por la distancia ideológica entre partidos «extremos» (es decir, IU y PP) y comparte con Francia la máxima polarización europea entre partidos competidores (esto es, PSOE y PP). Pese a ello, los altos niveles comparados de polarización no resultan *per se* preocupantes. Desde 1982, la configuración bipolar del sistema de partidos incentiva la competencia electoral de naturaleza centrípeta (es decir, la que trata de atraer votantes de los espacios centrales del continuo ideológico), en línea con la ausencia de un gran partido de centro y con la distribución mayoritaria de las preferencias ideológicas de los españoles. Y los bajos niveles relativos de apoyo electoral de AP/PP han reforzado todavía más las tendencias centrípetas, puesto que su única posibilidad de expansión, una vez consolidada su posición hegemónica en la derecha, sigue radicando en competir por el centro del continuo ideológico.

4. *La volatilidad electoral*

La última dimensión que analizaremos expresa las propiedades dinámicas del comportamiento electoral. Se trata de la denominada *volatilidad electoral*, que indica los cambios de voto que ocurren en el interior de un sistema de partidos y en función de las fortunas electorales de sus integrantes. En realidad, el término *volatilidad* procede de la química y denota, como es sabido, la calidad de los cuerpos

TABLA 5. *Autoubicaciones ideológicas de los votantes de los partidos, 1977-1996**

PARTIDO	1978	1979	1982	1986	1989	1993	1996
PCE/IU	2,6	2,7	2,3	2,5	2,6	2,6	2,5
PSOE	3,8	3,9	3,8	3,6	3,7	3,4	3,7
CDS	—	—	5,4	5,2	5,3	5,1	—
UCD	5,6	5,9	5,6	—	—	—	—
AP/PP	7,7	7,0	7,2	7,4	7,2	7,2	6,5
(*n*)	(5.898)	(5.439)	(5.463)	(6.573)	(3.084)	(1.448)	(4.360)

* Las cifras son posiciones medias en escalas de diez puntos.

Fuentes: Para 1978, Linz *et al*, (1981, 368); para 1979, 1982 y 1993, Encuestas DATA 1979, 1982 y 1993; y para los restantes años, Banco de Datos del CIS.

para cambiar su estado. Aplicado a los estudios electorales, la volatilidad se refiere a las modificaciones experimentadas *por* los partidos y eventualmente *en* un sistema de partidos tras unas elecciones. De forma más precisa, cabe entender por volatilidad los cambios electorales netos que se producen en un sistema de partidos entre dos elecciones sucesivas y que se deben a transferencias individuales del voto. Aquí nos referiremos sólo a la volatilidad *agregada*, es decir, a la diferencia neta de los resultados obtenidos por los partidos relevantes en dos elecciones sucesivas (Bartolini y Mair, 1990, 20).

A primera vista, podría tenerse la impresión de que la volatilidad ha sido en España relativamente elevada: la propia existencia de los tres períodos electorales es una prueba de los muchos cambios ocurridos en los apoyos electorales de los partidos. Y basta pensar en la desaparición de UCD y del CDS, en las oscilaciones de los porcentajes de voto del PSOE y del PCE/IU o en los *saltos* de los niveles electorales de AP/PP para comprobar que esos cambios han sido, además, significativos. La tabla 6 proporciona suficiente evidencia al recoger los promedios de volatilidad de los países europeos durante veinte años. Como es claro, los del sur de Europa han experimentado los mayores niveles de volatilidad. Pero esos valores medios no nos di-

GRÁFICO 2. *Distribución de los votantes de los partidos en la escala izquierda-derecha, 1979-1996*

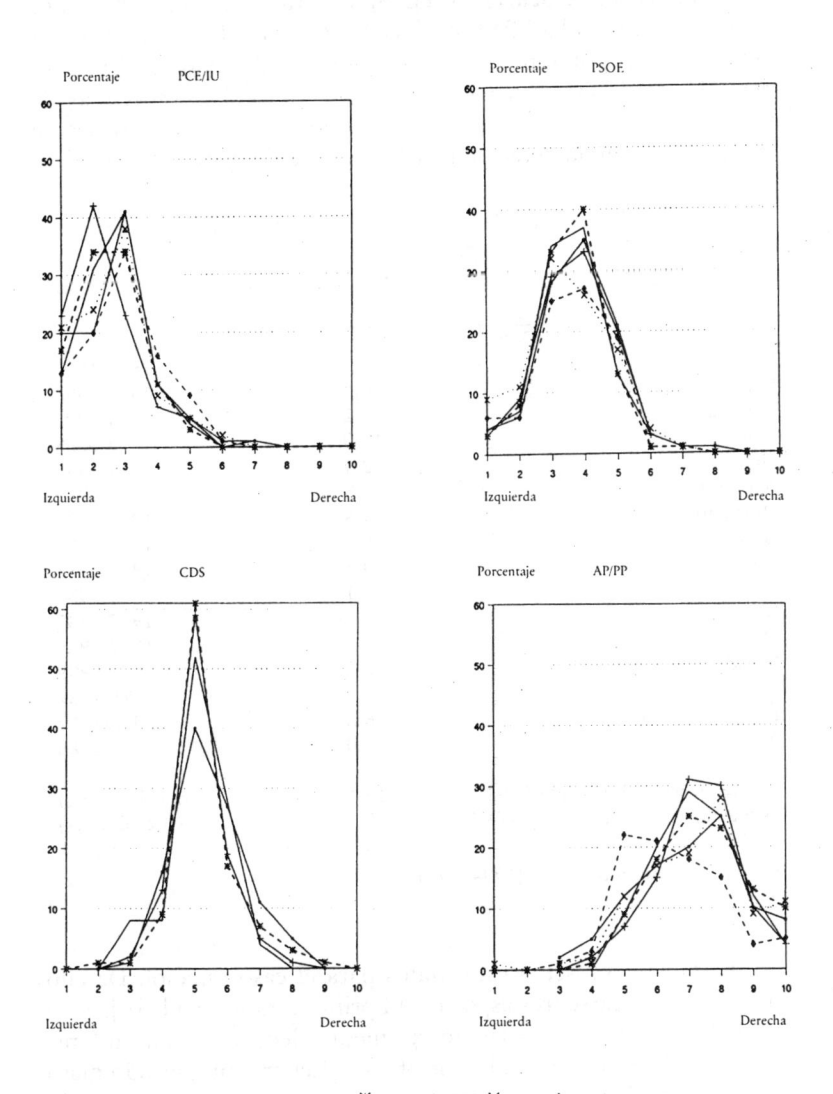

─●─ 1979 ─┬─ 1982 ─✻─ 1986 ─── 1989 ─✕─ 1993 ─◆─ 1996

Fuente: Véase tabla 5.

cen si los cambios de voto se han producido de forma aleatoria entre los principales partidos o si obedecen a alguna pauta específica. Según cabía esperar, ocurre lo segundo. Para confirmarlo debemos distinguir entre volatilidad *total* (como ya se ha dicho, los cambios netos en la proporciones de votos de los partidos entre dos elecciones) y la volatilidad *entre bloques* (esto es, los cambios específicos de voto que se producen *entre* los bloques de partidos que se sitúan en la izquierda y en la derecha del espectro ideológico).

TABLA 6. *Volatilidad electoral en los países europeos, 1974-1994*
(en porcentajes)

PAÍS	PROMEDIO	AÑOS
España	16,7	*1977-1993*
Italia	14,8	1977-1994
Portugal	13,2	1974-1993
Francia	13,0	1978-1988
Grecia	12,4	1974-1993
Noruega	10,8	1977-1989
Dinamarca	9,8	1977-1988
Gran Bretaña	9,8	1974-1987
Suecia	9,3	1976-1988
Finlandia	9,1	1975-1987
Bélgica	8,7	1977-1987
Holanda	8,3	1977-1989
Irlanda	8,2	1977-1989
Suiza	6,5	1975-1987
R. F. de Alemania	6,2	1976-1987
Austria	4,0	1975-1986
Promedio sur de Europa (1974-1994)	14,1	(25 elecciones)
Promedio resto de Europa (1974-1989)	8,1	(41 elecciones)

Fuente: Gunther y Montero (1994, 471).

La tabla 7 presenta estos datos para el caso español. De ellos merecen destacarse tres aspectos. El primero radica en la baja volatilidad producida entre las dos primeras elecciones, que fue muy inferior a la experimentada por otros países tras un período más o menos largo de interrupción autoritaria. Los porcentajes de volatilidad en las dos primeras elecciones de Alemania, Italia o Japón en la posguerra, de Francia en el paso de la Cuarta a la Quinta República y de Grecia y Portugal en la mitad de los años setenta doblan, en casi todos los casos, los de España. En segundo lugar, esta especie de *retraso* del caso español estuvo acompañado por la extraordinaria intensidad de las transferencias de voto ocurridas en las elecciones de 1982: su índice de volatilidad fue superior al 40 por ciento, y es probable que no haya sido sobrepasado entre las democracias occidentales. Desde los años setenta, los únicos países con proporciones similarmente altas han sido Italia (en 1994-1992, con un 41,9 por ciento), Francia (en 1986-1981, con un 37,4 por ciento) y Bélgica en (1978-1977, con un 31,05 por ciento), coincidiendo respectivamente con la descomposición del sistema de partidos italianos, las consecuencias de la alternancia socialista en la presidencia de la República francesa y las divisiones de los partidos belgas sobre criterios lingüísticos.

TABLA 7. *Volatilidad electoral en España, 1977-1996*
(en porcentajes)

ELECCIONES	TOTAL *(VT)*	VOLATILIDAD ENTRE BLOQUES *(VB)*	INTRABLOQUES *(VIB)*
1979-1977	10,8	2,2	8,6
1982-1979	42,3	6,7	35,6
1986-1982	11,9	2,4	9,5
1989-1986	8,9	1,7	7,2
1993-1989	9,5	1,7	7,8
1996-1993	4,4	1,7	2,7
Promedio	12,5	2,3	10,2

* La volatilidad relativa a los bloques se refiere a la ideología, y se ha calculado sobre la base de adscribir a los partidos a cada uno de los bloques convencionales de izquierda y derecha.

Fuente: Gunther y Montero (1994, 477), que se ha actualizado con el cálculo de los datos de 1996.

Aunque algo menos extremos, es cierto que los casos griego (con un 26,7 por ciento en 1981-1977) y portugués (con un 23,2 por ciento en 1987-1985) han conocido también sendas elecciones con una elevada volatilidad. Pero, y éste es el tercer aspecto destacable, lo que diferencia a Grecia y Portugal, de un lado, de España e Italia, de otro, es que una parte muy considerable de la volatilidad total exhibida por los sistemas de partidos griego y portugués ha consistido en volatilidad *entre bloques*. Es decir, no sólo hubo una redistribución de los votos entre los partidos, sino que muchos votantes cambiaron su apoyo electoral para concedérselo a partidos del otro lado de la división ideológica de izquierda-derecha. En contraste, las elecciones españolas de 1982 (y las italianas de 1994) combinaron una altísima volatilidad total con una volatilidad entre bloques sorprendentemente baja (6,7 por ciento y 5,8 por ciento, respectivamente). La enorme magnitud del cambio electoral fue así compatible con el hecho de que los españoles y los italianos dieran su apoyo a un partido distinto de la consulta anterior, pero situado *dentro* del mismo bloque ideológico. De ahí resulta que España e Italia manifiestan niveles superiores de volatilidad *intrabloques* (es decir, la que se produce exclusivamente *en el interior* de cada uno de los grupos o bloques de partidos). Ello parece estar subrayando la importancia de la especie de *barrera* existente entre los principales partidos de izquierda y de derecha; una barrera que se cruza sólo en proporciones reducidas y que explica, en consecuencia, la menor transferencia de votos entre ambos bloques de partidos (Gunther y Montero, 1994). La combinación de alternancia gubernamental y un nivel considerablemente bajo de volatilidad, que caracterizó entre otras cosas a la consulta de 1996, es una nueva prueba de la relevancia adquirida por esa *barrera*.

II. LOS FACTORES DEL COMPORTAMIENTO ELECTORAL

Como hemos visto, las elecciones al Congreso de los Diputados han mostrado de forma sistemática unas pautas reconocibles. Las preferencias mayoritarias de los ciudadanos se han dirigido hacia partidos de centro-derecha durante el primer período electoral, de centro-izquierda a lo largo de la década de los ochenta y nuevamente conservadores desde 1996. La fragmentación electoral es reducida y el impacto del sistema electoral la reduce aún más al distribuir los escaños entre los partidos. La polarización ideológica resulta elevada a causa del formato del sistema de partidos, pero contiene elementos predominantes de moderación por la naturaleza centrípeta de la competición electoral. Y los cambios de voto entre los partidos han solido producirse entre los que conviven dentro de un mismo bloque más que entre los pertenecientes a bloques opuestos y separados por la barrera ideológica, lo que cualifica los niveles de volatilidad electoral. Tras siete elecciones generales, puede decirse que el comportamiento electoral de los españoles está ya estabilizado y que el marco general del sistema de partidos se encuentra asimismo institucionalizado. Naturalmente, este resultado no precluye la existencia de cambios electorales en el futuro inmediato. Pero, de producirse, es probable que esos cambios se ajusten a los factores básicos que han venido caracterizando el comportamiento electoral de los españoles. Estos factores implican la existencia de una especie de *anclaje* de la decisión electoral, en el sentido de que tienden a fijar las opciones entre los distintos partidos y de que contribuyen, en consecuencia, a la estabilización de las preferencias de los votantes a lo largo del tiempo. En esta sección examinaré tres tipos de *anclajes*: los radicados en las relaciones de los electores con los partidos, que se engloban generalmente bajo los términos de la *identificación partidista*; los depositados en organizaciones sociales de diferente naturaleza que canalizan las opciones de sus miembros o simpatizantes hacia los distintos partidos, un mecanismo que suele designarse como las *raíces organizativas del voto*; y los actuados a través de las escisiones o *cleavages* sociales, cuyas líneas divisorias facilitan la continuidad de apoyos estables a los partidos por los sectores sociales afectados.

1. *La identificación partidista*

Es evidente que la presencia de vínculos psicológicos entre los partidos y el electorado supone un componente fundamental de la competencia partidista. Pese al debate sobre la pertinencia del concepto y la dificultad de su medición empírica, es también notorio que las posibilidades electorales de los partidos aumentan en proporción directa a su éxito para desarrollar mecanismos de identificación en amplios sectores del electorado y para mantener su intensidad de forma duradera. En el caso español, los estudios existentes sobre la identificación partidista han utilizado distintos criterios empíricos para medirla, pero todos han compartido la misma conclusión de su debilidad. El gráfico 3 contiene un ejemplo suficientemente ilustrativo de esa debilidad. En él se han seleccionado datos de las encuestas de Eurobarómetro sobre quiénes se declaran muy cercanos y bastante cercanos a un partido, por un lado, y quiénes no se sienten cercanos a ninguno de ellos, por otro. Si se descuentan las fluctuaciones derivadas de circunstancias coyunturales de naturaleza política o electoral, la pauta temporal de las actitudes hacia los partidos se ha mantenido relativamente constante en los países escogidos. Entre ellos destacan claramente los casos de Portugal y especialmente España: ambos parecen mostrar los niveles más bajos en la presencia de los vínculos psicológicos entre partidos y votantes. La debilidad de las relaciones entre los partidos y los ciudadanos españoles resulta así un fenómeno destacable aun dentro de la tendencia general hacia procesos de desalineamiento partidista. Y resulta igualmente

GRÁFICO 3. *Cercanía a los partidos
en España y otros países europeos, 1985-1992*

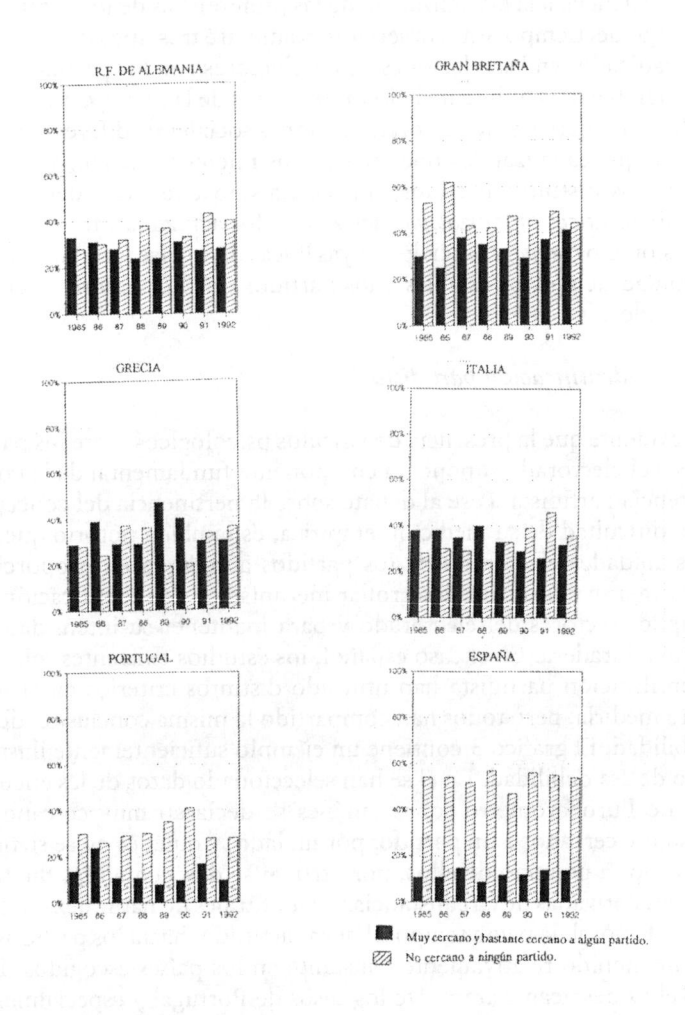

■ Muy cercano y bastante cercano a algún partido.
▨ No cercano a ningún partido.

* Desde 1990, sólo Alemania Occidental.
Fuente: Eurobarómetro, núms. 24 (1985) a 37 (1992).

notable la distancia (si no la alienación) de los españoles respecto a sus partidos, un síndrome cultural que por lo demás se proyecta en múltiples manifestaciones que no pueden ahora considerarse.

2. Las raíces organizativas del voto

La identificación partidista resulta, pues, insuficiente para explicar la estabilización del comportamiento electoral de los españoles. ¿En qué medida podría deberse a la presencia de organizaciones que actúen como mediadores entre sus afiliados o simpatizantes y los candidatos a los que votan? En muchos países, este segundo conjunto de factores consiste en una red de organizaciones que no sólo canaliza las preferencias electorales de sus miembros de una forma más o menos duradera, sino que además cumple funciones básicas de intermediación social y de integración política. Por lo general, las organizaciones con mayor relevancia electoral son las de los propios partidos, de un lado, y las de los sindicatos y las entidades religiosas, de otro. También a este respecto el caso español presenta perfiles destacables. Para empezar, la presencia organizativa de los partidos en la sociedad española es sumamente limitada. Como puede comprobarse en la tabla 8, los niveles relativos de afiliación partidista son extraordinariamente reducidos: España comparte con Francia las tasas de afiliación partidistas más bajas de Europa. Por su parte, el grado de sindicación de la población activa española es también escaso: Francia y España vuelven a compartir posiciones similarmente bajas entre los países europeos. Las relaciones entre los sindicatos y los (respectivos) partidos están marcadas por unos lazos organizativos crecientemente vagos y por una relaciones de cooperación relativamente débiles. El hecho de que España pertenezca a la reducida nómina de países con competencia sindical en el ámbito de la izquierda subraya las dificultades para la canalización partidista de las organizaciones sindicales. Unas dificultades que se han visto especialmente agravadas en el caso del PSOE, cuyas relaciones con la Unión General de Trabajadores (UGT) degeneraron durante los años ochenta hasta llegar a una situación crónica de conflictos y a una revisión radical de las relaciones partido-sindicato.

En cierto sentido, la debilidad de la afiliación partidista y el bajo nivel de sindicación parecen formar parte de un síndrome más amplio relativo al escaso desarrollo de las asociaciones secundarias. Aunque sus raíces se remonten al siglo pasado, la circunstancia de que los procesos de modernización social tuvieran lugar, en los años sesenta, bajo un régimen autoritario ha dejado una intensa huella en

TABLA 8. *Niveles de pertenencia a distintas organizaciones en algunos países europeos, 1990***

ORGANIZACIONES	REINO UNIDO	ALEMANIA	ITALIA	GRECIA	PORTUGAL	ESPAÑA
Partidos políticos	3,3	4,2	9,6	7,0	4,5	2,0
Sindicatos	43,3	28,6	39,6	35,0	-	9,3
Asociaciones (en general)	53	67	32	-	36	22
Religiosas	16	16	8	-	10	6

* Para los partidos, las cifras son la *ratio* entre los afiliados a todos los partidos y el electorado. Para los sindicatos, la *ratio* entre los miembros pertenecientes a los sindicatos y los elegibles para serlo. Para las asociaciones en general y las específicamente religiosas, las cifras son porcentajes de quienes declaran pertenecer a ellas en encuestas representativas. Los datos del Reino Unido corresponden a 1995.

Fuente: Recogido, de diversas fuentes, en Gunther y Montero (1994, 504-512).

la debilidad de sus niveles de asociacionismo. Según los datos de las *European Values Surveys*, realizadas en 1981 y 1990 (y recogidas parcialmente en la anterior tabla 8), las proporciones de españoles pertenecientes a una asociación, que ya en los años ochenta eran de las más bajas de Europa, han descendido incluso a principios de los noventa (Orizo, 1991). Esta situación se aplica también a las organizaciones religiosas, que en muchos países han cumplido un papel relevante en el encauzamiento y la estabilización de las preferencias electorales de partidos democristianos o/y conservadores. De esta forma, los partidos españoles sufren con especial intensidad las dificultades para *anclar* a sectores sustanciales de los votantes a través de estas dimensiones organizativas de la vida política. El comportamiento electoral de los españoles está así presidido por la ausencia de vínculos psicológicos con los partidos y por la debilidad de relaciones entre los partidos y organizaciones sociales significativas de sectores próximos. Ello determina la correspondiente debilidad de lo que podría denominarse el *«partidismo social»*, es decir, las lealtades que caracterizan a una determinada subcultura o que se desprenden de la pertenencia a ciertas organizaciones secundarias. Además de sus consecuencias electorales, el resultado cristaliza en una llamativa ausencia de intermediarios sociales, una situación que tiene también efectos en los perfiles de las actitudes políticas, en las características de la acción colectiva y, en último término, en los componentes de la *calidad* del sistema democrático.

3. Las escisiones sociales

El tercer grupo de factores que debemos examinar radica en las denominadas escisiones o *cleavages* sociales. Se trata de los conflictos básicos que dividen a la sociedad en grupos significativos y que adquieren relevancia política mediante su canalización por partidos políticos o grupos de interés. De esta forma, el éxito de los partidos depende de su capacidad para articular las demandas de los ciudadanos afectados por esos conflictos; si lo consiguen, los partidos estarán en buenas condiciones para estabilizar sus relaciones con sus votantes a través de esta especie de *encapsulamiento* de los conflictos que llevan a cabo (Bartolini y Mair, 1990). En el caso español, las principales escisiones se producen en los campos socio-económico, religioso y regional.

España comparte con la mayoría de los países occidentales la extraordinaria importancia de la escisión socio-económica, sin duda la que tiene mayor impacto sobre las posiciones ideológicas de los partidos y las preferencias electorales de los votantes. Como ya se ha dicho, esas posiciones y estas preferencias suelen medirse con las escalas ideológicas izquierda-derecha que se contienen en encuestas representativas. Y como también se ha comprobado, los españoles se caracterizan a este respecto por la moderación general de sus actitudes, por el mayor peso de los espacios de centro y centro-izquierda, por la polarización relativa de su sistema de partidos a causa de la distancia existente entre los dos principales y por la naturaleza centrípeta de la competición electoral al premiar las estrategias de los partidos que traten de captar a los votantes situados en los espacios centrales del continuo ideológico. El hecho de que prácticamente todos los partidos relevantes adoptaran desde el comienzo de la etapa democrática objetivos típicamente *catch-all* contribuyó decisivamente a ese resultado (Gunther, Sani y Shabad, 1986).

Por su parte, el *cleavage* religioso adoptó en el caso español una evolución peculiar. Pese a que los conflictos religiosos han iluminado de un modo u otro la vida política de los últimos 150 años, las condiciones de la transición democrática impidieron el nacimiento de un partido demócrata-cristiano y redujeron significativamente el peso de la subcultura católica; pero no llegaron a eliminar, en cambio, la subsistencia de una considerable polarización en cuestiones religiosas. Las élites políticas y religiosas han evitado luego la activación de este potencial de conflictos, y la propia evolución de la sociedad española lo ha reducido aún más al generalizarse los procesos de secularización. Como consecuencia, las distancias entre los partidos extremos (de nuevo, IU y PP) en lo que hace a la religiosidad se han reducido, y el factor religioso ha disminuido aún más su relevancia política o electoral. Pero ello no impide que cada uno de los partidos siga exhibiendo una *marca* característica en la composición religiosa de sus votantes (Montero, 1993).

Y un *cleavage* particularmente importante que separa el caso español de los restantes sureuropeos (incluido el italiano) es el regional, o nacional, dentro del cual se integra también la escisión lingüística y, para algunos, la étnica. Como es sabido, España es una sociedad multicultural, multinacional y multilingüística; y lo es además en condiciones de mayor complejidad que las de otros países con heterogeneidad lingüística o nacional como Bélgica, Suiza o Finlandia. Esta complejidad proviene al menos del siglo XIX, contribuyó a la quiebra de la República y, por supuesto, apareció en los momentos iniciales de la transición (Linz, 1985). En la actualidad, su institucionalización aparece reflejada en la presencia de fuertes partidos nacionalistas en unas pocas comunidades autonómas y de una notable cantidad y variedad de fuerzas regionalistas en casi todas las demás. Los datos electorales recogidos en la tabla 9 son suficientemente indicativos. Se ha sugerido que el mosaico resultante podría designarse con los términos de las *Españas electorales*: a falta de otra mejor, es una etiqueta expresiva de la coexistencia de distintos modelos de actores políticos, competición partidista y comportamiento electoral (Vallès, 1991). Si el modelo general abarcaría a 13 comunidades y a un 60 por ciento de la población, los modelos literalmente *excéntricos* (es decir, fuera del centro que se considera) serían los del País Vasco, Cataluña, Navarra y Canarias. Aragón, Galicia y Baleares ocupan también, y por distintos motivos, una posición destacada. En aquellas comunidades excéntricas las preferencias electorales se estructuran alrededor de los *cleavages* nacionalistas, lo que determina lógicas de voto distintas y sistemas de partidos diferenciados. En otras comunidades, muchos partidos regionalistas se han visto favorecidos por circunstancias de distinta naturaleza ocurridas desde los años ochenta, como la reorientación de las élites locales tras la desaparición de UCD, el aprovechamiento de los nuevos recursos políticos generados por la creación de las instituciones autonómicas, la utilización más o menos demagógica de los sentimientos de agravios comparativos. Tanto en un caso como en el otro, el mapa resultante es, por muchos motivos, excepcional en Europa occidental. La especial complejidad del País Vasco y Cataluña ha provocado que sus respectivos sistemas de partidos se entrecrucen con el nacional sistemática, pero no siempre homogénea ni simultáneamente, en los procesos de competencia electoral, de acuerdos autonómicos, de pactos parlamentarios y de apoyos gubernamentales.

TABLA 9. *Resultados promediados de los partidos nacionalistas y regionalistas en elecciones generales y autonómicas, por comunidades, 1983-1996* (en porcentajes sobre voto válido)

COMUNIDAD	PROMEDIOS		
	ELECCIONES AUTONÓMICAS	ELECCIONES GENERALES	TOTAL
País Vasco	63,9	52,0	57,9
Cataluña	51,6	35,0	43,3
Navarra	53,9	27,3	40,6
Canarias	30,6	21,7	26,1
Aragón	25,3	16,5	20,9
Galicia	17,9	10,9	14,4
Cantabria	22,5	3,4	12,9
Baleares	17,4	5,7	11,6
Comunidad Valenciana	9,1	5,9	7,5
Andalucía	7,2	4,1	5,6
La Rioja	6,4	1,1	3,7
Extremadura	5,5	1,3	3,4
Castilla y León	2,6	0,1	1,3
Asturias	1,2	0,6	0,9
Murcia	1,5	0,1	0,8
Madrid	0,2	0,0	0,1
Castilla-La Mancha	0,3	0,0	0,1

4. Los factores del anclaje *electoral*

¿Cómo han afectado estas características al comportamiento electoral? ¿Cuáles son los factores que inciden con mayor fuerza en la decisión de votar a un partido o a otro? La tabla 10 contiene una respuesta tentativa a estas preguntas. Sus datos resultan de un análisis multivariable que trata de explicar el voto a los partidos mediante una serie de variables básicas, consistentes en diversos indicadores de clase social, religiosidad e ideología[2]. Las cifras expresan las

2. Las páginas que siguen son un apretado resumen de algunos argumentos contenidos en Gunther y Montero (1994), en donde se abordan con mayor detalle las cuestiones técnicas del análisis multivariable y en donde se lleva a cabo un análisis comparado del caso español. Se han seleccionado sólo las encuestas poselectorales de 1979, 1982 y 1993. El análisis multivariable es del tipo Probit, en el que la variable dependiente es el voto declarado a un partido, y las variables independientes están constituidas por diversos indicadores de posición de clase objetiva y subjetiva, afiliación a los sindicatos, religiosidad, pertenencia a asociaciones religiosas y proximidad a los partidos en el continuo ideológico izquierda-derecha; no han podido introducirse las variables relativas al *cleavage* nacionalista por el reducido número de casos.

R^2 *medias*, que miden el impacto de una variable o de un grupo de variables en la predicción del voto a un partido, y que además se han ponderado para el conjunto de los partidos de acuerdo a sus respectivas proporciones de voto. En realidad, las R^2 *medias* son medidas de porcentaje de varianza explicada por cada variable o grupo de variables, e indican la propensión a votar a un partido concreto o al conjunto de los partidos nacionales. De ahí que puedan ser consideradas también como medidas de la fuerza del *anclaje* del voto en cada uno de los dos bloques resultantes del *cleavage* o escisión ideológica; o, dicho todavía de otra manera, como una medida de la *barrera* existente entre los partidos de izquierda y los de la derecha.

TABLA 10. *Factores del comportamiento electoral en España, 1979-1993: un análisis multivariable de la explicación del voto por factores sociales, organizativos e ideológicos* *

VARIABLES	ELECCIONES		
	1979	1982	1993
Clase social objetiva	.064	.170	.127
Afiliación a sindicatos	.113	.056	.023
Clase social subjetiva	.054	.044	.024
Religiosidad	.145	.206	.058
Ideología	.206	.226	.405
Total**	.548	.808	.781

* Las cifras expresan la R^2 *media ponderada*, que mide el impacto de una variable, o de un grupo de variables independientes, en la predicción del voto a los partidos, ponderado por los porcentajes de voto de los distintos partidos.

** Las cifras son la R^2 *media ponderada* y acumulada por todas las anteriores variables.

Fuente: Gunther y Montero (1994, 516-530).

Los datos de la tabla 10 contienen tres tendencias destacables. La primera consiste en la debilidad de los indicadores objetivos de clase social para la explicación del voto. Su crecimiento en 1982 (cuando alcanzó el 17 por ciento de varianza explicada) se debió a la desaparición de UCD, cuya naturaleza interclasista no fue asumida por una AP de perfiles sociales mucho más definidos. No obstante, las bases clasistas de la decisión electoral han disminuido posteriormente a medida que el PP ha ido ampliando su atractivo electoral en sectores sociales más diversificados. En 1993, por ejemplo, el 16 por ciento del voto al PSOE (frente al 19 por ciento en 1982), el 12 por ciento del voto al PP (frente al 23 por ciento en 1982) y el 12,7 por ciento del conjunto de los partidos resultaban explicados por los indicadores objetivos de clase.

Una segunda tendencia de interés radica en el descenso de la religiosidad. Aunque tuvo una incidencia significativa en las elecciones de 1979 y especialmente en las de 1982, el proceso de secularización y la voluntad explícita de las élites políticas de no politizar los conflictos religiosos hicieron descender esta variable a niveles sumamente reducidos. En 1993 la importancia del factor religioso es mínima en el *anclaje* del electorado socialista (un 2 por ciento), y escasa en la diferenciación de los votantes del PP (un 8 por ciento) de la de los partidos de izquierda. Todo ello hace, en definitiva, que los contenidos sociales y religiosos de la barrera que separaba a los dos bloques de partidos sea ahora mucho más permeable. Debe señalarse, por último, que el impacto de la afiliación sindical en el *anclaje* del voto a los partidos, sobre todo los de izquierda, ha conocido asimismo una tendencia decreciente. En 1979 la afiliación a Comisiones Obreras (CC. OO.) explicaba un 17 por ciento de la varianza del voto al PCE, frente a un 8 por ciento de la UGT con respecto al PSOE. En 1993 la caída de la afiliación sindical y el enfrentamiento de UGT con el PSOE disminuyeron notablemente la contribución de los sindicatos al apoyo electoral de los partidos izquierdistas: afectaba sólo a un 2,3 por ciento de la varianza.

Es claro, pues, que estos factores socioestructurales no pueden explicar el extremadamente bajo nivel de volatilidad entre los bloques de partidos que ha caracterizado a las elecciones generales desde 1982, y particularmente a las celebradas desde 1993. El débil impacto de esos factores en el voto es un reflejo adecuado de su escasa importancia a la hora de que los electores opten por un partido y decidan luego continuar apoyándolo o cambiarse a otro situado dentro del mismo bloque ideológico. Y ya sabemos que el *anclaje* del electorado tampoco se debe a la presencia organizativa de los partidos, que es mínima, ni a los vínculos psicológicos de la identificación partidista, que es también muy baja. De ahí que haya que acudir a un factor diferente para explicar el *anclaje* de los votantes españoles. De acuerdo con nuestros datos, el factor más relevante es el ideológico, es decir, la percepción que los votantes tienen de sí mismos y de los partidos en términos de izquierda *versus* derecha (Gunther y Montero, 1994, 528 ss.). Como se comprueba en la misma tabla 10, es el que mejor contribuye a explicar el apoyo estable a los partidos: sus R^2 *medias* son las más elevadas en todas las elecciones y han aumentado considerablemente en las de 1993 hasta llegar a explicar por sí solo el 40,5 por ciento de la varianza en el voto. El realineamiento electoral de 1982 incrementó el *anclaje* socioestructural de los principales partidos, sobre todo de AP a causa de la desaparición de UCD. Pero durante los años siguientes las bases sociales del apoyo a los partidos se han ido erosionando en los ámbitos clasistas, religiosos y sindicales; y la renovación del electorado los ha erosionado todavía más. Es entonces cuando el *anclaje* ideológico llega casi a duplicarse.

La identificación ideológica de los votantes con los espacios de izquierda o derecha actúa como un mecanismo sustitutivo de los *anclajes* partidistas cuando los factores socioestructurales son muy débiles o cuando han perdido fuerza a lo largo del tiempo. Ese mecanismo sustitutivo resulta todavía más importante si, como también sucede en el caso español, los *anclajes* organizativos (fundamentalmente de naturaleza sindical o religiosa) o psicológicos (mediante la identificación continuada con un partido) son débiles o inexistentes. Es cierto que, a diferencia de los anteriores, esta suerte de anclaje ideológico no vincula a los votantes con un partido específico, sino que lo hace con los espacios globales de la izquierda, el centro o de la derecha; esto es, con campos o bloques ideológicos en los que varios partidos pueden estar presentes. Ello no evita los cambios electorales *entre los partidos* que compiten en ese mismo espacio ideológico (unos cambios a los que denominamos como volatilidad *intrabloques*). Pero tiende, en cambio, a dificultar la volatilidad *entre los bloques*, es decir, la que se produce saltando la barrera que divide a los campos opuestos en el *cleavage* ideológico. En definitiva, esto es lo que parece haber ocurrido en España, reforzado además por una condición favorecedora adicional. Y es que la confrontación bipolar entre el PSOE y el PP, comenzada ya a mitad de la década de los ochenta, terminó por consagrarse en las elecciones de 1993: para la mayoría de los electores, el PP se erigió en el único partido del centro y de la derecha, mientras que el PSOE, pese a su competencia con IU, seguía siendo el principal partido en el campo de la izquierda. De esta forma, el *cleavage* que divide actualmente el sistema de partidos español parece expresarse fundamentalmente a través de una visión de la política asociada con los términos espaciales de izquierda-derecha. Es también cierto que se trata de unos términos de contenidos imprecisos, discutibles y cambiantes. Pero resulta indudable que siguen cumpliendo sus funciones básicas de mecanismo de reducción de la complejidad política y de código para la comunicación simplificada en el sistema político, a juzgar por la frecuencia con la que los líderes partidistas, los observadores y los propios electores recurren a ellos. Y parece también claro que esos términos hicieron una vez más gala de su flexibilidad y capacidad de adaptación al incorporar a sus contenidos las imágenes y las posiciones históricas relacionadas directamente con la competencia entre el PSOE y el PP.

III. LOS RENDIMIENTOS DEL SISTEMA ELECTORAL

Como es sabido, un *sistema electoral* es un conjunto de técnicas y procedimientos por el que los votos se traducen en escaños, y los escaños se asignan a los partidos contendientes. En sentido estricto, los sistemas electorales contienen, al menos, cinco elementos básicos: la división del territorio estatal en circunscripciones de tamaño variable, la fórmula electoral para la traducción de los votos en escaños, las formas de las candidaturas, el tamaño de las Asambleas y, eventualmente, el establecimiento de umbrales mínimos para acceder al reparto de escaños. Los elementos del sistema electoral están tasados, pero son extraordinariamente importantes: sus razones son tan obvias como para no entrar en ellas ahora. Además, la combinación de su relevancia con su naturaleza manipulativa (en sentido estadístico) ha conferido a los sistemas electorales una particular fascinación, que comparten las élites partidistas, los observadores políticos y los expertos académicos. Esta fascinación resulta explicable: se trata de un mecanismo institucional que resulta esencial para el régimen democrático, y de un mecanismo cuyas piezas son aparentemente fáciles de aislar y de someter a examen. De esta forma, el carácter central del proceso y su sencilla identificación convierten al sistema electoral en una fácil víctima propiciatoria para los muchos *regeneracionistas* que denuncian las numerosas insuficiencias de la vida democrática y proponen otras tantas soluciones mediante cambios más o menos drásticos en los componentes de la legislación electoral.

1. *Los perfiles del sistema electoral*

También en España el sistema electoral ha concitado esta combinación de relevancia, fascinación y arbitrismo. Y es posible que se haya dado con especial intensidad a causa de su juventud. A diferencia del ya largo tiempo de vigencia de la mayor parte de los sistemas electorales de los países europeos, que por regla general se remontan a la segunda década de este siglo, el español cuenta, en el mejor de los casos, con alrededor de veinte años. Además, este elemento de juventud se refuerza por su carácter rupturista con la tradición histórica española: para las élites políticas de la transición, el sistema electoral republicano (una variante mayoritaria de voto limitado con la concesión de primas sustanciales a las mayorías en distritos provinciales) se convirtió en una especie de *antimodelo*. Las negociaciones sobre el nuevo sistema cristalizaron en la Ley para la Reforma Política de enero de 1977, en el Real Decreto-ley de Normas Electorales de marzo de 1977 y en los artículos 68 y 69 de la propia Constitución; más tarde, en mayo de 1985, todos sus elementos se reprodujeron por completo en la Ley Orgánica del Régimen Electoral General (LOREG). En junio de 1977, las primeras elecciones democráticas se celebraron con una normativa electoral que combinaba, para el Congreso de los Diputados: (*i*) el principio constitucional de representación proporcional y la fórmula D'Hondt; (*ii*) una Cámara de tamaño reducido, acordada en 350 diputados, y la fijación de las provincias como las circunscripciones electorales; (*iii*) la asignación de un número mínimo de diputados por distrito (establecido en dos) con la atribución de escaños adicionales por tramos prefijados de población; (*iv*) un umbral mínimo de acceso a la representación del 3 por ciento de votos en el nivel del distrito y la posibilidad de constituir coaliciones en el mismo nivel; y (*v*) la presentación de listas de candidatos por los partidos para ser votadas de forma cerrada y bloqueada.

Las peculiaridades del sistema electoral español radican en la combinación de la asignación de diputados a las provincias, la magnitud de las circunscripciones, el tamaño del Congreso y la fórmula electoral. Los mecanismos de asignación de diputados han producido desequilibrios representativos muy intensos a causa de las considerables desigualdades de población existentes entre los distritos. Los casos habitualmente citados son los de Madrid y Soria: si en Soria la *ratio* población/escaños era de 26.143 en las elecciones de 1996, en Madrid correspondía un escaño por cada 121.921, es decir, casi cinco veces más. Por su parte, el reducido tamaño del Congreso (fijado por la LOREG en 350 escaños, a medio camino entre los 300 y los 400 previstos en el artículo 68.1 de la Constitución) y el alto número de circunscripciones provinciales ocasiona que el 58 por ciento de ellas sólo cuente con un máximo de cinco escaños, mientras que una tercera parte tiene entre seis y nueve escaños, y cuatro tienen diez o más; Madrid y Barcelona superan los 30 escaños cada una. En consecuencia, la magnitud media de las circunscripciones resulta extraordinariamente baja (es de 6,73 diputados por distrito), y bordea los límites considerados habitualmente como mínimos para que una fórmula tenga efectos proporcionales. La comparación con las magnitudes de los países europeos es sumamente reveladora. De los 21 sistemas electorales occidentales que han utilizado fórmulas electorales D'Hondt y distritos plurinominales de un solo nivel entre 1945 y 1990, sólo Francia, en el efímero sistema de 1986, tenía una magnitud menor, de 5,79; y de entre los 11 sistemas que han utilizado alguna otra fórmula proporcional, sólo Irlanda, con su peculiar mecanismo del voto único transferible, exhibe una magnitud inferior a la española (Lijphart, 1995, 62-63).

La adopción de la fórmula electoral D'Hondt cierra el diseño del sistema español. En cuanto fórmula proporcional, la de D'Hondt se basa en la serie de divisores de números naturales (1, 2, 3, 4, etc.) y en el criterio de la media más elevada de votos por escaño, es decir, en el *coste* medio de votos que cada partido tiene que *pagar* por cada escaño. Y entre las fórmulas de las medias más altas, la de D'Hondt es también la menos proporcional, la que tiende a favorecer en mayor medida a los partidos grandes y la que con mayor dureza castiga sin representación a los partidos pequeños. Su impacto resulta especialmente intenso en combinación con distritos de magnitud media o, como los españoles, reducida: mientras que no afecta a la generación de efectos proporcionales en los distritos de magnitud elevada, produce sesgos mayoritarios considerables en los pequeños al acumular los restos de todos los partidos al más votado. No resulta extraño entonces que la *barrera legal* del 3 por ciento haya carecido de aplicación en la inmensa mayoría de los distritos. Su reducida magnitud provoca que los escaños se repartan generalmente entre los dos principales partidos, y que queden sin escaño muchos partidos que superan con creces esa barrera. De hecho, sólo ha funcionado ocasionalmente en las grandes circunscripciones, es decir, en Madrid y Barcelona.

En términos comparados, el sistema electoral español pertenece a la categoría de los *fuertes*, dada su capacidad para constreñir el comportamiento de los votantes y para ejercer un impacto reductor en la vida partidista (Sartori, 1994, 37). Sus denominados efectos *mecánicos* han consistido, fundamentalmente, en la sobrerrepresentación de los dos primeros partidos —del primero en mayor medida—, a costa de los más pequeños que tengan apoyos electorales dispersos por el territorio estatal; en cambio, los partidos regionalistas o nacionalistas han solido lograr una representación equilibrada. Los efectos *psicológicos* se manifiestan en lo que se ha denominado el *voto estratégico* o *útil*, consistente en la percepción por los votantes de que el partido que les gustaría elegir carece de posibilidades de lograr representación, debiendo entonces optar por otro para no «desperdiciar» su voto. Estos efectos aumentan el número de votos de los partidos más grandes en detrimento de los demás, y refuerzan así el impacto de los efectos mecánicos al adelantar y acrecentar sus tendencias: reducen el número de partidos, priman al que más porcentaje de votos consigue y penalizan en su representación a los pequeños partidos cuyos votantes se encuentren dispersos en muchos distritos. Una de las consecuencias de todo ello, y no desde luego la menor, radica en la posibilidad de que las elecciones arrojen las llamadas *mayorías manufacturadas* o *prefabricadas*: como ocurrió en las tres consultas celebradas durante los años ochenta, el PSOE consiguió sendas mayorías absolutas de escaños con proporciones de voto que oscilaban entre el 48,4 por ciento y el 39,9 por ciento.

Las manifestaciones de estos elementos han afectado a la fragmentación, la desproporcionalidad y el sistema de partidos. Por lo que hace en primer lugar a la fragmentación, ya sabemos que ha sido relativamente baja y que el principal impacto del sistema electoral se produjo en la diferencia entre el número de partidos electorales y el de partidos parlamentarios. Esta diferencia, que expresa suficientemente la capacidad *reductora* del sistema electoral, resulta sólo superior en el Reino Unido, obviamente el *país mayoritario* por antonomasia. La presencia de muchos pequeños partidos en el Congreso de los Diputados no es incompatible con esa moderada fragmentación: su acceso a la Cámara no llega a ser un problema especialmente grave para las tareas parlamentarias, ya que los dos primeros partidos suman el 80 por ciento de los escaños, y el 90 por ciento entre los cuatro más votados. En segundo lugar, los elevados niveles de desproporcionalidad suponen la otra cara de la moneda de los de la fragmentación. La tabla 11 contiene datos suficientemente expresivos de esa desproporcionalidad: recoge sencillamente las diferencias entre las proporciones de votos y escaños para los principales partidos en las siete elecciones generales. Como es claro, los dos principales partidos (UCD y PSOE en el primer período, y PSOE y AP/PP desde entonces) han obtenido siempre unas sustanciosas ventajas en sus proporciones de escaños con respecto a las de los votos; esas ventajas son más elevadas para el primer partido (UCD en 1977 y 1979; PP en 1996, y PSOE en las restantes consultas), y más aún si ese primer partido es conservador (como UCD y PP). Los partidos minoritarios con apoyos electorales dispersos en todo el territorio nacional han sido sistemáticamente perjudicados en su relación de votos y escaños: así ha ocurrido con AP en el primer período, con el CDS en el segundo y con el PCE/IU en todas y cada una de las consultas. En cambio, los partidos con electorados concentrados en uno o en unos pocos distritos, normalmente de naturaleza nacionalista o regionalista, han logrado una representación equilibrada; en la tabla 11 sólo están recogidos los casos de CiU y PNV por su mayor relevancia, pero esa tendencia puede aplicarse a muchos otros.

TABLA 11. *Diferencias en las proporciones de escaños y de votos en las elecciones generales, 1977-1996**

Partido	1977	1979	1982	1986	1989	1993	1996
PCE/IU	–3,6	–4,2	–2,4	–2,7	–4,3	–4,5	–4,6
PSOE	+4,4	+4,1	+10,4	+8,5	+10,4	+6	+2,8
CDS	—	—	–2,2	–3,8	–3,9	—	—
UCD	+12,9	+12,9	–3,1	—	—	—	—
AP/PP	–3,8	–3,5	+4,7	+3,9	+4,8	+5,5	+5,7
CiU	–0,6	–0,5	–0,2	+0,1	+0,1	0	0
PNV	+0,6	+0,4	+0,5	+0,2	+0,2	+0,2	+0,1

* Los signos positivos indican situaciones de sobrerrepresentación, ya que los partidos obtienen porcentajes de escaños superiores a los de voto; los negativos, de infrarrepresentación.

En términos comparados, el sistema electoral español exhibe las mayores dosis de desproporcionalidad de los países con sistemas de representación proporcional, y se sitúa en lugares próximos a los que cuentan con sistemas mayoritarios, es decir, Francia y el Reino Unido (Gallagher, 1991). Las combinaciones de los elementos del sistema español (sobre todo de la *ratio* escaños/habitantes, la magnitud de las circunscripciones y la fórmula D'Hondt) con la distancia de los apoyos electorales del PSOE y AP/PP durante los años ochenta han ocasionado sesgos mayoritarios equivalentes a los que se registran en países con alguna variante del sistema mayoritario. Estos sesgos conceden un cierto fundamento a la pretensión de reclasificar al sistema electoral español más como mayoritario (bien que *atenuado*) que como proporcional (aunque se le adjetive, según suele hacerse, de *impuro* o *imperfecto*) (Vallès, 1986). Finalmente, los efectos del sistema electoral sobre el de partidos han sido menores, pero en absoluto irrelevantes. Si se tienen en cuenta sus sesgos representativos, no es sorprendente que el sistema español haya girado alrededor de dos partidos principales desde las primeras elecciones de 1977. Según puede comprobarse en la tabla 12, los dos mayores partidos no han tenido nunca menos del 80 por ciento de los escaños del Congreso de los Diputados. Por el contrario, los partidos menores con apoyos electorales territorialmente dispersos han sido progresivamente desplazados de la Cámara: contaban con 41 escaños distribuidos en tres partidos (PCE, AP y Partido Socialista Popular [PSP]) en 1977, y con 31 para dos fuerzas políticas (IU y CDS) en 1989; pero sólo con 18 escaños en 1996, todos ellos de IU. Las obvias implicaciones de los sesgos representativos del sistema electoral han llevado a muchos pequeños partidos a fusionarse o a coligarse con otros mayores, y a muchos líderes minoritarios a evitar escisiones de partidos ya establecidos, como única alternativa ante su segura condición de extraparlamentarios. Si en el nivel nacional el sistema de partidos se ha simplificado adicionalmente a causa del *voto útil*, en los niveles territoriales inferiores el impacto de la normativa electoral puede ser diferente. Mientras que sus desviaciones representativas reducen las posibilidades de los pequeños partidos con bases electorales dispersas, los partidos minoritarios con apoyos concentrados en una comunidad o incluso en una provincia no salen necesariamente perjudicados. De hecho, un partido con menos del 5 por ciento del voto en el ámbito nacional puede recibir el apoyo mayoritario de los votantes de una sola provincia, y en consecuencia resultar razonablemente representado o incluso disfrutar de una cierta sobrerrepresentación. Como ya se ha dicho, los casos de los partidos nacionalistas vascos o catalanes son suficientemente ilustrativos. De esta forma, el sistema electoral presenta dos direcciones contradictorias: mientras que en el ámbito nacional contiene unos fuertes incentivos contra la fragmentación, permite la fragmentación derivada del incremento del apoyo electoral a los partidos autonómicos o provinciales. Esta tendencia ha ido además aumentando ligeramente con el paso del tiempo, hasta estabilizarse aparentemente en los años noventa, como puede comprobarse en la última columna de la tabla 12.

2. *Las percepciones del sistema electoral*

En términos generales, la valoración del sistema electoral es positiva tanto por su aportación al asentamiento de la democracia como por su contribución al funcionamiento del sistema político. Expertos y políticos parecen compartir un cierto consenso al considerar que el sistema electoral está funcionando razonablemente bien, puede exhibir un rendimiento global satisfactorio y contiene, en definitiva, una combinación de elementos más que aceptable. En los momen-

TABLA 12. *Número de escaños (y porcentajes) obtenidos por diferentes tipos de partidos en el Congreso de los Diputados, 1977-1996*

ELECCIONES	DOS PRINCIPALES PARTIDOS	PEQUEÑOS PARTIDOS DE ÁMBITO NACIONAL	PARTIDOS AUTONÓMICOS O PROVINCIALES
1977	283 (81%)	41 (12%)	26 (7%)
1979	289 (83%)	33 (9%)	28 (8%)
1982	308 (88%)	18 (5%)	24 (7%)
1986	289 (83%)	26 (7%)	35 (10%)
1989	282 (81%)	31 (9%)	37 (10%)
1993	300 (86%)	18 (5%)	32 (9%)
1996	297 (85%)	21 (6%)	32 (9%)

tos de la transición, el sistema electoral redujo la numerosa concurrencia partidista de las elecciones *fundacionales*, evitando una excesiva fragmentación que hubiera dificultado la labor parlamentaria y gubernamental. Por otra parte, no privó de representación parlamentaria a diversos partidos regionalistas o nacionalistas (especialmente vascos y catalanes), permitiéndoles tomar parte en la elaboración del texto constitucional y coadyuvando de esta forma a la legitimación del nuevo sistema democrático. Y, al beneficiar en mayor medida a la UCD, dio lugar a mayorías parlamentarias suficientes que garantizaron la estabilidad gubernamental y fomentaron las tendencias centrípetas de la competitividad partidista. Desde 1982, con la consolidación democrática ya lograda, el sistema electoral ha dado buenas pruebas de su *institucionalización*, es decir, de su capacidad de producir efectos propios no previstos inicialmente y de permanecer pese a las variaciones ocurridas en factores externos. Durante la década de los ochenta, el PSOE ha disfrutado de mayorías parlamentarias absolutas obtenidas gracias a los mecanismos de desproporcionalidad previstos en su momento para facilitar la sobrerrepresentación de los escaños de los partidos conservadores. El sistema electoral ha dado también pruebas evidentes de su eficacia integradora: ha facilitado que ningún partido relevante quede fuera de la vida parlamentaria, propiciado la estabilidad gubernamental y arrojado en todos los casos un partido *ganador*. Y sus reglas son lo suficientemente sencillas como para que los electores puedan aplicarlas sin dificultad y para que los dirigentes de los partidos hayan conseguido en poco tiempo adaptarse a su juego de incentivos y penalizaciones. Entre sus dimensiones negativas, la principal radica obviamente en la considerable desigualdad del voto que ocasiona en el ámbito territorial y en la vida partidista; una desigualdad cuyos efectos han revertido sucesivamente en la UCD, en el PSOE y en el PP como primeros partidos. Tras cerca de 20 años de existencia, casi todos los líderes políticos y una buena parte de los analistas parecen abrigar dudas crecientes sobre la probabilidad de que puedan adoptarse unas reglas electorales distintas que faciliten simultáneamente la formación de mayorías de gobierno, arrojen una fragmentación moderada mediante una notable (*des*)proporcionalidad y propicien así mecanismos favorecedores de la estabilidad política.

Al mismo tiempo, el sistema electoral español ha sido el destinatario de no pocas críticas y propuestas de reforma. Sus autores han solido ser publicistas, ensayistas y antiguos dirigentes políticos; ni los partidos (salvo la coalición IU) ni la comunidad académica de especialistas han mantenido consistentemente una posición crítica frente al sistema electoral. El *catálogo* de esas propuestas de reforma ha ido variando su contenido. En una primera fase, las críticas se concentraron en los efectos desproporcionales del sistema electoral; en consecuencia, los cambios sugeridos buscaban incrementar la magnitud de las circunscripciones y ampliar el tamaño del Congreso de los Diputados, así como modificar los criterios de asignación de escaños a las provincias y adoptar una nueva fórmula electoral. Más recientemente, las propuestas de reforma parecen haberse limitado a cuestiones menores, como las de las listas electorales. Los requisitos normativos de que sean cerradas, completas y bloqueadas concentran la casi totalidad de las críticas: se rechazan por su supuesto carácter antidemocrático e incluso anticonstitucional, y por su pretendida contribución al fortalecimiento de las burocracias partidistas a causa del monopolio en la selección de los candidatos, al distanciamiento entre representantes y representados y a la despersonalización de la propia representación política (Montero y Gunther, 1994). Pero las propuestas no han pasado de exigir que las listas sean *abiertas*, sin más concreciones normativas o especificaciones técnicas entre las muchas alternativas existentes. En realidad, la discusión sobre las listas electorales ejemplifica el tono general del debate sobre el propio sistema. En la mayoría de las ocasiones, las críticas al sistema electoral han descansado en relaciones causales cuando menos dudosas, en presupuestos infundados o en regularidades empíricas inexistentes. Y no pocas de las propuestas sugeridas desconocen en el mejor de los casos cuestiones elementales de la técnica electoral, o son susceptibles de generar problemas más graves de los que pretendían resolver.

El consenso existente sobre los rendimientos positivos del sistema electoral es perfectamente compatible con desacuerdos menores respecto a algunos de sus componentes. Este *disenso* controlado favorece la discusión sobre las posibles modificaciones del sistema electoral, pero siempre que se haga con conciencia de su limitada eficacia para todo lo que no sea corrección de aspectos específicos del sistema político. A diferencia de quienes afirman que, en materia de reglas electorales, las grandes reformas son imposibles de conseguir, mientras que las pequeñas nada aportan, creemos, con muchos otros especialistas, que sólo es cierta la primera parte de esa opinión. Los cambios en los elementos fundamentales de los sistemas electorales son extremadamente raros y están unidos a circunstancias de anormalidad política e institucional. De hecho, la inmensa mayoría de los cambios producidos desde los años cuarenta han supuesto sólo modificaciones relativamente menores en las dimensiones electorales, y casi siempre en búsqueda de una mayor proporcionalidad. Como en los países que las han acometido, las *pequeñas* reformas pueden mejorar algunos defectos de la representación política, pero siempre que se lleven a cabo respetando la adecuación estricta entre sus beneficios y sus costes, entre los objetivos que se persiguen y los aspectos que tratan de modificarse. Por el momento, una discusión de estas características parece estar todavía lejos del escenario político español.

NOTA BIBLIOGRÁFICA

Los estudios sobre elecciones y comportamiento electoral en España comienzan ya a ser numerosos. Algunas obras generales son las de Linz et al. (1981); M. Caciagli, *Elecciones y partidos en la transición española*, CIS/Siglo XXI, Madrid, 1985; Gunther, Sani y Shabad (1986); Linz y Montero (1986); y P. del Castillo (ed.), *Comportamiento político y electoral*, CIS, Madrid, 1994.

Muchas de las cuestiones discutidas en la primera sección de este capítulo, dedicada a las dimensiones del voto, están tratadas con mayor extensión en Montero (1994). Respecto a la segunda sección, sobre los factores del comportamiento electoral, puede verse Gunther y Montero (1994); Orizo (1991); Montero (1993); Vallès (1991) y Linz (1985). Y por lo que hace a la tercera sección, relativa a los rendimientos del sistema electoral, puede verse J. R. Montero, R. Gunther, J. I. Wert y otros, *La reforma del régimen electoral*, Centro de Estudios Constitucionales, Madrid, 1994, y Montero (1997).

Finalmente, una relación bibliográfica más amplia sobre cuestiones electorales es la de J. R. Montero y F. Pallarès, *Los estudios electorales en España: un balance bibliográfico (1977-1991)*, Institut de Ciències Polítiques i Socials, Working Paper, Barcelona, 1992.

REFERENCIAS BIBLIOGRÁFICAS

Bartolini, St. y Mair, P. (1990): *Identity, competition, and electoral availability. The stabilisation of European electorates, 1885-1985*, CUP, Cambridge.

Gallagher, M. (1991): «Proportionality, disproportionality and electoral systems»: *Electoral Studies*, 10, 33-51.

Gunther, R. Sani, G. y Shabad, G. (1986): *El sistema de partidos políticos en España. Génesis y evolución*, CIS/Siglo XXI, Madrid.

Gunther, R. y Montero, J. R. (1994): «Los anclajes del partidismo: un análisis comparado del comportamiento electoral en cuatro democracias del sur de Europa», en Castillo, P. del (ed.), *Comportamiento político y electoral*, CIS, Madrid.

Lijphart, A. (1995): *Sistemas electorales y sistemas de partidos. Un estudio de veintisiete democracias, 1945-1990*, CEC, Madrid.

Linz, J. J. (1985): «De la crisis de un Estado unitario al Estado de las Autonomías», en Fernández Rodríguez, F. (ed.), *La España de las Autonomías. Pasado, presente y futuro*, Instituto de Estudios de Administración Local, Madrid.

Linz, J. J., Gómez-Reino, M., Orizo, F. A. y Vila, D. (1981): *Informe sociológico sobre el cambio político en España, 1975/1981*, Euramérica, Madrid.

Linz, J. J. y Montero, J. R. (eds.) (1986): *Crisis y cambio: electores y partidos en la España de los años ochenta*, CEC, Madrid.

Montero, J. R. (1993): «Las dimensiones de la secularización: religiosidad y preferencias políticas en España», en Díaz-Salazar, R. y Giner, S. (eds.): *Religión y sociedad en España*, CIS, Madrid.

Montero, J. R. (1994): «Sobre las preferencias electorales en España: fragmentación y polarización (1976-1993)», en Castillo, P. del (ed.), *Comportamiento político y electoral*, CIS, Madrid.

Montero, J. R. (1997): «El debate sobre el sistema electoral: rendimientos, criterios y propuestas de reforma»: *Revista de Estudios Políticos*, 95, 9-46.

Montero, J. R. y Torcal, M. (1990): «La cultura política de los españoles: pautas de continuidad y cambio»: *Sistema*, 99, 39-74.

Montero, J. R. y Gunther, R. (1994): «Sistemas "cerrados" y listas "abiertas": sobre algunas propuestas de reforma del sistema electoral en España», en Montero, J. R., Gunther, R., Wert, J. I. y otros, *La reforma del régimen electoral*, CEC, Madrid.

Orizo, F. A. (1991): *Los nuevos valores de los españoles. España en la Encuesta Europea de Valores*, Fundación Santa María, Madrid.

Sartori, G. (1994): *Comparative and constitutional engineering. An inquiry into structures, incentives and outcomes*, Macmillan, London.

Taagepera, R. y Shugart, M. F. (1989): *Seats and votes. The effects and determinants of electoral systems*, Yale University Press, New Haven.

Vallès, J. M. (1986): «Sistema electoral y democracia representativa: nota sobre la Ley Orgánica del Régimen Electoral General de 1985 y su función política»: *Revista de Estudios Políticos*, 53, 7-28.

Vallès, J. M. (1991): «Entre la regularidad y la indeterminación: balance sobre el comportamiento electoral en España (1977-1989)», en Vidal-Beneyto, J. (ed.), *España a debate. La política*, Tecnos, Madrid.

Wert, J. I. (1996): «Las elecciones legislativas del 3-M. Paisaje para después de una batalla»: *Claves de la Razón Práctica*, 61, 36-44.

Capítulo 17

TRANSICIONES Y CAMBIO POLÍTICO

José Cazorla Pérez

Universidad de Granada

Se ha dicho que el cambio político y no la inmovilidad, constituye la nota dominante en la Historia mundial. De hecho, el cambio político no es más que una modalidad del cambio social, y verdaderamente éste es tan antiguo como la Humanidad. Pero no es menos cierto que en el siglo XX, en especial en su segunda mitad, su aceleración resulta evidente. A la vez, los medios de comunicación de masas nos dan la impresión cotidiana de una vertiginosa sucesión de acontecimientos en esta «aldea global», en la que ya un hecho cualquiera, puede tener innumerables e insospechadas repercusiones en personas o lugares que hasta no hace mucho parecían remotos.

A partir de la segunda Guerra Mundial, aparecieron docenas de Estados nuevos como consecuencia de la descolonización de territorios hasta entonces dominados por países occidentales, y este proceso aún no ha terminado, al desmembrarse la Unión Soviética a comienzos de los años noventa, y recuperar su autonomía la mayoría de sus antiguas repúblicas. Otro tanto ha sucedido en Yugoslavia. Incluso allí donde los cambios se han producido de manera pacífica, los sistemas políticos han experimentado transformaciones fundamentales en las formas de participación popular, de intervención del Estado en la economía, o de reclutamiento de los propios políticos.

Para analizar este tema dentro del contexto del presente volumen, debemos hacer referencia al cambio social y político, a la modernización, a sus consecuencias en el conflicto, y al papel de la legitimidad, para entrar a continuación en la modalidad de cambio político denominada transición. Establecida su especificidad y variedades, nos ceñiremos a las transiciones desde un régimen autoritario a otro democrático, para finalmente, estudiar el caso de España, de particular interés, no sólo para nosotros, sino por su relevancia en la Historia contemporánea.

I. CAMBIO SOCIAL Y MODERNIZACIÓN

Desde la antigüedad, la relación existente entre el cambio económico y el político ha llamado la atención de los autores. Así, Aristóteles afirmaba que la principal causa de la revolución es la separación entre el poder económico y el político. Es decir, que cuando la distribución de la riqueza no se corresponde más o menos con la del poder, se produce inestabilidad, que puede llevar a la revolución. Aristóteles llegaba a la conclusión de que el tipo más estable de sistema político era el que se basaba en una amplia proporción de clase media.

En la época moderna el fenómeno más importante no es el capitalismo, como se suele creer, sino la difusión de la técnica aplicada, la mecanización. A partir de ella, todas las sociedades se han transformado, en mayor o menor medida, cambiando los papeles tradicionales de la mujer, los sistemas familiares y religiosos, la estructura de clases (con un aumento de los estratos medios), los hábitos familiares y laborales, las formas de ocio, la táctica y la estrategia militar, multiplicándose las especializaciones, las empresas mercantiles y financieras, la productividad, los transportes y comunicaciones, las instituciones y asociaciones de todas clases, originándose fuertes movimientos migratorios, un incremento de los sistemas democráticos, y en suma, una *sociedad de masas* sin precedentes en la Historia humana. Lo que caracteriza fundamentalmente a esta nueva forma de civilización es su *capacidad de acumular y controlar energía e información*, y sus consiguientes diferencias, en cuanto bases del dominio tecnológico, económico y político.

Como ha señalado Díez Nicolás, el crecimiento de la población, la distribución de los recursos (con sus realidades concomitantes de la distribución de ellos y la escasez), la organización social y la tecnología, son componentes básicos del sistema social, pero simultáneamente mantienen entre sí relaciones conflictivas, por lo que son los principales portadores del cambio social.

Aunque las invenciones y descubrimientos tienen los más diversos orígenes, ha sido la cultura occidental la que, desde finales del siglo XVIII, ha sabido encontrarles aplicación industrial, lo que al cabo de algún tiempo le ha permitido dicho predominio. Hasta el punto de que si, ciertamente, subsiste una gran variedad de culturas (compuestas por normas, ideas, costumbres y valores muy distintos), se observa hoy una tendencia irresistible a la presencia de una sola civilización material, la cual usa mundialmente unos mismos instrumentos y elementos de la técnica, que ya son insustituibles. Por otro lado, estos fundamentales cambios condujeron a la aparición de ideologías, muy extendidas sobre todo en el mundo occidental, que se iniciaron con la ideología base del capitalismo, estrechamente unida —según el conocido análisis de Weber— a la interpretación calvinista del cristianismo. La siguió la del *progreso*, vigente desde finales del XVIII hasta el *crack* de 1929, y ha continuado con la del *desarrollo*, desde la segunda Guerra Mundial, de la que subsisten aún muchos aspectos. Estas ideologías encubrieron funciones de legitimación de las instituciones y apaciguamiento de las expectativas de los menos pudientes, que todavía hoy mantienen en buena parte su vigencia (Cazorla, 1991).

Su contraste con la dura realidad de la desigualdad fue puesto de relieve especialmente por Marx, Lenin y por todos los contribuyentes a la llamada teoría crítica de la sociedad. De ellos surgieron en su momento propuestas de creación de un nuevo orden político, que desde 1917 se plasmaron en la aparición del Estado soviético y tras la segunda Guerra Mundial, de regímenes socialistas o comunistas que, en la década de 1980, llegaban a abarcar más de una tercera parte de la población mundial. También en la década de 1920 aparecieron los regímenes fascistas, que ofrecían una nueva fórmula —opuesta a la anterior— de estructuración del Estado.

En todo caso, como ya Durkheim y Pareto pusieron de relieve a finales del siglo XIX, es utópico suponer que la introducción de *normas* que faciliten la igualdad jurídica y política, e incluso las condiciones que para una mayoría propician la abundancia económica en un determinado país, pueden impedir el brote de conflictos. Incluso en los países más desarrollados, la experiencia cotidiana demuestra precisamente lo contrario.

Tampoco el proceso de *modernización* antes descrito se ha producido por igual en todos los países. Iniciado sobre todo en Inglaterra y algunos países de la Europa central, consiguió en ellos y luego en Estados Unidos un adecuado equilibrio entre sus componentes políticos, económicos, sociales y tecnológicos. Pero no ha sucedido lo mismo en otros muchos lugares, sobre todo del llamado «Tercer Mundo», en donde se han absorbido rápidamente los elementos de la civilización, sin que los acompañasen al mismo ritmo los valores y pautas de conducta que produjeron la evolución hacia la secularización, y el predominio de las instituciones democráticas en el mundo occidental. El resultado ha sido a menudo la modernización pero no el desarrollo. Dicho de otro modo, se ha incrementado la población urbana, los transportes y comunicaciones, algunos medios de masas, como la televisión, pero no han cambiado en paralelo las creencias y comportamientos que facilitarían una mayor participación de la población en la estructura del poder político. Incluso ha habido en algunos lugares un retorno a interpretaciones tradicionales, ultraconservadoras en lo religioso, que difícilmente encaja con los principios de racionalidad y respeto a los derechos humanos que caracterizan a los sistemas democráticos.

Es preciso recordar, aunque sea muy brevemente, que en el mundo actual se produce un duro contraste entre los países más y menos desarrollados. Hace cuatro siglos, todavía no había grandes diferencias a nivel mundial, pero a medida que el dominio de la tecnología (y por consiguiente de la economía y del poder político) se ha concentrado en una minoría de Estados-nación, y de población, la distancia se ha acrecentado rápidamente entre unos y otros, de tal modo que las diferencias en las rentas per cápita pueden —por término medio— ser hoy setenta u ochenta veces más altas entre países como Suiza y Mozambique. Si tenemos en cuenta que en la mayoría de los «pobres» hay un fuerte crecimiento de la población y una pésima distribución de los recursos, acrecentados por una creciente difusión de las expectativas (el ver o suponer cómo viven «los otros»), es utópico dar por sentado que el nivel de conflictos internos o internacionales disminuirá en el futuro.

A medida que los países se modernizan, el poder personal tiende a institucionalizarse a través de la burocratización, diversificándose y coincidiendo con tendencias paralelas en la estratificación social, que prima los conocimientos especializados. Al aumentar los grupos dirigentes, que dependen ya más del mérito que de la adscripción, se reduce relativamente el número de los que ocupan el extremo más bajo de la escala social (al menos en el ámbito de ciertos Estados-nación, no a nivel mundial). También la movilidad vertical se incrementa, con menor influencia de los orígenes sociales, y se ensanchan los estratos sociales medios, especialmente los asalariados. La desigualdad interior tiende a disminuir, como causa y efecto de que la producción en masa no puede sostenerse sin un consumo de masas. A la vez, descienden también las diferencias ideológicas entre los grupos en competencia, estableciéndose cauces institucionalizados de resolución de los conflictos.

Pero, como ha señalado Badie (1985) en este contexto, las teorías del evolucionismo político no siempre han tenido en cuenta que «más que una realización progresiva de la igualdad, la historia de las sociedades consagraría por el contrario la sucesión de diferentes conceptos de la igualdad y la justicia social, demostrando que cada modelo de organización social, lejos de imponerse como etapas o fórmulas de transición, concibe formas de relación social que poseen significado propio y a las que no cabe estudiar más que desde ese punto de vista». Por tal razón, prosigue este autor, «el Tercer Mundo, en su actual proceso de transformación política, se enfrenta con una enorme contradicción: modernizarse en función de una racionalidad política que no va de acuerdo con su identidad cultural, ni con su historia, ni con su estructura social, ni con su organización económica. Esta situación le presiona hacia su inserción en un sistema internacional dominado por Occidente —o por el Norte—, pero a la vez tropieza con la incapacidad propia de todo sistema social de crear, a corto plazo, una fórmula original y duradera de desarrollo político. En consecuencia, la modernización política debe ser reconsiderada con relación a esta circunstancia de ruptura, que explica los *rasgos autoritarios* que caracterizan a la casi totalidad de los sistemas políticos del Tercer Mundo».

II. CAMBIO POLÍTICO Y CONFLICTO

Considerándolos pues inevitables, cabe establecer una diferenciación entre *conflictos de valores y de intereses*. Mientras los primeros pueden alcanzar un grado de violencia considerable, es posible contener los segundos dentro de unas reglas que limiten sus efectos, toda vez que al no afectar a convicciones profundas, son menos trascendentes. Por esta razón, cuando las diferenciaciones culturales han llegado al terreno último de los valores de orden teológico, sin el paliativo del valor compensatorio positivo de la tolerancia (característicamente «*moderno*»), los conflictos se han hecho extremos, como en el caso de las guerras de religión y las represiones interiores de los siglos XVI y XVII en España, o las actitudes integristas en la actualidad. Del mismo modo, la introducción de elementos ideológico-políticos en reivindicaciones laborales las agudiza, llevándolas fácilmente a la radicalización. Si por el contrario, en países con un cierto nivel de desarrollo se consigue introducir como valor generalmente aceptado, el de la tolerancia y la aceptación de unas «reglas del juego» comunes, y se separan las reivindicaciones, por ejemplo salariales, de su posible contexto ideológico (lo que no significa renunciar a él), el conflicto se suaviza y admite cauces para su resolución por vías pacíficas. Una vez más, el caso de España a partir de la transición.

El conflicto puede llegar a ser violento o no, lo que constituye quizás la más importante diferenciación en el mismo. En la medida en que las culturas políticas modernas tienden a ser más dinámicas, y el proceso de cambio se hace más rápido en ellas, los inevitables desajustes entre sus componentes, entre las instituciones y grupos, provocan mayor número de conflictos, aunque no necesariamente violentos. En cambio, en las culturas de la antigüedad, al ser más lentas las transformaciones, menor el número de intereses en juego, y menor la diferenciación interna entre los valores, el conflicto quizás era menos frecuente. Pero desde luego resultaba más violento, al coincidir con la incomprensión y la intolerancia y producirse frecuentemente la represión desde el poder político-religioso.

El problema de fondo radica no tanto en el concepto de conflicto, sino en la determinación del grado en que se puede aceptar la violencia en éste como algo «normal», en virtud de lo que cada cultura o subcultura determina al respecto. Incluso en un mismo territorio pueden existir dos culturas con dos conceptos muy diferentes de aquél, como por ejemplo la generalizada en la mayoría de los países desarrollados, frente a la de ciertos sectores de la población, *skin-heads*, fascistas, o grupos juveniles violentos, para los que la diferencia étnica constituye un estigma punible. Como es bien sabido, en sociedades del pasado, el rechazo o al menos el recelo ante el extranjero, la xenofobia, era lo habitual, en paralelo al etnocentrismo predominante. Por tanto, este tipo de actitudes son en el mundo moderno residuos de una forma cultural ya periclitada.

La segunda generación de la escuela de Francfort, en particular Habermas, ha puesto de relieve que las contradicciones del capitalismo tardío no se deben hoy tanto a causas económicas como a problemas de legitimación, motivación y administración. Por una parte se proclaman la dignidad y los derechos humanos, la racionalidad y otros valores, y por el otro las estructuras sociales reproducen la injusticia, la opresión y la dominación, que los procedimientos e instituciones de la democracia formal no son capaces de resolver. El resultado es una conflictividad latente que posee una larga serie de expresiones propias, como las crisis de identidad, la drogadicción, el pasotismo, el hedonismo o la escasa sensibilidad a los principios de solidaridad. Como decimos, es claro que en un futuro previsible continuarán produciéndose conflictos, puesto que la diversidad de los valores y la complejidad de los intereses en juego será aún mayor que ahora. Repetidamente se ha demostrado que la democracia formal predomina sobre la material, es decir, aquella que «llevaría a la conciencia la contradicción entre una producción administrativamente socializada y un modo de apropiación y empleo de la plusvalía que sigue siendo privado» (Habermas, 1987). La importancia del papel del cambio conflictivo en las culturas políticas es tal, que, como es bien sabido, Max Weber definía al Estado en función del *monopolio del uso legítimo de la violencia, dentro de un determinado territorio*. No es un principio ético el que determina tal legitimidad, sino el simple hecho de que los miembros de la colectividad política reconocen que el Estado es la solución más racional que les permite convivir pacíficamente. Por consiguiente, de su eficacia deriva su legitimidad política. En las culturas políticas de los países democráticos, claro está, subsiste la violencia, puesto que gobernar, en cualquier caso, implica ejercer la coacción cuando no hay consentimiento. Ahora bien, sólo se acude a ella cuando las demás instituciones jurídicas, políticas o sociales —caso de las costumbres o las creencias— fallan en sus sanciones o no son respetadas. Tan importante es la regulación formal del conflicto y sobre todo de la violencia institucional, dentro de unos límites predefinidos y bajo la inspección de los poderes públicos, que sin esa condición no se puede hablar de una sociedad estabilizada. La racionalidad jurídica se impone en el Estado moderno sobre la voluntad y la autoridad política, justificándose el uso de la violencia precisamente para evitar la violencia incontrolada. Por esta razón, Freund atribuye a la política la función de «crear las condiciones de desarrollo de cada ser y cada actividad, segun sus preferencias, sus gustos y sus convicciones». Para ello tienen que existir unas instituciones suficientemente sólidas que posean capacidad coactiva, puesto que el Derecho, por sí solo, no evita los conflictos. En definitiva, se trata de restablecerlo o imponerlo, lo cual es un problema de estructura política. O, dicho de otro modo, la esencia de la política consiste en la regulación normativa e institucional de los conflictos.

La represión estatal, en un Estado de Derecho, se encuentra respaldada por el consenso popular, la ley y muy destacadamente, por el control regularizado de los poderes legislativo, ejecutivo y judicial. Ello tampoco significa que *todos* los actos de violencia ejercidos en nombre del Estado, dentro o fuera de sus fronteras, sean necesariamente legítimos. Ni tampoco que el referido «monopolio» de la violencia sea en realidad absoluto, puesto que ha de enfrentarse a variedades de delincuencia o fraude más o menos organizados. Desde luego, si el Estado no es capaz de garantizar un *mínimo* de seguridad a sus ciudadanos, su legitimidad peligra. El problema radica en que los límites de ese mínimo varían no sólo entre los países sino incluso dentro de un mismo país, según lo que ciertos grupos de interés están dispuestos a admitir. Precisamente el inicio de la guerra civil española, en julio de 1936, tuvo como «motivo» (o pretexto, según otra versión), los graves desórdenes públicos que el Gobierno había sido incapaz de atajar en los años inmediatos y sobre todo en los meses anteriores.

En todo caso, en los regímenes no democráticos, la represión se convierte en opresión, porque no se intenta restablecer las instituciones tradicionales de la cultura o el propio Derecho. Lo que se suele hacer es aplicar la violencia a toda oposición o disidencia que no marche por el camino marcado por el sistema. Precisamente el culto a la violencia ha sido característico de los movimientos sociales más radicales, sobre todo los de corte fascista, hasta el punto de que Arendt consideró que el terror era esencial para definir como tales a los regímenes totalitarios, en los que se llegó incluso a elaborar «razonamientos» para su justificación.

III. CONDICIONES POLÍTICAS USUALES DE LAS SOCIEDADES AVANZADAS

Para ofrecer una especie de ejemplo teórico de lo que son sociedades democráticas avanzadas, de las que en principio disfruta una minoría de la población mundial, pero a las que aspira su mayor parte, es preciso determinar cuáles sean sus características comunes. Y así encontramos la diferenciación, la institucionalización y la universalización. Con referencia a la primera, es evidente la creciente especialización de roles, estructuras y funciones que se dan en la familia, la escuela, y demás grupos sociales, religiosos y políticos. La adaptación de éstos a unas reglas del juego estables y comunes exige a la vez su institucionalización. De este modo, los roles sociales terminan por independizarse de su titular, lo que coincide con el tipo weberiano legal-racional.

Ciñéndonos a sus peculiaridades políticas, en lo que se refiere a la universalización, implica la disminución de las relaciones particularistas y de la organización fraccional de la sociedad, tendiendo a hacerla más movilizada y participante, alejándose de sus vinculaciones tradicionales, cara al objetivo de la igualdad. De aquí la generalización del derecho de sufragio (como parte de un conjunto de derechos del ciudadano), la extensión de los principios de legalidad y territorialidad, y la aceptación generalizada del modelo democrático occidental. De aquí también las ya mencionadas dificultades de realización de éste en sociedades marcadas, por ejemplo, por una cultura política tribal y no territorial. La influencia de dicho modelo democrático modernamente es tal, que se han registrado variedades semánticas de su denominación, como por ejemplo en las «democracias orgánicas» y en las «populares», cuya organización e instituciones estaban bien lejos de la democracia real. Prácticamente hoy todos los regímenes se autodenominan «democracias», por lejos que se encuentren —según nuestros valores— de su verdadera esencia.

Sin entrar en otros aspectos económicos y sociales de estas sociedades (como por ejemplo la libre elección de cónyuge o de opción política), frente a otros planos de las relaciones sociales, la política se autonomiza cada vez más, apareciendo un *centro* que pretende el monopolio de la función política, el control sistemático de la periferia y la creación de burocracias capaces de hacerse cargo de las tareas de coordinación y redistribución. Ciertos grupos o formas de asociación sindical o similar aseguran la transmisión de las demandas desde la periferia al centro, y el ejercicio del poder, en suma, no aparece ya como propiedad personal, sino como mandato derivado de una legitimidad popular que es en sí intrínsecamente moderna (Badie, cit.).

Ahora bien, lo que se ha denominado la *sociedad tecnotrónica*, favorece por otro lado una cierta personalización del poder, que compensa el exceso de burocratización y el forzoso alejamiento de los dirigentes políticos, los cuales, como señala dicho autor, a menudo «utilizan eficazmente las últimas técnicas de comunicación para manipular las emociones y dirigir las inteligencias», en una especie de resurgimiento de los carismas. Igualmente el saber —los conocimientos especializados— ha adquirido una importancia cada vez mayor, que ha acuñado el término *tecnocracia*. La desempeñan pues, técnicos que usan sus capacidades para adquirir y ejercer un poder político, sin posibilidad de elección por parte de los ciudadanos, lo que acrecienta el sentimiento de alienación de estos. Como la burocracia se encamina hacia la consecución de la eficacia, encaja mal con la disidencia o la crítica, características de la democracia. Por eso se acusa con tanta frecuencia de irracionalidad a la sociedad moderna, cuya economía, además, se caracteriza por estimular el consumo de bienes y servicios, a menudo superfluos y cuya necesidad previamente ha creado.

La tecnoestructura utiliza la información como factor de poder, y en el fondo, de decisión, tanto en el plano de las Administraciones públicas, como de las empresas, que terminan por actuar no sólo en coordinación, sino que se intercambian técnicos y dirigentes, apareciendo una «élite polivalente». Esto explica también la facilidad con que la Administración del Estado, la patronal y los sindicatos concluyen acuerdos o concertaciones, aparentemente para evitar conflictos y en beneficio del interés general, pero dando origen a una «sociedad corporativa» o «corporatista», que ha sido objeto de analisis críticos en los últimos años.

Otros fenómenos políticos que se aprecian en las sociedades occidentales avanzadas, son la desideologización de los partidos políticos, que dejan de ser clasistas para convertirse en «atrapalotodo». Lo cual tiene el efecto beneficioso de evitar polarizaciones y enfrentamientos extremos, pero el inconveniente de restar funciones e importancia al papel del Parlamento (en coincidencia con otras circunstancias, claro está). A su vez, ello repercute en una disminución del protagonismo de la oposición, con lo que surgen fuerzas extraparlamentarias y grupos de interés o presión que tienden a suplantar a aquél. Entre estos grupos adquiere hoy particular importancia la juventud, cuyos valores y comportamientos, comentados entre otros por Schwartzenberg (1988), tienden a ser reformistas, no revolucionarios, pragmáticos, ecologistas, y partidarios de los derechos de la especie humana, amenazada por las guerras, el subdesarrollo, la contaminación, o en su dimensión cultural, por los atentados al patrimonio común de la Humanidad.

IV. LEGITIMIDAD Y TRANSFORMACIÓN DE LOS REGÍMENES POLÍTICOS

Los sistemas políticos están constituidos por un conjunto de roles interdependientes e interacciones que imponen la asignación legitimada de los recursos en una sociedad (Easton, 1966). Un mismo sistema puede originar regímenes políticos distintos, como por ejemplo ocurrió en Francia en 1958, al pasar de la IV a la V República. De manera que los sistemas tienden a ser más duraderos y estables que los regímenes, mientras que éstos tienden a acomodarse con mayor facilidad al cambio coyuntural de circunstancias, a la vez que se mantiene lo esencial de aquéllos. En todo caso, debe tenerse en cuenta que la habitual confusión terminológica de las Ciencias Sociales y de la Ciencia Política en particular, ha originado docenas de perspectivas, que a menudo se solapan entre sí, de manera que terminan por confundirse ambos conceptos.

Como hace ya algún tiempo señaló Lipset, la estabilidad depende de «la eficiencia y la legitimidad del régimen político». A su vez, éstas derivan de las creencias y la subjetividad de los grupos sociales. Cuando el poder es legitimado, o sea, cuando es capaz de obtener obediencia por la convicción, y sin recurrir de inmediato a la coacción o a la fuerza, surge el concepto de autoridad. Como apunta Murillo Ferrol (1963), cabría decir en suma que «un poder no se obedece porque sea legítimo, sino que es legítimo porque se obedece». Por tal razón las personas no tienen «autoridad» de la misma manera en que poseen algo, sino con referencia a una relación con otra a la que acatan en un determinado ámbito. El cual a su vez queda definido por el Derecho o la costumbre. Así, en un Estado democrático se obedecen las disposiciones legales emitidas por una institución, un funcionario o un cargo político en el ejercicio de sus funciones, en cuanto representante legítimo de un poder, que a su vez emana del pueblo a través del Parlamento. En definifiva, lo que respalda a la legitimidad democrática es el *consentimiento* libremente asumido.

Una vez más nos encontramos con el tema de las expectativas. La eficacia de un régimen depende en el fondo de que los ciudadanos crean que es el más adecuado para su situación, y haya una moderada esperanza de que las cosas van a ir mejor. En cualquier país democrático se aceptan considerables sacrificios económicos —como un plan de estabilización o de devaluación— si se tiene confianza en los representantes políticos. Y la «confianza», o credibilidad es en definitiva una cuestión de creencias colectivas, o dicho de otro modo, de cultura política. Precisamente por eso tienen tanta trascendencia los instrumentos de medición de aquéllas, como son los sondeos y encuestas de opinión.

Una cuestión básica es la de las condiciones que dan lugar a que el cambio en los sistemas o regímenes políticos sea estable o inestable. El primero, es decir, la normal evolución pacífica, se produce cuando: 1) los canales institucionales para plantear las demandas son suficientes para encauzar las de carácter más general y persistente; 2) cuando las estructuras y procesos para resolver los conflictos entre demandas opuestas y para formular y ejecutar políticas aceptables operan con eficacia; 3) cuando tales estructuras, procesos y políticas continúan siendo reconocidos como legítimos por las personas y colectividades que presentan las demandas. Por el contrario, la inestabilidad (o cambio inestable), surge cuando las demandas en conflicto no encajan en los canales de comunicación existentes (limitados o bloqueados por definición en los regímenes dictatoriales). Igualmente cuando las estructuras y procesos institucionales para resolver los conflictos entre demandas, y para formular e implementar políticas aceptables han perdido su eficacia. O bien cuando importantes colectividades cuyos intereses han originado esas demandas descubren que dichas estructuras y procesos han perdido su legitimidad. Naturalmente, la estabilidad o no de los sistemas o regímenes da lugar a un *continuum* bastante extenso en la clasificación de éstos (Dorsey, 1966).

En general, sólo puede decirse que los cambios hacia una creciente eficacia y legitimidad, en particular cuando a la vez las demandas son crecientes, puede considerarse como «desarrollo». Y al cambio en sentido opuesto cabe denominarlo «deterioro», «decadencia» o «involución». También en términos generales, el desarrollo suele producirse hacia una forma democrática o más democrática, y a la inversa, pero no necesariamente siempre, porque aquí entran en juego nuestras valoraciones. Hace una década Morlino presentó una teoría sobre el cambio de los regímenes de democráticos a autoritarios y viceversa. Distinguía así varios tipos de cambio, según fuese continuo o discontinuo, pacífico o violento, equilibrado o no, fundamental o marginal, acelerado o lento, e interno o externo. Este último implicaba causas exteriores, como una invasión militar, mientras los otros presuponían rupturas internas o adaptación a nuevas condiciones, convulsiones o formas legales y controladas, y transformaciones totales o graduales. En los Estados que se basan en principios representativos, la evolución o mutación del sistema de partidos tiene gran importancia en cualquier cambio de régimen.

En todos los sistemas, las constituciones establecen previsiones para la urgente suspensión del funcionamiento normal de las instituciones en casos de particular y grave emergencia, tales como alguna amenaza exterior o interior al país, su independencia o territorio. En estos casos se establecen restricciones al ejercicio de los derechos individuales o colectivos, y correlativamente se atribuyen poderes excepcionales al ejecutivo por un tiempo limitado, con objeto de resolver la crisis. En las democracias esta situación se produce muy raramente; por ejemplo, desde hace casi medio siglo, nunca se ha declarado en Alemania. Pero en regímenes autoritarios o «pseudo-democracias», es muy frecuente el uso abusivo e injustificado del estado de excepción (o incluso del de guerra), con objeto de coaccionar o anular las fuerzas de oposición, bajo la apariencia de unas necesarias «medidas legales». Sin ir más lejos, en abril de 1975 el Gobierno español decretó el estado de excepción en las provincias de Vizcaya y Guipúzcoa durante tres meses, en respuesta a huelgas y desórdenes allí ocurridos en protesta contra el agonizante franquismo.

Una clasificación bastante útil de las modalidades de paso de unos regímenes a otros es la que presenta Rouquié (1985), partiendo de cuatro categorías básicas de regímenes: tradicionales, autoritarios, democráticos y totalitarios. Las combinaciones posibles son las siguientes, con indicación de ejemplos pertinentes:

1) R. tradicional → R. autoritario	España, 1923; Turquía, 1922.
2) R. tradicional → R. democrático	Gran Bretaña, Francia, todas las democracias occidentales salvo Estados Unidos.
3) R. Tradicional → R. totalitario	Rusia, 1917.
4) R. autoritario → R. democrático	España, 1931/1975-1976; Grecia, 1974; Portugal, 1975; Venezuela, 1958.
5) R. autoritario → R. totalitario	Alemania, 1933; Irán, 1979; Cuba, 1959-1968.
6) R. democrático → R. autoritario	Portugal, 1926; España, 1939; Grecia, 1967; Nigeria, 1983.
7) R. democrático → R. totalitario	Italia, 1922-1925; Checoeslovaquia, 1948.
8) R. democrático → R. democrático	Francia, 1958.
9) R. autoritario → R. autoritario	Indonesia, 1966.

R. = Régimen

A finales de los años ochenta y comienzos de los noventa, ha habido en nuestra opinión también transiciones de régimen autoritario a autoritario, como en zonas de la antigua Yugoeslavia y de la URSS, de régimen autoritario a democrático en países de la antigua órbita soviética, como Polonia, Checoeslovaquia y Hungría, así como en Haití, y a la inversa, de democrático a autoritario, en Perú, y de totalitario a autoritario, como en China (aunque ya hacia 1980 había claros indicios). Aunque en conjunto sean hoy más numerosos los casos de transición desde regímenes tradicionales, totalitarios o autoritarios a democráticos, como ha estudiado Linz, la quiebra de éstos sigue siendo posible, especialmente en países inestables, con una situación de desarrollo inseguro o incompleto, como ha sucedido con algunos de los arriba mencionados.

V. TRANSICIONES Y PRETRANSICIÓN EN ESPAÑA

Son muchos los autores que se han ocupado de las transiciones, y en particular han proliferado los trabajos referentes a la transición española (sobre todo del período 1975-1982), de tal manera que un tanto irónicamente cabría hablar de especialistas en «transitología» o «transitólogos».

En cualquier caso, todos están de acuerdo en la complejidad del proceso y la dificultad de inducir un modelo único de las etapas o fases de las transiciones, dada la enorme variedad de factores y fuerzas que entran en juego, la diversidad de sus protagonistas, las diferentes estructuras sociales, grados de desarrollo y evoluciones históricas de que se parte, y en definitiva la escasa similitud de las culturas políticas a analizar.

Cabría encuadrar a la transición, genéricamente, como *una variedad de cambio político, generalmente no violento, desde un sistema autoritario a otro representativo.* Estas características son las que la diferencian de la revolución.

Se ha llegado a condensar teóricamente las etapas de la transición con arreglo a la siguiente secuencia: 1) la apertura de un período de incertidumbre; 2) el replanteamiento de algunos conceptos (se entiende, dotados de eficacia política y jurídica); 3) la apertura de los regímenes autoritarios; 4) la negociación y renegociación de pactos y acuerdos que posibiliten el gobierno; 5) la resurrección de la sociedad civil; 6) la convocatoria de elecciones y la legalización de los partidos políticos.

Como ha señalado Cotarelo (1992) parece claro que la transición ocurre a partir de un elemento desencadenante, como una crisis de origen externo (precipitada descolonización de Mozambique y Angola por Portugal y protagonismo «progresista» de su ejército), o bien interno, como la descomposición de la URSS. Luego sobreviene un movimiento hacia el cambio de legitimidad que acarrea el de la legalidad de contenido político. Y de inmediato se produce un cambio de la coalición gobernante y de la simbología. Así, en los países del este de Europa se renovaron desde las banderas a otras muchas expresiones exteriores del régimen anterior. La gobernabilidad de los países en transición exige —según el autor que comentamos— varios consensos: en primer lugar un acuerdo sobre el pasado, una especie de reconciliación, evitando tanto la venganza de los perjudicados, que facilmente degeneraría en violencia, como la absoluta impunidad de los gobernantes anteriores, y sobre todo su presencia en el nuevo sistema. Por tanto será preciso organizar un debate en libertad de todos los sectores de mínima importancia política implicados en la transición. Un ejemplo lo encontramos en los redactores de la Constitución española de 1978, pese a la ausencia de algún representante del nacionalismo vasco. Un último consenso será necesario para llegar a una fórmula de compromiso apoyado por la mayoría, y en el que se garanticen todos sus derechos a las minorías.

Como decimos, en las dos últimas décadas se encuentran múltiples ejemplos en el panorama internacional que se ajustan más o menos a este esquema. Pero quizás el caso que numerosos autores consideran más modélico sea el de la transición española, tras el fallecimiento del general Franco en 1975. Tanto por esa razón doctrinal como por su obvio interés para nosotros, es preciso analizarlo con algún detalle, dentro del espacio aquí disponible.

Para ello debemos remontarnos brevemente a la segunda República. En febrero de 1936 se produce el triunfo del Frente Popular (coalición de ocho partidos y otros apoyos, como nacionalistas vascos), que obtiene 278 diputados frente a 125 para las derechas y 61 para el centro. Las fuerzas están casi equilibradas, porque la izquierda ha obtenido unos 4.700.000 votos, el centro 400.000 (más 125.000 del PNV), y la derecha 4.000.000. Los desórdenes públicos y atentados aumentan, el gobierno se muestra incapaz de contenerlos y un sector de los jefes militares decide alzarse contra el poder constituido. Se enfrentan en ese momento los dos bloques ideológicos mencionados, a gran distancia el uno del otro, y que vienen a coincidir con una estructura social enormemente desigual, de escasas clases medias muy conservadoras apoyadas por la Iglesia, frente a un proletariado abundante, a menudo radicalmente reivindicativo y en algunos sectores abiertamente revolucionario, que tiene muy presente el ejemplo de la Rusia de 1917.

El sangriento choque pasó a la Historia contemporánea como el primer enfrentamiento en el campo de batalla, de casi los mismos bloques que lo harían ya en la Guerra Mundial, a partir de 1939.

España sólo consiguió recuperar su situación económica de 1935 al cabo de dos décadas, y a partir de 1959 el régimen decidió salir del agotado sistema autárquico en que se encontraba, sustituyéndolo por una apertura a la entrada de capitales e industrias desde el extranjero, al turismo internacional, y la promoción de la emigración a Centroeuropa de casi dos millones y medio de desempleados (hasta 1974). Estos últimos aliviaron la presión del desempleo, sobre todo en los medios rurales, y aportaron un decisivo volumen de divisas a la maltrecha balanza de pagos del país. Sobre esta base, y las fuertes diferencias salariales y de precios respecto a Centroeuropa, se produjo un rápido cambio económico que tardó muy poco en reflejarse en un crecimiento de la clase media nueva, y una irreversible modernización, con características similares a las antes descritas. Simultáneamente, y como efecto no deseado desde el poder, la cultura política española, comenzó a modificarse con rapidez inversamente proporcional a la edad de los ciudadanos, a la vez que los miembros más conspicuos de una institución clave, la Iglesia, comenzaban a poner distancia con respecto a la ideología y prácticas del régimen. Lo cual dio lugar a un cambio de legitimación. Hasta el inicio de los años sesenta habían sido la «victoria» (con su secuela del enmudecimiento total de cualquier oposición), y el apoyo casi total de la Iglesia (que dio lugar al llamado «nacional-catolicismo»), los pilares principales del régimen. Pero ahora había que buscar un fundamento de capacidad ideológico-pragmática similar, cuya eficacia permitiera —bajo las nuevas condiciones— su supervivencia. Éste fue inevitablemente el llamado «desarrollo», que colaboradores destacados del régimen (como Lopez-Rodó) promocionaron *ad nauseam* a través de los medios de masas, para reforzar las bases ideológicas del franquismo. Dicho con excesiva concisión, la posesión de comodidades hasta entonces inasequibles a la mayoría, como pisos o automóviles, sustituyó a los consuelos —más inmateriales, aunque no necesariamente espirituales— que había venido favoreciendo el gobierno.

Durante un tiempo, esta forma de legitimación, o sea, la eficacia del llamado «desarrollismo», al cambiar el modo de vida de millones de ciudadanos en un corto espacio de tiempo, consiguió confundir las bases ideológicas de modernización y desarrollo en aquéllos, proporcionando un respiro al franquismo. Pero las fuerzas democráticas subyacentes aumentaban su actividad, como por ejemplo a nivel sindical CC.OO., y en la Universidad toda una potente corriente democrática, que hacía coincidir a un sector de profesores con un creciente volumen de alumnos. A la vez, ya a comienzos de los años setenta, los intereses del capitalismo internacional contemplaban cada vez con menos simpatía al régimen franquista, cuya absoluta resistencia a cualquier cambio político significativo implicaba un molesto obstáculo a su imparable expansión, sobre todo en un país tan estratégicamente situado como España (Cazorla, 1990).

El asesinato de Carrero Blanco en 1973, dejó sin cabeza al continuismo propugnado por el régimen. La muerte de Franco, dos años más tarde, «trasladó el centro del poder a la Corona. La voluntad regia, a pesar de las instituciones vigentes, constituirá así el eje de la transición: no será sólo, a partir de ahora, un poder moderador, sino un aglutinante global del proceso y de la dinámica política española. El poder franquista, como poder total, dejaba un vacío que las instituciones —sin credibilidad y sin operatividad en aquella sociedad— remitían, de hecho, al poder real. Se mantendrán como instituciones formales, y desde ellas se hará la transición, pero eran ya incapaces de, por sí, neutralizar y subordinar a la Corona. El franquismo, por naturaleza, acaba con Franco» (Morodo, 1984).

Este profundo cambio que al cabo de cuatro décadas se hace visible, venía de más atrás, como ya hemos señalado. A la transformación económica y social que despunta a comienzos de los sesenta, y que se empieza a reflejar ya en las nuevas actitudes de los jóvenes, corresponde un sustrato ideológico más o menos vagamente democrático en su expresión, y casi siempre en sus convicciones, que coincide con el de la juventud centroeuropea de aquel momento, no por casualidad. Es decir, al acortamiento de la «altura» y ensanchamiento de la «forma» de la pirámide social, corresponde en paralelo una aproximación de la mayor parte de la población hacia el «centro» ideológico, que en nada tiene que ver con la situación de extrema polarización clasista e ideológico-política de cuarenta años antes. Por primera vez en la historia del país, el valor predominante en la cultura política es la tolerancia. Y ello tiene más mérito, por haberse conseguido pese a la presión de los aparatos ideológicos del Estado. La situación, pues, está madura para una apertura hacia la democracia, propiciada por las convicciones de la mayor parte del pueblo, y el apoyo de personas situadas estratégicamente, en particular el Rey. En 1975 la fachada del régimen parece incólume, pero su contenido es totalmente distinto del de pocas décadas atrás. A los cambios económico y social, ha seguido un cambio cultural que va a florecer en cambio político.

VI. TRANSICIÓN Y CONSOLIDACIÓN

Preciso es recordar en este punto que —en su contexto histórico— «no había ninguna experiencia reciente y próxima de transición sin violencia, sin golpe militar como en Portugal, sin derrota militar inminente como en Grecia. El modelo de reforma pactada-ruptura pactada por transacción desde arriba (que ha caracterizado a otras transiciones posteriores), no estaba entonces inventado» (Linz, 1992).

La originalidad de la transición española radica precisamente en que abrió un camino que otras han intentado seguir, dentro cada una de sus diversas peculiaridades. Un factor importante fue sin duda lo reducido de los extremismos. Como ya hemos apuntado, en reiteradas encuestas efectuadas desde 1976, aparecen porcentajes muy bajos de personas que se sitúan en los extremos de la escala izquierda-derecha, a la vez que la gran mayoría se agrupa alrededor del centro, en posiciones moderadas, con una media ligeramente inclinada a la izquierda, aproximadamente de 4,5 sobre una escala de 10. El apoyo explícito al franquismo había disminuido mucho ya desde finales de los años sesenta, y a comienzos de los setenta, en alguna encuesta aparecía menos de un 15 por ciento de los respondientes, que seguía afirmando que «el mejor régimen deseable» era el que había. El cambio en la cultura política era evidente.

El compromiso de unos y otros se concreta en aceptar las reglas del juego democrático y el resultado de las urnas, admitiéndolos sin cambiar la sociedad, con lo que se aseguraba la reproducción del capital. Ambas partes también garantizaban, por un lado que no se usarían los aparatos del Estado contra los azares del sistema representativo, y por el otro, que no se tocarían las instituciones básicas del autoritarismo, es decir, las fuerzas armadas y las de seguridad del Estado.

En todo caso, era preciso superar dos graves problemas: la legitimación de la Corona y a la vez, la construcción del Estado de las autonomías, con su secuela de las pretensiones de los nacionalismos periféricos. En la transición española hubo varios momentos clave. El primero de ellos fue la habilidosa y sorpresiva sustitución del presidente del Gobierno, Arias, en julio de 1976, por Adolfo Suárez, quien —como luego se vio— reunía todas las características necesarias para hacer saltar desde dentro el régimen, sin provocar reacciones violentas en las fuerzas que lo componían. Con la eficaz ayuda de Torcuato Fernández Miranda y del propio Rey, se consiguió que la gran mayoría de los procuradores en Cortes prestasen su consentimiento a la aprobación de la Ley de Reforma Política (ratificada en referéndum de diciembre 1976), que sirvió de puente desde un sistema al otro, a través de una reforma-ruptura inteligentemente pactada. *Ése fue el momento en que se inició la legitimidad del nuevo sistema.*

Abierto el camino al protagonismo de los partidos políticos, y lograda con gran dificultad la legalización del PCE, las primeras elecciones democráticas se celebraron en 15 de junio de 1977. Obtuvo la mayoría relativa UCD, seguida del PSOE y —a gran distancia— AP (fundada en octubre de 1976) y PCE. El consenso de las principales fuerzas políticas había sido el eje sobre el que giró la aprobación de la susodicha ley, y luego, de las elecciones de 1977, y continuó actuando como tal en la consecución en ese mismo año de los pactos socio-políticos de La Moncloa, para culminar en 1978 con la aprobación de la Constitución.

Como es sabido, este proceso, y su continuación hasta las elecciones de 1982, en que finaliza, no se produjo sin costes graves. Ante todo, el gobierno de Suárez tuvo que hacer frente simultáneamente a las difíciles negociaciones con los partidos —que no confiaban en principio en sus propósitos democráticos— con instituciones reluctantes al cambio, como en particular las Fuerzas Armadas y de orden público, controlar una crisis económica que venía desde 1974, hacer frente a numerosas huelgas y movilizaciones, abrir paso a las pretensiones autonomistas de Cataluña y el País Vasco frente a quienes las veían poco menos que como la desintegración del país, y superar una larga serie de secuestros, asesinatos y atentados terroristas que pretendían desestabilizar el sistema. Las tensiones llegaron a su extremo con el intento de golpe de Estado de 23 de febrero de 1981, a partir del cual y con el procesamiento de sus responsables, se produjo un proceso inverso de «descompresión», que condujo a la normalidad, como decimos, con las elecciones de 28 de octubre de 1982. Durante aquel tiempo, y en los años sucesivos, hubo también que desmontar y recomponer buen número de servicios de las Administraciones públicas e instituciones, para adaptarlos a las características de publicidad, igualdad de derechos, servicio y eficacia requeridas por los principios reguladores de la Constitución.

Los costes comprendieron muy diversos aspectos para las fuerzas en juego. Para citar sólo algunos de los más relevantes, el PCE tuvo que dejar a un lado algunas de sus tradicionales reivindicaciones, y aceptar un diálogo con Suárez que permitió completar el indispensable abanico de fuerzas políticas con representación parlamentaria. Como luego se vio en las elecciones de 1977 y posteriores, las suposiciones de dicho partido respecto a sus apoyos electorales pecaron de optimismo. Por su parte, el PSOE recuperó el tiempo perdido en su reorganización e inició una táctica de desmovilización de las masas, suavización ideológica, marginación o absorción de organizaciones no partidistas (como muchos movimientos ciudadanos) y de protagonismo en cuanto principal partido de la oposición y aspirante al poder. AP tardó casi una década en sacudirse el peso de una derecha no democrática, en consolidar en uno solo sus quince partidos originales, y convertirse en un partido conservador normal, ya a partir de 1989. En cuanto a UCD, sucumbió en 1982 al desgaste de sus contradicciones y disensiones internas y de la transición misma, como se comprobó en su Congreso, celebrado tras la sustitución de Suárez por Calvo Sotelo como Presidente del Gobierno. En esta situación de deterioro, jugó tambien un papel de particular relevancia el que por entonces calificamos de «error histórico», al oponerse el partido en 1980 al Estatuto de Autonomía de Andalucía.

Como ha señalado Del Águila (1992), «la apertura de un proceso constituyente transformó a la Constitución, de una exigencia, en el símbolo de la ruptura». Era preciso dotarla de legitimidad, y para ello el procedimiento de su redacción se convirtió en principal fuente de aquélla, en base al consenso de sus redactores en torno a los valores básicos de pluralidad, tolerancia, libertad, autonomía, etc. Se ha dicho que, por primera vez desde 1812, una Constitución no era impuesta sino pactada.

En cuanto al papel de la Corona, su legitimidad —originariamente de orden tradicional y legal (desde el franquismo)— pronto incorporó funciones arbitrales y moderadoras, así como de «motor del cambio», lo que la reforzó visiblemente sobre todo desde 1981. Resultado de ello ha sido su invariable permanencia ante la opinión pública, durante más de tres lustros, en cabeza del *ranking* de las instituciones españolas.

Precisamente, el papel constitucional del Rey en el mando supremo de las Fuerzas Armadas, contribuyó a la paulatina retirada de la omnipresencia de los militares en las instituciones políticas y civiles del Estado. El Ejército ha asumido su responsabilidad en la defensa del país, sin necesidad ya de que se le considere «columna vertebral de la nación», ni exclusivo garante de su integridad. La consolidación de las demás instituciones democráticas requería que las Fuerzas Armadas encuadrasen su función en un ámbito no diferente del de otros países occidentales, con los cuales poco tardó en integrarse como un componente más de las fuerzas del Tratado del Atlántico Norte.

Por otro lado, ya hemos mencionado el cuidadoso alejamiento de la Iglesia —iniciado desde finales de los años cincuenta— respecto al poder político. La jerarquía eclesiástica no ignoraba las tendencias de la opinión pública y la modernización de la cultura política que se exteriorizan en la década de los sesenta y setenta. Dada la excepcional y secular vinculación entre la Iglesia católica y la sociedad civil española, la Constitución concede indirectamente un papel privilegiado a aquélla, que se confirmó en un conjunto de acuerdos firmados en 1979. De hecho y con algunas excepciones individuales, la Iglesia —como institución— ha procurado no interferir con el poder político, salvo en el mantenimiento como cuestión de conciencia de algunos de sus principios tradicionales en materias de divorcio y despenalización del aborto.

La verdad es que a partir de la transición, que casi todos dieron por terminada en 1982, los partidos políticos asumieron un excesivo protagonismo, atribuyéndose casi en exclusiva la representación de los intereses de los ciudadanos, e influyendo no sólo para que éstos dejasen en sus manos la gestión de los asuntos públicos, sino desmotivándolos. Por supuesto, el consenso era imprescindible para la transición, pero al cabo de algún tiempo, un resultado poco democrático fue que, para quienes estaban en el poder, el disentimiento terminó por convertirse en algo excluyente o casi rechazable. Dicho de otra manera, no por contar con el apoyo de una mayoría (absoluta desde 1982), gozaban del don de la infalibilidad. Las consultas electorales que se han sucedido desde 1989 a 1996 han mostrado una nueva tendencia, que puede ser útil para la rectificación de errores y perfeccionamiento de la democracia. Ello ha dado lugar a la paradoja de que más de las tres cuartas partes de los españoles han declarado reiteradamente en las encuestas que la democracia es insustituible como sistema político para un país como el nuestro, a la vez que situaban a sus componentes esenciales, los partidos, en las últimas posiciones del *ranking* de prestigio de las instituciones. Otro tanto sucedía con «los políticos», considerados genéricamente.

En definitiva, todos los grandes problemas institucionales que durante largo tiempo enfrentaron a los españoles, se encuentran hoy resueltos o disminuidos, salvo los de la corrupción política y los nacionalismos catalán y vasco, especialmente éste. La corrupción, con sus variedades de clientelismo y similares, debería estar en trance de reducción, tras los escándalos descubiertos sobre todo desde 1989, y las consiguientes intervenciones judiciales. Por otro lado, el que la democracia española haya conseguido aguantar una acción terrorista continuada —a veces espectacular— de ETA, sin que se resintiesen sus cimientos, indica la solidez de su construcción, y las firmes convicciones (confianza, consentimiento), en que se basa nuestra cultura política actual. Nuestra incorporación a la Unión Europea, finalmente, está contribuyendo sin duda a consolidar los valores, pautas de conducta y procedimientos que compartimos con la cultura occidental.

BIBLIOGRAFÍA

Águila, R. del (1992): «La dinámica de la legitimidad en el discurso político de la transición», en Cotarelo, R. (coord.) (1992), cap. 2.
Badie, R. (1985): «Formes et transformations des communautés politiques», en Grawitz y Leca (coords.), 1985, vol. 1, cap. X.
Caciagli, M. (1983): *Elecciones y partidos en la transición española*, CIS, Madrid.
Cazorla, J. (1990): «La cultura política en España», en Giner, S. (coord.), *España, sociedad y política*, Espasa-Calpe, Madrid, 1990, cap. 8.
Cazorla, J. (1991): *Manual de Introducción a la Ciencia Política*, Granada, 1991.
Cazorla, J. «El funcionamiento de las instituciones», en Cotarelo, R. (coord.), 1992, cap. 13 (en colaboración con A. Ruiz Robledo).
Cotarelo, R. (coord.) (1992): *Transición política y consolidación democrática, España 1975-1986*, CIS, Madrid.
Cotarelo, R. (1992): «La transición democrática española» y «Los partidos políticos», en Id. (coord.) (1992), Introducción y cap. 11, respectivamente.
Dorsey, J. T. (1966): «The Politics of Stability and Change», en Dragnich y Wahlke (coords.), cap. 17.
Dragnich y Wahlke (coords.) (1966): *Government and Politics*, Random House, New York.
Easton, D. (1966): *Varieties in Political Theory*, Prentice Hall, New Jersey.
Fernández-Miranda, P. y A. (1995): *Lo que el Rey me ha pedido*, Plaza y Janés, Barcelona.
Grawitz y Leca (coords.) (1985): *Traité de Science Politique*, PUF, Paris.
Habermas, J. (1987): *Teoría de la acción comunicativa*, Taurus, Madrid, 2 vols.
Huneeus, C. (1985): *La UCD y la transición a la democracia en España*, CIS, Madrid.
Linz, J. J. (1992): «La transición a la democracia en España, en perspectiva comparada», en Cotarelo, R. (coord.), 1992, Epílogo.
Morodo, R. (1984): *La transición política*, Tecnos, Madrid.
Morlino, L. (1980): *Come cambiano i regimini politici: strumenti di analisi*, F. Angeli, Milano.
Murillo Ferrol, F. (1963): *Estudios de Sociología Política*, Tecnos, Madrid.
Nohlen, D. y Solari, A. (comps.) (1988): *Reforma política y consolidación democrática*, Nueva Sociedad, Caracas.
Rouquié, A. (1966): «Changement politique et transformation des régimes», en Grawitz y Leca (coords.), 1985, vol. 2, cap. VI.
Schwartzenberg, R. G. (1988): *Sociologie Politique*, Montchrestien, Paris.

Capítulo 18

RETOS CONTEMPORÁNEOS DE LA POLÍTICA (I):
LOS MOVIMIENTOS SOCIALES Y EL ECOLOGISMO

Ángel Valencia

Universidad de Málaga

I. INTRODUCCIÓN

Desde sus orígenes, en las primeras movilizaciones de los años sesenta y setenta, los «nuevos movimientos sociales» (NMS) constituyeron uno de los retos a los que se enfrentan las democracias contemporáneas, sobre todo, porque abrieron el espacio político democrático a nuevos sujetos y a nuevas contradicciones representando proyectos políticos alternativos que iban más allá de los de la izquierda tradicional. Dentro de ellos, el ecologismo ha sido uno de los más sólidos, tanto por el desarrollo de de una teoría política específica como por su institucionalización a través de partidos verdes dentro de los sistemas políticos occidentales, que como Los Verdes alemanes tienen una presencia electoral y sobre todo social importante, teniendo en cuenta su juventud como partidos políticos.

El objeto de este capítulo es analizar la especificidad de los NMS, y en particular del ecologismo dentro de las transformaciones sufridas recientemente por las democracias contemporáneas, centrándonos en tres grandes problemas que se corresponden con los epígrafes que estructuran este trabajo.

En primer lugar, nos planteamos cuál es el papel político de los NMS y del ecologismo como nuevos sujetos que vertebren la política radical y emancipatoria en un contexto histórico como el actual, caracterizado por el desarme ideológico de la izquierda y del socialismo frente a la defensa del neoliberalismo del mercado y de la democracia liberal. El análisis de una serie de teorías postmarxistas y ecosocialistas nos mostrará la dificultad tanto teórica como estratégica, en el plano del viejo problema de las alianzas, de sostener un proyecto político emancipatorio desde los NMS y el ecologismo como único eje de la política radical contemporánea.

En segundo lugar, nos planteamos cuáles son los fundamentos teóricos e ideológicos que hacen que el ecologismo tenga una dimensión política tan atractiva como problemática en la construcción de una política radical en las democracias contemporáneas. La respuesta a este problema reside en concebir la relación hombre-naturaleza como una dimensión de una modernidad que se enfrenta a los límites impuestos a esa concepción de la naturaleza heredera del pensamiento ilustrado y que ha propiciado la crisis ecológica que padecemos. Un análisis de algunas corrientes de la «teoría política verde» nos mostrarán que se produce una tensión entre dos elementos: por una parte, una disyunción profunda entre los principios del pensamiento ecologista —que exigen un cambio ético, político y civilizatorio— y la lucha política de los movimientos ecologistas y los partidos verdes; y por otra, y a pesar de lo anterior, que la fortaleza ideológica del pensamiento ecologista reside en que pone de manifiesto un eje político, la crisis ecológica, en el que descansan los nuevos sujetos y las nuevas contradicciones del radicalismo político contemporáneo. En una palabra, esta tensión entre la teoría y la praxis política del ecologismo define tanto su fortaleza ideológica como su debilidad política.

Finalmente, nos planteamos cómo ha sido el proceso de integración del ecologismo dentro de los sistemas políticos contemporáneos gracias a un proceso de institucionalización que ha determinado la creación de los partidos políticos verdes en Europa. En este contexto, analizaremos algunos aspectos relevantes como los orígenes de la conciencia ecológica, los primeros partidos verdes, sus avances electorales, el proceso de organización de estos partidos y su autopercepción como partidos políticos. Sin embargo, tan importante como lo anterior es analizar la cuestión de si estos partidos verdes son la expresión de una nueva concepción de la política. En este aspecto, nos centraremos en uno de los enfoques que desde la Ciencia Política ha tenido más impacto en la explicación de este fenómeno: la teoría del cambio cultural de Ronald Inglehart, observando que sus conclusiones no son aplicables al caso español, tanto por su escaso impacto en nuestro sistema de partidos como por la atipicidad del desarrollo de los movimientos ecologistas en nuestro país.

II. LA IZQUIERDA, LOS NUEVOS MOVIMIENTOS SOCIALES Y EL ECOLOGISMO: PROBLEMAS DE VERTEBRACIÓN DE UNA POLÍTICA RADICAL

No cabe duda que los NMS constituyen desde hace tiempo uno de los desafíos contemporáneos a los que se enfrenta la democracia en la actualidad. Este hecho adquiere hoy una significación más intensa debido a que el potencial emancipador de los NMS parece adquirir un mayor alcance que en el pasado, unido a una coyuntura histórica en la que el socialismo ha dejado de ser el núcleo fundamental que vertebraba la idea del radicalismo político y la definición de la izquierda. El fin del socialismo real ha reavivado el debate sobre las razones y significados de una distinción política entre derecha e izquierda, que hasta ese momento presentaba unos perfiles ideológicos nítidamente diferenciados, produciéndose un cambio de protagonistas dentro del discurso teórico-político radical. De este modo, la identidad histórica entre el socialismo y el radicalismo político se ha puesto en tela de juicio y mientras la izquierda está a la defensiva, el radicalismo político está hoy en manos de filosofías políticas que emanan del conservadurismo y, por tanto, de la derecha.

En otras palabras, «el conservadurismo hecho radical se enfrenta al socialismo hecho conservador» (Giddens, 1996, 12). El resultado de este giro en la filosofía política y en las ideologías políticas contemporáneas propiciado por la caída de la antigua Unión Soviética concluye en una paradoja por la cual mientras el conservadurismo defiende el capitalismo competitivo y los procesos de cambio espectacular, el socialismo se concentra en la preservación del Estado de Bienestar frente a las presiones que le acosan por parte del neoliberalismo.

En este contexto, los NMS parecen estar destinados a tomar el relevo y ocupar el espacio del socialismo dentro del radicalismo político de la izquierda y no sólo porque parezcan «progresistas» sino porque han asumido una forma de organización política, el movimiento social, que es la misma que la que articulaba la lucha del proletariado como sujeto histórico. En cualquier caso, no conviene identificar los NMS con el socialismo porque, como ha señalado correctamente Anthony Giddens, «aunque las aspiraciones de algunos de ellos se acercan a los ideales socialistas, sus objetivos son dispares y, en ocasiones, decididamente opuestos entre sí. Con la posible excepción de algunos sectores del movimiento verde, los nuevos movimientos sociales no son "totalizadores", como lo es (o era) el socialismo, ni prometen una nueva "fase" de desarrollo social más allá del orden existente» (Giddens, 1996, 12-13).

Sin embargo, para algunos teóricos postmarxistas como Ernesto Laclau y Chantal Mouffe (1987) es precisamente esta disparidad e incluso oposición de objetivos de estos «nuevos antagonismos» los que implican la extensión de la conflictividad social a una amplia variedad de terrenos que crea el potencial para avanzar hacia sociedades más libres, democráticas e igualitarias. Desde la perspectiva de Laclau y Mouffe, lo que realmente «interesa de estos nuevos movimientos sociales no es, por tanto, su arbitraria agrupación en una categoría que los opondría a los de clase, sino la *novedad* de los mismos, en tanto que a través de ellos se articula esa rápida difusión de la conflictualidad social a relaciones más y más numerosas, que es hoy día característica de las sociedades industriales avanzadas» (Laclau y Mouffe, 1987, 179).

Y es precisamente este rasgo de los NMS lo que los sitúa en el centro de una redefinición del «proyecto socialista en términos de una radicalización de la democracia; es decir, como articulación de las luchas contra las diferentes formas de subordinación —de clase, de sexo, de raza—, así como de aquellas otras a las que se oponen los movimientos ecológicos, antinucleares y antiinstitucionales» (Laclau y Mouffe, 1987, ix). En este punto, el problema radica en encontrar un «principio de articulación» entre el movimiento obrero y los NMS, evitando simultáneamente toda explicación que mantenga el «privilegio ontológico» de la clase obrera como «sujeto histórico». La solución viene de la mano de una sugerente recuperación del concepto de hegemonía de Gramsci como base de ese «principio de articulación» de los «nuevos antagonismos» en la construcción del socialismo como un proyecto político de «radicalización de la democracia». No obstante, la teoría de Laclau y Mouffe se mantiene en un plano de indefinición tanto sobre el problema teórico de señalar algún eje de construcción de la hegemonía dentro de esa conflictualidad sin sujeto, como sobre el problema político que se deriva de la incompatibilidad de intereses de los NMS a la que tendría que enfrentarse el partido político que intentara vertebrar las diversas reivindicaciones de los movimientos sociales.

En esta línea de redefinición del proyecto socialista compatible con los NMS se sitúa también el pensamiento reciente de André Gorz (Gorz, 1995). Su obra anterior puede situarse en muchos aspectos dentro del «ecosocialismo» (Pepper, 1993), debido al hincapié que este autor ha hecho dentro del análisis de la problemática relación entre las mutaciones y la racionalidad del capitalismo industrial, las transformaciones del trabajo y la ecología. De hecho, su reflexión ha mostrado una gran preocupación por la relación entre ecología y política desde hace casi veinte años dentro de un planteamiento que plantea la incompatibilidad de la racionalidad capitalista con una racionalidad ecológica, determinando, a su vez, una concepción del socialismo pionera y heterodoxa, tanto en su enfoque teórico como en sus propuestas políticas. Así, por ejemplo, en un comentario al nuevo programa a largo plazo del SPD analiza las relaciones entre la racionalidad ecológica y la racionalidad económica desde una perspectiva anticapitalista y compatible con los objetivos del socialismo. En efecto, para el teórico marxista francés, «el sentido de la racionalidad ecológica puede quedar resumido en el lema "menos pero mejor". Su objetivo es una sociedad en la que se viva mejor trabajando y consumiendo menos. La modernización ecológica exige que las inversiones ya no favorezcan al crecimiento de la economía, sino precisamente a su decrecimiento, es decir, a la reducción del ámbito regido por la racionalidad económica en el sentido moderno. No puede haber modernización ecológica si no hay restricción de la dinámica de acumulación capitalista, ni sin reducción del consumo mediante la auto-limitación. Las exigencias de la modernización ecológica coinciden con las de una transformada relación Norte-Sur y con las intenciones originarias del socialismo» (Gorz, 1995, 64-65).

En consecuencia, la reestructuración ecológica de la sociedad pasa por una autolimitación de la duración del trabajo[1], implicando la autolimitación de los ingresos y del consumo comercial, según las necesidades y deseos realmente experimentados por cada uno. De este modo, «el imperativo ecológico exige, así pues, un decrecimiento de la economía, sin embargo esto no exige *sacrificios*, exige simplemente *renuncias*» (Gorz, 1995, 117). La incompatibilidad entre la «racionalidad capitalista» y la «racionalidad ecológica» determina una distinción entre los enfoques «medioambiental» y «ecologista». Así, el primero se muestra insuficiente porque simplemente pretende reducir el impacto del sistema de producción capitalista sobre el medio ambiente pero sin alterar la lógica del capitalismo. Por el contrario, el enfoque ecologista debe intentar «reducir la esfera en la que se desarrollan la racionalidad económica y los intercambios comerciales, y ponerla al servicio de fines sociales y culturales no cuantificables, al servicio de la libre expansión de los individuos» (Gorz, 1995, 118). En consecuen-

---

[1]. La reestructuración ecológica de la sociedad pasa por una autolimitación de la duración del trabajo, siendo la reducción de la jornada de trabajo y el salario social medidas claves en la obra de Gorz y en su concepción del socialismo (véase, sobre todo, Gorz, 1995).

cia, la reestructuración ecológica de la economía por parte de la izquierda debe ser anticapitalista y socialista.

Naturalmente, este proyecto de sociedad de izquierdas de Gorz va acompañado por un cambio cultural en el que se dé prioridad a una serie de actividades que merecen la pena por sí mismas y que son inherentes a la calidad de vida de las personas y que hasta ahora el predominio de la racionalidad económica les había usurpado el tiempo y el reconocimiento social. Esto implica también un cambio en nuestra concepción del trabajo que lo separe del fin y de la utilidad económicos característicos del capitalismo, procurando que el tiempo social se torne disponible para dedicarlo a esta serie de actividades improductivas[2]. Desde esta perspectiva, el papel de los NMS es fundamental tanto por su carácter antitecnocrático como por su carácter de resistencia cultural. Sin embargo, para Gorz los NMS necesitan ir más allá de su ataque a los fundamentos culturales de la sociedad si quieren ser agentes de la transformación social. «Los nuevos movimientos sociales solamente podrán convertirse en los autores de una transformación social si están aliados al mismo tiempo con los trabajadores de los sectores más avanzados y con la masa de empleados de modo precario y con los excluidos, que son el equivalente de lo que yo he llamado "el proletariado post-industrial". Es decir, todos aquellos que parados, semi-parados, empleados de modo precario y contratados "a tiempo parcial" no pueden identificarse ni con su trabajo ni con su posición en el proceso social de producción» (Gorz, 1995, 99-100). De este modo, la alianza entre los NMS y el «proletariado post-industrial» constituye la clave de la nueva izquierda y de su visión del socialismo. El problema de su análisis radica en que este «neoproletariado post-industrial» y su convergencia con los NMS carece de cualquier teoría de la organización o expresión política concreta más allá de su postulación. Esta indefinición en el plano organizativo ha sido señalada acertadamente por Frankel cuando afirma que «Gorz da el adiós a la política de clase saludando, sin embargo, a las masas apolíticas y desorganizadas. Habla de reconstruir la izquierda en torno a nuevos objetivos

---

2. En efecto, el cambio en la concepción del trabajo viene acompañado de una recuperación del tiempo social para una serie de actividades improductivas es fundamental para entender no sólo un cambio cultural en el que se reivindican valores que ayuden a superar la división sexual del trabajo, sino también medidas concretas como «el permiso pagado de paternidad» y «los permisos pagados para proporcionar cuidados a domicilio» que tienen que ver con reivindicaciones del movimiento feminista. No obstante, la posibilidad de estas reformas está determinada por una alianza entre los sindicatos y los NMS (Gorz, 1995, 65-68).

(por ejemplo, la autogestión del tiempo de trabajo), pero no menciona nuevas organizaciones o procesos políticos; la opción que Gorz plantea se resuelve en la elección entre un renovado activismo político de izquierdas basado en partidos políticos, sindicatos y movimientos sociales, de un lado, y la rebelión espontánea y no organizada, de otro. Ya sabemos cuál es la opción por la que se decanta Gorz, pero no cómo piensa que se logrará materializarla» (Frankel, 1990, 226).

Como puede verse, el problema fundamental en la relación entre la izquierda y los NMS se deriva de la posición teórica que se mantenga en relación a la autonomía o centralidad de los mismos y el movimiento obrero. Para salir de este dilema, algunos autores sostienen la tesis de la centralidad de los NMS frente al movimiento obrero como eje de la sociedad alternativa en la medida en que aquéllos son sus auténticos sucesores en otro terreno. Como afirma Jorge Riechmann, «*los NMS recogen y prosiguen las luchas del movimiento obrero en otro terreno* [...] Lograda en algunas sociedades la satisfacción de las necesidades materiales básicas, los NMS abordan la *emancipación en la esfera sociocultural* [...], la *lucha contra la dominación patriarcal y la desactivación de las amenazas globales* (paz/guerra, crisis ecológica). *Sería erróneo, a mi juicio, considerar que el proyecto de sociedad alternativa que esbozan los NMs pueda realizarse [...] en los "intersticios" de la actual sociedad y el presente modo de producción*. Por el contrario, las luchas por la paz, contra el patriarcado y por la protección del medio ambiente no pueden avanzar separadas de una crítica radical de los modos y fines de la producción, y de programas de lucha para transformarlos» (Riechmann y Fernández Buey, 1994, 101).

Se trata de una posición que requiere una toma de conciencia por parte de los potenciales agentes de la transformación social en el que la alternativa política no se forma por una mera adición de los «nuevos temas» al «nuevo tema» del movimiento obrero. Por el contrario, las exigencias de los NMS requieren una «nueva forma de hacer política» (Capella, 1993, 207-224), es decir, una redefinición de los contenidos y de las formas de la política que articule a la izquierda social más allá del movimiento obrero. Dando un paso más allá, la tesis de algunos autores ecosocialistas es la de proponer que la cuestión ecológica posee una centralidad estratégica para las fuerzas de la emancipación y de la liberación en el período que se abre, tanto por la urgencia y magnitud de la crisis ecológica como por su irreductibilidad a un planteamiento de clase. Esto implica convertir al movimiento ecologista en el sujeto político desde el cual se articule el proyecto político radical del presente. Ésta es, por ejemplo, la postura de Frieder Otto Wolf cuando afirma que, «aunque no pueda basarse ni en una certeza filosófico-histórica, ni en la aspiración —propia de la teoría de las clases— de la mayoría social al poder, el movimiento verde está ante una tarea histórica cuyo alcance sobrepasa ampliamente sus propias fronteras, para poder encontrar soluciones sólidas a las cuestiones de la supervivencia de la humanidad, habrá que establecer una nueva conexión entre las cuestiones de la paz, del equilibrio ecológico y de un orden económico internacional solidario, con las cuestiones de la emancipación de la formación y de la liberación. Y se tendrá que establecer esta conexión aunque sólo sea para superar los bloqueos y los encuadramientos de amplias masas, cuyas actividades representan una contribución irrenunciable a cualquier solución real de la crisis. Precisamente porque el movimiento verde no se encontrará solo en esta situación, está destinado estructuralmente a buscarse aliados poderosos, a los que tendrá que despertar, al mismo tiempo, de su parálisis coyuntural» (Wolff, 1993, 198).

En el fondo, y a pesar del indudable interés que suscitan los planteamientos postmarxistas vistos más arriba, el problema de la relación entre los NMS y la izquierda reside en su vertebración tanto teórica como política dentro de un nuevo proyecto de definición del socialismo, que por su origen marxista está todavía vinculado a un sujeto histórico y de clase que lo define. De este modo, las dificultades del postmarxismo se centran tanto en la política de alianzas como en la dirección de un proyecto emancipatorio que responde a antagonismos diversos y no necesariamente reconciliables. Por otra parte, los planteamientos ecosocialistas también padecen el mismo problema en la medida que sustituyen al movimiento obrero por un nuevo centro de articulación tanto teórica como política en el movimiento ecologista, que requiere una «nueva forma de hacer política» que está por definir y que en el plano de las alianzas y de la organización política resulta igualmente problemático.

En este contexto, resulta necesario trascender estos planteamientos para situar a los NMS como uno de los retos contemporáneos de la política, centrándonos en el ecologismo desde una perspectiva de análisis de la crisis ecológica como expresión de una modernidad que se enfrenta a sus límites, que nos permita comprender su teoría política para poder explicar los avances de los partidos y movimientos verdes en Europa en la década de los ochenta y determinar sus límites como núcleo de una política radical, así como la peculiar evolución del ecologismo en nuestro país.

III. EL ECOLOGISMO COMO EXPRESIÓN DE UNA MODERNIDAD ENFRENTADA A SUS LÍMITES

La relación del hombre con la naturaleza es una de las grandes dimensiones institucionales de la modernidad, estrechamente vinculada al impacto de la industria, la ciencia y la tecnología en el mundo moderno[3]. La clave está en un cambio de nuestra visión de la relación entre el ser humano y la naturaleza heredada que emanaba del pensamiento ilustrado. De este modo, hemos pasado del concepto de Naturaleza de la Ilustración, idílica y dominable por el ser humano, a una noción que, en palabras de Juan Ramón Capella, «ya no es idílica sino que está enferma: de ser amenazante ha pasado a ser amenazada. Esto es lo nuevo y lo diferente. Y se da la circunstancia de que somos nosotros, la especie de la *hybris*, el despliegue de la consciencia de la Naturaleza misma, los causantes de la enfermedad y de la amenaza» (Capella, 1993, 48).

Esta conciencia de una naturaleza amenazada por el ser humano, enfrentada a sus propios límites como consecuencia de la propia modernidad, determina que concibamos la crisis ecológica y los distintos movimientos sociales y las filosofías políticas que han surgido como reacción a ella, como «manifestaciones de una modernidad que, a medida que se hace universal y «se vuelve contra sí misma», se enfrenta a sus propios límites» (Giddens, 1996, 20). En este contexto, la democracia liberal concebida como un vehículo para la representación de intereses se torna insuficiente para resolver esta dimensión de la modernidad, siendo necesario lo que Anthony Giddens denomina una «democracia dialogante», entendida «como un modo de crear un

---

3. En efecto, la relación del hombre con la naturaleza es una de las grandes dimensiones institucionales de la modernidad, estrechamente vinculada al impacto de la industria, la ciencia y la tecnología en el mundo moderno. Según el planteamiento de Giddens, la influencia del desarrollo social en los ecosistemas mundiales es uno de los contextos en los que nos enfrentamos a riesgos de «grandes consecuencias» procedentes de la expansión de la «incertidumbre fabricada». Se trata de uno de los aspectos de la modernidad que ha variado con el desarrollo social moderno y que hay que situar en un mundo caracterizado por la «incertidumbre fabricada», un concepto que «hace referencia a los riesgos creados precisamente por los acontecimientos que inspiró la Ilustración, la intrusión consciente en nuestra propia historia y nuestras intervenciones en la naturaleza» (Giddens, 1996, 85). Desde esta perspectiva, algunos de los riesgos actuales tienen «grandes consecuencias» y sus peligros potenciales nos afectan a todos pero tienen un origen social. Así, por ejemplo, «los riesgos vinculados al calentamiento global, el agujero en la capa de ozono, la contaminación a gran escala o la desertización son producto de actividades humanas» (Giddens, 1996, 85), serían riesgos de «grandes consecuencias» vinculados a esta dimensión de la modernidad y que ponen de manifiesto que nuestra relación con el medio ambiente se ha vuelto problemática en varios aspectos.

terreno público en el que —en principio— se puedan resolver o, al menos, abordar cuestiones controvertidas a través del diálogo, y no mediante formas preestablecidas de poder» (Giddens, 1996, 25), y es aquí donde los movimientos sociales, y el movimiento ecologista en particular, pueden jugar un papel decisivo en el impulso de este concepto de democracia porque «las cualidades democráticas de los movimientos sociales y los grupos de apoyo proceden, en gran parte, de que abren espacios para el diálogo público en relación con los problemas de los que se ocupan. Pueden forzar la introducción, en el terreno de debate, de aspectos de la conducta social que anteriormente no tenían discusión, o se "resolvían" con arreglo a las prácticas tradicionales. Pueden ayudar a desafiar las definiciones "oficiales" de las cosas; los movimientos feministas, ecologistas y pacifistas han conseguido este tipo de resultados, como también lo han logrado otros muchos grupos de apoyo. Estos grupos y movimientos poseen un ámbito universal intrínseco y, por consiguiente, podrían contribuir a extender aún más las formas de la democracia» (Giddens, 1996, 26).

Sin embargo, esta potencialidad democrática no implica el origen de un radicalismo político renovado. De hecho, una mirada sobre la teoría política verde[4] refleja una diversidad de planteamientos tal que hacen problemática la afinidad entre el ecologismo, los movimientos verdes y el pensamiento radical. Si excluimos las posturas vinculadas teóricamente al marxismo y al ecosocialismo[5] que han sido tratadas más arriba, podemos distinguir sin pretensión de exhaustividad cuatro planteamientos que ponen de manifiesto la veracidad de esta tesis:

1. En primer lugar, el pensamiento verde radical próximo al anarquismo o «ecoanarquismo»[6], donde se situarían autores como

---

4. La «teoría política verde» ha sido objeto de un tratamiento sistemático, fundamentalmente, en la literatura anglosajona en los últimos años. Entre los últimos libros de introducción a los principales autores, enfoques y problemas dentro del campo de la *green political theory* o *green political thought* cabe destacar, sobre todo, el magnífico y ya clásico libro de Dobson (1995), disponible además en versión española (Dobson, 1997).

5. Sobre la relación del marxismo con la ecología política y una excelente revisión de los principales enfoques y cuestiones del ecosocialismo, véanse Eckersley (1992, cap. 6) y Pepper (1993, cap. 3). En el ámbito intelectual español, y dentro de una reflexión que se sitúa dentro del ecosocialismo, hay que destacar a autores como Jorge Riechmann y Francisco Fernández Buey (1996).

6. Sobre la relación del anarquismo con la ecología y una interesante revisión de los principales enfoques de autores como Bookchin y las principales cuestiones del ecoanarquismo, véanse Eckersley (1992, cap. 7) y Pepper (1993, cap. 4).

Murray Bookchin por poner un ejemplo destacado, se caracteriza por mostrar una confianza excesiva en que el movimiento ecologista pueda restablecer una sociedad ecológica en la que la conservación de la biosfera constituya un fin en sí mismo e inaugure una relación entre la naturaleza y el ser humano armónica dentro de una sociedad que combina los valores de la ecología y del anarquismo, favoreciendo la diversidad, la descentralización del poder hacia comunidades locales más autónomas basadas en el desarrollo de «tecnologías alternativas». Naturalmente, el principal problema de esta corriente del pensamiento ecologista radica en el maximalismo de sus propuestas teóricas, produciéndose una gran distancia entre su simpatía por el movimiento ecologista y la práctica política real de este movimiento social.

2. En segundo lugar, el «ecologismo profundo» de Arne Naess[7] pretende desarrollar una nueva filosofía política y moral, basada en la igualdad del ser humano y de la naturaleza —lo que denomina Naess «igualitarismo biosférico»—, otorgando una teoría del valor intrínseco al medio ambiente que necesita, por tanto, «una ética que reconozca el valor intrínseco del mundo no humano» (Dobson, 1989, 42). Esto implica recuperar los vínculos entre la naturaleza y la comunidad social que permanecen en las comunidades primitivas y han sido perdidas por las civilizaciones modernas debido al avance de la modernidad. Este tipo de principios plantean dos tipos de problemas: en primer lugar, una crítica radical a la modernidad que plantea problemas ideológicos serios incluso hasta para su inserción dentro del del discurso político democrático (Ferry, 1994, 33-34); y, en segundo lugar, una disyunción entre la teoría de la «ecología profunda» y la posibilidad de articular una práctica política del movimiento verde a la hora de justificar la preservación de la naturaleza, olvidándose de la resolución de los problemas prácticos como la polución, la deforestación o la lluvia ácida (Dobson, 1989, 46).

3. En tercer lugar, está el pensamiento de izquierdas que se ha desplazado hacia los ideales del ecologismo. El paso del «rojo» al «verde» experimentado por antiguos militantes de la izquierda y teóricos marxistas expresa una creencia en una nueva sociedad en la que la crisis del capitalismo no emana ya del socialismo sino de la crisis

---

7. La obra de Arne Naess constituye el referente fundamental del «ecologismo profundo», una de las corrientes intelectuales de la teoría política verde más influyentes en Estados Unidos. Su distinción ya clásica entre *shallow ecology* y *deep ecology* (Naess, 1972) define las diferencias entre lo que sería una «ecología superficial» o ambientalista y antropocentrista y la «ecología profunda» que parte del postulado de la igualdad entre el hombre y la naturaleza.

ecológica. En este caso, el desplazamiento al «verde» genera trayectorias políticas, teorías y alternativas muy diversas como las de Elmar Altvater, Rudolf Bahro o Alain Lipietz[8], pero que tienen en común una sustitución del movimiento obrero por el movimiento ecologista como nuevo sujeto político que vertebrará la crítica al capitalismo y la aparición de una nueva utopía verde. Nos encontramos, pues, con un esquema conceptual y político similar pero en el que varían los ejes y los sujetos del conflicto. Este hecho se expresa, por ejemplo, en la teoría del marxismo ecológico del economista norteamericano James O'Connor cuando sostiene la existencia de lo que denomina «las dos contradicciones del capitalismo» (O'Connor, 1991). En primer lugar, la que se deriva de la tasa de explotación de la fuerza de trabajo. Y en segundo lugar, la que se deriva de otros elementos como el tamaño y el contenido de valor del conjunto de bienes de consumo y del conjunto del capital fijo; los costos de los elementos naturales que entran en el capital constante y variable; la renta de la tierra como algo que hay que restar del plusvalor; y las «externalidades negativas» de todas clases, siendo precisamente lo característico de esta segunda contradicción el que «ningún elemento tiene la centralidad teórica que la tasa de explotación tiene en la primera contradicción. Por eso hoy en día hay una pluralidad de movimientos sociales además del movimiento obrero» (O'Connor, 1991, 111). Como podemos ver, estos elementos de análisis intentan establecer un marco de nuevas contradicciones del capitalismo en el que las condiciones naturales de producción juegan un papel fundamental para fundamentar la lucha del movimiento ecologista.

4. Finalmente, también se produce un acercamiento del nuevo pensamiento liberal a las cuestiones ecológicas como un elemento importante de rearme ideológico del neoconservadurismo. En este sentido, se busca integrar algunos elementos del ecologismo para re-

---

8. En efecto, el paso del «rojo al verde» ha generado «conversiones» extraordinarias. En este sentido es paradigmática la trayectoria de Rudolf Bahro, que desde un marxismo heterodoxo evolucionó y contribuyó a la formación de Los Verdes en Alemania hasta convertirse en uno de los más destacados exponentes de su corriente «fundamentalista»: véase, al respecto, la excelente recopilación de textos que marcan esta evolución en Bahro (1986). También dentro del marxismo alemán es interesante observar la última obra de Elmar Altvater, que desde una corriente de la teoría marxista del Estado más ortodoxa ha pasado a una crítica del capitalismo actual y a sugerir la necesidad de una nueva sociedad ecológica basada en un sistema económico impulsado por la energía solar, lo que denomina una «revolución solar» (Altvater, 1994). Finalmente, otra conversión interesante, esta vez en Francia, es la de Alain Lipietz, que ha pasado del desencanto con la izquierda tradicional a ser uno de los ideólogos del ecologismo francés actual, véase Lipietz (1995 y 1997).

visar los programas políticos de una nueva derecha, enquistada en la defensa exclusiva de los principios de la democracia liberal y la economía de mercado. Éste es el caso de John Gray[9], uno de los más lúcidos pensadores liberales actuales que pretende subrayar las conexiones entre las filosofías políticas del conservadurismo y el ecologismo. Gray opina que la falta de entendimiento entre ambas se debe a la asociación del ecologismo con la izquierda dentro de un ideario anticapitalista. Por el contrario, para el teórico liberal británico la defensa de la naturaleza se encuentra más cerca de la ideología conservadora. En este sentido, tanto el conservadurismo como el ecologismo están unidos por una serie de temas comunes: «Sobre el contrato social, no como un acuerdo entre individuos anónimos y efímeros, sino como un pacto entre las generaciones de los vivos, los muertos y los que aún no han nacido; el escepticismo conservador sobre el progreso y la conciencia de sus ironías y fantasías, la resistencia conservadora a las novedades no probadas y los experimentos sociales a gran escala; y, quizá más especialmente, el tradicional dogma conservador de que el florecimiento del individuo no puede darse más que en el contexto de las formas de vida corriente» (Gray, 1993, 124).

Estos puntos comunes deben impulsar una revisión de la filosofía y la política de la nueva derecha. Por ello, el pensamiento conservador debe integrarse con los ideales políticos verdes para poder hacer frente a un mundo en el que el crecimiento continuo ya no es posible. En palabras de Gray: «Los conservadores necesitan explorar, junto con los verdes y otros, dilemas vitales aún sin abordar en sociedades que ya no tienen el estímulo de la perspectiva de un crecimiento económico constante ni de pseudorreligiones modernas acerca de la mejora permanente del mundo» (Gray, 1993, 173).

A pesar de lo sugerente de sus propuestas y de su revisión de los conceptos de tradición y naturaleza en beneficio de un programa político de renovación de la «Nueva Derecha», da la sensación de que Gray «quiere apropiarse del movimiento verde para los conservadores y, al mismo tiempo, mitigar las propuestas verdes de más alcance para la reforma social» (Giddens, 1996, 209). Este hecho se pone de manifiesto cuando asume que las sociedades actuales no pueden regirse exclusivamente por el principio del crecimiento económico pero, de forma simultánea, desvincula de toda responsabilidad al capitalismo como sistema económico y político que impulsa este principio. Todas las propuestas del pensamiento ecologista pasan por

---

9. Véase una exposición sistemática de sus ideas en la construcción de lo que denomina un *Green conservatism* en Gray (1993, cap. 4).

una crítica y una reforma más o menos radical del capitalismo, mientras que Gray jamás cuestiona el sistema capitalista dentro de su «conservadurismo verde», eludiendo así uno de los elementos fundamentales que define la radicalidad del ecologismo contemporáneo.

Todas estas posturas muestran la dificultad de la teoría política ecologista de articular un nuevo radicalismo político. En el fondo, no se trata estrictamente de un problema de disyunción entre la teoría y la praxis política del ecologismo. La clave reside, como afirma Anthony Giddens, en que «la política ecologista es una política de pérdidas —la pérdida de la naturaleza y la pérdida de la tradición—, pero también una política de recuperación. No podemos volver a la naturaleza o a la tradición, pero como individuos y como humanidad podemos intentar devolver la moral a nuestras vidas en el contexto de una aceptación positiva de la incertidumbre fabricada» (Giddens, 1996, 234).

Y este rasgo es precisamente el que hace que la crisis ecológica sea tan importante como fuente de renovación del pensamiento radical, pero al mismo tiempo constituye su principal debilidad en el plano político. Si concebimos el ecologismo como una expresión de los límites de una dimensión de la modernidad, la lucha política de los partidos y movimientos verdes será siempre insuficiente para la teoría política en que se sustenta porque la consecución de sus objetivos políticos más inmediatos, es decir, la conservación o la reparación de los daños del medio ambiente, no pueden ser concebidas como un fin en sí mismo dentro de la acción política cotidiana. En este sentido, lo que une a las corrientes del pensamiento ecologista analizadas aquí es su postulación de un nuevo modelo de sociedad alrededor de unos nuevos valores que establezcan una relación armónica entre el ser humano y la naturaleza y, por tanto, diferente a la establecida por una evolución perversa de la modernidad que es responsable de la crisis ecológica que padecemos hoy. Esto exige un cambio ético y político profundo en las sociedades actuales, por lo que la política ecologista se basa no sólo en un modelo de sociedad en el que esa nueva relación del hombre con la naturaleza sea compatible con la igualdad —y, por tanto, anticapitalista— sino también en la reivindicación de otros valores como la autonomía, la solidaridad o la búsqueda de la felicidad. Ésta es la causa de su vigencia y atractivo para el pensamiento radical contemporáneo, pero también la razón de su dificultad de integración con los proyectos políticos de la izquierda y de su distancia con la praxis política de los partidos y movimientos ecologistas dentro de las democracias contemporáneas.

En consecuencia, parece razonable sostener que la política ecologista es importante no sólo por la lucha que realiza en pos de sus fines sino por su labor de difusión y toma de conciencia de graves problemas que nos afectan a todos, dentro de esa noción de «democracia dialogante» de la que hablábamos más arriba. Sin embargo, lo que parece también evidente es que ni el movimiento ecologista, ni ningún otro movimiento social, tiene el monopolio de la teoría y de la praxis política de la izquierda, ni tampoco del radicalismo político contemporáneo. Analizados los diversos aspectos teóricos e ideológicos del ecologismo, veamos a continuación el proceso de institucionalización de los movimientos ecologistas a los partidos verdes en Europa para así poder comprender la evolución política del ecologismo dentro de las democracias contemporáneas.

IV. DE LOS NUEVOS MOVIMIENTOS SOCIALES A LOS PARTIDOS: EL PROCESO DE INSTITUCIONALIZACIÓN DE LOS MOVIMIENTOS ECOLOGISTAS A LOS PARTIDOS VERDES EN EUROPA

Las movilizaciones sociales que surgen en Estados Unidos y Europa Occidental entre mediados de la década de los sesenta y principios de la década de los ochenta dan lugar a que los NMS constituyan un objeto de estudio cada vez más importante dentro de la Sociología y de la Ciencia Política contemporáneas, que en el caso del ecologismo se ha incrementado ante los avances electorales de los partidos verdes en Europa occidental de la década de los ochenta.

Sin embargo, desde una perspectiva histórica, el ecologismo contemporáneo tiene una serie de precursores en movimientos sociales anteriores que surgen como un conjunto de primeras reacciones críticas a los efectos destructivos de los procesos de urbanización e industrialización desde los mismos comienzos de la sociedad industrial. Así, por ejemplo, son movimientos sociales que anticipan el nuevo ecologismo desde el incipiente ambientalismo del movimiento obrero del siglo XIX hasta el movimiento pro-«ciudades jardín» en los primeros años del siglo XX, desde el proteccionismo que luchaba ya en el XIX por la creación de parques nacionales hasta el naturismo burgués o el anarquismo obrero que en los primeros compases del XX intentaban nuevas formas de trabajar, producir y consumir[10].

---

10. Para una visión más pormenorizada sobre los orígenes históricos del ecologismo actual y sus principales precursores en otros movimientos sociales de los siglos XIX y XX, véase Riechmann y Fernández Buey (1994, 103-112).

En cualquier caso, el ecologismo como nuevo movimiento social surge a partir de la década de los setenta, respondiendo a una situación socioeconómica radicalmente nueva. Entre la década de los treinta y la de los cincuenta en las sociedades industriales se produce una transformación que multiplica el impacto humano sobre la biosfera. La razón fundamental de este proceso transformador es el impacto de la «segunda revolución tecnológica» —petróleo como fuente de energía básica, uso generalizado de la electricidad, gran peso de las industrias químicas y del automóvil, etc.— y el comienzo de la fase «fordista» del capitalismo —las nuevas fuentes de energía, y los nuevos métodos de organización del trabajo, permiten ingresar en el estadio de la sociedad y consumo de masas—, que van a representar «una cesura histórica todavía más importante que el comienzo de la Revolución Industrial», constituyendo «el verdadero origen inmediato de la crisis ecológica global puesta de manifiesto desde mediados de los sesenta» (Riechmann y Fernández Buey, 1994, 112).

En consecuencia, es a mediados de la década de los sesenta cuando se producen los inicios de la toma de conciencia que va a dar lugar al ecologismo contemporáneo, expresándose a través de los primeros análisis ecologistas de científicos como Barry Commoner, que junto al extraordinario impacto de los dos primeros informes del Club de Roma —sobre todo el primero, *Los límites del crecimiento*, publicado en 1972— y a las primeras conferencias internacionales sobre el medio ambiente —especialmente la Conferencia Mundial sobre el Medio Ambiente Humano de Estocolmo, organizada por la ONU en 1972— establecen una primera llamada de atención sobre el agotamiento de los recursos y la explosión demográfica como consecuencia del crecimiento económico y del impacto del desarrollo industrial sobre la biosfera. Entre la Conferencia de Estocolmo de 1972 y la Conferencia de Río de Janeiro de 1992 han transcurrido dos décadas en las cuales se ha fortalecido la sensibilidad ecologista en la opinión pública mundial debido al efecto combinado de tres factores: las luchas de los movimientos ecologistas, el impacto de los catastres ecológicas provocadas por las centrales nucleares o el envenenamiento de los mares como consecuencia de los vertidos de grandes petroleros, y también las previsiones y debates de una serie de científicos sobre una serie de temas como el efecto invernadero o el cambio climático[11].

11. Para una visión más amplia sobre estos primeros pasos de formación de la conciencia de la crisis ecológica hasta la fase actual del ecologismo, posterior a la Conferencia de Río de Janeiro, véase Riechmann y Fernández Buey (1994, cap. 4).

En este contexto, se produce un proceso de institucionalización del movimiento ecologista que cristaliza en la aparición de los primeros partidos ecologistas a principios de la década de los setenta. Así, por ejemplo, en 1972 se fundan los primeros partidos ecologistas del mundo en Tasmania —United Tasmania Group— y en Nueva Zelanda —Values Party—. Ese mismo año, en Europa, se fundan partidos ecologistas regionales en Suiza y un año después nace el Ecology Party británico. Este proceso se consolida en los años setenta y ochenta, extendiéndose los partidos ecologistas en la mayoría de los países europeos, incluyendo también los Estados del antiguo «socialismo real» y también algunos del Tercer Mundo[12].

Esta incorporación a los sistemas políticos democráticos ha venido acompañada de una representación parlamentaria variable cuantitativamente según los países, pero sostenida y creciente teniendo en cuenta la novedad de estos partidos. Además de este auténtico salto cualitativo en términos de representación política, estamos asistiendo simultáneamente a un proceso de creciente organización y coordinación de este tipo de partidos[13]. En lo referente a la representación parlamentaria, el primer ecologista elegido a un parlamento nacional fue el suizo Daniel Brélaz —del Groupement pour la Protection de l'Environnement— en 1979. Dos años más tarde, cuatro verdes belgas formaron parte por primera vez en un parlamento nacional de un país perteneciente a la Comunidad Europea. Si tomamos como referencia las elecciones al Parlamento Europeo celebradas en 1989, los partidos verdes obtuvieron el voto de más de diez millones de electores de los doce países de la Comunidad Europea. Esto implicó aproximadamente un 7,7 por ciento de los 135 millones de sufragios, frente al 2,7 por ciento de las elecciones de 1984, doblando así su represen-

---

12. Para una exposición más completa tanto de los procesos de formación de los primeros partidos ecologistas como los de consolidación de este tipo de partidos en todo el mundo, véase Riechmann y Fernández Buey (1994, cap. 5).

13. Una ampliación tanto de los datos electorales como del proceso de organización de los partidos ecologistas europeos manejados aquí, así como del proceso de organización de los mismos, véase en Riechmann y Fernández Buey (1994, 148-152). Dentro de la literatura española, Jorge Riechmann quizás sea el autor que ha estudiado más rigurosamente la evolución de los partidos ecologistas europeos. En este sentido, hay que destacar tanto su interesante análisis comparado sobre los movimientos ecologistas y partidos verdes en Holanda, Alemania y Francia como su completo trabajo sobre Los Verdes alemanes (véanse, Riechmann, 1991 y 1994). Finalmente, y dentro de la literatura anglosajona del análisis de los principales partidos ecologistas europeos dentro de una perspectiva comparada, véanse, por ejemplo, Müller-Rommel (1989) y Richardson y Rootes (1995).

tación con respecto a los comicios anteriores, pasando de doce a veinticuatro eurodiputados.

En cualquier caso, y por encima de los datos anteriores, lo importante es que tras una historia breve de algo más de una década, ya en 1990 los partidos verdes estaban organizados a nivel nacional en 17 países europeo-occidentales y representados en los parlamentos nacionales de 12 de estos países políticos: en la RFA con 42 diputados, en Suecia con 20, en Italia con 13, en Bélgica, Austria y Suiza con 9, en Holanda con 6, en Finlandia con 4, en Portugal y Luxemburgo con 2 y, finalmente, en Grecia y en Irlanda con 1. Por otra parte, ya desde 1983 los partidos verdes europeos se agruparon en una primera coordinadora denominada «Los Verdes Europeos» que en 1990 contaba con 27 miembros y 5 observadores en las elecciones de 1984 y 1989, presentando un programa común en todos los países miembros. Estos esfuerzos de coordinación han culminado en 1993 en la creación de una Federación Europea de Partidos Verdes con 26 partidos miembros a los que habría que unir la petición de ingreso de diez partidos más procedentes de Europa Oriental.

Sin embargo, tan importante como los resultados electorales o la organización de los partidos ecologistas europeos es la autopercepción de su propia función dentro del sistema político. En este sentido, «Los Verdes Europeos» son partidos políticos que están vinculados estrechamente al movimiento social que dio lugar a su nacimiento, cumpliendo dentro de éste un papel específico que no es otro que el de traducir las demandas de los NMS a términos políticos y presionar «al *establishment* para que cambie, amenazándolo directamente con pérdidas de poder político». En una palabra, la idea es «llevar al escenario del parlamento los temas que los partidos establecidos preferirían ver fuera de él. En varios países ello ha forzado a partidos establecidos a cambiar sus programas o sus políticos para intentar "verdecerse"» (Riechmann y Fernández Buey, 1994, 149).

Todos estos elementos, el avance electoral, el esfuerzo de organización y la propia función de los partidos ecologistas europeos como expresión de los NMS en un intento de redefinir la agenda política dentro de una perspectiva crítica y antisistémica han dado lugar a la cuestión de si los NMS están transformando el concepto de «lo político» en las sociedades democráticas avanzadas y si estamos en presencia de lo que Offe denomina el paso entre un «viejo paradigma» y un «nuevo paradigma» de la política (Offe, 1988). Dentro del ámbito de la Ciencia Política esta cuestión ha sido tratada por Ronald Inglehart, basando su interpretación sobre la novedad de los

NMS «en un cambio de valores en torno al eje materialismo/postmaterialismo que está transformando radicalmente la cultura política de las sociedades industriales» (Valencia, 1995, 63).

La hipótesis principal del politólogo norteamericano (Inglehart, 1990) es la de que los valores de las sociedades occidentales han estado cambiando, desde un énfasis casi exclusivo en el bienestar material y en la seguridad personal, hacia un énfasis mayor en la calidad de vida. La «revolución silenciosa» a la que Inglehart hace referencia consiste en un proceso de cambio desde lo que él denomina cultura «materialista» a otra cultura «postmaterialista», es decir, desde una cultura que asigna una prioridad más alta a la satisfacción de las necesidades humanas básicas (sustento o necesidades económicas y seguridad personal) a otra cultura que asigna mayor prioridad a la satisfacción de necesidades sociales de autorrealización (de pertenencia, estima, intelectuales y estéticas). Esto implica una «nueva política» que preconiza mayores espacios de autodesarrollo y autodeterminación y que hace un mayor hincapié en la protección de la naturaleza y en los derechos civiles, en oposición a una «vieja política» determinada en el crecimiento económico y que ponía el énfasis en los conflictos de clase. Lo interesante de la tesis de Inglehart para la explicación de la vitalidad de los partidos ecologistas europeos es que tanto los valores como los sujetos sociales del «postmaterialismo» parecen poder explicar este fenómeno desde una perspectiva tanto teórica como empírica. En este sentido, dentro de los valores postmaterialistas habría que incluir una mayor preocupación por el medio ambiente y las necesidades ecológicas, siendo los sujetos sociales del posmaterialismo los sectores juveniles de la población cuya primera socialización se ha producido bajo las condiciones de bienestar material.

Este último hecho es relevante porque «abre la posibilidad de un nuevo radicalismo político en la medida en que los nuevos valores se asientan en una izquierda que está representada por los nuevos movimientos sociales» (Valencia, 1995, 65). En este sentido, los jóvenes se distancian de la izquierda tradicional no porque sean más conservadores que antes sino porque ésta no responde a los nuevos problemas de la sociedad contemporánea, mostrándose mucho más interesados «por los atractivos de una nueva izquierda que se ocupara del tipo de problemas que, en la actualidad, se están convirtiendo en cruciales» (Inglehart, 1990, xxxix). En consecuencia, la tesis de Inglehart sobre el cambio de valores implica un nuevo estilo político, que supone una posibilidad de participación mayor de la población en la toma de decisiones, abriendo una perspectiva de análisis muy interesante para la explicación de los movimientos ecologistas y de los partidos verdes.

Sin entrar en la complejidad de su esquema teórico[14], para Inglehart el surgimiento de la nueva ola de NMS es el resultado de un conjunto de factores que están estrechamente relacionados: los nuevos valores postmaterialistas, los problemas objetivos, las organizaciones, las ideologías y también de un aumento de la capacidad política de los ciudadanos que es el resultado de un incremento de la educación e información políticas —lo que denomina «movilización cognitiva»— y de la aparición de nuevas prioridades valorativas dentro de las sociedades industriales avanzadas. Este último factor, la interacción entre los nuevos valores y los altos niveles de «movilización cognitiva» es especialmente relevante para comprender el éxito del movimiento ecologista. «La dimensión materialista/postmaterialista ha jugado un papel crucial en el surgimiento de la ola de nuevos movimientos sociales que se han hecho cada vez más importantes en los últimos años. Lo cierto es que el surgimiento de nuevos valores no ha sido el único valor implicado, también han contribuido los problemas objetivos, las organizaciones y las ideologías. Y el surgimiento de los nuevos movimientos sociales debe mucho al aumento gradual en el nivel de habilidad política entre las masas de población, lo que a su vez se debe a que la educación se ha difundido más y la información política se ha intensificado. Pero el surgimiento de nuevas prioridades valorativas también ha sido un factor importante. Por ejemplo, el surgimiento del movimiento ecologista no se debe únicamente al hecho de que el medio ambiente esté en peor estado que nunca, de hecho no está claro que éste sea el caso. Este desarrollo ha tenido lugar, en parte, porque la población está más sensibilizada en lo que respecta a la calidad del medio ambiente de lo que estaba hace una generación» (Inglehart, 1990, 420-421).

En cualquier caso, para nuestro autor existe una interacción simultánea ente un cambio de valores y un cambio ideológico como factores básicos que determinan el auge de los movimientos sociales como nuevas formas de participación política frente al papel tanto de los partidos políticos como de la ideología de la izquierda tradicional. De este modo, los valores postmaterialistas subyacen a muchos de los NMS porque sus prioridades valorativas coinciden con las de las sociedades industriales avanzadas. Este hecho explicaría el

---

14. Para una explicación más detallada de la relación entre la teoría del cambio de valores de Inglehart y el auge de los movimientos ecologistas y de los partidos verdes en Europa en la década de los ochenta, véase Valencia (1995).

avance de los movimientos ecologistas y de los partidos verdes en Europa. «El apoyo al ecologismo refleja esta preocupación (con una referencia explícita a la calidad del medio ambiente físico y una preocupación menos abierta, pero no menos importante, por la calidad del medio ambiente social). Buscan relaciones menos jerarquizadas, más íntimas e informales. No es que rechacen los frutos de la prosperidad, se trata simplemente de que sus prioridades valorativas están menos fuertemente dominadas por imperativos que eran centrales para la naciente sociedad industrial» (Inglehart, 1990, 422).

De igual modo, el auge de los NMS no es sólo el resultado de un cambio de valores sino el resultado de una relación compleja que afecta simultáneamente a la transformación tanto de los valores como de la ideología. En este sentido, el significado de la ideología de la izquierda tradicional y el de la izquierda actual representada en los NMS son muy diferentes, afectando profundamente tanto a su ideario como a sus bases sociales. Desde esta perspectiva, la vieja izquierda se caracterizaba por considerar positivamente el crecimiento económico y el progreso técnico, su lucha política se articulaba en torno al conflicto de clases y su base social era la clase trabajadora. Por el contrario, la nueva izquierda no sólo desconfía de estos principios sino que su lucha política se centra en temas conflictivos inherentes a los NMS —la calidad del medio ambiente físico y social, el papel de la mujer, los problemas de la energía nuclear o la desaparición de las armas nucleares—, y su base social es fundamentalmente la clase media. En síntesis, «el nuevo apoyo a la izquierda proviene cada vez más de los postmaterialistas de clase media» (Inglehart, 1990, 282). Esto significa dos cosas: por una parte, una superación del modelo de política basado en el conflicto de clase, siendo los valores el nuevo eje de polarización de la política occidental; y, por otra, la aparición de una «nueva política» que transforma la izquierda tradicional en dos direcciones: «1) el estancamiento o declive de la nueva izquierda marxista de los años sesenta y principios de los setenta, y 2) el crecimiento espectacular de los partidos ecologistas con una ideología característica y todavía en evolución, en lo tocante a la calidad del medio ambiente físico y social. De hecho, han pasado de la nada a constituir el elemento más importante de la "nueva política"» (Inglehart, 1990, 284).

Dejando aparte otras críticas a diversos aspectos de la teoría del cambiocultural de Inglehart en las que no podemos entrar aquí en este momento, parece evidente que su impacto sobre los sistemas de partidos no responde a estas dos características que acabamos de ver, al menos de manera tan evidente. Éste es el caso de nuestro país, donde un riguroso análisis que intenta medir el impacto de del postmaterialismo en nuestro sistema de partidos llega a conclusiones no opuestas pero sí divergentes (Montero y Torcal, 1995). Desde esta perspectiva, el cambio cultural, generado por el reemplazo generacional ha tenido dos efectos sobre el sistema de partidos español: «Ha producido un aumento del apoyo electoral a los partidos verdes y a IU. Pero, al mismo tiempo, el aumento del apoyo de los sectores de jóvenes postmaterialistas a IU podría llevar a la progresiva transformación de la naturaleza originaria del "viejo" partido y, en el peor de los casos, al agravamiento de sus conflictos internos y a la fragmentación de sus apoyos electorales [...] Sea como fuere, lo cierto es que el caso de IU ejemplifica la posibilidad de que cambios en los elementos básicos y en los apoyos electorales de un partido carezcan de reflejos significativos en los datos electorales agregados, y, menos aún, de modificaciones en el sistema de partidos» (Montero y Torcal, 1995, 30).

Por otra parte, no se duda que el cambio cultural puede cambiar las áreas del conflicto político y modificar los elementos de la competición partidista, pero tanto la consolidación como el éxito electoral no dependen de la fuerza de la dimensión materialista/postmaterialista sino de la estrategia política partidista en su intento de captar las demandas de los nuevos postmaterialistas. «En definitiva, los diferentes efectos del cambio cultural dependen de las estrategias políticas y electorales adoptadas por los principales partidos para captar las demandas de los nuevos postmaterialistas, una tarea que han de llevar a cabo simultáneamente con la defensa de los intereses de sus electores tradicionales. Este proceso adquier especial importancia en el caso de IU, que ha de mantener un balance adecuado entre sus seguidores de izquierda más tradicional y materialista y aquellos orientados hacia esos nuevos valores. Las efectos del cambio cultural también están condicionados por las estrategias políticas y las evoluciones internas de los partidos verdes [...]. Finalmente, está supeditado a un conjunto variable de factores institucionales, como los elementos del sistema electoral y las dimensiones del sistema de partidos [...]. Hasta el momento, la disposición de estos factores en España ha generado más efectos en un partido concreto que en el propio sistema de partidos. Pero la intensidad de los cambios iniciados en las elecciones de junio de 1993 impide que pueda excluirse *a priori* la ampliación de esos efectos a otros partidos o, desde luego, al mismo sistema partidista» (Montero y Torcal, 1995, 30-31).

En consecuencia, en España las consecuencias del cambio cultural no incitan importantes variaciones en el sistema de partidos.

Además, en contra de las conclusiones de Inglehart, «el cambio cultural en España no se ha traducido tanto en el crecimiento electoral de los partidos verdes, como en un cambio considerable de los perfiles electorales de IU» (Montero y Torcal, 1995, 31), generando simultáneamente para esta formación política tanto expectativas positivas como riesgos de conflictividad interna y de fragmentación de sus apoyos electorales.

Es más, la explicación de que en España no haya surgido un partido verde como institucionalización de los movimientos ecologistas se debe a la peculiaridad de los NMS como consecuencia del proceso democrático español[15]. Desde esta perspectiva, «las características específicas en las que se desarrolla el caso español para los nuevos movimientos sociales constituyen casi una anomalía histórica» (Juárez, 1994, 353), debido a que no se había producido su separación de los partidos políticos en la última etapa del franquismo, sirviendo como cauce de expresión de una serie de demandas ciudadanas. Por otra parte, la consolidación del sistema de partidos en la transición va a debilitar a los NMS debido a dos razones: en primer lugar, porque tendió a separarlos de la vida política «en un momento en que la política de pacto y consenso se dirige a la desmovilización»; y en segundo lugar, porque «la crisis y reestructuración del Estado de Bienestar tiende a limitar las posibilidades de lograr servicios y derechos de los ciudadanos» (Juárez, 1994, 354). Además, a las razones anteriores habría que unir que el propio proceso de institucionalización democrático creó agencias y servicios destinados a responder a las demandas de estos NMS. Todas estas razones han hecho que «la fragmentación defensiva» sea la característica central de estos NMS en la década de los ochenta. En este contexto, la aparición de un partido verde similar a los europeos ha resultado inviable en nuestro país. «Lo que sí ha resultado inviable, por el momento, en España es un partido alternativo, al modo de Los Verdes; la novedad relativa del sistema democrático en España ha hecho que todavía los partidos tradicionales no se encuentren tan desgastados como los de algunas democracias europeas —especialmente Francia y Alemania—, lo que hace difícil que partidos verdes sean capaces de introducir el discurso alternativo en los espacios de la política convencional; además temas típicos del discurso verde-al-

---

15. A las que habría que añadir una serie de razones históricas internas y una profunda división del movimiento ecologista español que ha impedido su vertebración en un partido verde. Para una explicación tanto de la historia como de las dificultades para constituir un partido verde en España, véase Cabal (1996).

ternativo todavía no han cobrado una presencia tan potente en la ciudadanía española como los problemas del hiperdesarrollo que estos partidos explotaban. Tanto la falta de tradición democrática y electoral, como la falta de tradición alternativa, en lo que se refiere a la formación de movimientos autónomos, a lo que hay que añadir el relativo atraso del desarrollo de la economía española y los problemas de características civilizatorias, algunos de ellos irreversibles, que este desarrollo conlleva es lo que ha hecho que los partidos verdes no hayan dejado de ser todavía nada más que pequeñas anécdotas electorales» (Juárez, 1994, 356).

En última instancia, el sistema político español ha sido un filtro poderoso que ha anulado la posibilidad de desarrollo no sólo de los NMS, sino de un partido ecologista con el auge de los europeos en la década de los ochenta. Así, la «democracia española de los ochenta y primeros de los noventa, en plena fase de competencia por el "votante medio", ha tendido más a explotar las posibilidades electorales de las mayorías pasivas que a fomentar las acciones de participación de las minorías activas» (Juárez, 1994, 357), forjándose un estado defensivo que se ha traducido en luchas puntuales —destrucción de la capa de ozono, la Guerra del Golfo— pero que como hemos visto más arriba no ha tenido impactos sustanciales sobre el sistema de partidos español para dar el paso del movimiento social al partido político y articular un proyecto político verde en nuestro país.

BIBLIOGRAFÍA

Altvater, E. (1994): *El precio del bienestar. Expolio del medio ambiente y nuevo (des)orden mundial*, Edicions Alfons el Magnànim, Valencia.
Bahro, R. (1986): *Cambio de sentido*, Hoac, Madrid.
Cabal, E. (1996): *Historia de los Verdes*, Mandala, Madrid.
Capella, J. R. (1993): *Los ciudadanos siervos*, Trotta, Madrid, 2.ª ed.
Dobson, A. (1989): «Deep Ecology»: *Cogito*, III/1, 41-46.
Dobson, A. (1995): *Green Political Thought*, Routledge, London, 2.ª ed.; trad. española, *Pensamiento político verde*, Paidós, Barcelona, 1997.
Eckersley, R. (1992): *Environmentalism and Political Theory. Toward and Ecocentric Aproach*, State University of New York Press, New York.
Ferry, L. (1994): *El nuevo orden ecológico. El árbol, el animal y el hombre*, Tusquets, Barcelona.
Frankel, B. (1989): *Los utópicos postindustriales*, Edicions Alfons El Magnànim, Valencia.
Giddens, A. (1996): *Más allá de la izquierda y la derecha. El futuro de las políticas radicales*, Cátedra, Madrid.
Goodland, R. (ed.) (1997): *Medio ambiente y desarrollo sostenible. Más allá del Informe Brundtland*, Trotta, Madrid.

Gorz, A. (1995): *Capitalismo, Socialismo y Ecología*, Hoac, Madrid.
Gray, J. (1993): *Beyond the New Right. Markets, Government and The Common Environment*, Routledge, London.
Inglehart, R. (1991): *El cambio cultural en las sociedades industriales avanzadas*, CIS, Madrid.
Juárez, M. (dir.) (1994): *V Informe sociológico sobre la situación social de España. Sociedad para todos en el año 2000*, I, Fundación FOESSA, Madrid.
Laclau, E. y Mouffe, C. (1987): *Hegemonía y estrategia socialista. Hacia una radicalización de la democracia*, Siglo XXI, Madrid.
Lipietz, A. (1995), *Green Hopes. The Future of Political Ecology,* Polity Press, Cambridge.
Lipietz, A. (1997): *Elegir la audacia. Una alternativa para el siglo XXI,* Trotta, Madrid.
Montero, J. R. y Torcal, M. (1995): «Cambio cultural, conflictos políticos y política en España»: *Revista de Estudios Políticos*, 89, 9-34.
Müller-Rommel, F. (1989): *New Politics in Western Europe. The Rise and Success of Green Parties and Alternative Lists*, Westview Press, Boulder.
Naess, A. (1973): «The Shallow and the Deep, Long-Range Ecology Movement. A Summary»: *Inquiry*, 16, 95-100.
O'Connor, J. (1991): «Las dos contradicciones del capitalismo»: *Ecología Política*, 3, 111-112.
Offe, C. (1988): *Partidos políticos y movimientos sociales*, Sistema, Madrid.
Pepper, D. (1993): *Eco-Socialism. From deep ecology to social justice*, Routledge, London.
Richardson, D. y Rootes, C. (1995): *The Green Challenge. The Development of Green parties in Europe*, Routledge, London.
Riechmann, J. (1991): *¿Problemas con los frenos de emergencia? Movimientos ecologistas y partidos verdes en Holanda, Alemania y Francia*, Editorial Revolución, Madrid.
Riechmann, J. (1994): *Los verdes alemanes: Historia y análisis de un experimento ecopacifista a finales del siglo XX*, Comares, Granada.
Riechmann, J. y Fernández Buey, F. (1994): *Redes que dan libertad. Introducción a los nuevos movimientos sociales*, Paidós, Barcelona.
Riechmann, J. y Fernández Buey, F. (1996): *Ni tribunos. Ideas y materiales para un programa ecosocialista*, Siglo XXI, Madrid.
Riechmann, J. *et al.* (1995): *De la economía a la ecología*, Trotta, Madrid.
Valencia, A. (1995): «Movimientos ecologistas y partidos verdes en Europa. ¿Nuevos valores o nuevos conflictos?»: *Sistema*, 126, 63-76.
Wolff, F. O. (1993), «La política verde se ha de proponer tanto la cuestión de la supervivencia como la tarea de la emancipación social»: *Documentación Social*, 90, 197-217.

Capítulo 19

RETOS CONTEMPORÁNEOS DE LA POLÍTICA (II):
LOS NACIONALISMOS

Ramón Maiz Suárez
Universidad de Santiago de Compostela

I. EL RETORNO DE LAS NACIONES

Uno de los rasgos más característicos de la política contemporánea es la masiva vuelta al primer plano de los conflictos étnicos y nacionales. Sin embargo, para las corrientes funcionalistas dominantes en las ciencias sociales y políticas hasta hace muy poco tiempo, la dimensión nacional constituía un residuo tradicional solventado definitivamente en el tránsito a la modernidad. En efecto, para las teorías de la *modernización* y el *desarrollo político* (Deutsch, 1953; Rokkan, 1970): 1) el proceso de generalización territorial del mercado y la industrialización llevaban aparejado 2) la construcción del Estado como aparato burocrático autónomo, monopolizador del poder político, y éste, a su vez, forzaba 3) la homogeneización cultural, política y territorial de la nación coextensiva con sus fronteras, suprimiendo las comunidades étnicas y culturales tradicionales. De este modo, la progresiva desaparición de las características de la sociedad premoderna, la creciente diferenciación de funciones, los procesos de inclusión de la ciudadanía y la unificación de los mercados y de las estructuras de gobierno, etc., constituían fases de un mismo proceso lineal y teleológico de construcción del moderno sistema, occidental primero y después a escala mundial, de Estados-nación.

El fracaso empírico y predictivo de estas teorías se evidencia, sin embargo, en casos tan lejanos como la proliferación de nacionalismos en la ex URSS y ex Yugoslavia; los nacionalismos en el seno de Estados plurinacionales (Canadá, España, Bélgica o Inglaterra); la quiebra del modelo de Estado federal en India, etc. Ahora bien, al mismo tiempo que la falsación empírica, ha tenido lugar una renovación teórica de gran alcance en las ciencias sociales que ha permitido abordar substantivamente un problema, el de las naciones y nacionalismos, que hasta el momento suscitaba una atención poco menos que marginal en el seno de la sociología y la ciencia política.

El acercamiento al problema nacional con el arsenal conceptual y metodológico de las ciencias sociales se ha traducido en un progresivo cambio de perspectiva en el análisis de sus dimensiones, mecanismos y procesos más significativos. Así, ya no se trata de historiar la diferencia étnica, de remontarse al pasado en procura de los antecedentes del nacionalismo contemporáneo. Esto es, de dar cuenta, desde una óptica más o menos *primordialista,* de la naturaleza *objetiva* de la nación a partir de la pervivencia de unos rasgos orgánicos diferenciales: raza, cultura, lengua, historia, economía, etc., que tarde o temprano se manifiestan políticamente, generando movimientos nacionalistas que reivindican la diferencia y el autogobierno. Por el contrario, la *etnicidad* (lengua, costumbres, historia, etc.) y las naciones mismas no se consideran ya datos objetivos, el punto de partida de la investigación, sino complejas construcciones políticas y sociales cuya producción es preciso analizar. Esto es, se estudian como creaciones de las élites, partidos y movimientos políticos nacionalistas que filtran, reelaboran, deforman o incluso *inventan* la diferencia (subrayando lo compartido, atenuando las divisiones internas, agudizando la contraposición nosotros/ellos, etc.) a partir de unas precondiciones étnicas, producto a su vez de la previa elaboración de intelectuales y movimientos culturales y políticos (Anderson, 1983; Hobsbawm, 1992). Nada hay, pues, de inevitable en que una diferencia étnica se traduzca mecánicamente en una nación políticamente expresada pues, a diferencia de lo asumido acríticamente por la interpretación más tradicional (muy cercana a la de los propios nacionalistas), no es la nación la que genera el nacionalismo, sino el nacionalismo el que, en determinados contextos institucionales y sociales, produce políticamente la nación.

En este sentido, el programa de investigación ha pasado a centrarse en las diversas condiciones necesarias para la cristalización política de las naciones. Éstas podríamos sintetizarlas del modo siguiente:

1. *Precondiciones étnicas*: el conjunto de rasgos diferenciales de lengua, cultura, «raza», tradiciones, historia, mitos y símbolos que

constituyen la «materia prima» de la que parten y, a la vez, reformulan, seleccionan y generalizan los intelectuales, líderes y partidos nacionalistas.

2. *Precondiciones sociales*: se engloban bajo esta rúbrica diversas predisposiciones socioeconómicas para la movilización nacionalista. Así, por ejemplo: una matriz de intereses comunes potencialmente conflictivos con otro grupo, una crisis económica y social que produzca desarraigo y necesidad de seguridad e identificación en determinados colectivos, unos umbrales mínimos de movilidad social o comunicación supralocal en el seno de la comunidad, etc.

3. *Estructura de oportunidad política* propicia, ora *formal*: apertura del acceso político (nivel de democracia), estructuras políticas territoriales (Estado federal, consociativo, etc.) que incentiven tanto la política étnica; ora *informal:* políticas públicas y estrategias facilitadoras de las élites dominantes, eventual desalineamiento electoral de los partidos no nacionalistas, posibilidad de conflicto intraélites, etc.

4. *Movilización política* eficaz que, a través de un esfuerzo *organizativo* y una adecuada formulación *discursiva*, aglutine a un bloque social amplio, para el que la existencia de la nación constituya una evidencia comunitaria indiscutible que precisa dotarse de propio Estado o al menos autogobierno.

Este análisis de las muy complejas condiciones, ora estructurales (étnicas, económicas, políticas e institucionales), ora de movilización (organización, ideologías), presentes en el resurgimiento de los nacionalismos contemporáneos ha permitido, además, clarificar la tipología de sus manifestaciones actuales, mostrando toda una nueva gama de fenómenos nacionalitarios que, con precedentes en épocas anteriores, presentan sin embargo características novedosas.

Recordemos que los tipos ideales clásicos de nacionalismo eran fundamentalmente los de las dos primeras «oleadas nacionalistas» (Tyriakian, 1987); a saber: 1) el nacionalismo homogeneizador de los Estados-nación en Europa y USA en los siglos XVIII y XIX, ejemplificado en el modelo jacobino francés y 2) los nacionalismos anticoloniales de los siglos XIX y XX, de los que resulta buena muestra el caso de India. Pues bien, dejando de lado ambos supuestos clásicos, en este capítulo vamos a ocuparnos de los nacionalismos contemporáneos de fin de siglo, algunas de cuyas manifestaciones surgen ya en el período de entreguerras, los cuales a grandes rasgos pueden ser tipificados en las variedades siguientes: 1) nacionalismos contra el Estado en el seno de Estados plurinacionales; 2) procesos de nacionalización en Estados independientes; 3) minorías nacionales; 4) nacionalismos irredentos y 5) nacionalismos fundamentalistas de respuesta a los nacionalismos anticoloniales.

II. TIPOLOGÍA DE LOS NACIONALISMOS CONTEMPORÁNEOS

En el breve repaso que haremos a continuación, simplificando la complejísima variedad y riqueza empírica del fenómeno, subrayaremos dos extremos: en primer lugar, la novedad de las nuevas manifestaciones del nacionalismo, así como sus continuidades y discontinuidades con las formas clásicas; en segundo lugar, la interacción entre los diversos tipos de nacionalismo y el nexo interrelacional que, en numerosas ocasiones, vincula estrechamente entre sí a dos o tres de ellos.

1. *Nacionalismos en los Estados plurinacionales*

En la década de los años sesenta de nuestro siglo la solidez y homogeneidad de los Estados-nación de Europa occidental y Canadá sería puesta en cuestión por la aparición o reactivación política de nacionalismos interiores que reivindicarían con diferente intensidad, apoyo político y estrategias la naturaleza *plurinacional* de aquellos Estados. De un lado, Alemania, Portugal, Japón, Suecia o Grecia testimoniarían el modelo excepcional de correspondencia entre Estado y nación. De otro, escoceses y galeses en Inglaterra vendrían a sumarse al más intenso y conflictivo nacionalismo irlandés; bretones y corsos en Francia, sardos y tiroleses del Sur en Italia, francoparlantes del Jura en el cantón de Berna (Suiza) harían lo propio; gallegos, vascos y catalanes en España reavivarían una movilización duramente reprimida durante la dictadura franquista; quebequeses en Canadá reclamarían primero una «sociedad distinta» y posteriormente la secesión; y, finalmente, en los noventa, la ruptura de la URSS, Yugoslavia y Checoslovaquia aportaría una nueva oleada de plurinacionalidad enfrentada a los Estados «federales» que, engañosamente, parecían haberla despotenciado para siempre.

Las iniciales explicaciones acerca de las causas de este resurgir de las naciones sin Estado, en concreto las tesis del «colonialismo interior» (Hetcher, 1975), que subrayaban los efectos del desarrollo económico desigual para las nacionalidades más desfavorecidas como el factor decisivo, se vería desmentido por el papel protagonista que adquirirían crecientemente las regiones más desarrolladas en las reivindicaciones nacionalistas occidentales (Breuilly, 1993).

Así, la defensa de la propia cultura y lengua, de autogobierno adecuado a la propia estructura social y económica, la crisis del modelo centralista y burocrático del Estado, la globalización económica, etc., son todos ellos factores que explican un reavivamiento de la competicion política intraestatal por recursos entre centro y periferia política (Guibernau, 1997), de la mano de partidos nacionalistas, en general ideológicamente conservadores, que plantean exigencias sucesivas de descentralización política o incluso secesión. Las reformas descentralizadoras emprendidas por la generalidad de los Estados occidentales en respuesta a estas demandas han tenido, como veremos, efectos desiguales: si bien en algunos casos han servido para despotenciar el conflicto durante los años ochenta (Bélgica), en otros, como Canadá, España o Irlanda, lo ha consolidado políticamente de forma diversa, al establecer un marco institucional que incentiva la etnificación de la política (Rudolph y Thompson, 1989). Por otra parte, muy diferentes en su origen, pues no constituyeron nunca un Estado-nación, en los casos de la URSS, Yugoslavia o Checoslovaquia las estructuras propias de su federalismo semántico, conjuntamente con la institucionalización de la multinacionalidad, y las políticas de liberalización sin democratización adoptadas en la transición, aportaron asimismo incentivos varios para la politización de la etnicidad y la generalización de las demandas secesionistas por parte de nacionalidades extraordinariamente heterogéneas étnico-culturalmente (Kupchan, 1995).

En todos estos casos se manifiesta la centralidad de la función que la nación desenvuelve frente al Estado; a saber: la *legitimación territorial* del poder político estatal. Pues si en los países autoritarios el problema de la coherencia territorial del Estado se obvia de una u otra forma, en los Estados democráticos el acuerdo sobre la unidad territorial se vuelve decisivo a efectos de legitimar las instituciones de gobierno en su ámbito espacial de autoridad. De ahí que la estructura política territorial del Estado se sitúe como un elemento clave de la propia consolidación democrática del sistema: la doble exigencia de *legitimidad* (ciudadana y territorial) implica que la relación *polis/demos* se ubique en el centro mismo de la poliarquía (Linz, 1993). Ello, a su vez, se traduce no sólo en lo indeseable desde un punto de vista democrático, sino lo escasamente factible de las políticas centralistas y homogeneizadoras ante unas condiciones generales de plurietnicidad, así como de estructuras económicas y políticas, estatales e internacionales, que incentivan la creciente politización de la diferencia por las élites locales.

Los intelectuales y líderes nacionalistas de estas nacionalidades interiores representan la propia nación como una comunidad *natural*, configurada por una serie de rasgos (lengua, cultura, tradición, etc.) objetivos e inmutables a lo largo de la historia, en el seno de un Estado que se considera, por el contrario, como institución meramente *artificial*. De modo reiterado, sin embargo, el análisis de estos nacionalismos ha revelado hasta qué extremo constituyen el producto de un esfuerzo político de organización e ideología, constituyéndose muchas de sus características identitarias en el curso mismo de la movilización. El conflicto nacional deviene, así, no mera manifestación externa de una realidad étnico-cultural dada con carácter previo, sino directamente constitutivo de la propia nacionalidad (Stavenhagen, 1996).

Volveremos más tarde sobre las estrategias reguladoras disponibles al respecto, pero conviene dejar ya apuntado, sin embargo, que las reivindicaciones de los nacionalismos periféricos o infraestatales en cuanto asumen una definición orgánica de la nación, mediante criterios objetivos de pertenencia que hipostasian la unidad nacional y su diferencia, preanuncian muy serias dificultades para trasladar hacia el interior de sus fronteras la reivindicación democrática de reconocimiento del pluralismo que dirigen frente al Estado-nación. De hecho, el concepto de comunidad étnico-nacional sustancialmente unitaria, obviando la heterogeneidad cultural interna, suele traducirse, como veremos, en cuanto se dispone de un cierto umbral de autogobierno, en políticas nacionalizadoras de diverso orden.

2. *Estados nacionalizadores*

El altísimo coste histórico y aun actual, desde un punto de vista democrático, así como la inviabilidad misma de las políticas estatales de nacionalización en sociedades modernas complejas no ha relegado, sin embargo, el modelo clásico de construcción forzada de Estados-nación al pasado. Y no nos referimos, solamente, a la persistencia de políticas centralistas en países como Francia o Inglaterra, sino a la aparición contemporánea de nuevos Estados independientes que emprenden el camino que caracterizara a los Estados nacionalizadores contra los que un día, no muy lejano, se rebelaron. De hecho en los años noventa asistimos a la aparición de esfuerzos nacionalizadores con enorme costo cultural, democrático y de generación de violencia, en lugares tan diversos como la ex URSS, la ex Yugoslavia, Estonia o India. Pero, aun más, puede comprobarse cómo en muchos nacionalismos interiores de Estados plurinacionales a los que nos hemos referido en el apartado anterior, una vez que mediante las políticas de descentralización o reformas constitucionales acceden a un cierto nivel de autogobierno, se apunta de modo incipiente el modelo de Estado-nación *etnocrático* que en su día se denunciara: Quebec constituye buen ejemplo de ello.

Un Estado nacionalizador se caracteriza por considerarse un Estado al servicio de y para una específica nación, cuyas lengua, cultura, posición demográfica, y cuyos bienestar económico y hegemonía política deben ser protegidos y promovidos por el poder político (Brubaker, 1996). Ello implica una serie de rasgos extremadamente problemáticos desde un punto de vista democrático; a saber:

1) la apropiación del Estado, y de ahí la calificación de etnocrático, por una específica nación étnicamente definida por características orgánicas tales como «raza», lengua, religión, etc.;

2) lo que se traduce, a su vez, en una escisión entre los ciudadanos nacionales «auténticos» y los meros «residentes permanentes» en el Estado, los cuales, en la medida en que no pertenecen a la nación oficial, son tratados como «ciudadanos» de segunda clase y sometidos a políticas de normalización lingüística, asimilación y aculturación según los patrones de la nación hegemónica;

3) procesos estos últimos guiados por la idea de que la nación oficial no se encuentra aún plenamente desarrollada pese a la posesión de un Estado propio, y que este déficit de homogeneidad y sustantividad nacionales debe ser corregido con políticas nacionalizadoras, compensatorias de la discriminación histórica sufrida;

4) la regulación política asimilacionista desde el Estado se complementa, por ende, mediante la movilización política, organizativa e ideológica nacionalista en la sociedad civil, estimulada asimismo desde el Estado, como elemento de apoyo y realimentación de las políticas nacionalizadoras.

Los casos de Estonia, Letonia, Ucrania, Kazakistán, Croacia, Yugoslavia, etc., patentizan este tipo de nacionalismo implementado desde el Estado al que se le ha prestado escasa atención desde la ciencia política, atenta, si acaso, a la autodeterminación de las naciones sin Estado en la crisis contemporánea de los centralismos territoriales.

Sin embargo, el problema que plantean estos Estados nacionalizadores deriva de lo conflictiva que resulta su lógica de la nacionalización respecto de la lógica de la democratización, en la que el pluralismo, las garantías jurídico-constitucionales y los derechos individuales y de grupo deben ocupar un lugar central. Los procesos de homogeneización al servicio y refuerzo de las posiciones políticas, económicas y culturales de los miembros de una nacionalidad, de la mano de políticas lesivas para las minorías territoriales, culturales o religiosas, que pueden ir desde la asimilación forzada y la represión hasta alguna modalidad de «limpieza étnica», precarizan extraordinariamente el estatuto de ciudadanía democrática de segmentos enteros de la población que, además, en algunos casos constituyen minorías numéricamente importantes en el seno de estos Estados. El paradigma del Estado-nación practicado en la actualidad en países recién independizados, y su preanuncio en algunos nacionalismos en el seno de Estados plurinacionales, actualiza con nuevos y más eficaces medios los intolerables costos de exterminio cultural, étnico, social y político de las minorías, que supuso en su día como forma canónica de aparición del Estado en Occidente

3. *Minorías nacionales*

De lo especificado en 2.1 y 2.2 se desprende la necesidad de sustantivar analíticamente el problema de las *minorías nacionales*, ante el nuevo relieve que ese fenómeno asume en nuestros días. Así, por ejemplo, uno de los fenómenos más llamativos de los nacionalismos contemporáneos es la aparición de miembros de etnias antes dominantes que, debido a procesos de secesión, se convierten en minorías oprimidas en el seno de Estados nacionalizadores. Baste como ejemplo señalar que en la actualidad cerca de 25 millones de rusos han visto radicalmente trasformado su estatuto de etnia dominante, en minoría en el seno de los nuevos Estados escindidos de la ex URSS. Tal es el caso, además, de tres millones de húngaros en Rumanía, Eslovaquia, Serbia y Ucrania; de dos millones de albaneses en Serbia, Montenegro, Macedonia; de dos millones de serbios en Croacia y Bosnia; de un millón de turcos en Bulgaria; de cientos de miles de armenios en Azerbaiján; de otros tantos uzbekos en Tajikistán, polacos en Lituania; musulmanes en India, indígenas en América del Sur y del Norte, etc. (Heeckman, 1992; Kraus, 1996).

Sin embargo, y de acuerdo con lo explicitado al comienzo de este capítulo, debemos subrayar que una minoría nacional tampoco es un grupo o comunidad conformado estáticamente por criterios objetivos de adscripción como lengua, demografía o tradiciones, sino que constituye un grupo dinámico y en formación caracterizado por tres rasgos fundamentales:

1) la pertenencia pública a una nacionalidad definida étnico-culturalmente y como tal diferenciada de la nación dominante en el seno de un Estado;

2) que demanda reconocimiento en cuanto tal nacionalidad diferenciada y

3) reclama derechos colectivos políticos o culturales de diverso alcance.

En este sentido, la articulación política de las características comunes y las reclamaciones o exigencias que de ella se derivan –desde demandas de autoadministración, derechos culturales o territoriales, hasta secesionismo— son el resultado de una construcción política, específica en cada caso, por parte de élites, partidos, movimientos y líderes que, en procura de «representación de los intereses de la minoría», contribuyen asimismo a crearla en su unidad, a seleccionar sus características fundamentales, a fijar sus tradiciones religiosas o culturales, a programar, en fin, sus objetivos políticos.

Esto constituye un aspecto decisivo sobre el que recientemente los especialistas han llamado la atención. Así, tomando como ejemplo a la minoría rusa en Ucrania, se ha constatado no ya la no correspondencia de los ciudadanos de origen ruso instalados en Ucrania y los que, de hecho, integran la minoría nacional rusa en Ucrania, organizada como tal, sino asimismo su variabilidad en el tiempo al hilo de fluctuaciones relacionales con otras nacionalidades vecinas, con la evolución de la coyuntura económica, etc. (Brubaker, 1996). Por otra parte, se ha subrayado el carácter situacional y transitorio de toda minoría, más allá de cualquier fundación primordial en rasgos biológicos, culturales o lingüísticos, así como la existencia de profundas divisiones internas en el seno de las propias minorías y la necesidad de combinar un análisis de los intereses diferenciados de grupo con la movilización que los selecciona y redefine políticamente (Brass, 1991; Stavenhagen, 1996).

Pero además han de incluirse en el análisis otras variables de tipo estructural e institucional. Así, por ejemplo, se ha señalado que las minorías rusas en la diáspora optan y optarán en los próximos años por el retorno, la asimilación, la movilización en demanda de reconocimiento de derechos individuales y colectivos, la secesión o incluso la demanda de intervención rusa, dependiendo en cada caso concreto de diversas condiciones en el seno de los nuevos Estados nacionalizadores: variables etno-demográficas, condiciones de vida cotidiana formales (nivel de democratización) e informales (presión cultural asimilacionista y de aculturación) en el seno de los Estados de su residencia actual, perspectivas económicas, etc. (Brubaker, 1996).

Si en algún caso resultan imprescindibles los postulados del *nuevo institucionalismo* —esto es, que los contextos institucionales no se limitan a enmarcar, restringiendo o ampliando, la movilización de los actores, sino que resultan directamente *constitutivos* de los actores mismos y sus intereses— es en el análisis de los conflictos étnicos. Hasta en casos que apuntan a primera vista a una base primordial étnica, como el conflicto de Ruanda, se ha puesto de manifiesto que las identidades batutsi y bahutu, y su fijación como mayorías o minorías, fueron creadas en el proceso de formación del Estado ruandés y no habrían podido ser reproducidas sin una forma específica de Estado que institucionalizó esas identidades (Mamdani, 1996).

A su vez, los casos de las minorías rusas de Estonia (30 por ciento del total de la población), Letonia (34 por ciento) y Lituania (9 por ciento), muestran con elocuente claridad la multiplicidad de respuestas ante las diversas políticas de nacionalización adoptadas por las dos primeras frente a la tercera, y cómo algunas estrategias generan no sólo un potencial de violencia futura, sino que enquistan el problema volviéndolo innegociable (Laitin, 1994). Ahora bien, todo ello, al mismo tiempo, nos remite a un tercer factor en presencia que hasta el momento no hemos mencionado, el *irredentismo* fomentado por un Estado vecino de la misma etnia minoritaria.

4. Irredenta

Mientras el nacionalismo de los Estados nacionalizadores se dirige a la construcción política interna de una nación homogénea, los nacionalismos extraterritoriales —que, por lo demás, pueden ser practicados por el mismo Estado que aquéllos— se dirigen más allá de las propias fronteras de territorio y ciudadanía hacia poblaciones que, pese a estar integradas como minorías en Estados vecinos, son consideradas como propias, *irredenta* que han de recuperarse de un modo u otro para el tronco común de la etnia madre. El caso extremo sería, desde luego, la *anexión*, crecientemente costosa, empero, en un mundo de creciente desterritorialización y economización del poder, de pérdida de significación material del territorio, cada vez en mayor medida reemplazada por más sutiles formas de control y hegemonía extraterritorial que no implican la tradicional incorporación física de los territorios irredentos.

Ahora bien, si, como suele de hecho suceder, el Estado en el que reside la minoría es un Estado nacionalizador, el conflicto con el

Estado del que originariamente procede, en virtud del cruce de pretensiones contradictorias sobre la misma población, constituye el desenlace más previsible. Este conflicto puede mantenerse latente o manifestarse con violencia caso de que los líderes del Estado nacionalizador implementen políticas discriminatorias y/o asimilacionistas sobre sus minorías, lo que conducirá previsiblemente a los líderes de éstas a invocar los lazos de sangre con el Estado vecino para acudir en su auxilio. Pero esto, a su vez, agudizará en espiral el nacionalismo extremista de este último, habida cuenta que el Gobierno puede verse en serias dificultades ante la opinión pública por no defender a los connacionales del trato que se les dispensa como minoría, dando lugar a políticas de intervención que pueden preludiar conflictos armados fronterizos.

De ello, en fin, se derivan además perniciosas consecuencias de radicalización del propio nacionalismo estatal, lo que se traduce inevitablemente en una política exterior más agresiva, en militarismo interno y en crisis de la democratización en la política interior de ambos Estados implicados (Linz y Stepan, 1996).

Los casos de los armenios en Nagorno-Karabaj (Reiff, 1996), los palestinos en Líbano e Israel (Bowman, 1994), los rusos en Estonia y Letonia (Lieven, 1993), etc., constituyen otros tantos ejemplos de posibles *irredenta* reclamados por Estados vecinos y se perfilan con una alta dosis de conflictividad potencial. Las palabras de Kozyrev en la ONU en 1993 y 1995, justificando una eventual intervención armada rusa en Estonia y Letonia, alegando la violación de los derechos humanos de la población rusa de esos Estados —exclusión en Estonia de la mayoría de los rusos del voto en las elecciones presidenciales y de la formación de partidos políticos— constituye un testimonio elocuente de esta dinámica *irredenta*/intervención.

De hecho, el que los Estados independizados de la ex URSS se constituyan como Estados nacionalizadores está retroalimentando en la actualidad un discurso rusófilo en favor de la intervención de Rusia mas allá de sus fronteras en defensa de los compatriotas de origen ruso en esos países, muy plausible desde el marco interpretativo nacionalista restauracionista de la pérdida de la Gran Rusia (Lapidus y Zaslavsky, 1992; Kolstoe, 1995).

5. *Nacionalismos primordialistas*

Bajo esta última rúbrica nos referimos a la aparición contemporánea de nacionalismos dirigidos, a su vez, contra los primeros nacionalismos anticoloniales y sus Estados resultantes, cuestionando ora la hegemonía extranjera cultural o religiosa, ora la artificiosa organización territorial impuesta en el nuevo Estado, e invocando para ello una vuelta a las fuentes primordiales y naturales que aquellos primeros nacionalismos independentistas, tributarios a la postre del Estado colonial que combatían, habían preterido. La calificación de *primordialista* apunta a la la procura en el pasado de unas esencias étnicas, culturales o religiosas, si bien en este último caso hablaremos de *fundamentalismo*, que se muestra irreconciliable con una magnificada herencia occidental que impregna los nacionalismos anticoloniales (Elorza, 1995).

Sin embargo, tal y como hemos venido repitiendo a lo largo de este capítulo, tampoco en estos *subnacionalismos*, poco o nada hay de étnico-natural o primordial que emerja a despecho del Estado anticolonial, sino más bien una muy minuciosa articulación ideológica y político-organizativa de temas tradicionales y étnicos con intereses de grupos y élites en competición territorial política por recursos (Brass, 1991). Los casos de Bangladesh en Pakistán, los lulua/luba en el Zaire, los baganda en Uganda o el hinduismo *hindutva* en India ilustran a la perfección el carácter relacional y de construcción política que revisten estos nacionalismos primordialistas étnicos o religiosos.

El caso del nacionalismo hinduista resulta particularmente interesante en este sentido. En efecto, el nacionalismo indio hegemónico durante la descolonización constituía un nacionalismo universalista, donde los criterios étnicos de adscripción desempeñaban un papel secundario. Así, por ejemplo, la especificidad aria se deducía de la cualidad universal de la civilización histórica de la India más que de características étnicas o raciales. El nacionalismo de los Nehru se oponía a la dominación británica incorporando, sin embargo, un modelo universalista de nación de raigambre europea: apertura a la cultura occidental, *ius solis* versus *ius sanguinis* en la fijación de la nacionalidad, tolerancia religiosa y secularización del Estado, sistema electoral pluralista, etc., constituían elementos de una concepción política de la nación, centrada en el concepto de ciudadanía y pluralismo. Este nacionalismo de integración favorecía que las minorías religiosas y lingüísticas desarrollaran instituciones educativas propias e incluso solicitaran subvenciones al efecto. Por su parte, la concepción de la nación india de Gandhi era la de un conjunto de comunidades religiosas en pie de igualdad, de tal modo que, rechazada una definición moral-cultural del hinduismo, las consecuencias políticas de aquélla apuntaban una suerte de multiculturalismo.

Frente a este nacionalismo universalista iría desarrollándose, sin embargo, un nacionalismo fundamentalista de recuperación de los elementos tradicionales del hinduismo en la que se amalgamaba el culto a la vaca, la medicina ayurvédica, la promoción del hindi frente al inglés, etc., con un fuerte rechazo social, económico y cultural de los musulmanes como «traidores» a la patria, de la que resultaban excluidos (lo que afectaba a 110 millones de habitantes en total). Además, frente a la no violencia (*ahimsa*) se exaltaba al héroe belicista de la mitología hindú (*Rama*) cuyo culto originaría masacres de resonancia mundial (Jaffrelot, 1993). Ahora bien, lo más notorio del caso radica en que esta reivindicación de la «tradición» se realiza a costa de transformar la religión hindú en una ideología política nacionalista de estilo europeo y factura netamente moderna.

Por añadidura, el propio nacionalismo del partido del Congreso vería erosionado su secularismo y universalismo a partir de Indira y Rajib Gandhi, que utilizarían la marea nacionalista hinduista para centralizar el Estado indio y desarrollar políticas de unidad nacional frente a las pretensiones de descentralización musulmanas. El resultado fue que, de este modo, se legitimaría la etnificación de la política hindú y se exacerbarían aun mas las demandas autonomistas (Punjab, Cachemira), al tiempo que los nacionalistas hindúes explotarían en su favor la crisis del modelo universalista y los argumentos antimusulmanes asumidos parcialmente por el gobierno, lo que se traduciría en el vertiginoso crecimiento electoral del Bharatiya Janata Party.

Finalmente, el caso de la independencia de Bangladesh de Pakistán revela con claridad cómo, tras la exclusión de las élites bengalíes de la administración y la imposición del urdu como lengua oficial, las élites de Pakistán oriental gradualmente articulan políticamente una identidad «bengalí» antimusulmana en la que las desventajas económicas, la subordinación política y la forzada asimilación cultural impuesta por el Estado nacionalizador pakistaní se potencian para dar nacimiento a un poderoso nacionalismo subnacional. Así, pese a que los bengalíes habían participado activamente en la independencia de Pakistán, se desarrolló progresivamente un nacionalismo bengalí antagónico con crecientes demandas de autogobierno que, ante la oposición a la descentralización por parte del Gobierno y el apoyo en cuanto *irredenta* de India, desembocarían en la independencia de 1971 (Smith, 1983).

III. LA REGULACIÓN POLÍTICA DE LOS NACIONALISMOS

Como hemos subrayado en los apartados anteriores, una dimensión fundamental de la comprensión de los nacionalismos contemporáneos es la constituida por las estructuras institucionales y las políticas con que, desde los Estados, se abordan las demandas de autogobierno, pues constituyen parte central de su contexto de oportunidad. Y ello, en primer lugar, porque la estructura de incentivos con que se enfrentan los nacionalismos diseña el abanico de opciones posibles, resultando determinante en su acomodación o reactivación como movilización política. Pero asimismo, en segundo lugar, porque las instituciones ejercen su eficacia específica generando intereses, expectativas, cursos de acción, etc., y coadyuvando a formar a los actores mismos en presencia. Esto es, la dimensión político-institucional no constituye un elemento «externo» al nacionalismo, a través del que éste se exterioriza, sino que integra una de las más importantes dimensiones propiamente internas de su movilización en cuanto contribuye decisivamente, en conexión con otros factores (precondiciones económicas sociales y étnicas, organización e ideología) no sólo al éxito o fracaso político en la construcción de una nación, sino a la orientación ideológica que reviste el nacionalismo finalmente hegemónico.

Veamos, pues, sintéticamente las más importantes políticas de regulación de conflictos étnicos al uso, agrupándolas en dos grandes líneas: 1) políticas de supresión y 2) políticas de acomodación.

1. *Políticas de supresión*

Estas estrategias institucionales tienden a eliminar de raíz el problema, la diferencia subnacional, con objeto de unificar étnico-culturalmente un territorio, y constituyen otras tantas variantes de implementación del modelo de Estado *nacionalizador* al que antes nos hemos referido en 2.1.

a) Asimilación

Fue ésta, sin duda, hasta los años sesenta, la estrategia preferida a escala mundial para resolver los problemas subnacionales y de minorías por parte de los Estados. Se trata de una política individualista, en la que la ausencia o reducción de derechos colectivos proporciona incentivos positivos y negativos para el abandono de los vínculos nacionales por parte de las minorías y la adopción, en el seno de un proceso simultáneo de *State-building* y *Nation-building* de la lengua, cultura y valores de la nación dominante. La asimilación persigue, por lo tanto, crear una identidad colectiva común de ámbito estatal, suprimiendo o despotenciando las diferencias subnacionales, incentivando el abandono de la propia cultura y autonomía social de los grupos minoritarios como precio por integrarse en la sociedad mayoritaria.

Ahora bien, dependiendo de la intensidad de estas estrategias nos encontraremos con dos variantes. Por un lado, las políticas de *asimilación* propiamente dichas, que tienen como objetivo explícito la eliminación progresiva o la desactivación política de las diferencias nacionales interiores, con vistas a la creación de una identicad étnico-cultural común. Por otro lado, las políticas de *integración* que, dirigidas a la creación de una identidad común *cívica* («patriotismo») y no étnico-cultural, pueden ocasionalmente mostrarse más flexibles con algún grado de reconocimiento de las minorías nacionales, que pueden ir desde la descentralización administrativa o «federalismo» atenuado (en caso de minorías territoriales) hasta alguna forma de autonomía cultural o política de base étnico-personal (en caso de minorías no territorialmente concentradas).

La políticas integracionistas favorecen medidas tendentes a reducir las diferencias políticas y económicas entre las comunidades mediante mecanismos de solidaridad y redistribución, socialización en una lengua común y similares hábitos cívicos, así como contra la segregación en política de viviendas o de trabajo, todo ello en el marco de una concepción de los derechos predominantemente individual y en ausencia o residual reconocimiento de derechos colectivos sustantivos. En este sentido, por ejemplo, se rechaza el trato especial para minorías, incluida en ocasiones la discriminación positiva o las cuotas, privilegiando criterios de mérito e igualdad de oportunidades, así como se desconsidera cualquier tipo de autogobierno pleno (McGarry y O'Leary, 1994).

Las políticas asimilacionistas, por su parte, no solamente son más agresivas e intensas sino que persiguen fines cualitativamente distintos. En estos casos se pretende no la creación de un patriotismo cívico o constitucional, sino la imposición de una identidad colectiva étnico-cultural global (francesa, rusa o serbia) con carácter *exclusivo*, lo que implica la paralela supresión de las diferencias subnacionales. Este tipo de regulación se basa en dos harto problemáticas asunciones:

1. Que existe una *única* cristalización posible —política, cultural e ideológica— de la nación dominante, fundada en: *a*) la sistemática ocultación de las diferencias internas dentro de la propia nación dominante y *b*) una supuesta continuidad histórica y primordial, inmutable de la esencia nacional a través de los tiempos que enmascara el carácter cambiante y políticamente construido de la misma. De este modo, una interpretación determinada, y en este sentido arbitraria, de la nacionalidad (origen, composición social, características, objetivos políticos, etc.), realizada por y al servicio de intereses políticos y económicos de élites muy concretas, se hace circular como una evidencia «natural», indiscutible para todos los nacionales (Brass, 1991).

2. Que una identidad étnico-cultural es por definición *excluyente* de otras, de tal modo que se ignora la posibilidad real, documentada hasta la saciedad en muy diferentes contextos no fundamentalistas, de la coexistencia pacífica, complementaria y enriquecedora de identidades múltiples y compartidas (Jenkins y Sofos, 1996).

En consonancia con estos supuestos, las estrategias asimiliacionistas o de nacionalización suelen implementar políticas de muy diverso alcance pero de tono siempre anticonsensual y mayoritario. En síntesis (Linz y Stepan, 1996):

1) En el ámbito *cultural:* imposición de una lengua oficial en el sistema educativo, en la administración, en los medios de comunicación e incluso en las actividades privadas (comercio, banca, publicidad, etc.).

2) En el ámbito *político*: sobrerrepresentación directa o indirecta de la nacionalidad dominante en la Administración, cargos públicos, etc.

3) En el ámbito *jurídico*: privilegio en el derecho privado, civil y mercantil de instituciones, prácticas y convenciones de la nación dominante.

4) En el ámbito *económico*: trato preferencial de empresas, subvenciones y privatizaciones en favor de las élites de la nación hegemónica.

El asimilacionismo de los Estados nacionalizadores, en sus diversas variantes: viejos o nuevos, independientes o federados, implica una lógica política de *exclusión* que resulta en extremo deturpadora de la lógica de la democratización, pues esta última requiere no sólo una generalización de derechos individuales para la ciudadanía, sino alguna suerte de política inclusiva y de acomodación de las minorías basada en derechos de grupo o colectivos, promoviendo identidades múltiples y complementarias, por completo imprescindibles en las modernas sociedades complejas.

b) Limpieza étnica

En este caso nos encontramos con *políticas* —a diferencia de los movimientos no programados de «refugiados»— que implican la expulsión o migración de minorías nacionales, con abandono forzado del territorio de su residencia actual y en algunos casos tras muchos años o incluso siglos de permanencia. Aun cuando en ocasiones se encubran con denominaciones como la de «repatriación», «retorno al hogar patrio», etc., el carácter involuntario y forzado de este tipo de limpiezas nacionales, destinadas a eliminar la diferencia interna para construir una nación «única y homogénea», constituye el rasgo básico de esta estrategia.

Es preciso destacar que la lógica de la limpieza étnica, lejos de constituir una anomalía o desviación del ideario nacionalista, constituye una de las políticas posibles, roto ya el umbral de la democracia, del repertorio de los Estados nacionalizadores, congruente con el objetivo último de éstos de conseguir un Estado-nación homogéneo étnica-culturalmente. Por ello, la limpieza étnica suele constituir una estrategia no solo directa y expresa, sino también tácita e indirecta que procura y *estimula* el abandono del territorio mediante una presión cultural, social, activa o pasiva por parte del Estado nacionalizador, con políticas de «normalización», ostracismo, discriminación, etc., sobre los miembros de la nación minoritaria, para «aclarar» así el espacio nacional en favor los auténticos nacionales y de quienes aceptan resignadamente la asimilación y la aculturación renunciando a su patrimonio cultural.

Se han distinguido diversas modalidades de limpieza étnica (Bell Fialkoff, 1996):

1. Limpieza étnica en virtud de determinadas (indeseables) *características físicas*: que incluye limpieza por razón de raza (naciones indias en América, aborígenes en Australia, asiáticos en Uganda, etc.).

2. Limpieza étnica basada en rasgos *culturales* (cultura, religión, lengua y adscripción): armenios, griegos y kurdos en Turquía, musulmanes en India, Bosnia o Croacia, etc.

3. Limpieza étnica *estratégica*: ora contra población de territorios ocupados recientemente, ora de aclaración étnica de zonas conflictivas del propio territorio; transferencias masivas de población para apropiarse de recursos en posesión de la comunidad expulsada, etc.

El caso de Croacia, Yugoslavia, las repúblicas bálticas y otros Estados de la ex URSS, atestigua la variedad de procedimientos que pueden usarse para incentivar positiva o negativamente la emigración o la «repatriación». Las dificultades económicas y sociales para la vuelta al *homeland* se traducen, por bloqueo de la posibilidad misma de retorno a los lugares de «origen», en situaciones individual y colectivamente en extremo traumáticas para las minorías nacionales, obligadas incluso a exiliarse en terceros países, lo que rememora en nuestros días las migraciones forzadas de Stalin, los nazis o las naciones indias en USA.

c) Genocidio

Pese a que para algunos investigadores el genocidio se situaría en el extremo de un continuo de políticas de *limpieza étnica,* que abarcaría desde la emigración voluntaria, pasando por la transferencia forzada, hasta el asesinato masivo de una minoría étnico-nacional, por nuestra parte, y pese a lo controvertido del concepto, lo sustantivaremos como estrategia independiente y extrema de eliminación de minorías nacionales, étnicas culturales o religiosas.

El artículo II de la Convención de las Naciones Unidas de prevención y castigo del crimen de genocidio lo define de una manera amplia incorporando toda una serie de actos cometidos con intención de destruir total o parcialmente a un grupo nacional, étnico o religioso en cuanto tal; de los que seleccionamos los tres primeros:

a) asesinato de miembros de un grupo,

b) causación de daños físicos o mentales a los miembros de un grupo,

c) sometimiento deliberado del grupo a condiciones de vida tendentes a su destrucción.

Por lo demás, los especialistas han identificado mediante análisis comparado cinco factores internos que favorecen la comisión de genocidios (Gurr y Harff, 1994):

1. Divisiones persistentes entre grupos étnicos.
2. Tradición de represión en las élites como modo de mantenimiento de su poder.
3. Desigualdad de trato y discriminación sistemática de las élites hacia los diferentes grupos.
4. Reciente crisis militar o revolucionaria.
5. Ideologías racistas de exclusión.

En cuanto política de genocidio nos referimos aquí, exclusivamente, al *genocidio de Estado,* esto es, el implementado estratégicamente desde la Administración civil o militar con objeto de apropiación de recursos, de sometimiento y aterrorización de población, como castigo de una previa rebelión, etc. En todos los casos el genocidio no sólo se alimenta de prejuicios, mitos y resentimientos varios, sino que las extremadas dosis de fanatismo y violencia que lo caracterizan requieren que se construya ideológicamente a través de una serie de marcos interpretativos recurrentes que faciliten psicológicamente su ejecución. Entre éstos se encuentran: la idea de superioridad racial, la fabricación de arquetipos satanizadores del «otro», la manipulación histórica a través de una representación del tipo «asesinar o ser asesinado», etc., marcos interpretativos que resultan más decisivos que las tecnologías mismas de la masacre.

Los genocidios de bahutus y batutsis en Ruanda y en Burundi, de kurdos en Irak, de chinos en Indonesia, de ibos en Nigeria, de armenios en Turquía, de vietnamitas en Camboya, de serbios por croatas en los cuarenta y de croatas y bosnios por serbios en los noventa, etc., reflejan la espiral de venganzas que se construye ideológicamente a través de estrategias narrativas (Stavenhagen, 1996) y mitos de conspiración, quintacolumnismo, superioridad racial, etc., verdaderas «metonimias de la identidad colectiva» (Bel Fialkoff, 1996) que perpetúan la agresión y revelan que el genocidio, además de su brutalidad sin par, lejos de solventar el conflicto étnico, genera reacciones adicionales de violencia que permanecen en el tiempo, suministrando un «capital» ideológico de resentimiento que permite su instrumentalización política posterior, de suerte que víctimas de antaño pueden «justificar» ahora su papel de verdugos (bahutus *vs.* batutsis, judíos *vs.* palestinos, etc.).

2. *Políticas de acomodación*

Por las razones señaladas más arriba, la estabilidad democrática de un Estado plurinacional depende, entre otros factores, también de la solución del problema territorial mediante la utilización de formas no mayoritarias de descentralización del poder político, esto es, de que se desechen las políticas de eliminación del problema que hemos analizado (epígrafe 3.1) y se implementen políticas de acomodación étnica, superando el modelo de Estado nacionalizador en cualquiera de sus modalidades.

Las variantes principales de estas políticas, que han mostrado reiteradamente, si no capacidad de resolver, por lo menos plantear de modo no violento y negociado los conflictos etno-nacionales, son el federalismo, la democracia consociativa y la secesión democrática.

a) Federalismo

Una de las demandas centrales de las nacionalidades sin Estado es la de autogobierno o autonomía, esto es, la capacidad de decidir mediante órganos políticos propios y según la opinión mayoritaria en su seno sobre problemas económicos, culturales y sociales de su interés.

En este sentido, una solución de distribución territorial del poder muy empleada es la descentralización política del Estado. La descentralización *política* —a diferencia de la mera descentralización *administrativa*, que supone la mera «desconcentración» de decisiones tomadas por el Estado central— implica la posibilidad de que existan instancias de decisión propias en la unidades descentralizadas. Esto requiere la disposición de un propio poder legislativo, pero también judicial y ejecutivo, dotados de competencias sustantivas sobre asuntos de relieve para la comunidad.

La forma de descentralización política por excelencia es el *federalismo*, que puede ser definido mediante la fórmula *self-rule, shared rule* (autogobierno más cogobierno) (Elazar, 1987). Bajo esta genérica etiqueta, sin embargo, el federalismo contempla modelos en extremo dispares de descentralización política, más «semánticos» los unos, más reales otros, así como gran diversidad de mecanismos y técnicas institucionales de distribución de competencias, de toma de decisiones, de control y garantías (Elazar, 1991). No es lugar éste de abordar tan complejo tema, pero sí de subrayar, al menos, que la teoría federal ha prescindido crecientemente de la elaboración de un modelo general que, a partir de la definición «Estado compuesto de Estados», aspire a dar cuenta de las variedades fundamentales de acomodación federal a partir de conceptos como «soberanía», «Estado propio», etc. Por el contrario, se sintetizan una serie de características de la federación entre las que figuran las siguientes (Weber, 1980; Knop, 1995):

1. Norma constitucional o al menos superior a la ley ordinaria en la que se regulen los poderes legislativo, judicial y ejecutivo propios de la unidad federada y sus competencias.

2. Órganos políticos propios, especialmente poder legislativo, mediante un Parlamento que refleje una correlación de fuerzas políticas eventualmente diferenciada de la del Estado.

3. Soporte financiero que permita el normal desarrollo de las competencias de autogobierno.

4. Participación en los órganos centrales el Estado a través de

mecanismos varios: una segunda Cámara federal, conferencias de cooperación, federalismo de ejecución, etc.

5. Órgano judicial de resolución de conflictos (Tribunal Constitucional) entre el Estado central y los federados.

Desde esta perspectiva puede hablarse del federalismo como un continuo desde formas muy descentralizadas y formalizadas hasta toda una serie de *federal arrangements* que incorporan principios, instituciones y distribuciones competenciales de carácter federal. El grado de federalismo real ha de analizarse en caso concreto, pues resulta frecuente que países con supuestos «rasgos federalizantes» como España posean un grado de descentralización muy superior a modelos formalmente federales: Latinoamérica, Austria, Australia, etc.

Desde el punto que aquí nos ocupa, sin embargo, la distinción central es la que separa a los federalismos de Estados-nación como Alemania o USA (*federalismo simétrico*) y federalismos de Estados plurinacionales como Canáda, Suiza, Bélgica o España (*federalismos asimétricos*).

En estos últimos tipos de federalismo *asimétrico* las unidades federales coinciden, en líneas generales, con la localización territorial de los diversos grupos nacionales o regionales existentes en el país, si bien presentan grados muy diversos de heterogeneidad, lo que impide elaborar un modelo canónico de federalismo pluriétnico (Requejo, 1996). De hecho, el análisis comparado señala que son fundamentalmente dos, bien que de no escaso relieve, los ámbitos en los que las federaciones plurinacionales evidencian características diferenciales; a saber: la amplitud competencial de la autonomía de los entes federados y los regímenes jurídicos lingüístico y educativo (Smith, 1995). Sin embargo, en ningún caso el modelo de federalismo asimétrico implica menoscabo alguno a la solidaridad interterritorial entre los Estados miembros, manteniendo o reforzando las desigualdades existentes. Este elemento solidario y cooperativo, decisivo en todo federalismo, conjuntamente con la lealtad de todas las partes a la federación, deviene imprescindible en el mantenimiento del Estado de Bienestar.

Además ha de añadirse que, para aquellos casos donde las minorías nacionales no se hallan espacialmente concentradas, existe una escasamente practicada variedad de federalismo, el *corporativo*, que no se define exclusivamente en términos espaciales y territoriales y regula la autonomía de grupos geográficamente dispersos mediante la atribución a los ciudadanos de la posibilidad de declarar a qué nacionalidad autónoma se adscriben. Este modelo fue puesto en práctica en la Estonia de los años veinte, en la Constitución chipriota de 1960, y la propia definición proviene de Renner, referida a las minorías en el imperio austrohúngaro. Este tipo de acomodación permitiría resolver los casos de los anglófonos en Quebec, francófonos en Flandes, pueblos indígenas en Australia y Norteamérica, etc. (Coakley, 1994).

Del Estado democrático unitario el Estado federal asimétrico conserva las ventajas de, ante todo, un estatuto general de ciudadanía basado en garantías y derechos individuales, una pretensión de igualación económica interterritorial, una presencia eficaz en el terreno internacional, pero corrige, además, la desventaja de la inexistencia de derechos colectivos o de grupo, la ausencia de autogobierno y la participación solidaria y corresponsable en el marco más amplio de un Estado compuesto.

Un problema ya apuntado de las estructuras federales, así como de otras soluciones de acomodación, es su ambivalencia: pueden ayudar a resolver y estabilizar una convivencia multinacional, pero pueden asimismo incentivar los nacionalismos disgregadores y las demandas de secesión. De hecho, algunos autores (Nordlinger, 1972) desconsideraban clásicamente su inclusión como estrategia de acomodación por cuanto estimulaba crecientes demandas de autonomía y, finalmente, la secesión. Los casos de Nigeria, Checoslovaquia, de Quebec en Canadá, Cachemira y Punjab en India, Cataluña y País Vasco en España, etc., ilustran esta dualidad. Pese a todo, el federalismo asimétrico, real y democrático, constituye hasta la fecha el más contrastado modelo de regulación de conflictos nacionales que permite ensayar la difícil síntesis de autonomía política, solidaridad, confianza interterritorial y democratización. Su mayor virtud consiste precisamente en presentarse como alternativa más flexible y renegociable, y a la vez más cooperativa y democrática, que la aparición de Estados independientes nacionalizadores o no. Pues el federalismo sitúa como fulcro, precisamente, la pluralidad y riqueza de la multinacionalidad en convivencia pacífica, generando mediante la solidaridad y tolerancia institucionalizadas una mucho más rica y «profunda diversidad» democrática.

b) Consociación

Originalmente desarrollada por Lijphart en los años sesenta para analizar la acomodación a la segmentación de grupos político-religiosos en países como Austria, Bélgica, Holanda y Suiza en diversos momentos de su historia, la *democracia consociacional* o *consociati-*

va se presenta como una alternativa no mayoritaria para resolver la presencia de *segmental cleavages*, y entre ellos la plurinacionalidad, en contextos muy diversos del primer y tercer mundo. Sus características fundamentales clásicas son las siguientes (Lijphart, 1977):

1. Gobierno mediante gran coalición que incorpore a los partidos políticos representantes de los principales grupos presentes en la sociedad.
2. Veto mutuo o gobierno de «mayoría concurrente» en asuntos de gran relieve y especialmente en lo que atañe a la reforma constitucional, como forma de protección para los grupos implicados.
3. Proporcionalidad en el reclutamiento de élites y funcionarios, en distribución de fondos públicos y subvenciones, así como en los procesos de tomas de decisión.
4. Alto grado de autonomía para cada grupo en las decisiones que afecten a sus asuntos internos, al margen de la participación proporcional en los asuntos comunes.

Existe un amplio debate entre los especialistas sobre la eficacia de la democracia consociativa para resolver los conflictos étnicos. En general se subraya que, pese a constituir un modelo diseñado para reconocer la pluralidad nacional, presenta serios problemas de estabilidad. El propio Lijphart y autores como McGarry y O'Leary subrayan que los sistemas consociativos requieren una serie de condiciones que, en buena medida son de aplicación, asimismo, al federalismo asimétrico:

a) múltiple balance de poder, esto es, no sólo equilibrio entre las partes sino pluralidad de segmentos o grupos a integrar (multipartidismo segmentado y moderado): así, el consociativismo se revela harto problemático en contextos con un grupo hegemónico o con bipolarización entre dos grupos;

b) el abandono por parte de las diferentes comunidades de pretensiones de constituir estados nacionalizadores asimilando a otros grupos. Lo cual resulta especialmente improbable si predominan los partidos nacionalistas radicales en las mismas, pues éstos plantean crecientes demandas unilaterales que apuntan a la secesión (soberanía) y poseen, además, como horizonte estratégico la homogeneización étnica. Todo ello pone en precario la lealtad común (*Over-arching loyalty*) al Estado compuesto, imprescindible, al proyecto común de convivencia. Esta lealtad no puede ser obviada por la sola legitimidad del Estado, ni aun por una cultura política común democrática; ambos elementos, sin duda necesarios, deben ser completados, además, con vínculos afectivos y simbólicos comunes, adecuados al carácter diverso y plural del Estado consociativo (Requejo, 1996).

c) Tradición de acomodación en las élites, de tal modo que generaciones sucesivas de líderes políticos permanezcan motivadas para sostener el sistema de regulación de conflictos mediante dispositivos no mayoritarios propios del sistema consociativo (Daalder, 1971).

d) Autonomía de los líderes de las diferentes comunidades frente a las bases, imprescindible para negociar y alcanzar compromisos sin ser desautorizados por traicionar los intereses de su grupo. Lo que resulta particularmente difícil, dado que la competición intracomunitaria incentiva la utilización por los líderes de la oposición de la defensa maximalista de los intereses locales (McGarry y O'Leary, 1993).

Los ejemplos de Líbano, Irlanda del Norte, Malasia, Chipre y Fiji ilustran la inestabilidad de la democracia consociativa en ausencia de estos prerrequisitos.

Pero, además, la democracia consociativa ha sido criticada por alguno de sus efectos colaterales, aun en caso de funcionamiento correcto. Podemos señalar algunas de ellas:

1. El consociativismo presupone que las deferencias nacionales son datos objetivos, por más que, como ya se ha dicho, son construcciones políticas muy dinámicas que reaccionan a estímulos estratégicos e incentivos institucionales, modificando en el tiempo sus intereses, demandas y objetivos. Una fuente posible de inestabilidad de este modelo de acomodación deriva precisamente de esa fluidez competitiva de la segmentación nacional que, en razón de las confrontaciones intraétnicas (de élites o de clases), genera maximalismo, deslealtad y políticas de superoferta (Brass 1991).

2. El consociativismo es, por definición, elitista y, privilegiando el protagonismo de las elites de los diversos grupos, pospone la democratización de las sociedades multiétnicas, desatendiendo la dimensión competitiva y la creación de una ciudadanía dotada de derechos y garantías individuales (Nordlinger, 1972; Barry, 1991).

3. La democracia consociativa posee una fuente adicional de inestabilidad derivada de que la toma conjunta de decisiones es lenta, puede ser bloqueada por el poder de veto de minorías y es costosa, por cuanto tiende a generar amplios aparatos burocráticos para permitir la representación de los diferentes grupos (Lijhart, 1977).

c) Secesión

La secesión es una *acción colectiva* por la que un grupo intenta independizarse del Estado en el que se encuentra integrado, de tal modo que ello implique, asimismo, la separación de parte del territorio del Estado existente (Buchanan, 1991).

Ahora bien, la secesión resulta asimismo conceptuada como una *política*, por regla general de eliminación, para regular en última instancia el problema de la plurinacionalidad. Sin embargo, aquí vamos a considerarla en su forma no violenta como una modalidad de estrategia de *acomodación* por dos motivos principales; a saber: 1) porque la secesión como alternativa puede ser planteada de forma pacífica y por procedimientos democráticos, caso de fracasar fórmulas como el federalismo o la consociación; y 2) la frecuente utilización estratégica, y por lo tanto sometida a renegociación continua, de las demandas de secesión para alcanzar mayor autogobierno, concebidas así como un medio y no un fin inmediato, las sitúa como punto más alto de un continuo de descentralización política.

De este modo se puede dar cuenta tanto del independentismo que aspira a constituir un Estado propio (eslovacos, ucranianos, quebequeses nacionalistas, etc.), cuanto de aquellos otros que aspiran a integrarse en otros Estados (serbios de Bosnia, norirlandeses nacionalistas, etc.).

Tras una larga etapa histórica en la que la solución independentista constituyó la excepción (de hecho, entre 1948 y 1991 se produjeron tan sólo dos o tres casos de secesión en sentido estricto), la crisis de la ex Yugoslavia, la ex Checoslovaquia y la ex URSS reintrodujeron con gran fuerza este tipo de estrategia.

Se han señalado, sin embargo, diversos problemas planteados por la secesión que problematizan su supuesta transparencia como solución política *natural* del nacionalismo y que resulta preciso tener en cuenta a la hora de su ponderación. Veamos brevemente algunos de ellos apuntados en la literatura reciente (Buchanan, 1991; McGarry y O'Leary, 1993; Linz y Stepan, 1996):

1. El primer problema se refiere a la determinación de quién tiene el derecho a separarse, esto es, cuál es la unidad territorial relevante y cuál es la mayoría exigible al efecto. Cuestión en extremo complicada por mor de la heterogeneidad interna de las propias nacionalidades. En efecto, en cuanto se deja de hipostatizar la nación como un yo colectivo unitario y se atiende a la pluralidad política y social interna de la misma, comienzan a aparecer las sombras.

Así, por ejemplo, la aparición de importantes sectores que se oponen a la demanda de secesión: en Quebec los no nacionalistas quebequeses y los aborígenes; en Cachemira y Punjab los nacionalistas hindúes y los no musulmanes; en Eslovaquia la importante minoría húngara, etc.

Solamente en casos excepcionales, en los que no hay gran oposición interna y el área geográfica a separarse incluye a la gran mayoría de los que postulan la independencia, resulta ésta poco problemática: la separación de Noruega de Suecia y de Islandia de Dinamarca serían ejemplos típicos.

2. Otro problema se plantea cuando desde la perspectiva estática del «derecho a la autodeterminación de los pueblos» se desciende a la dinámica de la política competitiva. La aparición de demandas de secesión de un territorio del Estado, especialmente si es un territorio económicamente desarrollado, suscita la aparición antagónica de un nacionalismo de Estado y una interacción potencialmente conflictiva, sobre la base de las cuestiones apuntadas en el punto primero: quién es el pueblo, cúal es el territorio afectado y qué mayoría decide legítimamente la separación (¿el 51 porciento?). El proceso de discusión de la autodeterminación aporta en sí mismo, por ende, un riesgo de desestabilización por cuanto potencia la utilización estratégica de las demandas de secesión por parte de los partidos nacionalistas, aún en ausencia de una mayoría clara en su favor, así como un discurso comunitarista en el que bajo la contraposición arquetípica nosotros/ellos se desliza la de amigo/enemigo. De esta suerte, reformulando de modo fundamentalista, el conflicto étnico nacional deviene con frecuencia antagónico e innegociable.

Sin embargo, las demandas de secesión han de ser consideradas al margen de cualquier fijación esencialista definitiva. El dilema que se les presenta a los líderes nacionalistas es, en muchas ocasiones, un *trade-off* entre un radicalismo maximalista efectivo, con dificultades de alcanzar una mayoría clara en su favor, o el mero uso retórico de la autodeterminación (a efectos de reforzar la identidad de la militancia), a cambio de mayor soporte electoral. La ausencia de autonomía de los líderes respecto a sus bases, tal y como se decía del consociacionalismo, y la competición entre élites en el seno de los partidos nacionalistas suelen contribuir al extremismo. Los acuerdos entre grupos en torno a posiciones moderadas resultan dificultados por los incentivos que pesan sobre los líderes en el seno de los partidos nacionalistas para adoptar demandas maximalistas que les permitan mejorar sus posiciones ante las bases, generando una espiral de radicalización que se retroalimenta (Meadwell, 1993).

3. Asimismo el proceso de construcción de una voluntad mayoritaria de secesión propicia la hegemonía de fuerzas nacionalistas radicalizadas en el seno de las nacionalidades que, de la mano de discursos de homogeneización, generalizan una cultura intolerante y antipluralista. Esto, a su vez, sienta las bases para un nacionalismo de Estado nacionalizador, de tal suerte que no ya sólo en caso de secesión, sino cualquier nivel de autogobierno y descentralización política previo que se alcance, tiende a ser utilizado para la implementación de políticas nacionalizadoras de homogeneización forzada (educativa, cultural, lingüística, etc.) que garanticen una opinión pública convenientemente nacionalizada, sustentadora de ulteriores demandas.

4. Finalmente, una crítica que se plantea a la secesión, y suele pasarse por alto, es la supuesta evidencia de sus fundamentos de principio: «Cada nación un Estado, un Estado una Nación». Este postulado, empero, en cuanto se examina de cerca resulta en extremo inconsistente. En efecto, la plural realidad cultural, política y social de las nacionalidades que demandan la secesión reproduce en el interior del nuevo Estado independiente los mismos problemas de respeto a las minorías (lingüísticas, emigrantes, religiosas, etc.), de derechos individuales y colectivos, que tienen los clásicos Estados-nación y con ello la necesaria adopción, desde un punto de vista democrático, de políticas de acomodación. Todo ello sugiere la idoneidad de recorrer el camino opuesto al seguido usualmente por los nacionalismos secesionistas, esto es, apostar por formas flexibles de acomodación negociadas, federales o consociativas, que a su vez generen una dinámica de consenso, pluralismo y tolerancia que vuelva definitivamente prescindibles las ideologías de pureza étnica y exclusión.

En definitiva, la movilización política nacionalista que produce la nación y las políticas y estructuras con que se abordan los conflictos nacionales constituyen dos aspectos inseparables del mismo proceso. Que la dinámica que los relaciona sea un círculo vicioso, generando Estados nacionalizadores, o virtuoso, abriendo vías para la acomodación, depende también de las elecciones que las élites en el poder y los nacionalistas realicen en cada caso concreto.

BIBLIOGRAFÍA

Anderson, B. (1983): *Imagined Communities,* London.
Barry, B. (1991): *Democracy and Power* I, Oxford.
Bell Fialkoff, A. (1996): *Ethnic Cleansing,* Basingstoke.
Beramendi, X., Maiz, R. y Núñez, X. (eds.) (1994): *Nationalism in Europe. Past and Present,* Santiago de Compostela.

Bowman, G. (1994): «Conceiving the Palestinian Nation from the Position of Exile», en E. Laclau, *The Making of Political Identities*, London.
Brass, P. (1991): *Ethnicity and nationalism*, New Delhi.
Breuilly, J. (1993): *Nationalism and The State*, Manchester.
Brubaker, R. (1996): *Nationalism Reframed*, New York.
Buchanan, A. (1991): *Secession*, Boulder.
Coakley, J. (1994) «Approaches to the resolution of the Ethnic conflict: The strategy of non-territorial autonomy»: *International Political Science Review*, 15, 3.
Connor, W. (1994): *Ethnonationalism*, Princeton.
Daalder, H. (1971): «On building Consociational Nations»: *International Political Science Review*, 23, 3.
Deutsch, K. (1953): *Nationalism and Social Communication*, Cambridge, MA.
Elazar, D. (1987): *Exploring Federalism*, Tuscaloosa.
Elazar, D. (1991): *Federal Systems of the World*, Essex.
Elorza, A. (1995): *La Religión Política*, Donostia.
Guibernau, M. (1996): *Los nacionalismos*, Barcelona.
Gurr, T. R. (1993): *Minorities at Risk*, Washington.
Gurr y Harff (1994): *Ethnic Conflict in World Politics*, Boulder.
Heckmann, F. (1992): *Ethnische Minderheiten, Volk und Nation*, Stuttgart.
Hetcher, M. (1975): *Internal Colonialism*, Berkeley.
Hobsbawm, E. I. (1992): *Naciones y nacionalismo desde 1780*, Barcelona.
Jaffrelot, Ch. (1993): *Les Nationalistes Hindoues*, Paris.
Jenkins, B. y Sofos, S. (1996): *Nation and Identity in Contemporary Europe*, London.
Keating, M. (1996): *Naciones contra el Estado*, Barcelona.
Knop, Ostry, Simeon y Swinton (1995): *Rethinking Federalism*, Vancouver.
Kraus, P. (1995): *Estado y Democratización en sociedades plurinacionales*, Barcelona.
Kraus, P. (1996): «Minderheiten», en D. Nohlen (ed.), *Lexikon der Politik*, München.
Kupchan, Ch. (1995): *Nationalism and Nationalities in the New Europa*, Ithaca.
Laitin, D. (1994): «The Estonian nationalism», en X. Beramendi, R. Maiz y X. Núñez (eds.), *op. cit.*
Lapidus y Zavlavsky (1992): *From Union to Commonwealth*, Cambridge.
Lieven, A. (1993): *The Baltic Revolution*, New Haven.
Lijphart, A. (1977): *Democracy in Plural Societies*, New Haven.
Linz, J. (1993): «State building and nation building»: *European Review*, I, 4.
Linz, J. y Stepan, A. (1996): *Problems of Democratic transition and consolidation*, Baltimore.
Maiz, R. (ed.) (1997): «Nacionalismo y movilización política»: *Zona Abierta*, 79.
Mamdami, M. (1996): «From Conquest to Consent as the Basis of State Formation»: *New Left Review*, 216.
Mancini, S. (1996): *Minoranze Autoctone e Stato*, Milano.
Meadwell, H. (1993): «Transitions to independence and ethnic nationalist mobilization», en Booth *et al.*, *Politics and Rationality*, Cambridge.

Moreno, L. (1997): *La federalización de España*, Madrid.
Motyl, A. (ed.) (1992): *Thinking Theoretically about Soviet Nationalities*, New York.
Nordlinger, E. (1972): *Conflict Regulation in Divided Societies*, Cambridge, MA, 1972.
O'Leary, B. y McGarry, J. (1993): *The Politics of Ethnic Conflict Regulation*, London.
Requejo, F. (1996):«Pluralismo, democracia y federalismo: una revisión de la ciudadanía democrática en Estados plurinacionales»: *Revista Internacional de Filosofía Política*, 7.
Rieff, D. (1997): «Case Study in Ethnic Strife»: *Foreign Affairs*, 76, 2.
Rokkan, S. (1970): *Citizens, Elections, Parties*, Oslo.
Rokkan, S. y Urwin, D. (1982): *The Politics of Territorial Identity*, London.
Rudolph, J. y Thompson, R. (1989): *Ethnoterritorial Politics, Policy and the Western World*, Boulder.
Smith, A. D. (1981): *The Ethnic Revival*, Cambridge.
Smith, A. D. (1983): *State and Nation in the Third World*, London.
Smith, G. (1995): *Federalism: the multiethnic challenge*, London.
Stavenhagen, R. (1996): *Ethnic Conflicts and The Nation State*, London.
Tiryakian, E. y Rogowsky, R. (1985): *New Nationalisms of the Developed West*, Boston.
Van den Berghe, P. (1981): *The Ethnic Phenomenon*, Westport.
Weber, K. (1980): *Kriterien des Bundesstaates*, Wien, 1980.

ÍNDICE GENERAL

Contenido 7
Nota del coordinador de la edición 9
Prólogo: Francisco Murillo Ferrol 11

CAPÍTULO I. LA POLÍTICA: EL PODER Y LA LEGITIMIDAD: *Rafael del Águila*   21

   I. La política 21
   II. El poder 23
   III. Teorías estratégicas del poder 24
   IV. Poder, autoridad y legitimidad 26
   V. Poder y legitimidad democráticas 29
   Bibliografía 34

CAPÍTULO 2. LA FORMACIÓN DEL ESTADO MODERNO: *José Antonio de Gabriel* 35

   I. La formación de los Estados europeos 36
      1. De «el rey entre los señores» a «los señores bajo el rey» 37
      2. Características institucionales del Estado moderno 41
   II. La teoría política del Estado moderno 43
      1. El poder legítimo y soberano 44
      2. Maquiavelo y el antimaquiavelismo 48
   III. Recapitulación 50
   Bibliografía 52

CAPÍTULO 3. EL ESTADO LIBERAL: *Fernando Vallespín* 53

   I. El factor histórico: las «revoluciones burguesas» 54
      1. La Revolución inglesa 54
      2. La Revolución francesa 56

MANUAL DE CIENCIA POLÍTICA

 II. Orígenes de la ideología liberal 58
 III. Diferenciación y evolución de la teoría 64
  1. El núcleo moral 64
  2. El núcleo económico 68
 IV. El núcleo político: declaraciones de derechos, división de poderes y Estado de derecho 71
  1. Las declaraciones de derechos 71
  2. La división de poderes 74
   a) La interpretación presidencialista 76
   b) La interpretación parlamentaria 77
   c) El Estado de derecho 78
  Bibliografía 80

CAPÍTULO 4. RUPTURAS Y CRÍTICAS AL ESTADO LIBERAL: SOCIALISMO, COMUNISMO Y FASCISMOS: *Carlos Taibo* 81

 I. Los movimientos socialistas 82
  1. Los antecedentes y el socialismo primitivo 82
  2. La obra de Marx 84
  3. La socialdemocracia 87
  4. El leninismo 90
  5. El anarquismo 93
 II. Los fascismos 96
  1. Los rasgos ideológicos 97
  2. La práctica histórica 100
 III. Totalitarismo y autoritarismo 103
 Bibliografía 105

CAPÍTULO 5. ESTADO SOCIAL Y CRISIS DEL ESTADO: *María Teresa Gallego Méndez* 107

 I. Orígenes y evolución del Estado social 107
  1. Críticas al Estado liberal y propuestas teóricas de reforma 108
  2. El núcleo histórico del Estado social: los seguros sociales 110
  3. Crisis económicas, teoría keynesiana y Estado intervencionista 113
 II. La expansión del Estado social 116
  1. El pacto social y sus condiciones tras la segunda Guerra Mundial 117
  2. Derechos sociales y ampliación del Estado social 120
  3. Expectativas sobre un modelo de bienestar no definido 124
 III. Las crisis del Estado social 127
  1. Sobre el crecimiento del gasto público 128
  2. Sobre la crisis fiscal y la legitimidad 131
  3. Distintas posiciones ante la crisis del modelo de bienestar 134
 Bibliografía 138

CAPÍTULO 6. LA DEMOCRACIA: *Rafael del Águila* 139

   I. Los significados de la democracia 139
  II. Modelos de democracia 142
      1. Modelo 1: Liberal-protector 142
      2. Modelo 2: Democrático-participativo 145
      3. Modelo 3: Pluralista-competitivo 148
 III. Condiciones de la democracia 151
 IV. Conceptos clave y mínimos de la democracia 154
     Bibliografía 157

CAPÍTULO 7. ESTRUCTURA TERRITORIAL DEL ESTADO: *Elena García Guitián* 159

   I. Introducción 159
      1. El desarrollo del Estado-nación: el modelo centralizado 159
      2. La Constitución americana de 1787: el modelo federal 160
      3. La distinción federalismo/Estado federal 161
      4. La justificación teórica del federalismo 163
  II. Modelos clásicos de organización territorial 165
      1. Estado unitario 165
      2. Estado federal 166
         Organización 166
      3. Confederación 168
 III. Los nuevos modelos 170
      1. El Estado autonómico 170
         Organización 171
      2. La Unión Europea (UE) 172
         a) Origen 172
         b) Organización 173
      3. La Comunidad de Estados Independientes (CEI) 174
 IV. Conclusión 174
     Bibliografía 175

CAPÍTULO 8. ESTRUCTURA INSTITUCIONAL DEL ESTADO: *Ramón Palmer Valero* 177

   I. Estado monocrático y Estado constitucional 177
  II. La teoría de la separación de poderes 179
 III. Tipología de los regímenes constitucionales 182
      1. El gobierno de asamblea 183
      2. El presidencialismo 186
      3. El régimen parlamentario 189
 IV. La revisión de las funciones y de los «poderes» del Estado 193
      1. La adopción de decisiones fundamentales o función gubernamental 194

2. La ejecución de la decisión fundamental o función administrativa 197
   3. El control político 199
V. Reconsideración de la tipología de las formas gubernamentales . 200
Bibliografía 204

CAPÍTULO 9. REPRESENTACIÓN POLÍTICA Y PARTICIPACIÓN: *Ángel Rivero* 205

I. Introducción 205
   1. La representación política 206
   2. La participación política 208
   3. Representación y participación política en la democracia liberal 210
II. El concepto de representación política 213
   1. La taxonomía de la representación política 213
   2. Las ambigüedades normativas de la representación política ... 216
III. Breve nota acerca de la historia de la representación política en su relación con la participación política 218
   1. Democracia y república 218
   2. El gobierno representativo y el Estado moderno 219
   3. La democracia de partidos 223
IV. La participación política en la democracia representativa 225
   1. Las formas de participación política 225
   2. Los motivos para la participación política 228
Bibliografía 229

CAPÍTULO 10. CULTURA POLÍTICA: *Mariano Torcal* 231

I. La cultura cívica 233
II. Las reacciones críticas 235
III. Las respuestas a las críticas 241
IV. Conclusiones 245
Bibliografía 246

CAPÍTULO 11. LOS PARTIDOS POLÍTICOS: *Pablo Oñate* 251

I. Definiciones y características generales 252
II. Origen y evolución histórica 254
III. Estatuto jurídico y financiación 259
IV. Funciones de los partidos políticos 261
V. Los sistemas de partidos. Criterios de clasificación y tipologías .. 265
Bibliografía 268

CAPÍTULO 12. LOS PARTIDOS POLÍTICOS EN ESPAÑA: *José Vilas Nogueira* 271

I. Introducción 271
II. El régimen jurídico de los partidos políticos 273

ÍNDICE GENERAL

III. La financiación de los partidos políticos	274
IV. La organización de los partidos políticos	275
V. Antecedentes del sistema y de los actuales partidos	276
VI. El sistema de partidos	278
VII. Alineamiento de los partidos en la dimensión izquierda-derecha	281
1. La izquierda	281
2. El centro	284
3. La derecha	285
VIII. Los partidos nacionalistas periféricos y regionalistas	286
Referencias	288
Bibliografía	289

CAPÍTULO 13. LOS GRUPOS DE PRESIÓN: *Miguel Jerez* 291

I. Introducción	291
II. Conceptos y terminología	294
III. Grupos de presión y partidos políticos: algunos criterios diferenciadores	299
IV. Tipologías de los grupos de presión	302
V. Modos de actuación	308
Bibliografía	316

CAPÍTULO 14. CORPORATIVISMO Y NEOCORPORATIVISMO: *Alberto Oliet Palá* 319

I. Corporativismo tradicional, liberalismo y fascismo	319
II. El núcleo teórico del neocorporativismo	325
III. El marco social y de legitimidad	333
IV. El futuro del corporativismo y el pluralismo	336
V. Democracia y corporativismo	342
Bibliografía	347

CAPÍTULO 15. LOS SISTEMAS ELECTORALES: *Juan Hernández Bravo* 349

I. Aproximación conceptual, relaciones e influencias	349
1. Sistemas electorales, políticos y de partidos: los efectos políticos de los sistemas electorales	349
2. El objeto de los sistemas electorales: las funciones electorales	351
a) La función legitimadora	352
b) La función representativa	352
c) La función reclutadora de las *élites* políticas	354
d) La función productora de dirección política	354
e) La función de socialización política	354
3. Aproximación conceptual a los sistemas electorales	354
II. El derecho de sufragio, el sufragio y la abstención electoral. Sus clases	355

III. Los principios y la clasificación de los sistemas electorales: caracteres del sufragio 360
   1. Cuestiones generales. La condición directa, obligatoria y personal del sufragio 360
   2. Universalidad 362
   3. Libertad 364
   4. Igualdad 366
   5. Proporcionalidad. Clasificación de los sistemas electorales: sistemas electorales mayoritarios y proporcionales 367
   6. Secreto 370
IV. Componentes de los sistemas electorales: sus elementos configuradores 370
   1. Introducción: determinación e importancia de estos elementos 370
   2. Circunscripción electoral: concepto y clases. Su relación con la proporcionalidad electoral. El cuerpo electoral. El censo electoral. El *gerrymandering*. Colegios, secciones y mesas electorales. Los escrutinios electorales 371
   3. Las formas de las candidaturas. Las listas electorales, sus clases y su relación con los sistemas electorales 375
   4. Los modos de expresión del voto 376
   5. Los modos de escrutinio o fórmulas electorales 377
      A) Los modos de escrutinio mayoritarios 377
         a) Los modos mayoritarios simples 377
         b) Los modos mayoritarios absolutos 379
      B) Los modos de escrutinio proporcionales 379
         a) Las fórmulas del cociente general 379
            α) Los cocientes entero y rectificados 379
            β) El cociente de Droop 381
         b) La fórmula proporcional pura 381
         c) Las fórmulas del cociente de candidatura 382
         d) Las fórmulas de los divisores 383
   6. Las primas electorales 386
   7. Las barreras electorales de exclusión 387
V. La reforma de los sistemas electorales 388
Bibliografía 389

CAPÍTULO 16. ELECCIONES EN ESPAÑA: *José Ramón Montero* 391

I. Las dimensiones del voto 393
   1. La orientación del voto 393
   2. La fragmentación electoral y parlamentaria 398
   3. La polarización ideológica 400
   4. La volatilidad electoral 403
II. Los factores del comportamiento electoral 408
   1. La identificación partidista 409

2. Las raíces organizativas del voto 411
   3. Las escisiones sociales 413
   4. Los factores del *anclaje* electoral 415
III. Los rendimientos del sistema electoral 419
   1. Los perfiles del sistema electoral 419
   2. Las percepciones del sistema electoral 424
   Nota bibliográfica 427
   Referencias bibliográficas 428

CAPÍTULO 17. TRANSICIONES Y CAMBIO POLÍTICO: *José Cazorla Pérez* ... 429

   I. Cambio social y modernización 430
  II. Cambio político y conflicto 433
 III. Condiciones políticas usuales de las sociedades avanzadas 436
 IV. Legitimidad y transformación de los regímenes políticos 438
  V. Transiciones y pretransición en España 442
 VI. Transición y consolidación 445
   Bibliografía 450

CAPÍTULO 18. RETOS CONTEMPORÁNEOS DE LA POLÍTICA (I):
LOS MOVIMIENTOS SOCIALES Y EL ECOLOGISMO: *Ángel Valencia* 451

   I. Introducción 451
  II. La izquierda, los Nuevos Movimientos Sociales y el ecologismo:
      problemas de vertebración de una política radical 453
 III. El ecologismo como expresión de una modernidad enfrentada
      a sus límites 459
 IV. De los Nuevos Movimientos Sociales a los partidos: el proceso
      de institucionalización de los movimientos ecologistas a los
      partidos verdes en Europa 465
      Bibliografía 474

CAPÍTULO 19. RETOS CONTEMPORÁNEOS DE LA POLÍTICA (II):
LOS NACIONALISMOS: *Ramón Maiz Suárez* 477

   I. El retorno de las naciones 477
  II. Tipología de los nacionalismos contemporáneos 480
      1. Nacionalismos en los Estados plurinacionales 480
      2. Estados nacionalizadores 482
      3. Minorías nacionales 484
      4. *Irredenta* 486
      5. Nacionalismos primordialistas 487
 III. La regulación política de los nacionalismos 490
      1. Políticas de supresión 490
         a) Asimilación 490
         b) Limpieza étnica 493

c) Genocidio 494
2. Políticas de acomodación 495
　　a) Federalismo 496
　　b) Consociación 498
　　c) Secesión 501
Bibliografía 503

Índice general 507